LOUIS THE GREAT

KING OF HUNGARY AND POLAND

edited by

S. B. VARDY
GÉZA GROSSCHMID
LESLIE S. DOMONKOS

EAST EUROPEAN MONOGRAPHS, BOULDER

DISTRIBUTED BY COLUMBIA UNIVERSITY PRESS, NEW YORK
1986

EAST EUROPEAN MONOGRAPHS, NO. CIXIV

Library of Congress Catalog Card Number 85-70782
ISBN 0-88033-087-2
Printed in the United States of America

The first page of the *Illuminated Chronicle* with Louis the Great on his throne.

The publication of this work was
made possible
through
a
generous subsidy by

BARON FREDERICK VON SCHLOSSER

Knight of Obedience
Grand Officer "pro merito melitensi"
of the
Sovereign Military Order of Malta

TO
HIS MOST EMINENT HIGHNESS

FRA' ANGELO DE MOJANA DI COLOGNA
SEVENTY-SEVENTH PRINCE AND GRAND MASTER
OF THE
SOVEREIGN MILITARY ORDER OF MALTA
PRUDENT AND COURAGEOUS LEADER OF THE SUCCESSORS
OF THE
INTREPID AND VALIANT ANGEVIN KNIGHTS OF SAINT JOHN
ON THE OCCASION OF HIS EIGHTIETH BIRTHDAY
THIS MEMORIAL VOLUME
IS RESPECTFULLY DEDICATED

SBV
GG
LSD

TABLE OF CONTENTS

* Deceased

III. ART AND CULTURE IN THE AGE OF LOUIS THE GREAT

IV. LOUIS THE GREAT IN HISTORICAL LITERATURE

EDITORS' PREFACE

The plans for this work were first conceived in 1980, with the hope of producing a representative volume for the 600th anniversary of the death of one of Hungary's greatest and most beloved monarchs, Louis the Great of the House of Anjou, who died in 1382, after four decades of successful and much-praised reign. The men responsible for this idea are Ambassador Christopher de Kállay, Bailiff President of the Hungarian Association of the Sovereign Military Order of Malta, and Professor Miguel de Ferdinandy, a noted Hungarian medievalist at the University of Puerto Rico.

Originally it was Professor Ferdinandy who was to edit this multilingual, international undertaking. Circumstances beyond his control, however, obliged him to withdraw from the editorship of this volume, as which time the undersigned took over. Under our editorship the list of contributors was significantly increased. Partially because of this increase of numbers, and partially because of the difficulties we have encountered in securing many of the scholarly contributions, our original target date of 1982 had to be postponed several times. Even so a number of promising studies failed to reach us in time for their inclusion. A few others, on the other hand, were left out because—upon the advice of a number of external scholarly readers—we judged them to be inappropriate for publication in the form they were presented.

In spite of all the delays and difficulties we have encountered, we believe that the final product will speak well for this undertaking. As it finally turned out, this work now contains twenty substantial scholarly studies in four languages, including thirteen in English, four in German, two in French and one in Italian. Some of those published in English were received in Hungarian or Polish and thus had to be translated. This resulted in additional delays, as did the unavoidable obligation to syncronize the many types of documentation systems that our contributors employed. The type of information made available to us, however, made our latter efforts only partially successful. Nor did we try to alter "Anjou" for "Angevin", or vice versa, as these terms are generally used interchangeably by most scholars in the field.

In addition to twenty solid studies on the personality, age, and achievements of Louis the Great, we have also included both the original Latin text and the English rendition of the *Decretum* of 1351 (including the Golden Bull of 1222), translated by Professor Somogyi and Lél F. Somogyi. The former has also contributed two separate studies to this volume. The text of the *Decretum* of 1351 is followed by a simplified genealogy of Louis the Great by one of the co-editors of this volume, by a map of Louis's Empire, and then by a selected bibliography. Moreover, several of the included studies are also accompanied by maps and illustrations (39 in number), which enhance considerably the appearance and utility of this volume.

In the course of the preparation of this work we have received the help of many individuals who, unfortunately, cannot all be mentioned by name. We would nonetheless like to thank Ambassador de Kállay and Professor Ferdinandy, who conceived the idea for this work; Baron Frederick von Schlosser, whose generous financial subsidy has made the publication of this work possible; Professor Ferenc Somogyi and his daughter, Ildikó Grisanti, for their help in the preparation of the enclosed maps; and last but not least, our wives (Agnes Huszar Vardy of Robert Morris College and Eva Oszlanyi Domonkos) for their help, tolerance and constant encouragement in the course of the preparation of this work.

We hope that with the publication of this volume we have done justice to one of the truly great monarchs of medieval East Central Europe, and at the same time we have also made it possible for colleagues and others unfamiliar with the languages of the region to read about this most significant portion of 14th-century European history.

S. B. Vardy
Geza Grosschmid
L. S. Domonkos

Pittsburgh, Pennsylvania
Fall, 1985

FOREWORD

In this volume we are commemorating the 600th anniversary of the death of Louis I. of Anjou, King of Hungary and Poland. Why is this man, the scion of a royal house of Neapolitan origin resettled in Hungary, so important for us Central-Europeans living toward the end of the 20th century? Why is this ruler, often extolled as an exemplary Medieval Christian knight, interesting for the Order of Malta? Why has the 1000-year old history of Hungary, with its different ruling houses, ranging from the Árpáds to the Habsburgs, bestowed only on this monarch the honorific surname "the Great"? Hungary had saintly kings like Stephan I. and Ladislas I.; learned kings like Koloman; just kings like Matthias Corvinus; but only one with the designation "the Great"; and this was Louis I. of Anjou.

It was not easy for the House of Anjou to establish itself in Hungary. Charles Robert, the father of Louis, was already crowned in 1301, after the death of Andrew III., the last king from the House of Árpád. He was, however, driven away and could only mount the throne after a second coronation in 1309, finally being crowned with the Holy Crown of St. Stephen on 20 August 1310 (Feast of St. Stephen), at Székesfehérvár, the ancient coronation city of Hungarian kings.

Even after this, he had to fight constantly the feudal lords who had seized power during the receding reigns of weak kings of the Árpád dynasty, and the short reigns of kings of the Bohemian and Bavarian dynasties. The Battle of Rozgony (1312) against the feudal lords of northern Hungary decided the struggle in favor of the king, who during the battle thought everything to be lost when his standard bearer and the barons of his entourage were killed in the melee. He managed, however, to fight his way through to the squadron of the Knights Hospitaller, mounting with them a last desperate attack, and forcing the rebels to flee. He did not forget this assistance from the Hospitallers, who also aided him in the battle of Debrecen (1317) against the Hungarian feudal lords from the East.

Documents mention the Knights Hospitaller for the first time in 1150, during the reign of King Géza II. King Béla IV, also owed them his life during the battle of Muhi (1241) against the Tatars. Charles Robert gave the Knights Hospitaller—or Knights of Rhodes, as they later became known—great privileges in the kingdom; and these were extended further by his son, Louis.

It is interesting to note that King Charles Robert founded the Hungarian Order of Saint George in 1326, the year his son, Louis was born. The new Order's aims were to fight the enemies of the Church and to protect the king. These knights wore a black cowl with a red cross on a field of white, and their number was restricted to 50. Nothing more is known of this Order. Probably it merged with the Order of the Knights Hospitaller.

When Louis I. ascended the throne in 1342, he took over a strong and rich kingdom. The first few years of his reign were not happy, however. He wanted to revenge the death of his brother Andrew, who had been murdered by his wife, Johanna, Queen of Naples. Thus, he again needed the assistance of the Knights Hospitaller of Rhodes, whose Priory in Dalmacia commanded all units of the Order in Hungary and Croatia. The ships of the Prior of Aurania (Vrana) transported the armies of the king in two campaigns across the Adriatic. The king himself stayed twice (1344 and 1346) in Aurania as the guest of the Prior of the Knights Hospitaller. We know of 21 Commanderies in Hungary and 13 in Croatia, all dependent on the Prior of Aurania, who styled himself *Prior Ordinis Sancti Johannis per totum Hungariam et Sclavoniam.* We also know that the king exempted the Knights Hospitaller from the jurisdiction of the local authorities and made them answerable directly to the Crown. During Louis's reign Prior Baudin Cornuto travelled to Rhodes and fought successfully against the Turks in Cyprus.

I believe, however, that the distinguished and scholarly contributors to this volume are much more competent to discuss the personality and achievements of Louis the Great, than I am. I should like to recall here only the views of a few of his contemporaries.

What did Petrarca, his contemporary, have to say about Louis I? "No king in the world has done so much for the honor of his realm and for the welfare of his subjects as King Louis of Hungary."

In 1372, Johannes, Patriarch of Alexandria and papal ambassador in Hungary writes the following to the Holy Roman Emperor Charles IV: "I have never known a prince, especially one who is so powerful and great, who speaks with so much humility and modesty; and who, while preserving his dignity, prefers peace and tranquility in his realm to war. I must say that I can find only good in this king."

Unfortunately, however, King Louis was obliged to wage many wars. These included his campaigns in Italy (1344-45, 1347, 1350 and 1356), all of which were faithfully recorded by the Minorite monk, John. He described the conquest of Canossa, where the king was one of the 15,000 Hungarians to scale the walls by means of a ladder; the Battle of Conturso, where the king saved one of his soldiers from drowning when fording the river Silaro; the capture of Aversa (26 July 1350), where an arrow penetrated his left thigh and was removed only with great difficulty by Stephen, son of Lack, and by Ulrich von Wolfhardt, who commanded his contingent of German mercenaries.

King Louis also visited Rome in 1350, where he was received by the vicar of the pope, as Pope Clemens VI was absent in Avignon. The king placed 4,000 gold ducats on the main altar of St. Peter's Basilica.

He also fought, as a true *miles Christi*, in 1354 against the pagan Lithuanians and in 1377 against the rising Turkish power in the Balkans. In 1355, on behalf of the pope he led campaigns against Stephen Dušan, Tsar of Serbia, who failed to live up to his promise that he and his people would joint Roman Christianity. King Louis, however, immediately terminated hostilities when he learned that Dušan had died, since his chivalric spirit prohibited him from waging war against the dowager queen.

Naturally, King Louis also had his human weaknesses. It was recorded, for example, that during the campaign of 1364, he lost 600 florins to William, Count of Orange, in a game of hazard.

King Louis founded the University of Pécs in 1367. This is one of the great Central-European university foundations, together with Prague (1348), Cracow (1364) and Vienna (1365). In the year he died (1382) he brought the Pauline monks from Hungary to Poland, where he founded, on the white rocks of Jasna Gora, the famous Monastery of Czestochowa, of which we hear so much even today.

Six hundred years have passed, and today not much remains of Hungarian-Polish great power. It is important, however, that both nations still exist, and that both are undiminished in their courage. We have proofs of this attitude coming from the Danube and the Vistula. Undiminished also is the loyalty of both nations to Rome. The Polish pope, whenever he meets Hungarians, reminds them of the 1000-year old Polish-Hungarian friendship.

It is said that God's mills grind slowly. The seeds sown by Louis the Great, and nurtured with the blood of so many generations of Hungarians and Poles, is slowly bearing fruit. We already have a Western Europe in the process of unification, and a fermenting Central Europe. Let us hope that our children, or our children's children, will be able to live in a truly free and united Europe, without fear and oppression. This dream was at least partially realized by Louis the Great through his Empire bounded by the Baltic, the Black, and Adriatic Sea. The boundaries of his Empire could constitute the boundaries of a new and strong Central Europe—between East and West—which could become the seat of a happy and peaceful life.

Ambassador Christopher de Kállay
Bailiff President of the Hungarian
Association of the Sovereign
Military Order of Malta

I

LOUIS THE GREAT: HIS AGE AND HIS PEOPLE

Michael de Ferdinandy

1 / Ludwig I. von Ungarn (1342-1382)

Ludwig I. wurde am 5. März 1326 in der Königsburg zu Visegrád geboren. Im scharfen Gegensatz zu den Anfängen seines Vaters *Karls I. von Anjou* (1308-1342) verlief seine eigene Kindheit ruhig, war seine Erziehung ungebrochen. Im Alter von 16 Jahren bestieg er den Thron eines wohlgeordneten, reichen Landes. Weder im Inland noch vom Ausland machte ihm irgendwer das Anrecht auf diesen Thron streitig. Seiner Krönung folgte eine 40 jährige Herrschaft: innerhalb des Reiches eine geradlinig beständige Entwicklung aufweisend, nach außen eine bunte Reihe spektakulärer Abenteuer. Diese 40 Jahre erschienen selbst im vergangenen Jahrhundert noch als "Ungarns Glanzzeit".[1] Unter den Trägern der ungarischen Krone ist *Ludwig* der einzige, den Überlieferung und Geschichtsschreibung mit den Beinamen "der Große" ausgezeichnet haben. Das 20. Jahrhundert jedoch ist anderer Meinung. *Ludwigs* Erfolge–so besagt die moderne Kritik[2]– waren weder groß noch dauerhaft, wenn man seine Gestalt und sein Werk aus der Sicht unserer Epoche oder der Zeit der Türkenherrschaft betrachtet. *Ludwigs* Bestrebungen–so heißt es weiter in dieser Kritik–seien vom Standpunkt der aus vielhundertjähriger Erfahrung hergeleiteten und im Donaubecken als allein realistisch akzeptablen politischen Überlegung falsch gewesen, aus dem Blickwinkel ungarischer Volksinteressen wiederum überflüssig, sogar schädlich; sein Reichsplan–"die auf der Adria rittlings sitzende Anjou-Macht"–eine "totgeborene Idee".[3] Diese Mitte des 20.

Jahrhunderts aufgestellte und auf Erfahrungen des 20. Jahrhunderts gründende Kritik hat gewiß in vielem recht; unangemessen ist sie lediglich wegen ihrer geschichtswidrigen Betrachtungsweise. *Ludwig I.* selbst sowie seine in- und ausländischen Zeitgenossen konnten ihre Epoche und deren Aufgabe nicht aus der Perspektive des 20. Jahrhunderts sehen; ebensowenig konnten ihre Ziele den Erfordernissen der Zeit der Türkenherrschaft oder der von uns gelebten Epoche angepaßt sein. Der Wert von jedermanns Leben ruht in sich selbst, das Werk gilt jener Zeit, in welcher der Betreffende lebte. Erfolg oder Mißerfolg sind nicht durch das Maß bestimmt, das die vergrößernde oder verkleinernde Linse neuerer politischer Moden liefert, sondern durch den Rang im zeitspezifisch eigenen Wertsystem, die eines Menschen Werk realiter innehatte. So ist auch *Ludwig I.* gegenüber kein anderes Verfahren am Platz als die uralte Methode der Geschichtswissenschaft: aufzeigen was er tat; suchen, welche Idee er selbst sich als Ziel setzte und wie weit ihm die Verwirklichung gelang; prüfen, ob er den Aufgaben gerecht zu werden vermochte, die seine Zeit ihm auferlegte, oder ob er ihnen gegenüber versagte. Der auf diese Weise entstehende Bild wird uns zeigen, wie *Ludwig* wirklich war.

I.

Sein Biograph Johannes Küküllei, dessen Arbeit zur ersten Hälfte "als Dienst an den vom König anvisierten politischen Zielen . . . mit schriftstellerischer Absicht zustande kam",[4] schreibt, daß der junge König nach der Krönung "sich jene vielen tapferen Männer in Erinnerung rief, der für die Heimat ihr Blut zu opfern anboten und in der Tat such nicht zögerten, ihr Blut zu vergießen, damit selbst nach ihrem Tode ihnen Glorie zuteil werde bei den Nachkommen".[5] Im Prolog wiederum zitiert Küküllei jene Worte des Aristoteles zugeschriebenen (in Wahrheit aber aus dem Arabischen stammenden) Buches betitelt "Secreta Secretorum"–dessen vom jungen *Ludwig* benutztes prachtvolles Exemplar in Oxford noch heute existiert,[6] mit denen der griechische Weise seinen Schüler, den makedonischen Prinzen, folgendermaßen ansporn: "Die Sehnsucht nach Glorie ist der erste Zeichen unseres Verstands. Denn berühmt und glorreich wird sein, wer den Ruhm wirklich begehrt. Oberstes und selbstverständliches Erfordernis des Regierens ist Glorie, denn nach Herrschaft streben wir nicht um ihrer selbst willen, sondern wegen der damit verbundenen Glorie. Also steht am

Anfang der Weisheit und des Verstandes die Sehnsucht nach Ruhm . . . . Auf denn, oh Alexandros, strebe nach Ruhm, liebe die Glorie, denn dein Kleinod, kein Schatz kommt dem Ruhme gleich."[7] So weit das Geheimnis der Geheimnisse. Das erste Kapitel von Kükülleis Werk wiederum schließt mit den bezeichnenden Worten: "Dieses bedenkend, meditierte [der junge Ludwig] und bewegte in seiner Seele, wie er mit Gottes Hilfe zur Geltung bringen und wiederherstellen könnte im gebührenden Zustand die Rechte seines Landes, das zur Schmach der Heiligen Krone von nachbarlichen Fürsten erobert worden war und Aufständische oder Ungetreue dreist an such gerissen hatten".[8]

Hier also in wenigen Worten das gesamte Regierungsprogramm des jungen *Ludwig.* Vor uns steht der junge König, dem es der einzigartig glückhafte Moment, in dem er auftrat, seine glänzenden Pläne durchkreuzt zu sehen erspart. Dieser Jüngling ist kein Gründer, kein dynastiebegründender Ahn, sondern letzter Trieb des glorreichen Stammbaumes seiner französischen und ungarischen Ahnen: Nachfahr, dessen "Erinnerung" förmlich besessen ist von den glanzvollen Gestalten heraufbeschworener Ahnen. An ihrer aller Spitze steht der "erwählte" Ahnherr: der ihm nach Alter, Umständen, Rolle so überraschend ähnliche makedonische Welteroberer. Auch *Ludwig* wurde von einem ernsten und nüchternen Gründer ein großes Reich, eine geordnete Macht vererbt: von seinem Vater; auch ihn inspirierte und ermunterte eine fantasiereiche, machtstrebige, kraftvolle und energische Frau, an die er sich bis zum reifen Mannesalter mit außerordentlicher Gefühlsbindung klammerte: seine Mutter; auf ihn wartete ebenfalls eine unerledigte Angelegenheit wie auf jenen der heilige Krieg gegen die Perser, eine Angelegenheit, die mit dem Versprechen der Glorie für *Ludwig* auch gleichbedeutend war mit der Erlangung des rühmlich guten Namens der Ahnen: die Aufgabe der Wiederherstellung der alten Macht der heiligen Krone, die Restitution des Arpadenreichs.

Ludwig hat jedoch nicht nur die alexandrischen Möglichkeiten seines Wesens mit Leben erfüllt; als christlicher Ritter und ungarischer König erkor er unter den in seiner "Erinnerung" auferstehenden "vielen tapferen Männern" den ruhmreichsten zum Leitbild, *Ladislaus den Heiligen.*[9] Nach seiner Krönung wallfahrtete er nach Großwardein und gelobte an *Ladislaus'* Grab, daß er in den Angelegenheiten seines Lebens, seiner Herrschaft und seiner Kriege diesem seinen Urgroßonkel nacheifern werde. Mittelpunkt, Held, Ideal der in der ersten Hälfte seiner Herrschaft neu edierten Gesta ist der heilige *Ladislaus;*[10] auf der Rückseite seiner Münzen steht des Ritterkönigs gekrönte Gestalt mit dem Schlachtbeil in der Hand.[11]

Den jungen König führte die Tradition seiner arpadischen Ahnen vor allem nach dem Süden. Noch 1342 baute er die einstigen Banate Macsó/Mačva, Kucsó, Só und Szörény/Severin wieder auf;[12] 1344 rüstete er sich gegen den Woiwoden der Walachei *Alexander.* Der Woiwode wählte jedoch den Weg der friedlichen Unterwerfung.[13] Solcherart freie Hand erlangend, begeisterte *Ludwig* sich nunmehr für den Plan der Christianisierung oder Katholisierung des slawischen und tatarischen Ostens–ein nach Ausmaßen wie Intention auf das Konzept *Bélas IV.* vor dem Tatareneinfall zurückweisender gewaltiger Plan.[14] Deshalb verkündete er einen Kreuzzug–im Bündnis mit *Johannes von Böhmen* and dessen Sohn *Karl von Mähren*– gegen die Großmacht der litauischen Heiden. Grundlage des Operationsplans war die winterliche Kälte: gefrorener Boden und vereiste Gewässer. Plötzlich aber kam südlicher Wind auf und die Wasser tauten auf; die Alliierten gerieten in Verwirrung, wurden schließlich zur Umkehr gezwungen.[15] Gleichwohl erweckte ihr Unternehmen den Neid der Polen: die schwelende Glut des alten böhmisch-polnischen Gegensatzes schlug erneut Flammen; die von *Karl I., Ludwigs* Vater zustandegebrachte mittelosteuropäische *Entente cordiale*[16] bekam ein Leck.

Indessen erweiterte die gleichzeitige Waffentat einer anderen Armee *Ludwigs* die Ausmaße seines Kreuzzugsplanes von 1344/45 erheblich. Im Winter 1345 führte der siebenbürgische Woiwode *Endre Lackfi* eine Offensive gegen die Tataren. In der Endphase der dreitägigen Schlacht, in der die Székler schließlich einen entscheidenden Sieg über die Tataren errangen –beim entscheidenden Sturmangriff, so heißt es, sei ein "großer Ritter" an der Spitze der Angreifenden vorgeprescht: "Er saß auf einem hohen Roß, trug eine goldene Krone, seine Hand schwang eine Streitaxt, die mit gewaltigen Schlägen Verheerung" über die Heiden brachte. "Über dem Haupt dieses Ritters erschien in der Luft in wunderbarer Helligkeit eine Dame von großer Schönheit, auf deren Haupt eine sehr prachtvolle und strahlende Krone zu sehen war."[17]

Im wiederauflebenden Mythos gewinnt *Ludwigs* Absicht und Unternehmung national-religiöse Betonung. Denn siehe: "Ladislaus selbst, den man immer zu Hilfe ruft," ist an der Spitze der königlichen Truppen. Über seinem Haupt schwebt die gekrönte Gestalt der Schutzherrin Ungarns. Die "Erinnerung" des Königs und die seines Volkes sind ineinander geschmolzen:

aus den Tiefen dieser Erinnerung tritt die gleiche Gestalt hervor, um leitender Genius beider zu sein.[18]

II.

Der jugendliche König befindet sich zu dieser Zeit aufs neue im Süden: kriegslenkend weilt er dort, wo einst *Ladislaus* kämpfte. Unterhalb der Burg Bihács empfängt er die Huldigung der kroatischen Herren; sogar die Delegierten der damals unter venezianischer Kontrolle stehenden dalmatischen Städte erschienen, um *Ludwig* die Schlüssel ihrer Städte zu überbringen.[19] Doch kaum hatte *Ludwig* sich aus Kroatien entfernt, begann Venedig sogleich Krieg zu führen gegen das Küstengebiet. "Aber den Willen der Führer und Befehlshaber" des vom König zurückgelassenen Heeres "korrumpierte das venezianische Gold" und sie schauten tatenlos zu bei der Bedrohung der Städte.[20] König *Ludwig* bereitete sich vor, nach Zara zu ziehen. Doch da wurde sein jüngerer Bruder, *Andreas,* in der Neapel benachbarten Stadt Aversa meuchlings ermordet, wodurch die gesamte politische Lage sich völlig verkehrte und auch im Leben König *Ludwigs* eine ganz neue Epoche ihren Anfang nahm.

Herzog *Andreas'* Angelegenheiten in Neapel standen schon seit dem Tode *Karls I.* schlecht. Der alte König *Robert, Karls I.* Onkel, hatte in seinem Testament seinen Enkelinnen, *Johanna* und im Falle ihres kinderlosen Todes *Maria* den Thron hinterlassen, d.h. er hatte einseitig den zwischen ihm und *Karl I.* 1332 zustandegekommenen Vertrag gelöst. Nach seinem am 19. Januar 1343 eingetretenen Tod wurde von der Krönung *Andreas'* zum König überhaupt nicht mehr gesprochen; *Johanna* empörte sich gegen die Vormundschaftsregierung ihrer Stiefgroßmutter, der verwitweten Königin *Sancha,* und mit Hilfe der Witwe ihres Großonkels *Philip von Taranto, Katharina von Valois,* riß sie die Macht an sich. Hinter *Katharina von Valois* stand ihr Bruder, der französische König *Philipp VI.,* der wiederum den Papst von Avignon in her Hand hatte. Papst *Clemens VI.* ließ —wenigstens stillschweigend—den Königsanspruch *Andreas'* fallen, wiewohl der diesbezügliche Vertrag seinerzeit durch Vermittlung des Heiligen Stuhles abgeschlossen worden war.[21]

Des theologisierenden alten *Roberts* Tod und der Verzicht der in religiöse Schwärmerei gefallenen gestrengen *Sancha* hob den Vorhang vor den Szenen des wahren Lebens am neapolitanischen Hof. Plötzlich wurde jene süße Fäulnis der Protorenaissance sichtbar, die Günstlingsherrschaft, der unverhüllte Zusammenprall von Interessen, die Auflösung der vom Mittelalter überlieferten moralischen Formen.[22] Um den Einfluß auf die junge, unzähmbar lebenslustige Königin kämpften deren zwei verwitwete Tanten miteinander: die den Titel alter lateinischer Kaiser tragende *Katharina von Valois* und die Witwe Herzog *Johanns von Durazzo, Agnes Talleyrand-Périgord.* Der Kampf endete mit dem Sieg der "Kaiserin": sie ließ *Agnes* vergiften. Wie die zwei Witwen um die Macht, so standen ihre Söhne im Wettstreit um die Gunst *Johannas. Karl von Durazzo* und *Robert von Taranto* waren abwechselnd Liebhaber ihrer schönen Nichte. Sie waren nicht die einzigen. *Bertrand,* Sohn des Grafen *Charles d'Artois,* eines illegitimen Sohnes von König *Robert,* ein anderer Sohn der "Kaiserin," *Ludwig von Taranto,* ein Ritter namens *Jacopo Capano* und einer mit Namen *Enrico Caracciolo,* sogar der berüchtigte *Roberto de Cabanis* partizipierten ebenfalls an der Gunst der jungen Königin. *Roberto* war der Sohn eines maurischen Koches und einer Wäscherin namens *Philippa. Philippa* selbst, die bei *Johannas* Mutter zur Zofe, bei *Johanna* geradewegs zur Hofdame avanciert war, tat gemeinsam mit ihren Töchtern und ihrer Schwiegertochter Jahre hindurch alles, damit die zukünftige Königin zur Sklavin körperlicher Sehnsüchte und als solche ihnen—den Gelegenheitsmacherinnen—ausgeliefert werde.

Dies Bild hat aber auch lichtere Farben. Die wiedererwachte und ihre Kraft spürende Lebensfreude schafft sich ein eigenes Wertsystem: begründet die *scienza gaya,* die Wissenschaft von der Liebe, welche die Philosophie, Poesie und das Mystikum des Gefühls, ja der Lust entdeckt. Die zum sinngebenden Zentrum des Lebens erhöhte Lust wiederum läßt sich nicht fesseln mit dem "Ehe" genannten gesellschaftlichen Vertrag. Die Liebe is frei. Und am neapolitanischen Hof versammelt sich das *tribunale d'amore,* um nach den Regeln eines selbsterdichteten *codice d'amore* das befreite, in erneuerten Farben schillernde Leben zum Spiel zu sublimieren.[23]

Und in diesem schillernden Wirbel erscheinen vor uns als mürrische kleine schwarze Insel die ungarischen Begleiter Herzog *Andreas'.* An ihrer Spitze steht ein Mönch namens *Robert,* den *Petrarca "istrice inmondo,"* einen häßlichen Igel nennt.[24] Dieser Mönch, der barfuß, in verschlissener Kutte sich nicht scheut, mit vor Haß glühenden Worten die feinen Spiele des *tribunale d'amore* zu verwünschen, und eine vielleicht wohlmeinende, aber sicherlich naive Amme bilden die unmittelbare Umgebung des ungarischen Herzogs.

Und *Andreas* selbst? Wenn wir uns auch vor Augen halten, daß diese Menschen unerhört früh zu leben begannen, sollten wir keineswegs vergessen, daß *Andreas* im Todesjahr König *Roberts* erst 15 jährig ist. *Johanna* ist ein Jahr älter. Die beiden Kinder wuchsen gemeinsam auf. So ist der unverhüllte Haß, die ekelnde Verachtung seitens *Johannas* ihrem Gatten gegenüber völlig unverständlich. Außerdem wissen wir von *Andreas,* daß er ein schöner junger Mann war, mit gewinnenden Manieren und von großer Körperkraft. Warum wählte er also in der Welt der *gaya scienza* die Rolle des ungehobelten "Barbaren," der nicht einmal versucht, die verfeinerte Lebensart jener zu verstehen? Das Natürlichere wäre es gewesen, wenn er sich hineinstürzte in diese Genüsse. Statt dessen begnügte er sich mit der Gesellschaft des Mönchs und der Amme. Wir sollen den Grund nicht in moralischer Abscheu, in religiöser Hingezogenheit zum reinen Leben suchen. Auch *Andreas* ist nicht besser also die übrigen, obschon seine moralische Laxheit anders ist und sich nicht auf dem erotischen Gebiet äußert. Einen Liebhaber *Johannas* beispielsweise, den erwähnten *Caracciolo,* samt dessen Sohn ließ *Andreas* aus dem Weg räumen. Als ihm dann Hoffnung entstand, zur Macht zu gelangen, bereitete er furchtbare Rache vor gegen all seine Feinde–gegen jedermann, der ihn gedemütigt hatte, und er war unvorsichtig genug, um für seine Krönung Fahnen nähen zu lassen, auf denen Ketten und Henkersbeil zu sehen waren.[25] Diese Fahnen brachten ihn zu Fall.

Als der Wortlaut von *Roberts* Testament bekannt wurde, wandte sich der ausgeschlossene Herzog an seine älteren Bruder und seine Mutter um Hilfe. *Ludwig* reiste sofort nach Prag, zu *Karl von Böhmen,* der ein Zögling von *Clemens VI.* war. *Karl* schickte tatsächlich seine Gesandten nach Avignon.[26] *Ludwig* wandte sich brieflich an die Neapolitaner und schickte seinerseits eine Delegation zum Avignoner Papst; die Königinmutter wiederum, um *Andreas'* Position zu stärken und das Thema seiner Krönung erneut aufzurollen, segelte im Juni 1343 persönlich nach Manfredonia, wo ihr Sohn und ihre Schwiegertochter sie festlich empfingen.

Elisabeth hatte 27 000 Mark Feinsilber, 21 000 Mark Feingold und noch einen halben Scheffel Goldgeld mit sich nach Neapel genommen.[27] Diese insgesamt 5250 kg Feingold entsprachen Ungarns sechsjähriger, der ganzen Welt zweijähriger Goldförderung. Damit war der größte Teil der Edelmetalldeckung der ungarischen Schatzkammer ins Ausland gelangt. *Karls* Witwe und ihr Sohn verfuhren sicherlich nicht im Sinne von *Karls* einstigen Intentionen. Die ausnehmend günstige Situation Ungarns während der europäischen Goldkrise wurde durch das Abfließen des ungarischen Goldes und Silbers ins Ausland merklich beeinträchtigt.[28] Den erhofften Erfolg erbrachte es nicht.

Die Königinmutter wurde in Neapel mit scheinheiligem Ernst empfangen. Als ob das Toben der Lebensfreude, die ungezügelte Sensualität vollkommen verschwunden gewesen wären. Die freigebig schenkende königliche Frau umringten demütige, dienstbereite Gestalten. *Elisabeth* erlag diesem Schein nicht. Sie sah hinter der Fassade die Wirklichkeit und erkannte auch die mißliche Lage ihres Sohnes. Von *Clemens VI.* war lediglich soviel herauszuholen, daß er *Andreas* mit *Johanna* zusammen, "als Johannas Gatten" krönen lassen würde, wenn *Andreas* dem die Krönung vollziehenden Kardinal "Gehorsam gelobte". Dies vermochte die Witwe *Karls I.* nicht zufriedenzustellen. Gleichzeitig drangen auch Gerüchte zu ihr, und als sie sich überzeugt hatte, daß diese nicht grundlos waren, fuhr Sorge "wie ein scharfer Dolch" in ihr mütterliches Herz. "Als ich noch in Neapel weilte"—schrieb sie später—, "war es in aller Munde und wurde mir von einer vornehmen Person . . . zur Kenntnis gegeben, und auch deutliche Zeichen verrieten es, daß man insgeheim den Tod meines Sohnes vorbereitete."[29] Sie wandte sich deshalb an den Papst und teilte ihm die Nachricht mit. "Aber Eure Heiligkeit ließ sogar zweimal ausrichten, daß ich derartiges nicht zu fürchten brauchte, deswegen ließ ich ihn dort".[30]

Inzwischen hatte die in Avignon weilende ungarische Gesandtschaft ihre Auftragskompetenz *sponte sua* überschreitend eine neue Lage geschaffen. Nachdem "der Herr Papst sich verstellte"—schreibt der zeitgenössische Oberdekan[31] Küküllei über das Haupt seiner Kirche—, "versprachen die erwähnten Gesandten . . . wohl wissend, daß Geschenke und Spenden auch die Seele der Weisen gewinnen, ohne Herrn Ludwigs und . . . der Königin Wissen 44 000 Mark der Schatzkammer des Herrn Papstes, damit König Andreas Erlaubnis erhielte zur Herrschaft über Sizilien". Der König und seine Mutter gerieten in Verwirrung, "weshalb sie für Geld das Anrecht auf das Königtum kaufen sollten, da es doch Gott und der Gerechtigkeit zufolge ohnehin ihnen zukomme". Aber sie wollten nicht—behauptet der Chronist—, daß ihre Gesandten in Lüge fielen. Also schwärmten die Steuereinnehmer aus und trieben diese enorme Summe ohne Manko ein. Was bedeutet: die Schatzkammer war leer. Die Gesandten hatten jedoch richtig kalkuliert; der Papst wechselte die Front. Für September 1345 setzte er die Krönung *Andreas'* zum König an.

In der Nacht vom 18. zum 19. September aber, auf Anstiftung der Kaiserin *Katharina,* im Sinne des vom Bürgersohn zum Hofmarschall und Geliebten der Kaiserin aufgestiegenen *Niccolo d'Acciajuoli* sowie den beiden Grafen *von Artois* gefaßten Plans, mit Wissen und Zustimmung *Johannas,* lockten die Familie *De Cabanis* und ihre Komplizen *Andreas* unter dem Vorwand, ein wichtiger Brief sei eingetroffen, aus dem Schlafsaal im Gästenflügel eines Klosters von Aversa heraus, wo er mit seiner Frau nach einer Jagd abgestiegen war, und nach starkem Handgemenge erwürgten sie ihn. Auf den Kampfeslärm hin verriegelte *Johanna* die Tür ihres Schlafgemachs und besiegelte damit das Schicksal ihres Gatten. Die Attentäter warfen den Leichnam in den Klostergarten. *Johanna* und ihre Anhänger schlossen sich vor dem Zorn des empörten neapolitanischen Volkes im Castel Nuovo ein.[32]

Andreas' Fall wächst durch seinen gewaltsamen Tod über den Rahmen einer Familienskandalchronik hinaus und wird zu einer ganz Europa interessierenden politischen Affäre. Wenn nämlich der Papst der gegen *Johanna* erhobenen Beschuldigung der Komplizenschaft stattgibt, wird der neapolitanische Thron leer. Laut *Roberts* letztem Willen war die Erbin dieses Thrones *Maria,* im Sinne der Verfügung Papst *Bonifaz VIII.* war *Karl von Durazzo* der Erbe.[33] Dieser jedoch hatte sich bereits Monate vorher heimlich mit *Maria* vermählt. Auch solcherart bemühte sich die neapolitanische Verwandtschaft, *Ludwig* den Weg nach Neapel abzuschneiden, war er doch einst mit *Maria* verlobt gewesen. Wäre jedoch das Prinzip der Erstgeburt zur Geltung gekommen, so hätte der neapolitanische Thron einen einzigen Erben–den ungarischen König–gehabt.[33a]

Wir sahen: der Papst und der hinter ihm stehende französische König waren nicht einmal bereit, sich in die neapolitanische Secundogenitur der ungarischen Anjous zu fügen, viel weniger noch konnten sie es zulassen, daß die heilige Krone und die Krone Siziliens das gleiche Haupt schmückten und dieserart von der polnischen Grenze bis zur Straße von Messina der so oft versuchte Plan des ost-französischen Reiches verwirklicht würde[34] –freilich mit ungarischen Kräften und unter ungarischem Zepter. Dies konnte nicht nur der französische König, sondern auch *Karl von Mähren* nicht dulden, der–seit 1346 König von Böhmen–seine Hand nach der Kaiserkrone seines Großvaters ausstreckte. Und auch der Papst mochte sich darüber im klaren sein, daß der ungarische König, als Siziliens König, nur der Form nach sein Vasall sein würde–wie einst die Hohenstaufer. Er mußte also jeden Stein in Bewegung setzen, daß Ludwig nicht Herr von Neapel werde. Damit zerbarst die von *Karl I.* geschaffene *entente cordiale,* die sogar Papst und französischer König mit Sympathie betrachteten, sogar unterstützen konnten.

Zum Zeitpunkt von *Andreas'* Tod stand der ungarische König im Krieg mit Venedig. Venedig bot ihm 80 000 Goldstücke für Dalmatien, der *restitutor Regni* aber handelte nicht mit seinen Hoheitsrechten, den Besitztümern seiner Ahnen. An Venedigs Widerstand jedoch mußte jeder neapolitanische Plan scheitern: über die Adria konnte der ungarische König, der damals noch keine Flotte hatte, ohne Venedigs Hilfe nicht übersetzen. *Ludwig* wollte darum vor Beginn der neapolitanischen Aktion mit Venedig abrechnen. In der großen Schlacht von Zara am 1. Juli 1346 siegte jedoch Venedig. Die Signorie bot nunmehr 160 000 Goldstücke für Dalmatien; *Ludwig* ging auch jetzt nicht auf den Handel ein, nahm aber die Geste der Republik zur Kenntnis, die die bei ihr Hilfe und Allianz suchende *Johanna* abgewiesen hatte. Die moralische Empörung war noch zu groß, die Stimme der öffentlichen Meinung noch zu stark: Venedig wollte nicht gemeinsame Sache mit der Gattenmörderin machen. So kam ein 8 jähriger Waffenstillstand zustande zwischen *Ludwig* und der Signorie, und in den Jahren des neapolitanischen Konflikts benahm sich Venedig als ein tadelloser Partner.[35]

Venedig war erster Faktor in einem neuen Bündnisnetz, das *Ludwig* in den Monaten einer sich immer ungünstiger gestaltenden Haltung *Clemens VI.* ihm gegenüber–als er schon sah, daß er ohne Krieg nichts erreichen könne–zustande brachte.[36] Seine Diplomaten–geistliche wie weltliche Große, die allem Anzeichen nach die Sache ihres Herrn ausgezeichnet vertraten–gewannen nacheinander einen Großteil der italienischen Städte und Fürsten sowie den Tribun des papstlos gewordenen Roms, *Cola di Rienzo. Ludwig* verbündete sich auch mit dem natürlichen Feind der Luxemburger, Kaiser *Ludwig dem Bayern,* ja sogar mit dem englischen König *Eduard III.* Im Juni 1347 überschritten die ersten ungarischen Truppen die Grenze Neapels und bald danach zogen sie in die Burg von Aquila ein.–Daß die Dinge soweit kamen, lag an der Haltung *Clemens VI.* Ein Vierteljahr nach dem Tod seines jüngeren Bruders wandte sich *Ludwig* noch mit natürlichem Vertrauen an das Oberhaupt seiner Kirche.[37]

Der Papst, nachdem er vorher auf jede erdenkliche Weise–wiewohl erfolglos–versucht hatte, die Italiener gegen *Ludwig* zu stimmen, erließ im Februar 1346 eine Bulle gegen die Mörder.[38] Im ersten Moment verstanden die neapolitanischen Verwandten den Schachzug des Papstes nicht. Die Herzöge wandten sich gegen *Johanna–Karl von Durazzo* mit Waffengewalt. "Kaiserin" *Katharina* aber einte die Familie alsbald wieder. Gegen die kleinen Vollstrecker der Verschwörung begann eine Treibjagd. Die berüchtigte *Philippa* samt ihrer Brut beendete ihr Leben auf dem Schafott. Die beiden *Grafen von Artois* verteidigten sich in einer Burg; *Katharina* gelangte durch List in die Burg und ließ die beiden Grafen–damit sie kein Geständnis ablegen konnten– vergiften.[39] Der Papst hatte sein Ziel erreicht: die Zeugen waren ausgerottet. *Johannas* Lage war auf einmal gebessert. Und damit verändert sich auch der Ton von *Ludwigs* Briefen, d. h. er durchschaut die Absicht. "Ich habe es nicht gern gesehen"–schreibt er bereits am 27. März 1346[40] –"daß Eure Heiligkeit in dem Brief Johanna, . . . die Mörderin ihres Gatten, Unsere liebe Tochter in Christo und glorreiche Königin nannten . . . . Ich bin auch nicht zufreiden mit der Bestrafung der Verräter und Mörder meines Bruders, des Herrn Königs, denn sie wurde nicht so durchgeführt wie es hätte sein müssen. Wäre das Verfahren gerecht gewesen, dann hätten die Verräter mehr ausgesagt über Johanna, die Mitglieder der königlichen Familie und andere, aber einem wurde die Zunge herausgeschnitten, der andere wurde ohne Verhör hingerichtet, damit sie die Wahrheit nicht bekennen konnten. Darum flehe ich Eure Paternität an, daß das Werk der Vergeltung an jenen Verrätern, die noch nicht belangt worden sind . . . , von mir und in Anwesenheit meines königlichen Gerichts durchgeführt werde." Zu diesem Zeitpunkt wußte *Ludwig* auch schon, daß *Johanna* sich mit einem der Herzöge von Taranto vermählen wollte. Zur Heirat bedurfte es jedoch der päpstlichen Erlaubnis. "Und wahrlich, wenn Eure Heiligkeit diese Erlaubnis geben würde"– schreibt der ungarische König und fügt hinzu–"was ich nicht glaube, . . . würde das in der ganzen christlichen Welt unaussprechliche Verblüffung und große Verwunderung hervorrufen." *Clemens VI.* aber gab die Erlaubnis und "die gattenmördende Frau" ehelichte *Ludwig von Taranto,* dem etwas später vom Papst auch gestattet wurde, den Königstitel zu führen.[41]

Da standen schon die ungarischen Truppen auf dem Boden des neapolitanischen Königtums.

Ludwigs Durchquerung Italiens–ein einziges Scharmützel abgerechnet –war ein friedlicher Triumphzug. In Foligno erwartete ihn der Abgestandte des Papstes, Kardinal *Bertrand,* der ihm mit Exkommunikation drohte.

"Um die ungerechte Exkommunizierung kümmere ich mich nicht"–antwortete der König–"weil Gott, der größer is als der Papst, weiß, daß mein Unternehmen gerecht is".[42] Neapel war in dieser Minute ganz auf der Seite *Ludwigs.* Die Anjou-Herzöge stellten sich zwar vor Capua zur Schlacht, aber *Ludwig* und seine Führer siegten. Darauf flohen *Johanna* und ihr Mann auf dem Seewege nach Marseille. Die empörten Franzosen jedoch wollten nichts wissen von der Herrschaft der Gattenmörderin: bei der Landung wurde sie ergriffen und in die Burg Roche des Arnolds gesperrt. Sofort schaltete sich der Papst ein, und mit seiner Hilfe wurde *Johanna* auf freien Fuß gesetzt. Ein paar Monate darauf–um die schwierige materielle Lage der Königin zu erleichtern–kaufte *Clemens VI.* für 80 000 Goldstücke von ihr die Stadt Avignon, die bis dahin Teil des Provence-Besitzes der neapolitanischen Anjou gewesen war.[43]

In Aversa angekommen, zitierte König *Ludwig* die fünf *Anjou*-Herzöge vor sich. Dort ließ er sie gefangennehmen und stellte sie vor einen ungarischen Gerichtshof. Die Richter befanden *Karl von Durazzo* der Untreue und des Majestätsverrats sowie der Hinderung der Krönung *Andreas'* für schuldig und beantragten die Todesstrafe. Unter den Anklagepunkten ist einer, der sonderbares Licht wirft auf den Prozeß gegen Herzog *Karl.* Er hatte *Maria* zur Frau genommen, *Ludwigs* einstige Braut, und der Klage nach hatte er auch damit Verrat geübt, ohne Rücksicht darauf, daß *Ludwig* damals schon längst Bräutigam *Margaretes von Luxemburg* war. Der König ließ seine Richter zweimal abstimmen. Als sie auch das zweite Mal für den Tod des Herzogs stimmten, ließ er an dem gleichen Ort, wo *Andreas* erwürgt worden war, seinen Kopf abschlagen. Die übrigen vier *Anjou*-Herzöge aber schickte er als Geiseln nach Visegrád.[44]

Ähnlich selbst darin noch dem jungen *Alexander,* konnte auch der ungarische Eroberer jetzt, im Rausch der großen Siege, nicht Herr werden über seinen jähen unbändigen Zorn, über seine Ungeduld, seine Rachedurst, seine Eifersucht–und er ließ den Verwandten töten, der seine einstige Braut zur Mutter gemacht hatte. Damit allerdings beging er jenen fatalen Fehler, der einen Wendepunkt in der Geschichte der neapolitanischen Unternehmung markiert. Der Papst, der angesichts *Ludwigs* Erfolgen und der Stimmung des neapolitanischen Volkes dieses einzige Mal zu sehr weitgehenden Konzessionen sich bereit zeigte, äußerstenfalls sogar zur Erduldung der Herrschaft des Königs über Neapel,[45] nahm jetzt eine extrem starre Haltung gegen *Ludwig* ein und bezog Stellung für *Johanna.*

Ein überaus großer Teil seiner italienischen Anhänger wandte sich von *Ludwig* ab und selbst ein Teil seiner ungarischen Begleiter sah keine Berechtigung zur Rechtsprechung des ungarischen Königs durch ungarische Richter über einen sizilianischen Herzog, zu einem solchen Zeitpunkt, da *Ludwig* rechtlich noch nicht König von Sizilien war.

Ludwig nahm in seine Titulatur auch die Titel des Königs von Sizilien und Jerusalem, des Fürsten von Capua und Herzogs von Apulien auf. Jetzt wäre es für ihn notwendig gewesen, zwischen Neapel und Ungarn eine ständige und sichere direkte Verbindung mit allen ihm zur Verfügung stehenden Mitteln zu schaffen. Das war nur über die Adria möglich. Das Friedensangebot Venedigs kam also wie gerufen. Doch das dalmatinische Problem machte die Übereinkunft im vornhinein aussichtslos. *Ludwig* wußte, daß die neapolitanische Seemacht Ungarns ausschließlich auf den Trümmern Venedigs und im unangefochtenen Besitz Dalmatiens aufzubauen war. An der Spitze eines großen mediterranen Bündnisses–bestehend aus Neapel, dem sizilianischen König *Ludwig von Aragon* und Venedigs hauptsächlichen Rivalen, Genua, rüstete er sich zur Abrechnung mit Venedig. Dieser Moment ist es, den ein gewisser Meister *Ladislaus* in seinem Brief vom 19. März 1348 an den Bischof von Siebenbürgen festhält: "Über unseren Herrn–so der Brief[46]–, Ungarns König, hörten wir von einem aus Apulien heimgekehrten Grafen von Veglia . . . , daß unser Herr König tatsächlicher und alleiniger Herr des Landes ist, nachdem er all seine Feinde getötet, gefangengenommen oder in die Flucht geschlagen hat, und da im Hafen von Neapel 40 Genueser Galeeren sind und aus der Umgebung 20 sowie aus Sizilien 30 erwartet werden, die–sobald sie sich gesammelt–gegen die Venezianer auslaufen werden."

Diesen Plan durchkreuzte einer der schwersten Schläge des mittelalterlichen Europas, die im selben Jahr aus dem Osten eingeschleppte Pest, der sogenannte "Schwarze Tod". Da ereignete sich Sonderbares. Der König übertrug die Regierung des eroberten Landes seinem deutschen Söldnerführer *Ulrich Wolfhard* und kehrte mit dem größten Teil seiner Ungarn nach Hause zurück.[47] Im Juni war er schon daheim. Daran konnte er nicht denken, daß er aus dem am meisten gefährdeten italienischen Gebiet mit seinem Heer selbst die Keime der furchtbaren Seuche nach Ungarn brachte, aber darüber mußte er sich im klaren sein, daß er mit seinem unerwarteten und sowohl diplomatisch als auch militärisch unmotivierbaren Abzug sämtliche erzielten Erfolge aufs Spiel setzte. *Johanna* und ihr Gatte fürchteten die Epidemie nicht: schon im September waren sie daheim. Die deutsche und ungarische Wacht des ungarischen Königs drängten sie in die Burgen; am Jahresanfang 1349 waren nur mehr 3 Burgen in ungarischer Hand. *Matteo Villani,* italienischer Zeitgenosse, erkannte mit scharfem Blick den schwächsten Punkt in *Ludwigs* Naturell, indem er den ungarischen König so charakterisierte: "In großen Dingen gab er oft Beispiele plötzlicher und leichtfertiger Enschlüsse. Er versteht sich besser auf das Abbrechen ungünstiger Unternehmungen–weil er sie aufgibt–als auf das energische Durchhalten."[48]

Sofern er wirklich vor der Seuche floh, tat er es umsonst. In Ungarn war die Epidemie schon 1348 ausgebrochen und warf Ende des Jahres sowohl den König als auch seine junge Gattin, *Margarete von Luxemburg,* aufs Krankenlager. Die Königin starb–Kinder hinterließ sie keine; dafür gehörte *Ludwig* zu den sehr wenigen, die von der Krankheit genasen.

"Die vom südlichen und westlichen Küstengebiet nach Osten strömende und an den Sudeten und am Karpaten-Grat innehaltende große Pest breitete sich auf dem befallenen Gebiet strahlenförmig nach allen Richtungen aus." In Ungarn raffte sie ihre Opfer zumeist unter der armen Bevölkerung. Ganze Dörfer blieben unbewohnt. Der venezianische Rat gibt Kunde von der ungarländischen "maxima et horrenda mortalitas". Noch im März 1349 wagt man zu *Ludwig* keine Gesandten zu schicken wegen des "casus mortalitatis". Am 7. Juni allerdings schreibt der König bereits folgendermaßen an den Dogen: "Dieser Schlag, welcher fast die ganze Erdenrunde getroffen hat, ist nun für unser Land durch Gottes gnädige Fügung beendet."[49]

Und jetzt, da das Unheil vorüber ist, scheint es, als würde *Ludwig* Neapel doch nicht verlorengehen lassen. Unter der Führung des siebenbürgischen Woiwoden *Stephan Lackfi* trafen auf schnellen Galeeren ungarischen Truppen in Manfredonia ein. *Ludwig von Taranto* erlitt bei Troja eine Niederlage; eine ganze Reihe von Burgen gelangte erneut in ungarische Hand. Zwischen Aversa und Neapel erntete *Stephan Lackfi* einen entscheidenden Sieg. Infolge der Meuterei der in ungarischem Sold stehenden Deutschen wurde er jedoch zum Rückzug gezwungen.[50]

Zur selben Zeit waren die Gesandten des Königs in Avignon gewesen, der Gesandte des Papstes, Kardinal *Guido,* wiederum in Buda. Die Einigung kam beinahe zustande. *Guido* empfahl, *Ludwigs* jüngerer Bruder solle *Johannas* jüngere Schwester heiraten und diese sollten Neapel erben. Als aber *Guidos* Bericht in Avignon eintraf, hatte der Papst schon Kenntnis von *Stephan Lackfis* schwieriger Lage und stellte sich wieder neben *Johanna.*[51]

Diese Wendung verlagerte die neapolitanische Angelegenheit noch einmal auf den militärischen Sektor. Auf einsamer Galeere überquerte der König die Adria. Das übrige Heer folgte später oder schloß sich ihm, auf italienischem Boden an. Im Juni zog er schon an der Spitze von 15 000 ungarischen, 8000 deutschen Berittenen und 4000 italienischen Fußsoldaten gegen Neapel.[52] Erneut unterwarfen sich nacheinander die wichtigsten Burgen, ausgenommen Aversa. Und die Belagerung von Aversa zog sich in die Länge.

Inzwischen wurde wieder eine Initiative abgebrochen. *Ludwig* hatte um die Hand der verwitweten Herzogin von Durazzo angehalten, seiner einstigen Verlobten. Es ist bezeichnend und eigentlich natürlich, daß *Maria* ja sagte. Der Papst aber protestierte, da diese Heirat im Sinne sämtlicher Erbtheorien *Ludwig* zum gesetzlichen Herrn Neapels gemacht hätte; *Johanna* ließ ihre vielgepeinigte jüngere Schwester einkerken. In diesem Augenblick trat *Ludwig* zurück.[53] Warum? Wäre es nicht natürlicher gewesen, daß der Ritter die seinetwegen eingekerkerte Frau befreit und der Mann–wenn er schon seinen Rivalen, den Gatten, tötete–sie sich zu eigen macht und der König sie auf den Thron ihrer gemeinsamen Ahnen setzt? Doch es geschah nichts.

Wir stehen vor der oft beschriebenen, oft besungenen Schlußszene der neapolitanischen Unternehmung: der König, ebenso wie einstmals *Alexander,* nahm selbst an den Schlachten teil; war wagemutig bis zum Leichtsinn und hatte ungestüme Lust am Kampf. Bei der Belagerung von Aversa erkannte ihn ein Italiener von der Festungsmauer und schoß Pfeil auf ihn. Die bartzackige Pfeilspitze bohrte sich in den linken Unterschenkel des Königs. *Stephan Lackfi* and *Ulrich Wolfhard* rissen mit 12 Rucken das Eisen aus seinem Fleisch.[54] Wieder war ihm der Tod nahe–und diesmal an jenem Ort, wo *Andreas* getötet worden war und er den *Durazzo* hatte enthaupten lassen. Dieser Jüngling pflegte einen Sterndeuter auf seine Kriegszüge mitzunehmen[55]: gewiß war er nicht unempfindlich gegenüber solch ominösen Koinzidenzen. Zwar fiel Aversa nach ein paar Tagen, und sogar Neapel geriet noch einmal in ungarische Hand. Aber der König–in seines Herzens Tiefe–hatte Neapel bereits aufgegeben. Als seinen Statthalter ernannte er den Tataren-Sieger *Andreas Lackfi* und war Mitte

September schon unterwegs nach Rom. Wie 1343 seine Mutter, so trat jetzt auch *Ludwig* als frommer Pilger über die Schwelle der Ewigen Stadt.

Daß ihn das Volk Roms mit dem Titel *dominus Romanorum* geehrt habe,[56] ist weder gesichert noch wichtig. Vielleicht hat die moderne Kritik recht: Der Biograph will durch Ausschmückung des Rom-Auftenthalts des Königs lediglich das quälende Fragezeichen der unvollendeten neapolitanischen Unternehmung vergessen machen. Niemand von uns weiß allerdings, zu welchen Erkenntnissen er in jener Nacht gelangt ist, da dieser tiefreligiöse Ritter, das Pfeil-Eisen in seinem Fleisch, sich auf den Tod vorbereitete–und daß er sich darauf vorbereitete, wissen wir.[57] Vielleicht sind die beiden kurzen Sätze des Biographen keine Phrase: "Danach entzündete der König seine Seele für die Andacht des Jubiäumsjahres," und später: "Viele Tage verbrachte hier (nämlich in der Sankt-Peters-Basilika) andächtig der König."[58] Wer sich die Glorie als Leitstern wählte, für den ist totale Entsagung ein großer Sieg–Sieg über sich selbst. Letztlich wurde auch *Karl V.* Jahrhunderte hindurch getadelt ob seines großen Verzichts–während unsere Epoche gerade darin seine größte Tat erblickt.[59] Freilich war jener ein 55 jähriger kranker, gebrochener Mensch; dieser ein 24 jähriger Held, noch nicht einmal in der Mittagssonne seines Lebens. Dafür entsagt dieser auch nicht allem, sondern überantwortet lediglich einen seiner großen Träume dem Wind: seine im Ursprung capetingische Idee der Herrschaft über das Mediterraneum. Das übrige bleibt.

Die Bedingungen des im Oktober 1352, zwei Monate vor dem Tod *Clemens VI.* zustandegekommenen Friedens erlauben zu folgern, daß wir in der Beurteilung des Verhaltens von *Ludwig* auf richtiger Spur sind. Mit *Johanna* auch nur durch Botschafter zur verhandeln weigerte er sich, stattdessen bat er den Papst um Vermittlung. Und diesem, nicht aber *Johanna,* gab er die Ländereien und Burgen zurück, die nun in die Hände des neapolitanischen Königspaares gelangten. Wiewohl er seinen eigenen Thronanspruch–wenigstens der Form nach–niemals aufgab, überließ er es dem Papst, was mit dem Königtum seiner Ahnen geschehen solle, und erhob auch gegen *Johannas* Herrschaft keinen Einwand. Für sich selbst das päpstliche Zehntel der oberpriesterlichen Einkünfte für vier Jahre ausbedingend, forderte er keine Reparationen vom neapolitanischen Königspaar. Er verlangte jedoch Garantien für die Nichtbestrafung seiner neapolitanischen Anhänger und entließ seine als Geiseln bei sich behaltenen Verwandten erst, als ihm diese Sicherheiten gegeben wurden.[60] Mag sein, daß *Johannas*

Leute sowie der schon grabwärts gebeugte Papst sich ins Fäustchen lachten; *Ludwig* aber hatte einen Pakt geschlossen mit seinem eigenen Gott und konnte zuversichtlich sagen: "salvavi animam meam."

III.

Ludwigs I. neapolitanische Kriegszüge waren durch das Militärpotential des ungarischen Adels ermöglicht worden. Als Folge dessen gab der König nach Beendigung seiner Feldzüge greifbare Zeichen seiner Anerkennung und kodifizierte 1351 die politischen Rechte des ungarischen Adels. Der Gesetzesartikel 11 des Jahres 1351 besagt, daß "die innerhalb der Landesgrenzen lebenden Adeligen . . . allesamt ein und dieselbe Freiheit genießen sollen: sub una et eadem libertate gratulentur."[61]

In den Artikeln des 1351er Gesetzes ist das Streben nach Gleichgewicht, die Tendenz zur möglichst friedlichen Lösung der Gegensätze zu beobachten, und dieses Bemühen um Gleichgewicht, um gerechten Ausgleich ist zugleich–wenigstens seit den Monaten der Endphase der neapolitanischen Affäre–auch das individuellste Kennzeichen für Königs *Ludwigs* Charakter und Herrschaft.

Weiterentwickelt werden auch die mit dem Westen in der Ära *Karls I.* geknüpften Beziehungen, wie es die von *Ludwig I.* für französische und deutsche Kaufleute zahlreich herausgegebenen Patente sowie die Mäßigung gegenüber den österreichischen und böhmischen Fürsten, durch deren Gebiete dieser Handel ging, beweisen, wobei er ernste Konflikte mit ihnen trotz wiederholter Anlässe bewußt vermied.

Die Vollendung des Lebenswerkes von *Karl I.* und zugleich den bedeutendsten Erfolg der Außen- und Wirtschaftspolitik *Ludwigs I.* stellt jedoch die Rückeroberung Dalmatiens samt Ragusa und Cattaro dar. Damit gelangte der Sohn auf dem Gebiet des adriatischen und levantinischen Handels wenigstens zu gleichwertigen Lösungen wie sie sein Vater auf dem Gebiet des westlichen und nördlichen Handels erreicht hatte. Zu diesem Erfolg führte die Hinausdrängung Venedigs aus dem dalmatischen Raum.

Die Bedingungen des Waffenstillstandes von 1348 wurden der Form nach von Venedig dadurch verletzt, daß es der Witwe *Mladen Subičs* die Burg Scardona für Geld abkaufte.[62] Dadurch wurde ungarisches Reichsgebiet veräußert. *Karl,* König von Böhmen, näherte sich erneut seinem einstigen Schwiegersohn, seit die Gefahr der ungarisch-neapolitanischen

Personalunion vorübergezogen war. Die österreichischen und bayerischen Herzöge wiederum hofften teilzuhaben an der Beute. So kam alsbald das Bündnis zwischen *Ludwig, Karl,* den Herzögen *Albert II. von Österreich* und *Ludwig von Bayern* zustande, dem Venedig die Hilfe von *Stephan Dušans* Groß-Serbien gegenübersetzte. *Ludwig* jedoch schlug im Jahre 1355 *Dušan.* Er nahm ihm Hulm weg und annektierte es dem ungarischen Reich.[63] Bald darauf starb der große serbische Zar. *Ludwig* konnte sich also mit voller Kraft gegen die Republik wenden.

In Avignon überzeugten seine Gesandten den Papst von der Rechtmäßigkeit des Angriffs. Es ist wahr, daß *Ludwig* den Papst geradewegs zur Entscheidung aufforderte und dabei auch anbot, er werde–sobald er freie Hand gewönne–nach Bosnien eindringen, um dort die erneut sich ausbreitende bogumilische Ketzerei zu unterdrücken. *Innozenz VI.* nahm begeistert Kenntnis von der Bereitwilligkeit des ungarischen Königs, den er "Hauptkapitän der Kirche," ihren "Bannerträger" nannte, ihm keine geringere Aufgabe anvertrauend als die Verwirklichung der Katholisierung des Balkans.[64]

Inzwischen nahm die Belagerung von Treviso ihren Verlauf. *Ludwig* drang bis Padua vor. Dort kam mit dem Herrn der Stadt, *Francesco Carrara,* eine lebenslange Freundschaft und Allianz zustande. Das bedrängte Venedig erbat und erhielt einen fünfmonatigen Waffenstillstand. Der König zog sofort gegen Bosnien. Auf Strafexpedition: des ungarnfreundlichen bosnischen Banus *Stephan Kotromans* Neffe, König *Tvrtko,* hatte durch die Einnahme des erst dieser Tage in ungarische Hand gelangten Hulm ihm den Handschuh ins Gesicht geschlagen. Zugleich hatte er der patarenischen Häresie freien Lauf gelassen, was der Hüter des katholischen Glaubens nicht dulden konnte. Seine Gegenwart schuf schlagartig eine neue Lage: *Tvrtko* lieferte Hulm aus und versprach auch, daß er alles tun würde zur Zurückdrängung des Bogumilismus.[65] *Ludwig* gründete 12 Minoriten-Klöster auf bosnischem Territorium und schickte auch aus den Diözesen von Kalocsa und Csanád zahlreiche Priester in *Tvrtkos* Provinz. Wiewohl das missionsbetonte Belgrader katholische Bistum schon 1331 von *Karls I.* gegründet worden war, nimmt die Kreuzzugs-, Bekehrungs- und Reichsorganisations-Aktivität des ungarischen Königs in Wirklichkeit jetzt, mit *Ludwigs I.* bosnischem Auftreten, 1356/57 ihren Anfang.

Mittlerweile war auch der venezianische Waffenstillstand abgelaufen und das Jahr 1357 brachte auch gegenüber Venedig die Entscheidung.

Ausgenommen Treviso und Castelfranco kamen sämtliche wichtige Burgen der Terra Ferma in ungarische Hand. Die ragusische Republik, die der unerbetenen Vormundschaft Venedigs überdrüssig geworden war und mit Recht für sich eine größere und selbständigere kommerzielle Rolle erhoffte auf seiten *Ludwigs* statt am Gängelband Venedigs, anerkannte freiwillig die Suprematie der heiligen Krone.[66] *Ludwigs* Truppen nahmen Traù und Spalato, Mitte September zogen sie in Zara ein und etwas später auch in Sebenico. Ganz zu Beginn des Jahres 1358 kamen auch die Inseln nacheinander in ungarische Hand, Venedig aber anerkannte im Frieden von Zara das unbeschränkte dalmatische Hoheitsrecht des ungarischen Königs. Doch möge *Ludwig* selbst sprechen: "Nehmet zur Kenntnis, . . . daß wir mit der Republik und dem Dogen von Venedig. . .ewigen Frieden geschlossen haben, und zwar dergestalt, . . . daß sie uns ganz Dalmatien überlassen samt allen Inseln, Städten und Ortschaften im Meere gleichwie auf dem Festland, sie ferner vollkommen und vollständig verzichtet haben auf ihre Titel und Rechte bezüglich Dalmatien und Kroatien, insofern sie irgendein Recht darauf hätten, wie dies hervorgeht aus ihren davon handelnden Urkunden, . . .welche wir durch den Überbringer unseres gegenwärtigen Briefes auch Euch vorweisen, . . .Diese Briefe lasset auf Euren Gebieten verlesen und verkünden, und von dieser Kundgabe . . . sendet uns Mitteilung."[67] Der Brief ist an die Stadt Florenz gerichtet, mit der der ungarische König sein ganzes Leben hindurch ein gutes Verhältnis pflegte, auch wenn er in keine so enge Kooperation trat wie beispielsweise mit Padua und später auch mit Genua.

Im Jahre des Friedens von Zara taucht erstmalig der Titel, "amiratus maritimus regis Hungariae," des Admirals der adriatischen ungarischen Seeflotte auf. Diese Würde besteht bis 1420. Aus der binnenländischen Lage des Ungarntums folgt, daß die Admiräle *Ludwigs I.* alle Italiener sind –des ersten Name ist *Jacopo Cessano*–, und aus den venedigfeindlichen Interessen der ungarischen Politik, daß unter ihnen der Hervorragendste ein Genueser ist: *Simone Doria* (1372). Die Flotte besteht aus 15 großen Kriegsgaleeren, diversen Barken und kleineren Schiffen, zur Hälfte von Ragusa dem ungarischen König zur Verfügung gestellt.[68] Mit dem Ausbau der Flotte nahm *Ludwig* einerseits die Lenkung des Ungarn interessierenden Sektors des adriatisch-levantinischen Handels in seine eigene–die Zentralgewalt verkörpernde–Hand, andererseits trat er auch auf militärischem Sektor als adriatisch-maritime Macht auf.

Ebenfalls beginnend mit dem Jahr des Friedens von Zara schickt *Ludwig* als "capitaneus Ecclesiae" regelmäßig ungarische Söldner nach Italien, zur Unterstützung der dortigen Bestrebungen *Innozenz VI.*[69] Im Jahre 1358 war es kein Geringerer als das Haupt des unter *Karl I.* emporgestiegenen wichtigen Aristokratengeschlechts, *Nikolaus Lackfi,* der dem Kardinal *Albornoz,* dem in Rom residierenden päpstlichen Vikar, zu Hilfe eilte, als ihn die Herren von Forli, die *Ordelaffi,* bedrängten. Der ungarische Sieg stellte die territoriale Integrität des Kirchenstaates wieder her.

Zwei Jahre später versuchte *Ludwig* sogar die Aussöhnung mit den neapolitanischen Verwandten. Jene 7000 Ungarn, die der König gleichfalls zur Entsetzung *Albornoz'* gegen die *Visconti* geschickt hatte und die in diesem Unternehmen nicht ihren Mann standen, vereinigten sich 1361 mit anderen in Italien befindlichen ungarischen Truppenresten und stellten sich als freier Soldatenverband—"Societas Magna Hungarorum"—in den Dienst des neapolitanischen Königs *Ludwig von Taranto* und "auch dem ungarischen König zu dienen" schlugen sie sowohl in Neapel als auch in der Provinz die Gegner des Tarantiners.[70] Im nämlichen Jahr geschah es, daß *Ludwig* von Ungarn seine neapolitanischen Verwandten noch Buda einlud. Er selbst war kinderlos, sein jüngerer Bruder *Stephan* war 1355, dessen Sohn *Johannes* 1360 gestorben; die sizilianischen Herzöge waren somit Anwärter auf den ungarischen Thron geworden. Wenn wir zu *Ludwigs I.* gefestigter adriatischer Macht, der ungarischen Adria-Flotte, den mit Padua, Genua und Florenz enggeknüpften Verbindungen, der in Rom und im Bündnis mit dem Papst übernommenen Rolle als "Bannerträger der Kirche" sowie der Annäherung an die neapolitanischen Verwandten noch hinzunehmen, daß 1361 die geistlichen Kurfürsten sowie der österreichische Herzog *Rudolf* die römische Königskrone *Ludwig* antrugen,[71] wodurch sich auch die Aussicht in Richtung auf die Kaiserkrone eröffnen hätte können, dann zeichnen sich die Konturen einer großangelegten Italien-Politik ab, in deren Perspektive die Möglichkeit eines neapolitanisch-ungarischen Reiches noch einmal, ja sogar—nun erstmalig—auch die Chance einer ungarisch-deutschen Personalunion aufblinkt.

Erschrecken und Gegenmaßnahmen *Karls IV.*—obschon der ungarische König die römische Krone sofort von sich wies—beleuchten klarer als das Gesagte die Machtposition *Ludwigs* in den Jahren nach der Niederzwingung Venedigs. Der Kaiser, dieser kluge, schlaue, umsichtige Mensch, ließ sich in seiner Erregung zu solchen Worten gegenüber *Ludwigs* angebeteter

Mutter hinreißen, daß der König darauf mit dem im Ton vielleicht gröbsten Brief des Jahrhunderts sowie einer Kriegsdrohung antwortete. Der seit 1362 regierende neue Papst, *Urban V.* jedoch unternahm es, die beiden Fürsten auszusöhnen. Ebensowenig wie *Ludwig* wünschte der inzwischen gefaßtere *Karl* sich mit seinem früheren Schwiegersohn in einen solchen Krieg zu verwickeln, der geeignet erschien, den Frieden Mitteleuropas auf längere Zeit zu gefährden und das Gleichgewicht eventuell völlig umzustürzen. Die Herrscher trafen sich in Krakau, wo auch der König von Zypern vom polnischen König *Kasimir III.* zu Besuch empfangen wurde. Es scheint, daß die Informationen des zypriotischen Königs zum ersten Mal den Führern Mitteleuropas die Türkengefahr in vollem Ausmaß offenbarten.[72]

Zur Zeit der Krakauer Gespräche waren es schon 10 Jahre, seit die neue muslimische Großmacht im südlichen Zipfel des europäischen Kontinents Fuß gefaßt hatte. Die Fürsten entschlossen sich zu einem Kreuzzug. Das doppelte Ziel: Verdrängung des Türken und Katholisierung der Balkan-Völker. Wir sahen: *Ludwig* hatte bereits 1344/45 einen Kreuzzug gegen die litauischen und tatarischen Heiden unternommen. Sieben Jahre später entschloß er sich zu einem neuen Feldzug–diesmal gegen die Litauer allein.

Aus der Erzählung einer zeitgenössischen Quelle–die des Anonymen Minoriten[73]–lassen sich Methode, Ziele, Natur von *Ludwigs* Kreuzzugunternehmungen rekonstruieren.

An der Grenze des zu bekehrenden Landes mit seinem Heer Stellung beziehend, beorderte der König die Fürsten jenes Landes zu sich. Der Litauer *Kieystut* kam auch wirklich zu ihm. Eine friedliche Vereinbarung wurde getroffen, deren Punkte diese waren: 1. *Ludwig* erbittet vom Papst eine Königskrone für *Kieystut; Kieystut,* seine Familie, sein Volk lassen sich taufen. 2. *Ludwig* bietet den Litauern Schutz sowohl gegenüber dem Deutschen Ritterorden wie gegen den Tatarischen Osten und erobert für sie die durch den Deutschen Ritterorden besetzten litauischen Landstriche zurück; der litauische Fürst wiederum steht auf eigene Kosten und mit seiner eignen Macht zur Verfügung des ungarischen Königs, wenn dieser zu Feld zieht. 3. Die Organisation der katholischen Kirche wird auch auf Litauen ausgedehnt. 4. *Kieystut* begleitet den ungarischen König nach Buda, um sich dort taufen zu lassen. 5. *Lieystut* tritt der ungarisch-polnischen *entente cordiale* bei; die ungarischen Kaufleute "dürfen ohne jegliche Besteuerung nach Litauen; dort können sie sich beliebig lange aufhalten und unbehelligt nach Hause zurückkehren, wenn sie es wünschen." Der Vertrag umfaßte den Eintritt des Litauertums in die westliche Kulturgemeinschaft; das Prinzip gegenseitigen Schutzes und Hilfeleistens; und die Ausdehnung des von *Karl I.* ausgebauten Handelsnetzes auch auf Litauen. *Kieystut* handelte kaum sehr überlegt, als er, seinen Schwur brechend, zusammen mit seinem von *Ludwig* aus der polnischen Gefangenshaft befreiten jüngeren Bruder. *Leobard,* aus dem Lager des ungarischen Königs entwich–und es danach als seine allergeringste Sorge betrachtete, der mit dem ungarischen König geschlossenen Vereinbarung Genüge zu tun.

Daß *Ludwig* das Vorgehen *Kieystuts* nicht hinnahm, liegt auf der Hand. 1352 zog er zusammen mit seinem polnischen Onkel "in die Nachbarschaft der Tataren," vor die Burg Belz, deren litauischer Burgvogt sie gewaltig befestigt hatte. Der 26 jährige König bestürmte in einer Linie mit seinen Soldaten die Mauern, hineinsteigend in das Wasser des Wallgrabens, das den Kriegern "bis zur Gurgel stand." Am Kopf traf ihn von der Hauptbastion ein sogenannter Schlegel, und leicht wäre er im Wasser umgekommen, hätte den Taumelnden nicht *Nikolaus Perényi* aufgefangen und auf seinem Rücken über das Wasser getragen. Der sehr viele Opfer fordernde Sturm mißlang. *Ludwig* wäre schon anderntags bereit gewesen, das Lager abzubrechen; sein Ratgeber, *Nikolaus Kont,* erreichte es jedoch, daß er einen zweijährigen Waffenstillstand mit dem Burgvogt schloß, der sich dafür unterwarf und *Ludwigs* Fahne auf der Burg aufpflanzen ließ.[74]

Vor dem zurückkehrenden König aber verwüsteten die Litauer und die Tataren–nach alter Nomadensitte–alles bis zur Erde, auf daß er verhungere. Anschließend drängten sie ihn zu einem reißenden Fluß, offenbar in der Hoffnung, ihn dort überwältigen zu können. *Ludwig* aber, wie einst der junge *Alexander,* sprengte in den Fluß, und mit mehr Glück als damals jener, der weder tot noch lebendig gewesen war, als man ihn aus dem Wasser geborgen hatte,–überschwamm er ihn mit seinem ganzen Heer. Etwas später suchte er dann am Dnjestr eine Furt, fand sie bei Tagesanbruch und überquerte auch diesen Fluß, doch nahe den Karpaten steckten die Russen das Haus in Brand, worin er übernachtete. Nur mit Mühe entkam er der tödlichen Gefahr. Dann ritt er vier Tage mit seinem ganzen Heer in den Karpaten "in vielerorts zende Gestalt des nationalen Mythos, die sieben Jahre zuvor seine bis an die Pferdesättel reichendem

Schnee." Endlich erreichte er Munkács, "wo er ein wenig rastete." Seinem Glauben nach hatte die glän-Truppen zum Sieg führte auf diesem Boden, jetzt ihn selber aus der Falle gerettet, die ihm vom gleichen Feind gestellt worden war. Er wallfahrtete deshalb nach Großwardein und dort, bei den Gebeinen des erwählten Ahns, "vor dessen Grab . . . dankte er Gott und dem Heiligen Ladislaus, daß sie ihn aus dem Schlunde des Todes herausgerissen, und wenn auch inmitten großer Gefahren, dennoch wohlbehalten heimgeleitet hatten."[75]

Wirklichen Erfolg brachte erst 1354–nach Ablauf des Waffenstillstands –der erneute Kreuzzug. *Ludwigs* und *Kasimirs* Truppen eroberten die zwei russischen Fürstentümer Halyč und Lodomerien, die der ungarische König seinem Onkel, dem polnischen König, auf Lebenszeit überließ. Er selbst zog weiter nach Osten und so wie einst den litauischen Fürsten rief er jetzt den kiptschakischen Tatarenkhan, *Dschami-beg,* zur friedlichen Einigung auf. Mit ihm hatte er mehr Glück als mit *Kieystut. Dschami-beg* öffnete sein Land der westlichen Missionierung und dem ungarischen Handel; und im Moldauer Grenzland blieben auch die tatarischen Einfälle aus. Die kolonisatorische Tätigkeit des siebenbürgischen Ungarntums und Sachsentums konnte sich in den östlich der Karpaten gelegenen Gebieten weiter entfallten.

Die moldauische Situation–die Besiedlung, Bekehrung und zugleich Sicherung des ungarischen politischen Einflusses–machte jedoch schon 1359 die persönliche Intervention des Königs erforderlich. Bereits hier wiederholt sich–im wesentlichen–der bei den litauischen Feldzügen erbrachte Beweis und wird sich auch in allen Fällen von *Ludwigs* Balkan-Unternehmungen wiederholen, daß des Königs oder eines seiner Heerführer persönliches Auftreten und Militärmacht den betreffenden Fürsten–den moldauischen oder walachischen Woiwoden, den bosnischen Ban, den serbischen Knezen oder den bulgarischen Zar–zwingen, sich zu unterwerfen, Tributpflicht zu übernehmen und seine wie seines Volkes Katholisierung zu versprechen. Die Huldigung bedeutet aber in keinem einzigen Fall militärische und administrative Inbesitznahme des Territoriums des den Lehenseid leistenden Fürsten. Bosnien, Serbien, Moldau und die Walachei, selbst Bulgarien wurden nicht organisch angeschlossene Bestandteile des ungarischen Reiches–wie der innere Banat-Gürtel sowie Kroatien und das Litorale, die nach ungarischen militärischen, administrativen und wirtschaftlichen Prinzipien regiert wurden von ungarischen Oberbeamten, die der ungarische König ernannte–, sondern bewahrten im wesentlichen ihre Unabhängigkeit, und wenn ihr Fürst den Tribut auch bezahlte, waren doch Loyalität und Anschluß an den Katholizismus seiner persönlichen Initiative überlassen. So blieb auch der seit 1365 über der Moldau herrschende Woiwode *Bogdan* im wesentlichen unabhängig, blieb es auch dessen Sohn *Laczko,* obgleich er 1372 erneut Tributzahler des ungarischen Königs wurde. 1357 wartete der bosnische König *Tvrtko* lediglich, daß *Ludwig* sein Land verlasse, um sofort zur Unterstützung des Paterenismus zurückzukehren und auch weiterhin nach Art eines unabhängigen Fürsten zu regieren. *Ludwig* zog 1363 selbst gegen Bosnien, aber seine Truppen wurden zwischen den hohen Bergen gestört, verwirrt–der erwartete Erfolg blieb aus.

In Serbien lag seit dem Tode *Stephan Dušans* die Regierung in der Hand des allgewaltigen *Vukašin;* dennoch vermochte er das Zersplittern des Reichs seines einstigen Herrn nicht zu verhindern. Der Herr über die nördlichen Teile, der serbische Knez *Lazar,* unterwarf sich *Ludwig,* stellte seine und seines Landes Katholisierung in Aussicht,[76] um des ungarischen Königs militärische Hilfe gegen *Vukašin* zu erlangen. Tatsächlich schlug *Ludwig* 1359 *Vukašins* Truppen, trotzdem hören wir nicht, daß *Lazars* Volk katholisch geworden wäre, wohl aber, daß *Lazar* 1374, als der Türke seine Macht schon über die Stadt Niš ausgedehnt hatte, jährlicher Steuerzahler des Türken wurde und auch noch andere Vasallendienste übernahm.[77]

Die missionarische Arbeit des von *Béla IV.* eingerichteten und durch *Ludwig* bereits 1345 neu begründeten kumanischen Bistums Milkó–in der Moldau und Walachei–veranlaßte 1359 den walachischen Woiwoden *Lajk,* der *Ludwig* sogar mehrmals gehuldigt hatte und von ihm große Vergünstigungen genoß, aus seiner Provinz die katholischen Priester auszuweisen. Die Lage blieb sozusagen in der Schwebe bis 1365, als *Ludwig* sich zu einem großen Vorstoß entschloss, womit für einige Jahre eine neue Situation entstand.

Unter Berufung darauf, daß *Béla IV.* 1255 Bulgarien unterworfen und unter seine Titel den Titel, "König Bulgariens" eingereiht hatte, forderte *Ludwig* den Bulgarenfürsten *Johann Stratimir* zur Huldigung auf.[78] Dessen ablehnende Antwort führte dazu, daß der König ihn angriff. Vidin fiel; *Ludwig* schickte *Stratimir* nach Ungarn in Gewahrsam. Und mit der bulgarischen Provinz machte er eine Ausnahme; er versuchte sie nach Art eines ungarischen Banats zu regieren. Nach Vidin kamen ungarische Bane: auf *Emmerich Lackfi* und *Ladislaus Szeglaki* folgten die beiden Brüder *Benedikt* und *Peter Himfi.* Es is möglich, wenn auch nicht gesichert, daß die ungarische Regierung in Vidin eine Militärrbasis zur Blockierung des türkischen Vorstoßes einrichten wollte. Momentan erbrachte die Gründung des Bulgarischen Banats tatsächlich eine Änderung im Verhältnis zwischen dem nördlichen Balkan und der ungarischen Macht. *Lajk* unterwarf sich sofort, aber schon 1368 verbündete er sich mit den nicht unter die Herrschaft des ungarischen Königs geratenen Herren Bulgariens: mit Zar *Ivan Alexander* von Tŭrnovo und dessen Sohn *Ivan Šišman,* und überfiel das bulgarische Banat.

Im Hintergrund dieser Allianz stand bereits der Türke.[79] Auf der Suche nach einem Verbündeten gegen die Türken begab sich der byzantinische Kaiser *Johann V.* nach Buda zu *Ludwig,* mit dem auch ein Bündnis zustandekam. Den durch bulgarisches Territorium heimwärts reisenden Kaiser ließ Zar *Alexander,* der inzwischen mit Sultan *Murad* Frieden geschlossen hatte, gefangennehmen. Zwar setzte er auf westlich christlichen Druck hin seinen Gefangenen frei, er selbst jedoch stand von nun an auf türkischer Seite.

Ludwig sah ein, daß er *Lajk* nicht bezwingen könne und die bulgarische Provinz sich nicht nach Art eines ungarischen Banats regieren lasse. 1369 arrangierte er sich mit *Lajk* und setzte *Stratimir,* der noch in seiner Hand war, als Vasallen-Fürsten in Vidin ein.

Die Situation auf dem Balkan verschlechterte sich aber weiter. 1371 machte sich Sultan *Murad* nicht allein Tŭrnovo-Bulgarien, sondern auch Byzanz selbst tributpflichtig. Ein Jahr später griffen die vereinigten Heere *Murads* und *Šišmans* bereits die Walachei an. Wiewohl *Lajk* und *Stratimir* anfänglich mit Erfolg Widerstand leisteten, kennzeichnet dennoch eine Zeile aus *Ludwigs* Brief an *Benedikt Himfi*—dem mit der Verteidigung der südlichen Teile Beauftragten—klarer als alles übrige die schon 1374 herrschende Lage: "Wir haben viel Kunde vernommen . . .über den Woiwoden Lajk und die Türken . . .man sagt, sie hätten sich verbündet."[80] Die Nachricht erwies sich als wahr; 1374 wurden sowohl *Stratimir* als auch *Lajks* Sohn *Radul* ebenso zu Tributzahlern des Türken wie der byzantinische Kaiser, der bulgarische Zar und der serbische Knez. Schon 1376 hielt *Radul* die Lage für reif, um die Erfüllung seiner Lehensverpflichtung gegenüber dem ungarischen König offen abzulehnen. Im selben Jahr kam es zu einem bosnisch-serbisch-bulgarisch-walachischen Bündnis, dessen Spitze sich gegen *Ludwig* richtete. Daß dahinter der Sultan stand, ist unschwer zu erkennen.

Papst *Gregor XI.* hatte den "Hauptkapitän" seiner Kirche bereits seit Jahren zum Auftreten gegen den Türken gedrängt. *Ludwig* war 1352 ermächtigt worden, den Zehent zum Zwecke eines Kreuzzugs vier Jahre hindurch selbst einzunehmen. *Innozenz VI.* verlängerte diese Ermächtigung noch um 3 Jahre. Zwischen 1359 und 1363 erschienen die päpstlichen Steuereinnehmer erneut, doch da verbot *Ludwig* die päpstliche Steuereinnahme auf ungarischem Boden. *Gregor XI.* war aus härterem Holz geschitzt als seine Vorgänger. Jene–*Innozenz VI, Urban V.*–verglichen sich nicht nur in ihrer Zurückhaltung in bezug auf den Zehent, sondern auch in Sachen des königlichen Präsentierungsrechts bei der Ernennung von Bischöfen. *Gregor* jedoch deklarierte die diesbezügliche Forderung *Ludwigs* geradewegs als "Attentat auf die Jurisdiktion des Heiligen Stuhles." Aber auch der ungarische König versteifte sich. Wie früher sein Vater, erlaubte auch er nicht, daß ein Bischof in Rechte und Würde eingeführt werde, den der Papst ohne Anhörung seiner Meinung ernannt hatte. In der Zehent-Frage schien *Gregor* die Schlacht zu gewinnen: er bekam sein Geld, aber der für 1372 geplante Feldzug gegen die Türken unterblieb.[81]

Es ist nicht ausgeschlossen, daß wir es wieder mit dem bekannten Charakterzug König *Ludwigs* zur tun haben, dem Phänomen plötzlichunerwarteten Aufgebens: auffällig ist die Passivität der ungarischen Politik auf dem Balkan seit 1369, als der ursprüngliche Gedanke der Organisation des bulgarischen Banats aufgegeben wurde. *Ludwig* hatte die Unordnung satt, an der er allerdings z. T. selbst schuld war. Auch gab es für ihn andere Dinge zu erledigen. Durch den Tod seines Onkels *Kasimir III.* war er seit dem 17. November 1370 König von Polen. Halyč und Lodomerien eroberte er im Zuge der Zurückweisung eines litauischen Einfalles noch einmal zurück und annektierte die Fürstentümer 1372 wieder der ungarischen Krone. An ihre Spitze stellte er mit dem Titel, "Woiwode Russlands" seinen Neffen, den ungarischen Palatin Herzog *von Oppeln, Ladislaus* (1372-1378). Polens Regierung wiederum vertraute er seiner Mutter, der polnischen Königstochter, an. Das von Gnesen bis Ragusa und Cattaro sich ersteckende enorme Reich machte ihn zu einem der mächtigsten Herrscher Europas, wobei ihm freilich die polnischen Angelegenheiten Sorgen machten. Und dennoch, so glauben wir, waren es nicht die polnischen

Affären, die sein Hauptaugenmerk vom Balkan ablenkten, sondern die Reaktivierung der Italienpolitik. 1373 wehrte er zwar unter Berufung auf seine polnische Inanspruchnahme die Aufforderung des Papstes zur Teilnahme am Thebener Kongreß, auf dem ein Bündnis der christlichen Fürsten gegen den Türken vorbereitet werden sollte, ab. Die erwähnten Ereignisse der Jahre 1374 und 1376–*Lazars, Raduls* und *Stratimirs* Überwechseln auf die türkische Seite und die gegen ihn sich organisierenden nordbalkanischen Kräfte–mußten eintreten, damit *Ludwig* noch einmal –und nun letztmals–mit schicksalsformender Absicht in die Balkan-Angelegenheiten eingriff.

Zu *Ludwigs* gelungensten Handlungen gehört die Art, wie er jetzt die gegen ihn sich auflehnenden balkanischen Fürsten zur Seite schiebt, sich zur wesentlichen Aktion entschließt und eine 40 000 Mann zählende Armee direkt gegen den türkischen Sultan und dessen bulgarischen Verbündeten, *Šišman,* schickt, die etwa ebensoviele Krieger in die Schlachtreihe gegen ihn stellen. Das Treffen endete mit dem entscheidenden Sieg der Truppen *Ludwigs* (Frühjahr 1377). Der König selbst–damals bereits 51 jährig und laut Zeugnis des Polen *Dlugoss* und seiner eigenen Mutter 1375 und 1376 schwer erkrankt[82]–nahm nicht an der Schlacht teil. Wir wissen weder, wer das Heer befehligte, noch kennen wir den Ort des Treffens. Aber aus *Ludwigs* Briefen geht hervor, daß er sich völlig im klaren war über die Wichtigkeit des errungenen Sieges, und die Ereignisse zeigen ebenfalls, daß er nicht geirrt hat. Der Gärungsprozeß am Balkan kam nach der Schlacht–wenigstens bis zu einem gewissen Grad–zur Ruhe; diesem Erfolg ist die relative Ausgeglichenheit seiner letzten Regierungsjahre zu verdanken und auch, daß *Ludwigs* Balkan-Politik doch nicht mit ganz negativem Resultat endete.

IV.

Man soll an *Ludwig,* diesem gotischen Ritterkönig, nicht Kritik üben, weil er die aus seinem christlichen und katholischen Wesen fließenden Aufgaben und Konsequenzen ernst nahm. Das 14. Jahrhundert war von anderen Idealen beseelt, hatte andere Ziele als unsere Zeit. Gewiß ist *Ludwigs* Politik keine Realpolitik im modernen Sinn, sondern spätmittelalterliche Kreuzfahrer-Politik. Dies aber kann man ihm nicht als Fehler anlasten. Viel ernsthafter fällt bei kritischer Betrachtung jener Umstand in die

Waagschale, daß diese Christianisierungspolitik als solche innere, organische Fehler aufwies, die vorweg die Möglichkeiten ihres Erfolges ausschlossen.

Deren erster liegt zweifellos im Naturell des Königs. Ein Programm, wonach ein Gebiet vom litauischen Norden über den tatarischen Osten bis zum balkanischen Süden reichend gleichzeitig katholisch organisiert werden soll, hat sicher etwas Maßloses an sich. Es wird noch übertroffen durch eine zweite Eigentümlichkeit: das Nichtdurchdachtsein des gigantischen Programms. Hätten *Ludwig* und seine Mitarbeiter in Wort und Schrift, in Gedankenaustausch und sorgsamer Wägung der Möglichkeiten und Gegebenheiten zu Ende überlegt, was sie sich da vorgenommen hatten, wären sie keineswegs zufrieden gewesen–ausgenommen das dalmatische Unternehmen, das allerdings nicht Teil des Christianisierungsprogramms war–mit den in jedem einzelnen Fall halben Lösungen. Die Litauer wurden nur beunruhigt, aber die litauische Frage wurde nicht gelöst; mit den Tataren einigten sie sich, aber das machte die Tataren noch nicht zu Katholiken; über die fast vollständige Unabhängigkeit der Moldau und Bosniens sahen sie hinweg und duldeten im Endeffekt den Bogumilismus ebenso wie die Tatsache, daß der Knez *Lazar* sein Versprechen bezüglich der Katholisierung Nord-Serbiens nicht einlöste; die Walachei ließen sie nach so viel Kampf schließlich verlorengehen ebenso wie das bulgarische Banat, wo doch dessen Errichtung und Erhaltung so viele Opfer und unerhörte Anstrengungen gekostet hatte. "Nachdem aber der Feind, d. h. die Verräter unseres Herrn Königs," schreibt am 7. Oktober 1368 *Peter Himfi* seinem älteren Bruder *Benedikt,*[83] alle Wege zu der erwähnten Burg (Belogradčik) mit Barrikaden, Gräben und anderen Mechaniken verstärkt hatten, . . . schafften wir auf 22 Packpferden Mehl in die besagte Burg und erließen Order, daß man die minderen Packpferde in der Burg behalten und aufessen möge." Und weiter ". . . wir müssen ins Feldquartier gegen den Angriff der Ungetreuen, weil fast jeder Bewohner des Landes, sogar dessen Gemeinvolk, zur Partei der Leute des Fürsten von Tŭrnovo übergegangen ist . . ."

Was ist nun der Grund für diese allgemeine Unpopularität der ungarischen Oberherrschaft? Die Antwort können wir leicht geben; der Grund ist die gewalttätige, inkonsequente und naive Art der ungarischen Bekehrungspolitik. Teilweise ist auch dafür *Ludwig* verantwortlich, aber größtenteils der ungarische hohe Klerus, die die Bekehrung durchführenden

Geistlichen und wohl hauptsächlich die Päpste, die nicht einmal versucht hatten, die Mission den örtlichen Gegebenheiten entsprechend zu organisieren und zu betreuen.

Die Ereignisse im Zusammenhang mit der Bekehrung oder Konvertierung geben zu denken. Wie konnten *Ludwig* und seine Berater sich 1351 von *Kieystut* täuschen lassen, 1357 dem *Tvrtko* glauben daß er sich vom Patarenismus abwenden werde, bzw. 1359 dem *Lazar* vertrauen, daß er dem König zuliebe den Glauben seiner Väter aufgeben werde, und wie 1365 angesichts der bei der Gründung des bulgarischen Banats zusammengeströmten Volksmenge, die sich aus Spaß die Predigten der Minoriten anhörte, meinen, es handle sich um überzeugte Katholiken? Daß *Lajk* die missionierenden Geistlichen des siebenbürgischen Bischofs aus seinem Lande wies, ist viel eher zu verstehen als die 1366 von *Ludwig* erlassene Verordnung, derzufolge alle orthodoxen Priester aus Ungarn vertrieben wurden.[84] Damit verlor das ungarische Walachentum plötzlich seine Seelenhirten; in dieser geistigen Verwaistheit wäre es freilich leicht gewesen, den katholischen Glauben zu verbreiten, doch die ungarischen Oberhirten wollten von ihrer neuen Herde vor allem den Zehent eintreiben. Die östliche Kirche kannte keine Lasten solcher Art: die Forderung rief Unmut hervor und das ungarländische Walachentum wandte sich vom Katholizismus ab. *Gregor XI.* gewahrte diesen Fehler, und zu seiner Eliminierung plante er die Errichtung eines ungarländischen walachischen Bistums. Der ungarische hohe Klerus jedoch, der auch in diesem Fall um seine Einkünfte gekommen wäre, stellte sich dagegen und vereitelte schließlich den klugen Plan des Papstes, aber damit auch die Möglichkeit der Katholisierung des Walachentums.[85] Selbstverständlich war auch der Papst um nichts besser. Wir sahen, in welcher Weise er sich mit *Ludwig* wegen der Einhebung des Zehents anlegte. Schwerer wiegt aber sein Vorgehen im Falle des Moldauer katholischen Episkopats. Die von ungarischer bzw. katholischer Seite gleichzeitig in ihrer politischen Unabhängigkeit und mit Verlust ihres uralten Glaubens bedrohten Fürsten verstanden es in vielen Fällen meisterhaft, einen Ausweg aus der schwierigen Situation, in die sie nicht durch eigene Schuld geraten waren, zu finden. So z.B. überraschte 1370 der moldauische Woiwode *Laczko Urban V.* mit der Bitte, der Heilige Stuhl möge ihm einen Bischof zu seiner und seines Volkes Katholisierung senden. Worauf *Urban*–als hätte die Kirche keinen "Hauptkapitän," keinen "Bannerträger" gehabt, der die große Last der Katholisierung der Balkanvölker auf sich genommen hatte, als ob ein Moldauer kumanisches Bistum gar nicht existierte–unter völliger Umgehung des ungarischen Königs und des ungarischen Episkopats mit der Durchführung der Union die Kirchen fürsten von Prag, Krakau und Breslau beauftragte, die auch tatsächlich den Krakauer *Andreas* zum Bischof der Moldau weihten.[86] Daß *Andreas von Krakau* die Moldau nicht einmal so weit katholisierte wie der Kumanenbischof von Milkó, bedarf wohl keines ausführlicheren Kommentars.

V.

Als *Ludwig I.* das ungarisch organisierte bulgarische Banat und zugleich den Plan der aktiven Gestaltung des Balkans aufgab, war er schon in seinem 44sten Lebensjahr, 17 Jahre verheiratet und noch immer kinderlos. Zur Zeit der neapolitanischen Affäre lebten rund ein Dutzend männliche Anjous; 1370 gab es außer dem ungarischen König nur noch den damals 16jährigen Herzog *Karl,* Sohn des 1362 verstorbenen *Ludwig von Durazzo,* und von den tarantinischen Herzögen den jetzt "Kaiser" genannten *Philipp,* Gatte zunächst der einstigen Braut *Ludwigs von Ungarn,* dann von Herzog *Stephans* Tochter *Elisabeth,* der jedoch 1373 kinderlos verstarb. Aus der Ehe des hingerichteten *Karl von Durazzo* mit *Maria von Neapel* stammte ein Kind, *Margarete,* die 1369 mit dem oben erwähnten Herzog *Karl,* Sohn *Ludwigs von Durazzo,* sich vermählte. 1370 war zweifellos das erste Paar–*Elisabeth* und *Philipp*–als Erbe für den neapolitanischen Thron ausersehen, und es kann sein, daß *Karl* zur selben Zeit ausersehen war als Erbe des ungarischen Thrones: König *Ludwig* hatte ihn nämlich bereits 1364 an seinen Hof bringen lassen und ernannte ihn später zum Herzog von Kroatien und Slawonien; diese Würde hatte der präsumtive Thronerbe Herzog *Stephan* bis zu seinem Tode im Jahre 1355 inne gehabt.

Das Jahr 1370 schuf eine neue Situation.

Ludwigs Frau, *Elisabeth,* schenkte ihm nacheinander drei Töchter: 1370 wurde *Katharina* geboren, 1371 *Maria,* 1373 *Hedwig. Ludwig* hatte *Elisabeth* 1353 "in allergrößter Stille" geheiratet. Die neue ungarische Königin war, wie ihr Gatte vom ungarischen König *Stephan V.* abstammend, dessen Urgroßenkelin in der Tochterlinie, mütterlicherseits zweitgradige Nichte von *Ludwigs* Mutter, Tochter des bosnischen Ban *Stephan Kotromanič,* Herr einer nach ungarischer Auffassung dem ungarischen Reich unterworfenen Provinz. Für den die französischen Herrscher sowie die heiligen Könige des Arpadenhauses zu seinen Ahnen zählenden ungarischen König konnte diese Verbindung kaum mehr sein als eine mésalliance. Und *Ludwig* gereichte sie nicht einmal zur Stärkung seiner Herrschaft über Bosnien. Es ist schwer zu verstehen, weshalb er diese in ihren jungen Jahren vielleicht hübsche, aber schwachköpfige Frau heiratete, mit der er dann nichts anzufangen wußte. Ungarns wirkliche Königin blieb noch Jahrzehnte hindurch die ältere *Elisabeth* (gestorben 1380); *Ludwig* teilte mit seiner Mutter und nicht mit seiner Frau Glanz und Sorge des Herrschens gleichermaßen; ihr anvertraute er zuerst die Regierung der kroatisch-dalmatinischen Provinzen, später auch des polnischen Königtums. Die sowohl politisch wie auch gefühlsmäßig hinter die ältere Königin abgedrängte junge Königin schaute eifersüchtig, dann mit wachsendem Haß empor zur Schwiegermutter, und dies desto mehr, je deutlicher sie spürte, daß *Ludwig* selbst jetzt, in der Mittagsstunde seines Mannesalters noch, in erster Linie Sohn war und nur danach Ehemann. Wie seiner anderen, geistigen Mutter, der Kirche, gegenüber emanzipierte sich *Ludwig* niemals gänzlich aus den Gefühlsbindungen, die ihn an seine Mutter fesselten. Seine Ehe blieb 17 Jahre lang ohne Kindersegen. Auch von seiner ersten Gattin hatte er kein Kind. Um der schönen Augen der *Maria von Neapel* willen vergoß er sogar Verwandtenblut–das einzige Mal in seinem Leben, um dann vor ihr zurückzuschrecken, obwohl sie ihn nicht abgewiesen hätte. Die Historiker kreiden es *Karl I.* stets übel an, daß er doch auch illegitime Kinder gehabt habe, und sie sind sehr zufrieden mit *Ludwig,* weil er wiederum nicht einmal eins hatte. Dies hieße bloß, die kleinbürgerliche Moral unserer Zeit auf einen Menschen von denkbar großräumiger Lebensform anzuwenden: auf den mittelalterlichen König. In Kenntnis dieses Lebensstils nämlich kehrt sich das Urteil ins Gegenteil: es ist verblüffend, daß *Ludwig* keine natürlichen Kinder hatte; besorgniserregend, daß wir bis zu seinem 44. Lebensjahr überhaupt von keinem Sproß seiner Lenden wissen. Und er war beileibe kein kümmerlich Entarteter. "Er war ein Mann von baumschlankem Wuchs, offenen Blickes. Sein Haar, sein Bart waren lockig, sein Gesicht freundlich, dicklippig, seine Schultern etwas gebeugt."[87] In seinen jungen Jahren Held in Gefechten und kriegerischen Abenteuern; den größten Teil seines Lebens verbrachte er unterwegs, im Sattel, in der Schlacht; sein Organismus besiegte die große Pestilenz; seine Arbeitskapazität, seine Widerstandsfähigkeit waren auch im reifen Alter noch ungebrochen, fast grenzenlos. Seine körperliche Kraft wird bei ihm ebenso wie bei seinem unglücklich geendeten jüngeren Bruder von den Zeitgenossen hervorgehoben. Aber im Falle *Andreas'* wurden wir gleichfalls auf sonderbare Phänomene aufmerksam. Sein Verhalten am neapolitanischen Hof war nicht natürlich, wie es auch nicht natürlich ist, daß eine junge Frau ihren jungen Gatten auf Schritt und Tritt mit aller Welt betrügt–vorausgesetzt, daß in ihren Beziehungen kein Fehl ist. *Johannas* Sohn, *Karl Martell,* hielt man aus politischen Gründen für den Sohn *Andreas',* doch wer hätte wohl noch mehr incertus pater dieses früh verstorbenen, kleinen Waisen sein können? Aus der Distanz von sechs Jahrhunderten vermag niemand mehr das "erotische Krankenbild" der beiden *Anjou*-Brüder zu erstellen, aber die nebeneinandergestellten Daten liefern ein überraschendes und bezeichnendes Gemeinsames. Und zu diesem Bild gehört noch die Unrast, die Maßlosigkeit, heranreichend an Zügellosigkeit–bei *Andreas* auf bubenhafte, ihm selber schadende Weise, bei *Ludwig* bisweilen großartig, auf geschichtsformenden Niveau sich äußernd. In seiner Kampfesattitüde, seinem keine Rast kennenden heldischen Eifer, in seines Lebens fieberhaftem, gedrängtem, pulsierendem, ungeduldigem Dynamismus sucht eine nicht aufgelöste innere Spannung ihre weltbewegende Befriedigung. Dies ist der "suchende Held," der erregte Weltenbummler, den seines Lebens ungelöstes Rätsel in den Versuch einer zwischen den Perspektiven des nebligen litauischen Nordens und des gleißenden italienischen Südens sich wölbenden Verwirklichung treibt.

Doch interessierte ihn allein die Rechtfertigung vor sich selbst für die Greifbarkeit des Ziels, nicht die stille Freude am glücklichen Besitz. Das bereits eroberte Neapel ließ er ebenso fahren wie die Hand seiner schönen neapolitanischen Kusine; das Jahrzehnte hindurch erwartete und ersehnte polnische Königtum überließ er sofort seiner Mutter. Freilich ist zwischen diesen beiden Verzichten der Unterschied groß. Mehr als einmal ist den Historikern *Ludwigs* "gemäßigtes, sogar laues Interesse gegenüber den polnischen Angelegenheiten" aufgefallen.[88] Im Jahr, da er in Krakau gekrönt wurde, normalisierten sich seine familären Verhältnisse. Der Fluch der Samenlosigkeit löste sich von ihm und damit trat auch die Mutter seines Kindes hinter der mächtigen Gestalt der älteren *Elisabeth* hervor. Es ist bezeichnend, daß sich nun erstmals Sohn und Mutter trennten–nicht für eine Reise, die Dauer eines Kriegszuges, sondern mit immerwährendem Charakter. Solche Trennungen haben immer zwei Gesichter. Zweifellos waren es keine an den Haaren herbeigezogenen Aufgaben, die der alten

Königin in ihrer polnischen Heimat harrten, aber ebensowenig ist zweifelhaft, daß die jüngere Königin jetzt zur wirklichen Lebensgefährtin ihres Gatten wurde. Es war natürlich, daß die alte Königin gerade jetzt vom ungarischen Hof verschwand, als an der Seite ihres Sohnes die Jüngere endlich den ersten Platz einnahm.

Um *Ludwig* und seine Mutter reihten sich als geschlossene Gesellschaft die von den *Anjous* emporgehobenen großen Geschlechter: der den König in seine Kriege begleitende ritterliche Hochadel, Inhaber enormer grundherrlicher Macht und von niemand bestrittenen politischen Einflusses.[89]

Unter ihnen standen an erster Stelle die *Lackfi.* Ohne sie wären *Ludwigs* Kriegszüge nicht vorstellbar. Es gab unter ihnen nicht nur Palatine, Erzbischöfe, Statthalter des neapolitanischen Königtums, Schatzmeister, Bane von Kroatien-Dalmatien, Macsó/Mačva, Severin und Bulgarien, sondern es war 40 Jahre hindurch immer ein *Lackfi,* der die Würde des Marschalls innehatte, 32 Jahre lang auch die des siebenbürgischen Woiwoden. In ihrer Hand waren 7 Burgen und 260 Ortschaften. Gleich nach ihnen kamen die *Szécsi,* Herren über 6 Burgen und 170 Ortschaften, dann die *Ujlaki,* die *Czudar,* die *Gilétfi,* die *Himfi* und viele andere große Familien. Auf die Ausmaße ihrer Privatmacht wirft eine einzige Angabe grelles Licht; von den insgesamt 600 Burgen und 30 000 Ortschaften der Anjou-Zeit befanden sich 125 Burgen und 3073 Ortschaften in den Händen der ersten 30 Aristokratenfamilien. *Ludwig* selbst mehrte während seiner gesamten Herrschaftsdauer ihren Reichtum und dadurch auch ihre Fähigkeit, Soldaten zu stellen. Aber nicht allein ihre Macht als Grundherren wuchs auf diese Weise, sondern auch ihre politische. Ab 1351 ließ *Ludwig* oft mehrere Obergespanschaften in einer Hand vereinen; nach 10 Jahren waren bereits allerlei Bannerherren auch Obergespane der Komitate; schließlich waren schon ganze Landesteile in der Hand jeweils eines Grundherren zusammengefaßt: um 1366 regierte ein Dutzend Bannerherren das gesamte Reich.

Die *Anjous* kamen aus jenem Land, das bereits in der ersten Hälfte des 13. Jahrhunderts–zur Zeit des sizilianischen Königstums *Friedrichs II.*– die Zentralisierung der Staatsgewalt in Rahmen der ersten europäischen Autokratie modernen Typs verwirklicht hatte. In beiden ungarischen *Anjou*-Königen war diese Tradition lebendig und mit ihr auch die Erinnerung daran, daß unter den letzten *Arpaden* der im Reichstag vertretene Adel sich die Großherren hatte über den Kopf wachsen lassen, die dann kaum zu bändigen waren. Es war daher *Ludwigs* klar erkennbares Regierungsprinzip, daß das Reich ausschließlich nach dem Willen der Zentralmacht regiert werde, und zwar so, daß die Regierungsmitglieder sich aus jenen Magnaten rekrutieren sollten, die ihm auch durch persönliche Treue und Sympathie verbunden waren, deren Macht zusammengenommen jedoch nicht des Königs private Macht (die es zu jener Zeit noch gab) übertreffen sollte. Am Ende seiner Regentschaft befanden sich in der Hand des Königs noch immer 243 Burgen und 3056 Ortschaften, 243 davon oppida, 49 wiederum freie königliche Städte (Reichsstädte): Schauplatz des kommerziellen Lebens und zugleich oberstes Zentrum auch des industriellen und kommerziellen Reichtums des Landes.

Ludwigs System ruht also nicht nur auf dem Gleichgewicht zwischen königlicher Hausmacht und Großgrundbesitzern, sondern auch auf der emotionalen Einheit des Königs und seiner obersten Würdenträger. Mit anderen Worten: solange der König stark ist, geehrt und geliebt wie Ludwig, zeigen sich nur die positiven Seiten dieses Systems. Sobald aber sich das Gleichgewicht in irgendeiner Richtung verschiebt, der König schwach ist oder das in ihn gesetzte Vertrauen einbüßt, hebt ein Ringen unter den Großen um die Macht an, und wer auch als Sieger hervorgeht, wird doch sein Sieg dem Königtum eine Scharte schlagen.

Daß die jüngere Königin in den späteren Jahren ein Gegengewicht zu ihrer Schwiegermutter und den unter deren Einfluß stehenden Großen suchte, ist verständlich. Umgekehrt ist es natürlich, daß sich um die jüngere Königin diejenigen gruppierten, die gern aufgestiegen und zu Einfluß gelangt wären, aus irgendwelchen Gründen jedoch von der geschlossenen Gesellschaft um *Ludwig* und seine Mutter ausgesperrt blieben. Dies trifft vor allem für den Magnaten des Südlandes, *Nikolaus Garai,* seit 1359 Ban von Mačva, Schwippschwager des serbischen Knez *Lazar,* und seine Verwandten, die *Treutel* und die *Nekcsei,* sowie deren Freunde, die *Losonczi,* die *Bebek,* die *Alsáni* zu. Die Rivalität der *Garai* und *Lackfi* wird um 1370 bemerkbar, und sie endete 1397 mit der Ausrottung der *Lackfi.* Doch bereits 1375 löst *Nikolaus Garai* als Palatin *Emmerich Lackfi* ab, ein Jahr später *Garais* Feund *Ladislaus Losonczi* den *Stephan Lackfi* als siebenbürgischen Woiwoden.[90]

Daneben gab es noch eine dritte Gruppe, die sich schon lange vor 1370 zu organisieren begann, und zwar–zu jener Zeit–à la longue gewiß mit der größten Chance. Es waren die sich um Herzog *Karl von Durazzo* scharenden

Adeligen, die Söhne *Peter Horváths* und andere Herren aus den südlichen Gebieten und Slawonien. Dieser Kreis mußte allerdings 1370 seine ferneren Hoffnungen aufgeben, weil König *Ludwig* die drei Throne seines Geschlechts–den ungarischen, den polnischen und den sizilianischen–jetzt seinen Töchtern zu hinterlassen sich anschickte, womit Herzog *Karl* nicht nur seine ungarischen, sondern auch neapolitanischen Aussichten verlor.

So kam nach dem Tode *Philipps von Taranto* und *Elisabeths von Ungarn* bereits 1374 das Verlöbnis der kleinen *Katharina* mit Herzog *Ludwig von Orleans* zustande, dem Sohn König *Karls V. von Frankreich.* Der französische Königssohn hätte mit dem Rechtstitel der *Valois*-Urahnin, die väterlicherseits Tante *Karls I. von Ungarn* gewesen war, ohnehin als einer der Erben Neapels in Frage kommen können; König *Ludwig* hingegen hatte sein neapolitanisches Thronrecht niemals aufgegeben. Des französischen Herzogs und der ungarischen Königstochter Bund, wäre er zustande gekommen, hätte die alte *Capeting-Anjousche* Macht-Idee, die Herrschaft über das Mediterraneum solcherart wiederaufleben lassen, daß sie diesmal gleichzeitig den Interessen Frankreichs wie Ungarns gedient hätte: Neapel wiederum wäre neuerlich französische Sekundogenitur geworden, aber jetzt in erster Linie durch das mit der Hand der Tochter des ungarischen Königs erworbene Recht. Dieser Plan des Dreiecks Paris-Neapel-Buda war sicherlich einer der am weitesten greifenden Ideen der dynastischen Politik *Ludwigs.*

Nicht weniger weit reichten jene Perspektiven, die das Verlöbnis der anderen beiden Töchter *Ludwigs* eröffnete.

Seit dem Frieden von Brünn im J. 1364 herrschte Eintracht zwischen den *Luxemburgern* und *Habsburgern. Ludwig* beurteilte die neue Lage sehr nüchtern, als er abermals Frieden, sogar ein Bündnis mit den *Habsburgern* schloß, auch seinen Onkel *Kasimir III.* dazu brachte, sich mit ihnen auszusöhnen. Genauso verfuhr er auch mit den *Luxemburgern.* Der geschickte, aber nicht im mindesten erbauliche Schachzug *Karls IV.* zur Hintertreibung seiner polnischen Erbschaft erboste ihn zwar,[91] 1370 kam es sogar zu einem Krieg zwischen ihnen, der aber von beiden Seiten äußerst lau geführt wurde und bald nicht nur zum Frieden führte, sondern auch zur Erneuerung des ursprünglichen Planes *Johanns von Böhmen* und *Karls I. von Ungarn;* der Gedanke der Vereinigung des Blutes und Erbes von *Arlon* und *Anjou.*

Die zweijährige *Maria* tauschte also den Ring mit dem fünfjährigen *Sigismund,* dem Sohn *Karls IV.* aus seiner mit *Elisabeth von Pommern* geschlossenen Ehe, dessen Stammbaum sich sowohl über seine polnische wie auch über seine böhmische Großmutter auf *Béla IV.* zurückführen ließ.

Zwei Jahre später kam auch *Hedwigs* Verlöbnis zustande: *Ludwigs* designierter Schwiegersohn wurde *Wilhelm von Habsburg,* Sohn Herzog *Leopolds III.* Es scheint, als ob mit dieser Verbindung ein Ruhepunkt gefunden wäre hinsichtlich der Jahrzehnte zurückreichenden, abreißenden, dann erneut sich vertiefenden Antipathie gegenüber, Wien, der Feindseligkeit gegen seine Herzöge. Das die mittelosteuropäische Politik für mehr als ein Menschenalter bestimmende Dreieck Prag-Buda-Krakau[92] versprach sich auszuweiten zu einem Vierer-Bündnis durch die Aufnahme Wiens. *Marias* Ehevertrag ermöglichte die erste Verwirklichung des wichtigsten politischen Gebildes des neuzeitlichen Ostmitteleuropa: die deutsch-ungarische Personalunion in Form von Kaiser *Sigismunds* deutsch-ungarisch-böhmisch-italienischen Reich; *Hedwigs* Verlobung wies jetzt erstmals in Richtung einer österreichisch-ungarischen Symbiose. Jene Überlegung, welche die Entwicklung in diese Richtung trieb, war in der ungarischen politischen Tradition ein *novum.* Dadurch schwenkte die Hauptrichtung der ungarischen Außen- und Reichspolitik, die Nord-Süd-Achse Krakau-Buda-Zara oder Halyč-Gran-Zara, aus ihrer jahrhundertealten Lage heraus und geriet auf die Linie einer völlig neuen, west-östlich gerichteten Orientierung, deren allerletzte Verwirklichung im 19. Jahrhundert die Österreichisch-Ungarische Monarchie war. Vom Ende des 14. Jahrhunderts an haben die Reflexe der alten nord-südlichen Konzeption in der ungarischen Geschichte nur mehr eine episodenhafte Rolle.

Dergleichen Übergangsbedeutung hatte auch jene 1379 eingetretene Modifikation, welche die *Habsburger* aus dieser Kombination ein weiteres Mal ausschloß und–*Maria* und *Sigismund* als Erben des ungarischen und des polnischen Thrones deklarierend–der Perpetuierung von *Ludwigs I.* 1370 zustandegekommenem Reich versucht hätte.[93] Diese Modifizierung war durch die kirchliche Stellungnahme von *Herzog Leopold III.* motiviert 1378 teilte eine doppelte Papstwahl die katholische Welt. *Ludwig I.* bezog sofort und mit größter Entschiedenheit Stellung neben *Urban VI.*, dem römischen Papst, und gegen *Clemens VII.*, den Papst von Avignon. Nicht so *Leopold III.*, womit er *Ludwigs* Widerstreit provozierte, was den Ausschluß

Habsburgs aus dem polnisch-ungarischen Raum nach sich zog[94] sowie die Übertragung von *Ludwigs* gesamten Erbe auf *Luxemburg.*

Schon ein Jahr früher hatte sich auch der andere Plan zerschlagen: das neapolitanische Königtum der *Katharina von Ungarn* und *Ludwigs von Frankreich.* Die kleine *Katharina* war gestorben. Es starb aber in diesem Jahr auch Kaiser *Karl IV.* Sein Sohn und Erbe, *Wenzel,* füllte in keiner Weise seines Vaters Platz aus. Der große Hemmklotz von *Ludwigs* Italienpolitik, der über außerordentliche diplomatische Fähigkeiten verfügende Kaiser war nicht mehr; *Urban VI.* brauchte in seiner schwierigen Lage zunehmend die wirksame Unterstützung durch den mächtigsten Fürsten des gesamten östlichen katholischen Europa, und zum Interessenkreis dieses Fürsten gehörte auch jener *Anjou*-Sproß, der jetzt bereits–neben *Ludwig*–einzig möglicher legitimer Anwärter auf den sizilianischen Thron war: Herzog *Karl von Durazzo.* Verständlich daher, daß die letzten Jahre des ungarischen Königs ausgefüllt sind mit seiner in außerordentlichem Maß intensivierten Italienpolitik.

VI.

Das Gleichgewicht zwischen dem *Anjou*-Reich und Italien hatte Venedig noch 1368 dadurch gestört, daß es aus der Konkursmasse des Großserbischen Reiches für sich Skutari, Antivari und Dulcigno herausschnitt, d. h. erneut eindrang in den nordbalkanischen Raum, von wo *Ludwig I.* es 1358 hinausgedrängt hatte. Aber schon anderthalb Jahre nach dem Friedensschluß von Zara lesen wir, daß Venedig–im schreienden Gegensatz zu den Verfügungen der kommerziellen Punkte des Vertrages–den ungarisch-venezianischen Handelsverkehr empfindlich erschwerte, ja behinderte. Die dalmatinischen und ungarischen Kaufleute klagten, daß "als wir im Namen des Königs . . . ihnen Aufträge gaben . . . sie diese nicht erfüllen konnten, weil sie die dazu nötigen Materialien aus Eurer Stadt Venedig nicht bekommen können"–schreibt Banus *Nikolaus Szécsi* am 23. Dezember 1359 an den Dogen von Venedig,[95] und fügt hinzu: "nachdem aber in den unter unseres Königs Gewalt befindlichen Gebieten, Orten und Häfen die Eurigen frei für den Export kaufen können . . . was sie nur wollen, ohne Einschränkung oder Behinderung, möge auch Euer Gnaden . . . veranlassen und verfügen, daß jedes Ärgernis zwischen uns ausgeräumt werde . . ." Die Spannung wuchs mit der Zeit. Als der Krieg zwischen

Venedig und Padua erneut den adriatisch-norditalienischen *status quo* verletzte (1372), konnte *Francesco Carrara* auf die Hilfe des ungarischen Königs zählen. Im Bündnis mit *Ludwig* waren auch die österreichischen Herzöge. Venedig wiederum transportierte auf seinen Galeeren sein eigenes Hilfskorps auf die *Terra Ferma:* den Türken. Über das in die Sümpfe des Litorale gedrängte paduanisch-ungarische Heer errang die Republik einen entscheidenden Sieg.

Für die Heimzahlung bot sich 1378 Gelegenheit, als Venedig die den Dardanelleneingang beherrschende Insel Tenedos in Besitz nahm. Dies konnte der große Rivale, Genua, nicht dulden. *Francesco Carrara* und der ungarische König stellten sich sofort auf seine Seite; ihrer Liga schlossen sich noch die Habsburger an, auch der Patriarch von Aquileia und die Veroneser *della Scala.* Venedig wiederum wurde unterstützt von den mailändischen *Visconti* und dem zypriotischen König *Peter II.* 1379, während die vereinigten ungarischen und paduanischen Kräfte Venedig vom Festland her umzingelten, vernichtete die vereinigte ungarische und genuesische Flotte in der Seeschlacht bei Pola die venezianische Flotte. Die Sieger begannen auch vom Meere her die Bestürmung Venedigs. Der Doge *Andrea Contarini* leitete die Verteidigung, aber bald mußte er die Hoffnungslosigkeit seiner Lage einsehen. Seine Friedensboten traten in Buda vor *Ludwig,* der sie an den Herzog *Karl von Durazzo* verwies. *Karl* war gerade im Begriff, an der Spitze einer großen ungarischen Armee gegen Italien zu ziehen, einerseits, um im Sinne der Intentionen *Ludwigs* den Krieg mit Venedig zu entscheiden, andererseits, um den Thron seiner neapolitanischen Ahnen zu erobern.

Königin *Johanna* nämlich hatte sich auf die Seite des Papstes von Avignon gestellt und—damit nach ihrem Tode Neapel nicht unter den Einfluß ihres verhaßten ungarischen Verwandten käme—den jüngeren Bruder des französischen Königs *Karl V., Ludwig,* den Begründer des jüngeren *Anjou*-Zweiges zum Erben ihres Thrones ernannt. Damit aber hatte sie einen schweren Fehler begangen, denn sie forderte den römischen Papst gegen sich heraus, der in vollem Umfang die Unterstützung *Ludwigs* genoß.

Bis Herzog *Karl* in Udine eintraf, hatten die Verbündeten Chioggia eingenommen und sämtliche Verteidigungsanlagen der Lagunen in ihre Gewalt gebracht. *Contarini* bat verzweifelt um Frieden—diesmal von *Karl.* Des ungarischen Königs Bedingungen waren folgende: Venedig soll die Fahne des ungarischen Königs aufpflanzen; soll sich unter seinen Schutz stellen, ihn als seinen Lehnsherrn anerkennen und sich zur Zahlung eines angemessenen jährlichen Tributs verpflichten. Als Gegenleistung garantiert *Ludwig* Venedig Integrität und stellt sogar die Achtung seiner Privilegien in Aussicht. Am 23. August nahm die Signorie dankbar die Bedingungen des ungarischen Königs an. Genua und Padua aber sagten nein. Die Verbündeten forderten die vollständige Vernichtung Venedigs. Die von ihnen diktierten neuen Bedingungen waren unannehmbar: Überlassung der gesamten *Terra Ferma,* Triests und Istriens, jährlich 100 000 Goldstücke Steuern und 2, dan 1 Million Goldstücke als Reparation.[96] Daraufhin begann Venedig die Verhandlungen hinauszuziehen und zu verzögern und bereitete inzwischen den Kampf auf Leben und Tod vor.

"Aus zwei Gründen"–schreibt der König am 21. November an die Stadt Florenz–"haben wir unsere Bewaffneten gegen Teile Italiens beordert. Hauptsächlich, um die Kräfte unseres Feindes, der Venezianer, zu schwächen und sobald wir sie besiegen, Hilfe zu leisten unserem Heiligen Vater, Papst Urban und der römischen Kirche, damit wir die Kirchenspaltung unterdrücken, wie es wahren Christen ziemt."[97]

Urban VI. forderte einige Monate später tatsächlich den "Hauptkapitän" seiner Kirche auf, gegen die "schismatische" *Johanna*–die er mittlerweile auch ihres Thrones enthoben hatte–nach Neapel zu ziehen.[98] So fiel *Ludwig* jetzt, 28 Jahre nach Abschluß der neapolitanischen Affäre, alles das in den Schoß, wofür er seinerzeit so vergeblich gekämpft hatte. Doch in seinen letzten Jahren charakterisierte nicht mehr Maßlosigkeit, sondern Maßhalten seine Taten: nun, da alles von ihm abhing, verzichtete er auf seine Thronrechte zugunsten von *Karl* und *Margarete. Karl* zog an der Spitze eines ungarischen Heeres in die Ewige Stadt ein, wo *Urban VI.* ihn zum König von Jerusalem und Sizilien krönte. Von dort begab er sich weiter nach Süden, um das Königtum der Hand seiner Tante zu entwinden.

Nicht lange darauf trat auch auf dem venezianischen Kriegsschauplatz die Wende ein. Die zum Tode verurteilte Stadt, alle Entbehrungen und Gefahren auf sich nehmend, bereitete mit unerhörter Kraftanstrengung und Raffinesse den Widerstand vor. Im Juni 1380 eroberte sie Chioggia zurück, nahm die gesamte Besatzung gefangen, der Zahl nach 4000 Mann, und erbeutete die zu deren Verteidigung beorderten 19 Galeeren. Wiewohl die Verbündeten inzwischen Triest, Pola und andere Orte einnahmen, hatte Venedig seine große Kraftprobe schon bestanden, von seiner Vernichtung konnte keine Rede mehr sein.

In Neapel hingegen gewannen die Ungarn die Oberhand. *Johanna* vertraute auf die baldige Ankunft der Entsatz-Heere des *Anjou*-Herzogs und nahm den Kampf mit *Karl III.* auf. Dieser jedoch brachte die Stadt alsbald in seine Hand und nahm auch den vierten Gatten der Königin, *Otto von Braunschweig,* gefangen. Daraufhin ergab sich *Johanna.*

Im August des gleichen Jahres–1381–setzten sich die Beauftragten der erschöpften Gegner Venedigs in Turin zur Friedensverhandlung zusammen. Am 24. August kam der Frieden auch zustande. Venedig verzichtete auf Tenedos, die Habsburger bekamen Treviso und später auch Triest, Aquileia, Padua und Ungarn aber waren gezwungen, sich auf der Basis des *status quo* zu vergleichen. *Ludwig* beanspruchte die Regulierung des Handelsverkehrs sowie andere Ausfuhrvergünstigungen und für sich die Zahlung von 7000 Goldflorinen jährliche Steuer. Die 1358 errungenen Erfolge gewannen Bekräftigung, aber das Verhältnis der beiden Mächte wandelte sich im wesentlichen nicht.

In Neapel wiederum–einige wenige Monate später–wurde unerwartet *tabula rasa* gemacht, ausgelöst durch eine unerhörte Unbesonnenheit *Clemens VII.* In Kenntnis der Situation seiner Anhängerin *Johanna* scheute er nicht davor zurück, den *Anjou*-Herzog zum König zu krönen, der sich mit seinen Truppen dann auch gegen Neapel in Bewegung setzte. Daraufhin ließ *Karl III.* im Mai 1382 durch vier ungarische Söldner *Johanna* erwürgen. Auch *Andreas* war seinerzeit diesen Tod gestorben.

Seitdem *Ludwig* die Thronfolge geregelt und auch den venezianischen Konflikt abgeschlossen hatte, wandte er sich immer ausschließlicher der aktuellsten Frage der Kirchenpolitik, der Wiederherstellung der Einheit der katholischen Welt zu. Es ist kein Zufall, daß gerade der 1379 eingesetzte Erzbischof von Gran, *Demetrius Kaplai,* und mit ihm der Fünfkirchener Bischof *Valentin Alsáni* zu den ersten gehörten, die in der internationalen Bewegung zur Beseitigung des großen Schismas eine Rolle übernahmen.[99] Die wichtigste Bastei zur Verteidigung des also rechtmäßig anerkannten römischen Papstes war in *Ludwigs* Augen das neapolitanische Königtum. Er schickte sich also an, alle Kraft seines Reiches in die Waagschale zu werfen, um das Königtum seiner Väter, das endlich trotz allem in seine eigene Machtsphäre zurückgelangt war, für *Karl III.* zu erhalten und dadurch zu ermöglichen, daß dieser zur Verteidigung *Urbans VI.* antreten könne.

Aus Zólyom schrieb er am 20. Juli 1382[100] den dalmatinischen Städten: "Wir befehlen Euch, dem durchlauchtigsten Fürsten, Herrn Karl, König von Jerusalem und Sizilien, unserem lieben Bruder, in der Zeit seiner jetzigen Bedrängnis, die ihm von seiten des Herzogs von Anjou zugefügt wird und welche wir als gegen uns gerichtet betrachten, mit allen Euren Fähigkeiten zu Lande und zu Wasser zu helfen gegen den Herzog von Anjou."

Acht Tage später wandte er sich schon aus seinem Lager Liget, aus dem Kreis seiner für den Aufbruch nach Italien rüstenden Truppen–im Interesse der diplomatischen Vorbereitung seiner Reise–an die Stadt Ancona. Es will scheinen, daß dieser Brief sein politisch-religiöses Testament enthält: "Eingedenk jener. . . Hiebe und Wellenschläge," so heißt es darin,[101] "welche gegenwärtig Sankt Peters Schiff peinigen, alldieweil wir das auch vernunftsmäßig schulden und Gottes Gesetz uns gleichfalls verpflichtet, Mittel und Form zu suchen, wie wir der Gefahr vorgreifen könnten, damit der apostolische Stuhl unversehrt bleibe, . . . und daß wir zur Verteidigung antreten . . . von Papst Urban VI. sowie . . . König Karls, des wahren Verteidigers der römischen Mutterkirche seliges Amt gegen das Heer des Herzogs von Anjou . . . und gegen jedermann, der nur Mitbeteiligter ist an dieser Verirrung, schicken wir unser Kriegsvolk zu Wasser und zu Lande in diesen Teil Italiens, . . . auf daß es mit Hilfe der göttlichenGerechtigkeit die dreisten Ungetreuen endgültig schlage und besiege."

Wie so häufig während seiner langen Regierung, war es auch jetzt die Einheit des Glaubens: die Verteidigung des inneren Gleichgewichts seines eigenen Weltbildes, das ihn zu neuer Tat, zu neuerlicher Unternehmung inspirierte. Der Raum, der sich jetzt vor ihm öffnete, die Aufgabe, die ihn jetzt in die Schranken rief, war würdiger seines Elans, seiner dürstenden Sehnsucht nach Glorie und seines glühenden Berufungsethos, als das, woran er bisher seine Kräfte versucht hatte. Aber "jeder Leib ist Gras" –schreibt sein Chronist[102]–und all sein Sehnen nur so wie des Grases Blume." Und König *Ludwig* "zog auf Gottes Ruf fort aus dieser Welt," am 10. Tag des Septembermonds 1382, in seines Lebens 57stem, in seines Herrschens 41stem Jahr.

NOTEN

1. A. Pór, *Az Anjou ház* [Das Haus der Anjou]. In: S. Szilágyi, *A Magyar nemzet története* [Die Geschichte der ungarischen Nation]. Bd. III, 4. Buch: "Magyarország fénykora" [Die Glanzzeit Ungarns] (Budapest, 1895), S. 229.

2. U. a. L. Makkai in der Einleitung des 9. Kapitels in: L. Makkai–L. Mezey, *Árpád-kori és Anjou-kori levelek (XI-XIV. sz.)*) [Briefe aus der Zeit der Arpaden und der Anjou] (Budapest, 1960), S. 251 ff. Die Edition des lateinischen Originaltextes war dem Verfasser zur Zeit der Abfassung dieser Abhandlung nich zugänglich. Vgl. neuerdings D. Kosáry, *Bevezetés Magyarország történetének forrásaiba és irodalmába* [Einführung in die Quellen und Literatur der Geschichte Ungarns] (Budapest, 1970).

3. Ebenda, S. 252.

4. I. Trencsényi-Waldapfel in der Einleitung der ungarischen Übersetzung der Chronik des Küküllei. *Küküllei János és a Névtelen Minorita Krónikája* [Die Chronik des anonymen Minoriten], *Mon. Hung.* IV., *Magyar Helikon* (Budapest, 1960), S. 28. Die Ausgabe des lateinischen Originaltextes war dem Verfasser zur Zeit der Niederschrift nicht zuhanden.

5. Küküllei, ebenda, S. 38.

6. E. Jakubovich, "Nagy Lajos oxfordi kodexe s a Bécsi Képes Krónika kora és illuminátora" [Der Oxforder Codex Ludwig des Großen und das Zeitalter der Wiener Bilderchronik und deren Illuminators], *Magyar Könyvszemle* (1930).

7. Küküllei, S. 35-36.

8. Ebenda, S. 38.

9. D. Dercsényi, *Nagy Lajos kora* [Das Zeitalter Ludwig des Großen] (Budapest, 1941), S. 54.

10. *SS rerum Hungaricarum.* Ed. E. Szentpétery (Budapest, 1937), I, 304-421.

11. Dercsényi, S. 55.

12. B. Hóman in Hóman-Szekfü, *Magyar történet* [Ungarische Geschichte]. 1. Aufl., Budapest, 1928-1934), III, S. 26-27. Die 2. bzw. 3. Auflage des Werkes mit weiteren Literaturangaben zum Thema "Die Beziehungen der Anjou zu Italien" lagen dem Autor nicht vor.

13. Küküllei, S. 39. Vgl. Hóman, S. 453.

14. M. de Ferdinandy, *Tschingis Khan* (Hamburg, 1958), S. 136-139.
15. Pór, S. 162; Küküllei, S. 44.
16. Pór, S. 163.
17. Der Minorit in Küküllei, S. 92.
18. Pór, S. 166.
19. Ebenda, S. 174.
20. Der Minorit in Küküllei, S. 84.
21. Hóman-Szekfü, S. 30.
22. K. Brandi, *Die Renaissance.* In: *Propyläen Weltgeschichte* (Berlin, 1932), IV, S. 192-193; Caggese, *Roberto d'Angiò e i suoi tempi* (Firenze, 1922).
23. L. Óváry, "Nápolyi Johanna" [Johanna von Neapel], *Századok* (1893), S. 497.
24. Ebenda.
25. Pór, S. 170.
26. Küküllei, S. 43.
27. Ebenda, S. 40.
28. Dercsényi, S. 12; B. Hóman, "A XIV. századi aranyválság" [Die Goldkrise im 14. Jh.]. In: *Fejérpataky Emlékkönyv* [Fejérpataky-Festschrift] (Budapest, 1917).
29. Elisabeths Brief an Clemens VI., 27. III. 1346 in Makkai-Mezey, S. 263, Nr. 164.
30. Ebenda, S. 263-264.
31. Küküllei, S. 42-43.
32. I. Miskolczy, "András herceg tragédiája és a nápolyi udvar" [Die Tragödie des Herzog Andreas und der Hof von Neapel], *Századok* (1927/1928), S. 779 ff.
33. Hóman-Szekfü, S. 37.

33a. Brief Ludwigs I. an Clemens VI., 15. I. 1346 in Makkai-Mezey, S. 258, Nr. 157.

34. M. de Ferdinandy, *Mi magyarok. Tiz tanulmány a magyar történelemből* [Wir Ungarn. Zehn Studien aus Ungarns Geschichte] (Budapest, 1941), S. 180-181.
35. Hóman-Szekfü, S. 29.
36. Ebenda, S. 40.
37. Brief Ludwigs I., s. Anm. 33a.
38. Hóman-Szekfü, S. 43.

39. Pór, S. 182-183.
40. Makkai-Mezey, S. 265, Nr. 166.
41. Ebenda, S. 266-267.
42. *A három Villani krónikája* [*Croniche di Giovanni, Matteo e Filippo Villani*], übers. M. Rácz (Budapest, 1980), S. 176.
43. Hóman-Szekfü, S. 49.
44. Küküllei, S. 50.
45. Pór, S. 194.
46. Makkai-Mezey, S. 268, Nr. 167.
47. I. Szabó, "Az 1351. évi jobbágytörvények" [Die Leibeigenengesetze aus dem J. 1351], *Századok* (1954), S. 67, Anm. 519.
48. Villani, S. 263.
49. Szabó, S. 250; Brief Ludwigs I. an den Dogen Andrea Dandolo, 7. VI. 1349 in Makkai-Mezey, S. 269, Nr. 168.
50. Pór, S. 211-212.
51. Hóman-Szekfü, S. 51-52.
52. Ebenda, S. 53.
53. Pór, S. 219.
54. Der Minorit in Küküllei, S. 99.
55. Dercsényi, S. 14; Küküllei, S. 70.
56. Küküllei, S. 58.
57. Der Minorit in Küküllei, S. 99.
58. Küküllei, S. 58.
59. M. de Ferdinandy, *Karl V* (Tübingen, 1966), S. 272.
60. Hóman-Szekfü, S. 55.
61. Ebenda, S. 121.
62. Ebenda, S. 60.
63. Pór, S. 240.
64. A. Pór, "A négy Miklós [Die vier Nikolause], *Századok* (1902), S. 725; K. Benda, *A magyar nemzeti hivatástudat története a XV.-XVII. sz.-ban* [Die Geschichte des magyarischen Sendungsbewußtseins im XV.-XVII Jh.] (Budapest, 1937), S. 11, Anmerkung 5.
65. L. Thallóczy, "Bosnia-Herczegovina története" [Die Geschichte von Bosnien-Herzegowina]. In: *Az Osztrák-Magyar Monarchia irásban és képben* [Die Österr.-ungar. Monarchie in Schrift und Bild], Bd. Bosznia-Herczegovina (Wien-Budapest, 1901), S. 200-202.
66. F. Eckhart, *A szentkoronaeszme története* [Die Geschichte der Idee von der heiligen Krone] (Budapest, 1941), S. 118.

67. Brief Ludwigs I. an die Stadt Florenz, 20. II. 1358 in Makkai-Mezey, a.a.O., S. 273-274, Nr. 175.

68. Gr. E. Wilczek, "Magyar tengerészet az Anjoukorban" [Ungarische Seefahrt im Zeitalter der Anjou], *Századok* (1895).

69. Küküllei, S. 65.

70. Hóman-Szekfü, S. 65.

71. Ebenda, S. 65-66.

72. Ebenda, S. 68.

73. Der Minorit inKüküllei, S. 102-103.

74. Ebenda, S. 106.

75. Ebenda, S. 107-108.

76. Hóman-Szekfü, S. 71.

77. Ebenda, S. 84.

78. I. Szentpétery, "Bolgárország IV. Béla királyi cimében" [Bulgarien im Königstitel von Béla IV.]. In: *Klebelsberg Emlékkönyv* [Klebelsberg-Festschrift] Budapest 1925 L. Thallóczy, "Nagy Lajos és a bolgár bánság" [Ludwig der Große und das Banat von Bulgarien], *Századok* (1900).

79. Hóman-Szekfü, S. 74.

80. Brief Ludwigs I. an Benedikt Himfi, Obergespan von Temesch.

81. Hóman-Szekfü, S. 84.

82. A. Pór, "Nagy Lajos halálos betegesége" [Die tödliche Krankheit Ludwigs des Großen[*Századok* (1902), S. 311. Eine Zusammenstellung der Quellen zum Feldzug des J. 1377 bei Hóman-Szekfü, S. 455-456.

83. Makkai-Mezey, S. 281, Nr. 187.

84. Hóman-Szekfü, S. 92-93.

85. Ebenda, S. 93.

86. Ebenda, S. 91.

87. Küküllei, S. 78.

88. Hóman-Szekfü, S. 83.

89. Auch für das folgende ebenda, S. 149-159.

90. "Magyarország zászlósurai 1342-1382" [Die Bannerherren Ungarns] in Hóman-Szekfü, Tafel zwischen S. 48 und 49.

91. Küküllei, S. 67.

92. M. de Ferdinandy, *Historia de Hungria* (Madrid, 1967), S. 85.

93. Gy. Lovcsányi, "Adalékok a magyar-lengyel érintkezés történetéhez a mohácsi vész elött" [Beiträge zur Geschichte der ungarisch-polnischen Beziehungen vor der Schlacht von Mohács], *Századok* 1886, S. 521-522.

94. Hóman-Szekfü, S. 104.
95. Brief des Nikolaus Szécsi an den Dogen Giovanni Dolfin in Makkai-Mezey, S. 274, Nr. 176.
96. Pór, S. 322 ff.
97. Makkai-Mezey, S. 286, Nr. 195.
98. Hóman-Szekfü, S. 103.
99. Pór, S. 337; Dercsényi, S. 65-66.
100. Makkai-Mezey, S. 289, Nr. 198.
101. Brief Ludwig I. an die Stadt Ancona, 28. VII. 1382 in Makkai-Mezey, S. 290.
102. Küküllei, S. 77.

Erik Fügedi

2 / Castles and Castellans in Angevin Hungary (with map)

The decades preceding the accession of the Anjou in Hungary have seen the rise and fall of oligarchs, who attempted to build territorial lordships based on their multiple ownership of castle-estates. In the Battle of Rozgony (1312) the sons of Amadé Aba lost their father's power and property, four years later Charles I Robert defeated the Borsa clan. Máté Csák managed to retain most of his castles til his death in 1321, but then his dominion also fell apart and escheated to the crown.

Once the castles formerly held by the oligarchs were recovered, the king could turn to the recovery of other alientated crown property. This policy was vigorously pursued after 1327. Of course, nothing similar to the attempts of Béla IV at reconstructing the old royal domain could be considered, but still, as Bálint Hóman phrased it: "the royal castles offered themselves as . . . economic centres and their lands as economic bases," hence the domains were everywhere attached to the castles and "these greater or lesser appurtenances, administered by the castellans . . . were there to serve the needs of the castle and its garrison."[1] Hóman also assumed that the castellans had primarily military and police functions and the administration of the "castle estates" or "castle domains" was only their secondary task.[2] Having been interested mainly in the royal revenue, he resolved that the income of the royal castle-estates was insufficient.

This prompted Charles I to pursue other sources of income, including the *regalia* of mining and minting. The issue of the castle-domains is, however, too important to be left at that; it needs to be reconsidered, and not only from the financial point of view, but also from that of distribution of power.

Just as in the era of the oligarchs the castellans were the ones who emerged most clearly from the magnate's *familia,* so in the royal system, they were the officers best known by the royal commands and commissions sent to them. Therefore, we have to start with an inquiry into their functions, legal status and personnel.

Our somewhat jejune sources suggest that parallel to the disintegration of the royal county, the royal castellans inherited the functions of the *pristaldi,* and later some of those of the country *ispán*, i.e. of his *comes curialis.* In the beginning at least, they needed a special commission from the king or the count. But a charter issued in 1296, leaves no doubt that the castellan of Sopron was a justice in his county on the basis of his own office.[3] This tallies with a report sent in 1291, by the castellan of Kapu to the king. He was supposed to receive a property from the Provost of Vasvár, but the provost refused to hand it over. The castellan concluded his report by noting that "the property indeed belongs to *magister* Herbord, as I have read in the pertinent charter and as I am aware of it."[4] It is most likely that the case was tried in the first instance in the court of the castellan, hence his expert knowledge of the facts.

The castellan was appointed by the king, just as the count of the county, and then he was invested with his territory by a royal officer (*homo regius*).[5] The king's command was addressed to the judges (*villici*) of the villages and the tenants on the castle's estates, ordering them to receive the new castellan with due honour, and to render him dues and obedience just as if he were their lord. The castellan received the castle *pro honore* and filled his office *auctoritate regia.* He was to collect the revenue for the king and defend the castle in his name.[6] In one case it is also noted that the castellan received gifts (*munera*) from the peasants; obviously these were also given to him in the king's stead.[7]

We know remarkably little about the actual functions of the castellans. As usual, written evidence survives only on extraordinary matters, such as special royal commissions for seizins of major importance, for representing the king in significant law suits or for acting as escheators for the crown.[8] Their foremost task was of course the upkeep, repair and guarding of the king's castle.

The appurtenances were likewise entrusted to the castellans. He was in charge of these *nomine honoris regii,* administered them, and collected their dues; in a word "ruled, held and owned" them.[9] He was accountable for the economy but, judging from the settlement agreements made by castellans, he also enjoyed considerable autonomy.[10] In the fourteenth century there still existed vast forests—particularly in the north—where new settlements could be founded on assärts. This was mostly done by contracts with a *locator* (*Schultheiss, soltész*) who organised the operation for which he recieved either a tax-exempt plot in perpetuity, or a mill, or perhaps a tavern licence. Several such contracts between castellans and *locatores* have come down to us, referring to areas of royal castle-domains. A grant of two plots to the burghers of a small *suburbium* by the castellan, who was "moved by their powerty and need"[11] also suggests the fairly wide discretionary powers of these officers.

The new and decisive feature in the development of the royal domain of the fifteenth century was the castellans' judicial authority over the tenants of the estates, their *jurisdictio.*[12] The judicial power of private landlords over their *jobagiones* did not match this for a long time, although it began to develop in the thirteenth century. The ecclesiastical lords have acquired the right to administer justice first by way of immunities; the secular lords, following their lead did not manage to get beyond the right of judging minor matters on their estates. By the mid-fourteenth century this was described as "old and general custom."[13] Grants of *ius gladii,* that is jurisdiction including capital cases, begin to show up in the early fourteenth-century documents, but relatively few charters are known that include this privilege.[14] It has been assumed that many of those lords who actually exercised such jurisdiction in the fifteenth century "did so on their great estates, whether they received a royal permission or not."[15] The solution is suggested by a remark of the legal historian Imre Hajnik, who noted that the jurisdiction of the royal castellans over their tenants "was highly developed."[16] Even though we do not know of any specific legal decision on this matter, it is only logical to assume that if the *jobagiones* were to honor the castellan just as their ruler (as we have seen in the wording of the commission), they were also subject to his plenary jurisdiction. This seems to be implied in a charter of Louis I of

1376 in which a *locator* is limited in his jurisdiction to minor cases, since the major ones (here: theft, brigandage, and arson) are reserved for the king's or the castellan's court held three times a year. In the same charter the *locator* is granted the privilege of being exempt from any other citation execpt to the "presence of our castellan."[17] Agreements of settlement frequently grant the *locator* powers to administer justice in minor cases, while the major ones were reserved for the castellan or his deputy at his *iudicium generale* or *iudicium legitimum* held three times annually.[18] The dates for the court sessions may differ from case to case, but the general practice was that the castellan held the seigneurial court together with the village magistrate and local jurors. If a settlement received urban privilege from the king, it was exempted from the jurisdiction of the castellan.[19] On the other hand, writs commanding that royal tenants should only be cited to the court of the castellan, suggest the same system.[20] These regulations lead us to conclude that the castellans had the same jurisdiction in capital cases as the count or a nobleman with *ius gladii* (sometimes called *comes liber*). In the last resort all of these jurisdictions devolved from the king's supreme judicial power.

Not surprisingly, few sentences passed by castellans came down to us. Since they referred to matters of dependent tenants, they were hardly ever put into writing. Written records were needed only in cases that involved a party beyond the confines of the castle-estates, but these were rare, since few of them touched upon feudal rights that demanded formal proof. The jurisdiction of the castellans ended at the borders of their estates and nobles with landed property were also exempt from their courts. One castellan, who later made a great career, once attempted to pass judgment on matters of noble property, but it was found "that such a castellan as the one of Sáros has no jurisdiction over nobles in property cases according to the *statua regni* as it can be seen from the letter of king to *magister* Micsk, read by *magister* [Chief Justice] Lampert."[21]

Unlimited jurisdiction over the *jobagiones* of the great estates was a social fact of considerable consequence. It deprived the county of its power over the subjects of the *dominia* and thus made these estates into veritable *seigenuries banales,* by adding the administration of justice to the economic power of the castle. Henceforth not only the dues in kind and coin were to be delivered "up there," but the judge also descended "from there" into the villages.[22] In the above mentioned cases the lord of the castle stood for the ruler of the kingdom, but this was not to be the end of the road. The judicial powers of the castellan do not seem to have ended when the estate was granted to a private owner. Miklós Kont, long time palatine of Louis I, received from the king the estates of Bátorkő; he later gave away one of the appurtenant villages, which he had selected as his burial site to the Pauline monks of Csatka. In 1394, Kont's widow ordered her castellan not to hold court in that village any more.[23] As there is no evidence that Kont or his widow having been explicitly granted *ius gladii,* we have to assume that the castellan's jurisdiction went back to the time when Bátorkő was a royal castle. Such developments may supply the clue for the great landowners' judicial powers with or without royal licence. As in the thirteenth century villages changed hands with the castles, since they were their appurtenances, the jurisdiction of the castellan may have become an "ideal appurtence," and passed on from royal hands to the private lord of the castle. Hence the castles granted by Louis I became not only residences of the great landlords, and treasuries of their valuables, but also the seats of their seigneurial administration of justice, on every level.

In the middle of the fourteenth century the royal castle-estates represented the highest stage of development of Hungarian great estates, the *dominia.* At the death of Louis I the majority of these estates was still crown property; but even if they had been alienated, they retained those jurisdictional powers which they had enjoyed as the king's domains.

The great secular estates seem to have acquired some other rights besides the ones copied or "inherited" from the royal castle-estates. One of the few scattered references is to be found in the franchise of three villages in the Nyaláb estates, granting the parishes "their previous privileges and liberties unperturbed by the castellan."[24] This short clause allows us to assume that the king's patronage over the domain's churches was also exercised by the castellan. Charters of King Sigismund frequently contain references to the patronage as being among the rights and appurtences belonging to a castle.

Another connection between great landowners and the church originated in the collection of the tithe. The church needed the assistance of the secular lords, including that of the king, in this respect as in many others. It is more than likely that ecclesiastical administrators realised the advantage of cooperating with the lords of great estates in collecting the tithe from the many villages under the latter's control. The earliest sign for such an arrangement can be found in the Pozsony tithing district of the archdiocese of Esztergom, where in 1332, four castle districts are mentioned.[25]

Leasing the tithe from the church was also advantageous for the lords of the estates, as it cut one more tie that would have bound their peasants to a jurisdiction beyond their powers. According to Article VI of the *decretum* of 1351,[26] the tenants owed—after the tithe—a ninth of their harvest to the landlord, that is a second tithe. With both in his hands, the lord of the dominion collected 20 percent of the tenants' produce. Since he had the means to do so, in the late fourteenth century it became profitable to lease the tithe of both grain and vine, and thus collect one-fifth of the harvest into seigneurial barns.

As a result of these developments the keepers of the castles became powerful men who collected most of the tenants' surplus, administered justice to them, and controlled every aspect of the castle's estates. While these rights did survive even in private hands, most of the castellans of the fourteenth century were royal officials, since the majority of the castles belonged to the crown. The studies of Mór Wertner,[27] augmented by additional data I have compiled for my recent publication on castles,[28] offer a fair sample, thought not a complete list, of their names and tenures of office.

To begin with, there are castles for which castellans are seldom if ever mentioned: for example the count of Pozsony, who was the keeper of the castle since ancient times, is rarely styled as such; neither is the count of Sáros. There are clusters of castles, where the castellan of one is frequently referred to, but not those of the adjaccent ones. In the case of the castles along the River Vág only the castellan of Beszterce is known, while those of Hricsó, Lednice, Oroszlánkő are not. The clue is to be found in a settlement charter of 1325 which was issued by Chief Justice Sándor, "castellan of Beszterce and adjacent castles." A similar case is the group of castles in the border district (Zagorje) of Varasd County, which were acquired by the crown in 1326, and placed in charge of one castellan (*castrorum in districtu Zagoria existentium*).[29] However, not all castellans styled themselves keepers of every castle in their charge, hence some castles may remain hidden to the reader of written records.

Castellans frequently held more than one castle simultaneously. It has been assumed that in the case of neighbouring castles one was subject to the other.[30] This may often have been so, especially when one (e.g. Dédes) was less significant than the other (e.g. Diósgyőr). It is, however, unlikely in others, e.g. in the Léva-Saskő pair. That 12 of the known 20 cases combine castles in the same county and in two instances (Bajmóc-Kesselőkő, Hölgykő-Csesznek) they were in the charge of the county's count may be more significant. No such simple logic helps to explain the combinations where the two jointly held castles were at a considerable distance from each other, such as Kőrősszeg in the west and Tapolcsány in the east.

The picture is similarly unclear in instances when the offices of the count and the castellan were combined. We know of forty such cases, but only in nine of these cases was the connection between county and castle a more or less regular arrangement. If we add the occasional joint officeholdings (four) and the three additional ones (Pozsony, Sáros, Magyar-Óvár), we are still faced with puzzles for more than half of the known cases.[31] In the rest–with the exception of four where the counts regularly served as castellans of one of several royal castles in the county–there is no obvious explanation. When, for example, the count of the southeastern county of Temes is also the keeper of the castle of Jókő in the northern mountains, the explanation may lie only in the biography of the officeholder or some accidental consideration unknown to us.

If, however, we also consider, whether the castle of which the count was also castellan lies within his or an adjacent county, the riddles can be somewhat reduced. We have to remember that even after the defeat of the oligarchs, the king did now own a castle in every county. Therefore the crown may have had to "borrow" a castle for the count, as for example in the case of the *comes* of Szabolcs, whose castle of Adorján lay in the adjacent county of Bihar. These considerations solve over half of the known cases.

The whole matter may be better understood if we remember that the county of the fourteenth century was no longer a royal, but rather a noble institution. The *comes comitatus* had no real power-base any more. A royal castle in his own county (or near to it) was entrusted to him exactly in order to balance this situation, as it supplied the count with the necessary military strength. But, alas, we cannot prove that every county's count had a castle assigned to him, and it is unlikely that additional research would do so. None the less, it may be true in general that the power of most *comites* rested in a royal castle and its appurtenances. This development might have been also enhanced by the fact that a few bishops (e.g. those of Nyitra and Veszprém) had by this time acquired the comital office of their counties in perpetuity. In these counties the royal castellan had an even more significant role in representing the interests of the crown.

The names of royal castellans can be described simply as a list of the faithful men of the Angevin kings. They were the ones who enjoyed the king's grace and the esteem of their peers. Many were knights of the court, *familiaris*-retainers of the king, judges on the bench of the lord Chief Justice or chosen arbitrators, which proves their social status. When in 1336, the authenticity of a record sealed with the king's signet was challenged, three royal castellans were also consulted, because "they were obviously familiar with the signet of the lord king."[32] The castellans seem to have been in the second slate of the country's élite, whence many found their way into the aristocracy. This was especially true for the castellans of the king's favourite residences. The castellan of Visegrád, Töttös Becsei became lord ostiary, his successor Benedek Himfi *banus* of Bulgaria. The castellan of Diósgyőr in the times of its major development, Péter Czudar, became lord cupbearer. In Óbuda the palatine himself served as castellan at first, then he was followed by two lords ostiary, and finally a nobleman who later advanced to become lord treasurer.

As usual in feudal societies, the castellan could not be, and indeed was rarely, personally in charge of the castle and its estates; he entrusted them to one of his retainers. *Vicecastellani* are frequently referred to in royal writs.[33] Many mandates are known in which the castellan gives some commission to his deputy, sometimes calling him castellan, especially when the former is a high officer of the realm. The combination of the offices of vice-castellan and vice-count (*vicecomes*) must have also started in these decades; it was only logical, since both were given to retainers of great lords who held both county and castle from the king.[34]

The example was followed by the prelates, in particular by the count-bishops in perpetuity. The viscounts of Veszprém County in the fourteenth century were always castellans of Veszprém or Sümeg.[35] Castellans served also as military sub-commanders of the lords spiritual. The so-called *preadiales,* nobles holding tax exempt properties from a prelate, were organized in *sedes nobilium episcopalium* with a castellan as their *ispán* in command.

The combination of castle and comital office, just as the jurisdictional authority of the castellan, sometimes survived the alienation of the castle from the crown. The castellan of Csesznek used to be in charge of the royal forest of Bakony, and remained in this post even after King Sigismund had given the castle to the Garai family. Similarly the castellan of Kapuvár kept serving as viscount of the Rábaköz district although the castle became private property.[36]

Having sketched the establishment and the development of the castle-estates and their incorporation into the royal administration under the Anjou kings, let us now ask: how many of these castles did Charles I own after the defeat of the oligarchs, how many did he retain and how many new ones were bullt? The first decades of his reign were spent in securing the throne and recovering rights and properties of the crown. By the defeat of Amadé Aba the king gained only eight castles. The victory over the Borsa was more valuable, as it brought home twelve. The death of Máté Csák meant the greatest gain: twenty-eight castles came into royal hands, not counting those which the king turned over their lawful owners.[37] As to grants in this period, it would seem as though the king was endowing not only a new aristocracy, but a new set of oligarchs as well. Tamás Széchényi was given five castles; true, all escheated to the crown from felons of his clan. The king's French courtiers, the Drugeth family, received ten castles from the Aba and Borsa properties. Still, one has to consider the ratios: even the Drugeths owned only a quarter of what the greatest oligarch used to own before 1321 did. The balance sheet shows unequivocal royal prcpondcrancc: onc hundrcd castles were in the king's hands. This meant that—even if we deduct the forty castles destroyed and the five along the borders which were held by Austrian or Czech lords—about half of the country's 210 castles belonged to the crown. And if we add that no single magnate held more than a tenth of the total number of castles, the results of the recovery can be indeed regarded as most significant.

The acquisition and donation policies of Charles Robert were so successful that even at the death of his son, Louis the Great, the crown still owned 93 castles, although King Louis gave away eighteen and had one torn down. His donations were as cautious as those of his father. Only his most favourite followers, the members of the Lackfi family, were granted three castles in addition to the one they had inherited and the two they built. The other well-endowed family was the Kont (later called Ujlaki), with three castles granted and a fourth built. The multiple castle owners were thus:

one family with 6 castles	(Lackfi)
one family with 5 castles	(Széchényi)
one family with 3 castles	(Drugeth), and
four families with 2 castles each.	

Except for the three top magnates, the castles of the others were not near to one another, and even the two relatively nearby castles of the Kont family (Galgóc and Temetvény) were surrounded by royal forts. Thus, they were never a threat to the crown.

In addition to these donations we also have to mention the castle of Sirok, which the king had mortgaged to its castellans, in exchange for the expenses of its repair. This is the first known case for such a transaction and King Louis made sure that the donation document excluded any doubt as to the crown's property rights to the castle.

Under the Anjou kings the magnates were never allowed to form such continuous chains of castle properties as those of the Csák or Borsa clans earlier. However large their properties were, the royal castles prevailed, and in some parts of the country nearly all castles belonged to the crown. This pattern had its extremes: all castles of Trencsén County escheated to the crown in 1321, and Charles returned only two minor ones to their private owners, one of which he later recovered. In contrast, in Tolna County only one royal castle existed and Louis I gave away even that to the Lackfis. It is probably correct to say that the king's attention was concentrated on the border areas (especially in the west), where almost all castles remained in his hands. The overall count in 1382, still shows almost half of all castles in Hungary proper being in the king's hands. But if one also considers Transylvania and the Banate of Szörény, more than half of those were royal properties.

Charles I Robert succeeded not only in recovering usurped royal castles, but also in getting the royal attitude to castle lordship accepted. His chancery revived the formula used in many charters of King Ladislas IV, charging the oligarchs with having "obtained the castles" in opposition to the king.[38] This formula was shorthand for the Angevin view that power embodied in a castle was by definition the king's. He would not object to its being in the hands of his prelates and barons, provided that they were faithful to the crown. The charge of high treason against András, Bishop of Transylvania, was triggered by the bishop's refusal in 1349, to admit King Louis to one of his castles "to no minor detriment of the royal office and honour." The king deemed this act to be treason and ordered his nearby castellan to arrest the bishop and seize his castles, properties and all valuables. The tone of the royal writ leaves no doubt that Louis regarded his suzerainty over all castles as a basic royal right, and the bishop's recalcitrance as the gravest offense.[39]

The organisatorial, personal and legal steps of the two Angevin kings, best summed up as a process of consolidation, found also its expression in the architecture of castles. Whereas many of the castles built in great haste in the late thirteenth century were rather temporary structures—so that many were simply burnt down in the civil wars, having been but wooden towers or mere palisades—the fourteenth century was characterised by systematic rebuilding in stone. Many of the old castles were, however, abandoned, not being worth the effort to reconstruct. Forty such cases are known, including royal castles. For instance, the comital castle for the Máramaros territory, built under Andrew III in Visk, was replaced in the mid-fourteenth century by the better-located Huszt.[40] Hölgykő in western Hungary, torn down on the behest of Louis I when a Carthusian monastery was founded nearby, was a rare case of a royal castle's demise without replacement. Many smaller private castles were simply abandoned when, after the turbulent years of the civil war, the return of peace did not warrant their upkeep. Solyomkő in Torna County was featured as the seigneurial castle in a property division of 1386. A decade later, however, according to an inquisition *post mortem,* a much more comfortable manor house served as the estate's centre and Sólyomkő was listed as *castrum nunc desertum.*[41] Twenty-five castles were thus abandoned in the decades of consolidation. The greater attention paid to comfort and habitability was a sign of peaceful times. Thirteenth-century castles rarely had comfortable rooms, save the few great royal keeps such as Visegrád. "Palaces" with halls and chapels were even less frequent. In contrast, a residential block with a great hall was virtually *de rigeur* in all fourteenth century castles, new and rebuilt ones alike; and many of them had also private chapels. The most elaborate of these was the two-storey chapel in the castle of Szalánc, built on French model by the

Drugeth family. One might say that forteenth-century castles had to consist not only of defensive structures, but also of buildings representing their lord's social status: hall and chapel. Even lesser nobles tried to display these elements in their smaller castles, such as Kígyókő or Essegvár.

Another general innovation of the age, less obviously reflecting social needs, was a second tower. If it was a gate-house, then it enhanced the castle's defenses. But this was not too often the case. The second tower stood mostly within the walls. Two towers flanking the residential building have already been built in thirteenth-century castles such as Gimes and Siklós, but in the fourteenth century this became the general pattern all over the country. The towers varied in form, the early examples being square or ovoid. In the fourteenth-century Boldogkő one of them was triangular, in Csesznek the second tower was pentagonal. The tower-hall scheme can be found in new and rebuilt, royal and private, greater and smaller castles alike. Sometimes a second tower was erected even without a residential block, as in Simontornya, where the first tower originated at the turn of the century; or in minor castles, such as Kígyókő. A third kind of extension, the building of a second, outer line of defense was a rarity; only two fourteenth century instances are known.

No late fourteenth-century description survived of a castle that fulfilled the social needs of the age, but two records from the early fifteenth century may represent conditions of the end of the Angevin age. In spite of the profound political changes during the decades following 1382, the descriptions of two western Hungarian castles in a charter on property partition from 1412 probably reflect their stage of development in late Anjou times. The lord of Szentgyörgy and Eberhard held high royal office under Louis I, hence any major building activity would have been done during that time. Besides, architectural patterns do not change so quickly as to invalidate conclusions drawn from a document dated a few decades later.

Szentgyörgy consisted of two lines of defenses; the entry to the outer castle was guarded by—apparently two—gate-towers, connected by a *zwinger.* A "water-tower," some kind of water-lifting equipment, and a bakehouse were in the outer castle. The entry to the inner castle was also guarded by a towered gate-house with a "loggia." The cellared "palace" contained a hall and some smaller rooms and was flanked by the great tower and a smaller one that also served as a dungeon. Eberhard was a much simpler moated castle in the plains. Within a single line of walls it had two towers and a cellared hall with additional rooms, stables and a gate-house. These descriptions, above all that of the more elaborate Szentgyörgy castle, neatly reflect the different functions of a fourteenth-century fortress. Its military value lay in the walls, the gatehouses, the *zwinger*; while its social function was expressed by the representative hall, next to the space for the lord's everyday housing. At the same time, the aristocratic family's ecclesiastical standing was marked by their private chapel, and the gaol reminded everyone of the coercive powers of the great landowner. The architectural complex reflects status, power and riches of a lord.

The construction projects of the dynasty deserve special mention. The reign of the Angevin kings was marked not only by political consolidation, but also by an economic boom, due to the increased gold and silver mining, the reform of minting, and the introduction of a stable Hungarian gold currency. The dynasty's standing was further enhanced by Louis I's Polish kingdom. Castle building reflected these economic and political conditions.

The first major construction project was a fortified royal castle on the southern tip of the Castle Hill of Buda. Louis I moved there from nearby Visegrád in 1347, and resided in the castle til 1355. Due to later alternatives, we know very little of this building. The negotiations with Poland, conducted during the life of Louis' uncle, King Casimir the Great, may have necessitated the expansion of the castle of Diósgyőr along the road to Cracow. In the 1360s Louis had an entirely new castle built there. It was a two-storied quadrangle, with 60 meter high towers at its four corners, surrounding a courtyard of some 600 square meters. The ground floor was occupied by room for the servants performing various economic functions, while the upper floor contained the royal family's quarters, a large (13 x 25 m) two-naved hall with a great fireplace, and a multistorey chapel. Access to a wall-walk was from the third storey of the towers. The castle had an outer defense with four double towers, curtain walls and a moat filled by a brook. Hungarian authors tend to see French influence in the design and assume that the architect, a certain Ambrus, came from France.[42]

While in the case of Diósgyőr the defensive aspect was still important, as the castle stood far from any settlement, this was not true for the second Angevin castle, Zólyom. The latter was built in 1370, on a hill at the outskirts of the town, and followed the example of French and Italian urban palaces. It is also a quadrangular building of about the same size as Diósgyőr, but has only two towers on the eastern wing, with entries from the royal quarters. Zólyom also had outer defenses. The smaller rooms of the ground floor, the royal chapel and the great reception hall resemble Diósgyőr's. It was in this hall that the Polish parliament (diet) of 1382 was held. Zólyom is unique for this type of chateaux in fourteenth-century Central Europe, although some elements borrowed from Italian palances can also be detected on castle Tata, built by Louis I's favourites, the Lackfi family, whose members probably consciously copied the royal example.

NOTES

1. B. Hóman and Gy. Szekfű, *Magyar történet* [Hungarian History], 5 vols. (Budapest, 1935-1939), II, 91; hereafter Hóman-Szekfű, *Magyar történet.* Also: B. Hóman, *A magyar királyság pénzügyei és gazdaságpolitikaja Károly Róbert korában* [The Monetary and Economic Policies of the Hungarian Kingdom in the Age of Charles Robert] (Budapest, 1921), 47-63.
2. Hóman-Szekfű, *Magyar történet,* II, 91.
3. I. Nagy, ed., *Sopron vármegye története. Okleveltár* [The History of Sopron County. Cartulary], 2 vols. (Sopron, 1889-1891), I, 60.
4. G. Wenzel, ed., *Árpádkori új okmánytár. Codex diplomaticus Arpadianus continuatus,* 12 vols. (Budapest, 1860-1874), V, 58.
5. I. Nagy and Gy. Nagy, eds., *Anjou-kori okmánytánytár. Codex diplomaticus Hungaricus Andegavensis,* 7 vols. (Budapest, 1878-1920), V, 662.
6. Ibid., III, 27.
7. Ibid., VI, 407-409.
8. Ibid., IV, 143, 549. Also see: L. B. Kumorovitz, ed., *Veszprémi regeszták* [Regesta from Veszprém] (Budapest, 1953), 220, 335, 336; and I. Nagy, et al. eds., *A Zichy család okmánytára* [Archives of the Zichy family], 12 vols. (Budapest, 1872-1931), III, 168.
9. *Sopron vármegye,* I, 212; A. Fekete-Nagy and L. Makkai, eds., *Documenta historiam Valachorum in Hungaria illustrantia usque ad annum*

1400 [*Etudes sur l'Europe central-orientale*] (Budapest, 1941), 336-337.

10. Ibid., 108, 146-149; *Anjou-kori okmánytár,* II, 214; III, 569; IV, 143. Also: G. Fejér, ed., *Codex diplomaticus Hungariae ecclesiasticus et civilis,* 43 vols. (Buda, 1829-1844), XI, 510; VIII/7, 225; X/2, 165; as well as Budapest: Hungarian National Archives (Magyar Országos Levéltár, hereafter MOL), nos. D1. 87901, D1. 44142.

11. MOL: D1 49823.

12. *Docum. Valach.,* 336-337.

13. I. Szabó, "Az 1351 évi 18-törvénycik" [Article 18 of the *Decretum* of 1351], in *Szentpétery Emlékkönyv* [Szentpétery Festschift] (Budapest, 1938), 431; and J. Holub, *Zala megye története a középkorban* [The History of Zala County in the Middle Ages], (Pécs, 1929), 227-228.

14. Charters issued between 1351 and 1400 have been collected by Gy. Székely. See: *Tanulmányok a parasztság történetéhez Magyarországon a XIV. században* [Studies in the History of the Peasantry in Hungary during the 14th Century] (Budapest, 1953), 309.

15. I. Sinkovics, *A magyar nagybirtok élete a xv. század elején* [The Life of Large Estates at the Beginning of the 15th Century], in S. Domanovszky, ed., *Tanulmányok a magyar mezőgazdaság történetéhez, 8 sz.* [Studies in the History of Hungarian Agriculture, No. 8] (Budapest, 1933), 17.

16. I. Hajnik, *A magyar birósági szervezet és perjog az Árpád és vegyesházi királyok alatt* [Hungarian Court Organization and Legal Process in the time of the Árpáds and their Successors] (Budapest, 1889), 102-103.

17. J. Szerémy-Ernyey, *A Majthényiak és a Felvidék* [The Majthényi (Family) in Upper Hungary] (Budapest, 1913), 673.

18. E. Fügedi, "'Német jogú' falvak települése a szlovák és német nyelvterületen" [Villages with 'German Rights' in Slovak and German Linguistic Areas], in *Tanulmányok a parasztság történetéhez,* 226-227.

19. *Anjou-kori okmánytár,* II, 527.

20. Ibid., VI, 409; *Codex diplomaticus,* IX/5, 167.

21. MOL. D1. 31178.

22. Ibid., D1. 58602; *Codex diplomaticus,* X/2, 165.

23. E. Mályusz, ed., *Zsigmondkori oklevéltár* [Archives for the Age of Sigismund], 2 vols. (Budapest, 1951-1958), I, no. 3290.

24. E. Fügedi, *Vár és társadalom a 13-14. századi Magyarországon*

[Castle and Society in 13th and 14th-Century Hungary], in [*Êrtekezések a történeti tudományok köréből, 82*] (Budapest, 1977) 76 note 232.

25. N. Knauz, ed., *Monumenta ecclesiae Strigoniensis,* 3 vols. (Esztergom, 1874-1924), III, 208.

26. See: Appendix of this volume for text of the *Decretum* of 1351.

27. M. Wertner, "Adalékok a XIV. századbeli magyar világi archontológiához" [Data Concerning the Secular Archonthology of 14th-Century Hungary], in *Töténelmi Tár,* (1907), 181.

28. Fügedi, *Vár és társadalom.* Cf. n. 24.

29. *Zichy okmánytár,* III, 109.

30. S. Márki, *Arad vármegye és Arad szabad királyi város monográphiája* [Monograph on Arad County and the Free Royal City of Arad], (Arad, 1892), I. 379.

31. Fügedi, *Vár és társadalom,* notes 240 and 241.

32. *Anjou-kori okmánytár,* III, 254-255.

33. Ibid., III, 53; V. 595. Also: Hóman, *A magyar királyság pénzügyei,* 53 and note 175; B. Iványi, *Eperjes szabad királyi város levéltára 1245-1526. Archivum liberae regiaeque civitatis Eperjes.* 2 vols. (Szeged, 1931-1932), I, 19. no. 35; and MOL: D1. 83415.

34. MOL: D1 47854.

35. D. Csánki, ed., *Magyarország történelmi földrajza a Hunyadiak korában* [The Historical Geography of Hungary in the Age of the Hunyadis], 5 vols. (Budapest, 1890-1913), III, 294.

36. *Zsigmondkori okleveltár,* I, 2075; II. 127.

37. Fügedi, *Vár és társadalom,* 84, notes 261 and 262.

38. *Codex diplomaticus,* V/2, 258; *Anjou-kori okmánytár,* II, 38; *Zichy okmánytár,* I, 219.

39. *Anjou-kori okmánytár,* V, 337; J. Eszterházy, "Az erdélyi püspük felségsértése 1349-ben" [The High Treason of the Bishop of Transylvania in 1349], *Századok,* 2 (1868), 90-94.

40. Fügedi, *Vár és társadalom,* 88 and note 284.

41. *Zsigmondkori oklevéltár,* I, 6095.

42. See: I. Czeglédi, *A diósgyőri vár* [The Castle of Diósgyőr] (Budapest, 1971). Also by the same author a study in L. Gerő, ed., *Várépitészetünk* [Our Castle Architecture] (Budapest, 1975), 130-133.

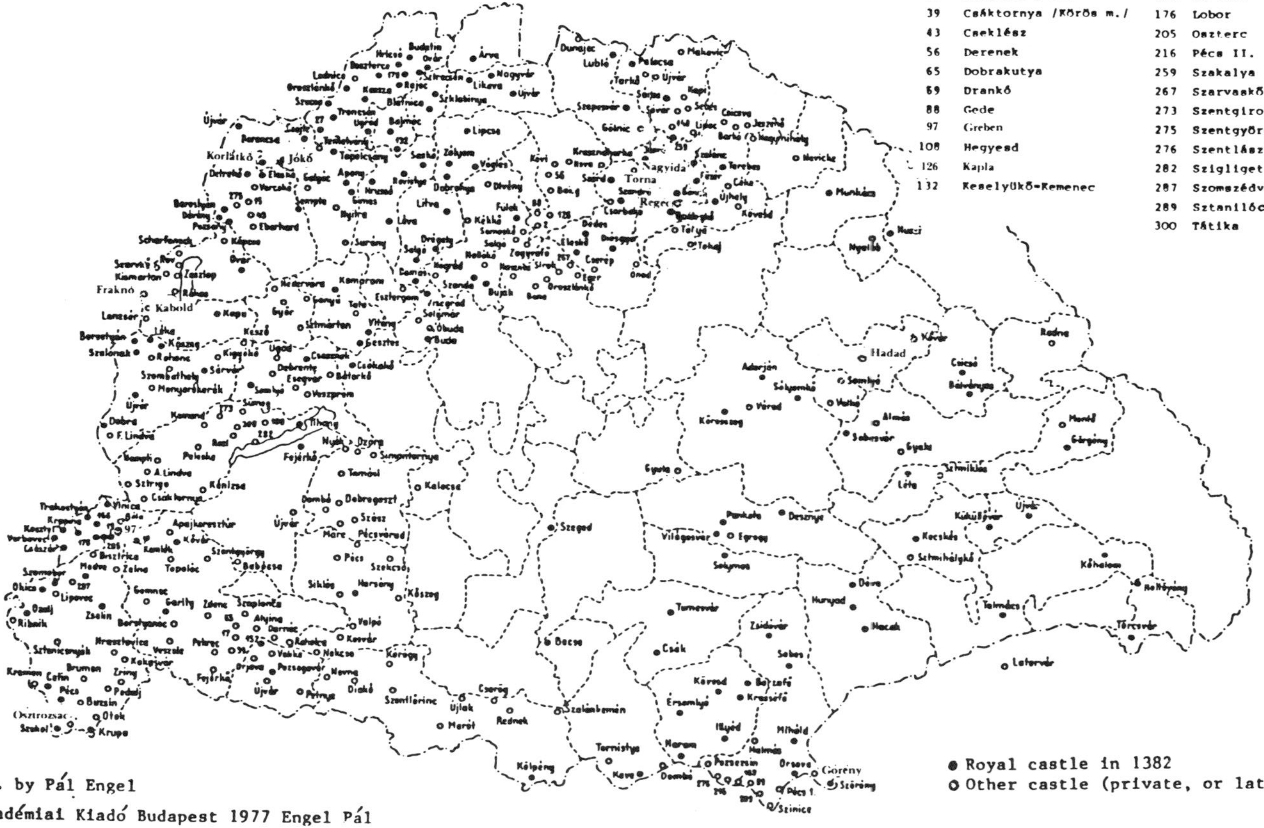

2	Ajnácskő	148	Kőszeg-Nyestkő-Somos
15	Bazin	152	Kővár /Pozsega m./
17	Béla	166	Lepoglava
19	Belec	169	Librand
27	Bolondóc-Beckó	170	Lietava
39	Csáktornya /Körös m./	176	Lobor
43	Cseklész	205	Oszterc
56	Derenek	216	Pécs II.
65	Dobrakutya	259	Szakalya
69	Drankő	267	Szarvaskő
88	Gede	273	Szentgirolt
97	Greben	275	Szentgyörgy /Pozsony
108	Hegyesd	276	Szentlászló
126	Kapla	282	Szigliget
132	Keselyűkő-Kemenec	287	Szomszédvár
		289	Sztanilóc
		300	Tátika

● Royal castle in 1382
○ Other castle (private, or later)

Comp. by Pál Engel

János M. Bak

3 / Louis I and the Lesser Nobility in Hungary

During the century preceding Louis I's reign, Hungarian society became what may be termed "feudal."[2] The privileges of Andrew II for the clergy and—in the Golden Bull of 1222 and 1231—for the nobility;[3] the great population dislocations caused by the Mongol invasion of 1241 and the transformations during the reconstruction mark the major points on this road. In the last resort these were caused by developments in agricultural production, in the military system, in the administration of the royal domain and the reception of western patterns of free tenancy introduced by settlers (*hospites*).[4] The last remnants of slavery vanished when the different groups of more or less servile producers became legally free but subject to secular or eccleasiastical landowners. They acquired personal liberty and had to render dues in form of a set portion of their harvest in return for their holding of a *sessio* (Hung. *telek*): house, garden, arable and right to pasture and commons.[5] By the early fourteenth century the majority of the population consisted of such tenants, subject to the jurisdiction of an upper class consisting of soldiers, clerks and administrators. Landowners from the formerly different warrior strata were now all regarded *nobiles,* and began to develop their territorial self-government in the counties, gradually transforming the old royal castle-districts into corporations of nobles. At the same time, the laws increasingly distinguish them from all other men without landed possessions. This was also the period of solidification of great secular landed estates with stone-built castles in their centres, the economic and political base of that aristocracy, which–frequently called barons–almost managed to tear apart the kingdom in the period of interregnum following the extinction of the founding Árpád dynasty (1301-9).[6]

When Louis I came to the throne, most elements of this major transformation had received their lasting shape. During his father's, Charles Robert's reign, the imbalance in favour of the great landowners had been rectified. When Charles I Robert defeated the oligarchs opposing his reign, the crown recovered many of its possessions and powers.[7] The lesser nobles, whose position was rather insecure in the first part of the fourteenth century, gained much by these victories. Before the defeat of the oligarchs proprietors of minor estates without fortified castles were in continuous danger of being swallowed up into the *familia* of one or another "petty king." But at the same time the county nobles seem to have lost much of their weight in national politics compared to their role in that brief and premature "corporatist" episode in the 1290s, when a few regular meetings of king and nobles attempted to oppose the growing power of the barons.[8] Charles I had abandoned the feeble attempts of his predecessor to forge an alliance between crown and the counties, and built his power rather on an aristocracy faithful to him, on the support of some towns (most notably Kassa, which supplied valuable troops for his decisive battle against the Amadé) and on the reorganised *regalia* revenues from mining and minting. It has even been argued that the short-lived demonstration of noble liberty in the *parlamenta* of Andrew III warned Charles Robert of encouraging the growth of a politically relevant noble estate.[9] His experience in Anjou Sicily, that was heir to the centralised tradition of the Norman and Hohenstauffen kingdom, would have hardly made him enthusiastic for parliamentary assemblies. Apparently the lesser nobility accepted the situation, as no evidence suggests that the opposition of some prelates, who complained about the lack of regular consultation and in 1318, transcribed the Golden Bull demanding annual meetings, had any support among the nobles of the counties. Still, as far as the records permit us to judge, the nobility's transformation into an estate proceeded gradually during these decades. References to the officers and magistrates of the noble county become frequent in the records of the late thirteenth and early fourteenth century and by 1335 the principle of patrimonial jurisdiction of all landowners over their dependant tenants was regarded an "old and general custom."[10]

Louis I's policy vis-à-vis the nobility seems to have been based on a realistic assessment of the existing political power in the country. Just as his father before him, he built government and defence on the most powerful social forces: the richly endowed prelates and the secular owners of the great estates and castles. Yet, he changed his father's attitudes vis-à-vis the lesser nobles—at least in words: in 1351, he called the only known diet of his reign[11] and the *decretum* passed there was essentially aimed at satisfying the demands of the lesser nobles. An inquiry into Louis' policy toward the nobility has to begin with this *decretum unicum*[12] that has long been regarded a "cornerstone of noble constitution." While there is some reason for this, an analysis of its wording and implications may yield a more accurate assessment. The law of 1351 consists of three parts: the renewal of the Golden Bull of 1222, an alteration of one of its paragraphs and twenty-five articles on various matters regarding tenants, the administration of justice, taxes, fees and revenues. Angevin policies towards the peasantry are discussed elsewhere in this volume.[13] The articles (XI, XVIII) that legally "established" a "tenant estate" by decreeing equal dues for all and confirming both their right to move and their subjection to seigneurial jurisdiction were based on the social transformations of the preceding decades; they remained the basis of *jobagio* status from this date on—at least until 1514, if not 1848. But the primary purpose of these articles was to protect the smaller landowners from the competition of the great estates in a situation of limited labor supply.[14] Several articles restrict the authority of minor ecclesiastical bodies as places of authentication and attempt to strengthen the county assembly's role in property disputes. The few explicit exemptions granted to nobles include the prohibition against the raising of special tolls on the newly-wed nobleman on his way home. Art. XIV protects the actual owner of property against novel seizin by restraining the actions of the king's advocate in such cases. Other sections regulate chancery fees, judicial duels and mineral rights.

The *decretum* contains such disparate subject matter that it is hardly possible to demonstrate the *cui prodest* in every case. Still, the more weighty paragraphs with social and political implications tally with the king's avowed purpose: to favour the lesser nobility. This is stated verbatim in the *arenga* of the *decretum.* While such rhetorical introductions contain mostly pious sentences, this preamble narrates the historical reasons for its promulgation: to reward the extensive military services performed by Hungarian nobles during Louis' Sicilian wars, in the wake of his brother's murder.

The renewal of the Golden Bull was an appropriate reward. Not only because from now on it became customary for every Hungarian king to reconfirm it,[15] but also because in the mid-fourteenth century this document that had originated in a thirteenth century rebellion of the king's men, received a meaning very much in favour of the lesser nobility. The original privilege of Andrew II was in many respects similar to Magna Charta: it was a charter issued by a weak king to pacify a *fronde* of great men and to settle certain grievances. Just like its English counterpart, it was fairly soon forgotten, first replaced by a differently worded version and then not mentioned for nearly a hundred years. It was certainly not that "cornerstone of noble constitution" what traditional historiography wanted to make of it—at any rate not until 1351. However, when Louis I re-issued it, the constellation was entirely different. The magnates of the realm were all the king's trusted men and the liberties Andrew II had guaranteed to the aristocracy, called *nobiles* in the Golden Bull, were firmly entrenched and protected by the power and riches of the great landowners. But the term *nobilis* had acquired a new meaning since that original grant. It now referred to most,[16] if not all free landowners. Thus the rights and privileges granted to the magnates in 1222/1231 had been, one might almost say surreptitiously, extended to thousands of lesser landowners. That was the major significance of the Golden Bull's renewal for the county nobles. Of course this legal nivellation could not have been "decreed" by Louis without the social transformation that occurred between the two dates. The change in the meaning of the term *nobilis* reflected the gradual merger of the more fortunate royal retainer (*servientes regis*) and warrior (*jobagiones castri*) families with the surviving elements of the old aristocractic clans.[17]

One may note a kind of "musical chairs" in the sphere of terms denoting social strata. The word *jobagio,* that in 1222 still meant a member of the royal retinue, became the common name for the dependent "free" peasant, while the word *nobilis* (in the earlier Middle Ages more or less synonymous with *jobagio* and meaning a magnate), became the name of all landowners not subject to obligatory services. All words implying servitude, from the *servus* of the lower classes, to the *conditionarii* and *servientes regis* of the middle layers vanished from the vocabulary.[18] These changes reflected actual transformations, even though some of the implications of nobility and liberty may have not been more than promises of the king that became programmes to be achieved by the nobility.

One of the most frequently quoted passages of the *decretum* contains such a claim that was to become a programme for future generations. In Article XI the king granted *unam eademque nobilitatem* to all true (!) nobles of the realm, regardless whether they lived in Hungary proper, or in the "ducal territories," i.e. in Transylvania or Croatia, Dalmatia and Slavonia. Historians have pointed out that this article did not lift the restrictions on the liberties of local (in contrast to national) nobility, of semi-dependent nobles in ecclesiastical service (*praediales*) or of such soldiering strata as the "lancers" of Szepes or the *filii jobagionum* of Liptó.[19] The process of their integration into the noble estate was probably not completed until the later years of the reign of Sigismund (1386-1437).

While this may all be so, nevertheless the *una eademque nobilitas* clause is not to be dismissed lightly. It has an aspect that hitherto has not been emphasized in Hungarian historical research, due to the prevailing legal approach to constitutional history: that of a programme. The article, as conceived and granted by Louis I in 1351, in fact may not have implied more than what is spelled out in the subsequent section (Art. XII:1351), in which the nobles living between the Rivers Drave and Save are exempted from all taxes save the *lucrum camerae*. The significance of this for Croatian and Slavonian nobles has been treated elsewhere.[20] However, the formula of "one and equal noble status" was to have a wider significance. Considering the attitude of medieval men to "old law" and to the royal word, one should not underestimate the influence of these words in an authoritative text on future noble politicians—down to the great codifier of customary feudal law, István Werbőczy (1458-1541). He used the very same clause in his *Tripartitum* (1514)[21] for asserting that all nobles of the realm enjoy the same liberties (Pars I, Tit. 3) owing to their "membership" in the Crown. Of course, neither in 1351 nor in 1514 did this legal-political enunciation eliminate the enormous actual cleavage between the handful of aristocracts, owning *latifundia* in several counties, and the thousands of nobles eking out a bare living on a peasant plot. But it added impetus to the development of a political consciousness with considerable consequences. It was this dormant ideological possibility that made Art. XI:1351 a cornerstone, even if not of a "constitution," but of a political consciousness among the lesser nobles who were to emerge as a political force less than a century later.[22]

That this is not merely an *ex post facto* speculation of the modern historian may be gauged from a contemporary comment on this law that has not yet been, as far as I can see, adduced to its evaluation. In a passage of Louis I's biography, János Küküllei, a contemporary of the king and a clerk of the royal chancery, mentions implicitly the *decretum* of 1351. He writes that it was one of the great deeds of the king to have elevated many an *udvornik* and other *conditionarii* formerly obliged to perform different services into the "assembly and community" of the nobles of the realm.[23] Küküllei's rather general formulation suggests that the contemporaries perceived the privileges granted to Transylvanian and Slavonian nobles as a significant step in raising a good number of lesser knights from a dependent status into the "nobility of the realm." Küküllei's terms are somewhat problematic, insofar as the term *conditionarii* was mostly used in the thirteenth century for the upper strata of the servile population and *udvornici* for the lower ones; they sound a trifle obsolete in a late fourteenth century text. Maybe one should not expect terminological consistency from medieval chroniclers, even when they are so well versed in chancery formulae as Küküllei was. But *conditio* always implied definite services imposed on the person or the property, and grantees regularly attempted to get rid of them, whatever royal donation they received. In this sense, the nobles who had to render different dues and services to the *banus* of Slavonia or the voivode of Transylvania had been burdened with a *conditio,* and the *decretum* relieved them of it.

The *decretum* of 1351 used to be quoted for another weighty matter regarding the nobility: the inheritance rights of the noble family, the so-called *avicitas,* for which it is indeed the first legal document. In the only explicit alteration to the Golden Bull, Louis I granted all nobles the right —and duty!—to pass on their property within their clan and promised to claim it only upon the extinction of the male line. The history of this custom has been amply explored by historians and it is today generally accepted that *avicitas* (or: *aviticitas*) was not born in the fourteenth century, even though the *decretum* of 1351 remained its legal *locus classicus* for nearly 500 years thereafter.[24] The origins of this institution go back to Hungarian inheritance customs of the early Middle Ages, when all landed property was, what we may call allodial.

Medieval property law in Hungary knew of essentially two kinds of *possessio:* one of which the origins went back to "times immemorial" and was reputed to be rooted in the initial conquest of the country by the clans; the other, which was based on royal donation.[25] Typically for medieval conditions, the donations of the early rulers, those "of the holy kings" (above all Stephen I, 1000-1038) tended to be regarded as "ancient" and hence virtually allodial. It was self-evident that such lands and rights remained in the possession of the clan, a kinship community that survived in Hungary (especially among the nobles) and even regenerated itself in the high Middle Ages.

Beginning with the twelfth century, royal donations of land increased and became the main source of private landed property. However, Hungarian kings failed to conform to true "feudal manners," and rarely specified the duties encumbent on the grant. Donations were granted as rewards for past services and in the expectation of future fidelity, and were usually given in *perpetua hereditate,* as the formula ran since the times of Andrew II (1204-1235). It seems, however, that the lands assigned to dependent knights living on royal castle domains in the eleventh and twelfth centuires were not their hereditary possessions. Besides these there were from the beginning of the kingdom lands given to royal and ecclesiastical officials that were attached to the office, and were therefore temporary. The attempts to amalgamate these into hereditary family property—a typical feature in medieval Europe—were particularly successful in periods when the administration of the royal domain and of the castle-districts broke down, i.e. in the thirteenth and early fourteenth centuries. But the lands of the former royal retainers seem to have remained "conditional," and for them the value of the codification of 1351 must have been the virtual extinction of this difference.[26]

So much on the enunciations of the *drecretum* in favour of the lesser nobility. Let us note right away that Louis had no qualms to rescind some of these articles almost immediately: there is no sign that the "parliamentary" character of the charter would have in any way limited his monarchical freedom of action. So, for example, the collection of tithe in kind, stipulated in Art. VI:1351, was revoked in 1352, in favour of payment in coin, more convenient to the bishops.[27] The levying of so-called dry tolls, abolished in Art. VIII:1351, was granted in the same year to the nuns of Óbuda.[28] Also, Louis did not call another diet during the remaining three decades of his reign.

More significant for the lesser nobles were those policies of Louis which strengthened the aristocracy as feudal lords. A recent study of the administration of the royal domain discusses the existence of feudalism in its institutional sense in Angevin Hungary.[29] Although the sources are relatively scarce, it seems that at least a good part of the ca. 100 castles in the king's hands were not administered by royal castellans, but were given to the great men of the kingdom, household officers, vice-regents (bani, voivodes) and lords of several counties as *honores.* These barons then installed their retainers (*familiares*) as vice-castellans. These castellan-*familiares* were also noblemen, belonging to the barons' retinues in a special manner of feudal dependence, typical for late medieval Hungary: they preserved their personal noble status and were subject to their seniors only in matters of service (essentially military, but also administrative), for which they received remuneration, mostly in cash. In an early example from 1317 *magister* Mihály, a *vice-comes* and retainer was to receive "from the day he came to us" 20 marks (the half of which as an advance) and a cloak and dress from the best cloth.[30]

The multiple office- and property holdings in the hands of magnates are seen as instances of temporary royal donations, at the discretion of the king. One of the most impressive examples is the cumulation of offices and appurtenant holdings in the hands of Miklós Kont, Count Palatine (*nádor*) in 1356-1367: it appears that besides this highest office in the realm, he also held the honour of being the count or *ispán* of the counties Vas, Sopron, Trencsén and Szepes. In each of them he was represented by a vice-count who was his *familiaris,* just as other retainers served him as deputies and helpers in his offices as palatine and justice ordinary. Kont's may have been an exceptional case of multiple office holders, but less extensive cumulations are known for many of his fellow aristocrats. It seems to have been "typical" for the high officers of the realm to hold at least one county's comital position, frequently more than one. It is, however, not quite clear, what these offices entailed. The most detailed study of county administration under Louis I fails to establish more than the name of the counts (*ispán*). The actual functions performed by fourteenth century counts, vice-counts and castellans remain fairly unknown.

One may risk to agree that these *honores* were a type of feudal tenure. During their tenancies the grantees collected all dues that were based on seigneurie, and handled it just as their own land. The "fiefs" remained *iuri regio pertinentes* and were apparently frequently transferred when the office changed hands. For example, the *comitatus* of County Zala passed through the hands of at least nine different nobles during Louis I's reign,[31] some of whom were also royal household officers who held the county as a one of their *honores.* Lacking detailed information on their economic and military value in the fourteenth century, one can only speculate that the counties and castles held *pro honore* were in fact remuneration for services performed in the royal administration. Since the *comes* had to share his portion of revenue from tolls and fines with his retainer-deputy (and probably also with the elected *judices nobilium*), it might have been necessary to collect these partial revenues from several counties to arrive at an income commensurate to a magnate's standing. While the duties encumbent on the *honor* are nowhere specified, they must have been closely connected with the reorganisation of the army. The so-called banderial system, in which the magnates were obliged to appear in the king's camp with sizeable "private" armies under their own banner (hence the name), originated before the Angevin period but reached its maturity in the fourteenth century.[32] The holders of *honores* and the "banderial lords," about whom and their contingents we have no record until a few generations later under Sigismund,[33] may have been identical.

However, the *honores* were not fiefs in the strict sense. In many other medieval kingdoms the two expressions were virtually interchangeable. For instance in Aragon, where even minor tenancies, comprising often only one castle and its appurtenances, were referred to as *honores.*[34] Feudal holdings in fourteenth century Europe were rarely as closely connected to office as in Angevin Hungary, but were about to become *de facto* hereditary. The grants of Louis I were *durante beneplacito nostro,* and as long as the crown was on the head of an efficient and strong ruler, they remained thus.

Whether it is appropriate to build major constructions on these examples and whether their comparison to early medieval or Carolingian office and land tenure is necessarily correct,[35] need not be discussed here. The fact remains that under Louis I at least, some of the royal domain was administered in a feudal fashion that strengthened the relatively small number of aristocrats and selected knights in the king's immediate entourage. Thus many a lesser noble became dependent on his more fortunate senior in a vassallic form even though the administration of the kingdom and of the still extensive royal domain was only partially and temporarily feudalised under the Anjou. Still, the lesser nobility was able to retain and even develop its autonomy in the counties, although many of them became *familiares* of barons. About a century after Louis I's *decretum* they appeared on the political scene in full force, initially only as the masses who supported one or another of the magnates. While the legal, social and economic conditions must have changed considerably during that time, the sentence of the 1351 law on *una eademque nobilitas* came to play an increasing ideological role; if for no other reason than because the many thousands of lesser nobles were fully aware of their extreme dependence upon the wealthier and more influential members of their class. At the same time, the unlimited clan inheritance of landed property, codified if not introduced by Louis, served as a protection against the total impoverishment of thousands of nobles families. It became an obvious obstacle on the road to modern agrarian enterprise and social transformation only in the eighteenth-nineteenth century.

NOTES

1. An earlier version of this paper was presented to the Duquesne History Forum in 1982; I should like to thank for the invitation and for the critical comments of the panelists, especially of Prof. James R. Sweeney. Much of the research on this topic was conducted during my stay in 1980-81 in Budapest as a guest of the Hungarian Academy of Sciences in the Canadian-Hungarian bilateral exchange programme, and I am pleased to express my gratitude to my hosts.

2. In the sense of G. Duby, *Les trois ordres our l'imaginaire du féodalisme* (Paris, 1978).

3. On its background see J. Deér, "Der Weg zur Goldenen Bulle Andreas' II. von 1222," *Schweizer Beiträge zur allgemeinen Geschichte,*

10 (1952), 104-38; Ilona G. Bolla, "Az Aranybulla-kori társadalmi mozgalmak a Váradi Regestrum megvilágításában" [Social Movements in the Age of the Golden Bull in the Light of the Regestrum Varadiense], *Annales Universitatis Budapest. R. Eötvös nom., Sectio historica,* 1 (1951), 84-105, with German résumé; J. Gerics, "Von den universi servientes regis bis zu der universitas nobilium regni Hungariae," *Album Elmér Mályusz* (Brussels, 1976), 97-108. [*Études présentés a la Commission Internationale pour l'histoire des assemblés d'état,* LVI].

4. J. Szücs, "Megosztott parasztság–egységesülő jobbágyság. A paraszti társadalom átalakulása a 13. században" [Divided Peasantry–Gradually Uniformised Tenants. Transformation of Peasant Society in the 13th Century], *Századok,* 115 (1981), 3-65, 263-314 (French résumé p. 317ff), esp. tables 1-4, pp. 264-7.

5. I. Szabó, *The Praedium* (Budapest, 1963). [*Agrártörténeti Szemle,* Suppl. 5].

6. E. Fügedi, *Vár és társadalom a 13.-14. századi Magyarországon* [Castle and Society in Hungary in the 13th-14th Centuries] (Budapest, 1977), 33-67. [*Értekezések a Történeti Tudományok Köréből,* u.s. 82]. An English translation of this study in the *Studia Historica Acad. Sc. Hung.* series is in preparation.

7. Ibid., 84f. See also Idem, "Castles and Castellans in Angevin Hungary," in this volume.

8. On this episode, J. Gerics, "Quellenanalyse zur Geschichte des Ständewesens in Ungarn am Ende des 13. Jahrhunderts," in R. Vierhaus, ed., *Herrschaftsverträge, Wahlkapitulationen, Fundamentalgesetze* (Göttingen, 1977), 131-9. [*Études présentés a la Commission Internationale pour l'histoire des assemblés d'état,* LIX]; J. M. Bak, *Königtum und Stände in Ungarn im 14.-16. Jahrhundert* (Wiesbaden, 1973), 12f. [Quellen und Forschungen zur Geschichte des östlichen Europas, 6].

9. Gy. Bónis, *Hűbériség és rendiség a középkori magyar jogban* [Feudalism and Corporatism in Medieval Hungarian Law] (Kolozsvár, s.d. [1947], 443.

10. K. Szoika, *A földesúri bíráskodás az Árpádkori Magyarországon* [Seigneurial Justice in Hungary under the Árpáds] (Budapest, 1944), 6.

11. A reference to another *decretum* of Louis I that did not come down to us is to be found in a charter of 1399; it was probably a law issued by the king in council and not at a diet. Cf. F. Dőry, Gy. Bónis, V.

Bácskai, eds., *Decreta regni Hungariae: Gesetze und Verordnungen Ungarn 1301-1457* (Budapest, 1976), 141. [*Publicationes Archivi Nationalis Hungarici,* II, 11; henceforth: *DRH*].

12. Its text is now available in the critical edition of the *DRH,* 124-40. All references to the *decretum* will be made from this text, by Article. For an English translation see the Appendix of this volume.

13. I. Bárd, "King Louis the Great and the Serfs," in this volume.

14. See the literature quoted in *DRH,* 125f.

15. Beginning with Louis's daughter, Mary (*DRH,* 142ff). For the fifteenth century see Bak, *Königtum,* 39ff.; E. Fügedi, "Coronation in Medieval Hungary," *Studies in Medieval and Renaissance History,* N.S., III (XIII), 157-89.

16. The problem, whether every *homo possessionatus* enjoyed all the privileges of a nobleman, or at what date in the late Middle Ages did these two categories become identical, has been tackled by Bónis, *Hűbériség,* 446-60, but not fully resolved.

17. E. Mályusz, "A magyar köznemesség kialakulása" [Development of the Hungarian Lesser Nobility], *Századok,* 76 (1942), esp. 295-303, 409-11.

18. I. Szabó, "Jobbágyság–parasztság: terminológia, fogalom, társadalomszerkezet" [*Jobagio*-estate and Peasantry: Terminology, Concepts and Social Structure], *Ethnográfia* (1965), now in his *Jobbágyok parasztok* [Serfs, Peasants] ed. L. Für (Budapest, 1976), 31-50; also summarized in my forthcoming "Entstehung einer 'einheitlichen' Hörigenschicht im mittelalterlichen Ungarn," *II. Intern. Kolloquium über den Feudalismus,* Trier 1981.

19. Bónis, *Hűbériség,* 442.

20. E.g., several related studies by Nada Klaić of Zagreb.

21. Now in facsimile edition: *Tripartitum opus iuris consuetudinarii inclyti regni Hungariae. . . 1517,* ed. Gy. Bónis, (Glashütten/T., 1971) [*Mittelalterliche Gesetzbücher Europäischer Länder,* ed. A. Wolff, II].

22. On the increased role of the county nobles on the diets of the 1430s and 1440s E. Mályusz, "A magyar rendi állam Hunyadi korában" [The Hungarian Corporate State in the Age of (János) Hunyadi], *Századok,* 91 (1957), 46-123, 529-602; briefly also Bak, *Königtum,* 39-53.

23. The Chronicon de Ludvico rege by Küküllei (Apród Solymos) had been incorporated into the Chronica of Johannes Thuróczi; its edition

in that redaction is in J. G. Schwandtner, *Scriptores rerum Hungaricarum veteres ac genuini. . .* (Vienna, 1746), I. The relevant passage (p. 196) is: "Huius etiam tempore, multi ex Oduarnicis et aliis conditionaribus curiae ad diversas servitus astricti sunt exempti et in coetum regni Hungariae nobilium aggregati."

24. I. R. Kiss, "Nagy Lajos és az ősiség" [Louis the Great and *Avicitas*], *Emlékkönyv Klebelsberg Kunó. . .* (Budapest, 1925), 241-8; A. Murárik, *Az ősiség alapintézményeinek eredete* [Origins of the Basic Institutions of *Avicitas*] (Budapest, 1938), 110-2.

25. E. Waldapfel, "Nemesi birtokjogunk kialakulása a középkorban" [The Development of Our Hungarian Noble Property Laws in the Middle Ages], *Századok* 65 (1931), 134-67, 259-72; more recently: P. Engel, "A honor. A magyarországi feudális birokformák kérdéséhez" [The *Honor:* A Contribution to Feudal Forms of Property in Hungary], *Történelmi Szemle,* 24 (1981), 10ff.

26. The editors of *DRH* point out that the arrangement of 1351 actually rescinded the former *servientes'* right to alienate their property, which was in 1222/31, or more explicitly in Art. XXXII:1290, limited only by the duty to grant quarter-property dowries to daughters. This contradicted customary law and 1351 restored the traditional family inheritance practice (*DRH* 129, n. 4). Cf. also Bónis, *Hűbériség,* 440ff.

27. Art. VI:1351 was altered by King Louis I in a rescript to the nobles of Transylvania. Cf. *DRH* 132, n. VI:1.

28. In a charter of 27 November 1352. Cf. ibid., 133 n. VIII:1.

29. Engel, *Honor,* 1-19.

30. Quoted by Gy. Gábor, *A megyei intézmény alakulása és működése Nagy Lajos alatt* [Development and Functioning of the County Under the Reign of Louis the Great] (Budapest, 1908), 78.

31. Ibid., 65f.

32. Cf. still, H. Meynert, *Das Kriegswesen der Ungarn in seiner geschichtlichen Entwicklung* (Vienna, 1876); briefly now in J. M. Bak, "Politics, Society and Defense in Late Medieval and Early Modern Hungary," in B. K. Király, J. M. Bak, eds., *From Hunyadi to Rákóczi: War and Society in Early Modern Hungary* (Brooklyn, 1982), 7ff.; and B. K. Király, "Society and War from Mounted Knights to the Standing Armies of Absolute Kings: Hungary and the West," ibid., 40f.

33. J. Held, "Military Reform in Early Fifteenth-Century Hungary," *East European Quarterly,* 11 (1977), 129-39, with literature.

34. C. Lacarra, "'Honores' et 'tenencias' en Aragon (XIe siècle)," in *Les structures sociales de l'Aquitaine, de Languedoc et de l'Espagne au premier âge féodal. Colloque int. du CNRS* (Paris, 1969), 124-7.

35. Engel, "A honor," 17ff.

Imre Bard

4 / King Louis the Great and the Serfs

To fully comprehend the relationship between king and his subjects, the attitudes of both parties toward each other must be investigated. This study has a more modest purpose. What the serfs in the fourteenth century Hungarian realm thought about one of their kings, Louis I (1342-82), is left for future historians to ponder. We are concerned here instead with that king's attitude towards the lowliest of his subjects. The word "attitude" in this study refers to the thoughts of King Louis when he acted on behalf of the serfs.[1]

Since King Louis I is the only Hungarian king who is remembered as "the Great," the question arises whether or not he deserves this epitaph in his attitude toward the disenfranchised serfs who were the most numerous of his subjects.[2]

There are at least four problems in trying to answer this important question objectively. The first is that medieval people, both kings and subjects, looked upon authority differently than a modern person. Even when elected—and Louis I was not elected, but inherited the throne from his father—medieval kings were different from modern rulers. They regarded themselves and were, in turn, regarded by their subjects as above ordinary mortals. But their effective authority, in contrast to their exalted status, was more limited than that of most modern rulers.[3] Hence, King Louis I's thoughts and actions toward the serfs may appear quaint to those readers who are not medievalists.

The second problem in evaluating Louis I's attitude towards the serfs is the scarcity of available information. The fourteenth century is one of the least-well documented in Hungarian history, partly because many of the sources lie unpublished in the archives. But the problem of scarcity is compounded by the nature of the edited sources. They deal with the relationship between the king and the clergy and the nobility rather than his relationship with the serfs.[4] This bias in the extant sources reflects late medieval social realities—few late medieval kings met serfs face to face—but it presents modern historians with a third problem in evaluating the king's attitude towards the serfs.

The fourth, and last, problem concerns Louis I's world-view. By birth and by culture, the king was related to the aristocracy. Therefore, Louis I's thinking and policies were dominated by the values of his class.[5] These dictated that he regard serfs as inferior human beings whose function in life was to provide for the economic well-being of the upper classes: those who fought wars (kings and nobles) and those who prayed for success in those wars (clergy).

These problems, except for the scarcity of the sources of information, are not insurmountable. In fact, the perception of these problems provides the framework for answering the question posed at the beginning of this study. In other words, King Louis I's attitude towards the serfs living in his Hungarian realm must be evaluated by the standards that his office and the world-view of his class imposed upon him. He would have found it very difficult, even if he wanted to, to escape from the social and ideological constraints of his time. He was king by the grace of God, which placed him above all mortal men. But he was also a member of his class, the aristocracy, which demanded that he pay more attention to the interests of his class than to the demands of the serfs.[6]

The best illustration of how the world-view of his class influenced King Louis I's attitude towards the serfs is in the *decretum* of 1351.[7] Elsewhere in this volume, Professors Janos Bak and Ferenc Somogyi wrote about the general significance and the influence of this most important piece of legislation.[8] Here we shall try to interpret first those articles of the *decretum* of 1351 that deal with the serfs.

In the lengthiest law, Article VI in the modern numbering (the original text was unnumbered), the king ordered that all serfs—whether they lived on royal lands, including those of the queen, or on the lands of the barons, nobles, prelates and other clergy–had to pay the ninth (*nona*) of all they had produced to the landholders. This new tax on the serfs (*jobagiones*) had an explicit political aim. It was designed so that the barons, nobles, and clergy would serve the king better, thereby enhancing royal authority (*honor noster*).[9] The economic causes of this law will be discussed later.

The second law affecting the serfs, article XVI, ordered that serfs could not forcibly be moved from one place to another without the free consent of their respective lords, including the king, queen, prelates, and barons.[10] This law can be interpreted as favoring the serfs in the sense that they could not be abducted. But in another sense this law implied that they were bound to their lords; they had no freedom of movement.[11]

The third law, article XVIII of the *decretum,* stated that the serfs could not be imprisoned for their past crimes. This law seemed to have been the most favorable because it put the serfs under the exclusive jurisdiction of their lords who were responsible for the conduct of their serfs before the law.[12] But this law also implied that the serfs were legally incompetent–like minors are in modern society–and that their lives and properties (*in rebus et personis*) were entirely in the hands of their respective lords.

Thus, the combined effect of the laws of 1351 concerning the serfs does not clearly indicate the king's attitude towards them.[13] Article VI was a new burden on them. In addition to the many other dues (including the tenth to the Church), the serfs were now required to pay another tenth, i.e. the *nona* or the ninth, to their lords. But the other two laws were in part favorable to them, which leaves the legal aspect of the king's attitude towards the serfs ambiguous. Moreover, some of the laws of 1351 were later modified. For example, Article XVIII was altered in 1358, in a decision of the Count Palatine, Miklós Kont, acting by the authority of the king, so that the sons of a noble, *magister* Rakuph de Tarkew, retained the prior right and responsibility of judging their serfs for their past crimes, "except in cases of thievery, public brigandage and criminality."[14]

To determine the extent to which the laws of 1351 were detrimental to the serfs would require a study of their implementation and detailed research into the social and economic history of the king's reign. Here we are interested in the king's thinking. It can be argued that the king's attitude towards the serfs was complex rather than simple. His attitude was only partly reflected in his world-view. Two other factors influenced it: the concrete historical circumstances that led to the issuance of those laws and Louis I's idea of what his society should be like. The latter may not have been consciously formulated in his mind, but the idea of a polity is implicit in the *decretum* of 1351.

One of the reasons why the laws were more favorable to the upper classes than to the serfs has already been suggested. King Louis I's world-view would have made it very difficult, if not impossible, for him to issue laws that would have favored the serfs over the people of his own class. This reason is, however, very difficult to prove because it is self-evident. It simply states that the king's values were aristocratic, that is, the general framework of his mind was predisposed against the serfs. Hence, his world-view cannot alone explain his attitude.

The king's attitude was also influenced by the concrete historical situation which he himself helped to create and which, in turn, explains the timing of the laws. Having just completed a series of unsuccessful wars in the Italian peninsula that had emptied his treasury, he needed revenues and this fiscal need led to the new tax on the serfs who lived on royal lands. But the same wars also dictated that he must reward the nobility, who fought with him and for him far away from home.[15] Therefore, Louis I conceded to the upper classes the right to collect the new tax from their serfs as well as the right and the responsibility to exercise exclusive jurisdiction over them. In other words, the foreign wars of Louis I had the effect of limiting his options in dealing with all segments of Hungarian society.

Hence the limitations imposed on the king by his foreign wars, that is, the concrete issues he faced in 1351, do not fully explain his attitude towards the serfs, just as his world-view does not fully explain why the laws were detrimental to the serfs. There was a third element in the king's attitude, related to, yet distinct from, his world-view and from the historical situation that led to the issuance of the laws. This third element was his idea of the polity that is implicit in the *decretum* of 1351. King Louis I had what in late medieval terminology was called a concept of the *status regni.*[16]

In the *decretum* of 1351 the king declared, implicitly rather than explicitly, that his idea of the polity was what modern historians call the regime of estates (*ständische Verfassung*) when they refer to the late medieval socio-political structure. In the regime of estates, each estate, corporate group, or class of people had its own uniform rights and responsibilities.[17] This is why, for example, articles VI, XVI, and XVIII refer to all serfs. Similarly, the famous law contained in article XI decreed that all nobles within the kingdom (*inter terminos regni nostri constituti*) of Hungary possessed equal rights.[18]

The king's actions conceding uniform laws to all the serfs and all the nobles of the realm does not mean, however, that the idea of the regime of estates originated with Louis I. This socio-political structure emerged gradually in many parts of late medieval Europe, including Hungary. In fact, the *decretum* of 1351 begins with the text of the Golden Bull of 1222, which Louis reissued in 1351. The Golden Bull had already adumbrated the regime of estates. The king had merely legalized a socio-political process that began before his time and continued to evolve further after his reign.[19]

If this analysis of Louis I's idea of the polity is correct, then the king's attitude towards his serfs formed only part of a larger design he had for all of his subjects. His design included the reassertion of the status of the crown, or the royal estate, which Louis had himself damaged by his unsuccessful Italian wars. This explains why the king's concessions to the upper classes, or estates, of the right to collect the new tax, the ninth (*nona*), was followed by the injunction that the upper classes must, in return, serve the king, or the royal estate, the crown, better than before they possessed the right of collecting the new tax from their serfs.

The ambiguities in the laws affecting the serfs, which have been pointed out earlier in this study, cannot be explained adequately unless we take into account King Louis I's idea of the regime of estates. These laws expanded the economic and legal rights of the aristocracy (clergy and barons) and of the estate of nobility over their serfs. At the same time, however, these laws also provided a measure of stability and security for the serfs that should be viewed as their rights. The serfs acquired, for example, a specific right when the lords were made legally responsible for their past conduct. In fact, the ambiguities in the laws reveal another characteristic of the regime of estates and provide additional support for the argument that Louis I had aimed at implementing that polity. The laws of 1351 did not merely attempt to impose uniform rights and responsibilities on the estates, including the serfs, but also attempted to define the limits of those rights and obligations between the estates. The fact that these legal limits, approved by the king, were later disregarded by the upper classes who continued to exploit the serfs as they had done before 1351, cannot be blamed on the king.[20]

By modern standards, the laws of 1351 were detrimental to the serfs. But by late medieval standards, that is, the ideas and values prevalent in fourteenth-century Hungary and Europe, King Louis I did well by the serfs. How well is a question that invites comparative studies with other late medieval rulers. An obvious comparison is with Richard II of England, a younger contemporary of the Hungarian king. In 1381, that English king had met rebellious peasants face to face and agreed to their demands only to break his word afterwards.[21] One wonders what Louis I would have done in a similar situation.

When we commemorate the six-hundredth anniversary of his death, King Louis I of Hungary (and also King of Poland between 1370 and 1382) still deserves to be called "the Great." He deserves this epitaph, unique among Hungarian kings, but not because of his grandiose foreign policy or his knightly deeds that used to enchant historians in the past.[22] Louis I of Hungary was a great king because he treated even the serfs, the lowliest of his subjects, as well as or better[23] than the world-view of his class, the concrete historical circumstances of his time, and the idea of the polity permitted him.

NOTES

1. The historical method followed in this study comes from Robin G. Collingwood, *The Idea of History* (Oxford, 1946), esp. pp. 214-15.

2. This author could not find any study dealing specifically with the attitude of King Louis I towards his serfs.

3. On late medieval Hungarian kingship there is Janos M. Bak, *Königtum und Stände in Ungarn im 14.-16. Jahrhundert* (Wiesbaden, 1973), passim. Among the many historians who dealt with various aspects of medieval kingship the names of Marc Bloc, Ernst Kantorowicz and Percy Schramm are prominent.

4. This is evident, for example, from *Anjoukori Okmánytár* [Documents of the Anjou Period]. *Codex Diplomaticus Hungaricus Andegavensis,* ed. Iván Nagy and Gyula Nagy. Vols. 5-7 (Budapest, 1887-1920)

of this collection covers the years 1347-59; henceforth: *AO.* The contemporary chronicles are equally reticent on this subject. For an analysis of these chronicles, see Elemér Mályusz, *A Thúróczy Krónika és forrásai* [The Thuroczy Chronicle and Its Sources] (Budapest, 1967), pp. 61-72.

5. Hungarian historians belonging to different schools of thought are in agreement on this point.

6. On serfs in general, see Janos M. Bak, "Serfs and Serfdom: Words and Things," *Review* (Fernand Braudel Center) 4 (1980), pp. 3-18; and Rodney Hilton, "Reasons for Inequality Among Medieval Peasants," *Journal of Peasant Studies* 5 (1978), 274-84. On late medieval serfs, the relevant studies of the late István Szabó in his *Jobbágyok-parasztok* [Serfs-Peasants], ed. by Lajos Fér (Budapest, 1976) are influential. For the various types of serfs elsewhere in Eastern Europe, see John M. Klassen, *The Nobility in the Making of the Hussite Revolution* [East European Monographs, 47] (New York, 1978), pp. 6-17.

7. The best edition of the *decretum* of 1351 is in *Decreta regni Hungariae 1301-1457,* ed. by F. Döry, Gy. Bónis and V. Bácskai [*Publicationes Archivi Nationalis Hungarici,* Fontes II] (Budapest, 1976), pp. 124-40; henceforth: *DRH.*

8. J. M. Bak, "Louis I and the Lesser Nobility of Hungary," and F. Somogyi, "The Constitutional Guarantee of 1351," both in this volume.

9. This was stated in a formula used in the 14th century: ". . . ut per hoc honor noster augeatur et ipsi regnicoli nostri nobis fidelius possint famulari." *DRH,* p. 132.

10. Nec etiam jobagiones aliquorum regnicolarum nostrorum, ad regiam vel reginalem celsitudinem pertinentes, vel ad ecclesiarum prelatos aut potentes regni nostri attinentes, absque voluntaria permissione dominorum eorundem jobagionum potenter abducantur." Ibid., p. 136.

11. Against this interpretation, István Szabó argued that the serfs had acquired, by article XVI, the right to move freely about. "Az 1351. évi jobbágytörvények" [The Law Concerning Serfs in 1351], *Századok,* 88 (1954), 527. But see *DRH,* p. 173 (article 68 of the diet of 1397).

12. *DRH,* pp. 136-137.

13. Many modern historians think that the nobles *extorted from the king* these laws because their property rights (including the serfs) were threatened by the aristocracy. While it is true that the prelates and barons often had the serfs of the nobles abducted, killed, or lured them away, I

think that *the king sided freely* with the nobles on this issue because he believed in the regime of estates.

14. *AO,* VII, pp. 479-81.

15. A recent account of King Louis I's reign, including his foreign policy, is in Michael de Ferdinandy, "Ludwig I. von Ungarn (1342-1382)," *Südost-Forschungen,* 31 (1972), 41-80, reprinted in this volume. An older, more detailed, but less objective, treatment is in Bálint Hóman, *Gli Angioini di Napoli in Ungheria 1290-1403* [Reale Accademia d'Italia, Studi e documenti, no. 8] (Roma, 1938).

16. Gaines Post, *Studies in Medieval Legal Thought: Public Law and the State 1100-1322* (Princeton, 1964), is still the most thorough study of medieval concepts of the state. Joseph B. Strayer's *On the Medieval Origins of the Modern State* (Princeton, 1970), pp. 57 ff., presents a very negative picture of the late medieval state. More recently, the Hungarian historian Jenő Szűcs published important works on this subject, including "Nemzetiség és nemzeti öntudat a középkorban. Szempontok egy egységes fogalmi nyelv kialakitásához" [Nationality and National Consciousness in the Middle Ages. Viewpoints on Developing a Uniform Terminology], in *Nemzetiség a feudalizmus korában* [Nationality in the Feudal Period] (Budapest, 1972), pp. 9-71.

17. Georges de Lagarde, *La naissance de l'esprit laique au declin du moyen âge,* vol. 1, 3rd ed. (Paris, 1956), pp. 109-17.

18. *DRH,* p. 134.

19. See Chapter V: "The Late Medieval Hungarian State in European Perspective," in my *Aristocratic Revolts and the Late Medieval Hungarian State* (Ph.D. diss., University of Washington, Seattle, 1978), pp. 114-71.

20. It must be emphasized that in the late medieval polity, the regime of estates, the king could not define the laws alone and he needed the cooperation of the other estates to express them. See Otto Brunner, *Land und Herrschaft* (Darmstadt, 1970), pp. 358-64. The various forms of exploitation and the serfs' resistance to them had been amply documents in *Tanulmányok a parasztság történetéhez Magyarországon a 14. században* [Studies in the History of the Peasantry in Hungary during the 14th Century], ed. György Székely (Budapest, 1953).

21. Rodney Hilton, *Bond Men Made Free. Medieval Peasant Movements and the English Rising of 1381* (London, 1973), pp. 137 ff. When the Hungarian serfs/peasants revolted in the 15th century, one of their

demands was the repeal of the ninth (*nona*) imposed on them in 1351. Joseph Held, "The Peasant Revolt of Bábolna 1437-38," *Slavic Review,* 36 (1977), 33.

22. The representation of King Louis I as the dashing Christian knight who made Hungary a great power originated with the 14th century chroniclers. It was so prevalent in pre-World War II Hungarian historiography that it needs no further proof here. See T. Szendrey, "The Image of Empire: The Era of Louis the Great in the Writings of Bálint Hóman," and S. B. Vardy, "The Image of Louis the Great in Modern Hungarian Historiography," both in this volume.

23. Article IV of the *decretum* of 1351 fixed the amount of another tax, the *lucrum camerae,* which was paid annually by the serf-houshold (*porta*) to the fiscal officers of the crown, at the level paid in 1336. Cf. *DRH,* pp. 131-91. This implies that the king was aware that at least some royal officials had misused their power and wanted to prevent the exploitation of the serfs by his own officials.

J. Pierre Pipoche

5 / Louis le Grand de Hongrie et l'orthodoxie

En analysant la visite de l'Empereur byzantin, Jean V Paléologue, chez Louis le Grand à la Cour de Buda en 1365-1366, certains historiens et moi-même ont soulevé quelques problèmes d'ordre religieux.[1] Ils se sont surtout penchés sur les causes du refus d'aider militairement l'Empire byzantin qui se trouvait assailli de toute part par les Ottomans qui, dans le cadre de l'expansion territoriale, entreprenaient la conquête de la Péninsule balkanique. Chaque historien effectuant consciencieusement son étude est arrivé vers le résultat que l'aide que l'Empereur byzantin aurait pu attendre de la part du souverain hongrois dépendait, premièrement, de l'Union des Deux-Eglises, et deuxièmement, de la reconversion des souverains byzantins à la foi romaine; ce dernier fait naturellement sous-entendait le baptême massif des orthodoxes à une foi que ces derniers désapprouvaient à cause de la chute de Constantinople en 1204. La légitimité de la réaction surtout chez les Byzantins est en ce sens tout à fait fondée. Quant aux autres orthodoxes, à savoir les Serbes, les Bulgares, ils se sont exprimés clairement au cours du X-XI siècle qu'ils ne souhaitaient point d'embrasser la foi romaine, signifiant ainsi que toute tentative de la part de Rome était vaine. Malgré l'abnégation des orthodoxes de choisir la foi romaine comme la leur, la Papauté n'a pas cédé à les harceler voire les importuner allant jusqu'à la persécution. Elle s'acharne avec obstination contre eux car il lui faut une victime sur laquelle on peut rejeter toute la responsabilité ls méfaits de la crise intérieure de l'Eglise romaine. Aux yeux des papes siégeant aussi bien en Avignon qu'à Rome, le coupable du schisme ne serait autre que les Byzantins–orthodoxes que les papes qualifient de «hérétiques,» «schismatiques,» «perfides.» Par cette accusation, à nos yeux, tout à fait odieuse, que la Papauté propageait massivement dans les pays de son obédience religieuse, essayait de dissimuler son impuissance, ses faiblesses et ses erreurs. L'objectif capital pour la Papauté était de sauvegarder la suprématie, l'autorité dans les milieux ecllésiastiques et laïcs appartenant à sa sphère d'influence religieuse. La présence des deux papes est une incarnation vivante du désarroi total dans le milieu religieux du monde occidental. Pour restaurer cette unité brisée au sein de l'Eglise romaine, les papes du XIVe et XVe siècles prônent la politique de l'Union des Eglises. Mais de quelle manière: par la contrainte. En accablant des Byzantins de conditions telle que la conversion pour atteindre leur objectif principal qui consistait en la reconnaissance officielle par Byzance de la suprématie, la primauté et la domination sur le Chrétienté tout entière. Pour atteindre ce but la Papauté est prête à utiliser tous les moyens; c'est ainsi par l'intermédiaire du roi de Hongrie, Louis le Grand, elle lance une évangélisation massive pour mettre fin à la présence du mouvement religieux de nature populaire–le bogomilisme–en Bosnie. Sous une forme un peu différente on tente de reconvertir les Bulgares à la foi romaine. De quelle façon Louis le Grand parvient à faire embrasser la foi romaine aux Bulgares de Vidin et aux Bosniaques est le thème principal de notre étude, en se posant toutefois la question dans quelle mesure ce souverain, d'origine française, est enclin à suivre les instructions papales.

Pour détourner l'attention du monde religieux de la Chrétienté occidentale sur les schisme qui sévissait au sein de l'Eglise romaine, la Papauté se livrait, par sa politique, à la reconversion massive des orthodoxes. Comme si elle voulait prendre une revanche sur l'affront essuyé naguère par le patriarche constantinopolitain, Michel Cérullaire, pour avoir eu l'audace de refuter et d'admettre certains faits religieux de charactère disciplinaire à savoir la Procession de Saint-Esprit, le Filioqué, et l'usage du pain et du vin lors de la célébration de l'office–l'azyme–.[2] Mais, les deux questions fondamentales de la pratique religieuse ne furent finalement que des prétextes pour contraindre le patriarcat et la Cour impériale byzantine à reconnaître officiellement la primauté du siège de Saint-Pierre, signifiant ainsi, que c'est à la Papauté qu'incomberait le responsabilité de la charge suprême sur la Chrétienté tout entière.

Au XIVème siècle, le moment est propice pour mettre en évidence les intentions qui, au XIème siècle, ont échoué. L'Empire byzantin, réduit à son territoire européen, et assaillit de toutes parts parts les incursions des armées ottomanes, ne cherche que de sauvegarder son patrimoine si chèrement acquis lors de sa campagne de restauration. Pour le maintenir, il est prêt à payer le prix.[3] Quant à la Bulgarie, son IIème Empire, né à la veille de la IVème Croisade est, au lendemain de la mort du dernier tsar Jean Alexandre, divisé en trois principautés dont les deux sont détenues par les fils du défunt, Jean Stracimir avec son siège à Vidin, Jean III Šišman conservant la capitale historique–Trnovo–qui était le symbole de l'unité de pays. La région côtière revenant au pronoïaire byzantin, Jean Dobrotić.[4] Malgré la menace permanente voire imminente que représente la présence ottomane sur leurs frontières respectives, chacun cherche à régner de manière indépendante. La Bosnie jouit depuis le début du XIème siècle d'un status particulier.

Depuis l'avènement du souverain hongrois, Coloman Ier, 1104, sur le trône de la Croatie et de la Dalmatie, la Bosnie qui fut gouvernée naguère plus ou moins par les dynastes nationaux croates, les Trpimiroviči, demande la protection du Saint-Siège. Le Saint-Siège n'étant pas habilité à assumer le pouvoir laïc, l'a confié à la Hongrie. Elle est gouvernée par un ban, élu des rangs de la noblesse locale et approuvé par le roi de Hongrie. Lorsque la Papauté avait confié la Bosnie à l'administration hongroise que ce pays deviendrait au XIème siècle, un terrain de prédilection au mouvement religieux de caractère populaire–le bogomilisme–que le Saint-Siège qualifiait de l'hérésie. Le ban Kulin (XII/XIIIe s.) exprimant une certaine hostilité à la présence hongroise avait, en témoignant de la sympathie, accepté son implantation sur son territoire.

Sa présence, quoique à cette époque encore au stade embryonnaire, avait déjà suscité de l'inquiétude à Rome. Pour empêcher sa solide implantation dans le pays, la Papauté accusant le ban de complicité complaisante avait ordonné aux Árpádiens, les dynastes nationaux hongrois, d'entreprendre des campagnes de poursuite, mais toute requête papale à cet égard resta une lettre morte. Les Árpádiens sont réputés par la tolérance de la foi qu'elle soit d'obédience romaine ou orthodoxe.

C'est finalement sous le pontificat d'Urbain V siègeant en Avignon, que la grande offensive anti-hérétique est lancée et, elle est dirigée non seulement contre les hérésies proprement dites, mais aussi contre l'orthodoxie comme nous le verrons au cours de notre étude, relative à la visite de l'Empereur byzantin, Jean V Paléologue à la Cour de Buda. Pour mettre son projet à exécution, le souverain pontife profitant de la dévotion fanatique d'Elisabeth Piast de Pologne, la reine–mère, envers la foi romaine pour inciter Louis le Grand d'entreprendre des campagnes contre les «impies» avec l'objectif principal de les convertir à la foi romaine.

Pour le souverain hongrois, quoiqu'il témoignât peu de sympathie pour la Papauté,[5] la prière formulée par Urbain V eut un effet favorable, car elle répondait à ses aspirations territoriales et commerciales.

Pour le royaume fédéral de Hongrie quie se trouvait en plein épanouissement économique grâce à son commerce florissant, à son exploitation des richesses naturelles provenant du sous-sol, la proposition d'Urbain V d'aller convertir les Slaves du Sud fut une aubaine. Certes, sous la bannière de la Croix, il allait d'abord assurer à ses marchands la liberté et la sécurité des échanges commerciaux avec les comptoirs commerciaux génois et vénitiens situés sur le littoral occidental du Pont-Euxin, plus exactement dans l'embouchure du Danube, en conquérant au printemps 1365 la principauté de Vidin.[6] Accusant le prince de Vidin, Jean Stracimir de soutenir les bogomiles, puis causant des obstacles et des difficultés à ses marchands, Louis le Grand avec son armée bien équipée le captura et l'emprisonna.[7] Sous prétexte de la ramener à la foi signifiant par là la conversion, Louis le Grand le garda prisonnier au château de Gumnik. Les sujets de sa principauté tombèrent victimes de l'évangélisation massive des missionnaires venus de Bosnie. La principauté fut érigée en banat et gouverné par le ban Denis Lackfi[8] qui fut également le voïevode de Transylvanie (*vajda*). L'occupation de la principauté de Vidin par Louis la Grand fut la conséquence du refus de Jean Stracimir d'accepter la condition de vassal et de ce fait de reconnaître la suzeraineté hongroise. La prise de Vidin fut un avertissement sérieux pour les deux principautés voisines qui refusaient de devenir vassales de la Hongrie: Valachie (= *Havasalföld*) et la Moldavie.

Le destin de Jean Stracimir se terminait par la libération de sa captivité, grâce aux efforts communs du prince de Valachie et du frère du capturé qui, tous deux, se sont soulevés contre la présence pesante des Hongrois dans la région du Bas-Danube. Cette mise en liberté l'obligeait toutefois à prêter serment de vassalité au souverain hongrois. Certes, il n'était pas le seul à le faire puisque le maître de la Valachie en fit autant pour sauvegarder l'indépendance de son pays face à l'hégémonie territoriale trop poussée de Louis le Grand.

Toutefois, nous devons souligner un fait que nous confirme la véracité de nos propos que la campagne entreprise contre Vidin avait un motif économique et non religieux. La lettre papale datée du 18 avril 1365 adressée à Jean V Paléologue dans laquelle Urbain V affirmait et assurait l'Empereur byzantin de l'intervention militaire hongroise en vue de libérer Chypre et aussi Byzance de l'emprise ottomane[9] est une preuve suffisante pour inciter le roi de Hongrie à accomplir une expédition, mais de quelle nature, telle est la question. Pendant que Chypre se débattait et défendait son territoire contre l'invasion ottomane, Louis le Grand utilisait l'emblême de la Croix pour assiéger Vidin. Comme nous l'avons vu plus haut le motif de la campagne n'était point d'ordre religieux, mais d'ordre politico-économique. Le souverain byzantin pouvait toujours attendre le secours escompté de la part du souverain hongrois. L'absence de l'armée hongroise sur son sol était une raison suffisante pour effectuer une visite chez le roi de Hongrie. L'Empereur byzantin en était contraint à cause des incursions fréquentes de l'armée ottomane sur son territoire.

Malgré la reconversion massive de la population de la principauté de Vidin à la foi romaine dont le nombre selon la source à provenance de l'Ordre des Franciscains s'élevait à 200.000 âmes,[10] me paraît, à tous égards exagéré; Louis le Grand était au début disposé à satisfaire la requête de Jean V Paléologue. La souverain hongrois ne manifestait aucune aversion ni hostilité à l'égard de l'orthodoxie. Aussi le baptême massif de la population de Vidin faisait partie de la politique de l'hégémonie territoriale de la Hongrie; par la conversion, il espérait d'asseoir sa domination dans le Bas-Danube de manière définitive.

Jean V Paléologue aurait pu avoir gain de cause à sa démarche auprès de Louis le Grand si la campagne outrancière d'intoxication de nature anti-orthodoxe menée par la Saint-Siège n'avait pas eu un effet nocif à son égard. Ce sont finalement les échanges épistolaires entre Buda et Avignon en date de 22 juin, 1er jullet et de 23 juillet 1366 qui ont porté le coup fatal à toutes les négociations menées entre les deux souverains.[11]

Toutefois, la correspondance papale n'avait pas ébranlé l'attitude de Louis le Grand dans sa décision d'aider Byzance militairement, mais c'est le Conseil royal, le corps des hauts dignitaires ecclésiastiques de l'Eglise hongroise[12] et la reine–mère Elisabeth Piast de Pologne qui ont exercé une pression sur lui, en l'obligeant de retirer tous les engagements en faveur des Byzantins.

Pour résumer brièvement les résultats de la présence de Jean V Paléologue et de ses deux fils, Manuel et Michel, à la Cour de Buda on peut dire que les conditions primordiales pour obtenir un secours militaire étaient: la reconversion à la foi romaine et l'Union des Eglises.

Malgré l'exhortation d'Urbain V de porter secours au Chypre pour repousser les avances ottomanes, Louis le Grand n'avait pas fait pour autant un geste pour satisfaire le premier, le petit royaume des Lusignans situé dans le bassin oriental de la Méditerranée subissait néanmoins les irruptions ottomanes. Au lendemain de l'avènement du nouveau pape Grégoire XI qui prêchait une Croisade en faveur de Chypre, le souverain hongrois s'adonne à une nouvelle action militaire. Il soutient l'action lombarde. La Lombardie de Visconti, Padoue de Carrara se soulèvent contre la domination vénitienne, surtout contre le monopole commercial trop abusif sur leurs territoires de la République du Golfe. Cette action appelée «la Guerre de Chioggia»[13] fournissait suffisamment de raison au souverain hongrois d'y participer activement en tant qu'allié des Lombards. Les Hongrois se sentaient lésés par le traité de paix de 1358 qui mettait fin à une guerre pour la domination de la Dalmatie. Par ce traité, Venise cédait ses prétentions territoriales sur la Dalmatie et sur Raguse, mais elle refusait de restituer la ville de Cattaro pour laquelle les Hongrois se mettent en guerre (1372) contre Venise.[14] Cette guerre qui durait bien treize ans se terminait par le traité de paix de Turin, en 1381, avait fortement absorbé l'attention du monarque hongrois pour avoir oublié sa promesse faite au pape de participer à la Croisade contre les Osmanlis pour sauver Chypre. La Croisade projetée devait être financée par les Primats de Pologne, de Hongrie et de Dalmatie. Malgré les difficultés que traverse Chypre, son souverain a trouvé le moyen de susciter un conflit avec la République de Gênes en favorisant le commerce vénitien sur son territoire au détriment des Liguriens qui s'estimaient en être les maîtres'[15]

Si la Méditerranée orientale devient un terrain d'attaque et de conflit, la Bosnie par contre devient l'objet de campagnes religieuse et politique.

Deux faits fondamentaux motivent le dynaste hongrois à entreprendre des campagnes: l'accroissement du pouvoir du ban de Bosnie, son beau-frère, Stefan Tvrtko et la mission papale, la lutte contre l'hérésie. A titre de défenseur de la foi, Louis le Grand conjugue les intérêts papaux avec les siens qui sont de nature politique. Tvrtko, que Louis le Grand accuse de soutenir, d'où la principale raison de la campagne, veut ériger la Bosnie en royaume en attachant à même temps la Serbie morcelée en principautés et de se faire couronner roi de Bosnie et de Serbie. La naissance de ce royaume mettrait fin à l'obligation de la Hongrie à l'égard de la Bosnie. Or, la Bosnie est un point stratgégique important pour la Hongrie, elle permet comme par le passé de surveiller de très près les Serbes turbulents et de les tenir en respect. L'indépendance de la Bosnie rendrait la tâche plus difficile qu'elle ne l'était d'où la raison de cette expédition. L'activité des missionnaires et l'ingérence directe du souverain hongrois rendrait la tâche de Trvtko plus complexe' Dans son action pour conserver la Bosnie, Louis le Grand ne voulait pas se rendre compte qu'au contact de son royaume et de la République de Raguse, la Bosnie subit son essor économique. Au cours du XIV-XVe siècle, la Bosnie devient le champ de l'exploration et de l'exploitation de son sous-sol. L'épanouissement de l'économique bosniaque redonne à la noblesse locale le courage de se libérer de l'emprise hongroise et de jouir de son indépendance ne serait-ce que cent ans pour y tomber sous le joug ottoman. Dans son action, Trvtko est soutenu par l'aristocratie locale. Devant cette ardeur pour l'indépendance il ne restait pas autre moyen à Louis le Grand que de céder ses prétentions territoriales en faveur de Tvrtko, à condition que le dernier prête le serment de fidélité et reconnaisse le roi de Hongrie comme son suzerain.

La vague d'évangélisation avait fait plus de victimes que d'adeptes à la foi romaine. Les sources mentionnent des vexations que subissent les missionnaires au cours de leur tâche d'evanglïsation. Le bogomilisme s'étant très fortement enraciné dans le pays, il était difficile aux missionnaires de récolter des succès.[16]

Quant à Trvtko devenant roi de Bosnie et de Serbie se préoccupait davantage de consolider son pouvoir et de fleurir le commerce du pays que de satisfaire la prière d'un pape. Il ne voyait dans le bogomilisme aucun obstacle dans ses aspirations politiques.

Pour cacher leur impuissance les papes rigoristes notamment Urbain V cherchaient à réhabiliter l'Eglise romaine par la politique de reconversion massive des orthodoxes. A leurs yeux, ce sont des orthodoxes qui sont responsables du désarroi qui est né au sein de la Curie romaine. Du coup l'Union des Deux-Eglises qui, au cours des siècles précédents, ne s'était point posée comme question rejaillit sur la surface avec la plus grande acuité. Dans la tentative de la reconversion massive des orthodoxes l'Eglise romaine ne s'est pas posée la question à qui la faute si son enceinte se trouve plongée dans l'anarchie la plus complète. Il est certes et voire même évident que la responsabilité de cet état de fait incombe aux papes des siècles précédents qui dans leurs ambitions aveuglantes cherchaient à tout prix surseoir leur pouvoir aussi bien que jamais sur le pouvoir laïc. Les causes de schisme sont à rechercher à l'intérieur de l'Eglise romaine même. On a vu que la politique de la reconversion massive des orthodoxes avait causé plus de dégâts et de victimes que de succès auprès des peuples d'origine slave. Même si le souverain de Hongrie, Louis le Grand, est qualifié du titre pompeux par le pape Grégoire XI, «feruidus Zelator fidei Christianae»[17] on sait que dans ses actions dites religieuses, il plaçait les intérêts économiques et politiques avant les religieux qui, au fond étaient destinés à satisfaire les aspirations papales dont on connaît fort bien les raisons. Ce n'est pas la conversion d'un Empereur byzantin ou d'un prince bulgare à la foi romaine qui contribuerait au rétablissement de l'Unité de l'Eglise romaine ni à l'Union des Eglises. Pour remédier au mal qui ronge au XIVème siècle la Curie romaine, c'est d'abord une révision profonde de la mission initiale qui est nécessaire.

NOTES

1. Gy. Moravcsik, "Vizantijskie imperatori i ih posly v g. Buda" [Byzantine Emperors and their Envoys in Buda], *Studia Byzantina* (1967), 341-358. J. Meyendorff, "Projets de concile œcuménique en 1367: Un dialogue inédit entre Jean Cantacuzène et le légat Paul," *Dumbarton Oaks Papers,* No. 14 (Washington, 1960); J. Gill, "John V Palaeologus at the Court of Louis I of Hungary (1366)," *Byzantinoslavica,* vol. 38, No. 1 (Prague, 1977); J. P. Ripoche, "La présence de Jean V Paléologue à la

Cour de Buda (1366)" mss. pp. 18, *Dumbarton Oaks Papers;* idem: "La Hongrie et Byzance à l'époque des Paléologues: Les Slaves balkaniques face à l'expansion ottomane," mss. pp. 120, *Macedonian Studies* (New Delhi, India); P. Wirth, Die Haltung Kaiser Johannes' V. bei den Verhandlungen mit König Ludwig I. von Ungarn zu Buda im Jahre 1366," *Byzantinische Zeitschrift,* No. 56 (München, 1963), pp. 271-273.

2. Gy. Moravcsik, *Byzantium and the Magyars* (Budapest, 1970), p. 69; G. Ostrogorsky, *Geschichte des byzantinischen Staates,* 3. Auflage (München, 1963); Gy. Székely, "Hongrie et Byzance aux X-XIIe siècles," *Acta Historica,* No. 13 (Budapest, 1967), p. 307; B. Hóman, *Magyar történet,* tome Ier (Budapest, 1935), p. 304.

3. G. Ostrogorsky, *Geschichte des byzantinischen Staates,* op. cit., pp. 434, 445-446; K. E. Zachariä v. Lingenthal, "Proëmien zu Chrysobullen v. Demetrius Cydonès," *Sitzungsberichte der könig. preußischen Akademie der Wissenschaften,* vol. 45 (Berlin, 1888), pp. 1414-1415; R. J. Loenertz, "Jean V Paléologue à Venise," *Revue des Etudes byzantines,* No. 16 (Paris 1953), pp. 217, 228-229; O. Halecki, "Un empereur de Byzance à Rome," *Travaux de la Société historique et des Lettres de Varsovie,* vol. 8 (Varsovie, 1930), p. 229; idem, "Two Paleologi in Venice 1370-1371," *Byzantion,* No. 17 (Bruxelles, 1945), pp. 331-335; F. Thiriet, *La Romanie vénitienne au Moyen-âge,* Ed. de Boccard (Paris, 1975), pp. 176-177; W. Heyd, *Histoire du commerce du Levant,* tome Ier, rééd. Hakkert (Amsterdam, 1970), pp. 517-519.

4. W. Heyd, *Histoire du commerce du Levant,* tome Ier, op. cit., p. 531 ff.; F. Thiriet, *La Romanie vénitienne,* op. cit., p. 173; M. Balard, "Notes sur les Ports du Bas-Danube au XIVe siècle," *Südost-Forschungen,* vol. 30 (München, 1979), p. 3; J. P. Ripoche, "La Hongrie et Byzance = l'époque des Paléologues," op. cit., mss., pp. 15-16.

5. J. Thuróczy, *A magyarok krónikája-Chronicon Hungarorum,* trad. J. Horváth (Budapest, 1980), pp. 245-246; T. Kardos, "Magyar tárgyú fejezetek, Giovanni da Ravenna" [Chapters with Hungarian Topics, Giovanni du Ravenna] *Archivum Philologicum,* vol. 60 (Budapest, 1936), pp. 285-286; G. Fejér, *Codex Diplomaticus ecclesiastibus ac civilis,* tome IX, vol. V (Buda, 1843), p. 596; J. P. Ripoche, "La présence de Jean V Paléologue à la Cour de Buda en 1366," mass., op. cit., p. 16. Il s'agit de l'assassinat du frère cadet de Louis le Grand d'Anjou et le prétendant au trône royal de Naples, André.

6. L. Thallóczy, "Nagy Lajos és a bulgár bánság" [Louis the Great and the Bulgarian Banate] *Századok,* vol. 34 (Budapest, 1900), p. 609; Gy. Moravcsik, "Vizantijskie imperatori i ih posly v g. Buda," op. cit., p. 345; V. Gjuzelev, "Beiträge zur Geschichte des Königreiches von Vidin," *Südost-Forschungen,* vol. 39 (München, 1980), pp. 7-8.

7. J. Meyendorff, "Le projet œcuménique en 1367," op. cit., pp. 153-154; V. Gjuzelev, "Beiträge zur Geschichte des Königreiches von Vidin," op. cit, p. 7; K. Jireček, *Geschichte der Bulgaren* (Prague, 1876), p. 327; K. Jireček-J. Radonić, *Sstorija Srba* [History of Serbia], tome Ier (Belgrade, 1923), p. 317; Gy. Moravcsik, "Vizantijskie imperatori i ih posly v g. Buda," op. cit., p. 350.

8. V. Gjuzelev, "Beiträge zur Geschichte des Königreiches von Vidin," op. cit., p. 7; G. Pray, *Historia Regum Hungariae,* Pars II (Buda, 1808), p. 110; L. Thallóczy, "Nagy Lajos és a bulgár bánság," op. cit., p. 609; K. Jireček, *Geschichte der Bulgaren,* op. cit., p. 327; J. P. Ripoche, "La présence de Jean V Paléologue," op. cit., p. 4; Fr. Zimmermann, C. Werner, G. Müller, *Urkundenbuch zur Geschichte der Deutschen in Siebenürgen, Bd. II (1342-1390)* (Hermannstadt, 1897), pp. 226-227.

9. *Acta Urbani PP.V (1362-1370), FONTES,* Series III, vol. XI, *E REGESTIS VATICANIS ALIISQUE FONTIBUS COLLEGIT,* red. A. L. Tâutu, "Pontificia Commissio ad Redigendum Codicem iuris Canonici orientalis" (Città del Vaticano, 1964), doc. 74, pp. 122-123 (= *FONTES*); J. Gill, "John V Palaeologus at the Court of Louis I," op. cit., p. 31; J. Meyendorff, "Projet de concile œcuménique," op. cit., p. 155; J. P. Ripoche, "La présence de Jean V Paléologue," op. cit., p. 2 mss.

10. L. Wadding, *Annales Minorum,* éd. Claras Aquas, vol. 8 (1932), pp. 230-231; J. Meyendorff, "Projet de concile," op. cit., p. 154; G. Fejér, *Codex diplomaticus eccl. ac civilis,* op. cit., tome IX, vol. III, No. 322, pp. 602-603; Gy. Moravcsik, "Vizantijski imperatory," op. cit., p. 350; K. Jireček, *Geschichte der Bulgaren,* op. cit., p. 327.

11. A. L. Tâutu, *Acta Urbani V PP., FONTES,* III, op. cit., No. 105, p. 168; No. 112, p. 180; A. Theiner, *Vetera Monumenta Historica Hungariam sacra,* tome II, No. 139, p. 73, rééd. Otto Zeller (Osnabrück, 1968), No. 140, p. 74; Baronius-Raynaldus, *Annales ecclesiastici ab anno MCXCVIII,* tome XVI, année 1366, chap. 4 (Rome, 1652).

12. A. Theiner, *Vetera Monumenta,* tome II, No. 141, p. 74; A. Tâutu, *FONTES,* III, No. 110, p. 179.

13. Roberto Cessi, *La Repubblica di Venezia ed il problema adriatico* (Napoli, 1953), p. 66; W. Heyd, *Histoire du commerce du Levant,* tome II, rééd. Hakkert (Amsterdam, 1970), pp. 409, 411; tome Ier, p. 519; B. Krekić, *Dubrovnik (Raguse) et le Levant au Moyen-âge,* Edit. Mouton & Cie (Paris, 1961), p. 42; G. Ostrogorsky, *Geschichte des byzantinischen Staates,* op. cit., p. 449; F. Thiriet, *La Romanie vénitienne au Moyen-êge'* op. cit., pp. 178, 183, 190, 264.

14. S. Ljubić, *Listine o odnošajih izmeju južnoga Slavenstva i Mletačke republike* (= Listine), tome IV (Zagreb, 1874), pp. 99-119, 132 ff., 169-171, 174-176.

15. W. Heyd, *Histoire du commerce du Levant,* tome Ier, 519, tome II, pp. 409-411; A. Lutrell, "Gregory XI and the Turks: 1370-1378," *Orientalia Christiana Periodica,* vol. 46, fasc. II (Rome, 1980), pp. 396-398.

16. A. L. Tâutu, *FONTES,* III, vol. XI, *Acta Urbani PP. V,* op. cit., pp. 262-270; puis *Acta Gregorii PP.XI, FONTES,* III, vol. XII (Città del Vaticano, 1966); A. Theiner, *Vetera Monumenta Hungariam sacra,* II, op. cit., pp. 87, 91-92, 95, 97-98; S. Ćirković, "Die Bosnische Kirche," *Oriente Christiane nella Storia della civiltà,* Academia Nazionale dei Lincei (Rome, 1964), No. 361, pp. 547-577; K. Jireček, *Geschichte der Bulgaren,* op. cit., pp. 310-316; K. Jireček-J. Radonić, *Istorija Srba,* tome III (Belgrade, 1923), pp. 97-98; D. Kovačević, *Trgovina u srednjovjekovnoj Bosni* (Sarajevo, 1961), p. 56 ff.; idem, *Gradska naselja u srednjovjekovne bosanske države* (Sarajevo, 1978). L'auteur dans ces deux ouvrages évoque le rôle de Stjepan Trvtko et ses dissensions avec son beau-frère Louis le Grand de Hongrie. Sur la parenté de Stjepan Trvtko avec le roi de Hongrie voir: A. Theiner, *Vetera Monumenta,* op. cit., p. 97.

17. G. Fejér, *Codex Diplomaticus Hungariae ecclesiastibus ac civilis,* tome IX, vol. IV (1375-1382) (Buda, 1834), chap. CCCXLIII, (année 1374), p. 587.

II.

LOUIS THE GREAT, POLAND, AND THE SOUTH SLAVIC LANDS

Paul W. Knoll

6 / Louis the Great and Casimir of Poland*

The fourteenth century was a time of greatness in east centural Europe. From the Baltic to the Balkans, a series of political leaders dominated, not only their own times, but also the national and ethnic traditions of the groups whom they represented and ruled. The reign of Waldemar IV Atterdag from 1340 to 1375 marked the successful emergence of Denmark from the shadow of political and economic domination by the German Hansa, and he is justly regarded as Denmark's greatest medieval ruler. In Prussia, under Grand Master Winrich von Kniprode from 1351 to 1382, the Knights fo the Teutonic Order achieved what would later be fondly be remembered as their *goldene Blütezeit.*[1] Casimir of Poland, who ruled from 1333 to 1370, was the only monarch in a thousand years of Polish history to be accorded the title "the Great."[2] In Bohemia, the reign of Charles of Luxemburg from 1346 to 1378 marked, not only the zenith of the medieval Czech monarchy, but, as S. Harrison Thomson once commented, under his aegis there was "no more consequential place and time in the history of the European idea."[3] Even Duke Rudolf IV of Austria, whose reign from 1358 to 1365 was briefer than many of his contemporaries, was nevertheless of equal historical stature, and his accomplishments in establishing the Austrian state are symbolized by his sobriquet *der Stifter,* the Founder.[4] In the Balkans in this period, the reign of the

* Presented at the Ninety-Seventh Annual Meeting of the American Historical Association, December 27-30, 1982, in Washington, D.C.

great law-giver and military leader, Tsar Stephen Dušan (1331-1355) marks the most glorious period of medieval Serbian history.[5]

In this illustrious company, each member the epitome of his respective state's medieval achievements, stands Louis of Anjou, King of Hungary from 1342 to 1382. He was the contemporary of all;[6] but, more important, he too may be taken to represent the height of his country's medieval achievements, and this title "the Great" is indicative of the accomplishments of the Hungarian monarchy in his time. With all of the above figures, Louis had a variety of contacts, both friendly and hostile. With none other however, was his association closer than with Casimir of Poland. Ultimately, of course, this relationship brought him not only the crown he wore in Hungary, but also the throne of Poland. It is the purpose of this study to trace the development of Louis' long-standing identification with Polish affairs by showing his dealings with Casimir up until the death of the Polish ruler in 1370. In so doing it will be possible to point out not only some of the diplomatic accomplishments of the greatest of the Angevins, but also to indicate some of Louis' importance for Polish history prior to his coronation as *Rex Poloniae* in 1370.

The relationship between Louis and Casimir was primarily a dynastic one, affecting the succession in Poland. It is not surprising, therefore, that in the text which follows, matters of dynastic politics and their legal implications should loom large. It should not be forgotten, however, that Casimir and Louis were involved together in other than issues of *Hauspolitik.* After reviewing the process which brought Louis the throne of Poland, it will be possible to look briefly at some of these other dimensions to their relationship. In particular, we shall focus upon the questions of diplomacy and conquest in Ruthenia, upon Louis' role in the system of state of which Poland was a part, and upon the position of Louis vis-à-vis Casimir's troubled marital and dynastic life.

The ties between Louis and Casimir were made possible in the summer of 1320 when Elizabeth, the fourteen-year-old daughter of King Władysław Łokietek (the Short) of Poland traveled to Székesfehérvár to marry King Charles Robert of Hungary, the first Angevin ruler on the throne of St. Stephen. This union forged an enduring relationship between Poland and Hungary which was to outlast the dynastic ties between the Piast family and the house of Anjou. When Elizabeth's younger brother Casimir (born 1310) visited Hungary for the first time on a diplomatic mission in

1329, his nephew and eventual successor was a child of three. The two youths could have had little contact on this occasion. Casimir was instead captivated by the Latin splendor of the court at Visegrád and spent some time in a romantic affair with Clara Zách, the daughter of a powerful Magyar noble who later revenged his daughter's honor by physically assulting the Hungarian royal family.[7] This youthful episode was soon, however, a thing of the past, and after 1333 the relationship between Casimir and Louis was on a very different basis.

The death of Łokietek in that year elevated Casimir, without opposition, to the Polish throne. Sorely beset by enemies on three sides—from Prussia, Brandenburg, and Bohemia—the new king turned quickly for assistance to his father's only ally in the region, Charles Robert. In the fall of 1335, after he had extended truces with the Teutonic Knights, neutralized the Wittelsbachs in Brandenburg by diplomacy, and opened conversations with the Luxemburgers regarding their claims to the Polish throne and to Silesia, Casimir went to Visegrád where Charles Robert had agreed to arbitrate some of the troublesome issues which confronted Poland. The young Piast ruler took his place among the secular and ecclesiastical leaders of the region in a Congress which was—both in its personnel and in its splendor—the most important gathering in the area until the 1360s.

The meeting was held in the royal palace, which reportedly had 350 separate rooms. Charles Robert distributed magnificent gifts to his guests and provided 180 barrels of Magyar wine daily to the assembled retinues. The Bohemian delegation was reported to have consumed 2500 loaves of bread a day, while the Poles were able to make do with only 1500.[8] Although the decisions reached there touching Poland's foreign policy problems required some additional years to implement (some of them with significant modifications), the beginnings of Angevin dynastic interests in the Polish crown may be observed at this meeting. Casimir's ten-year marriage to Anna of Lithuania had not yet been blessed with male issue. Even though he was only twenty-five, there was already a possibility that there would be no legitimate heir. Charles Robert embarked in this congress on a policy to acquire the crown of Poland for his own house in the event that the Piast line should fail. Thus he tried to ensure in his arbitration that no one else—specificially the Luxemburgers—had any legitimate claim to Poland.[9] It was not to be long after the Visegrád meeting when Charles Robert's plans could be implemented.

Although the Luxemburgers in Bohemia had some claim to the Polish throne, their real concern and focus was Silesia. Their need to obtain renunciation of Polish claims there played into the dynastic chess game Charles Robert was playing. In 1338, John of Bohemia sent his son Charles to the Hungarian court to obtain Angevin support in achieving his goal. On 1 March a treaty was signed in which the Bohemians promised to help the Angevins gain the Polish throne for Louis and not dispute his claim with their own candidacy should Casimir die without male heir. For his part, Charles Robert promised to withhold aid from his Polish ally if Casimir tried to seize any Silesian territory and to do all in his power to persuade Casimir to confirm "finally and forever" his renunciation of claims to Silesia. This alliance was supplemented and sealed by a proposed marriage pact in which the twelve-year-old Louis was engaged to Charles' three-year-old daughter, Margaretha.[10]

Later that summer, Casimir came to Visegrád to meet with Charles Robert and one of the princes of Ruthenia (not to be confused with Carpatho-Ruthenia of later centuries).[11] They held discussions regarding the disposition of the Ruthenian inheritance (the ancient *regnum Galiciae et Lodomeriae*), and Casimir agreed to take no action in the region which would prejudice ancient Hungarian claims, while Charles Robert agreed to support Polish action there should Casimir decide to intervene on the basis of ancient hereditary and familial ties.[12] It is highly probable that the two monarchs also discussed affairs in the west at this same time, and that Charles Robert urged his brother-in-law to resolve the Silesian situation. Casimir took his advice. He recognized that he had no effective control over Silesia, that he needed to simplify the issues of foreign policy which perplexed him in the west, and that he needed a free hand there if he was going to contend for control of Ruthenia. On 9 February 1339, Casimir issued in Cracow a renunciation in favor of King John of his rights, privileges, and claims to all duchies in Silesia which had accepted Bohemian overlordship, including the cities and territories of Wrocław and Głogów.[13] This agreement was speedily ratified by all concerned, thus fulfilling Charles Robert's promises to the Luxemburgers. He was now able to move to the next stage in his pursuit of the Polish crown for Louis.[14]

An important opportunity wa presented later that year. Casimir's wife died in May, and this raised in a very immediate manner the question of the succession in Poland. Two of Casimir's closest civil advisors, Chancellor Zbigniew of Cracow and Castellan Spycimir of Cracow, had long favored the Angevin succession in Poland if there were to be no heir in the Piast line. They were convinced that such an arrangement would tie Hungary closely to Poland and provide needed resources against such foreign threats as the Teutonic Knights.[15] Casimir, himself, was of the same mind. He was unwilling to entrust rule to one of his relatives, the Piast princes of Poland, and he saw the advantages of the Hungarian tie.[16] He consulted his nobles, found they were generally in favor of the Angevin union,[17] and in July traveled to Visegrád to meet with Charles Robert.

Negotiations there, which almost surely included Queen Elizabeth and Louis, resulted in the designation of Casimir's sister as his heir to the throne of Poland and, through her, Charles Robert or one of his sons.[18] (Within fifteen years, Louis was the only surviving son.) This agreement achieved the goal of the Hungarian king and made provision for a successor to Casimir. Charles Robert promised, for himself and his heirs, to spare no effort, once the Angevins had acquired the crown, to regain those territories and provinces which had been lost from the Polish crown. This they were to do at their own cost and not with Polish monies. He also promised to appoint no foreigners to government positions in Poland, but to rely only upon native Poles. Finally, he swore not to levy any new taxes upon either the nobility or the land without the permission of those concerned, and to respect all rights, privileges, and immunities of the clergy and nobility. When these limitations had been accepted, Casimir and the nobles of Little Poland who had accompanied him formally recognized the Angevin dynasty as the source of Casimir's successor, should the Piast line die without heir.[19] An important decision had been reached; its details were to be refined during the following three and one-half decades.

In the summer of 1342 King Charles Robert died and was succeeded without incident by the sixteen-year-old Louis. Henceforth, he and Casimir were to work in close concert. Ironically, however, at the very beginning of Louis' reign, Casimir's foreign policy created a problem which bore on the succession in Poland. To resolve Polish problems with the Teutonic Order, Casimir agreed to recognize its possession of Gdańsk Pomerania, Chełmno, and Michałowo in exchange for return of the occupied territories of Kujavia and Dobrzyń. The Treaties of Kalisz in 1343, accomplishing this were eventually signed, but not without complication. As heir-presumptive to the Polish crown, Louis had promised in the agreement of 1339 to regain all lost Polish territories (including Gdańsk Pomerania) for Poland, and the Order demanded of Casimir that he obtain a renunciation of this commitment from the Angevin. The Piast was unable to do this, for Louis feared such a renunciation might be construed by the Polish nobility as a breach of his promise, and this might cost him the succession.[20] In lieu of the Hungarian renunciation, however, the Knights were eventually persuaded to accept assurances from several Piast dukes, the nobility, and the chief cities of Poland that they would ensure the terms of the Treaties of Kalisz. Thus, this potential problem was avoided.

After Casimir invaded Ruthenia in 1340, there was always the possibility that relations between him and the Angevins would become strained over the region, for it was also the subject of ancient Hungarian claims dating back to the time of the Árpád dynasty.[21] To forestall such a development, Casimir sent representatives to Louis in Buda in the aftermath of his successful expedition into Halicz and Vladimir in the fall of 1349.[22] On 4 April 1350, an agreement concerning Ruthenia was issued. Louis renounced in favor of Casimir all his rights to the "Kingdom of Ruthenia, which was the possession of our predecessors and shall be ours," for the lifetime of the Polish king. He also renewed the promise he and his father had made earlier to grant help to Casimir in all affairs concerning Ruthenia, "now and whenever it shall be necessary and opportune." Since it was Casimir who was to have clear claim to Ruthenia until his death, it is clear that Louis had not renounced Hungarian claims in favor of the *corona regni Poloniae.* Ruthenia would be, therefore, returned to Louis if he succeeded to the kingship of Poland. Should Casimir have a male issue who succeeded him, however, then Louis or his descendants were, by the terms of this agreement, to be allowed to purchase the rights to Ruthenia from the new king of Poland.[23] The important diplomatic success for Louis gave to Poland the responsibility and the task of obtaining, defending, and consolidating the area, with Hungary needing only to follow Poland's lead. While the immediate advantage lay with Casimir, who had obtained both clear title for himself and support in the conquest, in the longer run, Louis' success was considerable.

It was within the context of Ruthenian affairs that the next stage in Casimir's and Louis' relationship took place, and it brought important clarification to the latter's claim to the Polish throne. In 1351, Casimir turned to Louis and requested him to fulfill his promise of aid with regard to Ruthenia. On 19 June Louis left for Buda at the head of a large army and marched to Cracow, where the two kings spent several days together planning strategy.[24] Early in July they marched toward Ruthena. In Lublin, Casimir became, as the chronicler put it, "sick unto death," and Louis was forced to take over command of the united forces. Louis saw in this an opportunity to insure his accession in Poland should Casimir actually die, and he was able to obtain from the civil and military dignitaries gathered in Lublin a promise to recognize him as king. But before they agreed, they in turn demanded from Louis an oath with far-reaching implications. They required him first to promise that he would not let his brother Stephen interfere in Polish affairs, then to guaranttee not to appoint Germans as castellans or civil officials in Poland. In addition, the Poles forced Louis to agree that the only money he would take from the kingdom would be amounts sufficient to maintain himself and his family while they were present in Poland. Related to this stipulation was a promise not to use Polish monies to support Hungarian policies and programs. After Louis had sworn to abide by these terms, the Poles gave him their allegiance. This agreement was part of a pattern in the gradual limitation of royal authority in Poland, and before his dynastic ambitions were fulfilled, Louis was to contribute several more filaments to this trammel net upon royal power.

Even though the agreement of 1351 had been quite specific, there were some points which still needed clarification. For example, those at Lublin in 1351, had been gathered there for a military purpose, not a political one. Could they speak authoritatively on behalf of the whole kingdom on a subject such as the succession? In addition, the last of Louis' siblings had died in 1354 (Stephen), leaving him alone as the Angevin candidate for the Polish throne. As a result of considerations such as this, in 1355, the question of the succession was raised again. While making plans for a new Ruthenian campaign, Casimir went to Hungary to request Louis' aid. He arrived in Buda early in January, accompanied by many important Polish nobles and officials. On 23 January the two kings issued a joint renewal and amplification of earlier royal documents concerning the succession. Casimir specifically confirmed Louis in his right to succeed him, should he die without legitimate male heir.[25]

The following day, Louis negotiated a separate agreement with four of the lay dignitaries whom Casimir had brought with him. These individuals were all from Little Poland, but they spoke officially "on the part of all the inhabitants of the Kingdom of Poland."[26] To them, Louis promised that after he succeeded Casimir he would levy no new taxes without the consent of those affected, that in his travels through the kingdom he would maintain his entourage at his own expense, and that in case of war, he would not require his Polish subjects to fight outside the boundaries of their own kingdom. He also declared that the right of Angevin succession in Poland extended only to him and to his nephew John and their male descendants. Finally, he promised to honor all pacts, agreements, and treaties issued by Casimir which affected his future subjects.[27] In return, the four representatives of the nation signified their acceptance of Louis and invited him to receive the homage of his future subjects in person on Polish soil. Louis chose not to do this in person, either because he was in fact prevented from doing so by the reason he claimed (the pursuit of Angevin ambitions in Serbia) or because he wished to avoid a trip in person. In any case, on 13 April he empowered his mother to go to Poland to accept formally the allegiance promised in Buda. She was accompanied on this trip by several of the leading ecclesiastical and civil officials of the Hungarian kingdom. When the party arrived at Nowy Sącz, they were met by a delegation of Polish nobles and officials. On 30 April the Hungarian representatives promised in Louis' name to abide by the conditions of the Angevin succession in Poland,[28] and the Polish estates granted Elizabeth, as Louis' plenipotentiary, their homage and swore allegiance to their future king.[29]

The agreements of 1339, 1351, and 1355 firmly established the right of the Angevins to succeed Casimir. Their terms, however, bore a high price for royal authority. Louis had had to make concessions which severly undermined the king's power at precisely the time when Casimir had so successfully enhanced this authority. Royal centralization had been one of the great themes of his thirty-seven year reign,[30] but the beginnings of the "golden freedom" of the "nobleman's paradise" of the seventeenth and eighteenth centuries are to be seen in this period also. As Norman Davies has written recently, "the privileges . . . put the political initiative into the hands of the nobility at a moment when the cement of soical and constitutional structure was starting to set."[31] While Louis' agreement may not be the same as the later *pacta conventa,* there is a generic relationship which is evident.[32]

This long discussion of the dynastic ties between Louis the Great and Casimir should not obscure the fact that there were other dimensions to their relationship. By way of illustrating this, it is appropriate to identify some of these considerations and show their significance for the two rulers and their respective countries.

Because both Casimir and Louis had common interests in Ruthenia and because an arrangement to accomodate these interests without conflict had been worked out, the two rulers worked together in the conquest of the region. In 1351, Louis led a combined Polish and Hungarian army in a campaign against the Lithuanian prince Kiejstut. Though the expedition failed to achieve its military goal–and in fact turned at one point into a diplomatic farce when the proffered conversion of the Lithuanians turned out to have been a ruse–Louis' role was as representative of both his and Casimir's interests.[33] The next year, the Angevin and the Piast again joined forces in a Ruthenian campaign. In a six-day siege of the fortress of Bełz in March, Louis was wounded. Thus even though he was able to force the defending castellan (named by the sources as "Drozge," i.e., problably the nephew of Grand Princes Olgierd and Kiejstut, George Narjmuntowicz[34]) to swear an oath of homage to him, the campaign had to be abandoned.

The indecisive results made it apparent to both rulers that a victory in the lands of Halicz and Vladimir would not come easily. It would instead require a sustained effort throughout a long, and perhaps bitter, twilight struggle. Casimir was to bear the brunt, but Louis provided support also.[35] For example, in 1355, when details of the succession were being worked out in Buda, Louis promised on 20 January to participate personally in Casimir's next campaign. If prevented from doing so, he promised alternatively to send a sufficiently large army to serve "for the expulsion and confusion of [the Lithuanians]."[36] Indeed, that summer a joint Polish-Hungarian army did campaign successfully in Ruthenia, capturing the fortress of Vladimir. Louis did not participate personally, for he was engaged in a campaign into Serbia in pursuit of Angevin interests in the lands surrounding the Adriatic.[37] Eventually, after several more campaigns and some diplomatic efforts aimed at conversion which did not bear fruit, Casimir succeeded in his great expedition of 1366 in defeating the Lithuanians and bringing almost the whole of the ancient *regnum Galiciae et Lodomeriae* under his control. Though this was accomplished in that particular year without Louis' support, the Angevin's help had been important during the repeated campaigns of the 1350s.

After 1370, of course, Ruthenia passed under the control of Louis, who ruled it through regents such as Władysław of Opole. Only because the Angevin male line failed in 1382, did Poland again have the opportunity to obtain control of Ruthenia, this time, however, through the marriage of Louis' second daughter Jadwiga to the Lithuanian Grand Prince Jogaila. Poland's involvement in the east had a profound effect upon the national interest and self-perception. From this time on, the eastward orientation of policy and development was to be a dominant factor in Polish political interests. In addition, Poland came to view itself as an *antemurale,* a bulwark, against the east. Along with Hungary, which also had a highly developed sense of being a bulwark, the state which Casimir and Louis had ruled maintained in the modern period the geopolitical stance which it had begun to develop in their time.[38] It is important to remember that it was not Casimir alone who initiated this, but that Louis the Great had a rule which supported and furthered the Piast's policies.

Louis' relationship with Casimir also included diplomatic dealings in the west and the difficult—at least from the Angevin side—issue of the Polish king's personal and marital life. Because of his close identification with Casimir, Louis was often appealed to by parties interested in aspects of Polish foreign policy. One excellent example of this came in 1345. When renewed conflict over Silesia flared between John of Bohemia and Casimir, Pope Clement VI intervened trying to ensure peace. He was motivated in part by his desire to resolve the question of the imperial crown in favor of his former pupil, Charles of Luxemburg, John's son. Casimir had sought support against John by allying himself with the Wittelsbach family in Brandenburg, whose leader was, of course, Emperor Louis IV of Bavaria. Clement wrote to Casimir urging him not to tarnish further his royal dignity by continuing to deal with the condemned and rejected house of a heretic emperor.[39] Clement did not rely only upon exhortations to Casimir, however, for the same day he also wrote to

Louis the Great. He reminded him of his close ties to Casimir and urged him, for the love he bore the Holy See and out of his well-known desire for peace, to persuade Casimir and John to abstain from further conflict and to submit their differences to mediation.[40] Unfortunately for papal policy, Louis was little inclined at this point to follow advice and direction from Avignon because of papal-Angevin conflict over the crown of the Kingdom of Naples.[41] Fortunately for papal desires, the expected conflict was not renewed.

Louis and Casimir's relationship figured again in diplomatic dealings in the early 1360s, but this time it was the Angevin who was the aggrieved party and who had to be restrained from rash action.[42] According to later medieval sources, Emperor Charles IV was reported to have said that Elizabeth, Louis' mother and Casimir's sister, did not behave herself in a virtuous manner. Louis' response was immediate and heated. He claimed in a letter to Charles that the emperor's lie was typical: Charles always lost control of his senses and of his tongue when he had drunk too much.[43] Louis resolved to punish Charles by joining Duke Rudolf IV of Austria in a great anti-Luxemburg coalition which the Habsburg family was putting together.[44] The two signed an alliance against the emperor at Pozsony in December 1361, and for eighteen months thereafter the peace and stability of east central Europe was held hostage by the ambitions of the dynasts. Military campaigns in the summer of 1362 were indecisive, though Lous led a large army into the field. Pope Urban V tried to intervene as peacemaker, but failed. Eventually Casimir, who had originally flirted briefly with the possibility of joining the coalition, was able to put himself forward as a mediator. He arranged for a marriage pact between his grand-daughter and Charles and obtained a promise of peace from Louis in exchange for an apology. Preliminaries of peace were formalized in April 1363; and on 12 December of that same year, Casimir was able to make public announcement that Louis, Rudolf, and Charles had settled all differences between them and would henceforth live in peace and friendship with one another.[45] Finally, on 10 February 1364, the three principals, accompanied by large retinues of lay and ecclesiastic dignitaries, solemnly signed the Peace of Brno.[46] Louis had acted rashly in this matter. His well-known temper[47] had over-run his diplomatic sensibilities, for he had little to gain—either for his family or for Hungary—by furthering the dynastic ambitions of the Habsburgs. In this instance, the counsel of

Casimir, his uncle, had helped him avoid a protracted and distracting dispute. In this series of events the close ties between Louis and Casimir were once more confirmed.

Finally, there is the question of Louis' involvement in Casimir's marital affairs. As noted above, the Polish ruler's first marriage had not produced an heir, and it was this circumstance which had raised issue of the Angevin succession in Poland. One would have expected, therefore, that Charles Robert, Elizabeth, and Louis would have had considerable influence after 1339 regarding a second marrige for Casimir, but this does not seem to have been the case. Instead, it was Charles of Luxemburg, then still Margrave of Moravia, who took the initiative in proposing a marriage alliance. Concerned by the possibility that a future union of the Polish and Hungarian thrones would create a dynastic bloc in East Central Europe capable of frustrating Luxemburg interests, Charles visited Cracow in May 1340.[48] He persuaded Casimir to marry his sister Margaretha, and arrangements were made for the ceremony to be held in Prague in the summer of 1341. When Casimir arrived, however, he found his intended bride seriously ill. She died on 11 July. In the aftermath, Casimir—who had apparently been genuinely attracted to Margaretha and who was deeply affected by her death—promised Charles that he would always seek advice from him and not remarry without his consent.[49] This commitment resulted in Charles choosing a new marriage partner for Casimir, Adelheid, the daugther of Duke Henry of Hesse, a minor imperial princeling. In October, the two were married in Poznań, thus creating the possibility that should an heir be born, Angevin hopes in Poland would be frustrated.

The Angevins need not have worried. This marriage was not a success and produced no male heir for the Polish king. After a short period, Casimir tired of Adelheid and sent her into quasi-exile to an isolated castle where he never visited her. When news of her situation reached papal attention in 1353, Innocent VI eventually wrote Louis requesting him to effect some kind of solution for his uncle's marital difficulties whereby Casimir and Adelheid would be reconciled.[50] The Hungarian king could do nothing, however, and some years later Casimir exacerbated his own problems. While he was in Prague in 1356, his eye was struck by the grace and obvious charms of Christina Rokičana, the widow of a wealthy Czech merchant. When he returned to Cracow, he brought Christina with him, and sometime late in 1356 or in 1357[51] Casimir persuaded or compelled the Abbot of Tyniec to marry them in a secret ceremony.[52] Whatever the personal happiness Casimir may have found from this bigamous liaison, it brought him opprobrium from peers and pope, when news of it became public. More serious, from his standpoint, this union also produced no male heir.[53] By the late 1360s Casimir was ready to attempt other marital arrangements.

During the summer of 1364, Casimir hosted a *convivium maximum* (as Janko of Czarnków called it), the Congress of Cracow. It was the most glittering assembly of monarchs and notables held in East Central Europe in the fourteenth century. Attended by the Emperor, the Kings of Cyprus, Bohemia (i.e., Václav, Charles' already-crowned son), Denmark, and Hungary, by the Dukes of Bavaria, Świdnica, Opole, Mazovia, and Pomerania, and by numerous other lesser princes, the congress met ostensibly to discuss the crusade against the Turks.[54] It was also the occasion for many spectacular jousts, for a famous banquet at the home of the wealthy municipal councillor, Nicholas Wierzynek, and for Casimir's foundation of the University of Cracow. During the congress, Casimir discussed with Louis his plans for a new marriage. Unwilling to approach the pope himself to resolve his tangled affairs, Casimir asked his nephew to plead his case to the papal court. Grudgingly—for there was no profit to him in it—Louis agreed, and on 17 September the two monarchs reached an agreement. Louis promised to try to obtain the dissolution of the marriage with Adelheid and the dispensation necessary for Casimir to marry Jadwiga of Żagań, the daughter of one of the last independent Silesian dukes, to whom Casimir was related in the fourth degree. Louis also agreed that should Casimir gain an heir from the proposed marriage, this son would succeed in Poland, and all Hungarian claims there would be null and void. Should no heir be forthcoming, then Louis would succeed Casimir under the terms agreed to in 1355.[55]

Louis' first efforts were unsuccessful. The pope replied that he should instead be doing all he could to see that Casimir and Adelheid were reconciled.[56] Casimir became impatient. He obtained a forged papal dispensation and persuaded the Bishop of Poznań to marry him and Jadwiga in the summer of 1365. This rash step created further problems for Louis. He and his mother sent another representative to Avignon to plead their case on Casimir's behalf. Pope Urban V recognized that Louis' support of the church deserved to be rewarded, but he nevertheless refused to grant this petition.[57] Not until 1368, as the result of other negotiations, was the matter resolved on a *de facto* basis. Urban tacitly accepted Casimir's union with Jadwiga, without formally annulling the marriage to Adelheid. The awkward position in which Louis had been placed was thus ended.

Louis's good faith in pursuing Casimir's policy at the potential expense of his own interests did not, in the long run, harm his position in Poland. From the marriage to Jadwiga there came no male heir for the last of the Piasts. Thus when Casimir died in 1370, Louis was able to hurry to Poland to be crowned. Although his rule there was not a happy one (it was clouded by factionalism and civil strife),[58] the relationship between him and Casimir had done much to cement a continuing tie between Poland and Hungary and between Pole and Hungarian. During the Jagiellonian era, the alliance with Hungary was a cornerstone of Polish foreign policy. From 1440 to 1444 and from 1490 to 1526 Polish princes ruled Hungary. In the sixteenth century, the Hungarian Stephen Báthory became one of the most successful rulers in Poland's long history. The two nations also shared a common fate, for the partitions of the eighteenth century echoed the earlier suppression and division of Hungary. In the nineteenth century, the revolutionary and national tradition was shared by the two countries, and even in the troubled times of the twentieth century, the fraternal spirit between the communist parties of the two states reflects a warmth that is generated, not from Moscow, but from a shared history. The relationship of Louis the Great and Casimir of Poland contributed materially to the tradition that:

> Węgier, Polak, dwa bratanki,
> Tak do szabli jak do szklanki.
>
> Magyar és lengyel jó barát
> Karddal s pohár közt egyaránt.
>
> The Pole and the Magyar like brothers stand
> Whether with sword or with tankard in hand.[59]

NOTES

1. According to the *Codex epistolaris Vitoldi,* cited by Marjan Tumler, *Der Deutsch Orden im Werden, Wachsen und Wirken bis 1400* (Vienna, 1955, p. 350, in this time "honor pax fulget in Prussia rigor lex iustitia atque disciplina." Wigand of Marburg, *Chronica nova Prutenica,* in *Scriptores rerum Prussicarum: Die Geschichtsquellen der preussischen Vorzeit bis sum Untergange der Ordernsherrschaft,* edited by Theodore Hirsch, Max Töppen, and Ernst Strehlke, 5 vols. (Leipzig, 1861-1874), II, 613, says "Sub fratre et Magistro Wynrico in magno honore et digna laude stetit Prussia et sui preceptores."

2. Casimir was explicitly described as *magnus,* the Great, by the sixteenth century Polish historians, Marcin Kromer and Maciej Stryjkowski. At an earlier time, the appellation was implicit. See the useful analyses of this title by Jerzy Wyrozumski, *Kazimierz Wielki i jego dzieło (1333-1370* [*Casimir the Great and His Achievement (1333-1370*] (Cracow, 1971), pp. 26ff.; and the same author's "Kazimierz Wielki i jego czasy w nowszej historiografii polskiej" ["Casimir the Great and His Times in Recent Polish Historiography"], *Studia Historyczne,* 13 (1970), 337-356.

3. S. Harrison Thomson, "Learning at the Court of Charles IV," *Speculum,* 25 (1950), 16. There is now an enormous literature upon Charles, of which the best is probably the biography by Ferdinand Seibt, *Karl IV., Ein Kaiser in Europa. 1346-1378* (Munich, 1978). Two useful guides to the specialized literature are Jaroslav Mezník and Jiří Spěváček, "Novější literatura o Karlu IV" ["The Most Recent Literature on Charles IV"] *Československý časopis historický,* 18 (1970), 291-312; and František Graus, "Kaiser Karl IV. Betrachtungen zur Literatur eines Jubiläumsjahres (1378/1978)," *Jahrbücher für Geschichte Osteuropas,* 28 (1980), 71-88.

4. For Rudolf, the older work by E. K. Winter, *Rudofl IV. von Österreich,* 2 vols. (Vienna, 1934-1936), is still useful; a new study is, however, badly needed.

5. The reign of Dušan has not received the attention it deserves in Western historiography. The brief study by Georges Ostrogorskij, "Etienne Dušan et la noblesse serbe dans la lutte contre Byzance," *Byzantion,* 22 (1952), 150-159, is very suggestive and much broader than its title indicates. A brief appreciation of Dušan's career, with bibliography through

the early 1960s, may be found in Francis Dvornik, *The Slavs in European History and Civilization* (New Brunswick, New Jersey, 1962), pp. 111-113, 142-146. Louis the Great's relations with Stephen Dušan were largely hostile, for the two monarchs competed for the same territory in the Balkans. Hungarian-Serbian relations in this period may be followed from both sides in the appropriate sections of Constantine Jireček, *Geschichte der Serben,* 2 vols. (Gotha, 1911-1918); and Bálint Hóman, *Gli Angioini di Napoli in Ungheria, 1290-1403* (Rome, 1938). I am unable to use this important work in the original.

6. Some interesting comparative comments about the coincidence of all these great contemporaries are made by Ferdinand Seibt in *Handbuch der Geschichte der Böhmischen Länder,* edited by Karl Bosl, (Stuttgart, 1967), I, p. 387. An earlier, comparative approach by J. Pfitzner, *Kaiser Karl IV* (Potsdam, 1938), p. 124 especially, is marred by its racial theories. A full study of each of these individuals in relation to one another and to the question of historical greatness is still a desirable project; it could effectively be accomplished from printed sources and secondary materials.

7. For this story, see Johannes Thurócz, *Chronica Hungarorum,* in *Scriptores rerum Hungaricarum veteres ac genuini. . . ,* edited by J. G. Schwandtner, 3 vols. (Vienna, 1746-1748), I, 161; and *Ioannis Dlugossi Annales seu cronicae incliti Regni Poloniae,* 5 vols. to date (Warsaw, 1964–), V, 149ff. (*Liber nonus, sub anno 1330*). The contemporary Polish chronicler Traska remarked laconically that the punishment meted out to Zách was that "tota pena genealogia fuit extincta." *Rocznik Traski* [*The Chronicle of Traska*] in *Monumenta Poloniae historica: Pomniki dziejowe Polski,* 6 vols. (Lwów and Cracow, 1864-1893), II, 854. The best modern treatment of this episode is Henri Marczali, "Le procès de Félicien Záh," *Revue Historique,* 107 (1911), 43-58.

8. According to Johannes de Thurócz, *Chronica,* p. 165f.

9. This early interest, which must be inferred from subsequent events, is strongly argued by Jan Dąbrowski, *Ostatnie lata Ludwika Wielkiego 1370-1382* [*The Last Years of Louis the Great 1370-1382*] (Cracow, 1918), p. 83. An analysis of the aims of each of the parties to the congress is given by Jan Leniek, "Kongres Wyszegradzki w roku 1335" ["The Congress of Visegrád in the Year 1335"] *Przewodnik Naukowy i Literacki,* 12 (1884), 264-271, 356-360; and, more briefly, in Paul W. Knoll, *The Rise*

of the Polish Monarchy, Piast Poland in East Central Europe, 1320-1370 (Chicago, 1972), pp. 75-80.

10. The treaty and marriage pact are in Johann Peter Ludewig, ed., *Reliquiae manuscriptorum omnis aevi diplomatum ac monumentorum ineditorum adhuc. . .* , 12 vols. (Frankfurt, Leipzig, and Halle, 1720-1741), V, 492 and 487 respectively; and in *Codex diplomaticus et epistolaris Moraviae,* edited by A. Boczek, et al., 15 vols. (Olomouc and Brno, 1836-1903), VIII, nos. 187 and 188 respectively. Charles IV, in his autobiography, reports this event very briefly: "tradidimus filiam nostram primogenitam Margaretham Ludovico, primogenito Karoli, regis Vngarie, et ligavimus contra omnem hominem." Kurt Pfister and Walter Bulst, eds., *Karoli IV Imp. Rom. Vita ab eo ipso conscripto* (Heidelberg, 1950 [*Editiones Heidelbergenses,* 16]), p. 36.

11. According to the papal nuncio Galhard de Carceribus, the visit was due to the grave illness of the Hungarian king, whom Casimir visited at his request. See *Monumenta Poloniae Vaticana,* vols. I-III, edited by Jan Ptaśnik (Cracow, 1913-1914), I, 181.

12. These negotiations were recorded in the *Chronicon Dubnicense,* in *Historiae Hungaricae fontes domestici,* edited by M. Florianus, 4 vols. (Pécs and Leipzig, 1881-1885), III, 128: "Anno Domini 1338. . . Dux Ruthenorum venit in Vysegrad, cum electo populo militum suorum, ad Regem Karolum Hungariae, promittensei omnis amicitie incrementum. . . ." Our knowledge of the agreement reached in this year is derived from a similar agreement in 1350, which mentions it. See Anton Prochaska, "W sprawie zajęcia Rusi przez Kazimierza Wielkiego" ["On the Question of the Acquisition of Ruthenia by Casimir the Great"] *Kwartalnik Historyczny,* 6 (1892), 30-33.

13. *Cod. Dipl. Mor.,* VII, no. 224; and Colmar Grünhagen and E. Markgraf, eds., *Lehns- und Besitzurkunden Schlesiens und seiner einzelnen Fürstentümer im Mittelalter,* 2 vols. (Leipzig, 1881-1883), I, 4. This agreement was not a simple ratification of earlier agreements reached at Trenčin (Trencsén) in 1335 or proposed at Visegrád in that same year: see Dąbrowski, "Dzieje polityczne Śląska w latach 1290-1402" ["The Political History of Silesia from 1290 to 1402"] in *Historja Śląska od najdawniejszych czasów do roku 1400* [History of Silesia from the Earliest Times to 1400] edited by Stanisław Kutrzeba, et al., 3 vols. (Cracow, 1933-1939), I, 435; and *Historia Śląska* [History of Silesia] general editor Karol Maleczyński, vol. I: *do roku 1763* [To 1763] (Wrocław, 1960-1964), part i, 564f.

14. The clearest expression of the aims of Charles Robert was later provided by one of Louis' arch-foes in Poland, Janko of Czarnków, the last Vice-chancellor of Casimir. According to him, "Habebat enim Kaıolus rex memoratus protunc tres filios, Lodvicum, Andream et Stephanum, conceperatque in animo, quod Lodvicum in Polonia, Andream in Sicilia et Stephanum in Ungaria praeficeret in reges. Quod quasi fuit impletum, licet eventus non fuit bonus effectus." *Chronicon Polonorum,* in *Mon. Pol. Hist.* II, 637. In fact, Charles Robert had five sons by Elizabeth: Charles (d. 1321); Ladislas (d. 1329); Louis (d. 1382); Andrew, who grew up in Naples and was assassinated in 1345; and Stephen (d. 1354).

15. They had favored this policy since at least the Congress of Visegrád in 1335; see Oswald Balzer, *Królestwo Polskie, 1295-1370* [The Kingdom of Poland, 1295-1370], 3 vols. (Lwów, 1919-1920), III, 89f. Janko of Czarnków, who is our chief source for the details of the Hungarian succession, gives the process a conspiratorial cast: Charles Robert bribed the Polish officials. ". . . Sbisconi praeposito et Spitconi castellano Cracoviensibus, quorum consilio Kazimirus rex protunc juvenis regebatur, donaria multa extulit, castra et possessiones concessit et singulis annis certa stipendia ministravit, ut regi Kazimiro suaderent, . . . Lodvicum filium ipsius sibi in successorem regni deputaret." (*Chronicon,* p. 638). Janko's animus must, however, be discounted, for he was writing out of the partisan spirit engendered after Louis' accession in Poland.

16. Compare, on this point, Oskar Halecki, "Kazimierz Wielki, 1333-1370" ["Casimir the Great, 1333-1370"] in *Encyklopedya Polska,* V, part i (Warsaw, Lublin, Łódź, and Cracow, 1920), p. 326; and Dąbrowski, *Ostatnie lata,* p. 93 and note 3. Casimir was no unwitting dupe of his advisors.

17. According to Długosz, *Annales* V, 211 (*Liber nonus, sub anno 1339*), ". . . omnium terrarum regni sui in Cracovia agit pro festo sancti Stanislai in Mayo generalem conventum [i.e., a Sejm]. Ad quem cum frequens multitudo prelatorum et baronum Regni Polonie convenisset, et per dies plures, quis tam pio regi in Polonie Regnum succederet, consilia varia et tractatus sub presencia regis agitarentus, . . ." Długosz is anachronistically describing an institution which did not develop until the fifteenth century. There was not even, apparently, an informal gathering of the nobility and clergy in Cracow that year. See Aleksander Semkowicz, *Krytyczny rozbiór Dziejów polskich Jana Długosza (do roku 1384)* [A Critical Analysis of the Polish History of John Długosz (to 1384)] (Cracow, 1887), p. 357.

18. Elizabeth's legal status in the succession line was clearly shown in a papal letter three decades later: "utpote soror eius et sibi proximior immediate seu primo loco et Ludovicus rex. . . secondo loco." Augustin Theiner, ed., *Vetera Monumenta historica Hungariam sacram illustrantia. . .*, 2 vols. (Rome, 1859-1860), II, no. 171. See, on this point, Dąbrowski, "Elźbieta Łokietkówna" ["Elizabeth the Daughter of Łokietek" *Rozprawy Akademii Umiejętności: wydział historyczno-filozoficzny,* 57 (1914), 362f.

19. The documents issues at this time have perished. The negotiations are described and the agreements detailed from the Hungarian side by Johannes de Thurócz, *Chronica,* p. 166f; and from the Polish side by Janko of Czarnków, *Chronicon,* pp. 638ff. (Długosz was largely dependent upon Janko for his own narrative at this point.) The most detailed secondary treatment of the agreement of 1339, with which, however, the text above differs slightly, is Dąbrowski, *Ostatnie lata,* pp. 96-106.

20. *Codex diplomaticus Prussicus,* edited by Johannes Voigt, 6 vols. (Königsberg, 1836-1861), III, no. 37. See also Dąbrowski, *Ostatnie lata,* p. 115.

21. For the nature of these claims, see Valentin Hóman, *Geschichte des Ungarischen Mittelalters,* 2 vols. (Berlin, 1940-1943), II, 12-14, 22-24, 30-32.

22. This campaign is described briefly by Janko of Czarnków, *Chronicon,* p. 629; and by *Rocznik Miechowski* [The Miechów Chronicle] in *Mon. Pol. Hist.,* II, 885. Długosz, who is dependent upon them, provides more details, including the tales of Casimir's repudiation of his (second) wife and acquisition of a number of concubines (*Annales,* V, 254-256 [*Liber nonus, sub anno 1349*]).

23. The original of this agreement is lost; we know it only from the copy by Janusz Suchywilk, Casimir's later chancellor, who was apparently present at this meeting representing the king. His recopied text from 1357 is printed in Prochaska, "W sprawie zajęcia Rusi," p. 30f.

24. Our information about this agreement is based almost entirely upon *Chronicon Dubnicense,* which, though it was compiled late (*ca.* 1480), contains at this point fragments of the narrative life of Louis by Joannes de Küküllö. The full text is in *Hist. Hung. fontes domestici,* III, 1-204, but I have used the relevant sections printed, with commentary, in *Kwartalnik Historyczny,* 3 (1889), 205-213.

25. Again, the original is lost. The most reliable reconstruction is that by Dąbrowski, *Ostatnie lata,* p. 141f. For a discussion of the legal considerations of this "election," see the lengthy discussion of Balzer, *Królestwo,* III, 99-117.

26. "Ex parte universorum regnicolarum regni Polonie." These individuals were John Tarnowski, Florjan Mokrski, Peter Nieorza, and Pełka of Kościeliec. All were high officials in the administration of Casimir, and all came from the region of Little Poland. It was the exclusion of Great Poland nobles which, in part, contributed to the hostility and bitterness which representatives of that region manifested to the government of the Angevins in Poland. Janko of Czarnków's bitter jibe: "Hujus autem regis tempore nulla stabilitas, nulla justitia in regno Poloniae habebatur," though based in large part in his own personal opposition to Louis, nevertheless reflects the factionalism which arose during Louis' reign. (See *Chronicon,* p. 721).

27. Versions of this document are printed in *Codex diplomaticus Majoris Poloniae,* edited by Ignacy Zakrzewski and Franciszek Piekosiński, 5 vols. (Poznań, 1877-1908), III, no. 1328; and in *Codex diplomaticus Cathedralis Cracoviensis,* edited by Piekosiński, 2 vols. (Cracow, 1874-1883), I, no. 201 (see also I, no. 202).

28. See Prochaska, "W sprawie zajęcia Rusi," p. 31f.; and Matthais Dogiel, ed., *Codex diplomaticus regni Poloniae et magni ducatus Lithuaniae. . . ,* 3 vols. (Wilno, 1758-1764), I, 38-39.

29. The document is lost and we do not know who participated from the Polish side; see Dąbrowski, *Ostatnie lata,* p. 146, note 2.

30. For the implications this had in the realm of cultural development, see my comments in "Learning in Late Piast Poland," *Proceedings of the American Philosophical Society,* 120 (1976), 136-138.

31. Norman Davies, *God's Playground, A History of Poland,* 2 vols. (New York, 1982), I, 113.

32. See Władysław Sobociński, *Pakta Konwenta: Studium z Historii prawa polskiego* [The "pacta conventa:" A Study in the History of Polish Law] (Cracow, 1939), pp. 34-89. There is now a good summary in English of the emergence of this "golden freedom;" see Davies, *God's Playground,* I, 201-255, especially pp. 211-215.

33. For this campaign in general, see Alfons Huber, "Ludwig I von Ungarn und die ungarischen Vassallenländer," *Archiv für österreichische*

Geschichte, 66 (1885), 11-13, who quotes from the chronicler Peter Suchenwirt to confirm the information in the *Chronicon Dubnicense.*

34. The *Chronicon Dubnicense* (*Kwart. Hist.* ed., p. 210) notes that the castellan was "dictus Drozge." For the identification of him with George Narjmuntowicz, see Henryk Paszkiewicz, *Polityka Ruska Kazimierza Wielkiego* [The Ruthenian Policy of Casimir the Great] (Warsaw, 1925), p. 131, note 3.

35. Huber, "Ludwig und die ungarischen Vasallenländer," p. 14f.

36. Dogiel, *Codex,* I, 37.

37. For some of the problems connected with interpreting this campaign, see Knoll, *Rise of the Polish Monarchy,* p. 159f. Vladimir was lost to the Lithuanians in the following year.

38. For Poland as *Antemurale Christianitatis* and "Bulwark of Europe," the following are among the most useful: Gotthold Rhode, "Die Ostgrenze Polens als Grenze Europas," in *Europa in Evangelischer Sicht* (Stuttgart, 1953), pp. 59-77; Knoll, "Poland as *Antemurale Christianiatis* in the Late Middle Ages," *The Catholic Historical Review,* 60 (1974), 381-401; Janusz Tazbir, "Przedmurze jako miejsce Polski w Europie" ["Antemurale as Poland's Place in Europe"] in *Rzeczpospolita i Świat: Studia z dziejów kultury XVII w.* [The Commonwealth and the World: Studies in 17th Century Cultural History] (Wrocław, 1971), pp. 63-78; and Davies, *God's Playground,* I, 159f. The tradition of Hungarian attitudes in this same regard is equally strong. It developed first with regard to the Tatars (Mongols), then was elaborated as Hungary bore the brunt of Latin Christian Europe's defense against the Ottomans.

39. Augustin Theiner, ed., *Vetera Monumenta Poloniae et Lithuaniae gentiumque finitimarum historiam illustrantia. . . ,* 4 vols. (Rome, 1860-1864), I, no. 628.

40. Theiner, *Mon. Hung.,* I, nos. 1049 and 1050.

41. Louis' younger brother Andrew had been recently assassinated in Naples. For these elements, see Eugen Csuday, *Die Geschichte der Ungarn,* 2 vols. (Vienna, 1900), I, 347-357. Louis, himself, was involved in dealings with the Wittelsbachs, trying to arrange for the marriage of his youngest brother, Stephen, to the daughter of the Emperor. See Dąbrowski, *Ostatnie lata,* pp. 121ff.

42. The events described below took place in an atmosphere embittered by rumors which had swept the Empire in 1360 that Charles IV,

Emperor and also King of Bohemia since 1346, was to be deposed and Rudolf IV of Austria or Louis elected in his place. The three had met personally in Nagyszombat (Tyrnavia) in May 1360, in a partially successful attempt to clarify the situation.

43. ". . . parum pudicam asserendo protulit. . . ." Długosz, *Annales*, V, 314 (pp. 313-319 for the full narrative of developments [*Liber nonus, sub anno 1361--recte 1363*]). This incident was apparently unknown to contemporary chroniclers, but there is evidence in the letters between Charles and Louis which confirms it; see Franz Palacky, *Über Formelbücher, zunächst in Bezug auf böhmische Geschichte* (Prague, 1847), p. 261. For King Louis's letters to Emperor Charles IV and Charles's response see *Monumenta Hungariae Historica. Diplomáciai emlékek az Anjou-korból* [Diplomatic Documents from the Age of the Anjous], edited by G. Wenzel, 3 vols. (Budapest, 1874-76), I, 538ff.

44. The dynastic interests of the Habsburgs, who had earlier accustomed themselves to the imperial purple and now sought it again, are best traced in Winter, *Rudolf IV. von Österreich*, II, 294-298.

45. *Cod. Dipl. Mor.*, IX, no. 326.

46. *Cod. Dipl. Mor.*, IX, no. 337. The complicated diplomacy of these events is traced by S. Steinherz, "Die Beziehungen Ludwigs I. von Ungarn zu Karl IV.," *Mittheilung des Instituts für österreichische Geschichtsforschung*, 9 (1888), 604-609; and, more briefly, in Knoll, *The Rise of the Polish Monarchy*, pp. 212ff.

47. Another example is to be found in *Vita Caroli*, p. 52f. (an incident of gambling with the Duke of Holland, in which Louis lost 600 gold florins).

48. I follow here the interpretation given Charles' actions by Emil Werunsky, *Geschichte Kaiser Karls IV. und seine Zeit*, 3 vols. in 4 (Innsbruck, 1880-1896), I, 263; and Josef Šusta, *Karol IV, Otec a Syn, 1333-1346* [Charles IV, The Father and the Son] (Prague, 1946), p. 332. The Polish scholar, Zdzisław Kaczmarczyk, *Kazimierz Wielki (1333-1370)* [Casimir the Great (1333-1370)] (Warsaw, 1948, p. 85f., has suggested, however, that Charles' interests were related more closely to the rise of Wittelsbach influence.

49. *Cod. Dipl. Mor.*, VII, no. 374.

50. Theiner, *Mon. Pol.*, I, no. 723.

51. This latter date is derived from Adelheid's complaint to the pope:

Libellus in causa matrimoniali . . . , printed by Semkowicz, "Adelajda, Krystyna i Jadwiga, żony Kazimierza Wielkiego" ["Adelajda, Christina and Jadwiga, the Wives of Casimir the Great"] *Kwartalnik Historyczny,* 12 (1898), 562-566.

52. Our chief source for this is Długosz, *Annales,* V, 283f (*Liber nonus, sub anno 1356*).

53. Casimir did, however, have several bastard sons, including three (Niemierz, Jan, and Pełka) by the still-married wife of one of his castellans. He was also supposed to have carried on a long-standing liaison with the Cracow Jewess Esterka (Esther).

54. A literary record of his Congress has been left by the great fourteenth-century musician-poet, Guillaume de Machaut, who had earlier traveled in the region with King John of Bohemia and whom King Peter Lusignan of Cypress sometimes included in his retinue. See M. L. de Mas Latrie, ed., *Guillaume de Machaut, La prise d'Alexandrie* (Geneva, 1877). Brief English extracts of the poem are included in Davies, *God's Playground,* I, 99-101. The best study of the Congress is Roman Grodecki, *Kongres Krakowski w roku 1364* [The Congress of Cracow in 1364] (Warsaw, 1939); see p. 65f. for a discussion of Casimir's marital problems within the context of the Congress.

55. The issue of the marriages is now best treated by Zofia Kozłowska-Budkowa, "Z ostatnich lat Kazimierza Wielkiego" ["From the Last Years of Casimir the Great"] *Małopolski Studia Historyczne,* 4, nos. 3-4 (1963), 15-21.

56. Theiner, *Mon. Hung.,* II, no. 135.

57. Theiner, *Mon. Hung.,* II, nos. 147 and 148.

58. There has been no substantive treatment of Louis' reign in Poland since the early work of Dąbrowski: "Elżbieta Łokietkówna"–1914, and *Ostatnie lata Ludwika Wielkiego*–1918. A new study would be highly desirable.

59. B. Tóth, *Szájrul Szájra* [From Mouth to Mouth] (Budapest, 1901), p. 188, cited by Davies, *God's Playground,* I, 114, who indicates that "the Hungarian version is taken from an anthem composed in 1880 in honor of General Bem, the Polish General of the Hungarian revolutionary army in Transylvania in 1849." (I, 551.)

Jerzy Kłoczowski

7 / Louis the Great as King of Poland as Seen in the Chronicle of Janko of Czarnkow*

For the reign in Poland of Louis the Great, traditionally called Louis the Hungarian, the contemporary chronicle of Janko of Czarnków is of fundamental significance. (Antedating even this traditional appellation, the nobility affectionately remembered Louis in the family and at court by the diminutive *Loise,* "because he did not rule in an absolute manner; on the contrary, the foundations of our laws and of our freedom were laid by him."[1]) Janko's chronicle is a work of great value. Even today, it must be utilized by everyone interested either in the period 1370 to 1382, when Louis succeeded his uncle Casimir the Great (d. 1370) on the throne of Poland, or in the following years 1382 to 1384, when there was fierce conflict over securing this throne for one of the king's daughters. This is true even though Janko of Cranków writes about the years from 1370 to 1384 explicitly from a position hostile to Louis and the Angevin dynasty. He is a witness to that history and was at the same time engaged vigorously and directly in the fierce political battle being waged in the country.[2]

Let us review the basic information about this author which historical research has established during the last century.[3] He was almost certainly

---

* Translated by the late Bernadette Hilinski and by Paul W. Knoll.

born about 1320, most probably into a middle class family; he was the son of the headman in the small town of Czarnków in northern Great Poland. In the course of an ecclesiastical career, the gifted and resourceful Janko achieved high rank in several Polish chapter-houses and eventually became archdeacon of the metropolitan chapter-house in Gniezno. For his eventual political career, his appointment late in 1366 as Vice-Chancellor in the royal chancery of Casimir the Great was of great importance. There he was at the side of the Chancellor Janusz Suchywilk. In this way Janko entered the circle of the closest advisors of King Casimir in the last years of the monarch's life. In this circle there were at that point two political polices. The first of these was the traditional orientation, commonly described as pro-Angevin. This was consistent with the previous line of policy followed by Casimir the Great from the moment of his accession to the throne in 1333. It was the line of his father Władysław Łokietek which had been sealed by the marriage in 1320 of his daughter Elizabeth (Casimir's sister) to Charles Robert of Anjou, King of Hungary and the father of Louis the Great. Beginning in 1335 a series of succession agreements had established that the Hungarian Angevins would succeed to the throne of Poland through the male line, in the case that Casimir the Great did not leave a male heir.

Many of the royal advisors it appears had, however, a different and new policy line. It may conveniently be described as an effort to strike a balance between the Angevins and the Luxemburg family. In practice, it sought to a great degree support from the Emperor Charles IV. Royal Chancellor Janusz Suchywilk and Vice-Chancellor Janko of Czarnków, among others, were explicit representatives of this line of policy. They connected this program with the person of Duke Casimir (1351-1377), the son of Duke Bogusław V of Szczecin and of Elizabeth, the daughter of Casimir the Great of Poland.[4] Duke Casimir, known more commonly as Kaźko, had been raised from childhood at the court of the King of Poland. He had also spent time at the courts of Buda and in Prague, where his sister Elizabeth had since 1363 been the wife of Emperor Charles IV. In 1368 (perhaps as early as 1364, or even 1360, in the opinion of some historians), Casimir the Great had adopted his favorite grandson. He endowed him with important lands in Poland; and, most importantly, he made him the successor to the Polish throne after Louis the Great, expressly giving him in this respect precedence over the daughters of Louis.

The position of Duke Casimir in Poland was very forcefully strengthened in the last weeks of the life of Casimir the Great. On 3 November 1370, only two days before his death on 5 November in the royal castle at Cracow, the already seriously ill King of Poland significantly expanded his grant to his adopted son. He gave him more or less a quarter of the kingdom: the territories of Łęczyca, Sieradz, Dobrzyń, and important cities such as Bydgoszcz, Wielatów, and Wałcz. One should not exclude the possibility that this strengthening of the position of the young Casimir vis-à-vis King Louis was connected with Casimir the Great's rapprochement with Charles IV. In May 1370 Charles had succeeded in obtaining the support of Bogusław V, the father of our young Casimir. This was related to the question of the succession in Brandenburg. In all of this, Casimir the Great had probably played a significant role.

Louis the Great, who arrived in the capital Cracow a few days after the death of Casimir and who was crowned king of Poland on 17 November, sharply limited the grant to Duke Casimir upon the advice of his remaining Polish advisors. Casimir quickly accepted this and did feudal homage to the new King. The faction around Chancellor Janusz and Vice-Chancellor Janko remained—from all appearances—strong, and did not abandon its goal. Janko even undertook further hazardous steps, though it is not clear whether he did this on his own initiative or in agreement with other radical opponents of the new king. What he did was to steal the royal insignia from the tomb of the dead king, Casimir the Great. There may have been some thought of using them for the coronation of a new king other than Louis. The insignia were eventually returned to the tomb, but a great scandal broke out. In the presence of the Queen-mother Elizabeth, who held regental power in the country on behalf of her son, Janko was officially accused of complicity by two future bishops, Zawisza of Kurozwęki and Nicholas of Kórnik. Ultimately, he was removed from the Vice-Chancellorship (at the latest in March 1377). His place was taken by Zawisza himself, who had gradually pushed his way to the head of the party in Poland that was loyal to the Angevins. The extensive and very negative characterization of Zawisza and Nicholas which Janko included in his chronicle after their death constitute the author's revenge upon his enemies.[5] The very matter of the crime of Janko was undoubtedly understood differently in its broader political context, but this matter is not clear even today. From this consideration surely stemmed the reticence of the Bishop of Cracow and the Archbishop of Gniezno to bring Janko to trial and impose ecclesiastical penalties upon him, despite the insistance of Queen Elizabeth. It was not until June 1372 that a court of royal commissioners gathered in Poznań found Janko guity of a crime against the monarchy (though Janko was said to have admitted this earlier to the Queen: "ipsa domina regina huius modi crimen indagante"). He was sentenced to have his goods and properties confiscated and to be banished.[6] Despite the protection of the archbishop, Janko felt himself compelled to leave Poland for a time. He went, significantly, to lands that were subject to Charles IV, i.e., to Wrocław and Prague, later to the Bishop of Lubusz (Lebus). It may be, as far as the matter of him enjoying the usufrucht of his ecclesiastical benefices, that Janko's situation was not normalized until 1374/1375, when Chancellor Janusz Suchywillk (who was politically close to him, but was much more cautious) moved from the Chancellorship to become Archbishop of Gniezno. At any rate, after the beginning of 1375 Janko is mentioned again in documents as the Archdeacon of Gniezno. He remained in this position until the end of his life (he died most probably in 1386 or early in 1387), active in ecclesiastical affairs, gathering historical materials, and writing his chronicle.

The work of Janko of Czarnków, called his *Chronicle,* treats the events from spring 1370 to 1384 in 113 short chapters.[7] The first section (chapters 4 through 17) stands apart from the whole as a description of his own Vice-Chancellorship and an elaboration on the questions facing the kingdom between September 1370 (the time of Casimir the Great's hunting accident and the unusual medical complications which followed) and the spring of 1371. The text was written most probably a few years after the events it describes, i.e., prior to 1377. The years 1371 to 1380 are described in a relatively random fashion. The narrative of the author concentrates on individuals or on events that are recognized as being especially important. However, for the years 1381 to 1384, which take up more or less a half of the whole text (chapters 47 to 116), we find a detailed description of events, concentrated expressly upon Great Poland. It was there that the strong opposition to the Angevins, which was present throughout the whole period, was turned, especially after the death of Louis, into an actual civil war. Janko's work takes on the character of a diary, written at the end nearly day by day. It is colorful and vivid. From time to time the author moves backward in time to preceding events, as for example, in describing his own vicissitudes connected with the loss of the Vice-Chancellorship. These are described only after the death in 1382, of his enemies, Bishops Zawisza of Kurozwęki and Nicholas of Kórnik.

King Louis himself is clearly the central figure in the first part of Janko of Czarnków's work, which is concentrated above all upon the king's arrival and stay in Poland in November and December 1370. Later on the king or the queen-mother are often mentioned and their presence is always felt, but no separate chapter is devoted especially to them. Only the death of Elizabeth in 1380, and of Louis in 1382, are taken as an occasion to characterize both figures and evaluate them. This evaluation stands out with singular clarity in the whole work. It is clearly negative for the king, and even more so for Queen Elizabeth; it is particularly bad for the advisors and associates who surround them. Janko's hostility to the Angevin succession is reflected as early as his description of this succession which came about as a result of the agreement between the "very wise" Charles Robert (he writes sarcastically) and Casimir. Even though Casimir is otherwise so highly esteemed by our author, he is seen here, to put it plainly, as falling prey to the cunning of the Hungarian king. Charles Robert was able to gain the support of both Casimir's own sister Elizabeth and his own advisors, whom the Angevin tried efficiently to bribe outright. Janko even mentions two of them explicitly.[8] According to Janko, three conditions, solemnly confirmed, enabled Louis to obtain the throne in Poland: (1) responsibility for protecting the borders of the kingdom, with a special obligation to recover Pomorze (Gdańsk Pomorze had been conquered by the Knights of the Teutonic Order in 1308, with war and legal suits pursued over the matter until the Peace of Kalisz in 1343); (2) a commitment not to appoint any foreigners to office in Poland; and (3) a promise not to levy any new taxes. In Janko's eyes, writing in the 1370s, these obligations constituted the basis for criticism of the king, since, in his judgment, Lous had not fulfilled a single one of them.[9]

Among the charges that Janko levies against Louis for his conduct in November and December 1370, i.e., after his assumption of power in Poland, the reversal of the bequest of the dead king for Duke Casimir was the most important issue. Janko raises the possibility in this regard that King Louis did this unwillingly and only under pressure. It was brought by the Hungarian faction of those great magnates who regarded themselves as having been the chief advisors of Casimir the Great.[10] In the dispute over the place of coronation (between Cracow–the place where Władysław Łokietek had been crowned in 1320 and, after him, Casimir–and the metropolitan see of Gniezno, which was recommended by those from Great Poland), the king decided the matter in favor of Cracow, to the clear displeasure of our chronicler. In addition, again following the advice of the Cracow magnates, when the King visited Gniezno, he did not even want to enter the cathedral in his coronation robes, let alone deposit his coronation insignia in the cathedral, as the nobility of Great Poland demanded.[11] The worst thing of all, however, was that "having settled nothing in the Polish Kingdom, the King. . . returned to his own country."[12]

In the black portrait of the times of Louis which Janko of Czarnków paints for us, the constant absence of the king from Poland is a particulary important issue. When he did occasionally visit for a short time, Janko sarcastically implied he might even accomplish something good, for example the conquest of the important castle of Bełz in Lithuania.[13] Among the decision made from afar which merit Janko's praise, there was the foundation, with King Louis' participation, of the Archbishopric of Halicz and the establishment of three bishoprics in Ruthenia.[14] On the other hand, Louis' interference in the election of bishops by the chapter clergy in Poland is viewed negatively. The forceful resignation of the candidates elected unanimously in the spring of 1382 by the local chapters in Gniezno and Poznań evokes the particular indignation of the chronicler.[15] In spite of this, he does note loyally the justification which Louis might have had, namely his not unreasonable fear of the connection which the newly elected archbishop had to the Piast Duke Siemowit of Mazovia, who was at that point politically hostile toward the king.[16]

In Poland itself, Angevin administration was, with only short interruption, carried out by Queen-mother Elizabeth to her death in 1380. Janko cannot find a single good word to say about her. Thus he writes above all that she removed the former advisors of Casimir. (He particularly had himself in mind.) He notes also that she surrounded herself instead with people who were not serious, who did not pursue the general interests of the state.[17] In the eyes of Janko, Zawisza of Kurozwęki, whom Elizabeth and Louis had so elevated and whom they trusted to the end, was the very embodiment of this kind of bad advisor. Neither was Janko pleased by the frequent changes made in officials at the royal court or among the starosts. There was no one to whom to appeal; the queen referred matters to her son, who in turn sent them back to his mother.[18] Even if someone obtained at great cost a document on matters which pertained to him from the royal chancery in Hungary, the starosts on the spot in Poland did not want to recognize these documents at all.[19] Elizabeth's clear disregard of certain dangers resulted, in Janko's opinion, in the terrible invasion of the Lithuanians, who reached all the way to Tarnów; this attack was seen as an illustration of the curse of the prophet: "A woman has taken away the rule and now reigns over my people." (Isaiah, 3:12)[20] Elizabeth expressed her faint-heartedness during the struggles between Hungarians and Poles, which were ended by the dreadful massacre of the Hungarians in Cracow. At that time, "very distressed by this massacre of her Hungarians, the queen fled from the throne, forgetting about loud and joyful dances, and hid herself, weeping and moaning in fear in the cellar, in the hope thereby that the rest of the Hungarians would not be killed."[21] One of the fragments of Janko's narrative even seems to suggest that Elizabeth managed to overcome the opposition of Louis, prevailing over her son by sharp words. She persuaded him to give her control again of the Polish kingdom and its income. Louis even received some praise for this from the chronicler: "At this time the wise king, who in accord with the commandments of God respected and loved his parents, once again entrusted to his mother the government in Poland."[22]

The general evaluation of the government of Louis is thus decidedly negative. Janko writes about Elizabeth, that "her reign in the Kingdom of Poland was characterized by great plunder, pillage, and banditry . . . ;" and he illustrates this with examples.[23] After Louis' death, he comments, "at the time of King Louis there was no stability in the kingdom of Poland, neither was there any justice. The starosts and their burgraves continually pillaged the property of the poor people . . . . Stealing from merchants and others on the public roads as well as robberies took took place without stop. The starosts, who cared only for their own profits, did nothing to restrain this; indeed they did not even want to restrain it . . . ."[24] Along with all of this, Janko also recognizes that the king was successful in obtaining the succession of one of his daughters to the Polish throne, though at the price of freeing the nobility from taxes. The clergy raised much greater resistance on this issue. Our prelate writes about these matters with a certain melancholy, remarking characteristically that this is "a humiliating thing in itself that women should rule over them [i.e., the Poles]."[25]

In the final analysis, the attitude of Janko (and undoubtedly of the whole segment of the community for which his chronicle spoke) was clearly based in a fear of the king as a foreigner, one who did not belong to that "line of Polish kings" who had been the natural lords of the land. The change which came about in 1370 affected not only individuals, but the dynastic line itself. The line of the Piasts had ended, a line around which had clustered the whole history of Poland, beginning with the legendary ruler Piast. Janko of Czarnków wrote in the following way about the sorrow and the fear of the inhabitants of the country after the death of Casimir the Great: "For among other evil results, they were also afraid that–before there would be any God's will a king in Poland from the line of Polish kings–the foreigner who had been elevated to the kingship would act according to the customs of his country and would seek to change the customs and practices of the Poles. He would elevate his relatives, unknown in this place, above the people in this country, and would, thereby, do away with the rights and freedoms of Poles. This would call down upon him hatred and would equally sow mutual discord. Those, however, who had the right to the throne would seek to recover the heritage of their forefathers. From all of this and from other things which were related, the end result would without doubt be the loss of the kingdom, which only God in His mercy might cause to be averted."[26] To its very end, the whole work of Janko is saturated by this tone of calamity and of an ill-fortune both expected and being realized.

Ranking among these calamities was the additional factor that in the final analysis the opposition to Louis could not put forth an alternative candidate who would be of better quality. Casimir, the adopted son of Casimir the Great, disappointed their hopes quickly; he was reconciled with Louis and then finally died in the winter of 1376/1377 while he was in royal service doing battle with Władysław the White, who had actually taken up arms against Louis. In the characterization of Casimir, which Janko gives, one can see clearly that he was a lavish and thoughtless individual; he frivolously gave everything away and was, in the final analysis, incapable of systematic effort or of understanding the consequences of a specific line of policy. Casimir was not, after all, a member of the Piast dynasty; he had Piast blood (as did Louis), but it come through the maternal line. It was only because of the adoption that he could be considered a Piast.[27] From the Kujavian line of the Piasts, which was the closest to the family of Władysław Łokietek and Casimir the Great, only Duke Władysław the White was still living in 1370 when Casimir the Great died. But he was a monk who, after various vicissitudes in life, was living in Dijon, in Burgundy. Władysław tried several times, after he left the monastery, to force a battle with Louis in Great Poland and Kujavia, where he had a certain base of support. Beyond increasing the anarchy in Great Poland, which was already seething, Władysław accomplished nothing. He was content eventually to accept the financial compensation which Louis paid him in 1379.[28] The most numerous representatives of the Piast line were found in Silesia, but Janko explicitly excluded them from consideration for the Polish throne. He wrote this with deep sorrow and emotion, testifying how close to him Polish Silesia was. But in his view the Piast rulers there had committed treason by recognizing the feudal overlordship of the King of Bohemia.[29] As is well known, one of these Piast dukes from Silesia, Władysław of Opole (in Hungary known as Oppelni László), served Louis and Elizabeth faithfully and played an important role in accomplishing Angevin policy in Poland. For a short time, he was even appointed to replace Queen Elizabeth as administrator of the kingdom in the name of Louis. The opposition against him came mainly from Great Poland. It was very strong, and he was not at any time recognized in Poland as "their duke."[30] The only remaining members of the Piast line in Poland were those in Mazovia who were in fact independent of Louis. For that reason, near the end of Louis' reign there was much made of Mazovian claims, and there were concrete actions taken on behalf of Duke Siemowit after the death in 1381, of his father, also named Siemowit.[31] In the interregnum following the death of Louis in 1382, the question of calling Siemowit IV to the throne of Poland and of his marriage to one of the daughters of the deceased king was one of the central problems of the whole succession crisis. Janko of Czarnków was far from enthusiastic about either of the Mazovian Siemowits, and there is no evidence that he saw in them serious candidates for the Polish throne.[32]

There can be no doubt that the general picture which Janko of Czarnków gives us of the reign of Louis should not be regarded as an accurate picture. As always, the matter requires a comprehensive critique and a careful examination of its true worth. At the same time all the limitations and the conditions affecting the chronicle must be taken into consideration. But everyone who works on the period of Louis in Poland must have recourse to this chronicle at every step and on ever occasion take seriously what this intelligent and keenly observant witness, who was so deeply engaged in his times, tells us. This is true in spite of his biases, so obvious and understandable.

Critical historiography has been interested for more than a century in the era under discussion here, and in the work of Janko. It is possible to distinguish two principal tendencies that have been clearly evident right up to the present. One tendency, which may be called the Pessimistic Tradition, is close to the perspective of Janko. As early as the nineteenth century, it was clearly expressed by Jakub Caro in his ground-breaking work devoted to the history of Poland in the years 1300 to 1386 (published in 1863).[33] At this time the exponent of a more optimistic evaluation of the appraisal of Louis' rule was Józef Szujski, who not long after came to be regarded as the leading historian of the famous Cracow School of historical writing.[34] Not until the first half of the twentieth century, however, was there work of crucial significance in Polish research into Polish-Hungarian relations in the fourteenth century. This was the contribution of Jan Dąbrowski (1890-1965). A first-rate knowledge of the sources and of Hungarian historical literature enabled Dąbrowski to present a detailed picture of Louis the Great and Elizabeth. This he did within a much broader context than had heretofore been acheived.[35] Studies on the political conditions in Poland in the reigns of Casimir the Great and of Louis, led Dąbrowski to a very critical evaluation of both the political activities of Janko of Czarnków and of the judgments which Janko had articulated. In a synthetic work on medieval Polish historiography which Dąbrowski wrote late in his life, he commented about Janko's chronicle, "it has . . . all the traits of a memoir written immediately after the events: freshness, fullness of detail, straightforwardness of narrative. It makes no pretense, however, at objectivity. Janko is explicitly partisan, and he does not hesitate at painting his political opponents in black colors. He does not portrary them in favorable light nor grant them any favorable deeds. He magnifies their mistakes and passes over their merit in silence. In relation to his own affairs he has no scruples, even passing over the truth in silence, changing facts, lying. He mentions not a word about the fundamental reason for his disaster, passes over the court judgment against him in silence, he speaks only about the queen's arbitrariness. In connection with all of this–i.e., what he says not only about himself but also about his political opponents, and even about people who did not support him in everything—one must accept him very critically and carefully."[36]

In contrast to Janko's own views, Dąbrowski is inclined to evaluate very positively the behavior of the magnates of Little Poland, who constituted the mainstay of the pro-Angevin, Hungarian party in Poland. Actually he sees in them, particularly with Zawisza of Kurozwęki at their head, the best basis for continuing, as he emphasizes many times, the stable political policy of Casimir the Great. On the other hand the opposition from Great Poland continued the same policy of opposition to Casimir as they had already done.[37] Dąbrowski does not deny that Louis the Great was pursuing a dynastic goal in Poland. He reserved the country for his daughters, of whom the oldest—Catherine—was born in the same year 1370 in which he assumed the Polish throne.[38] The realization of this dynastic plan required, however, great skill and the selection of proper advisors. Louis managed to do this brilliantly. For the advisors, the magnates of Little Poland who were from the beginning called to participate actively with Louis and Elizabeth, all of this was an excellent school of political thought and action; it was moreover one which continued the school of Casimir. For Dąbrowski, these magnates were "the only political element in Poland at that time which was conscious of his [i.e., Louis'] aims; they were capable of positive action, knowing him to act firmly and energetically."[39] Along with the king they had to struggle to maintain the unity of the kingdom. This had been achieved with much difficulty by Casimir, but was now threatened by centrifugal tendencies. These were, in a nutshell for Dąbrowski, represented by the effort to create a great duchy for Duke Casimir in 1370. The greatest success in the years after 1370 was for Dąbrowski the fact that "the edifice of Casimir the Great, even though it cracked here and there, did not break up into fragments."[40] As a whole, "the times of Louis in Poland . . . were . . . better than they are generally judged when one relies upon the complaints and bitterness in the Great Poland sources . . . . The rest of Poland, and it was the greater part, had no cause for complaints."[41] The significance of these times lay above all in what they laid the foundations for. This was that in "the minds of the supporting cast in Little Poland ideas were born that were realized peacefully but energetically. During this period they helped double the strength and the might of Poland and gave her a place among the great powers. They opened the gates to the east and hung the stigma of defeat upon the Knights of the Teutonic Order." The reference here is clearly to the marriage realized in Cracow of Louis' daughter, the blessed Queen Jadwiga, to Prince Władysław Jagiełło. Connected with this was the Polish-Lithuanian Union in 1386/1387, which changed the face of the map in East Central Europe. For Dąbrowski, the "magnates of Cracow matured these plans during the long years of pacts and agreements which characterize Angevin rule. It is therefore from this point of view that one must evaluate the era of Louis' reign in Poland."[42]

The position taken by Professor Jan Dąbrowski and the whole of his historical school which was connected with Cracow, exercised a very important influence in Polish historiography. At the same time it evoked a counter-current of interpretation which remains lively to our own day. The sharpest opposition to Dąbrowski came in a characteristic manner from his contemporary, Oskar Halecki, the famous historian of the Polish-Lithuanian union. He accused Dąbrowski of having a too one-sided pro-Angevin perspective for both Casimir's times and Louis' era.[43] For Halecki, the rapprochement of Casimir the Great with Charles IV near the end of his life was important, as was the corresponding drawing away by the great ruler and statesman from Poland's too one-sided reliance in the future upon the Hungarian connection. The last will and testament of the king and the establishment of the Duchy for his adopted son, Duke Casimir, were thus not some incidental episode, some attempt at forcing something on a mortally ill ruler. Rather it was an act that was consistent with his astute policy. Its rightful continuators in Poland were, above all, those who had been the intimate co-workers of the dead king. These included Archbishop Jarosław Bogoria Skotnicki, Bishop Florian Mokrski of Cracow, and Chancellor Janusz Suchywilk, who in 1374, became Archbishop of Gniezno. They constituted what Dąbrowski termed the "so-called" party of Legitimists, recognizing Louis' right of succession very narrowly and not extending it in any event to his daughter. Halecki notes "that which was regarded by contemporary Polish society at its best and wisest group coalesced into what the author [i.e., Dąbrowski] called the Legitimist party," with a clearly ecclesiastical character. Dąbrowski notwithstanding, Halecki expressly links Janko of Czarnków with these people and this party. He vigorously defends him against reproaches and indictments. There is certainly no one among Polish historians who held

Janko and his chronicle in better esteem than Halecki. He writes of "the profound patriotic intent which permeates the whole of Janko's chronicle." About the author personally he does not hesitate to write that, "in spite of everything he remains one of the most positive figures of these stormy times, one of the brightest intellects and most exceptional characters which Poland produced in the fourteenth century."[44]

In our own generation we must return to this great debate which had enlivened the last several score years, taking into account–obviously–the whole historiographical corpus which has touched Poland and East Central Europe in the meantime. The point of departure must be the work which we call the *Chronicle* of Janko of Czarnków. A full, critical edition of this has been a publication that has been needed for a long time.[45] Progress in research on the totality of the eventual historical corpus of Janko is also of fundamental importance, as is a better understanding of his views and of his accomplishments, partisan as he may have been. The results of research into the historiographical and historical traditions of Great Poland, especially those produced by B. Kürbisówna, constitute a stimulus to and incentive for further work on Janko, who was especially associated with these very traditions.[46] Work being carried on at the present in Poland on political and ecclesiastical elites should provide significant help for obtaining a more precise grasp on the whole play of forces evident in and bound up with the work of Janko. Important progress has been made on Polish society, its various social strata, its self-consciousness, and its vitality; these tendencies obviously have a fundamental importance for the whole of our problem.[47] In a broader context, the problems connected with the work of Janko and the period of Angevin rule in Poland–which would have to extend at least to the marriage of Jadwiga (1387) if not even until her death (1399)–are directly tied to the history of East Central Europe broadly conceived. This is the Europe of the Kingdom of Poland, Bohemia, and Hungary at their fullest extent; the Europe of the state of the Teutonic Knights; and the Europe of the Grand Duchy of Lithuania.[48] The perspective of comparative research in this very context, the perspective of close international cooperation and discussion, also seems to be absolutely indispensable there both for a better understanding of the complex source itself and for all about which the source speaks.

NOTES

1. I cite J. Dąbrowski, *Ostatnie lata Ludwika Wielkiego, 1370-1382* [The Last Years of Louis the Great, 1370-1382] (Cracow, 1918), p. 404.

2. The basic edition up to now remains that by J. Szlachtowski in *Monumenta Poloniae Historica,* (Lwów, 1872), II, pp. 601-756 (hereafter cited as *MPH*). See, however, the comment below in note 45. For the general context of Polish history in the fourteenth century in English, see especially A. Gieysztor, et al., *History of Poland* (Warsaw, 1967). For more specific matters, see especially the works of Dąbrowski cited below in note 35.

3. The following recent works in particular discuss and review the literature and results of previous research: B. Kürbisówna, *Dziejopisarstwo wielkopolski XIII i XIV wieku* [Historiography in Great Poland in the XIII and XIVth Centuries] (Waraaw, 1959), pp. 20-22; J. Sieradzki, "Janko z Czarnkowo i jego utwór," ["Janko of Czarnków and His Work"] in his *Polska wieku XIV* [Poland in the XIVth Century] (Warsaw, 1959); J. Dąbrowski, *Dawne dziejopisarstwo polskie (do roku 1480)* [Early Polish Historiograph (to 1480)] (Wrocław, 1964), pp. 140-163. Of works in languages other than Polish, the following should be mentioned in particular: J. Dąbrowski, "Czarnkovi János ügye" ["The Case of Janko of Czarnkowo"], *Századok,* 51 (1917), 356-365; J. Dąbrowski, "Jean de Czarnków et sa chronique," *Bulletin International de l'Académie Polonaise des Sciences et des Lettres, Cl. Philologie. A. d'Histoire et de Philosophie* nr. 7-10, (1928), pp. 101-112; and Pierre David, *Les sources de l'histoire de Pologne à l'époque des Piastes (963-1386)* (Paris, 1934).

4. J. Mitkowski, "Kazimierz V (IV), Kaźko" ["Casimir V (IV), called Kaźko"] in *Polski Słownik Biograficzny* [Polish Biographical Dictionary] (Cracow [later, also Warsaw and Wrocław], 1935–), XII, 281-282. Cf. in Janko the laudatory chapter for Emperor Charles IV after his death; *MPH,* II, 685-688.

5. *MPH,* II, 701-714. See also J. Krzyżaniakowa, "Mikołaj z Kórnika" ["Nicholas of Kórnik"] in *Polski Słownik Biograficzny,* XXI, 117; and A. Strzelecka, "Kurozwęcki Zawisza" ["Zawisza of Kurozwęki] ibid., XVI, 277-278.

6. The previously unknown sentence and judgment were published by A. Pór in *Erdélyi Múzeum* (1904), p. 282.

7. This analysis of the chronicle follows M. Kętrzyński, "O rocznikach polskich" ["Concerning Polish Chronicles"] *Rozprawy Akademii Umiejętności: wydział historyczno-filozoficzny,* 34 (Cracow, 1898), 185-190; and Dąbrowski, *Dawne dziejopisarstwo,* pp. 154-160. It is now known that the chapters designated 1-3 in the edition by Szlachtowski in *MPH,* II, 619-631, are derived from another work and were not even written by Janko. As far as the footnote apparatus is concerned, one may sometimes find helpful the Polish translation *Kronika Jana z Czarnkówa* [The Chronicle of Janko of Czarnków] translated and edited by J. Zerbiłło (the pseudonym of J. Labuński) (Warsaw, 1905), which cites other sources. [In his Polish text, Professor Kłoczowski used this translation, citing the Latin edition of the chronicle in the notes and, occasionally, in the text. Translator's note.]

8. *MPH,* II, 637-638: "rex Karolus praefatus natione Gallicus et sapientissimus . . . priusquam gentem armatam sibi in subsidium dare permitteret, requisivit, quid muneris aut praemii exinde sperare deberet Rex Kazimirus suorum fidelium, ut credebat consilio circumventus, obtulit Karolo regi Ungariae praedicto, quod in casu ubi filium non haberet . . . filio suo primogentio Lodvico nomine regnum suum Poloniae veluti nepoti suo carissimo vellet assignare . . . . Sicque Karolus spe promissae mercedis exharratus, supremis ipsius Kazimiri regis, videlicet Sbisconi praeposito et Spitconi castellano Cracoviensibus, quorum consilio. Kazimirus rex protunc juvenis regebatur, donaria multa extulit, castra et possessiones concessit et singulis annis certa stipendia ministravit, ut regi Kazimiro suaderent, ne a coepto negotio desisteret, sed Lodvicum filium ipsius sibi in successorem regni deputare . . . . Rex autem Kazimirus tam suorum consiliariorum suasionibus, quam regis praefati et suae sororis promissionibus animum acclinans praefatum Lodvicum sibi in successorem elegit atque constituit haeredem . . . ." Angevin policy toward Casimir the Great is analyzed in detail by Dąbrowski, *Ostatnie lat Ludwika Wielkiego,* in chapter V of that work, pp. 78-170. Zbyszko and Spytko, who are mentioned in Janko's text, belonged to the Leliwita family from Tarnów and Melsztyń. This clan had tremendous success in this whole period, demonstrateing throughout the era fidelity to the line of Angevin succession. Janko's judgments most probably echo contemporary court envies; see the fundamental monograph of W. Dworzaczek, *Lewiwici Tarnowscy* [The Leliwita Family of Tarnów] (Warsaw, 1971), pp. 72ff. and the index.

9. *MPH,* II, 638. Casimir established Louis as his heir "certis pactionibus juramento et litteris praemunitis roboratis, in quibus pactis tres conditiones praecipue inter caeteras habebantur." Dąbrowski, *Ostantnie lata,* can not identify these three conditions in the acts of the Polish-Hungarian agreement, which are known to us only in fragmentary form. J. Sieradzki, *Polska wieku XIX,* p. 45, accepts them as authentic, for, as he says about Janko, "we read about them twice in a first-rate writer who was familiar with the mysteries of the chancery and royal policy."

10. *MPH,* II, p. 641: "Et haec fuit prima variatio in novitate nobilissimi regis Lodvici, quod tamen invitus et verius creditur fecisse. Nam quidam magnates et quasi primi in consilio regis mortui, parti Ungarorum multum faventes, aestimabant . . . ."

11. *MPH,* II, 644: ". . . quod postea Gneznam veniens dissuadentibus Cracovitis minime adimplevit, sed inde festine recedens . . . ." For the different understandings of the act of coronation in Poland and in Hungary and for the related issue of Louis's removal of the coronation insignia to Hungayr, see Dąbrowski, "Koronacje andegawenskie w Polsce" ["The Angevin Coronations in Poland"] in *Studia historyczne ku czci Stanisława Kutrzeby* [Historical Studies in Honor of Stanisław Kutrzeba] (Cracow, 1938), II, pp. 139-158.

12. *MPH,* II, 649: ". . . et sic regnum Poloniae in nullo stabiliens ad propria . . . remeavit."

13. *MPH,* II, 678.

14. *MPH,* II, 664. ". . . cooperante rege . . . dominus Gregorius papa XI erexit . . . ."

15. Concerning the aforementioned Zawisza of Kurozwęki who was elevated to the bishopric of Cracow in 1380 "domino rege et genitrice sua volentibus et ordinantibus," Janko writes the following: ". . . praefato Zawissa cum patre et suis propinquis instante, praefatus dominus rex cum sua genitrice super primo episcopatu, quem vacare in Poloniae regno contingeret, sibi donando, litteras, eorum appensis sigillis communitas, concessit." (*MPH,* II, 710). On the elections in Gniezno and Poznań in 1382 see *MPH,* II, 714, 716, 717, along with an account of the reaction and the successful opposition of the king toward both of the elected "in confusionem gentis polonicae et in malum statum ac desolationem regni . . . ." (*MPH,* II, 717).

16. Janko writes that the king was told about the agreement between

the Archbishop-elect Dobrogost and the duke: "...quia moriente rege, ipse ut archiepiscopus ducem eundem in regem Poloniae coronare debet" (*MPH,* II, 718). See S. Trojanowski, "Dobrogost z Nowegodworu, zmarły 1402" ["Dobrogost of Nowogodwór, died 1402"] in *Polski Słownik Biograficzny,* V, 245-246. Archbishop Bodzęta (Bodzanta), who had been appointed by Louis and named by the pope, died in 1388; up to that point, he had been a just and energetic administrator of royal properties in Little Poland. On him, see S. Trojanowski in *Polski Słownik Biograficzny,* II, 182-183.

17. *MPH,* II, 649: "...In ipsiusque absentia dilecta genitrice sua, nomine Elizabeth, Ungariae regina, regnum Poloniae gubernante, pejora fiebant quam antea, quia nulla stabilitas seu constantia in ipso regno viguit seu viget ad praesens....Hoc enim primum inconstantiae principium demonstravit, quod omnes consiliarios principales, quorum consilio mediante Kazimirus rex felicissimus frater reginae praedictae jam defunctus, omnia regni negotia salubriter disponendo dirigebat, a se successive non sine festinatione alienabat, alios vero apud fratrem suum praedictum nullius reputationis in consilio habuit, in suos consiliarios assumendo; qui non ut communis regni exposcebat utilitas, sed prout eorum dementiae poposcebat cupiditas, eidem consulebant...."

18. Janko repeats this two times: *MPH,* II, 649 and 690: "nam ea, quae differre voluit, ad filium suum dominium Lodvicum regem remisit, et dominus rex viceversa ad matrem remittebat."

19. *MPH,* II, 721: "...et cum aliqui, bonis suis obligatis, versus Ungariam ivissent, regi quaerelas deponentes, rex ipsos cum litteris suis, pro quibus magnas pecunias in cancellaria dare cogebantur, ad propria remittebat, sed ipsas capitanei minime advertentes, ipsos ut in antea majoribus gravaminibus affigebant.

20. *MPH,* II, 674. According to Janko, Elizabeth was said to have reacted in the following way to the advice of those who counseled caution in the face of the Lithuanian invasion which threatened in 1376: "Ipsa vero non credens, sed de potentia filii praesumens, dixit: 'filium suum manum fortissimam et longam habere, cujus potentiae fortitudinem Litwani formidantes nihil contra ipsum praesumpserunt seu praesument'."

21. The point being alluded to is the massacre on 7 December 1376 in which, according to Janko, some 160 Hungarians were killed. The cause of this was the murder of starost Jaśko Kmita, of which the Hungarians were suspected; see *MPH,* II, 675-676.

22. *MPH,* II, 674. According to Janko, Elizabeth, who had already resigned the administration of Poland in 1375 and returned to Hungary, then anew in 1376 "regnum Poloniae a filio suo Ungariae rege (ut) sibi resignaret cum instantia petebat, reditus multorum milium, sibi in regno Dalmatiae per filium loco redituum regni Poloniae sibi assignatorum parvi pendens. Et quia dominus rex Lodvicus praefatus ejusdem voluntati subito acquiescere distulit, ipsa nimium provocata filio suo serenissimo quaedam impetuosa opprobria dicere non expavit. Sicque rex prudentissimus, qui parentibus suis honorem, juxta praeceptum divinum, affectuose impendere studebat, matri regnum Poloniae denuo commisit."

23. *MPH,* II, 690: ". . .Cujus regiminis, tempore multae depraedationes spolia et rapinae in regno Poloniae fiebant."

24. *MPH,* II, 721-722: ". . .Hujus autem regis tempore nulla stabilitas, nulla justitia in regno Poloniae habebatur. Nam per capitaneos et burgravios ipsorum rapinae continuae in bonis pauperum fiebant. . .depraedationes quoque mercatorum in stratis publicis et aliorum transeuntium et furta committebantur incessanter. Nec capitanei rapinas seu furta cohibeant, seu cohibere volebant, sed tantum propriia commodis inhyabant."

25. The reference here is to the famous pact of Kosice in 1374. This constituted the first, great definition of the privileges of the whole Polish nobility. See P. Skwarczyński, *Z badan nad przywilejami ziemskimi budzinskim i koszyckim* [Research on the Territorial Privileges of Buda and Koszyce (Košice, Kassa)] (Lublin, 1936), Janko devotes a whole chapter (number 23 in the edition in *MPH,* II, 663) to these events and concludes: "Sique litteris prioribus factis . . . . . . novae fuerunt concessae, in quibus Poloni fidelitas omagium, filiabus regis, satis pudorose, feminas sibi regnare, praestiterunt, permittentes kmethones suos duorum grossorum de quolibet manso. . .perpetuis temporibus censum soluturos. . . ." Later Janko writes about the resistance of the archbishop and the bishops, returning to this theme several other times, especially in chapter 55 (*MPH,* II, 710). On this occasion in 1381 the bishops were finally persuaded to adhere to the Košice agreement and recognize at the same time the succession of Louis's daughters. Janko pours out all his discontent with this and identifies his enemies Zawisza of Kurozwęki and Nicholas of Kórnik as being responsible: "Submissioni autem praedictae Zawisze Cracoviensis et Nicolaus Posnaniensis episcopi principaliter operam dederunt, litteras regina

tollende et suum concedendo, quos ob hoc divina ultio ut verius creditur subito plaga mortis ferire crudeliter non obmisit, prout infra patebit." At this point Janko immediately moves to a description of the death of Zawisza (an especially scandalous one in his eyes) and the death of Nicholas, both of which occurred at the beginning of 1382.

26. *MPH,* II, 648: "Nam inter caeteros pejores eventus istud evenire formidabant, ne priusquam de stirpe regum Poloniae rex in Polonia deo favente ordinaretur, alienigena in regem sublimatus, qui more suae nationis sequi cupit, Polonorum mores et consuetudines immutare anhelabit, ignotos suos patriotas regnicolis praeponere contendet, sicque jura et libertates Polonorum ad nihilum redigere conabitur, ex quibus contra se odia et rixas regnicolarum concitabit, hique, qui regno fuerant propinqui successores suis progenitoribus succedere conabuntur. Ex quibus et aliis recollectis excidium regni evenire procul dubio poterit, quod solus deus per sui clementiam avertere dignetur." Concerning the fundamental significance of the issue of "the natural ruler" for the late medieval monarchy, see the comments of B. Guenée, *L'Occident aux XIVe et XVe siècles. Les Etats* (Paris, 1971), pp. 130f., 134f., among others.

27. Janko provides a characterization of Casimir in the chapter devoted to his death on 2 January 1377 (*MPH,* II, 679), and concludes with this judgment: "Debilis corpore et licet instabilis et vehemens, tamen satis exstitit animosus et ad quaevis negotia de facili se trahi permittebat."

28. Janko devoted a good deal of spece to the attempts made by Władysław to gain control of at least a small part of Poland; see especially *MPH,* II, 654-663. Louis the Great's mother-in-law, Elizabeth of Bosnia, was the sister of Władysław the White; thus, in spite of everything else, there were close ties binding the duke to the royal court. Janko writes explicitly, for example, ". . . cui dominus rex Poloniae et junior regina Ungariae [this was what Louis's wife Elizabeth was called to distinguish her from his mother Elizabeth] sororia suae filia aliquas pecunias destinabunt." Władysław needed this money a great deal because of his travel, pilgrimages (among others, to the Holy Land), and knightly expeditions to Prussia with the Teutonic Knights. Finally, according to this narrative of Janko's, King Louis paid Władysław the White the rest of the money about 1 November 1379. This payment was based upon his claims to the Duchy of Kujavia and its capital in Gniewkow which came through his inheritance.

29. *MPH,* II, 645-646, in which as early as the description of the coronation of King Louis in Cracow, Janko notes: ". . . duces Slesiae . . . ab eodem Johanne rege Bohemiae ducatum Slesiae liberum ac dominia sua, quae nulli in aliquo astricta fuerant sed ipsi duces ipsam a nemine recognoscentes, libere possidebant, in feodum receperunt coronae Bohemicae, se et sua in obprobrium et confusionem regni Poloniae sponte submittentes. Haec autem scissio eisdem ducibus confusionem perpetuam generavit, ita quod quamdiu homagiales coronae Bohemorum existunt, nullus eorum in regem Poloniae regno vacante propter hoc eligetur, statimque duces praefati et eorum successores in mercede assidua veluti Bohemorum dominio subjecti et a successione regni Poloniae sunt penitus elongati." Light on this whole question is shed by Roman Heck, "Piastowie śląscy a Królestwo Polskie w XIV-XV wieku" ["The Silesian Piasts and the Kingdom of Poland in the XIV and XVth Centuries"] in *Piastowie w dziejach Polski* [The Piasts in Poland's History] edited by Roman Heck (Wrocław, 1975).

30. Dąbrowski, *Ostatnie lata,* pp. 41ff., has suggested that the outstanding career and rapid rise of Władysław of Opole in Hungary shortly before 1370 was a reflection of the victory of Queen-mother Elizabeth's influence over the influence of previous advisors to King Louis. In 1370 Władysław is at Louis's side in Cracow as the chief representative of the king. He received at that time the territory of Wielun as a fief. There, a few years later he was supposed to have founded in Częstochowa the Pauline monastery which had been brought from Hungary; see K. Pieradzka, *Fundacja klasztoru jasnogórskiego w Czestochowie w 1382 r. [The Foundation of the Jasnogóra Monastery in Częstochowa in 1382• (Cracow, 1939). In the years* 1372 to 1379 Władysław was the administrator of Red Ruthenia, and in 1377 he was for a short time the regent in the Kingdom of Poland. Janko of Czarnków is not ill-inclined to Władysław; he described him, for example, as "totius Russiae dux et dominus, pacis sectator, ejusdem indefessus prosecutor." (*MPH,* II, 680.) In his notice about Władysław's nomination as regent, he even admits: "de quo communitas pauperum fuit non modicum laetabunda." (*MPH,* II, 681.) Later on, however, he writes that the chief and most significant opposition against his nomination came from Great Poland: "Quem tamen proceres majoris poloniae . . . suscipere recusarunt . . . ." (*MPH,* II, 681.) R. Heck, "Piastowie śląscy," p. 82, believes that "the ambitious Opole duke undoubtedly dreamed deep within himself of a royal crown" in Poland; he

attributes his marriage to the daughter of Duke Ziemowit of Mazovia about 1379 to the same ambitious attitude. To the end of his life, however, Władysław remained loyal to Louis. We lack a modern monographic treatment of the duke; to this point, despite much research, the work of E. T. Breiter, *Władysław książę opolski, pan na Wieluniu, Dobrzyniu i Kujawach, palatyn węgierski i wielkorządce Polski i Rusi* łDuke Władysław of Opole, Lord of Wieluń, Dobrzyń, and Kujavia, Hungarian Palatine and Governor of Poland and Ruthenia] (Łwów, 1889), has not been superceded.

31. Janko gives a detailed characterization of Siemowit III, who died on 17 June 1381, in *MPH,* II, 692. Among other things, he provides a description of the tragic history of the duke's beloved wife, who was choked to death at his order after being suspected of adultery. The son born at that time was brought up at first in a poor peasant family. Only later was he recognized by the duke as his son, because he looked very much like him. He was directed into an ecclesiastical career and his advancement was supported so vigorously by his father that shortly before the death of Siemowit III there was actual military conflict in the army of the duke and the troops of the Archbishop of Gniezno. Janko judged the reign of the duke negatively, complaining about the oppression of the church by him. In addition, he remarks, "pacem tamen cum Litwanis maximam tenuit," (*MPH,* II, 694) and this would not be in Janko's eyes praise for a Christian duke. "Sed in suos terrigenas erat maxime saeviens, maximas collectas, inauditas et fere importabiles tam a nobilibus quam popularibus frequenter exigendo, magnus expensor et largus fuerat et liberalia munerum alienigenis exhibitor." (*MPH,* II, 694.) A good, concise article on his person and his role is given by S. M. Kuczyński, "Siemowit III Mazowiecki" ["Siemowit III of Mazovia"] in *Poczet królów i książąt polskich* [A Galaxy of Polish Kings and Dukes] edited by A. Garlicki (Warsaw, 1980), pp. 254-261.

32. The critical remarks of Janko with regard to Siemowit IV are in *MPH,* II, 738, 740. H. Samsonowicz, "Piastowskie Mazowsze a Królestwo Polskie w XIII-XV w." ["The Mazovian Piasts and the Kingdom of Poland in the XII thorugh XVth Centuries"] in *Piastowie w dziejach Polski,* suggests that the basis for the policy of Siemowit IV and his claim to the crown of Poland was a close alliance with the Knights of the Teutonic Order.

33. *Geschichte Polens,* II (Gotha, 1863). Largely forgotten today, the famous historian Jakub Caro was the son of a Rabbi in Gniezno. He was brought up within Germanic culture, but he retained a deep sympathy for Poland. See the entry on him by J. K. Kochanowski in *Polski Słownik Biograficzny,* III, 204-205.

34. "Ludwik Węgierski i bezkrólewie po jego śmierci" ["Louis the Hungarian and the Interregnum After His Death"] in *Dzieła Józefa Szujskiego* [The Works of Józef Szujski] Series II (Cracow, 1888), VII, 210-295. Szujski firmly believes that Casimir had no other alternative than to recognize Louis as his successor. Of the Poles around Louis, however, he writes: "the host of individuals who served him in Poland show us history painted in loathsome colors; they were lackys and blind tools. But despite this, the group of these people led Poland with uncommon deftness and wisdom through a Scylla and Charybdis full of interregna, and they brought about the memorable union with Lithuania. Morally we have a great deal to reproach them with; yet we must often marvel at their political sensibilities, their deftness, their fixity of purpose. They grew out of the tradition of Casimir the Great, and they joined their destinies and their own success with the dynastic thought of Louis. They contrast very sharply with their brothers in Great Poland, who pursued policies out of national instinct and hatred."

35. *Ostatnie lata Ludwika Wielkiego, 1370-1382* [The Last Years of Louis the Great, 1370-1382] (Cracow, 1918); "Elżbieta Łokietkówna" ["Elizabeth the Daughter of Łokietek"] *Rozprawy Akademii Umiejętności: wydział historyczno-filozoficzny,* 57 (Cracow, 1914), 302-430; a synthesis of Polish history in the fourteenth century in the cooperative work, R. Grodecki, S. Zachorowski, and J. Dąbrowski, *Dzieje Polski średniowiecznej* [A History of Medieval Poland] (Cracow, 1926), II. The whole of his achievement is reviewed in K. Stachowska, "Bibliografia prac prof. dr. Jana Dąbrowskiego za lata 1908-1960" ["A Bibliography of the Works of Professor Jan Dąbrowski in the Years 1908-1960"] *Rocznik Biblioteki PAN w Krakowie,* V (1959), 5-46; this includes 657 publications, many in Hungarian and in various other European languages. In his article on Queen Elizabeth in *Polski Słownik Biograficzny,* VI, 242-248, he provided an unusually positive evaluation of her role: "her great political qualifications and her broad range of activity in Poland and in Hungary, which included significant involvement in international affairs, made

Elizabeth one of the most illustrious figures in European politics in this epoch; she was the most glorious of the Piasts if we speak of her political role, and she was one of the most influential women ever in the field of Polish politics." (p. 246.)

36. Dąbrowski, *Dawne dziejopisarstwo polskie,* p. 160.

37. G. Labuda, in the cooperative work *Dzieje Wielkopolski* [A History of Great Poland] (Poznań, 1969), I, pp. 306-311, treats the history of the province in the fourteenth century under very revealing headings: "The Growth of Magnate Opposition and its Neutralization by Casimir the Great," and next "The Outbreak of Magnate Anarchy Under the Angevins (1370-1386)." For key internal problems among the nobility we have the excellent study by W. Moszczeńska, "Rola polityczna rycerstwa wielkopolskiego w czasie bezkrólewia po Ludwiku węgierskim" ["The Political Role of the Knights of Great Poland in the Period of the Interregnum after Louis the Hungarian"] *Przegląd Historyczny,* 25 (1925), 33-159. For the very key matter of understanding the nature of the kingdom and its unity in Poland in the fourteenth century, reflecting in great measure Hungarian influences, see Dąbrowski, "Corona Regni Poloniae au XIV s.," *Bulletin Internatinal de l'Académie Polonaise des Sciences et des Lettres. Classe de Philologie-Classe d'Histoire et de Philosphie,* No. Supplém. 7 (1953), 41-64.

38. Dąbrowski, *Ostatnie lata Ludwika Wielkiego,* p. 17.

39. *Ostatnie lata,* p. 398. In his work the author also devotes a chapter to the cities and deals with Louis's support of trade. He does not, however, see the political consequences of this fact. The essential issues for a better understanding of "the Little Poland magnates" are presented in the fundamental study of W. Dworzaczka, *Leliwici Tarnowscy,* pp. 84ff. especially. In addition to the magnates, the author identifies the Cracow patriciate as part of the Angevin party. The Leliwita family of Tarnów represented throughout the whole fourteenth century the Angevin orientation; during the era of Louis, however, the leadership of this faction was taken by the younger family of the Kurozwęki; see F. Kronnenberg, "Rola dziejowa panów z Kurozwęk w XIV w." ["The Role in History of the Lords of Kurozwęki in the XIVth Century"] *Miesięcznik Heraldyczny,* 1938–nos. 10-12, and 1939–nos. 2-5, 7-8; and the biogram of the Kurozwęki family, especially the well-known Zawisza and his father Dobiesław, in *Polski Słownik Biograficzny,* XV, 267ff. For general

background, S. Gawęda, *Możnowładztwo małopolskie XIV-XV w.* [The Magnates of Little Poland in the XIV and XVth Centuries] (Cracow, 1966), is important. The aforementioned (note 32) work of Henryk Samsonowicz suggests several points of particular importance and indicates useful avenues for the development of future research. This is particularly true with regard to the existence of the political program of the Teutonic Knights and the Mazovian dukes, which if it were a real political program, could be set over against the Little Poland program; it would attract the support of the middle class, especially from the larger cities, including those in Little Poland. The "southern concept" and the Polish-Lithuanian union which resulted from it would have in this formulation the support not only of the relatively narrow group of the political elite of Little Poland, but the majority of the dynamic elements in contemporary Poland.

40. *Ostatnie lata,* p. 399.

41. Ibid., p. 403.

42. Ibid., pp. 402, 405. The coronation of Queen Jadwiga on 15 October 1384 constitutes a particular success of the policy pursued by the magnates of Little Poland. Their next great achievement–and Polish historiography is in agreement on this point–was finding for her a husband in the person of the Grand Prince of Lithuania, Jagiełło. There is much to point to the fact that an important role in realizing this marriage was played by the representative of the Melsztyn family, Spytko. This was noted by O. Halecki, *Dzieje unii jagiellonskiej* [A History of the Jagiellonian Union] (Cracow, 1919), pp. 94-98. New arguments are added by W. Dworzaczek, *Leliwici Tarnowscy,* pp. 105-106.

43. O. Halecki, "O genezie i znaczeniu rządów andegaweńskich w Polsce" ["On the Origin and Significance of Angevin Rule in Poland"] *Kwartalnik Historyczny,* 35 (1921), 31-68.

44. Ibid., pp. 52, 54. Józef Sieradzki, *Polska wieku XIV,* adheres in great measure to Halecki's thesis. The author notes that "the anti-Luxemburg construction, whose source is in great measure the pro-Angevin orientation of J. Dąbrowski, was developed by him in his studies on Elizabeth, Łokietek's daughter, and on Louis the Hungarian, and this has been generally accepted" in Polish historiography (p. 129), because of the connections the Luxemburgers had with the enormous German expansion to the east in the fourteenth century. From this standpoint, our author pursues a polemical course in which he gives, among other things, a portrait

of Charles IV who is presented too often with praise in Poland and too exclusively as the representative of "German feudal" aggression. Sieradzki lays great weight upon the last will of Casimir the Great and does not exclude the possibility that the more radical wing of advisors to the King of Poland (including Janko of Czarnków) were thinking even of the succession of Duke Casimir instead of Louis and that Charles IV was well disposed toward such a solution. The aggressive and decisive activity of the Angevin party frustrated the realization of this plan. The victorious Hungarian party had views of its opponents which differentiated between those who were "moderates" (Chancellor Janusz Suchywilk remained in his position) and those who were "radicals" (Janko was removed). Sieradzki esteems the chronicle of Janko very highly, though he does not agree with the idealized portrait of Janko given by Halecki.

45. The original of the chronicle has unfortunately not been preserved. For his edition in *MPH,* J. Szlachtowski consulted nine fifteenth century copies, laying particular emphasis upon the so-called Ottobonian manuscript from the Vatican Library (MS 2068 in that collection). Later a new copy became known, the Lublin manuscript. On it, see W. Kętrzyński, "O rękopisie Nr 470 Biblioteki Publicznej im. H. Lopacińskiego w Lublinie" ["Manuscript No. 470 of the Lopaciński Public Library in Lublin"] *Rozprawy Akademii Umiejętności: wydział historyczno-filozoficzny,* 60 (Cracow, 1917), 40-49.

46. B. Kürbisówna, *Dziejopisarstwo wielkopolskie XIII i XIV wieku,* pp. 20-22 and 277-282 especially. According to this author, Janko's point of view is the traditional Great Poland understanding of itself as the real center of Poland. ("What is *utiliter* for Great Poland ought to be accepted in the whole country," p. 278.) His view is also that of the social stratum of the knights, as Moszczeński (above, note 37), has shown. In contrast to the earlier Polish chronicles, which were very much oriented to a particular court, Kürbisówna notes that "there is not in Janko's chronicle any evidence of this courtly outlook" (p. 281). To these very pertinent observations, I would add the comment that Janko's close affiliation with the ecclesiastical elite of Poland weighs heavily as an influence in his chronicle. This elite had its own position on many question and it possessed its own distinctive culture.

47. See the attempted syntheses of B. Zientara, "Społeczenstwo polskie XIII-XV wieku" ["Polish Society From the XIII thorugh the XVth

Century"] in I. Ihnatowicz, A. Mączak and B. Zientara, *Społeczenstwo polskie od X do XX wieku* [Polish Society From the Xth to the XXth Century] (Warsaw, 1979); and J. Kłoczowski, "Kler katolicki w Polsce średniowiecznej; problem pochodzenia i drog awansu" ["The Catholic Clergy in Medieval Poland: The Problem of Provenance and Paths of Promotion"] *Kwartalnik Historyczny,* 88, no. 4 (1981), 3-18. In a study that is both suggestive and very positive in its judgment of Louis, A. Wyrobisz, "Ludwik Węgierski" ["Louis the Hungarian"] in *Poczet królów i książąt polskich,* pp. 262-268, stresses the significance of the Angevin epoch for the cities and the nobility of Poland. It was then that their importance was greatly enhanced.

48. The most recent attempts at a synthesis with a emphasis upon the developments in the fourteenth and fifteenth centuries are J. Kłoczowski, *Europa słowiańska w XIV-XV w.* [*Slavonic Europe in the XIV and XV Centuries*] (Warsaw, in press); and Kłoczowski, *L'essor de l'Europe centrale et orientale aux XIV-XV s.* (Paris, in press [in the series *Peuples et Civilisations*]).

Adam Heymowski

8 / Les chevaliers polonais de l'époque de Louis le Grand représentés dans l'Armorial Bellenville (avec illustrations)

Les sources coloriées de l'héraldique polonaise avant l'année 1400 ne sont pas nombreuses'[1] Les historiens d'art et héraldistes polonais sont d'accord qu'il y faut compter les écus des chevaliers de la bataille de Legnica (Liegnitz) en 1241 apparaisant dans la *Légende de Sainte Hédvige,*[2] les blasons de donateurs (?) figurant sur les murs de l'ancien couvent de Cîteaux à Ląd près Konin (en Grande Pologne)[3] ainsi que la partie consacrée à la chevalerie de l'époque de Louis le Grand, roi de Hongrie (1342-82) et de Pologne (depuis 1370) incluse dans le célèbre *Armorial Gelre* de la Bibliothèque royale à Bruxelles.[4] Or, il y faut ajouter encore un monument précieux datant à peu près de la même époque que le manuscrit précédent, à savoir l'*Amorial Bellenville* de la Bibliothèque nationale à Paris.[5]

Celui-ci fut découvert et nommé d'après un de ses propriétaires de XVIe siècle[6] par le regretté P. Adam-Even, spécialiste des armoriaux médiévaux.[7] Il s'agit d'un volume possédant une reliure de veau du XVIIe siècle, contenant 74 feuilles de parchemin, numérotées, du format 13,3 x 23 cm. Cet armorial fait depuis des années l'objet des études approfondies de Léon Jéquier, ancien président de l'Académie internationale d'héraldique, qui en envisage une édition critique.[8] D'après l'avis de cet éminent savant, il y faut distinguer deux parties différentes: celle consacrée aus «marches d'armes»: royaumes, duchés et comtés, en commençant par la France (f°s 1r-54v) et celle comprenant des séries de blasons de chevaliers ayant participés à des manifestations diverses: tournois, expéditions militaires etc. (f°s 55r-72v). Léon Jéquier distingue aujourd'hui onze séries qu'il nomme «rôles occasionels.» En ce qui concerne la datation de cet armorial «universel», il est évident que ses divers fragments couvrent des périodes quelque pen différentes, ce qui nous donne pour l'ensemble de la partie consacrée aux «marches d'armes»–toujours d'après Jéquier–une fourchette 1355-1398. La partie consacrée aux rôles occasionels paraît plus compliquée et pose plusieurs problèmes d'identification.

Il n'est guère dans mon intention de présenter ici une analyse exhaustive de cette source considéré comme monument héraldique de premier ordre pour tous ceux qui se penchent sur les blasons du moyen-âge. La présence des armes polonaises (y compris les blasons de chevaliers silésiens) m'incita à m'occuper dans cette modeste étude des fragments concernant la chevalerie de l'époque de Louis le Grand. Contrairement à ce qui est le cas dans l'*Armorial Gelre, Bellenville* ne consacre aucune page au Roi de Hongrie et de Pologne et à ses vassaux ou plutôt aux chevaliers de son royaume. Les armoiries de Louis d'Anjou dit le Grand qu'on trouve sur la feuille 3v (immédiatement après le fragment relatif à la France) ne contiennent que deux quartiers: Hongrie et France, il faut donc les regarder comme datant de l'époque avant 1370, année où Louis hérita de la couronne de Pologne de son oncle, Casimir III le Grand, le dernier des Piast. Cela ne nous empèche pas d'identifier les chevaliers polonais (et silésiens) figurant dans les rôles occasionnels comme appartenant au règne de ce roi angevin polono-hongrois. Plusieurs d'entre eux sont connus grâce à leur présence dans l'*Armorial Gelre.* Il y en a cependant quelques'uns dont les armes n'apparaîssent que que dans la source parisienne, objet de cette étude. Tous ces blasons se trouvent dans les parties de l'amorial nommés par Jéquier 3ème rôle (f°s 60v-62r), 7ème rôle (62v-63r), 9ème (66v-67v), 10ème rôle (68r-70r) et 11ème rôle (70v-72v). Ajoutons y encore un seul blason figurant sur la feuille 11v (entre Écosse et Bohême) et appartenant à un chevalier polonais bien connu de l'époque, Bartosz de Wezenborg. Jusqu'à présent je n'ai pas réussi à trouver le moment (ou moments) précis où les personnages en question eurent l'occasion de se rencontrer. On voudrait bien associer leur présence sur les pages de cet armorial avec quelques tournois organisés par l'Ordre Teutonique à Marienbourg

(Malbork) en Prusse pour célébrer des expéditions militaires ou «croisades» contre les Prussiens et Lituaniens alors encore païens.[10] Malgré l'absence d'un fragment dédié au Grand Maître et à ses chevaliers on est prêt à lancer une telle hypothèse.

Je vais essayer ci-après de donner une courte présentation héraldique des armes polonaises et silésiennes en question ainsi que de les attribuer à des personnages connues de l'époque. Les écus sont parfois accompagnés des légendes permettant ou au moins facilitant l'identification. Cependent, dans plusieurs cas les inscriptions manquent. Avant de procéder à l'identification il faut peut-être rappeler que l'héraldique polonaise se distingue de l'héraldique occidentale (y compris l'héraldique tchèque) par le phénomène des blasons «de souche» (*Stammwappen*) portés souvent par un grand nombre de familles formant ainsi un «clan héraldique». Ces blasons sont connus sous leurs noms propres habitude identique avec l'ancienne *proclamatio* (ou cri de guerre) employée par le clan donné.[11] Je vais donc signaler tous les cas où apparaîssent des armes pareilles. Quant aux légendes elles sont écrites en langue méerlandaise ou flamande, ce qui confirme l'origine de ce monument héraldique remarquable. Il eut pour auteur un héraut, artiste très doué, attaché à une des cours de la région de la Bélgique actuelle.

f° 3v

1. [1] Parti de Hongrie (fascé d'argent et de gueules) et de France (d'azur à 3 fleurs de lis d'or). Cimier: une tête d'autruche au naturel becquée de gueules entre ses deux plumes issant d'une couronne d'or, couronnée de même, tenant au bec un fer de cheval aussi d'or.[12]
   Louis d'Anjou dit le Grand, roi de Hongrie (1342-82) avant son accession au trône de Pologne en 1370.[13]

f° 11v

2. [1] *h/er/ bartus:* D'or à l'aurochs (ou boeuf) passant d'argent armé de sinople.[14]
   Bartosz de Wezenborg (+ 1393), issu d'une famille connue en Silésie depuis le début due XIIIe siècle, s'étant distingué au service des ducs de Wrocław (Breslau); lui-même d'abord adhérent de Louis d'Anjou, doté par celui des biens d'Odolanów, plus tard ennemi du roi et partisan de Siemowit de Mazovie; vers la fin de sa vie nommé palatin de Poznań par Ladislas II Jagellon (1387). Il fut célèbre à cause de ses activités de

«chevalier-brigand» qu'il exerçait à partir de son château fort d'Odolanów en Grande-Pologne. On connait, par exemple, son assaut sur les chevaliers bourgignons en route vers la Prusse, entre 1378-81. Ils restèrent ses prisonniers jusqu'au moment où le Grand Maître de l'Ordre Teutonique paya la rançon demandée.[15]

f° 60 v (faisant partie du Tournois II)

3. [7] *h[er] koester:* D'argent au chef de sable.[16]
La même blason, avec cimier, figure sur les feuilles 64v et 71r (n°s 21 et 38 ci-dessous). Peut-être Jaśko (Jean) Kustra, paraîssant dans des documents des années 1374-1386 issus de la chancelerie du duc Ladislas d'Opole (Oppeln), gouverneur de Ruthénie au nom du roi Louis.[17]

4' [15] *h[er] belic* : De gueules à la croix d'or à la potence haussée sur 3 degrés de même, 2 demi-pains (ronds) appliqués à chaque traverse.[18]
Jaśko (Jean Bielik du clan héraldique silésien Kornicz, connu grâce aux documents des années 1372-1412.[19]

5. [18] *h[er] stibort:* De gueules à 2 croissants adossés d'or accompagnés en chef d'une croisette de même.[20]
Ścibor (Stibor) de Ściborzyce, originaire de Kuyavie (clan d'Ostoja ou plutôt celui de Mościc), documenté entre 1362 et 1399, palatin de Transylvanie et *comes* de Pressbourg, au service de Sigismond de Luxembourg.[21]

6. [19] *h[er] zwnnkiin:* D'or à la hure de sanglier de sable empoignée par un bras au naturel vêtu de gueules à boutons d'argent.[22]
Blason «de souche» Świnka. Le personnage possèdant cet écu pourrait être identique avec un Piotr (Pierre) Świnka de Rypin, témoin sur un document de 1384, scellé aussi par Bartosz de Wezenborg (*v. supra,* f° 11v) et Abraham Socha (*v. infra,* f° 72r).[23]

7' [20] *h[er] stroske:* De gueules au fer de dard d'argent acculé en cornière, posé en bande.[24]
Blason «de souche» Odroważ. Strasz d'Odroważ et de Białaczów, connu en 1381-1415, staroste de łęczyca, châtelain de Małogoszcz nommé par Ladislas II Jagellon.[25]

f⁰ 61r (continuation du Tournois II)

8. [1] *h[er] wir[ic] zwaef:* D'or à la chaudière (ou gibecière) de sable.[26]
Il paraît justifié d'interpreter la légende comme «le Souabe». Les mêmes armes chez Gelre sont accompagnées aussi de l'inscription: h[er] uulric swaef. Il faut donc chercher un Ulric (Truchsess de Diesenhoffen ?), originaire de Souabe, peut-être au service du roi Louis.[27]

9. [3] –: De sable à 3 écus (ou gobelets) d'argent à la fasce de gueules.[28]
Blason inconnu. Il apparaît également dans la partie polono-hongroise de l'*Armorial Gelre.*[29]

10. [4] *h[er] tessel[e]r:* De gueules au fer de dard d'argent en pal acculé en anneau interrompu vers la pointe de l'écu de même.[30]
Blason «de souche» Powała ou Ogon (plus tard Ogończyk) figurant également sur la feuille 67r (n⁰ 25 ci-dessous). Malgré la légende il est bien difficile de trouver une identification plausible.[31]

11. [9] *jan va[n] valezau:* D'or au soleil de gueules.[3]2
Jan (Jean) de Valečov, d'origine morave, bien documenté dans les sources tchèques de XIVe siècle. Il apparaît aussi parmi les chevaliers de Louis de Hongrie et de Pologne dans *l'Armorial Gelre.*[33]

12. [11] –: D'or à l'oie au naturel becquée et membrée de gueules.[34]
Personnage non identifié, peut-être un Gans de Thuringe? Le même blason (mais: de sinople à l'oie d'argent becquée et membrée de sable) se trouve dans la partie polono-hongroise de *l'Armorial Gelre.*[35]

13. [12] –: D'argent à 2 masses d'armes de sable ferrées d'argent, passées en sautoir.[36]
Personnage non identifié. Ce blason, figurant aussi chez *Gelre* (où le champ d'or) n'est guère polonaise.[37]

14. [13] *gora :* de gueules à 2 feuilles de nénuphar tigées d'argent en sautoir.[38]
Ramold Stosch de Goryń, d'une famille connue en Silésie, fait partie

de la mission polonaise auprès de Grand-Maître des chevaliers teutoniques en 1388. Selon la légende chez *Gelre: rambout goray.*[39]

15. [14] *die scaeffe:* Palé (8) d.argent et de gueules.[40]
Il s'agit des chevaliers de la famille Schaff ou Schoff floris-sante en Silésie (d'où la famille de Schaffgotsch), etablie en Grande-Pologne depuis le XIVe siècle. Chez *Gelre,* on trouve la prénom: Ulric.[41]

16. [18] *die scaeffe:* Palé (8) d'argent et de gueules.
Cf. le blason précédent.

17. [23] *bernt va[n]wilperc:* D'azur à 2 haches d'argent passées en sautoir.[42]
Le même blason, avec cimier, figure sur le feuille 69v (n^{0} 36 ci-dessous). Un Bernard de Wiltberg (Wildenberg) apparaît dans plusieurs documents silésiens du début du XVe siècle, souvent à coté d'un Ulric Schoff.[43]

18. [24] *wlrich h[er] pre[n]ske:* De gueules à 3 lances de sable ferrées d'argent, passées en soutoir et en pal, celle-ci versée.[44]
Blason «de souche» Jelita. Les mêmes armes, sans légende, apparaîssent chez *Gelre.* Jusqu'à présent on a pas réussi à déchiffrer cet énigme.[45]

f^{0} 61v (continuation du Tournois II)

19. [1] *hans betskou:* D'azur à la roue cannelée d'argent.[46]
Blason d'une famille silésienne Betsch (Betschau ou Spiegel), connue en Pologne depuis le début du XVe siècle. Il figure également sur la feuille 69r (n° 35 ci-dessous). Un Heynczko Beczow est cité en 1376.[47]

f^{0} 62v (fragment du Tournois V)

20. [9] *h[er] hans pou suwan pole[n]:* Échiqueté de gueules et d'argent au chef d'azur à l'aigle issant d'or. Cimier: une tête d'aigle d'or couronnée d'azur; volet échiqueté.[48]
Jesko (Jean) Bużewoj, appartenant à une ancienne famille de Silésie dont les armes sont connues de la *Légende de Sainte Hédvige,*

apparaît dans quelques documents passés à Legnica (Liegnitz) entre 1339 et 1373.[49] Cf. feuille 67v (n° 30 ci-dessous).

f° 66v (suite du Tournois V)

21. [4] *h[er] cooste:* D'argent au chef de sable. Cimier: 3 tête et cols de cygne d'argent, becqués de sable, issant d'une couronne d'argent. Cf. n° 3 ci-dessus et n° 38 ci-dessous.

22. [7] *h[er] magnus:* D'azur au buste de femme maure bouclée d'or, coiffée d'un escoffion de gueules, vêtue d'un échiqueté d'argent et de gueules, à la bordure échiqueté de même. Cimier: le buste de l'écu vêtu d'azur et doublé de gueules, formant volet.[50]
Magnus von Löben (de Lobin), d'une famille d'origine silésienne, connue au XIVe siècle. Un Magnus de ce nom (de la génération suivante, semble-t-il) au service de l'Ordre Teutonique en 1410. Les armes de cette famille sont connues en Pologne sous le nom de Leblow.[51]

23. [8] *h[er] pilac:* Parti de gueules et d'argent à la corne de boeuf et à la perche de cerf de l'un en l'autre. Cimier: les deux cornes de l'écu (celle de boeuf transformée en proboscide) mouvant d'un volet du champ.[52]
Blason «de souche» Rogala. Jaśko (Jean) Pylik, palatin de Varsovie, tué lors de la bataille de Worskla contre les Tartares en 1399. Cf. un des écus de la bataille de Legnica dans la *Légende de Sainte Hédvige.*[53]

f° 67r (suite du Tournois V)

24. [9] –: D'azur à l'étoile d'or soutenue d'un croissant de même. Cimier: les meubles de l'écu sommés d'un plumail de paon, posés sur un volet de champ.[54]
Blason «de souche» Leliwa. D'après *Gelre* il s'agit d'un Jaśko ou Jean. Deux Jean nous paraissent possibles: celui de Melsztyn, châtelain de Cracovie (1366-80) et son neveu Jaśko de Tarnów, palatin de Sandomierz 1385-99, palatin de Cracovie 1401-06 et, finalement, châtelain de Cracovie 1406-09. Dans ce contexte-ci c'est Jaśko de Melsztyn qui nous semble le plus probable.[55]

25. [10] *tsessel[er] pole[n]:* De gueules au fer de dard d'argent acculé en anneau interrompu vers la pointe de l'écu de même, posé en pal. Cimier: 2 bras au naturel vêtus d'azur à boutons d'or, mouvant d'un volet d'azur.
Cf. n° 10 ci-dessus.

26. [11] – : Coupé crenelé d'argent et de gueules, masonné d'or, au lion issant d'or lampassé de gueules. Cimier: un mur évasé et crenelé de gueules, maçonné d'or, au lion de l'écu; tortil d'argent.[56]
Blason «de souche» Prawda (plus tard Prawdzic), figurant aussi sur le feuille 68v (n° 32 ci-dessous). D'après *Gelre* il s'agit d'un chevalier nommé Stibor (*her tibier*). On a pas réussi, jusqu'à présent, à l'identifier.[57]

27. [12] *sleden:* D'or à la fasce échiquetée d'azur et d'argent. Cimier: 2 proboscides aux armes; volet d'or.
Grâce à *Gelre* on connait le prénon: Otton. Il s'agit de la famille lusacienne-saxonne de Schlieben dont plusieurs membres prénommés Otton apparaîssent au cours du XIVe siècle. Un d'entre eux fut maréchal du margrave de Misnie (1396).[59]

f^{0} 67v (suite de Tournois V)

28. [1] *h[er] ywin va[n] gora:* De gueules à 3 hamaides d'argent. Cimier: une tête de chien d'argent, collier chargé de 2 disques de même centrés de gueules; volet d'argent.[60]
Blason «de souche» Korczak. Iwan de Goraj, frère de Dymitr (viv. 1340-1400), grand-trésorier du Royaume et maréchal de la Couronne; documenté pendant les années 1378-99.[61]

29. [5] – : De gueules à 2 fers de dard d'argent, l'un sous l'autre[62] le second versé. Cimier: un paon arrêté d'argent; volet de gueules.
Blason «de souche» Bogoria. D'après *Gelre* il s'agit d'un *her presesken.* Il paraît fort probable que ce personnage soit identique avec Paszko (Paul) de Bogoria, maréchal de la cour de la Reine en 1392.[63]

30. [9] *h[er] hans pou suwa:* Echiqueté de gueules et d'argent au chef d'azur é l'aigle issant d'or. Cimier: une tête d'aigle d'or couronnée d'azur; volet à l'échiqueté.
Cf. n^{0} 20 ci-dessus.

f^{0} 68r (suite du Tournois V)

31. [12] *van weser polen:* De gueules au cygne arrêté d'argent. Cimier: le cygne de l'écu; volet du champ.[64]
Blason «de souche» Łabędź. Un des grands clands médiévaux de la Petite-Pologne. On pourrait rattacher les armes figurant ici à un des seigneurs de Skrzynno.[65]

f^{0} 68v (suite du Tournois 7)

32. [4] –: Coupé crenelé d'argent et de gueules, maçonné d'argent, au lion issant d'or lampassé de gueules. Cimier: un mur évasé et crenelé de gueules, maçonné d'argent, au lion issant de l'écu; volet de gueules maçonné d'argent.
Cf. n^{0} 26 ci-dessus.

33. [9] –: D'argent à l'ombre de paillis sous toit à 4 poteaux. Cimier: un écran rond chargé du paillis de l'écu et orné de 3 touffes de plumes de coq.[66]
Blason «de souche» Laska (plus tard Leszczyc). Parmi les personnages appartenant à ce clan héraldique de la Grande-Pologne on pourrait mentionner les seigneurs de Skarszewo dont Adam, châtelain de Kalisz en 1380.[67]

34. [11] –: D'or au recontre d'aurochs (taureau) de sable percée d'une épée posée en barre, la pointe en haut. Cimier: la tête et le col d'aurochs (taureau) de l'écu avec l'épée; volet d'or.[68]
Blason «de souche» Pomian. Parmi les membres les plus importants de ce clan héraldique on devrait mentionner les Jarand de Brudzewo. Un Hebda Pomian de Grabie fut palatin de Sieradz en 1360.[69]

f^{0} 69v (suite du Tournois V)

35. [2] *hans bieskou:* D'azur à la roue cannelée d'argent. Cimier: un vol d'argent posé sur 2 boules plumetées de gueules.
Cf. n^{0} 19 ci-dessus.

36. [12] –: De sable éı`à 2 haches d'argent passée en sautior. Cimier: 2 haches d'argent posées en pal, adossées; volet d'azur.
Bernard de Wiltberg. Cf. n^{0} 17 ci-dessus.

f° 71r (suite du Tournois V)

37. [7] *h[er] ot van cessou:* Ecartelé d'argent et de sable, à la fasce de gueules brochant sur le tout. Cimier: un haut bonnet de sable soutenant un disque d'argent à plumet de sable; ceint de 3 marguerites d'or boutonnées de gueules.[70]
Otton de Zeschau, figurant également chez *Gelre.* Une famille ancienne de Misnie, apparaîssant en Silésie au cours du XIVe siècle.[71]

38. [8] *h[er] coster polen:* d'argent au chef de sable. Cimier: 3 têtes et cols de cygne d'argent superposées, becquées de sable, issant d'une couronne d'argent.
Cf. n°s 3 et 21 ci-dessus. Il est intéressant de noter que ce blason est considéré par l'auteur de notre armorial comme appartenant à un chevalier polonais.

39. [9] *vrederic va[n] cedelist:* De gueules au fermail d'argent agrafant le champ. Cimier: un vol d'argent coupé de gueules; volet de gueules doublé d'argent.[72]
Un Bernard de Zedlitz, cité 1362-83, d'une famille d'origine saxonne, établie en Silésie et plus tard en Grande-Pologne. Armes notées par *Gelre.*[73]

f° 72r (suite du Tournois V)

40. [4] *sciltou pole[n]:* De gueules à la corde (de paille ?) d'argent roulée en cercle les bouts en sautoir. Cimier: 2 rameaux d'élan (ou de cerf) d'argent, les andouillers sommés de billettes de gueules.[74]
Abraham Socha de Szczytno (son prénom fut noté chez *Gelre*), palatin de Płock, tué à la bataille de Worskla en 1399.[75] Cf. n° 23 ci-dessus.

Voilà l'ensemble de blasons qu'on doit attribuer aux chevaliers polonais ou silésiens vivant sous le règne du roi Louis le Grand. Il nous reste toujours à trouver une réponse à la question concernant l'occassion pour laquelle a eu lieu la rencontre de ces gens sur les feuilles de cet armorial. Un tournoi ? Une expédition militaire contre des païens ?[76]

Dans le tableau ci-dessous sont énumérer tous les blasons en question en signalant leur présence chez *Bellenville* ainsi qui chez *Gelre*. Les blasons polonais «de souche» sont notés en capitales tandis que les armes non identifiées sont décrites d'un mot ou deux et mises entre crochets. Les cimiers son signalés ainsi que les rôles occasionnels selon Jéquier.

Blason		*Bellenville*	*Gelre*	Cimier		Remarques
(1)	Louis d.Anjou	f° 3v	f° 52v	B	G	B: ante 1370
						G: post 1370
(2)	Wezenborg	f° 11v	f° 53r	–	G	
(3)	Kustra	f° 60v	f° 53v	–	G	Rôle no. 3
(4)	KORNICZ	″	″	–	G	″
(5)	MOŚCIC (OSTOJA)	″	″	–	G	″
(6)	ŚWINKA	f° 60v	f.° 54r	–	–	″
(7)	ODROWĄŻ	″	″	↔	–	″
(8)	[Chaudière ou gibecière]	f° 61r	″	–	–	″
(9)	[écussons ou goblets]	″	″	–	–	″
(10)	POWAŁA (OGON)	″	f° 53v	–	G	″
(11)	Valečov	″	f° 54r	–	–	″
(12)	[oie] Gans ?	″	″	–	–	″
(13)	[2 masses d'armes]	″	″	–	–	″
(14)	Stosch (ŁEKNO)	″	f° 55r	–	G	″
(15)	Schaff	″	f. 53r	–	G	″
(16)	Schaff	″	v. supra	–	G	″
(17)	Wiltberg	″	f. 54r	–	–	″
(18)	JELITA	″	″	–	–	″
(19)	Betsch	f° 61v	″	–	G	″
(20)	Bużewoj	f° 62v	″	B	G	Rôle no. 7
(21)	Kustra *bis*	f° 66v	v. supra	–	G	Rôle no. 7
(22)	Löben (LEBLOW)	″	f° 53v	B	G	″
(23)	ROGALA	″	″	B	G	″
(24)	LELIWA	f° 67r	″	B	G	″
(25)	POWAŁA (OGON) *bis*	″	v. supra'	B	G	″
(26)	PRAWDA	″	f° 53v	B	G	″
(27)	Schlieben	″	″	B	G	″
(28)	KORCZAK	f° 67v	″	B	G	″
(29)	BOGORIA	″	″	B	G	″

Blason	*Bellenville*	*Gelre*	Cimier		Remarques
(30) Bużewoj *bis*	f⁰ 67v	v. supra	B	G	Rôle no. 9
(31) ŁABĘDŹ	f⁰ 68r	––	–	–	Rôle no. 10
(32) PRAWDA *bis*	f⁰ 68v	v. supra	B	G	"
(33) LASKA	"	––	B	–	(sans coul.)
(34) POMIAN	"	––	B	–	"
(35) Betsch *bis*	f⁰ 69v	v. supra	B	G	"
(36) Wiltberg *bis*	"	v. supra	B	–	"
(37) Zeschau	f⁰ 71r	f⁰ 53v	B	G	Rôle no. 11
(38) Kustra *ter*	"	v. supra	B	G	"
(39) Zedlitz	"	f⁰ 53v	B	G	"
(40) NAŁĘCZ	f⁰ 72r	"	B	G	"

Plusieurs des armes faisant partie de cet ensemble son d'origine allemande, c'est-à-dire leur souche peut être trouvée en Lusace, en Misnie au ailleurs avant d'apparaître en Silésie et plus tard parfois même en Grande-Pologne. Du point de vue de l'héraldique polonaise (strictement dite) il faut souligner la présence d'un nombre considérable de blasons «de souche», tels Kornicz, Mościc ou Ostoja, Świnka, Odrowąż, Powała ou Ogon, Rogala, Leliwa, Prawda, Korczak, Bogoria, łabędź, Laska, Pomian et Nałęcz. Dans plusieurs cas il s'agit du dessin colorié le plus ancien connu. Les couleurs données par notre héraut sont presque toujours identiques avec celles que nous connaissons grâce aux sources plus récentes, du XVe et du XVIe siècles.[77]

L'étude de cette source si importante est loin d'être terminée. On peut, néanmoins, souligner combien elle devrait contribuer d'une façon pertinente à notre connaissance de l'époque et cela non seulement dans le domaine strictement héraldique. A travers ses écus, admirablement peints, elle nous parle, des contacts internationaux des membres de la chevalerie européene, de la diffusion d'une certaine mode héraldique–notons par exemple la présence de cimiers au dessus de plusieurs écus aux armes «de souche» purement polonaises–et elle constitue un des nombreux monuments témoignant de l'unité culturelle de notre continent.[78]

En Pologne, l'influence occidentale dans le domaine de l'héraldique fut marquée pour la première fois pendant la période, relativement courte de domination tchèque au début du XIVe siècle et plus tard après la mort de Casimir le Grand, durant la période angevine. Louis d'Anjou négligait peut-etre les affaires de son deuxième royaume.[79] Mais le fait même que la Pologne à son époque faisait partie d'un organisme politique s'étendait de la Prusse (état des Chevaliers Teutoniques) dans le Nord jusqu'aux bords de la Mer Adriatique (Croatie et Bosnie) dans le Sud, a eu une influence indéniable sur la mentalité de l'élite du pays. Il n'est guère étonnant que la chevalerie servant un monarque de tel format ait oublié son particularisme pour devenir une société cosmopolite. L'éclatante carrière d'un seigneur moyen de Kuyavie, Ścibor de Ściborzyce, du clan héraldique de Mościc, en fournit un excellent exemple.[80]

NOTES

1. Franiszek Piekosiński, *Heraldyka polska wieków średnich* [L'héraldique polonaise du moyen-âge] (Kraków, 1899), 7-8; Helena Polaczkówna, *Najstarsze źródła heraldyki polskiej* (Les plus anciennes sources de l'héraldique polonaise) (Lwów, 1924) [Tirage à part de l'Archiwum Towarzystwa Naukowego we Lwowie, II:2]; Silvio Mikucki, "Barwa w heraldyce średniowiecznej. Cz. 1: Herby rycerstwa zachodniego i polskiego" [Les couleurs dans l'héraldique médiévale. P.1: Les blasons de la chevalerie occidentale et polonaise], in *Rocznik Polskiego Towarzystwo Heraldycznego we Lwowie,* 9 (1928-29), particulièrement 202-17.

2. Adolf von Wolfskron, *Die Bilder der Hedwiglegende nach einer Handschrift vom Jahre MCCCLIII* (Leipzig, 1846), p. 6.

3. Władysław Łuszczkiewicz, "Opactwo cysterskie w Lądzie nad Wartą i jego średniowieczne zabytki sztuki" [L'abbaye de Cîteaux à Ląd sur Warta et ses monuments d'art médiévaux], in *Sprawozdania Komisji do badania historii sztuki w Polsce,* 3 (Kraków, 1888), 127 ss.; Zofia Białłowicz-Krygierowa, *Malowidła ścienne z XIV wieku w dawnym opactwie cysterskim w Lądzie nad Wartą* [Peintures murales du XIVe siècle dans l'ancienne abaye de Cîteaux à Ląd sur Warta] (Poznań, 1957).

4. Victor Bouton, *éd., Wapenboek ou Armorial de 1334 à 1372 ' ' ' par Gelre, héraut d'armes,* 1-5 (Paris-Bruxelles, 1881-1902); Helena Polaczkówna, "Geneza herbów polskich w herbarzu flamandzkim" [La

genèse des blasons polonais dans l'armorial flammand], in *Księga pamiątkowa ku czci Oswalda Balzera* (Lwów, 1925), 255-79; "Herby polskie w rkp. Gelre Wapenboek, nr 15652-15656, Bibl. Królewska w Brukseli" [Les blasons polonais dans le Wapenboek Gelre, Ms 15652-15656 de la Bibliotheque royale à Bruxelles], *Sprawozdania Towarzystwa Naukowego we Lwowie,* 9 (1929), 128-33; Silvio Mikucki, "Rycerstwo słowiańskie w Wapenboek Gelrego. (Cz.1) [La chevalerie slave dans l'armorial de Gelre. (P.1)], *Studia źródłoznawcze-Commentationes,* 3 (1958), 103-23; Paul Adam-Even (éd.), *L'armorial universel du héraut Gelre (1370-1395), Claes Heinen, roi d'armes des Ruyers* (Neuchâtel, 1971), 43-46. [Tirage à part des Archives héraldiques suisses, 1961-68.]

5. Ms. français 5230.

6. Antoine de Beaulaincourt, seigneur de Bellenville, roi d'armes de la Toison d'or, en 1559.

7. Donald L. Galbreath, "Une importante découverte héraldique," *Archives héraldiques suisses,* 60 (1946), 78-79; Paul Adam-Even, "Les armories étrangères dans les armoriaux français du moyen-âge," *Hidalguia,* 3 (1955), 795-96; C[olin] C[ampbell], "The Armorial de Bellenville," *The Coat of Arms,* 7 (1962-63), 46-48.

8. Léon Jéquier, "L'armorial Bellenville et l'armorial du héraut Gelre," in *Recueil du 11e Congrès international des sciences généalogique et héraldique, Liège 29 mai-2 juin 1972* (Liège, 1973), 293-300.

9. Idem, *Armorial Beaulaincourt-Bellenville: les Tournois* (Genève, 1973), ronéotypé; et la version finale; "L'Armorial Bellenville" (à paraître dans les *Cahiers d'Héraldique*), dactylogr. Ici je vais suivre la nomenclature employée par l'auteur dans la dernière de ces études. Personnellement je serais incliné à considérer les rôles 9-11 come reflétant le même événement, probablement une séries de tournois arrangés à Marienbourg par l'Ordre Teutonique.

10. Mikucki, "Rycerstwo słowiańskie w Wapenboek Gelrego," 115; Werner Paravincini, "Die Preussenreisen des europäischen Adels," *Historische Zeitschrift* (München, 1981), 25-38, surtout.

11. Cf. Helena Polaczkówna, "Materyały do heraldyki polskiej" [Matériaux concernant l'héraldique polonaise], *Archiwum Komisji Historycznej Akademii Umiejętności,* 11 (Kraków, 1909-13), 32-115; Adam Heymowski, "Quelques remarques sur l'héraldique polonaise," in *Emblèmes, totems, blasons: [Exposition au] Musée Guimet, mars-juin 1964* (Paris, 1964), 115-17.

12. Cf. Adam-Even, *L'amorial universel du héraut Gelre,* 43 (n° 500) –les armes écartelées: 1° de Hongrie (ancienne) et de France, 2° de Pologne, 3° de Hongrie, 4° de Dalmatie.

13. Jan Dąbrowski, *Ostatnie lata Ludwika Wielkiego, 1370-1382* [Les dernières années de Louis le Grand, 1370-82] (Kraków, 1918); *Polski słownik biograficzny* [Dictionnaire biographique polonais] = *PSB,* 18 (Wrocław, 1973), 95-98.

14. Cf. Adam-Even, *L'armorial universel du héraut Gelre,* 44 (n° 510).

15. Helena Polaczkówna, "Ród Wezenborgów w Polsce i jego pierwotne gniazdo" [Les Wezenborg en Pologne et leur siège d'origine], *Rocznik Towarzystwa Heraldycznego we Lwowie,* 7 (1924-25), particulièrement 145-150; *PSB,* 1 (Kraków, 1935), 322-23; Stanisław Kozierowski, *Obce rycerstwo w Wielkopolsce w XIII-XVI wieku* [Les chevaliers étrangers en Grande Pologne du 13e au 16e siècle] (Poznań, 1929), 117.

16. Cf. Adam-Even, *L'armorial universel de héraut Gelre,* 44 (n° 520).

17. Mikucki, "Rycerstwo słowiańskie w Wapenboek Gelrego," 112.

18. Cf. Adam-Even, *L'armorial universel du héraut Gelre,* 45 (n° 527).

19. Mikucki, "Rycerstwo słowiańskie w Wapenboek Gelrego," 111.

20. Cf. Adam-Even, *L'armorial universel du héraut Gelre,* 45 (n° 526). Sur les armes d'Ostoja (Petite-Pologne) et celles de Mościc (Grande-Pologne) voir: Adam Heymowski, "Brisure ou affinité fortuite? Similarités entre certain 'blasons de souche' polonais," in *12. Internationaler Kongress für genealogische und heraldische Wissenschaften, München 1974: Kongressbericht,* Bd H (Stuttgart, 1978), 108.

21. Antoni Prochaska, "Ścibor ze Ściborzyc" [Ścibor de Ściborzyce], *Rocznik Towarzystwa Naukowego w Toruniu,* 19 (1912), 137-208.

22. Cf. Adam-Even, *L'armorial universel du héraut Gelre,* 45 (n° 530).

23. Mikucki, "Rycerstwo słowiańskie w Wapenboek Gelrego," 115.

24. Cf. Adam-Even, *L'armorial universel du héraut Gelre,* 45 (n° 531).

25. Mikucki, "Rycerstwo słowiańskie w Wapenboek Gelrego," 115; Karol Górski, "Ród Odrowążów" [Le clan héraldique d'Odrowąż], *Rocznik Polskiego Towarzystwa Heraldycznego we Lwowie,* 8 (1928), 37.

26. Cf. Adam-Even, *L'armorial universel du héraut Gelre,* 45 (n° 534).

27. Ibid.; Mikucki, "Rycerstwo słowiańskie w Wapenboek Gelrego," 115, sans suggestions en ce qui concerne l'identification. Cf. Adam Heymowski, "Polskie herby w sztokholmskim Codex Bergshammar" [Les blasons polonais dans l'Armorial Bergshammer (de Stockholm), *Studia źródłoznawcze-Commentationes,* 12 (1967), 103. Cette compilation de la première moitié du XVe siècle comprend (f.ºs 213v-214v) une copie incomplète de la partie polono-hongroise de *Gelre.*

28. Cf. Adam-Even, *L'armorial universel du héraut Gelre,* 45 (n° 532).

29. Mikucki, "Rycerstwo słowiańskie w Wapenboek Gelrego," 115. Non identifié. Cf. Heymowski, "Polskie herby w sztokholmskim Codex Bergshammar," 102.

30. Cf. Adam-Even, *L'armorial universel du héraut Gelre,* 45 (n° 523).

31. Mikucki, "Rycerstwo słowiańskie w Wapenboek Gelrego," 113. Cf. Adam Heymowski, "Polish Arms in Medieval Armorials," *The Coat of Arms,* 8 (1964), 57 (le chevalier identifié erronément comme seigneur de Kościelec ou Kościelecki); se rapportant à l'écu aux mêmes armes, f.^{0} 67r. Cf. notes, 55, 57, 59.

32. Cf. Adam-Even, *L'armorial universel du héraut Gelre,* 45 (n° 533).

33. Mikucki, "Rycerstwo słowiańskie w Wapenboek Gelrego," 115; Vojtech Král z Dobré Vody, *Heraldika* [L'héraldique] (Praha, 1900), 129, 354; August Sedláček, *Českomoravská heraldika* [L'héraldique tchécomorave] (Praha, 1925), II, 255; Josef Pilnáček, *Staromoravští rodové* [Les familles anciennes de Moravie] (Videň, 1930), 407 (n° 1563).

34. Cf. Adam-Even, *L'armorial universel du héraut Gelre,* 45 (n° 539).

35. Mikucki, "Rycerstwo słowiańskie w Wapenboek Gelrego," 116 (le blason attribué erronément à Bernard de Wiltberg à cause de l'inscription placée du côté sénestre de l'écu aux armes correctes). Cf. note 43.

36. Cf. Adam-Even, *L'armorial universel du héraut Gelre,* 46 (n° 540).

37. Mikucki, "Rycerstwo słowiańskie w Wapenboek Gelrego," 116.

38. Cf. Adam-Even, *L'armorial universel du héraut Gelre,* 46 (n° 546).

39. Mikucki, "Rycerstwo słowiańskie w Wapenboek Gelrego," 117; Kozierowski, *Obce rycerstwo w Wielkopolsce,* 99.

40. Cf. Adam-Even, *L'armorial du héraut Gelre,* 44 (n° 511).

41. Mikucki, "Rycerstwo słowiańskie w Wapenboek Gelrego," 110.

42. Cf. Adam-Even, *L'armorial du héraut Gelre,* 45 (n° 538).

43. Mikucki, "Rycerstwo słowiańskie w Wapenboek Gelrego," 116 (le blason identifié erronément comme appartenant à la famille de Kralice, d'origine morave). Cf. note 35.

44. Adam-Even, *L'armorial universel du héraut Gelre,* 46 (n° 541).

45. Mikucki, "Rycerstwo słowiańskie w Wapenboek Gelrego," 116.

46. Cf. Adam-Even, *L'armorial universel du héraut Gelre,* 46 (n° 547).

47. Mikucki, "Rycerstwo słowiańskie w Wapenboek Gelrego," 117; Kozierowski, *Obce rycerstwo w Wielkopolsce,* 96-97.

48. Cf. Adam-Even, *L'armorial universel du héraut Gelre,* 46 (n° 543). L'inscription a été placée au côté sénestre de l'écu aux armes "de souche" Kościesza (n° 544).

49. Mikucki, "Rycerstwo słowiańskie w Wapenboek Gelrego," 116. —Wolfskron, *Die Bilder der Hedwiglegende,* pl. 6.

50. Cf. Adam-Even, *L'armorial universel du héraut Gelre,* 45 (n° 521).

51. Mikucki, "Rycerstwo słowiańskie w Wapenboek Gelrego," 112; Kozierowski, *Obce rycerstwo w Wielkopolsce,* 65-66.

52. Cf. Adam-Even, *L'armorial universel du héraut Gelre,* 44 (n° 518).

53. Mikucki, "Rycerstwo słowiańskie w Wapenboek Gelrego," 111; Leon Białkowski, Ród Czamborów-Rogalów w dawnych wiekach" [Les Czambor-Rogala aux siècles passés], *Rocznik Towarzystwa Heraldycznego we Lwowie,* 6 (1921-23), 91. Cf. Wolfskron, *Die Bilder der Hedwiglegende,* pl. 6.

54. Cf. Adam-Even, *L'armorial universel du héraut Gelre,* 44 (n° 519).

55. Mikucki, "Rycerstwo słowiańskie w Wapenboek Gelrego," 113. —Wlodzimierz Dworzaczek, *Leliwici Tarnowczy. Z dziejów możnowładztwa małopolskiego: wiek XIV-XV* [Les Leliwa Tarnowski. Contribution é l'histoire de l'oligarchie de la Petite Pologne: XIVe et XVe siècles] (Warszawa, 1971), 84-98 (sur le role politique de Jaśko de Melsztyn), 127-36 (sur Jaśko de Tarnów), 301 (Table généalogique I). Une courte biographie de Jaśko de Melsztyn (Melsztyński), voir *PSB,* 20 (Wrocław, 1975), 410-11. Cf. Heymowski, "Polish Arms in Medieval Armorials," 57; et note 31.

56. Cf. Adam-Even, *L'armorial universel du héraut Gelre,* 45 (n° 523).

57. Mikucki, "Rycerstwo słowiańskie w Wapenboek Gelrego," 113. Peut-être un chevalier hongrois de la famille Széchényi? Cf. Heymowski, "Polish Arms in Medieval Armorials," 57.

58. Cf. Adam-Even, *L'armorial universel du héraut Gelre,* 45 (n° 524).

59. Mikucki, "Rycerstwo słowiańskie w Wapenboek Gelrego," 113. Cf. Heymowski,."Polish Arms in Medieval Armorials," 57.

60. Cf. Adam-Even, *L'armorial universel du héraut Gelre,* 45 (n° 525).

61. Mikucki, "Rycerstwo słowiańskie w Wapenboek Gelrego," 113-14. Une courte biographie du Dymitr de Goraj, voir *PSB,* 6 (Kraków, 1948), 61-62.

62. Cf. Adam-Even, *L'armorial universel du héraut Gelre,* 45 (n° 529).

63. Mikucki, "Rycerstwo słowiańskie w Wapenboek Gelrego," 115; Zygmunt Wdowiszewski, "Ród Bogorjów w wiekach średnich" [Les Bogoria au moyen-âge], *Rocznik Polskiego Towarzystwa Heraldycznego we Lwowie,* 9 (1928-29), 1-96, particulièrement 35-39, où on trouve Paszko de Bogoria, fils de Piotr et maréchal de la cour de la Reine en 1413, et le cousin de celui-ci, Paszko de Skotniki (+ avant 27.9.1937), fils de Prokop au Prokosz.

64. N'est pas inclus dans l'*Armorial de Gelre.* Le dessin de Bellenville est la seule représentation en couleurs de ce blason avant 1400.

65. Cf. Marjan Friedberg, "Ród Łabędziów w wiekach średnich" [Les Łabędź au moyen-âge], *Rocznik Towarzystwo Heraldycznego we Lwowie,* 7 (1924-25), 1-100, particulièrement 33-36, où sont présentés les deux fils d'Otton de Skrzyńsko, Mszczuj (I) et Krzcięta, apparaissant en 1354. Les noms des fils de Mszczuj ne sont pas connus mais un Mszczuj (II) de Skrzyńsko, combattant de la bataille de Grünwald (1410), doit être considéré comme petit-fils de son homonyme ci-dessus.

66. Armes inconnues par *Gelre.* La peinture murale de Ląd (Białłowicz-Krygierowa, *Malowidła ścienne z XIV wieku,* 33) n'a pas conservé les couleurs originales. Celles-ci sont préservées dans quelques sources de la première moitié du XVe siècle: de gueules au paillis d'or. Cf. Helena Polaczkówna, "Księga bracka św. Krzysztofa na Arlbergu w Tyrolu" [Le livre de la confrérie de St. Christophe au Mont Arula en Tyrol], Miesięcznik Heraldyczny, 10 (1931), 145; Otto Hupp, *Die Wappenbücher von Arlberg, 1: Die drei Original-Handschriften vom St. Christoph auf dem Arlberg aus den Jahren 1394 bis rund 1430* (Berlin, 1937-43), 254; Heymowski, "Herby polskie w sztokholmskim Codex Bergshammar," 93; Lorédan

Larchey, éd., *Ancien armorial équestre de la Toison d'Or et de l'Europe au XVe siècle.* Facsimilé (Paris, 1890), 243 248, pl. CIX; Marjan Friedberg, *Klejnoty Długoszowe* ['Insignia seu clenodia' de Jean Dłogusz: le plus ancien armorial polonais] (Kraków, 1931), 67.= *Rocznik Polskiego Towarzystwa Heraldycznego,* 10 (1930); Piekosiński, *Heraldyka polska wieków średnich,* 371; Polaczkówna, *Najsarsze źródła heraldyki polskiej,* 337-38.

67. Bartosz Paprocki, *Herby rycerstwa polskiego 1584* [Les armoiries de la chevalerie polonaise 1584] (Krakow, 1858), 286.

68. Armes inconnues par Gelre. La peinture murale de Ląd (Białłowicz-Krygierowa, *Malowidła ścienne z XIV wieku,* 37) donne d'argent à la rencontre d'aurochs ou de taureau de gueules etc. tandis que les sources du XVe siècle montrent les couleurs considérées comme traditionnelles: d'or à la rencontre de sable etc. Cf. Heymowski, "Herby polskie w sztokholmskim Codex Bergshammar," 92.

69. Paprocki, *Herby rycerstwa polskiego,* 537-38.

70. Cf. Adam-Even, *L'armorial universel du héraut Gelre,* 44 (n° 515).

71. Mikucki, "Rycerstwo słowiańskie w Wapenboek Gelrego," 111.

72. Cf. Adam-Even, *L'armorial universel du héraut Gelre,* 44 (n° 516).

73. Mikucki, "Rycerstwo słowiańskie w Wapenboek Gelrego," 111; Kozierowski, *Obce rycerstwo w Wielkopolsce,* 22-23.

74. Cf. Adam-Even, *L'armorial universel du héraut Gelre,* 45 (n° 528).

75. Mikucki, "Rycerstwo słowiańskie w Wapenboek Gelrego," 114-115; Stefan M. Kuczyński, "Przynależność rodowa Abrahama Sochy, wojewody płockiego" [Clan héraldique auquel appartenait Abraham Socha, palatin de Płock], *Miesięcznik Heraldyczny,* 17 (1938), 117-20.

76. Il paraît utile de citer ici Gottfried Carlsson, "Ätten Gädda i Gäddeholm: Sten Sture den yngres möderneslàkt" [Es Gädda de Gäddeholm: la famille de la mère de Sten Sture le jeune], *Personhistorisk Tidskrift,* 49 (1951), particulièrement 39-49, où l'auteur présente les armes suédoises figurant dans *Bellenville, Gelre* et *Bergshammar* et lance une hypothèse concernant un tournois à Wismar (Mecklenbourg) en 1386, moment où les chevaliers suédois représentés dans ces armoriaux pourraient apparaître en même temps.

77. En ce qui concerne les sources du XVe siècle, voir note 66 ci-dessus. Ajoutons ici, pour le XVIe siècle, l'armorial dit de l'Arsenal; Helena Polaczkówna, "Stemmata Polonica. Rękopis nr. 1114 Klejnotów Długosza

w Bibliotece Arsenału w Paryżu" [Le manuscrit n° 1114 des 'Clenodia' de Długosz dans la Bibliothèque de l'Arsenal à Paris], *Prace Sekcji Historji Sztuki i Kultury Towarzystwa Naukowego we Lwowie,* 1 (1927), 161-250; Marcus Ambrosius, *Arma Regne Poloniae* (Antverpiae, 1562); cf. Zygmunt Wdowiszewski, "Marek Ambroży z Nissy i jego 'Armia Regni Poloniae' z 1562 r," [Marcus Ambrosius de Nissa et ses 'Arma Regni Poloniae' de 1562], *Miesięcznik Heraldyczny,* 13 (1934), 166-170, 177-186.

78. Pour une excellente présentation des problèmes que pose l'héraldique en tant que science auxiliaire de l'histoire, voir Michel Pastoureau, *Les armoiries* (Turnhout, Begique, 1976), 66-70.

79. Pour l'étude de l'époque de Louis d'Anjou en Pologne voir Dąbrowski, *Ostatnie lata Ludwika Wielkiego,* passim; et Oskar Halecki, "O genezie i znaczeniu rządów andegaweńskich w Polsce" [De la genèse et de l'importance du régime angevin en Pologne], *Kwartalnik Historiczny,* 35 (1924), 31-68. Ce dernier, contrairement a Dąbrowski, donne une évaluation critique du rôle joué par Louis le Grand et ses représentants en Pologne.

80. Cf. note 21 ci-dessus. J'ai le plaisir de remercier ici deux de mes confrères de l'Académie internationale d'héraldique: M. Léon Jéquier (Genève) qui a eu la gentillesse de m'envoyer le manuscrit de son travail sur l'*Armorial Bellenville* (à paraître dans les *Cahiers d'Héraldique*), et M. Michel Pastoureau, Conservateur au Cabinet des Médailles de la Bibliothèque nationale (Paris) qui a bien voulu étudier le texte de cette communication et en corriger le français.

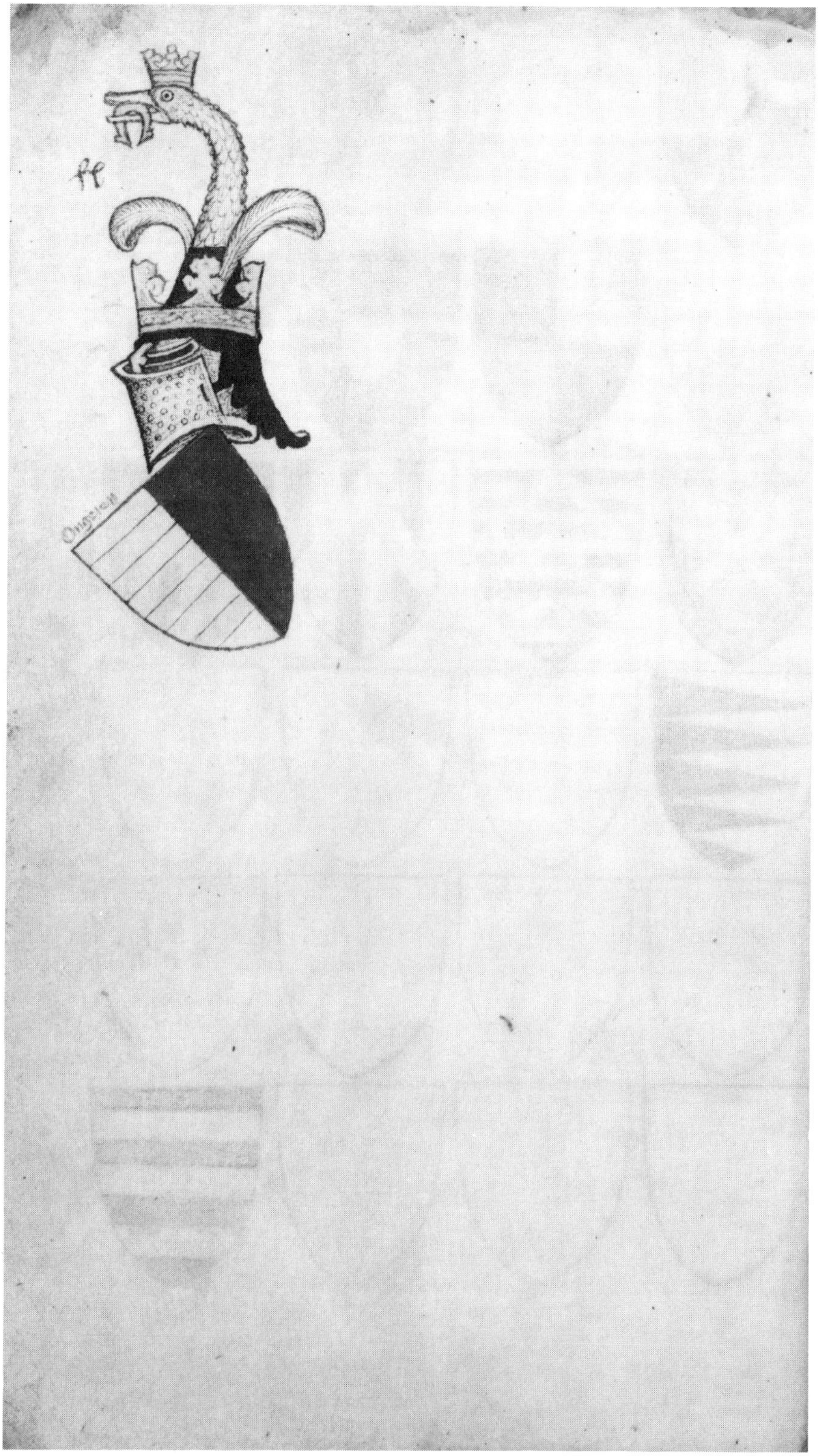

g. 1. Armorial Bellenville, f° 3v. (Bibliothèque Nationale, Paris, ms fr. 5230.)

Fig. 2. Armorial Bellenville, f° 11v. (Bibliothèque Nationale, Paris, ms fr. 5230

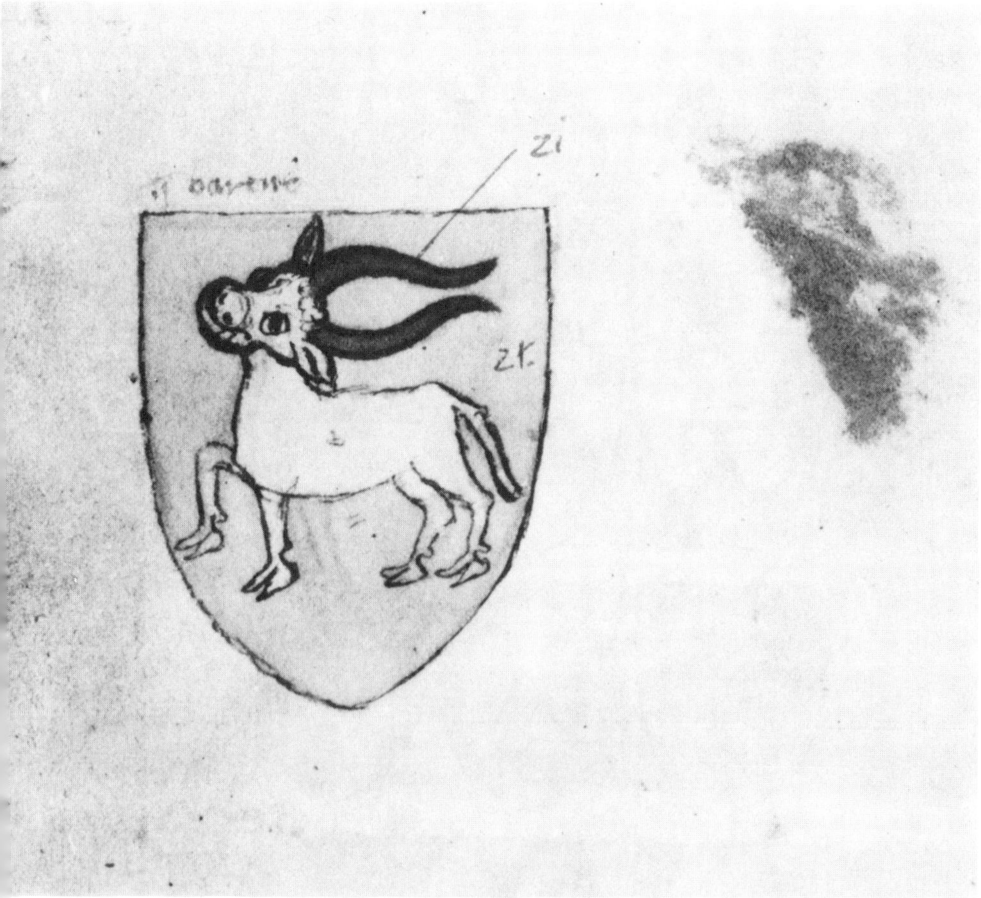

g. *3*. Armorial Bellenville, f° 11v. (Bibliothèque Nationale, Paris, ms fr. 5230.)

Fig. 4. Armorial Bellenville, f° 60v. (Bibliothèque Nationale, Paris, ms fr. 5230.)

Fig. 5. Armorial Bellenville, f° 61v. (Bibliothèque Nationale, Paris, ms fr. 5230.)

Fig. 6. Armorial Bellenville, f° 61v. (Bibliothèque Nationale, Paris, ms fr. 5230.)

Fig. 7. Armorial Bellenville, f° 62v. (Bibliothèque Nationale, Paris, ms fr. 5230.)

Fig. 8. Armorial Bellenville, f° 66v. (Bibliothèque Nationale, Paris, ms fr. 5230.)

Fig. 9. Armorial Bellenville, f° 67v. (Bibliothèque Nationale, Paris, ms fr. 5230.)

Fig. 10. Armorial Bellenville, f° 67v. (Bibliothèque Nationale, Paris, ms fr. 5230.)

Fig. 11. Armorial Bellenville, f° 68v. (Bibliothèque Nationale, Paris, ms fr. 5230.)

Fig. 12. Armorial Bellenville, f° 68v. (Bibliothèque Nationale, Paris, ms fr. 5230.)

Fig. 13. Armorial Bellenville, f° 69v. (Bibliothèque Nationale, Paris, ms fr. 5230.)

Fig. 14. Armorial Bellenville, f° 71(Bibliothèque Nationale, Paris, ms fr. 5230.)

Fig. 15. Armorial Bellenville, f° 72 (Bibliothèque Nationale, Paris, ms fr. 5230)

Gordon McDaniel

9 / The House of Anjou and Serbia

When Louis IX of France awarded the County of Anjou to his brother Charles in 1246 a new dynasty was introduced into European history. From the County of Anjou to the Kingdoms of Sicily (Naples) and Hungary, the House of Anjou expanded through conquest, diplomacy and dynastic marriage to become one of the most powerful ruling houses in the fourteenth century. Angevins ruled in Sicily (Naples), Hungary and Poland and were direct ancestors of Kings of France, Aragon and England.

The primary foreign policy objective of Charles I of Anjou was to recapture Constantinople and reestablish the Latin Empire, with himself as emperor.[1] Soon after his victory at Benevento (1266), Charles concluded with Baldwin II, the titular Emperor of Constantinople, the Treaty of Viterbo (1267), the provisions of which would have made Charles effective ruler of Byzantium. However, notwithstanding the military and diplomatic measures which Charles employed against the reconstituted Byzantine Empire, Michael Paleologue was able to deflect the Angevin onslaught through his own astute diplomacy. He supported the Tunisian crusade of Louis IX in 1269-1270, carried out negotiations leading to the Union of Lyons in 1274, and gave at least financial encouragement to those who carried out and took advantage of the Sicilian Vespers in 1282. Frustrated in his Mediterranean policy, Charles I spent the last three years of his life attempting to prevent the loss of southern Italy and to regain Sicily. His successor, Charles II, was similarly occupied for most of the next twenty years.

Following the Treaty of Caltabellotta (31 August 1302), Angevin foreign policy was focused in a direction that yielded more satisfactory and long-lasting results. The House of Anjou accepted Aragonese rule of Sicily but retained Naples, and moved instead to consolidate its claim to the Hungarian throne.[2] Charles I had understood early the attractions of Hungary. After the death of his first wife, Beatrice of Provence, he proposed a marriage to Margaret, the youngest daughter of Béla IV. However, her parents acceded to her wish to become a nun, and the negotiations shifted to a double marriage between the Houses of Anjou and Árpád. Thus did Charles II marry Maria, granddaughter of Béla IV and daughter of Stephen V, while Charles II's sister Isabella married Maria's brother Ladislas. When Ladislas died without heir, the ensuing claims to the throne were finally resolved in favor of Charles Robert, grandson of Charles II. Under Charles Robert and his son Louis (Lajos), it has been said, both the House of Anjou and Hungary attained their greatest flowering.

The institution of dynastic marriage, used for centuries as a means of ensuring the resolution of conflicts and possibility of future gain, was practiced frequently and with great success by the House of Anjou. Charles I's perspicuity in allying the Angevins with the House of Árpád was noted above. Others of Charles's children were elements in his attempts to establish Angevin claims to the Latin Empire. One of the treaties signed at Viterbo provided for the marriage of Charles's daughter Beatrice to Philip of Courtenay, son and heir of Baldwin II.[3] The other treaty included an article providing for the marriage of Charles's son, Philip, to Isabella of Villehardouin, heiress of the Principality of Achaia.[4]

The most extensive use of dynastic marriage by the House of Anjou was under Charles II, whose thirteen children provided a vast resource.[5] The two eldest sons, Charles Martel and Robert, were firmly ensconced as claimants to or holders of thrones in Hungary and Naples, respectively. The Treaty of Senlis (1290), which settled claims to Aragon by Charles of Valois, was sealed by his marriage of Margaret of Anjou, from which union came the Valois kings of France. No fewer than four of Charles II's children were married to members of the royal house of Aragon. The peace treaty of Anagni (12 June 1295) included the marriages of Blanche of

Anjou to James II of Aragon and of Robert to Violante of Aragon, after whose death Robert married Sanchia of Aragon-Majorca. Charles II's daughter Marie married Sancho of Aragon, King of Majorca. And as a result of the Treaty of Caltabellotto (1302), Eleonora of Anjou married Frederick of Aragon, the new king of Sicily (Trinacria). Claims to the Latin Empire were not ignored, as witnessed by the marriage of its heiress, Catherine of Valois, to Charles II's son Philip of Taranto, who was related to both of Catherine's parents. In the next generation, the marriage of Charles Robert to the Polish princess Elizabeth in 1320, and the subsequent alliance of Hungary and Poland led to the ascension of Louis (Lajos) I, first to the Hungarian throne in 1342, and later to the Polish throne in 1370. In the last half of the fourteenth century, the House of Anjou ruled territory stretching from the Baltic to the Adriatic (Hungary and Poland); it ruled in southern Italy and maintained claims in Greece; and it had close connections to two other powerful Mediterranean states, France and Aragon.

One connection of the House of Anjou to Eastern Europe that has not received proper study is its relations with Serbia. In the remainder of this paper I wish to outline the earliest period of these relations and in particular to discuss the problem of Helen, the wife of the Serbian king Uroš I (1243-1276).

The earliest relations between Charles I and Serbia were negative. One of the provisions of the Treaty of Viterbo between Charles I and Baldwin II was that "one third of (Charles's) expected conquests in Romania [i.e., the Latin Empire founded in 1204; *not* modern Romania] would be assigned to Charles in full sovereignty"; Charles could make the selection of any part as his share, specifically the Despotate of Epirus, Albania and Serbia.[6] Forced to hold in abeyance his plans for the Balkans by the advance of Conradin into Italy, Charles returned to them after his victory at Tagliacozzo (1268) and his participation in the Tunisian crusade. In order to gather as many states as possible into an anti-Byzantine alliance, Charles began diplomatic negotiations with the peoples of the Balkans. He had already secured an association with Hungary and now turned to Serbia and Bulgaria. Exchanges of embassies[7] continued intermittently during the period preceding the Sicilian Vespers, after which serious preparations for the reconquest of Constantinople had to be set aside. A central figure in these attempts of Charles to foster good relations with Serbia and bring it into his plans for reestablishing the Latin Empire, although a figure whose actions are little known, was Helen, the Latin wife of Serbia's king, Uroš I.

Helen's ancestry has long been a matter more of speculation than documentation, for no known source reveals the name or title of either of her parents. Her biographer, Archbishop Danilo II, stated only that she was French (ot' plemene fruž'skaago, d'šti slav'nyju roditelju).[8] Elsewhere it was stated that she was of an imperial or royal family (ot' plemene car'ska),[9] which led early scholars to identify her as a daughter of Louis IX of France or Baldwin II. These proposals were rightly rejected by Mijatović[10] on the basis of more detailed documentary knowledge of the two monarch's children, none of which could be identified with Helen. It seems likely that the descent of Helen from a royal family may be at least an exaggeration of fact. Indeed, the second passage cited above should be suspect, since it was written not by Danilo, but by a continuator at least twenty-five years after Helen's death.[11] Mijatović could not identify Helen, but suggested looking among the daughters of Raoul or Elizabeth Courtenay. This search has not yielded any documentary evidence concerning Helen. Jireček also could not make any identification, but pointed toward the ruling houses of the French in Greece.[12]

Recent scholarship has assumed Helen's close connection to the House of Anjou.[13] In documents issued by Charles I and Charles II, Helen and her sister Maria de Chaurs are variously referred to as *consanguinea nostra carissima, cognata nostra,* and *affinis nostra carissima,* from which it has been concluded that the two were related to Charles I along a female line. The most recent study of Helen's geneaology has failed to uncover any specific connection, however.[14]

The following remarks are of a preliminary nature and are intended as a contribution to the investigation of Helen's identity and significance for Serbian history.

In an attempt to approach Helen indirectly, it may be fruitful to investigate her sister, Maria, and Maria's husband, Anselm de Chaurs. All that is known about Anselm concerns the last year of his life. He was appointed vicar general in Albania in place of Gazo Chinardo on 18 May 1273.[15] He was mentioned in two documents from early 1274,[16] but died before 12 April 1274, when he was cited as already deceased.[17]

At the time of his death, Anselm was married to Maria. It is not clear whether she had accompanied her husband to Durazzo. She was first mentioned in Angevin documents in an authorization issued by Charles for her to travel from an Apulian port to Serbia with her son and his family in order to visit "her sister the Queen of Serbia," dated 7 June 1280.[18] During her stay in Serbia, she received from Vitagna de Baraba, citizen of Bar, a sum of money. Her acknowledgment is dated 27 February 1281 in Dubrovnik (Ragusa).[19] This may have been associated with her travel expenses, for again she was at Charles' court in 1281. Charles issued authorizations dated 4 June and 5 June 1281 for her return to Serbia accompanied by an emissary from the Serbian court, a nobleman named George.[20] This is the last reference to Maria de Chaurs in Angevin documents. Maria was mentioned as ruler of Ulcinj (*domina Ulcinii*) in three notations found in the archives of Dubrovnik dated between 5 April 1283 and 22 September 1285.[21] Therefore, between mid-1281 and early 1283, Maria was given the city of Ulcinj by her sister, in whose domain the city lie. One might assume that Maria died soon after 1285, as there is no other mention of her in either Dubrovnik or Angevin archives.

Maria had one son and possibly two. She was buried with her son Anselm in the church of the Virgin, also dedicated to St. Mark, in Ulcinj.[22] This son is probably the Anselm de Chaurs who served Florent d'Avesnes-Hainault, Prince of Achaia, and received from him lands taken from the estate of Ventura Armeris.[23] Another possible son, or certainly a relative, was a George de Chau who was apparently associated with Helen in some trade venture. Charles II requested the aid of Philip of Savoy, Prince of Achaia, on 17 September 1302 to recover ships and goods captured in the area of Durazzo by pirates operating from Achaia.[24] With this event, references to the de Chaurs or de Chau family end.

This family connection may have been of great importance both to Charles I and to the Serbian court. The appointment of Anselm as vicar general in the strategic city of Durazzo may have been due as much to his ties to the Serbian court as to his personal qualifications. Even after his death, Maria may have continued to act as an intermediary, although there is no evidence for this in the sources. However, the coup in Serbia that brought Helen's son Dragutin to the throne in place of his father did not change Serbia's orientation. Only with Milutin's overthrow of his brother in early 1282, did Serbia's politics become more independent and aggressive. This change in Serbian politics may well be associated with the aftermath of the Italian Vespers. With these great changes in Balkan and Mediterranean politics in the background, Helen provided a reward or security for her sister by the award of Ulcinj.

While discussing Anselm de Chaurs, Jireček suggested the possibility that he might be the same as Anselm de Keu.[25] This Anselm was first given a dispensation by Innocent IV dated 15 July 1253 and a license (issued to Anselm de Quo) dated 13 January 1254 to marry Maria, who was related to him in the fourth or fifth degree.[26] In the document cited by Jireček, Alexander IV confirmed the dispensation (dated 15 January 1255). Closer study of the first two documents leads to the conclusion that Anselm de Keu (or Quo) and Anselm de Chaurs are most likely *not* identical, although a number of coincidences might suggest otherwide.

The first two documents cited above provide the names of Maria's parents, surely given in connection with the way Anselm and Maria were related. The first document gives Maria's mother as Matildis, ruler of Požega (Pozsega, now Slavonska Požega) and the daugther of the Countess of Vienne (*Matildis, dominae de Posaga, nata comitissae Viennensis*), and niece of the Latin Emperor of Constantinople (*imperature Constantinopolitano, ejusdem Matildis avunculo*). According to the second document, Maria's father was John Angelus (Calojohanni), son of the Byzatine emperor Issac II Angelus and Margaret of Hungary. At the time of the documents he was ruler of Srem (Sirmium, Szerém).[27]

The association of both of Maria's parents with the lands between Hungary and Serbia indicates that Anselm should be identified as the lord of *Keu* or *Kew* (Hungarian Kő), now Banoštor near Novi Sad.[28] Hence it seems unlikely that Anselm de Chaurs and Anselm de Keu are one and the same.[29] However, there are some coincidences that do not permit a categoric denial of such an identification. The names of the married couple are the same, Anselm and Maria. The geographic proximity to Serbia of both couples is suggestive, as is the fact that their ages would be appropriate. If there exists confusion between the names of de Keu and de Chau (Chaurs, even Cau) for modern scholars, might there not have been similar confusion for members of distant chancelleries in the thirteenth century?

Lacking conclusive documentation of Helen's ancestry, her affiliation with the House of Anjou, which has become accepted in recent years, has no basis in fact. The evidence of the Angevin documents must be subjected to further study. For example, do Charles I or Charles II refer to other addressees with the term *consanguineus,* and if so, can those relationships be specified? Furthermore, can a consistency in the practices of the Angevin chancellery be expected? The first reference to Maria de Chaurs notes only that she is *nobilis mulier.* Only in the next reference is Maria *consanguinea nostra carissima* and *consanguineam nostram.*[30] Helen herself is referred to in this way only once, and then not by name: *Inclitorum Principum Regis et Regine Servie karissimorum consanguineorum nostrorum.*[31] Elsewhere, she is merely *affinis nostre* or *affinis nostre carissime.*[32] Are these changes in address merely matters of style and usage or do they reflect a more precise understanding of the relationship of Helen to the House of Anjou?

Whether Helen was related by blood to the House of Anjou, and the closeness of that relationship, was probably less significant to the Angevin court than her potential political influence in Serbia. Therefore, while her identity should be established, it is her influence on her husband and two sons, kings of Serbia for more than sixty years, and her rule in Zeta and Western Serbia that should be more closely analyzed. For clearly a woman viewed with respect and affection by the Catholic Angevins and the Orthodox archbishop of the Serbian Church who wrote her biography must have been an astute diplomat, one who deserves greater recognition and study.

NOTES

1. On this aspect of Charles I's policies, see D. Geanakoplos, *Emperor Michael Paleologus and the West, 1258-1282: A Study in Byzantine-Latin Relations* (Cambridge, Mass., 1959). See also S. Runciman, *The Sicilian Vespers* (Cambridge, 1958); and A. Laiou, *Constantinople and the Latins: The Foreign Policy of Andronicus II, 1282-1328* (Cambridge, Mass., 1972).

2. On Hungary in this period see B. Hóman, *Geschichte des Ungarischen Mittelalters* (Berlin, 1943), II; and idem, *Gli Angioini de Napoli in Ungheria, 1290-1403* (Rome, 1938).

3. Geanakoplos, pp. 198-199.

4. Ibid., p. 197.

5. On the family of Charles II see C. Minieri-Riccio, "Genealogia di Carlo II d'Angiò Re di Napoli," *Archivio Storico per le Province Napoletane,* 7 (1882), pp. 5-67, 201-262, 465-496, 653-684; 8 (1883), pp. 5-33, 197-226, 381-396, 587-600. Briefly on the marriages, Runciman, p. 267 and passim.

6. Geanakoplos, p. 198.

7. For the documents, see V. Makushev, *Ital'ianski arkhivy i khraniashchiesia v nikh materialy dlia slavianskoi istorii* [Italian Archives and Materials for Slavic History Kept Therein] (=Sbornik Otdeleniia Russkogo Iazyka i Slovesnosti [Anthology of the Russian Language and Literature Section], VIII, no. 4) (St. Petersburg, 1871), pp. 29-30.

8. Dj. Daničić, ed., *Životi kraljeva i arhiepiskopa srpskih* [Lives of the Serbian Kings and Archbishops] (Beograd, 1866; reprinted Variorum Press, London, 1973), pp. 58.9-10. According to M. Dinić, *Enciklopedija Jugoslavije* [Encyclopedia of Yugoslavia], 4:482, Danilo is the only source to make this explicit.

9. Ibid., p. 8.14.

10. K. Mijatović, "Ko je kraljica Jelena?" [Who is Queen Jelena?], *Letopis Matice srpske* [Chronicle of the Matica Srpska] 217 (1903), pp. 1-30.

11. Lj. Stojanović, "Žitija kraljeva i arhiepiskopa srpskih od arhiepiskopa Danila i drugih" [Lives of the Serbian Kings and Archbishops by Archbishop Danilo and Others], *Glas Srpske akademije nauka* [*Herald of the Serbian Academy of Sciences*], 106 (1923), pp. 97-112. I discuss this point in detail in my dissertation, *The "Lives of the Serbian Kings and Archbishops" by Danilo II: Textual History and Criticism* (Ph.D. diss., University of Washington, Seattle, 1980), pp. 128-130.

12. K. Jireček, *Istorija Srba* [*History of the Serbs*] (Beograd, 1952), II, pp. 264-266.

13. G. Subotić, "Kraljica Jelena Anžujska–ktitor crkvenih spomenika u Primorju" [Queen Jelena of Anjou–Donor of Religious Foundations in the Littoral"], *Istoriski Glasnik* [*Historical Herald*] (1958), 1-2, pp. 131-147.

14. J. Allen, "An Unknown French Princess–Serbian Queen Jelena," paper delivered at the Fifteenth Spring Symposium of Byzantine Studies held 22-24 March 1981, Birmingham, England. Prof. Allen has kindly made her results known to me by personal communication.

15. Document published by G. del Giudice, "La famiglia de Re

Manfredi," *Archivio Storico per le Province Napoletane,* 5 (1880), p. 303, no. XVI. In this document Anselm is referred to as *Anselmo de Caen.* In all other documents, however, he is *de Chaurs.*

16. Documents in N. Nicolini, *Codice diplomatico sui rapporti Veneto-Napoletani durante il regno di Carlo I d'Angiò* (Roma, 1965). Reprint of 1942 edition (=Regesta Chartarum Italiae), pp. 85-86, no. 92; F. Carabellese, *Carlo d'Angiò nei rapporti politici e commerciale con Venezia e l'Oriente* (Bari, 1911), p. 62.

17. Carabellese, p. 59, and note 1 on the same page. Cf. p. 63.

18. Ibid., p. 39. Cf. Makushev, p. 31.

19. G. Čremošnik, *Kancelarski i notarski spisi* [Chancellery and Notary Documents] (Beograd, 1932), p. 44, no. 68.

20. Carabellese, pp. 39-40; Makushev, p. 31.

21. Čremošnik, pp. 102 (no. 292), 143-144 (no. 380), and 146-148 (no. 386).

22. For discussion and earlier literature see Subotić, pp. 139-140 and note 58.

23. Jireček, p. 266.

24. Ibid., p. 266; Makushev, p. 33.

25. Jireček, p. 265, note 67.

26. *Les Registres d'Innocent IV,* ed. E. Berger, pt. 3 (Paris, 1897), pp. 289 and 351.

27. On John Angelus, see most recently P. Rokai, "O jednom naslovu Kalojana Andjela" ["On the Title of Kalojan Angelus"], *Zbornik Radova vizantološkog instituta* [Anthology of Works of the Byzantine Studies Institute], 19 (1980), pp. 167-171.

28. M. Dinić, "Županija 'Keve' izmedju Dunava i Fruške Gore" ["The *županija* of 'Keve' between the Danube and the Fruška Gora], *Glasnik Istorijskog društva u Novom Sadu* [Herald of the Historical Society in Novi Sad], 8 (1935), pp. 94-95. Reprinted in M. Dinić, *Srpske zemlje u srednjem veku* [*The Serbian Lands in the Middle Ages*], ed. S. Ćirković (Beograd, 1978), pp. 292-293.

29. There were at least two other individuals with similar names and ranks in the Latin East, Anselm de Cayeux and Anselm de Toucy. Jireček, p. 265, note 69, first cautioned against the possible confusion of Anselm de Chau and Anselm de Cayeux. See also D. Geanakoplos, "Greco-Latin Relations on the Eve of the Byzantine Restoration: The Battle of Pelagonia

–1259," *Dumbarton Oaks Papers,* 7 (1953), Appendix B: "Ansel de Toucy or Ansel de Cayeux? An attempt to identify Acropolites' Disputed 'Asel'," pp. 137-141, esp. 139. Geanakoplos himself yielded to this confusion, citing in this work that de Chaurs was named vicar general in Albania, but giving that honor to de Cayeux in the work cited in note 1 (p. 235).

30. Makushev, p. 31.

31. Ibid., p. 32.

32. Ibid., pp. 32-33.

III.

ART AND CULTURE IN THE AGE OF LOUIS THE GREAT

L. S. Domonkos

10 / The Influence of the Italian Campaigns of Louis the Great on Hungarian Cultural Developments*

In November of 1347, two men set out for Italy for very different reasons and although they probably never met, they did touch each others lives indirectly. Leaving his mountain retreat at Vaucluse near Avignon, Francesco Petraca (Petrarch), often referred to as the First Modern Man and the Father of the Italian Renaissance, took leave of his friends, patrons and admirers. He headed for the land of his birth, motivated by what he called "the strong love of country calling aloud within me."[1] At the same time, Louis I, king of Hungary, surnamed the Great (1342-1382) left his court at Visegrád on the banks of the Danube, to join his armies in an invasion of the kingdom of Naples. It was this Hungarian invasion of Italian soil which brought Petrarch out of his self-imposed isolation. The great humanist had been dreaming of a united and strong Italy, free from foreign influences.[2] He viewed with favor and sympathy the rise of Cola di Rienzo to power in Rome, and hoped that the "Tribune" would become the instrument of Italian unification. Rienzo had recently received ambassadors from King Louis the Great, requesting that the Roman people should ally themselves with the Hungarians, and that the Tribune should allow the king and his troops entry into the Eternal City as they passed through central Italy on their way to Naples. Cola di Rienzo's willingness to form an alliance with foreigners, upset Petrarch and his departure from

* Presented at the Ninety-Seventh Annual Meeting of the American Historical Association, December 27-30, 1982, in Washington, D.C.

Vaucluse was motivated by a desire to dissuade the Tribune from this policy and to encourage him in the performance of his duties as a "true Roman citizen." Events moved swiftly. Cola had allied himself openly with the Hungarians, but the alliance was of brief duration. He fell from power in the course of internal conflicts within Rome, and fled into the mountains of Abruzzi. Petrarch did not reach Rome in the course of this visit to Italy, nor could he prevent the "foreigners" from once more throwing the politics of Italy into even greater chaos and confusion.[4]

What prompted the Hungarian invasion of Naples in 1347, adding another chapter to the sad story of disunity and war on the Italian Peninsula? The answer lies in the actions of Louis the Great who took up arms and led his troops through Italy, into the kingdom of Naples, to avenge the foul murder of his brother Andrew, the husband of Queen Giovanna of Naples.[5] Furthermore, Louis also set forth a claim to the Neapolitan throne as his brother's heir.

In order to understand the muddled and complicated dynastic relations between the Angevin house which ruled over Naples and the Angevin line on the Hungarian throne, it is necessary to go back one generation before the reign of Louis the Great. In 1309 Charles Robert, the father of Louis ascended the Hungarian throne, the first ruler from the Angevin line to wear the crown of St. Stephen. Charles Robert, a man of great abilities, had worked out a marriage alliance in 1333 with his uncle Robert the Wise (1309-1343) king of Naples, whereby the son of the Hungarian king, Andrew by name, would marry the granddaughter of king Robert, Givanna (Johanna, Joanna).[6] It was stipulated that the two young people, then aged seven and six respectively, would jointly inherit the kingdom of Naples. Accordingly, Prince Andrew was brought to Naples and grew up at the court of Robert the Wise, a court made famous in literature by Boccaccio and his Fiametta. The marriage of Andrew and Giovanna, who were cousins, took place in January of 1343. Before his death, old king Robert apparently had a change of heart, and influenced by factions at court which were hostile to the Hungarian prince, left his kingdom solely to Giovanna.[7]

Giovanna was vain, frivolous, sensuous and above all ambitious. She had herself crowned queen and most effectively managed to exclude her husband from public life. Andrew was humilitated and ridiculed by the queen and her entourage. King Louis of Hungary, who had succeeded his father

Charles Robert in 1342, was understandably indignant at the treatment of his brother. Since Naples was a papal fief, Louis sent ambassadors to the pope in Avignon, urging Clement VI to pressure Giovanna, his vassal, to accept Andrew as co-ruler and allow his coronation. The Pope temporized and delayed, as he was to do on numerous subsequent occasions. He was not eager to see the power of the Hungarian Angevins threaten the southern flanks of the Patrimony of St. Peter.[8] In an attempt to resolve the problem, Louis the Great sent his mother Elizabeth, to Naples in order to see for herself the situation between her son and her ambitious daughter-in-law. Giovanna was not to be intimidated and Elizabeth proposed that Prince Andrew should return to Hungary.[9] Unfortunately for him personally and for the course of subsequent Hungarian and Italian history, he did not. Louis the Great continued to apply pressure on the papacy to bring about the coronation of Andrew as co-ruler without further delay. Clement VI could procrastinate no longer and issued instructions which directed that the coronation of the Hungarian Prince should take place, but stipulated that he could wear the crown only as a prince consort and not as co-equal with Giovanna.[10] These humiliating terms reached Naples, but too late. During the night of September 19, 1345, while Andrew and Giovanna were staying at the castle of Aversa, Andrew was murdered, possibly with the knowledge and consent of the Queen. That evening Andrew and Giovanna had retired to their bedroom when the Prince was summoned by voices in the ante-chamber. He dressed hastily, went out unarmed to see who it was. Several people jumped out of the darkness and threw themselves upon the young man. He fought them off, tried to return to the bedroom where Giovanna was sleeping, but found the doors locked. His cries for help were unanswered, and he was strangled in the subsequent melée.[11]

Louis the Great was shocked and outraged at the news of his brother's brutal murder. He showed his annoyance with the papacy, accusing Clement VI of partial responsibility because with the delay of Andrew's coronation, he had aided and encouraged the enemies of the Hungarian prince at the Neapolitan court.[12] Louis demanded that the guilty should be found and justice meted out without delay. The pope officially condemned the crime committed at Aversa and announced proceedings against the unknown perpetrators.[13] The Hungarian king's demands, however, were becoming more insistent. Following the death of his brother, Louis set forth his own claim to the Neapolitan inheritance on the basis of the agreement reached by Charles Robert and Robert the Wise. He also suggested that as an accused felon, Giovanna should be forbidden to remarry until she had been cleared of complicity in the murder of Andrew.[14] Clement was not about to consent to these demands.[15]

These are the events, in brief, which led Louis the Great to prepare for war in the fall of 1347. He left Visegrád on November 11 and made his way through northern and central Italy. He was generally well received on his journey across the Peninsula.[16] The reason for this is twofold: Louis had prepared his way through diplomatic means and had gained the friendship of a number of city states, as well as the alliance of Cola di Rienzo in Rome. The general outrage at the actions of Giovanna also favored the cause of the Hungarian king. Clement VI tried to arouse the Italian princes against Louis, but with no success. Advancing with considerable speed, Louis the Great reached Neapolitan territory. Giovanna, accompanied by Louis of Taranto, her newest lover, fled by ship from Naples on January 15, 1348 and took refuge in Provence, on her way to the Papal Court at Avignon. Clement VI was not very pleased with the arrival of his troublesome vassal, but eventually did formally receive her in a solemn consistory.[17]

Louis the Great, in the meantime, gained control over Naples and much of the kingdom. Although at first well received, some of his ill considered and cruel acts brought resentment against his rule. He ordered the arrest of Charles of Durazzo, who was possibly implicated in the murder of Andrew, and had him executed, much to the outrage of Neapolitan and Italian public opinion. It is also important to remember that occupation troops are never popular, and the army of Louis made up of numerous German mercenaries as well as Hungarian soldiers, were no exception. The Hungarian king continued to press Avignon to grant him formal recognition as the rightful ruler of Naples. Clement negotiated, temporized, delayed but did not bend to the wishes of the king. The pope seemed to be convinced that Giovanna was not guilty, that she was the rightful heir of the kingdom and that Louis' claim was an usurpation. Time favored the Pope. Amidst increasing resentment against his rule and the outbreak of the Black Death, Louis decided to return to Hungary in the early summer of 1348, leaving garrisons in many of the fortresses and towns. Shortly after his departure, the Neapolitans rose against the troops of Louis, expelled them and asked

Giovanna to return. The Queen in the meantime, in dire need for funds to fight the Hungarians, sold Avignon, her fief, to the Pope for a sum of 80,000 gold florins. She returned to Naples and was welcomed by the populace. Clement VI was greatly relieved by the departure of the Hungarian king from southern Italy, and renewed his efforts to find a solution to this dangerous conflict through diplomatic channels.[19]

The news from Italy which reached Louis the Great was disquieting. The garrisons he had left behind were being overrun and urgently needed relief. The king collected fresh forces and in April of 1350, sailed to Italy and landed on the eastern coast of the kingdom of Naples. In a series of well executed campaigns he regained control of much territory. Military success, however, could not be translated into permanent gains. In the beginning of September 1350, negotiations for an armistice were begun. Under the terms of this agreement both Louis as well as Giovanna and her husband Louis of Taranto were to withdraw from the kingdom. Clement VI was to undertake an inquiry into the murder of Andrew. If it was determined that Giovanna was indeed found guilty, Louis of Hungary would inherit the Neapolitan kingdom. If on the other hand, she was found innocent, she would pay an indemnity of 300,000 florins to the Hungarian monarch.[20]

On September 17, 1350, Louis the Great left Naples for Rome and participated in the Holy Year celebrations before returning to Hungary. He never saw southern Italy again. Giovanna and Louis also withdrew from the kingdom, according to the terms of the armistice, but soon returned to Naples with the blessings of the Pope. Naturally, no inquiry into the guilt of Giovanna was ever held and she continued her spectacular misrule for another three decades. The remaining Hungarian garrisons were withdrawn and the fortresses given over to papal sovereignty, at least in name. Clement also took upon himself the responsibility for punishing the murderers of the deceased Hungarian prince. The sum of the indemnity was reduced to 200,000 florins. Louis, in one of those great chivalrous gestures for which Hungarians are famous, refused to accept the money, saying that his sole object in going to war had been to avenge the murder of his brother Andrew.

Thus ended the Neapolitan campaigns of the King of Hungary. There is no doubt that this was an ill conceived enterprise, the results of which were predictable from the outset. The motivation of revenge against the murderers of his brother may be understandable to a degree if we consider the high moral ideals of Louis the Great. A knight had to avenge the wrong committed and had to restore the honor of his family or house. His claim to the Neapolitan crown, however, was weak and unenforcible. Even if military force brought him success at first, there is a major difference between conquering and holding a kingdom. It is furthermore hard to conceive of a situation in which Louis the Great could have effectively held the crown of Hungary and Naples simultaneously.[21] With no common border, a hostile Venice in control of the Adriatic, uncertain allies on the Italian Peninsula, and strong centrifugal forces in both countries, it would have been impossible to overcome so many negative factors. Even the personal union between Hungary and Poland, two countries with many similarities, will prove to be problematic and short-lived.[22] A similar extension of Hungarian power into Southern Italy was utterly unrealistic.

At the time of the Italian campaigns of King Louis the first generation of great humanists and artists (Petrach, Boccaccio, Giotto, and the like) were already active and a new spirit was being felt in many parts of the Peninsula. What effect, if any, did these campaigns, as well as the hostilities between Hungary and Venice in the later part of Louis' reign, have on Hungarian cultural development? After all it can be argued that the king, many nobles, diplomats, and thousands of soldiers were at least exposed to the new intellectual and artistic trends and that these beginnings of humanistic culture must have had some repercussions in Hungary. The view that humanism and a Proto-Renaissance can be detected in the culture of the 14th century Hungary, is held by two of the most respected scholars dealing with this period, Dezső Dercsényi and Tibor Kardos. [Dercsényi, *Nagy Lajos és kora;* Kardos, *A magyarországi humanizmus kora*].[23] Both of these specialists, but especially Kardos, whose views are to some degree echoed by Dercsényi, see in the Angevin period the beginnings of Hungarian humanism and the first manifestations of the Renaissance.[24] The closer examination of the evidence presented by these scholars, as well as a general consideration of the cultural, social and economic conditions prevalent in Hungary in the 14th century, lead us to the conclusion that it is an exaggeration to talk about a Proto-Renaissance or of early humanistic tendencies during the reign of Louis the Great. Hungary during the Angevin Period was the scene of a vigorously flowering medieval culture, left largely untouched by the intellectual and artistic developments associated with the Renaissance. Kardos and Dercsényi seem to detect a number of areas in which humanism manifested itself in Hungary, the most important of which were: 1) the changes in the style used in the Royal Chancery, 2) the rise of a new, humanistically oriented university (Pécs), and 3) novel method of historical writing, based on Italian models. Let us examine in a little greater detail each of these points and see if indeed the humanistic orientation is present.

The involvement of Hungary in the mainstream of European politics in the reign of Louis the Great led to the growth and expansion of the Royal Chancery. A considerable amount of diplomatic correspondence from this age has survived, and much of it has been published.[25] The examination of these documents shows that there was a definite improvement in the style of correspondence, an attempt was made to use more elegant and eloquent phraseology. Still, the style is more reminescent of the contemporary chanceries of Western Europe than of the letters of such men as the great Florentine Chancellor Colluccio Salutati, who did in fact correspond with the Hungarian court. Attempts at elegant phraseology and the occasional references to classical authors do not in themselves create a humanistic style. Medieval chanceries often showed considerable sophistication in the construction of diplomatic correspondence, and this is what we see in the case of the Hungarian chancery. This basically medieval orientation and character of the diplomatic correspondence of Hungarian rulers did not change for over a generation following the death of Louis the Great. The real beginnings of humanistic elements will become evident only in the reign of Sigismund of Luxemburg, who was able to persuade Pier Paolo Vergerio to settle in his court at Buda following the conclusion of the Coucil of Constance (1418).[26] Vergerio's presence did have a visible effect on the style of the Hungarian chancery. Among the chancery officials trained by Vergerio was the young János Vitéz, who became a great supporter of János Hunyadi, and carried on an extensive correspondence in his behalf. Vitéz continued his activities in the chancery of Matthias Corvinus until his death in 1472.[27] It is noteworthy that after the death of Vitéz, the style of correspondence in the Hungarian chancery again shows tendencies which are more medieval than humanistic.[28] It is therefore inaccurate to view the chancery of Louis the Great as a possible center of early humanistic influence. In fact, contemporaries did not speak of the chancery with much enthusiasm. Petrarch supposedly told the

Bishop of Pécs: "Tell the king that he should decrease the immensely large number of greyhounds which he owns, and with the money he saves, he should provide from some officials who are quick in spirit, are more cultured and more eloquent."[29] This is hardly the description of a humanistic chancery.

The new university founded by Louis the Great in 1367, at Pécs is also seen by some as an early center of humanism. This institution is one of three universities founded in Central Europe during the pontificate of Urban V. Casimir the Great of Poland secured a charter for the University of Cracow in 1364, and a year later the Vienna *studium generale* was brought into existence at the request of Duke Rudolph IV of Austria. This was followed by Pécs. After elaborate preparations the Bull of Foundation was issued by the Pope on September 1, 1367.[30] The document bestowed the usual privileges, liberties and immunities upon the doctors, teachers and students of the new *studium.* According to the papal charter the king was to provide a "just income" to the masters and doctors of the University of Pécs, or the Foundation Bull would be void. The Pope's anxiety was not misplaced and the lack of a secure financial basis was in all probability one of the major reasons for the early demise of this institution of higher education.

The bishop of Pécs, William of Bergzabern was the first Chancellor of the new university. He was also a great diplomat and Chancellor of the Realm. The most famous professor at Pécs was the Italian jurist Galvano di Bologna, who taught briefly at the Hungarian university in the early years of its existence.[31] Chancellor William showed his generosity to Galvano by rewarding him with the most enviable salary of 600 gold florins, along with a residence in Pécs, as well as with revenues from a nearby village. He was obviously the "star attraction" and the salary was intended to keep Galvano at the university. This effort did not pay off, for Galvano di Bologna left Pécs as early as 1372 and returned to Italy. His brief presence at the Hungarian university did not become a catalyst for the growth of a rigorous Law Faculty. His presence of less than five years was certainly not enough to establish any major humanistic orientation at the newly founded university.[32] It is also impossible to find humanistic traces in the collection of sermons entitled: *Sermones compilate in studio generale Quinqueecclesiensis in regno Ungarie,* which is at the Bayerische Staatsbibliothek in Munich.[33] These sermons have generated a great deal of controversy among Hungarian scholars. It is uncertain when they were composed, nor do we know if it is the work of one person or several, or, whether the sermons were ever delivered at Pécs or not. What is quite certain is that their tone is scholastic and not humanistic, and there is a good possibility that it is the work of a Hungarian Dominican.[34]

If we look upon the conditions of the foundation of the University of Pécs, we must realize that it would have been quite remarkable if Pécs would have been an early center of humanism in Central Europe. The one famous professor, Galvano di Bologna was a well known legal scholar but was not a humanist. There is no information on other members of this faculty who could have been enthusiastic devotees of the New Learning. If we look at the sister institutions of Pécs, namely Vienna and Cracow, we find that the humanistic trend did not become strong at these far more successful universities until the second half of the 15th and early decades of the 16th centuries.[35] Under these circumstances how can we take seriously attempts to make Pécs into a Renaissance university in the fourteenth century.

Finally, let us look at the third alleged area of humanistic influence, namely the writing of history. Louis the Great was fortunate in having a fine biographer in the person of János, archdeacon of Küküllе, who started his career as a chancery official, was canon of Arad and Eger, became archdeacon, archepiscopal vicar and finally Royal Chaplain. Based on his own observations as well as charters which were available to him at the chancery, Küküllei wrote his work in two parts. The first 25 chapters cover events from 1342 to 1352, then his work was interrupted. Years later, after the death of Louis the Great, he returned to his unfinished task and completed the final 30 chapters.[36] The vivid description he gives of the Italian campaigns of King Louis support the assumption that he was an eyewitness to the events. It is also possible that he had accompanied the Queen Mother Elizabeth to Naples in 1343 on her visit to Prince Andrew. Prof. Kardos detects the influence of the Venetian Andrea Dandolo on the work of Küküllei. Dandalo had written a series of vivid biographies of the great doges of Venice. Kardos sees in the biography of Küküllei another manifestation of the resurgent importance of the individual which characterizes the Renaissance.[37] While no one will deny the emergence of individualism in the Renaissance, we must remember that the Middle Ages also produced some excellent biographies, i.e. Einhart,

Notker, Helgand, Suger, Nangis, Joinville, to mention a few. The biography of Louis by Küküllei falls into this tradition. His latinity is more medieval than humanistic.[38] If we consider that the style of János Thuróczi, who wrote a hundred years after Küküllei was still basically medieval, then it is not surprising that the Life of Louis the Great written in the 14th century is not a humanistic work and should not be characterized as such.[39] It is in vain that we look for any major humanistic influences on Hungarian culture in the age of Louis the Great. Neither at the royal chancery, nor at the new University of Pécs, nor in the historical work of Küküllei, can we see a clear indication that the new spirit from Italy had found roots in Pannonia. This does not mean, however, that an active cultural influence was not exerted by Italy upon Hungary in almost every area of intellectual or artistic endeavor.

To give a detailed analysis of the Italian influence upon Hungarian cultural and artistic life in this period would be an impossible task in the framework of such a brief paper. Let us just touch upon the more obvious or better known examples. In the area of education the role of the great universities of Bologna and Padua are of immense importance. During the reign of the Angevin kings over 17 students from Hungary attended the University of Padua, two of whom were elected to the office of rector.[40] Upon returning home from Italy, the graduates of these institutions rose to positions of importance in the administration of both Church and State. A small but increasingly important cultural elite was developing, and Italy played a major role in its emergence.

The Age of Louis the Great was also a great period of book illumination in Hungary and here again the Italian influence is evident. Fortunately a number of exquisite volumes have survived the ravages of time, among them the famous *Illuminated Chronicle,* now at the National Library, Budapest.[41] The chroncicle, written probably around 1360, contains the history of the Hungarian nation in a vivid narrative style, filled with delightful stories about the deeds of kings, knights, and lesser figures. The content clearly reflects the chivalrous cult which characterized the court of Louis the Great. The miniatures, inicials and border decorations of the *Illuminated Chronicle* show definite Italian influences and the styles of the Bologna, Naples and Siena schools of illumination are evident in this work. The volume was in all probability decorated by an illuminator who was a Hungarian, but had either studied abroad or had at his disposal other codices decorated in the Italian style.[42] The artistic style of the master of the *Illuminated Chronicle* is also evident on the introductory page of the Pseudo-Aristotelian *Secretum Secretorum* which belonged to Louis the Great and which is now at the Bodleian Library at Oxford University.[43] The illustrator of the *Illuminated Chronicle* must have seen the magnificent Passional or *Legendarium*[44] which was in the possession of the royal family at the time that the *Chronicle* was being illuminated. The Passional contains a series of illustrations from the life of Christ and of the Virgin, as well as a long series of biographical sketches of saints, based on the popular *Legenda Aurea* of the Genoese Jacobus de Voragine. What differentiates this work from similar hagiographical books is the inclusion of the lives of popular Hungarian saints, especially St. László or Ladislaus. The *Legendarium* was probably written at the request of Queen Elizabeth, the wife of Charles Robert, and mother of Louis the Great and Prince Andrew. It is likely that the volume was given to Andrew when he was taken as a child to the Neapolitan court. After the tragic death of the Prince, the book was returned to Hungary in the course of Louis' Italian campaigns.[45] The style of illumination shows the strong influence of the "Bologna school," but could have been the work of a Hungarian master who had studied in Italy. The *Legendarium,* like so many other books from Hungary, had a stormy history. The volume came into the possession of the Polish court and eventually reached Italy where it was cut up and mutilated. Three sections of the work have survived, although some parts have been lost. The Vatican Library has the largest portion, the Pierpont Morgan Library and the Leningrad Hermitage collection also have some of the exquisite pages.[46] There is a very close artistic tie between the *Legendarium* or Passional and the famous Nekcsei-Lipócz Bible, now in the Library of Congress (Pre Access. Ms. 1). This two volume work has many historiated initials and two elaborately illuminated introductory pages. The Bolognese style of illustration is evident here as well, but Meta Harrsen, who has done the most extensive evaluation and description of the volumes, feels that it is the work of a Hungarian atelier.[47] The Bible was written before 1338 for the use of Dömötör Nekcsei, Chief Treasurer of the Realm under Charles Robert. These are just a few examples of the rich artisitic heritage in the area of book illumination in the fourteenth century. All show a definite "Italian connection." This same influence is evident in other areas. The major construction projects undertaken by Louis the Great at Buda, Visegrád, Zólyom, Diósgyőr, and other places, show the influence of an italianate palace architecture.[48] We also know that a certain Niccolo de Tommaso of Florence painted a number of frescos during his stay in Hungary in the service of the king.[49] The bronze statues of the Kolozsvári Brothers, Márton and Győrgy, of which only the Prague "St. George killing the Dragon" has survived, show a very high degree of technical skill and are reminiscent of the work of 14th century Northern Italian masters.[50]

Before leaving the subject of Italian cultural influences on Hungary it is interesting to remark upon the high esteem in which Louis the Great was held by contemporary Italians. Among these is the work of Lorenzo de Monacis, Secretary of the Venetian Republic, who wrote a poem entitled *Carmen seu historia de Carlo II cognomento Parva, rege Hungariae,* in which he discusses the turbulent period following the death of Louis the Great in 1382. He has high praise for King Louis and credits him with bringing culture to the backward Hungarians. The king, according to Lorenzo, brought glory not only to Hungarian arms, but made his nation "more humane, guiding them to a more noble life."[51] He remarked that the inhabitants of "Proud Hungary" are known for their unrestraint, disunity, craftiness and bias. Also of great interest are the memoirs of Giovanni da Ravenna, written in the first decade of the 15th century, by the son of Louis the Great's favorite Italian physician, Conversiono da Ravenna. In his *Rerum Memorandorum Liber* he speaks with great admiration of the Hungarian king, relates several stories about the glorious deeds of the monarch, and insists that Louis should be placed in the "shrine of humaneness and splendor."[52] And finally we must mention an anonymous collection of short stories, novellae or fabliaux, which originated from Florence in 1389, and are associated with the famous Paradisio delgi Alberti, the meeting place of Florentine intellectuals. One of the nine stories, unfortunately incomplete, relates the meeting of two rather dense Florentines with Louis the Great at Buda, whom they do not recognize as the king. The Hungarian monarch is again portrayed as a man of kindness, decency and clemency.[53] All these literary pieces show that the reputation of Louis the Great was that of a fine Christian Prince. The campaigns of the Hungarian monarch did not leave a negative image in the eyes of most Italian intellectuals.

Finally let us turn to the fundamental question whether the campaigns of Louis the Great in Italy had any tangible influence upon the development of Hungarian culture. I feel that the answer to this question is a cautious NO. It is always difficult to measure or trace cultural diffusion and therefore the historian must exercise restraint. That the influence of Italian culture on Hungary in the 14th century was considerable, is undeniable. It is my view, however, that this influence was there irrespective of the military intervention of Louis in Italy. These influences were present already in the reign of Charles Robert and will continue well into the sixteenth century. It is not the knights and soldiers but diplomats, wandering scholars, university students, artists and artisans who were the important carriers of intellectual and artistic currents. Armies generally spread plagues and social diseases, not culture.

NOTES

1. Mario Emilio Cosenza, *Francesco Petrarca and the Revolution of Cola di Rienzo* (Chicago: University of Chicago Press, 1913), 170.

2. Guiseppe Fracassetti, *Francisci Petrarcae epistolae de rebus familiaribus et variae,* 3 vols. (Florence, 1859-1863), I, 355-357.

3. Letter of Cola di Rienzo to Pope Clement VI in: Annibale Gabrielli, *Epistolario di Cola diRienzo* [Fonti per la Storia d'Italia, Instituto Storico Italiano, Epistolari, Sec. XIV], (Rome: 1890), 76.

4. Cosenza, *Francesco Petrarca,* 193-194. See also the letter of Petrarch to Cola di Rienzo, ibid., 182-187.

5. For the political history of this period see the monograph of Antal Pór, *Nagy Lajos* [Louis the Great] (Budapest, 1892); also by the same author *Az Anjouk kora* [The Age of the Anjous], in *Magyar Nemzet Története* [History of the Hungarian Nation], ed. S. Szilágyi, 10 vols. (Budapest: 1895-1898), III, 179-224. Balint Hóman and Gyula Szekfű, *Magyar Történet* [Hungarian History], 5 vols. (Budapest, 1935-1939), II, 174-207.

6. The main points of the agreement are found in August Theiner, *Vetera monumenta historica Hungariam sacra illustrantia,* 2 vols. (Rome, 1859-1862), I, no. 883, 593-594.

7. E. G. Leonard, *La jeunesse de Jeanne 1er, reine de Naples, comtesse de Provence,* 3 vols. (Paris, 1932-1937), I, 109-156, 193-226.

8. Ibid., 299-302, 322, 339. Cf. G. Mollat, *The Popes at Avignon 1305-1378* (New York, 1965), 176-177.

9. Ibid., 177. The voyage of Elizabeth to Italy is also recorded by contemporary Hungarian sources. See: Iohannes de Kikullew *Chronica* [*Monumenta Hungarica* IV], (Budapest, 1960), Hungarian translation Chapter IV, 40-42. Hereafter cited as Küküllei, *Kronika.* Also Vilmos Fraknói, *Magyarország egyházi és politikai összeköttetései a római szentszékkel* [Ecclesiastical and Political Ties of Hungary with the Holy See], 3 vols. (Budapest, 1901-1903), I, 177 and 376n. 531.

10. Mollat, *Popes at Avignon,* 176-177.

11. There are several Italian sources about the murder of Prince Andrew. The most important are reproduced in L. A. Muratori, *Rerum Italicarum Scriptores,* 25 vols. (Milan: 1723-1751). Of these see: Dominicus de Gravina, *Chronico de rebus Apulia gestis 1333-1350,* Vol. XII, 559-560. The famous Giovanni Villani records the events, based upon the information furnished by a certain "Messer Niccola Ungaro" in *Historia universalis,* Vol. XIII, 931. Also Lajos Kropf, "Az aversai gyilkosság" [The Murder at Averso], in *Erdélyi Múzeum* (1896), 97-273; Léonard, *La jeunesse de Jeanne 1er,* 465-473.

12. The pope expressed his condolences to the Hungarian royal family on September 29, 1345 to which Louis replied formally on January 15, 1346. Preserved in Bibl. de Dept. Bouche de Rhône, Marseille, Reg. 176 B. no. 55. See: Fraknói, *Magyarország összeköttetései,* I, 189-191.

13. Theiner, *Vetera monumenta,* I, no. 1067, 703-703. Mollat, *Popes at Avignon,* 179.

14. Ibid., 179; Fraknói, *Magyarország összeköttetései,* I, 192-193. Also letter of Queen Elizabeth to the Pope. Bibl. Marseille, Reg. 176B. no 61.

15. Letter of Pope Clement to Louis, March 1346; Theiner, *Vetera monumenta,* I, no. 1070, 708-710. Also letter of Clement to the Hungarian monarch, May 6, 1346 in which he rejects the claim of Louis to the Neapolitan throne: ibid., no. 1075, 712-713.

16. Concerning the reception of Louis the Great in Italy see: G. Villani, *Historia Universalis,* Lib. XII, 938-939, 984-985 also *Historia Gulielmi et Albrigeti Cortusionum de Novitatibus Paduae et Lombardiae* in Muratori, *Rerum Ital. Scipt.*, XII, Libr. IX, 925.

17. Mollat, *Popes at Avignon,* 182.

18. Besides the sources cited in note 5 also see: Küküllei, *Kronica,* chapt. X-XXV, 49-60. Another Hungarian source is the Anonymous Minorite's *Chronica,* published together with Küküllei in *Monumenta Hungarica,* IV, especially chapter IV-XV, 86-101.

19. J.-B. Christophe, *Histoire de la papauté pendant le XIVe siècle* (Paris: 1853), II, 467-471; cf. Mollat, op. cit., 183.

20. Ibid., 184.

21. Hóman-Szekfű, *Magyar Történet,* II, Chapter 5 entitled "A Magyar Nagyhatalom" [Hungarian Great Power]. Note the views of Dr. T. Szendrey and Dr. S. B. Vardy on this problem in this volume.

22. See the studies concerning the rule of Louis the Great in Poland in this volume.

23. Dezső Dercsényi, *Nagy Lajos kora* [The Age of Louis the Great], (Budapest, 1941). Tibor Kardos, *A magyarországi humanizmus kora* [The Age of Humanism in Hungary] (Budapest, 1955).

24. See Dercsényi's article in this volume, as well as the study of Kardos, "A Magyar humanizmus kezdetei" [The Beginnings of Hungarian Humanism], *Pannonia,* 20 (1935-1936), 340-359, 29-78.

25. Much of the published material is found in Imre Nagy and Gyula Tasnádi Nagy, eds. *Anjou-kori okmánytár* [Chartulary for the Age of the Anjou], 7 vols. (Budapest: 1878-1920); also: Gusztáv Wenzel, ed., *Magyar diplomáciai emlékek az Anjou korból* [Diplomatic Registers from the Anjou Age], 3 vols. (Budapest, 1874-1878).

26. József Huszti, "Pier Paolo Vergerio és a magyar humanizmus kezdetei" [Pier Paulo Vergerio and the Beginnings of Hungarian Humanism], *Filológiai Közlöny,* I (1955), 522.

27. See my article "János Vitéz, the Father of Hungarian Humanism" in *The New Hungarian Quarterly,* 20 (1979), 143-145; also the study of Iván Boronkai, "A ritmikus próza Vitéz János leveleiben" [Rythmic Prose in the Letters of J. Vitéz], *Irodalomtörténeti Közlemények,* 6 (1969), 693-696.

28. Vilmos Fraknói, *Mátyás király levelei* [The Letters of King Matthias], 2 vols. (Budapest: 1893-1895), II, pp. xix-xxxiii. Also: János Horváth, *Az irodalmi műveltség megoszlása* [The Division of Literary Culture] (Budapest, 1944), 71-75.

29. Tibor Kardos, "Magyar tárgyú fejezetek Giovanni da Ravenna

emlékiratában" [Chapters Pertaining to Hungary in the Memoirs of G. da Ravenna], *Egyetemes Philologiai közlöny,* 60 (1936), 288.

30. The best treatment of the history of the University of Pécs is A. L. Gabriel, *The Medieval Universities of Pécs and Pozsony* (Frankfurt a.M.: 1969). Also see: Tibor Klaniczay, "Megoldott és megoldatlan kérdések az első magyar egyetem körül" [Solved and Unsolved Question Concerning the First Hungarian University], *Irodalomtörténeti közlemények,* 78 (1974), 163; and my study "The Problems of Hungarian University Foundations in the Middle Ages" in *Society in Change: Studies in Honor of Béla K. Király,* eds. S. B. Várdy and A. H. Várdy, [East European Monographs, 132], (Boulder and New York: Columbia University Press, 1983), 373. See also Somogyi, "The Medieval University of Pécs" in this volume.

31. A. Csizmadia, "Galvano di Bologna pécsi működése és a középkori magyar jogi oktatás egyes kérdései" [The Activities of G. di Bologna at Pécs and the Problems of Legal Education in Medieval Hungary], in *Jubileumi tanulmányok a pécsi egyetem történetéből* [Jubilee Studies Concerning the History of the University of Pécs] (Pécs, 1967), I, 111-118.

32. Domonkos, "University Foundations," p. 375.

33. Cod. Lat. Mon. 22, 363[b] Part II, 1-156.

34. Pál Timkovich, "A 'Pécsi egyetemi beszédek' szelemi háttere" [The Intellectual Background of the 'University of Pécs Sermons'], in *Irodalomtörténeti közlemények,* 83 (1979), 1-14. This is in marked contrast to the views of Prof. Kardos, who saw humanistic elements in these sermons: "A pécsi Egyetemi Beszédek és a humanizmus" [The University Sermons of Pécs and Humanism], in *Jubileumi tanulmányok,* I, 129-157.

35. My view on this is quite different not only from the position of Prof. Kardos, but also from that of Dr. F. Somogyi expressed in the essay on Pécs in this volume.

36. See the study of Imre Trencsényi-Waldapfel to the Hungarian edition of János Küküllei and the Anonymous Minorite in *Monumenta Hungarica,* IV, 27-28.

37. Kardos, "A magyar humanizmus kezdetei," 40. Trencsényi Waldapfel, op. cit., 11-12.

38. Horváth, *Az irodalmi müveltség,* 26-29.

39. Tibor Klaniczay, ed., *A magyar irodalom története 1600 ig,* [The History of Hungarian Literature to 1600], (Budapest, 1964), 175-177. Concerning the Chronicle of Thuróczi also see: Elemér Mályusz, *A Thuróczy*

kronika és forrásai [The Chronicle of Thuróczy and Its Sources], (*Tudo-mánytörténeti tanulmányok,* 5) [Studies in Intellectual History, 5], (Buda-pest: 1967), 145-198.

40. Andreas Veress, *Matricula et Acta Hungarorum in universitatibus Italiae studentium, Padova, 1264-1864* [*Fontes Rerum Hungaricarum,* I], (Budapest: 1915).

41. *Chroncion Pictum,* facsimile edition published at Budapest, 1964.

42. See: Dezső Dercsényi, "A Képes Krónika és kora" [The Illuminated Chroncile and Its Age], in volume II of above mentioned facsimile edition, especially pages 24, 38.

43. Ms. Hertford College, 2. Also: Emil Jakubovich, "Nagy Lajos király oxfordi codexe, a bécsi képes Kronika és illuminátora" [The Oxford Codex of King Louis the Great, the Illuminated Chronicle of Vienna and Its Illuminator], in *Magyar Könyvszemle,* 37 (1930), 382-393.

44. *Magyar Anjou Legendarium,* facsimile edition published at Budapest, 1973.

45. Dercsényi, "A Képes Krónika és kora," p. 31.

46. Ferenc Levárdy, "Il leggendario ungherese degli Angio conservato nella Bibliotheca Vaticana, nel Morgan Library e nell 'Ermitage" *Acta Historiae Artium,* 9 (1963), 75-138.

47. Meta Harrsen, *The Nekcsei-Lipócz Bible. A Fourteenth Century Manuscript from Hungary in the Library of Congress* (Washington, 1949). Also see: C. Gnudi, "La Biblia di Demeter Nekcsei-Lipócz, il legendario Angioino, e i rapporti fra la Bolognese e l'arte d'oriente," in *Actes du XXIIe Congrès de CIHA, Budapest, 1969* (Budapest, 1972), 569-582; D. Dercsényi, "Nekcsei Dömötör bibliája a washingtoni Library of Congress-ben" [The Bible of Nekcsei D. in the Library of Congress at Washington], in *Magyar Könyvszemle,* 49 (1942), 113-114.

48. See the articles of Dercsényi and Fügedi in this volume as well as László Gerő, ed., *Várépitésünk* [Our Castle Construction] (Budapest, 1975), 87-109, 126-134, 287-294.

49. The influence of Italian painting in Hungary is treated at length in the recent study of Maria Prokopp, *Italian Trecento Influences on Murals in East Central Europe, Particularly Hungary* (Budapest, 1983), 74-112.

50. Jolán Balogh, *Márton és György kolozsvári szobrászok* [The Sculptors Martin and George of Kolozsvár] (Kolozsvár, 1934).

51. See: Laurentius de Monacis, *Chronicon de Rebus Venetis ab urb. cond. ad ann. 1354* (Venice, 1758), 325; cf. Kardos, *A humanizmus kora,* 79.

52. T. Kardos, "Magyar tárgyú fejezetek Giovanni da Ravenna emlékiratában," p. 290: "Alium rursum locum sibi in sacrario humanitatis et munificencie Ludovicus dicari postulat. . . ."

53. A. Wesselofsky, *Il Paradiso degli Alberti* (Bologna, 1867), III, 100-112; Tibor Kardos, "Una novella di argomento ungherese del Paradiso degli Alberti," in *Studi e ricerque umanistiche Italo-Ungheresi,* (Debrecen, 1967), 23-30.

Ferenc Somogyi

11 / The Medieval University of Pécs*

When King Louis the Great of the House of Angevin passed away in Nagyszombat in Northern Hungary at the age of 56, on September 10, 1382, the southern Hungarian city of Pécs[1] already had a university that had been growing and prospering for 15 years. Relatively little is known about this university and there are no records that indicate that it continued to operate after 1402. However, from the standpoint of cultural history it is considered very important and much is still written about it.

It is generally acknowledged that the founding of the University of Pécs cannot be attributed exclusively to the educational background, inclinations or scholarly interests of Louis the Great. Its antecendents are unquestionably to be found in the then developing and progressively spreading humanist or Renaissance ideas and way of thinking.[2] King Louis the Great and his entourage had been exposed to this way of thinking and lived under its influence during their participation in the Neapolitan campaigns.[3] Participation in these campaigns and first-hand exposure to Naples was the seed for the growth and expansion of national language in literary usage and a degree of national consciousness.

In the Italian provinces, Dante Alighieri (1265-1321) and Francesco Petrarch (1304-1374) gained immortality through their Italian language works. At the same time, the use of French and German began to spread.

---

* Translated by Lél F. Somogyi.

The use of German became common, particularly in the court of the emperor.[4]

It seems only natural that, following in the direction of this overall development, Charles IV, son and successor of the Czech King John of Luxemburg,[5] who as king of Bohemia continued to maintain his German royal court in Prague, immediately turned to Pope Clement VI, in Avignon, with the request that he give his blessing to the establishment of a university in the Czech capital. Charles IV had been a student at the University of Paris and clearly recognized the university's immense and far-reaching influence, immeasurable intellectual value, and its closely allied political power. He also recognized its indisputable historical importance.[6]

Authorization was given for establishing the University in Prague on January 26, 1347.[7] In 1348 the gates of the university opened. The new university attracted many of the sons of Germany, but its primary attraction was for those of Bohemia, and neighboring Austria, Poland and Hungary, since it was easier to travel to the university in Prague from these countries than to the university of Paris, or to the universities in Italy.[8]

Right from the start Charles IV had counted on the drawing power of the University of Prague form not only a cultural, but also a political perspective. This attraction to the surrounding countries naturally constituted and was perceived as a cultural and political threat that the leaders of the concerned countries quickly recognized.[9] In this recognition, it appears, the Hungarian King Louis the Great was the first. He had had the opportunity to gain firsthand experience of the influence of Italian universities during the Neapolitan campaigns. He also must have been aware of the importance and meaning of the emergence of a unique, Hungarian, national self-awareness, since his father, Charles Robert (1307-1342), had placed great emphasis on knowing and using the Hungarian language in his own court, and Louis the Great himself did not permit the appointment of an Italian priest as the Bishop of Veszprém because the priest did not speak Hungarian.[10]

In recognition of the importance of a university and to fulfill his plans to establish one in Hungary, King Louis the Great in 1360 asked his friend Prince Carrara of Padua to allow Bartolommeo Piacentini, a Padua university professor, to come to Hungary.[11]

In this same year, William[12] became "*episcopus postulatus*" of the Diocese of Pécs. He was an outstanding diplomat[13] who was equally welcomed and respected at the court of the emperor or the pope. He was a refined gentleman and was a highly educated and skilled lawyer. He had been advisor and secretary to King Louis the Great since 1357, and in 1360, as a diplomat, had met with Emperor Charles IV. Later, he became the papal superintendent of the University of Pécs. It can justifiably be postulated that he is "the institution's actual initiator."[14]

The Hungarian king, although he was the first with the idea of establishing a university, became the last to actually do so, due to other events that delayed his actions. In 1361, Sultan Murad I occupied Adrianople,[15] and in 1363, surrounded Byzantium.[16] In 1361, serious difficulties also arose between Emperor Charles IV[17] and his neighbors. This prompted King Louis the Great to enter into a triple alliance with King Casimir of Poland and Prince Rudolph of Austria, who had fought against Emperor Charles IV between 1361-1364. Peace was reestablished in 1364 through the signing of the Peace Treaty of Brno.[18] From the standpoint of the Hungarian king, this was good only for unburdening him of problems in the northwest. Newer and newer difficulties threatened from the Balkan countries necessitating military campaigns. These consumed his full energy and time. The occupation of Adrianople and the surrounding of Byzantium had a detrimental influence on the Balkan countries.

This series of circumstances delayed King Louis the Great in establishing his university even after the Treaty of Brno, when his allies established universities in their own countries, after receiving authorization to do so from Pope Urban V. The Polish King Casimir the Great became the first by establishing the University of Cracow on September 1, 1364. Prince Rudolph of Austria followed by establishing the University of Vienna on June 18, 1365.[19] King Louis the Great only made his request to Pope Urban V on September 1, 1367. The request was approved for establishing a university at Pécs on the following day (on September 2, 1367) according to the date on the papal charter.[20]

According to Bálint Hóman, the "triple founding can undoubtedly be traced back to a joint decision with the objective of thwarting the emperor's educational policy and counterbalancing the German influence."[21] This is most clearly the case in the establishment of the Polish university. The political stance of Prince Rudolph in regard to the university in Vienna also supports this contention. It was in Prince Rudolph that the Habsburg's continuing quest for independence from German control was perhaps first and most vigorously demonstrated.[22]

With the establishment of the University of Pécs, the Hungarians—and similarly the Poles—progressed along the most natural route to protect themselves against the undue influence of German culture. At the same time, consciously or unconsciously, it helped protect against the increasing encroachment of Austrian cultural influence. In essence, it laid the foundation for the gradual emergence of an early form of Hungarian national consciousness that evolved in concert with the overall trend to greater national identity.

The Hungarian king did not request the authority to establish the University of Pécs only for the use of his own country, but also—according to the Latin wording in the Papal Charter—for the commedable purpose of serving other neighboring areas as well. If we take into consideration King Louis the Great's Balkan political strategy, his crusades to defend against the advance of the Bogumil and Eastern Orthodox religions, and the steps necessary to fend off the ever increasing threat from the advancing Turks, then the purpose behind the establishment of the University of Pécs can be easily and clearly understood. This purpose also provides the explanation for one of the most frequently raised questions: why was the university located in Pécs?

It should not be forgotten that in 1364, at the Cracow Conference following the signing of the Brno peace accords, the Hungarian and Polish kings and the Austrian prince decided not only to establish universities, but also to organize a holy crusade to stem the advance of the Turks in the Balkans and to reconvert the Balkan peoples following the Bogumil heresy to the fold of Roman Catholicism.[23]

With these resolutions, the Cracow conference, at which the King of Cyprus was also present, set a double goal for its participants. However, only the Hungarian king fully understood the critical importance and urgency of acting on these resolutions, since the Turkish advance and the Bogumil heresy endangered Hungary most directly and immediately.[24]

The Turkish advance, since its first marauding troops arrived in Europe in 1332, increasingly became more threatening. Already in 1343, the pope had pointed out the immense danger in this to King Louis the Great. By 1352 the Turks had the Gallipoli Peninsula[25] under their control, by 1361 they had conquered Adrianople, and two years later—as has already been mentioned—they had surrounded Byzantium. Just two short years later, in 1365, the Bulgarian Tsar Alexander of Trnovo[26] was paying taxes to the Turks. The Serb king, the tsar of North Bulgaria and the voivode of Wallachia all declared their independence from Hungary. Before King Louis the Great could attend to establishing his university, he had to deal with reestablishing their allegiance.[27]

The Bogumil heresy[28] began in the tenth century when a Bulgarian Paulician priest, named Bogomil or Bogumil, adopted the erroneous teachings of Manicheism, which then spread from the East to the Balkans. This priest lived in Bulgaria during the reign of Tsar Peter (927-969). For this reason, these teachings are also referred to as the "Bulgarian heresy." For over a century and a half, the kings of the Árpád dynasty had labored to quash the heresy. About 1200, Pope Innocent III requested Hungarian King Emeric (1196-1204) to take appropriate steps against the Ban of Bosnia who was secretly supporting the Bogumils. During the reign of Andrew II (1205-1235), however, the heresy again had a resurgence. In 1224, the king entrusted Ugrin, Archbishop of Kalocsa, with the task of converting the Bogumils in Bosnia. The archbishop did everything he could, by preaching the word and by wielding the sword, to achieve this goal, however, he did not succeed in producing a lasting result. In 1234, Pope Gregory IX proclaimed a holy crusade against the Bogumils. Coloman,[29] who earlier had been King of Halich,[30] led the crusade. He was successful and in 1237, he also conquered Hulm.[31] The people of Bosnia and the Serbs of Hulm rejoined the Catholic Church.

To all appearances, the bans[32] of Bosnia acknowledged the Hungarian king as their lord, but in actuality they organized Bosnia as a sovereign principality, which according to Bálint Hóman, "had its own Bogumil coloration."[33] The eventual result of this was that Hungarian control and supremacy in the Balkan peninsula and along the Dalmatian seaboard slowly withered.

At the beginning of his reign, Louis the Great attempted to reestablish Hungarian hegemony in the Balkan countries and along the Dalmatian seaboard. His attention was only seriously directed at Bosnia when, after unsuccessfully making a bid to obtain the throne of Naples, he decided to continue the Balkan political strategy of his predecessors of the Árpád dynasty. When he learned that Venice wanted to win over the allegiance of Stephen Kotromanich, the Ban of Bosnia, and that Tsar Dushan of Serbia had conquered certain portions in the south of Bosnia, King Louis the Great was determined to take steps to ensure the ban's allegiance and loyalty to him. In 1350, he was betrothed to the ban's daughter, Elizabeth, who coincidentally had been raised in the Visegrád court of his mother, Queen Elizabeth. In 1353, Louis the Great and Elizabeth were married.

In 1356, as he prepared to attack Venice, he gave his solemn oath to the pope, pledging to lead a crusade against the Tsar of Serbia to avenge the insults directed against the papal delegate, to provide his assistance in defending the provinces of the Church against plunderers, and to contain the again spreading Bogumil heresy in Bosnia. Pope Innocent VI greeted these pledges with profound joy and, in his letter of reply to the king's communication, decorated Louis the Great with the title "the Captain of the Church."

With regard to the pledge King Louis the Great had made to contain and to suppress the spreading Bogumil heresy, the deeply religious king must have been aware of the fact that religious faith cannot be suppressed with weapons alone. It can justifiably be postulated that Louis the Great was even at this time pursuing the idea of establishing a university, since he had observed the religious, cultural, social and political influence of universities in his military excursions to Naples. It is certain that following the opening of the University of Prague in 1348, Louis had received favorable reports concerning the appeal and success of the university, and took these observations into consideration in his own thinking.

If we compare what has already been shown with the resolutions reached at Cracow, there remains no doubt that King Louis the Great turned to Pope Urban V, after careful and thorough consideration, with the request that he be permitted to establish a university not in the nation's capital, but in the city closest to the Balkans, in the city of Pécs.[34]

The pope's emphasis in his charter concerning the need to serve "other neighboring areas" cannot be anything but reference to the Balkan nations embroiled in the Bogumil heresy and threatened by the advance of the Moslem Turks.

King Louis the Great's reasoning, which is appropriate and correct, must have been that young men and priests seeking to attain higher education from the various Balkan principalities, the vassal states of Hungary, would preferably attended the University of Pécs since it was the closest and most convenient for them, just as Czech, Polish, Hungarian, German and Austrian youth had hurried to Prague earlier.

He undoubtedly believed that these young men and priests, once strengthened in their Christian faith and prepared to face the world after receiving their scholarly training, would emerge as the new intellectual generation ready to preach the word of Christ and bring the Bogumils back into the Church. Moreover, in the face of the growing Turkish threat, they would also strengthen the determined political and military resistance.

This wise and forward looking assessment of the true needs of his country led King Louis the Great the establish the university in Pécs and not in the nation's capital.

* * * * *

Very little is known about the operation of the University of Pécs. Two of its chancellors are known, the first being the already mentioned Bishop William,[35] who was Bishop of Pécs from 1362 and did much to advance the interests of the university. It was he who invited the well known Galvano di Bologna (son of Bettino di Bologna), an expert in canon law, to join the university sometime between 1368 and 1371. Galvano di Bologna is the only professor whose name and identity remains known today.[36]

The university's second chancellor was Valentine Cardinal Alsáni.[37] He was named Bishop of Pécs in 1374 by the pope at the request of King Louis the Great.[38] At 44 years of age, he already had a long tenure of service to the court. Since 1373 he had directed the chancellery of Louis the Great, since no royal chancellor was named, as assistant chancellor.[39] His political career continued to advance significantly. In 1384, two years after the death of King Louis the Great, he became Privy Chancellor for the widowed Queen Elizabeth. In that same year, on December 17, he was named a cardinal by the pope, but was not required to reside in Rome[40] and thus was able to continue as chancellor of the University of Pécs. In this capacity, the definition of his work was immortalized in two papal bulls.

The first of these, which was issued on January 16, 1376, exempts professors of the university who receive pay from the Church from the requirement of maintaining local residence for a period of five years.[41] The second authorizes the cardinal to maintain two provostships for the university's canonists and civic professors, even if these individuals already have another source of income.[42]

Of the professors who taught at the University of Pécs the only one still known to us today by name is Galvano di Bologna. He was acknowledged to be "a canon lawyer of the period on level with any in Europe."[43] As stated in the document approved by Pope Gregory X on September 2, 1372, Bishop William and the body of canons in Pécs paid Galvano di Bologna, as a professor of the university, 300 silver marks, that is 600 gold florins (70 gold florins from the tithe of the village of Ürög), and provided him the use of one house in Pécs.[44] This pay was unusually high. By way of explanation it can be mentioned that outside of his teaching position, he also provided the king and the Bishop of Pécs with legal advice.

At the university, he taught canon law, the "*decretalis,*" but probably taught no longer than two years. In 1373, Bishop William began to suffer from various ailments and requested that the pope give him a coadjutor.[45] It is likely that this situation caused Galvano to decide to leave Pécs.

Of the students at the University of Pécs, the names of George Csót (son of Benedek Csót), George Szőllősi (son of Fabian Szőllősi), and John Kanczellár were recorded. A document dated February 24, 1402 also mentions Lucas, son of László, who was a student at the university in the previous year.[46]

There are no records available today that describe the courses of study at the University of Pécs. It is known, however, that the people did not authorize the instruction of theology at the university, just as he had not authorized it at the universities of Cracow and Vienna. Since the king's charter document for the University of Pécs has not survived into our own age, "nothing can be said regarding how the king conceived the organization of the university he established."[47] It is fairly likely though, that when the pope's chancellery authorized the establishment of a Hungarian university it utilized the same formula that was used for authorizing the Cracow and Vienna universities.[48]

Without a theological faculty, the university was incomplete, and the emphasis was on jurisprudence, canon and civil law. From the perspective of Louis the Great, this was not a hindrance to his plans, since he saw, as did King Casimir the Great of Poland, the importance and value of the university being in law. Both took the northern Italian universities as their model, especially Padua, in establishing their own universities.[49]

It is particularly fortunate that, for a university operating without a theological faculty, its collection of homilies is what has been preserved.

Its value from a cultural history standpoint is increased by the fact that it also represents the oldest extant collection of Church homilies in Hungary. The collection was preserved in an unpublished codex in Munich.[50] The text of the homilies about the Hungarian saints was published in their original Latin by Remig Békefi.[51]

The codex consists of 148 homilies primarily about saints, for feast day use, and 51 homilies for various other occasions, for a total of 199 homilies.[52] These have most recently been analyzed and quoted in a methodical and systematic manner by Ede Petrovich. He determined that they were all originals.[53] Tibor Kardos has also dealt repeatedly and extensively with them and concluded that the homilies from the University of Pécs reveal a clearly discernable humanistic attitude. The humanism they illuminate is primarily oriented toward society, from which "the education intent of literature, which is the basic pedagogical role of humanism and its ennobling strength, is still missing." However, the homilies still contain the new cultural concepts that characterize the emergence of humanism and "accurately express the formative concepts of the new literary life."[54]

The university of King Louis the Great was a very short-lived phenomenon in terms of historical events and realities. When and why the university closed its gates is not known. Some have speculated that as early as 1389 (according to recent research, 1395) King Sigismund (1387-1437) was considering the need to fill the gap left by the demise of the University of Pécs when he established a new university at Óbuda. If the major problems and discords that rocked the southern part of Hungary, and especially Pécs, after the death of King Louis the Great are taken into account, then the conjecture appears plausible.

The other fact that has not been considered in regard to the demise of the University of Pécs has to do with the specific decree which states that in the event the king is unable to provide the professors appropriate provisions, board and lodging, and does not provide appropriate funds, then the authorization for the university is null and void.[55] The importance of this decree is supported by the historical fact that the charter document authorizing the establishment of the University of Pécs has never been located. Clearly, provisions were not made the continued support of the university and payment of the professors. Legally (*de jure*), the University of Pécs ceased to exist apparently at the time of the death of King Louis the Great, and only continued to operate *de facto*.

The University of Óbuda, which can be considered the successor to the University of Pécs, definitely continued to operate until 1415, but by 1465 it, too, must have ceased to operate since King Mathias Corvinus (1458-1490), seeking authorization from the pope to establish a new university in Pozsony (today Bratislava), in his request of May 19, 1465 through his ambassador Bishop Janus Pannonius of Pécs, used the reason that there was no university in Hungary. The memory of the University of Pécs still lived on, however. It cannot be considered a coincidence that the new University of Pozsony opened in 1467, exactly the 100th anniversary of the establishment of the University of Pécs.

It is notable that the school of the Bishop of Pécs, the *schola maior* or *academia,* continued to flourish even after the demise of the university of King Louis the Great, possibly even operating in the buildings that had been constructed for the university and benefiting from the university's reputation and traditions. In all likelihood this is the reason that it was written in 1526 that 300 "university" students marched into the battlefield at Mohács along with their professors, and that in 1540, the "university" still had 2000 students.[56]

Turkish traveler Evliya Chelebi also referred to a college in Pécs when, between discussions of the five schools of the Koran-interpreters and of the Ulemas,[57] he mentions that in Pécs, in the "inner fortress there is an old, scholarly academy" and the building has "seventy royally arched and fortified" rooms. These are possibly references to facilities built by Bishop William for the benefit of the university entrusted to him.[58]

Even in our present age the memory and traditions of the first Hungarain university continue. This is illustrated by the issuance, by the present University of Pécs, of a "Jubilee Studies" two volume work[59] on the 600th anniversary of the establishment of the medieval University of Pécs, even though the current university was established in 1914, in Pozsony, and transferred to Pécs only after the Trianon Treaty, and has no connection other than location to the university of King Louis the Great.

We can justifiably conclude that the university established in Pécs by King Louis the Great was truly a significant event in the cultural history of Hungary, and through its historical legacy, its influence continues to this day.

NOTES

1. The city of Pécs was usually called *Quinque Ecclesiae* in medieval Latin or *Fünfkirchen* in German, both names referring to the five churches in the city. In the Roman era, the city was called Sopianae. It was the seat of the Roman province Pannonia Valeria. It is the only city outside of Italy where catacombs can be found. The Diocese of Pécs was founded by Saint Stephen, the first king of Hungary, on August 22, 1000. For more about the city see: Dezső Dercsényi, Frigyes Pogány, and Zoltán Szentkiralyi, *Pécs* (Budapest: Műszaki Könyvkiadó, 1956), 263 pp. For more about the medieval university of Pécs: Remig Békefi, *A pécsi egyetem* [The University of Pécs] (Budapest: Magyar Tudományos Akadémia, 1909), 138 pages and 6 plates; Astrik Gabriel, *The Medieval Universities of Pécs and Pozsony* (Notre Dame: The Medival Institute, 1969), 87 pages and 17 plates; L. S. Domonkos, "The Problems of Hungarian University Foundations in the Middle Ages," in *Society in Change, Studies in Honor of Béla K. Király,* eds. Stephen Bela Vardy and Agnes Huszar Vardy (Boulder and New York: East European Monographs of Columbia University Press, 1983, pp. 371-390; Ferenc Somogyi, "Megemlékezés a pécsi egyetem alapításának hatszázadik és a pozsonyi egyetem megnyitásának ötszázadik évfordulójáról" [Commemoration of the 600th Anniversary of the Foundation of the University of Pécs and the 500th Anniversary of the Opening of the University of Pozsony] in *A VII. Magyar Találkozó krónikája* [Proceedings of the VIIth Hungarian Congress], eds. János Nádas and Ferenc Somogyi (Cleveland: Árpád Könyvkiadó Vállalat, 1968), pp. 85-93; and Ferenc Somogyi, "Nagy volt. Megemlékezés Nagy Lajos király halálának 600. évfordulójáról" [He was Great. Commemoration of the 600th Anniversary of King Louis the Great's Death], in *A XXI. Magyar Találkozó krónikája* [Proceedings of the XXIth Hungarian Congress] (Cleveland: Árpád Könyvkiadó Vállalat, 1982), pp. 210-222, especially pp. 215-216.

2. Henry S. Lucas, *Renaissance and Reformation* 2d ed. (New York and Evanston: Harper and Row, 1960), pp. 180-181; Willis Rudy, *The Universities of Europe, 1100-1914. A History* (London and Toronto: Associated University Press, 1984), 177 pp.; and Endre Iványka, "Iskolázás és népművelés" ["Schooling and Adult Education"], in *Magyar művelődéstörténet* [Hungarian Cultural History], 5 vols., ed. Sándor Domanovszky, et al. (Budapest: Magyar Történelmi Társulat, 1940), II, 427-448.

3. These campaigns were fought by King Louis the Great (at times he even participated personally) to avenge the assassination of his younger brother. They were wages against the Neapolitan Kingdom and for the royal throne between 1347 and 1350. Cf. Denis Sinor, *History of Hungary* (New York: Frederick A. Praeger, 1959), pp. 91-92; and Ferenc Somogyi, *Küldetés: A magyarság története* [Mission: History of the Hungarian People] (Cleveland: Kárpát Publishing, 1973), pp. 212-216.

4. Dezső Dümmerth, *Az Anjou-ház nyomában* [In the Footsteps of the Angevine House] (Budapest: Panoráma, 1982), pp. 457-458.

5. Charles IV became king of Germany in 1346. Much later, on Easter of 1355, he was crowned emperor of the Holy Roman Empire.

6. Remig Békefi, p. 6.

7. Remig Békefi, pp. 12-20.

8. Ferenc Somogyi, "Megemlékezés," p. 86.

9. Bálint Hóman and Gyula Szekfű, *Magyar Történet* [Hungarian History], 6th ed., 8 vols. (Budapest: Király Magyar Egyetemi Nyomda, 1939), II, p. 249.

10. Dezső Dümmerth, p. 458.

11. Adam Vetulani, "A pécsi egyetem, valamint a krakkói és bécsi testvéregyetemek alapításának körülményei" ["The Circimstances Surrounding the Establishment of the University of Pécs and the Brother Universities of Cracow and Vienna"] in *A pécsi egyetem történetéből* [From the History of the University of Pécs], ed. Andor Csizmadia (Pécs: University Press, 1967), p. 25.

12. Bishop William was the son of Heinrich Bergzabern, or Coppenbach from Pfalz on the Rhine. Cf. Remig Békefi, p. 28.

13. František Kavka, "A prágai Károly egyetem, a pécsi egyetem és Dél-Magyarország a XIV. században és a XV. század elején" ["The Charles University of Prague, the University of Pécs, and Southern Hungary in the XIVth Century and at the Beginning of the XVth Century"], in *A pécsi egyetem történetéből,* p. 88.

14. Adam Vetulani, p. 24.

15. Andrianople (the ancient city of Hadrianopolis, or Adrianopolis) was a Bulgarian city. Today, it is known as Edirne, Turkey and is about 125 miles northwest of Istanbul.

16. Byzantium as a city was founded in 660 B.C. by Greek colonists. It is situated on the European side of the Bosphorus, partially on the site of present day Istanbul, Turkey.

17. Charles IV was crowned emperor of the Holy Roman Empire in 1355.

18. Brno (Brünn in German) was a strongly fortified city about 120 miles southeast of Prague. Founded in the IXth century, it became a free city of the Holy Roman Empire.

19. Hóman-Szekfű, II, p. 249.

20. Remig Békefi, pp. 9 and 11.

21. Hóman-Szekfű, II, p. 249.

22. Remig Békefi, p. 7.

23. Hóman-Szekfű, II, p. 211.

24. Ibid., p. 218.

25. The Gallipoli Peninsula is on the northeast shore of the Aegean Sea. Gallipoli is city and seaport (today it is called Gelibolu) 132 miles southwest of Istanbul, Turkey.

26. Trnovo (also Trnova or Tirnova) is known as Veliko Tarnova today. It is a city in Bulgaria. In 1186-1393 it was the capital of Bulgaria.

27. Hóman-Szekfű, II, p. 233.

28. For additional details see: Dmitri Obolensky, *The Bogumils: A Study in Balkan Neo-Manichaeism* (Twickenham, Middlesex: Anthony C. Hall, 1972), xiv, 317 pp.; Ivanov Jordan, *Livres & Legendes Bogumiles: Aux Sources de Catharisme* (Paris: G.-P. Maisonneuve et Larose, 1976), 390 pp., especially pp. 52 and 340-341; Hóman-Szekfű, I, pp. 427-429, 447-448, 452, and II, pp. 211, 218, 239-240. Obolensky, p. 114, says: "...one heretical doctrine: ...the heretics...reject lawful marriage and maintain that the reproduction of the human species is a law of demon. This exaggerated and distorted asceticism, essentially characteristic of Bogomilism, is a logical consequence of metaphysical dualism, according to which Matter, the product of the Evil Principle, is a source of limitation and suffering for the divinely created soul; hence marriage, as the means of reproduction of Matter, is to be condemned and avoided."

29. Coloman was the youngest son of Hungarian King Andrew II (1205-1235) and brother of Hungarian King Béla IV (1235-1270).

30. Halich (also Halics, Halicz, or Halitsch) was an independent principality since 1087. It was the capital city of Galicia, north of Hungary. The above mentioned Coloman was crowned king of Halich, or Galicia, between 1215 and 1218.

31. Hulm (also Hum) was a principality south of Bosnia. From 1440 it was known as Hercegovina.

32. Ban refers to a warden of the southern marches of Hungary. Ban also referred to the governor or viceroy of Croatia before 1918.

33. Hóman-Szekfű, I, p. 33.

34. Remig Békefi, p. 15, quotes: "Ipse rex non solum ad utilitatem huiusmodi reipublice et incolarum regni sui Ungarie, sed etiam aliarum partium vicinarum laudabiliter intendens, in civitate Quinque-Ecclesiensi in regno predicto consistente." As quoted by Remig Békefi, ibid., p. 22. Pope Urban V repeats and emphasizes this again in his accompanying letter, saying: ". . .nec non prosperitatem incolarum regni tui Ungarie et aliarum partium vicinarum laudabiliter intendens, civitatem Quinque-Ecclesiensem, tamquam insigniorem aliis civitatibus dicti regni et magis accomodam et idoneam." Ferenc Somogyi, "Nagy volt," p. 216 says: "In 1368 Louis the Great wrote to Pope Urban V that the purpose behind the establishment of the University of Pécs was so that 'in a country surrounded by populations of non-believers and half-believers' appropriate provisions could be made to prepare theologically knowledgeable, missionary minded and well-educated priests."

35. Remig Békefi, p. 28.

36. Adam Vetulani, p. 25. According to L.S. Domonkos, "There is the possibility that a certain Hermannus Lurcz . . . was also a former professor at Pécs. . . . Another possible professor was Paul, Provost of Szeben, who received permission from Pope Urban V in April of 1369, to receive the degree of Doctor in Canon Law "observing the privileges, statutes and customs of the University of Pécs." But these are suppositions only. Cf. Domonkos, p. 375.

37. Bishop (later Cardinal) Valentine Alsáni was the son of Johannes Alsani, Ban of Macsó, from the Szente-Mágocs clan. The Banate of Macsó was situated north of Serbia, south of the Sava and Danube rivers, between the Drina and Danube rivers.

38. Erik Fügedi, "Alsáni Bálint, a pécsi egyetem második kancellárja" ["Valentine Alsáni, the Second Chancellor of the University of Pécs"], in *A pécsi egyetem történetéből,* p. 102.

39. Ibid.

40. Ibid., p. 104.

41. This was similar to the bull issued during the term of his predecessor, Bishop William, on September 2, 1367.

42. Erik Fügedi, p. 106.

43. Andor Csizmadia, "Galvano di Bologna pécsi működése és a középkori magyar jogi oktatás egyes kérdései" ["Activities of Galvano di Bologna in Pécs and Certain Issues Related to Medieval Hungarian Juristic Education"], in *A pécsi egyetem történetéből,* p. 115.

44. Ibid., pp. 111-112; and L. S. Domonkos, p. 375.

45. A coadjutor is a bishop who assists a diocesan bishop. Andor Csizmadia, pp. 113-114.

46. Remig Békefi, pp. 41-43. All four of these names are known today because they were included in papal documents that dealt with the acquital of these individuals from various accusations that stood in the way of their consecration as priests.

47. Adam Vetulani, p. 36.

48. Pope Urban V did not permit the establishment of a theological faculty at any of the three universities. Those who wanted to obtain their masters or doctorate degree were required to pass certain, specific examinations before instructors with these degrees teaching at the university. The bishop or the vicar was charged with summoning together the examining body. If those taking the tests successfully completed them they were qualified to use the masters or doctors titles and were authorized to instruct at the university level (*licentia docendi*) at any university. See Remig Békefi, p. 43; and Adam Vetulani, p. 36.

49. Adam Vetulani, p. 25.

50. Ede Petrovich, "A pécsi egyetemi beszédgyűjtemény (a müncheni kodex" ["The Collection of Sermons at the University of Pécs (Codex of Munich)"], in *A pécsi egyetem történetéből,* p. 163.

51. Remig Békefi, pp. 89-122.

52. Ede Petrovich, p. 167.

53. Ibid., p. 210.

54. Tibor Kardos, "A pécsi Egyetemi Beszédek és a humanizmus" ["The University of Pécs Sermons and Humanism"], in *A pécsi egyetem törtönetéből,* pp. 131 and 157.

55. This is quoted by Békefi, pp. 19 and 21, as follows: "Volumus autem, quod magistris et doctoribus, qui in huiusmodi legent studio, per regem Ungarie pro tempore existentem in conpetentibus stipendiis provideatur; alioquin presentes littere nullius sint roboris vel momenti." Remig Békefi further quotes ibidem, p. 24 that, similarly, Pope Urban V emphasizes in his accompany letter: ". . . ac volumus, quod magistris et

doctoribus, qui in huiusmodi legunt studio, per regem Ungarie pro tempore existentem in competentibus stipendiis provideatur. Alioquin prefate nostre littere nullius essent roboris vel momenti, prout in eisdem nostris literis plenius continetur."

56. Károly Kopácsy, *A pécsi jogakadémia múltja és jelene* [The Past and Present of the Academy of Law in Pécs], (Pécs: Irodalmi és könyvnyomdai Részvénytársaság, 1897), p. 2.

57. Ulema designates any Moslem scholar.

58. Remig Békefi, pp. 60-62; and Ferenc Somogyi, "Megemlékezés," p. 93.

59. *Jubileumi tanulmányok* [Jubilee Studies]. 1st volume: *A pésci egyetem történetéből* [From the History of the University of Pécs], ed. Andor Csizmadia (Pécs: University Press, 1967), 285 pp. 2nd volume: *Jubileumi tanulmányok* [Jubilee Studies], ed. Tibor Pap (Pécs: University Press, 1967), 413 pp.

Thomas von Bogyay

12 / Der gesellschaftliche Hintergrund der Ladislauslegende von Turnišče (Toronyhely - Bántornya):

Ein Beitrag zur Geschichte des Ladislauskultes zur Zeit Ludwigs des Großen und der Königin Maria*

In memoriam magistri et amici Francisci Stelè

Das Königreich Ungarn galt als das Land der Jungfrau Maria, seine Krone aber als die des hl. Stephan, der sein Reich auf dem Sterbebett der Schutz der Gottesmutter anvertraut hatte. König Ludwig I. betrachtete es jedoch als seine Pflicht, nach der Krönung in der vom ersten Ungarnkönig gegründeten Liebfrauenkirche von Stuhlweißenburg (Székesfehérvár), wo auch die Gebeine des Stifters ruhten, nach Großwardein (Nagyvárad-Oradea) zum Grabe des hl. Ladislaus zu pilgern.[1] Um den von seinem Vater, Karl Robert nach florentinischem Muster eingeführten Goldgulden ein eigenes, ungarisches Gepräge zu geben, ließ er 1358 auf der Rückseite der Münzen den hl. Johannes den Täufer der Florentiner nicht durch die *Patrona Hungariae* oder den hl. Stephen, sondern durch König Ladislaus ersetzen. Nicht minder bezeichnend ist die Änderung der Münzbilder der

* Besonderen Dank schuldet der Verf. Dr. Marijan Zadnikar (Landesdenkmalamt der FR.Slowenien, Ljubljana) für seine Hilfe bei der Beschaffung der Bildvorlagen.

Silbergroschen. Die Vorderseite der frühen Prägungen zeigt den thronenden König mit Namen und Titel, die Rückseite das Ungarn-Anjou-Wappen mit der programmatischen Umschrift HONOR REGIS IVDICIVM DILIGIT. 1364 verschwindet das Majestätsbild König Ludwigs, an seine Stelle tritt das Ungarn-Anjou-Wappen, auf der Rückseite erscheint aber mit Namensbezeichnung auf einem architektonisch reich gestalteten Thron der hl. Ladislaus, wohl im Sinne der früher an der gleichen Stelle befindlichen Umschrift als "Verkörperung der königlichen Gerechtigkeit."[2] In der prächtigen *Bilderchronik,* die für König Ludwigs Bibliothek bestimmt war, wurde der Gründer des Königreiches insgesamt zehnmal, Ladislaus aber zwölfmal dargestellt.[3] Auf den beiden großen Wappen des Königs in der Schatzkammer des Aachener Doms, die als Mantelschließen einst zur Ausstattung der von ihm zu Ehren seiner "heiligen Stammväter," der Arpaden-Heiligen Stephan, Emerich und Ladislaus gestifteten Ungarnkapelle gehörten, nimmt in der krönenden Miniaturarchitektur unter den drei "Nationalheiligen" merkwürdigerweise nicht der erste König, sondern Ladislaus oben in der Mitte den Ehrenplatz ein. Aus der gleichen höfischen Werkstatt stammt das große Münzsiegel der Königin Maria (1382-1395), Tochter und Nachfolgerin König Ludwigs I., dessen Rückseite nach dem Vorbild des Siegels "in absentia magni" des französischen Königs Karl V. gestaltet wurde, jedoch über dem Wappenschild nicht die regierende Herrscherin, sondern den hl. Ladislaus zeigt.[4]

Ludwigs oft bezeugte persönliche Verehrung des hl. Ladislaus deutete Dezső Dercsényi also eine charakteristische Erscheinung der ritterlichen Kultur, die damals in Ungarn ihre zweite Blüte erlebte.[5] Tatsächlich scheint der Ladislauskult der Ungarn, der nicht erst mit der kirchlichen Kanonisation eingesetzt hatte, hauptsächlich nach Ausweis der Kunstdenkmäler, eben in der späteren Anjou-Zeit, unter Ludwig dem Großen und in den anschließenden Jahrzehnten seinen Höhepunkt erreicht zu haben. Die schriftlichen und bildlichen Zeugnisse dieser Verehrung ergeben jedoch ein merkwürdig vielfältiges, manchmal sogar widersprüchliches Bild.

Die Legenden und liturgischen Texte des kirchlichen Kultes würdigen die Tugenden des heiligen Königs, das erzählbare Geschehen beschränkt sich auf einige, zeitlich nicht fixierte Wunder. Die Taten, die Ladislaus schon als Herzog Ruhm und Popularität einbrachten, werden im schönen Epitheton seines Hymnus, "athleta patriae," nur angedeutet.[6] Als handelnder Protagonist der Geschichte erscheint Ladislaus in den Chroniken und in der bildenden Kunst. Sowohl in höfischen Prachthandschriften wie das sog. *Anjou-Legendarium*[7] und die *Bilderchronik,*[8] als auch an den Wänden von über 30 Gotteshäusern, fast alle bescheidene Dorfkirchen, wird er als der Held von Ereignissen dargestellt, die in den in Europa verbreiteten christlichen Legenden keine ikonographischen Analogien haben.[9] Der gegen die Heiden (Kumanen, Tataren, Petschenegen, später sogar Türken!) kämpfende Ladislaus rettet ein entführtes Mädchen, wobei er den Entführer in einem waffenlosen Ringkampf, meist mit Hilfe des Mädchens, besiegt. Angeregt durch die Beobachtungen von Géza Nagy und Nándor Fettich hat Gyula László die These entwickelt, daß in den gemalten Ladislaus-Legenden Motive eines vorchristlichen Heldengesanges und Bildkompositionen, die aus der Reiternomadenkultur stammen, verwendet wurden. Das ursprüngliche mythische Thema wird der kosmische Kampf zwischen Gut und Böse, Licht und Finsternis gewesen sein. Die Székler Grenzwächter, deren Kirchen besonders häufig mit der volkstümlichen Ladislauslegende geschmückt wurden, haben solche archaische Traditionen am besten bewahren können. Lajos Vargyas hat die These durch Beispiele aus der innerasiatischen türkischen und mongolischen Volksdichtung erhärtet, zugleich aber, was die aktive Rolle des entführten Mädchens betrifft, auch auf, wohl durch wallonische Kolonisten und Kaufleute vermittelten, westlichen Einfluß hingewiesen.[10]

In den letzten zwanzig Jahren ist mehrmals versucht worden, die einzigartige Ikonographie der Szenenfolge von nichtungarischen Kulturtraditionen abzuleiten. Karel Stejkal erklärte sie aus dem Kult des westslawischen Sonnenritters Svantovit-Triglav.[11] Vlasta Dvořáková wies auf den byzantinischen Digenis Akritas Epos hin, der durch die sizilianischen Beziehungen der Anjou den ungarischen Verfasser der Ladislauslegende beeinflußt haben soll.[12] Obwohl diese Theorie die Entstehung und das tatsächliche Alter der ungarischen Ladislaus-Traditionen nicht beachtet und deshalb auf recht schwachen Füßen steht, wurde sie von Vasile Drăgut aufgegriffen und weiterentwickelt.[13]

Die neueste und bis heute umfassendste Bestandsaufnahme der gemalten Ladislauslegenden bietet Zsuzsa Lukács,[14] die–im Gegensatz zum Titel ihrer Arbeit–nicht nur die Wandmalereien behandelt, sondern auch die Ergebnisse der historischen Textkritik und der folkloristischen Forschung zusammenfaßt und Miniaturen, sowie Graphik ebenfalls heranzieht. Im großen und ganzen schließt sie sich den Ansichten von Gyula László und Lajos Vargyas an. Als Korrektur und Ergänzung dient daher der Aufsatz von András Vizkelety, der sich auch mit den Arbeiten von Dvořáková und Drăgut kritisch kurz auseinandersetzt. Sein Hauptanliegen ist es jedoch nachzuweisen, daß die Entführung und Befreiung des Mädchens, sowie einzelne Szenenkompositionen auch der höfisch-ritterlichen Epik des christlichen Westens und ihren Illustrationen geläufig waren.[15] Das Fortleben "spezifisch ungarischer, mit Steppenvölkern gemeinsamer Traditionen" wird nicht bestritten, doch schätzt Vizkelety den Anteil westlich-christlicher Anregungen höher ein.[16] Man muß jedenfalls mit weitverzweigten Wurzeln und mit dem Zusammenwirken verschiedener Traditionen rechnen. Das Aufspüren uralter Vorbilder und einzelner Analogien vermag jedoch nicht die wichtigste Frage zu beantworten: Warum wurden die eigenartigen Bilderfolgen geschaffen, wie haben die Zeitgenossen sie erlebt und verstanden?

Zsuzsa Lukács mißt daher dem Problem der Stifter, und damit des gesellschaftlichen Hintergrundes der Denkmäler, mit Recht eine besondere Bedeutung zu. Angesichts der Theorien von Stejkal und Dragut ist ihre Feststellung wichtig, daß in der heutigen Slowakei die Zipser "Sachsen" an die Tradition der dort vor ihnen angesiedelten ungarischen Kriegsleute, der sog. "10 Lanzer" anknüpfen konnten.[17] In einer Schlußbemerkung macht sie jedoch darauf aufmerksam, daß die Ladislauszyklen in den Kirchen nicht mehr als eine Besonderheit der Grenzgebiete gelten können, und gibt zu, daß ihr Verhältnis zu den Texten und der Hofkunst noch ungeklärt ist, bzw. ihre eigenen, diesbezügliche Ergebnisse in Frage gestellt werden können. Deshalb betrachtet sie ihre Arbeit vor allem als Problemstellung für die weiters Forschung.[18]

Wie berechtigt die Skepsis von Zsuzsa Lukács gegenüber den bisherigen Forschungsergebnissen ist, beweist eben die umfangreichste aller bis jetzt bekannt gewordenen Wandmalereien mit der Ladislauslegende, in der alten kath. Pfarrkirche von Turnišče (Jugoslawien, ungarisch im 14. Jh. Toronyhely, nach 1898 Bántornya). Obwohl seit fast 120 Jahren bekannt und oft publiziert, erscheint diese auch künstlerisch bedeutende Folge von elf Szenen in der modernen ungarischen Forschung als ein Werk des Malers Johannes Aquila aus dem Jahre 1383[19] falsch eingeordnet und auch die zahlreichen Anhaltspunkte zur Bestimmung der Stifter und Entstehungsumstände sind unbeachtet geblieben. Wir können nicht alles Versäumte hier nachholen, möchten aber aufzeigen, daß die Fresken von

Turnišče (Bántornya) zur Klärung des umstrittenen Verhältnisses zwischen den angeblich archaisch-volkstümlichen Traditionen und dem höfischen Ladislauskult Ludwigs des Großen Wesentliches beitragen können.

* * * * * *

Im Chor der alten Pfarrkirche von Turnišče (Bántornya) ist eine kleine spätromanische Kirche gotisch umgestaltet erhalten geblieben. Der ursprüngliche Bau mit halbrunder Apsis und flachgedecktem Schiff trug, wie heute noch erkennbar, die Stilmerkmale der provinziellen Backsteinarchitektur Südwestungarns.[20] Diese bescheidene Anlage konnte als die 1267 das erstemal erwähnte Pfarrkirche von Chernech (ungar. Csernec, slowen. Črnec) identifiziert werden, deren heutiges Marienpatrozinium schon die päpstliche Zehntliste von 1334 bezeugt.[21] Der Anlaß zur ersten Erwähnung läßt schon auf die Bedeutung des Ortes bzw. seiner Kirche schließen: Mitglieder der adligen Sippe Jwre (Gyüre), frühere Besitzer dieser Gegend, beeidigten in der Pfarrkirche von Chernech den Vergleich mit Hahót IV. aus dem Hahót-Zweig des Geschlechtes Hahót-Buzád, der nach einer von ihm selbst entfachten blutigen. Fehde seine hiesigen Güter 1265 durch Tausch und Kauf erworben hatte. Der Herrschaft Alsólendva (Lyndua inferior, heute Dolnja Lendava), wozu das ganze Gebiet um Chernech fortan gehörte, bemächtigten sich jedoch nach dem Tode Andreas' III., des letzten Arpaden, die Anjou-feindlichen Güssinger. Erst nach ihrer Niederwerfung im Jahre 1319 gelang es dem Enkel Hahóts IV., Nikolaus I., die Burg Lyndau samt allen dazugehörigen Ortschaften zurückzugewinnen.[22] 1323 erhielt er, "Magister Nicolaus, filius Stephani, filii Hoholth, fidelis aulae nostrae Iuuenis,"[23] von Karl Robert das Privileg, womit der König ihm und seinen Erben die Güter, deren Urkunden verloren gegangen waren, zum ewigen Besitz zurückgab. Unter den einzeln angeführten Orten erscheint, allerdings mit seinem alten ungarischen Namen Toronyhely, das erstemal das heutige Dorf Turnišče.[24] Seit 1381 wird der Ort, wo 1389 eine gemischte, ungarisch-slowenische Bevölkerung bezeugt ist, stets mit dem gleichbedeutenden wendischen (slowenischen) Namen bezeichnet: Tornisa, 1389; Turnicha, usw.[25] Die Benennungen, die manche Parallele haben, beweisen, daß hier ein "Turm," d.h. ein herrschaftliches Kastell stand. Wann und von wem es auf der von Nordwesten her nach Alsólendva (Dolnja Lendava) führenden Straße, in der Nähe des wichtigen Kirchenortes Chernech errichtet wurde, wissen wir nicht. Um diesen Herrensitz entstand eine Siedlung von Hörigen, die bald mit Chernech zusammengewachsen zu sein scheint. Der letztgenannte Ort wird nach 1428 nicht mehr erwähnt,[26] die anschauliche Bezeichnung Turnišče-Toronyhely hat den alten Namen verdrängt.

Nikolaus I. war über 20 Jahre hindurch Obergespan des Komitats Zala, auf dessen Gebiet ja auch die Herrschaft Lyndua inferior lag (1324-42 und 1349-51), zweimal bekleidete er das Amt des Oberstallmeisters (1334, 1342-43), schließlich (1356-58) des Schatzmeisters der Königin, und war zweimal Banus von Slawonien (1343-46, 1355-56). Er tat sich auch als Kriegsmann hervor in den Kämpfen der Anjou Könige gegen Österreich, kroatische Aufständische und Venedig.[27] Er wurde der Stammvater der Familie Bánfi von Alsólindva und hinterließ 1358/59 seinen vier überlebenden Söhnen und einer Tochter nicht nur ein großes Vermögen, sondern auch hohes soziales Ansehen.

Das nachstehende Stemma zeigt seine Nachkommenschaft bis zum Ende des 14. Jahrhunderts, die als Grundherren und Patrone auch die Geschicke von Chernech und Toronyhely–Turnišče bestimmen sollten.[28]

Nicolaus I. x um 1285-90 (1319) (1) + zwischen 1358.VIII. 26 und 1359.III.20 (2)	Aus 1. Ehe	Stephanus I. x um 1315 (1335.V.13) (3) + vor 1388.II.16 (4)	Nicolaus III. x um 1350-60 (1378.X.23) (8) Ladislaus II. x um 1355-60 (1378.X.23) (8)
		Franciscus x um 1318-20 (1335.V.13) (3) + nach 1356.XI.4 (5)	
		Johannes I. x um 1320-22 (1336.IX.18) (6) + nach 1394.XI.7 (7)	Stephanus II. x um 1360-64 (1378.X.23) (8) Johannes II. x um 1360-64 (1378.X.23) (8)
	Aus 2. Ehe	Nicholaus II. x um 1338-40 (1356.XI.4) (5)	Drei Töchter (1396-97) (9)
		Ladislaus I. x um 1340-42 (1356.XI.4) (5) + vor 1394.XI.7 (7)	Sigismundus x um 1373-75 (1394.XI.7) (7)

Nikolaus I. konnte die Karriere seiner ältern Söhne aus erster Ehe im königlichen Dienst anscheinend noch selber vorbereiten. Stefan I. und Johannes I. erscheinen 1366 als Gespane von Zagorje.[29] 1381-1385 haben sie gemeinsam das Amt des Banus von Slawonien inne.[30] Die beiden Söhne aus der zweiten Ehe werden am 4. November 1356 in einer Kaufurkunde zusammen mit Stefan und Johannes das erstemal erwähnt, müssen also viel jünger als diese gewesen sein.

Die Vermögensgemeinschaft blieb nach dem Tode des Vaters noch 22 Jahre lang erhalten. Den ungarischen Rechtsgewohnheiten gemäß übernahm der älteste Sohn, Stefan I. die Führung. In Vermögensangelegenheiten vertrat er allein[31] oder mit seinem Bruder Johannes I.[32] vor dem König auch seine Halbbrüder Nikolaus II. und Ladislaus I;[33] einmal erwirkte er sogar eine Donation für alle. Laut einer königlichen Urkunde von 1379[34] traten Stefan I., Johannes I. und der jüngste, Ladislaus I. auch im Namen von Nikolaus II. gemeinsam auf. Von den beiden jüngeren Brüdern war Ladislaus I. offensichtlich die führende Persönlichkeit. Er war es auch, der mit seiner auch im Namen des Nikolaus II. geführten Klage die Zweiteilung der über 20 Jahre hindurch gemeinsam benutzten Güter zwischen den Halbbrüdern erreichte. Die wegen der Abwesenheit von Johannes I. verzögerte Durchführung der von der Königin angeordneten Teilung wurde von dem Eisenburger (Vasvár) Kapitel am 16. August 1381 beurkundet.[35] Auch die 27 Hufen von Turnišče-Toronyhely wurden aufgeteilt, die Brüderpaare erhielten je 13 1/2 Hufen. Damit trennten sich die Wege der Halbbrüder endgültig. Sowohl Stefan I. und Johannes I., wie auch Nikolaus II. und Ladislaus I. schloßen miteinander einen Erbschaftsvertrag ab, um sich den Anteil des Miteigentümers, sollte er ohne gesetzliche Erben sterben, zu sichern.[36] 1383 erhielten Stefan I. und Johannes I., damals Bane von Slawonien, gemeinsam eine Donation.[37] Da Nikolaus II., der am 16. Februar 1388 das letztemal als lebend bezeugt wird,[38] nur drei Töchter hatte, fiel sein Anteil seinem jüngeren Bruder Ladislaus I. zu. Seine Witwe und Töchter wurden später, 1396 und 1397, allerdings von den Vettern gemeinsam abgefunden.[39]

Nachdem Stefan I. gestorben war, erwirkten seine Söhne, Nikolaus III. und Ladislaud II., 1389 die Teilung der den älteren Brüdern zugehörigen Hälfte des Familienbesitzes,[40] um sich vor den Gewalttätigkeiten ihres habgierigen Onkels Johannes I. zu schützen.[41] Nunmehr hatte eben der jüngste der Söhne von Nikolaus I., Ladislaus I. den größten Anteil am

Bánfischen Familienvermögen und stieg zum ersten Grundherrn von Chernech und Turnišče-Toronyhely auf. Als er etwa fünf Jahre später starb, hinterließ er einen Sohn, Sigismund, den der König Sigismund am 7. November 1394 in seinem besonderen Schutz nahm, bezeichnenderweise hauptsächlich vor den Forderungen von Johannes I.[42]

Es ist bemerkenswert, daß in den oft sehr ausführlichen Teilungsurkunden Kirchen und herrschaftliche Sitze höchstens zur Lokalisierung der Teilungslinien erwähnt werden. Patronate, Benützungsrechte der Burgen und "Türme," d.h. Kastelle, wurden offensichtlich nicht geteilt. Die Ausübung des gemeinsamen Patronatsrechts war jedoch nicht fest geregelt. Die älteren Mitglieder der Familie gelangten nach internen Verhandlungen zu einem Übereinkommen. Aus der 1389 eingereichten Klage der Söhne Stefans I. wissen wir, daß ihr Vater im Einvernehmen mit seinem Bruder Johannes I. den Pfarrer von Lyndau bestellte, dieser aber "die ganz ähnliche Pfarrei von Csernec" (consimilem plebaniam de Chernuch) seinem Kaplan vergeben durfte.[43] Das bezeugt auch, daß die Pfarre, deren Kirche in Turnišče (Bántornya) erhalten geblieben ist, also Pfründe etwa gleichwertig erschien mit der von "civitas Lyndua," dem Zentrum der Herrschaft.

* * * * * *

Wie fügen sich in das oben skizzierte orts- und familiengeschichtliche Bild die neueren Ergebnisse der kunstgeschichtlichen Forschung, die fast ausschließlich France Stelè zu verdanken sind?[44]

Nach Stelè erhielt die kleine romanische Kirche im zweiten Viertel des 14. Jahrhunderts ihren ersten malerischen Schmuck, dessen meist auch ikonograpisch bestimmbare Reste in der Apsis und an den Seitenwänden erhalten geblieben sind. Diese erste Ausmalung erfolgte also unter dem Patronat von Nikolaus I., der auch das 1248 von Michael, Sohn von Hahót II. gegründete Franziskanerkloster von Szemenye mit mehreren Schenkungen bedachte.[45]

Das bescheidene Gotteshaus mit seinem ca 8,10 x 5,30 m großen Schiff erwies sich bald als zu klein für die seit der Errichtung des "Turmes" häufiger anwesenden Patronen und die zunehmende Einwohnerschaft.[46] Die Erweiterung erfolgte durch den Anbau eines ca 12,5 x 9,20 m messenden Schiffes mit Flachdecke und Westturm, sowie einer Sakristei an der Nordseite der alten Kirche. Diese aber wurde, mit zwei gotischen

Kreuzgewölben gedeckt, zum Presbyterium umgestaltet. Die Übereinstimmung der gotischen Bauformen mit denen der von Johannes Aquila aus Radkersburg erbauten Pfarrkirche von Martjanci (Mártonhely) läßt darauf schließen, daß in Chernech-Turnišče der gleiche Meister als Unternehmer und Leiter der Arbeiten tätig war.

Zuerst ist das Presbyterium vollständig neu ausgemalt worden. Stelè konnte drei Malschichten und Maler feststellen. Von dem ersten Meister stammen die Gewölbemalereien und einige Fragmente im unteren Teil der Nordwand. Der zweite Maler hat an beiden Seitenwänden und an der Ostwand gearbeitet und sein Werk unterhalb der Apostelreihe der Nordwand in einer sonst nicht mehr lesbaren Inschrift 1383 datiert. Dann folgte die teilweise Ausmalung des Schiffes, die laut der Inschrift rechts vom Triumphbogen neben dem Stifterwappen am 1. August 1389 beendet wurde. Inzwischen scheint man die romanische Apsis zu unansehnlich gefunden zu haben. Sie wurde außen polygonal umgestaltet, erhöht und ihr Fenster in der Mittelachse der Kirche zu einem zweigeteilten gotischen Fenster mit Maßwerk erweitert. Dabei wurde die *Maiestas Domini* der Konche wahrscheinlich beschädigt. Der persönliche Anteil des Johannes Aquila an den Malereien in der Kirche von Chernech-Turnišče-Toronyhely beschränkte sich auf die Ersetzung des beschädigten Apsisgemäldes mit zwei Inschriften darunter. Die eine verkündete den Abschluß der ganzen Arbeit am 14. August 1393,[47] die andere sollte in einem Stoßgebet seinen Namen verewigen. Damit legte er die letzte Hand an die Neugestaltung der Pfarrkirche von Chernech, die über zehn Jahre gedauert hatte und wohl die bedeutendste künstlerische Unternehmung jener Zeit im Murgebiet war. Es ist bemerkenswert, daß Johannes Aquila, der sich "pictor" nannte, und in Velemér und Martjanci (Mártonhely) seine Selbstbildnisse mit dem Malerwappen hinterließ, hier sich nur mit Namenssignatur begnügte.[48]

Um so bedeutender und auffallender war der Platz, wo die Patrone als Auftraggeber und ihr Wappen dargestellt wurden. Denn im Presbyterium, in der 1383 datierten Schicht, befand sich unterhalb der Apostelreihe in der Sockelzone, von demselben Meister, ein monumentales, ursprünglich etwa 250 cm langes und 160 cm hohes Gemälde mit drei Generationen einer Familie, die an Spruchbändern nicht mehr leserliche Gebete an die thronende Madonna richtete. (Abb. 1) Das Bild wurde 1928 zufällig entdeckt, ging aber bei der Entfernung eines Kanzeltürrahmens infolge der Unvorsichtigkeit der Arbeiter größtenteils zugrunde und konnte nicht–wie

France Stelè beabsichtigt hatte–museal konserviert werden.[49] Die dargestellte Szene war in der mit Hermelinfellornament bemalten Sockelzone ikonographisch völlig unabhängig von den übrigen Wandmalereien des Raumes. Rechts, an der Seite, wo der Altar steht, thronte unter einem vereinfachten giottesken Baldachin die Mutter Gottes mit dem Kinde, das mit seiner Linken nach einer Frucht in Marias Linken griff, und sich zu dem knienden Alten wendend mit der Rechten wohl segnete. Der bärtige Alte kniete auf einem Betstuhl, von seinen gefalteten Händen hing ein Spruchband herab, hinter ihm stand sein Schutzheiliger, dem der ganze Oberkörper fehlte. Links von diesem knieten zwei Kinder und ein Mann, offensichtlich ihr Vater, dessen langes Schriftband über dem Kopf des Alten geführt, wohl bis zur Madonna reichte. Hinter ihm stand in ritterlicher Rüstung, mit plastisch gestaltetem, losem Gürtel, sein Patron, der mit seiner Rechten schützend nach ihm griff, mit der Linken eine Lanze oder den langen Stiel einer Waffe hielt. Ganz links im Hintergrund erschienen im Tor eines Turmes zwei Kinder, wohl nur Staffagefiguren, keine Familienangehörige. Trotz des fragmentarischen Zustandes ist es klar, daß hier drei Generationen dargestellt wurden: Großvater, Vater und zwei Enkelkinder. Stelè hat darauf hingewiesen, daß ähnliche große Stifterfamilienbilder in der zweiten Hälfte des 14. Jahrhunderts in Oberitalien aufkamen.[50] Dort wird meistens die gestiftete Kirche also Modell der Gottesmutter dargebracht. Handelt es sich um die Erfüllung eines Gelübdes, spricht man mit Recht von einem Votivbild. Hier fehlte jedoch jeder Hinweis auf eine Gabe; die Darstellung kann auch keine nur huldigende und lobpreisende, reine Anbetungsszene, d.h. ein "Adorationsbild" gewesen sein. Vielmehr ist anzunehmen, daß auf den Spruchbändern flehende Gebete zu lesen waren. Die treffendste Bezeichnung für das verlorene Gemälde in Turnišče (Bántornya) ist u.E. "Supplicationsbild."

Da das Bild nach der Feststellung Stelès in der 1383 datierten Schicht zu finden war, können die dargestellten Personen vor allem unter den in der Teilungsurkunde von 1381 angeführten Mitgliedern der Bánfi-Sippe gesucht werden. Einen sicheren Anhaltspunkt bietet der in ritterlicher Rüstung dargestellte Patron des Mannes mit zwei Kindern. Nach Stelès Beschreibung[51] stützt er sich mit der Linken auf eine Lanze. Doch ist der obere Teil der Figur vollkommen zerstört. Der stehende hl. Georg pflegt die Lanze zu halten, mit der er den zu seinen Füßen liegenden Drachen getötet hat. Hier fand man jedoch keine Spur von einem Drachen, außerdem ist kein Bánfi namens Georg aus dem 14. Jahrhundert bekannt. Die angeblice Lanze kann nur der lange Stiel der hellebardartigen Streitaxt sein, die der stehende hl. Ladislaus auf den Goldmünzen König Ludwigs I.,[52] in der *Bilderchronik*[53] und auch in Velemér[54] als individuelles Attribut in der Hand hält. Der jüngere Mann des Supplicationsbildes ist demnach der jüngste Sohn des Banus Nikolaus I., Ladislaus I. Im Jahre 1383 hatte er anscheinend zwei kleine Kinder. Nur ein Sohn, Sigismund, wird 1394, schon als erwachsen, bezeugt. Er dürfte 1383 etwa 8-10 Jahre alt gewesen sein.[55] Sein Bruder starb wohl noch im Kindesalter und wurde deshalb in keiner Urkunde erwähnt. Ladislaus' I. Halbbrüder hatten zwar ebenfalls je zwei Söhne, doch werden diese bereits 1378 bei der Beurkundung eines Vergleichs vor dem Kapitel von Eisenburg (Vasvár) angeführt.[56] Sie haben also das "gesetzliche Alter" schon erreicht und waren im Jahre 1383 wohl nahe an den Zwanzig.

Ist der Vater mit seinen beiden Kindern Ladislaus I. "de Lyndau inferior," so kann der bärtige Alte nur sein Vater, der längst verstorbene Nikolaus I. sein. Die arg verstümmelte Figur seines Patrons läßt nur einige breite Gewandfalten erkennen, die der Identifizierung als der hl. Nikolaus nicht widersprechen. An den Epitaphien des 14. Jahrhunderts wurden Tote und Lebende oft zusammen dargestellt. Die Hauptperson war aber der Verstorbene, den auch die Überlebenden mit ihren Gebeten um die Vergebung der Sünden unterstützten. Überhaupt pflegte man im Spätmittelalter zur frommen Erinnerung an die Toten nicht nur ihre letzten Ruhestätten kenntlich zu machen, sondern auch anderswo Epitaphien, Gedenksteine aufzustellen, Wappenschilde aufzuhängen.[57] Auf dem Bild von Turnišče (Bántornya) erschien allerdings nicht der alte Nikolaus I., sondern, wie sein langes Schriftband zeigt, sein Sohn Ladislaus I. als der handelnde Protagonist. So ist es durchaus möglich, daß der seit 25 Jahren tote Vater und Großvater als Fürbitter betrachtet und dargestellt wurde, eine Idee, die dogmatisch nicht beanstandet werden konnte. Hier kommt jedenfalls ein religiös gefärbter Ahnenkult zum Ausdruck, hatte doch Nikolaus I. den Reichtum und das Ansehen der Sippe neu gegründet und ihr auch den Namen gegeben. Auf ähnliche Weise haben die Anjou Könige die "heiligen" Arpaden als ihre Vorfahren verehrt, nicht zuletzt um ihre Herkunft aus fremdem Land vergessen zu lassen. Daß Ladislaus I., der im Gegensatz zu seinen Halbbrüdern höchstens eine kurze Zeit ein öffentliches Amt bekleidet haben dürfte,[58] trotzdem in den Bannkreis der höfischen Kultur geriet, bezeugt schon die Tatsache, daß er seinen Sohn Sigismund taufen ließ.

Als das Bild entstand, hielt ihr hohes Amt seine Halbbrüder Stefan I. und Johannes I. fern von den Familiengütern. Sein Bruder Nikolaus II. aber scheint dem jüngeren Ladislaus I. im allgemeinen den Vortritt gelassen zu haben. Die Instandhaltung und auch die Verschönerung der Gotteshäuser ihrer Besitzungen war freilich eine gemeinschaftliche Pflicht der Sippe. Ladislaus I. had jedoch dieses Bild offensichtlich allein in Auftrag gegeben als ein zusätzliches, persönliches Geschenk an die Mutter Gottes, der die Kirche geweiht war. Er konnte damit sein unbestreitbares Recht demonstrieren, im Gotteshaus den vornehmsten Platz einzunehmen. Das auf Epitaphien und Votivbildern fast obligatorische Familienwappen war in dem nur dem Klerus und den Patronen vorbehaltenen Chorraum völlig überflüssig.

* * * * *

Um so deutlicher beherrschen zwei Wappenschilde mit dem Ochsenkopf des Geschlechtes Hahót-Buzád, beiderseits des Triumphbogens, das mit Wandbildern reich geschmückte Schiff. Neben dem Wappen an der Südseite, unter einem spitzbogigen Blindfenster, in dem die neueste Restaurierung das Bild des Apostels Paulus freilegte, befindet sich die nur zum Teil leserliche Inschrift: "...anno domini mccclxxx nono kalendis augusti vero factum fuit hoc opus...."[59] Die malerische Dekoration, welche die westliche Chorbogenwand, das anschließende Drittel der Südwand und drei Viertel der Nordwand bedeckt, wurde also am 1. August 1389 fertiggestellt. Es handelt sich um eine stereotype Formel der Werkstatt des Johannes Aquila, womit dieser 1393 in der Apsis des Presbyteriums auch die Vollendung sämtlicher Arbeiten vermerkte.

Damit ist der *terminus ante* für die Ladislauslegende gegeben. Denn wir wissen nicht, wieviel Zeit die Arbeiten im Schiff in Anspruch genommen haben. Trotz des ikonographischen Reichtum, den bunten Nebeneinander verschiedener Themen (Jüngstes Gericht, Mettertia, Geschichte Susannas, des hl. Petrus und Paulus, Legenden des hl. Ladislaus, Nikolaus, der hl. Katharina von Alexandrien und einer noch unbekannten heiligen Jungfrau, Stigmatisation des hl. Franziskus, Martyrium des hl. Laurentius usw.) läßt die horizontale Gliederung in Streifen mit sorgfältig placierten inhaltlichen und kompositionellen Schwerpunkten auf einheitliche Planung schließen. Leider steht eine gründliche technische und ikonographische

Untersuchung, sowie die genaue Entzifferung der außerordentlich reichen Beschriftung der Wandbilder noch aus. Sicher ist, daß die Kosten der Erweiterung und malerischen Ausstattung der Kirche aufgrund des ungeteilten Patronats die Sippe grundsätzlich gemeinschaftlich zu tragen hatte. Wie man in der Praxis verfahren ist, wissen wir nicht, zumal in der Familie Streitigkeiten damals an der Tagesordnung waren. Jedenfalls schloß das gemeinsame Patronat die Berücksichtigung der Sonderwünsche einzelner Familienmitglieder keineswegs aus. Ein schlagender Beweis dafür war auch das Supplicationsbild des Ladislaus I. im Presbyterium. France Stelè glaubte 1935[60] an der Nordwand, links von der Mettertia-Gruppe, die Reste eines Votivbildes mit dem Begräbnis der hl. Katharina auf dem Berge Sinai und mit einem knienden Stifter samt Spruchband erkennen zu können.[61] Als die ungarischen Denkmalpfleger 1942-43 die barocke Wölbung und Wandpfeiler entfernten und die Malereien teilweise restaurierten, entpuppte sich der angebliche Donator als die hl. Katharina mit Aureole ums Haupt. Links von ihr kamen der Henker mit dem Schwert zum Schlag ausholend, und das Radwunder zum Vorschein. Das Spruchband mit den Worten "O beata catarina exaudi me(?). . ." gehört nicht der knienden Märtyrerin, sondern wird von einem herabschwebenden Engel gehalten.

Stelè hat jedoch auch auf ein wirkliches Votivbild aufmerksam gemacht, wenngleich nur in einer versteckten Fußnote.[62] An der Südwand, zwichen einer verstümmelten Hirschjagdszene[63] und dem wunderbaren Fischfang Petri (Lk. 5, 4-11) sieht man einen knienden Mann mit seinem Schutzheiligen, beide mit eigenem Spruchband, vor der stehenden Madonna mit dem Kinde. Da der Schreiber dieser Zeilen das Bild nach der letzten Restaurierung noch nicht gesehen hat, muß er auf Identifizierungs- und Deutungsversuche, die durchaus möglich wären, vorerst verzichten.

Bei der Auswahl der im Schiff dargestellten Heiligen scheint die Namengebung der damals, um 1389 bezeugten Mitglieder der Bánfi-Sippe keine Rolle gespielt zu haben. Die Heiligen des öffentlichen Gottesdienstes dominieren. Nur der hl. Nikolaus bildet eine Ausnahme: Nicht nur seine Legende wurde dargestellt, links von Triumphbogen erscheint er auch als monumentale Einzelfigur und Pendant des Apostelfürsten Paulus, der rechts den gleichen Platz einnimmt. Hinzu kommt under dem Nikolausbild ein langes Reimgebet in Ich-Form, das ein Stifter an den Heiligen richten könnte.[64] Der Gedanke liegt nahe, daß dieser besondere Nikolauskult auch in Namen des verehrten Vaters und Großvaters gepflegt wurde und somit gewissermaßen dem Ahnenkult diente. Aber war der am 16. Februar 1388 zuletzt bezeugte Nikolaus II. schon verstorben, mag auch der Wunsch, seinem Seelenheil zu dienen, eine Rolle gespielt haben, zumal da sein Bruder, Ladislaus I., die Ausschmückung der Kirche von Chernech eifriger förderte als die übrigen Familenmitglieder. Das scheint angesichts des Supplicationsbildes von 1383 und der Ladislauslegende durchaus wahrscheinlich zu sein.

Wenden wir uns jetzt der letzteren zu. Die Freskomaler haben mit der Ausmalung eines Raumes immer oben begonnen und in den Gerüstzonen von links nach rechts gehend gearbeitet.[65] Der unbekannte Meister, den der Unternehmer Johannes Aquila hier beschäftigte, wird also zuerst die Ladislauslegende ausgeführt und damit wahrscheinlich auch die Länge der unteren horizontalen Streifen bestimmt haben. Rómer und ihm folgend Mihály Ernst vermuteten allerdings, die Folge sei unvollständig, der Anfang verloren gegangen.[66] Für die fünf Szenen in plastisch wirkendem Rahmen an der Nordwand wird der Maler Miniaturen als Vorlagen benutzt haben. Sie erzählen jedoch eben die archaisch-volkstümlich anmutende Geschichte der Entführung und Befreiung des Mädchens. Der Text über den Bildern war schon zu Rómers Zeiten (1863)[67] fast spurlos verschwunden, doch sprechen die Szenen für sich selbst. Auf dem ersten Bild verläßt Ladislaus mit seinem Heer eine Burg oder befestigte Stadt, während der Kumane mit dem Mädchen davonreitet. Dieser Anfang entspricht genau dem allgemein verbreiteten Schema.[68] Das folgende Bild stellt die Ruhe des Kumanen dar, der seinen Kopf in den Schoß des Mädchens gelegt hat. Das Suchen nach Läusen im Haar des Mannes galt aber als Liebesdienst. Diese Episode fehlt in den Texten; wo sie in den gemalten Ladislauslegenden vorkommt, hat sie einen ganz anderen Platz und Sinn: Nach dem siegreichen Kampf findet der Held im Schoß des Mädchens Ruhe und Erholung. Unsere Variante erinnert am meisten an die Volksballade über die Entführung von Anna Molnár, deren Zusammenhang mit der literarisch nicht fixierten, volkstümlichen Ladislauslegende längst feststeht.[69] Als drittes Bild erscheint die am häufigsten dargestellte Schlachtszene. Auf dem vierten, fragmentarisch erhaltenen Bild reißt das Mädchen den Kumanen aus dem Sattel zu Boden. Nach dem Text der *Bilderchronik* folgt es damit der Aufforderung des hl. Ladislaus, der den Fliehenden nicht erreichen kann. Das fünfte Bild stellt zwei Szenen in einem Rahmen dar: links ringt Ladislaus zu Fuß mit seinem Gegner, wobei das Mädchen mit der Streitaxt zum Schlag auf das Bein des Kumanen ausholt; rechts drückt Ladislaus den Kopf des Besiegten nach unten und das Mädchen enthauptet ihn.

Die Geschichte setzt sich an der Ostwand, über dem Triumphbogen fort, doch ändert sich die Kompositionsweise radikal. An die Stelle der quadratischen Rahmen tritt eine kontinuierliche Bilderzählung, deren einzelne Szenen voneinander höchstens durch Architekturmotive getrennt werden. Dem Maler standen entweder keine, oder ganz anders geartete Bildvorlagen zur Verfügung. Die Szenenfolge beginnt mit der Königswahl des hl. Ladislaus.[70] Es folgt die Krönung, deren Inschrift nur bei Rómer fragmentarisch überliefert ist.[71] Die folgenden Szenen wurden bei der Einwölbung des Schiffes großenteils vernichtet, doch ermöglichen die teilweise heute noch erhaltenen Inschriften die Bestimmung der Darstellungsthemen. Rechts von der Krönungsszene sieht man, vor zinnenbekrönten Gebäuden, eine mit Schwertern und Lanzen kämpfende Menschenmenge, im Vordergrund zwei gekrönte Häupter, offenbar die beiden Könige. Der erste, dessen Kopf ganz erhalten geblieben ist, wird durch den Heiligenschein als Ladislaus gekennzeichnet, von dem anderen sind nur Stirn und Haare mit der Krone sichtbar. Während Rómer die Bruchstücke der dazugehörigen Inschrift nicht deuten konnte, hilft das von Ferenc Storno abgezeichnete Wortfragment die Szene zu bestimmen: Die Auflehnung und Verhaftung Salomos.[72] Wie aus der Chronik bekannt, wurde Salomo anläßlich der Erhebung der Gebeine der ersten Heiligen Ungarns, Stephans und Emerichs, im Jahre 1083 freigelassen. Darauf bezieht sich auch die hier gut erhaltene Inschrift über dem Bild.[73] Auf dem Fragment sind das gekrönte Haupt und das Szepter Salomos, sowie Prozessionskreuze erkennbar. (Abb.2.) Rechts von dem Scheitel des entfernten Barockgewölbes wurde, der Erzählung der *Bilderchronik* entsprechend, dargestellt, wie Salomo die Kumanen zur Hilfe rief, mit ihnen gegen König Ladislaus kämpfte, aber nach der blutigen Schlacht fliehen mußte.[74] An der Südwand folgt die Erbauung einer großen Kirche in Anwesenheit des heiligen Königs.[75] Nach den Chroniken hat Ladislaus als Dank für den Sieg über die Kumanen auf dem Schlachtfeld eine Kirche errichtet. Das Ende der Inschrift[76] über der rätselhaften Schlußszene der Bilderfolge stellt aber klar, daß hier die von Ladislaus gegründete Kathedrale von Großwardein gemeint ist, wo das Grab des Heiligen zum Mittelpunkt seines Kultes wurde. (Abb. 3.)

Das letzte Bild der Reihe, durch zwei Säulen eingefaßt, zeigt unter einem flachen Eselsrückenbogen eine barfüssige heilige Person in Büßergewand und mit Wanderstab, sowie einen bärtigen Mann in Mönchskutte und ebenfalls mit Heiligenschein. Er erhebt seine Rechte zum Segen und stützt sich mit der Linken auf einen Stock, während der Büßer (oder die Büßerin) im Begriff ist, ihm eine offene Lilienkrone aufzusetzen. Nur Rómer hat versucht, die Szene zu erklären: Der Propst Marcellus erhalte von einem himmlischen Boten die Krone, die er dem designierten Nachfolger von Ladislaus, Koloman nach Polen bringen solle.[77] Die Deutung ist keineswegs überzeugend. Liest man aber im Kapitel 136 der *Bilderchronik* Salomos Bekehrung und heiligmäßiges Ende, drängt sich uns eine andere Interpretation auf: Der Mann ist Salomo, der durch sein Büßerleben statt der verlorenen irdischen Krone die himmlische der Heiligen verdient hat.[78]

Dem Verfasser des ikonographischen Programms der Wandmalereien im Schiff der alten Pfarrkirche von Turnišče (Bántornya) war also nicht nur die schriftlich nie vollständig fixierte Ladislauslegende in einer altertümlichen Fassung bekannt, sondern auch die höfische Historiographie der ungarischen Anjou vertraut. Die erstere hat er, trotz der grenznahen Lage, nicht an Ort und Stelle kennenlernen können. Die Herrschaft Alsólendva ist zwar im sog. Gyepüelve, im Vorfeld der Grenzverhauen entstanden, sie wurde jedoch größtenteils durch die neuen Grundherren besiedelt. Westlich von der Burg Lyndau inferior sind Grenzwächter oder sonstige Waffendienst leistende niedere Schichten, die im Osten und Norden des Königreiches als Träger einer volkstümlichen Ladislaustradition anzusehen sind, überhaupt nicht nachweisbar. Es ist daher verfehlt, die Ladislauslegende von Turnišče (Bántornya) mit der Türkengefahr in Zusammenhang zu bringen.[79] Man könnte Überlegungen anstellen, warum die übliche Szenenfolge hauptsächlich durch Hinzufügung der Geschichte König Salomos erweitert wurde. Hat dabei die noch frische Erinnerung an die unheilvollen Kämpfe um die Krone in den Jahren 1385-1387 eine Rolle gespielt? Jedenfalls spricht dieser umfangreichste Ladislauszyklus dafür, daß der Ladislauskult Ludwigs des Großen wesentlich mitgeholfen hat, die nicht hagiographischen Motive teils archaisch-volkstümlicher, teils westlich-höfischer Prägung zum Gemeingut der ganzen Gesellschaft in Anjou-Ungarn zu machen.

ANMERKUNGEN

1. Zur Biographie Ludwigs des Großen mit Literature s. *Biographisches Lexikon zur Geschichte Südosteuropas* (München, 1974), III, 51-54 (Th. v. Bogyay).

2. Lajos Huszár, *Münzkatalog Ungarns von 1000 bis heute* (München, 1979), 86-87; E. Marosi, "Das große Münzsiegel der Königin Maria von Ungarn. Zum Problem der Serialität mittelalterlicher Kunstwerke," *Acta Historiae Artium,* 28 (1982), 22.

3. Dezső Dercsényi (Hg.), *Bilderchronik–Chronicon Pictum–Chronica de gestis Hungarorum,* Faksimiledruck (Budapest, 1968), I, passim.

4. Dezső Dercsényi, *Nagy Lajos kora* [Das Zeitalter Ludwigs der Großen[(Budapest, 1941), 169-170, Taf. LXIII.; Marosi, "Das große Münzsiegel," 6-8, Abb. 2, 3, 7.

5. Dercsényi, *Nagy Lajos,* 54.

6. László Mezey, "Athleta Patriae. Szent László legkorábbi irodalmi ábrázolásának alakulása" [Ausgestaltung der frühesten literarischen Darstellung des hl. Ladislaus], in: László Mezey (Hg.), *Athleta Patriae. Tanulmányok Szent László történetéhez* (Studien zur Geschicthte des hl. Ladislaus) (Budapest, 1980), 21-55.

7. Ferenc Levárdy, *Magyar Anjou legendárium* [Ungarisches Anjou-Legendar] (Budapest, 1973).

8. Siehe Anm. 3.

9. Zsuzsa Lukács, "A Szent László legenda a középkori magyar falfestészetben" [Die Legende des hl. Ladislaus in der mittelalterlichen ungarischen Wandmalerei], in: Mezey (Hg.), *Athleta Patriae,* 163-204. Hinzu kommt die neulich in Maconka (Kom. Heves) entdeckte Ladislauslegende, erwähnt von László Zolnay in *Művészet,* 22 (1981), Nr. 12, 48-51.

10. Gute Zusammenfassung der Forschungsergebnisse von László und Vargyas bei Lukács, "A Szent László legenda," 172-174. Zwei Werke sind hervorzuheben: Gyula László, *The Art of the Migration Period* (Budapest, 1970), 111-123 und Lajos Vargyas, *Research into the Medieval History of Folk Ballad* (Budapest, 1967).

11. Karel Stejkal, "K obsahovej a formovej interpretacii stredovekých nástených malieb na Slovensku" [Zur inhaltlichen und formalen Interpretation der mittelalterlichen Malerei in der Slowakei], in: M. Váross

(Hg.), *Zo starších výtvarných dejin Slovenska* [Aus der älteren Kunstgeschichte der Slowakei] (Bratislava, 1965), 175-223.

12. Vlasta Dvořáková, "La légende de Saint Ladislaus découverte dans l'église de Velká Lomnica," *Buletinul Monumentelor Istorice,* 1 (1972) Nr. 4. 25-42. war mir nicht zugänglich. Die These der Verfasserin wird jedoch besprochen von Vasile Drăgut und András Vizkelety (s. unten). Vgl. auch Vlasta Dvořáková–Josef Krása–Karel Stejkal, *Stredověká nástenna malba na Slovensku* [Mittelalterliche Wandmalerei in der Slowakei] (Praha–Bratislava, 1978), 29, 399.

13. Vasile Drăgut, "La légende du 'Héros de frontière' dans la peinture médiévale de la Transylvanie," *Revue Roumaine d'histoire de l'art.* Série Beaux-Arts, 12 (1974), 11-41.

14. Siehe Anm. 9.

15. András Vizkelety, "Nomádkori hagyományok vagy udvari-lovagi toposzok?" [Traditionen der Nomadenzeit oder höfisch-ritterliche Topoi?], *Irodalomtörténeti Közlemények,* 85 (1981), 253-275.

16. Vizkelety, "Nomádkori hagyományok," 270.

17. Lukács, "A Szent László legenda," 175.

18. Ibid., 185.

19. *Művészeti Lexikon* [Lexikon der Kunst], (Budapest, 1968), I, 58, 156; Lukács, "A Szent László legenda," 188; Vizkelety, "Nomádkori hagyományok," 266; Dvořáková–Krása–Stejkal, *Stredověká nástenná malba,* 29. Dénes Radocsay, *A középkori Magyarország falképei* [Wandbilder des mittelalterlichen Ungarn] (Budapest, 1954), 58; und Ders., *Wangemälde im mittelalterlichen Ungarn* (Budapest, 1977), 27, schreibt sie einem Gehilfen zu.

20. Marijan Zadnikar, *Romanska arhitektura na Slovenskem* [Romanische Architektur in Slowenien] (Ljubljana, 1959), 144.

21. Fr. Kovačič, "Gradivo za prekmursko zgodovino. 1. Topografija in zemljiške gospodje v 13. in 14. stojetju" [Materialien zur Geschichte des Murgebietes. 1. Topographie und Grundherrschaften im 13. und 14. Jahrhundert], *Časopis za zgodovino in narodopisje,* 21 (1926), 7. Die Lokalisierung von Tivadar Ortvay, *Geographia ecclesiastica Hungariae ineunte saeculo XIV*[o] (Budapest, 1892), 733, ist sicher falsch.

22. János Karácsonyi, *Magyar nemzetségek a XIV. század közepéig* [Ungarische Geschlechter bis zur Mitte des 14. Jahrhunderts] (Budapest, 1901), II, 115, 129.

23. Georgius Fejér, *Codex Diplomaticus Hungariae ecclesiasticus ac civilis.* (Budae, 1832), VIII/2, 457-465.

24. Fejér, *Codex Diplomaticus,* 461. In der der Edition zugrunde liegenden Kopie des 18. Jahrhunderts "Tunhel" verschrieben. 1379: Toronhel. Dezső Csánki, *Magyarország történeti földrajza a Hunyadiak korában* [Ungarns historische Geographie im Zeitalter der Hunyadi] (Budapest, 1897), III, 117, nach Magyar Országos Levéltár (Ung. Staatsarchiv) D1.6586.

25. Ung. Staatsarchiv, D1.6801. *Zsigmondkori oklevéltár* [Urkundenbuch der Zeit Sigismunds], Elemér Mályusz (Hg.), (1387-1399) (Budapest, 1951), I, 104 und passim.

26. Csánki, *Magyarország történeti földrajza,* III., 43.

27. Karácsonyi, *Magyar nemzetségek,* II., 129-130; Mór Wertner, "A Buzád-Hahót nemzetség" [Das Geschlecht Buzád-Hahót], *Turul,* 16 (1898), 65.

28. Angegeben sind: 1. Mutmaßliche Geburtsjahre. 2. (In Klammern) erste Erwähnung in einer Urkunde. 3. Terminus ante oder post quem des Todes. Quellen der Angaben: (1) Karácsonyi, *Magyar nemzets*ügek, II. 130. (2) *Anjoukori okmánytár* [Urkundenbuch der Anjou-Zeit], VII. 616. (3) *Zalavármegye története. Oklevéltár* [Geschichte des Komitats Zala. Urkundenbuch], I, 293. (4) *Zsigmondkori oklevéltár,* I., 43. (5) *Anjoukori okmánytár,* VI., 513. (6) *Zalavármegye oklevéltár,* I., 318. (7) *Zsigmondkori oklevéltár,* I., 404. (8) Wertner, "A Buzád-Hahót," 24; *Hazai okmánytár* [Codex diplomaticus patrius], V., 158. (9) *Zsigmondkori oklevéltár,* I., 481-482, 577. Zur Aufstellung des Stemmas dienten als Grundlage die in Anm. 22 und 27 zitierten Werke von Karácsonyi und Wertner. Die Artikelreihe von Károly Czakó, "Az alsólindvai Bánffy család" [Die Familie Bánffy de Alsólindva], *Magyar Családtörténeti Szemle,* 6 (1940), 25-30, 57-59, 83-88, steckt voller primitiver Fehler. Auch die Stammbäume von Wertner und Karácsonyi bedürfen heute wesentlicher Ergänzungen und Korrekturen. In der Bestätigung eines Tauschvertrages vom 13. Mai 1335 als Sohn von Nikolaus I. erwähnte Nikolaus ist u.E. verschrieben statt Johannes, der im weiteren immer als der dritt-, dann zweitälteste Sohn von Nikolaus I. erscheint. Bei der von der anderen Partei angestrebten Ausfertigung der Urkunde vertrat ja nur sein "Prothonotarius" den abwesenden Nikolaus I. Die von Wertner angenommene Gleichsetzung mit dem viel jüngeren Nikolaus II. ist unhaltbar. Die beiden jüngsten Söhne von Nikolaus I. tauchen 20 Jahre später als die älteren auf, höchstwahrscheinlich

entstammten sie einer zweiten Ehe. Das königliche Privileg von 1379 (D1. 6586) bezeichnet sie als "fratres uterini" von Stefan I. und Johannes I., d.h. also Halbbrüder, mit gemeinsamer Mutter. Ihr Erbrecht beweist aber den gemeinsamen Vater. Der Schreiber der königlichen Kanzlei hat wohl aus Versehen "uterini" mit "carnales" verwechselt. Vgl. Ferenc Eckhart, *Magyar alkotmány- és jogtörténet* [Ungarische Verfassungs- und Rechtsgeschichte] (Budapest, 1946), 335, 360. Anhaltspunke zur annähernden Bestimmung der Geburtsjahre bieten jene Urkunden über Vermögensangelegenheiten, die nach dem Vater seinen Sohn das erstemal namentlich anführen. Denn zweckmäßig und sinnvoll wurde die Aufzählung der Söhne erst nachdem sie das gesetzliche Alter (über 14 Jahre) erreicht hatten oder zumindest "puberes" (12 Jahre alt) waren (Eckhart, 331). Es gab freilich auch Ausnahmen, s. György Bónis, *Középkori jogunk elemei* [Elemente unseres mittelalterlichen Rechts] (Budapest, 1972), 82-83. Für Ladislaus' I. Sohn, Sigismund, besitzen wir keine solche Urkunde, doch deutet sein Taufname darauf hin, daß er geboren wurde, als die Verlobung der ungarischen Königstochter Maria mit dem jüngeren Sohn Kaiser Karls IV. (Heiratsantrag des Kaisers Anfang 1372, Verlobungsvertrag am 1. Juni 1373 den heiligen Burgunderkönig auch in Ungarn bekannt und in höheren Kreisen populär machte.

29. *Zala vm. oklevéltár,* II., 9.

30. Wertner, "A Buzád-Hahót nemzetség," 24; Bálint Hóman und Gyula Szekfű, *Magyar történet* [Ungarische Geschichte] II. (Budapest, 1936), 272-273.

31. Z. B. 1361: *Zala vm. oklevéltár,* I., 628-630; 1362: ibid., 514.

32. 1366: *Zala vm. oklevéltár,* II., 9.

33. 1368: ibid., 26.

34. Ung. Staatsarchiv, D1.6586.

35. Ung. Staatsarchiv, D1.6801.

36. *Zsigmondkori oklevéltár,* II, I., 548.

37. Fejér, *Codex Diplomaticus,* 1., 72.

38. *Zsigmondkori oklevéltár,* I., 43.

39. Ibid., 481-482, 527.

40. Urkunden des Eisenburger Kapitels von 3., 6. und 7. März 1389. *Zsigmondkori oklevéltár,* I., 94-103, 104-117.

41. Darüber berichtet ausführlich das Mandat der Königin vom 16. August 1389. *Zsigmondkori oklevéltár,* I., 138-140.

42. Ibid., 404.

43. Ibid., 140.

44. France Stelè, *Monumenta artis Sloveniae I. Srednjeveško stensko slikarstvo. La peinture murale au moyen âge* (Ljubljana, 1935), 13-20. Der Text ist slowenisch und französisch, der unentbehrliche wissenschaftliche Apparat (S.53-55) aber nur slowenisch. Ders., *Slikarstvo v Sloveniji od 12. do sredne 16. stoletja* [Die Malerei in Slowenien vom 12. bis zur Mitte des 16. Jahrhunderts] (Ljubljana, 1969), passim, s. Register.

45. Fejér, *Codex Diplomaticus,* IX/2., 453.

46. Nach der Teilungsurkunde vom 6. März 1389 (s. Anm. 40) wohnten in Turnišče-Toronyhely auf 27 Hufen über 40 Familien, etwa ebenso viel in Chernech, und zur Pfarrei gehörten noch weitere Siedlungen.

47. Flóris Rómer, *Régi falképek Magyarországon* [Alte Wandbilder in Ungarn] (Budapest, 1874), 27. Er war in der Lesung nicht sicher, vgl. Mihály Ernst, *A dunántúli falfestés középkori emlékei* [Mittelalterliche Denkmäler der Wandmalerei in Transdanubien] (Budapest, 1935), 31; Für Stelè (*Monumenta artis Sloveniae,* 15; *Slikarstvo,* 158; sowie persönliche Mitteilung) war die Jahreszahl 1393 gesichert.

48. Thomas von Bogyay, "Die Selbstbildnisse des Malers Johannes Aquila aus den Jahren 1378 und 1392. Stil und Überlieferung in der Kunst des Abendlandes," *Akten des 21. Internationalen Kongresses für Kunstgeschichte in Bonn 1964,* (Berlin, 1967), III, 55-59. Die Selbstbildnisse haben mit der Renaissance nichts zu tun.

49. France Stelè–Tamás Bogyay, "Donatorska slika iz 1. 1383 v Turnišču. 1. France Stelè, Najdba in opis slike" [Stifterbild aus dem Jahre 1383 in Turnišče. 1. Entdeckung und Beschreibung des Bildes]. *Zbornik za umetnostno zgodovino,* Nova vrsta I. (1951), 124.

50. Ebenda, 126 und *Slikarstvo,* 314. Er verweist vor allem auf die Stifterbilder der Familie Porro in Mocchirolo und Lentate; das erstere wurde 1949 von der Wand abgelöst und in die Pinacoteca di Brera in Mailand überführt. Pietro Toesca, *La pittura e la miniatura nella Lombardia. Dai più antichi monumenti alla metà del Quattrocento* (Torino, 1966), 117, Fig. 202.

51. Stelè, *Slikarstvo,* 310.

52. Huszár, *Münzkatalog,* 86.

53. Fol. 44^r und 47^v. Dercsényi, *Bilderchronik,* I., 87, 93.

54. Lajos Fülep–Zeszõ Dercsényi–Anna Zádor, *A magyarországi*

művészet története [Geschichte der ungarländischen Kunst] 4. umgearbeitete Auflage (Budapest, 1970), II, 101, Abb. 213.

55. Siehe Anm. 28. zum Stemma.

56. *Hazai okmánytár,* V., 158.

57. Harald Keller, "Die Entstehung des Bildnisses am Ende des Hochmittelalters," *Römisches Jahrbuch für Kunstgeschichte* (1939), III, 345; Alfred Weckwerth, "Der Ursprung des Bildepitaphs," *Zeitschrift für Kunstgeschichte,* 20 (1957), 147-186, insbesondere 160, 168, 171.

58. In den mir bekannten Urkunden wird nur der Verstorbene gelegentlich als "condam banus," ehemaliger Banus, bezeichnet, z.B. am 7. November 1394, wohl kurz nach seinem Tode, als König Sigismund seinen Sohn in seinen besonderen Schutz nahm (*Zsigmondkori oklevéltár* I., 404).

59. Für die Entzifferung mancher schwer lesbarer Stellen bin ich Herrn Dr. Gabriel Silagi (*Monumenta Germaniae Historica,* München) zum großem Dank verpflichtete. Die Inschriften werden hier stets mit aufgelösten Abkürzungen zitiert.

60. Stelè, *Monumenta artis Sloveniae,* 19, Fig. 57, 58. Ernst, *A dunántúli falfestés,* Abb. 13, bezog die Szene auf Maria, deren Leichnam von Engeln gen Himmel getragen wird. Diese falsche Deutung findet sich auch bei Radocsay, *A középkori Magyarország,* 112.

61. Stelès überholte Vermutung ist jedoch nicht nur in seinem letzten Buch (*Slikarstvo,* 36) zu finden, sondern auch in dem verdienstvollen Kunstführer von Marijan Zadnikar, *Umetnostni spomeniki v Prekmurju* [Kunstdenkmäler im Murgebiet] (Murska Sobota, 1960), 97.

62. Stelè, *Donatorska slika,* 130, Anm. 2.

63. Nach Stelès Vermutung eine Szene aus der ungarischen Ursprungssage: "Die Verfolgung der Hindin," *Monumenta, artis Sloveniae,* 19.

64. Frdl. Mitteilung von Prof. László Mezey, Budapest.

65. Vgl. Leonardo Tintori–Millard Meiss, *The Paintings of the Life of St. Francis in Assisi. With a Note on the Arena Chapel* (New York, 1962); Hayden B. J. Maginnis, "The Passion cycle in the lower Church of San Francesco, Assisi. The technical evidence," *Zeitschrift für Kunstgeschichte,* 39 (1976), 104.

66. Rómer, *Régi falképek,* 28; Ernst, *A dunántúli falfestés,* 40.

67. Erscheinungsjahr der ersten populärwissenschaftlichen Berichte von Rómer, s. die Bibliographie bei Radocsay, *A középkori Magyarország,*

113. Auch die von Rómer 1874 publizierte Zeichnung von Ferenc Storno ist 1863 datiert.

68. Siehe die Zusammenstellung von Lukács, "A Szent László legenda," 187-204.

69. Gyula László, *A honfoglaló magyar nép élete* [Das Leben des ungarischen Volkes in der Landnahmezeit] (Budapest, 1944), 416-420; Lukács, "A Szent László legenda," 174. Über dieser Szene hat Rómer das Wortfragment "quiesceb" entziffert und als ". . . anus quiescebat" ergänzt. Rómer, *Régi falképek,* 28.

70. Rómer, *Régi falképek,* 30, las oben noch die Worte: ". . . post obitum regis . . .", darunter in dem heute noch sichtbaren Rahmen: "in kosilio". Nach den Chroniken wurde Ladislaus nach dem Tode seines Bruders, König Gézas von dem versammelten Adel Ungarns zum König erkoren.

71. ". . . et coronatus est beatus ladislaus et . . ." Rómer, *Régi falképek,* 31. Der Text entspricht der Kapitelüberschrift der Bilderchronik, die jedoch berichtet, Ladislaus habe sich mit Rücksicht auf seinen legitim gekrönten Vetter, Salomo, nie krönen lassen. Auch auf der Miniatur der *Bilderchronik* wird der König nicht von den Bischöfen, sondern zon zwei Engeln gekrönt. Rómer versuchte zu beweisen, daß es sich um die Krönung Gézas handelt. *Régi falképek,* 30-31.

72. Rómers Lesung: "$p^v t^v$ detec(tus)?" ergab keinen Sinn. *Régi falképek,* 31. Stornos daselbst publizierte Zeichnung zeigt an dieser Stelle "detent . . .", also "detentus" oder "detentio", d.h. "gefangen" oder "Verhaftung", "Einkerkerung".

73. Oben liest man: ". . . rex Salomon . . . et in eleuatione sanctorum . . .". Im Rechteckrahmen über dem Königskopf: "rex Salomon". Im *Chronicon Monacense* heißt es: ". . . dimissus est de carcere Salomon in elevatione sanctorum Stephani et Emerici . . .". Emericus Szentpétery (ed.), *Scriptores rerum Hungaricarum* (Budapest, 1938), II, 78.

74. Der die Bilder oben begleitende Text lautet: "postquam petens ducem cumanorum pro adiutorio + et venerunt et proeliabantur cum beato ladislao rege ita quod salomo rex (nach Stornos und Rómers Lesung: vix) euasit (Fortsetzung nach Rómer:) et multi perierunt . . ." Das Ende des Schriftbandes über der großangelegten, die südliche Hälfte der obersten Zone der Ostwand voll ausfüllenden Schlachtszene war schon 1863 unlesbar.

75. Inschrift oben: "hic beatus ladislaus edificauit ecclesiam + "

76. "In quo (?!) ibidem requiescit."

77. Rómer, *Régi falképek,* 32.

78. Zur Salomon-Tradition s. József Gerics, *Legkorábbi Gesta-szerkesztéseink keletkezési idejének problémái* [Probleme der Entstehungszeit unserer frühesten Gesta-Redaktionen] (Budapest, 1961), 110-112. Samomos Tod und Bestattung in Pola ist keine Erfindung des Magisters Ákos, der die Gesta unter König Stephan V. (1270-1272) umarbeitete und fortsetzte, sondern historisch bewiesen. Seine authentische Grabinschrift aus der 1851 abgebrochenen St. Michaelskirche wird heute im Lapidarium des ehemaligen Franziskanerklosters in Pula aufbewahrt. Siehe meine Besprechung von Elemér Mályusz, *Az V. Istvánkori gesta* [Die Gesta aus der Zeit von Stephan V.] (Budapest, 1971), in *Südost-Forschungen,* 31 (1972), 403.

79. Wie Vasile Drăgut es tut (s.Anm.13). Sein inhaltsreicher Aufsatz ist leider nicht frei von modernen nationalistischen Vorstellungen: Die Székler schließt er aus dem Ungartum aus, inbezug auf die Ladislauslegende von Turnišče spricht er von "ensemble slovène", u.ä.

NACHTRÄGE

S.241. Der verdienstvolle slowenische Heimatforscher, Ivan Zelko, fand die früheste Erwähnung des Ortes in einer Urkunde aus dem Jahre 1322: Thoronhel (Ungarisches Staatsarchiv D1.2103). Er behauptet, der "Turm" sei vor 1265 vom Geschlecht Jwre errichtet worden. Das ist möglich, doch kann er dafür keine Schriftquelle anführen. Ivan Zelko, "Gospodarska in družbena struktura turniške pražupnije po letu 1381" [Wirtschaftliche und gesellschaftliche Struktur der Urpfarre von Turnišče nach 1381] in: *Razprave,* VII/5. (Ljubljana: SAZU, 1972), 410-411.

S. 242. und 255-256, Anm. 28. Ich verdanke Szabolcs de Vajay die Bestätigung meiner Annahme, daß die fünf Söhne von Nikolaus I. aus zwei Ehen entsprossen sind. In seinem Brief vom 18.3.1982 wies er darauf hin, daß Stephan II., Sohn von Johannes I., Klara, eine Tochter Sigismunds, seines Vetters ersten Grades, geheiratet hat. Die erteilte Dispensation setzt voraus, daß Johannes I. und Sigismunds Vater, Ladislaus I., nur Halbbrüder waren.

S.243. Die Teilungsurkunden von 1381 und 1389 wurden ausführlich besprochen von Ivan Škafar in der Zeitschrift *Časopis za zgodovino in narodopisje* (1971), 40-69, und (1972), 35-60.

Abb. 1. "Supplicationsbild" des Ladislaus Bánfi, 1383. (Foto F. Stele)

Abb. 2. Szene aus die Ladislauslegende: König Salamos Verhaftung und Entlassung. (Foto J. Gorjup)

Abb. 3. Szenen aus der Ladislauslegende: Erbauung der Kathedrale von Grosswardein (Nagyvárad), König Salomo als Mönch und Büsser. (Foto J. Gorjup)

Stephan Szigeti

13 / Ludwig der Grosse und Aachen (mit Illustrationen)

Gedanken zu seinem 600. Todestag
1382-1982

Ludwig der Große, Herrscher des Ungarischen Imperiums, starb einen glückseligen Tod am 11. September 1382.[1] Nirgendwo in der Welt—außerhalb der historischen Grenzen Ungarns—findet man so wertvolle und zahlreiche Andenken seiner Epoche als in Aachen, wo die Ungarische Kapelle in der Kaiserpfalz uns von seiner Person und seinem Werk kündert.[2] Mit Recht wendet sich die christliche Welt anläßlich dieses Anniversariums nach Aachen.

Die Aachen-Ungarn Beziehungen sind so alt wie die Reichsgründung des Hl. Stephan um die I. Jahrtausendwende.[3] Diese Aachen-Ungarn Beziehungen[4] fußen etwa auf den folgenden Gegebenheiten: 1. Tendenzen der Bevölkerung aus dem Aachener Raum nach Ungarn während der Reichsbegründung. 2. Kontakte des Reichsbegründers zum Christlichen Abenland. 3. Bußwallfahrten nach Aachen, die sog. "Aachenfahrten" aus Ungarn. 4. Epoche Ludwigs d. Gr. 5. Epoche von Károly Fürst Batthyányi's, Gouverneur in Belgien und schließlich. 6. unsere Epoche.

Es ist nun klar, daß die Aachen-Ungarn Beziehungen während der Epoche Ludwigs d. Gr. nur ein Abschnitt von den fast 1000-jährigen Kontakten zwischen Aachen und Ungarn sind. Es ist also unerläßlich die Aachen-Ungarn Beziehungen von der Epoche Ludwigs d. Gr. kurz zu schildern, um die Votive zu verstehen, aus welcher Atmosphäre sie entstammen. Die oben skizzierten 6 Gegebenheiten haben sogar eine Vorgeschichte, die kurz einzublenden sehr nützlich ist.

Nach der Landeseroberung (896) waren die Ungarnzüge gefürchtete Ereignisse im christlichen Westen, so daß in den Litaneien aufgezählt wurde: "A sagittis Ungarorum–Libera nos Domine!"[5] Von den zahlreichen Ungarnzügen zog einer, von den Stammesführern Bulcsú und Lél geführt, im Jahre 954 durch Köln bis Maastricht. Die Ungarn haben die Klöster geplündert und heldenhaft gekämpft. Sie zogen dann weiter durch die Provinz Hainaut in Belgien nach Cambrai, wo das berühmte Kloster von ihnen geplündert und niedergbrannt wurde.[6] Es ist kaum vorstellbar, daß Aachen und seine Umgebung unter diesen Ungarnzügen nicht gelitten hätten. Mindestens der Name der Ungarn müßte hier schon furchterregend sein, in der Stadt, wo spätestens um 810 die Pfalzkapelle schon konsekriert war.

Im ersten Augenblick scheint diese Schilderung überflüssig zu sein. Jedoch müssen wir uns in die Atmosphäre dieser Zeiten vertiefen, wo sich alles langsam entwickelt hat, wo Tradition durch mehrere Jahrhunderte ihre Wirkung hat. Nun nach dem furchterregenden Bild von Ungarn kam um die Jahrtausendwende eine völlig umgekehrte Situation zustande. Ungarn, das gefürchtete Volk, wurde christlich. Die Kaufleute aus dem Aachener Raum besuchten gern "die Jahrmärkte von Enns"[7] in Oberösterreich, um ihre Waren zu verkaufen oder zu tauschen. Sie stellten fest, daß die Ungarn, "die Gefürchteten," die ebenfalls diese Jahrmärkte aufsuchten, nunmehr ein anderes Gesicht zeigten als das ehemalige verrufene Gespenst.

Diese gute Nachricht verbreitete sich wie ein Lauffeuer um so mehr, da bekräftigt wurde, daß das neu entstandene Reich der Ungarn von einem "zweiten Chlodwig" beherrscht ist, der gute Beziehungen zum Abendland suchte und sogar mit einer christlichen Fürstentochter namens Gisela sich vermählte.

Um das Schreckensbild umzuwandeln, kam noch eine–bis jetzt nicht sehr beachtete–Ereigniswelle hinzu, nämlich um 1002, 1006 und 1010 wütete im Aachener Raum eine große Hungersnot. Die Bevölkerung flüchtete scharenweise in das nunmehr christliche Land, in das reiche Ungarn, dessen gastfreundlicher König alle gern aufnahm und sogar reichlich beschenkte.[8] Die Aacherner Flüchtlinge, haben jedoch ihre Urheimat nicht vergessen, und die mittelalterliche Bußpraxis, welche sich u.a. in den Aachenfahrten ausdehnten, entwickelte eine rege Beziehung zwischen den beiden Territorien.

Des. Hl. Stephans Kontaktfreudigkeit zum christlichen Abendland erhielt damit einen ausgezeichneten Unterbau. Er schloß sich und sein Land den vorhandenen Gegebenheiten an und so bildete sich ein Personenkreis, bestehend aus Papst Sylvester II.–ehem. Gerbert aus Reims–, dessen Freund Kaiser Otto III., dem Hl. Heinrich, Nachfolger deren und Schwager Hl. Stephans und dem Hl. Odilo; lauter Genies und großartige Männer.

Es gab auch einen Kreis der Machtzentren, bestehend aus Reims, Rom, Ravenna, Bamberg und Aachen. Der Mittelpunkt war Aachen, noch besser gesagt, die Pfalzkapelle als "Sitz und Haupt des Reiches." Die Hofkapelle ist "caput Gallie, caput et sedes regni Theotonici."[9] Dieses mystische Jerusalem wurde Vorbild für den Hl. Stephan, und er übertrug es auf die neu begründete Krönungsstadt Székesfehérvár [Stuhlweißenburg], welche später nicht nur als authentischer Krönungsort, sondern auch als Grabstätte der Gesalbten diente.[10] Mit den lateinischen Namen: Alba-Regia war also Székesfehérvár [Stuhlweißenburg] das "Ungarische Aachen."

Wie am Anfang erwähnt wurde, wirkten die Traditionen Jahrhunderte hindurch; sowohl der Personenkult als auch der Genius-loci hatten ihre Ausstrahlungskraft.

Die Aachenfahrten und die Krönungen in Aachen nährten die mystische Kraft Aachens ebenso wie das Abstammungsbewußtsein der Personen. Alle diese Faktoren als natürliche Gegebenheiten waren für Ludwig d. G. ein magischer Punkt, nicht zuletzt deshalb, weil der allereste Ludwig in Aachen im Jahre 813 gekrönt worden war.[11]

Die Abkömmlinge der Capetinger beherschten von 1375 bis 1385 weit mehr als die Hälfte des christlichen Abendlandes. Sie regierten von England bis Antiochien, von Portugal bis Litauen mit dem Bewußtein ihrer Karolingerabstammung.[12] Alles in allem: Ludwigs geistige Orientation war vorbestimmt aus dem Reich, in dem er regierte, aber ebenso von dem Ort, von dem seine allerersten Vorfahren abstammten. Es ist unerläßlich, hier Bálint Hóman, den berühmten ungarischen Geschichtsforscher des Mittellaters, zu zitieren: "Die Bedeutung des Bewußtseins Karolingischer Abstammung ist zeitweise verblaßt bis zu einer späteren Wiedererweckung; aber das gesellschaftliche Bewußtsein der Karolingerabkömmlinge hat sich fortwährend verstärkt. Die Dynastien der Nationen, die außerhalb der

Grenzen des alten Imperiums lebten, suchten fortwährend häufiger die Verbindungen mit den großen Familien im Westen. Diese wiederum, auf Grund ihres festen Glaubens an ihre göttliche Berufung, suchten Verbindungen, um Thronprätenden bei fremden Nationen zu sein."[13] Dies alles ist die tiefere und eigentliche Grundlage der Beziehung Ludwigs d. Gr. zu Aachen.

Zu dieser eigentlichen Grundlage, nämlich des Anjou-Bewußteins, haben sich die vorher dargelegten Aachen-Ungarn Beziehungen aufgeschlossen gezeit, so daß Ludwigs Identität eine außergewönliche Verstärkung erhielt —ein fait accomplie par excellence. Aber noch mehr!

Der wahre Schlüssel zu Ludwigs West- und Südpolitik war einzig und allein dieses sein Anjou-Bewußtsein. Seine Thronpraetendenz z.B. auf Neapel hat hier ihr Fundament; dieses Fundament ist Aachen. Der Geist von Charlemagne existierte weiter, wenn auch auf nicht geahnte, andere Weise.

England und das Königreich Jerusalem wurden in dieser Epoche beherrscht von den Anjou-Fulko und dem Plantagenet–Haus. Antiochien, die Grafschaft Tipolis und später Cyprus, wurden regiert von den Abkömmlingen von Raymond Poitoun; Aragonien, Sardinien, Sizilien und Athen durch die Grafen von Barcelona; Kastilien und Leon durch die Grafen von Burgund; Navara wurde beherrscht von den Grafen von Champagne und so weiter. Eines der mächtigsten Reiche in dieser Welt war jedoch Ungarn, welches zugleich das reichste Dominium war, und est ist nicht zu verwundern, daß die Domherren von St. Peter in Rom Elisabeth, Ludwigs Mutter, huldigten als einer wundern wiederentstandenen Königin von Saba.[14]

Eine weitere Gegebenheit von Ludwigs Beziehung zu Aachen war ein Dreieck, nämlich Aachen, Prag und Visegrád. Diese Triangel bestand darin, daß Ludwigs Verwandter und später Verbündeter Karl IV., der Luxemburger, in Aachen gekrönt wurde und er auch wie Ludwig seine geistige und biologische Abstammung aus Aachen hatte.

Eine der wichtigsten Konferenzen Ost-Mitteleuropas fand staat in Visegrád, um 1335, im Monat Oktober.[15] Die beiden Kronprinzen Karl und Ludwig nahmen daran teil. Visegrád war also die Residenzstadt, jedoch später war immer mehr und mehr Buda der Aufenthaltsort der ungarischen Anjous. Buda war später dann auch der Hochzeitsort von Karl IV.;[16] sein Sohn Sigismund und auch seine dritte Ehefrau, Anna v. Schweidnitz, wurden hier am Hof Ludwigs erzogen. Diese Anna war die Tochter Katharinas, der

Halbschwester Ludwigs, also Ludwigs Nichte.[17] Die berühmte Doppelhochzeit fand statt 1353; nämlich Ludwig heiratete auch, und zwar zum zweiten Mal. Diese zweite Frau war Elisabeth Kotroman. Die beiden Prinzessinnen waren zugleich auch Piasten. Karl IV. wurde mit Anna in Rom am 05.04.1355 zu Ostern zum Kaiser bzw. zur Kaiserin gekrönt. Zum deutschen König wurde Karl am 25.07.1349 in Aachen gekrönt. Eine Krönung Annas in Aachen stand noch aus, und das sollte alsbald nachgeholt werden. Eine Krönungsfahrt nach Aachen war also fällig. Bevor wir uns jedoch mit dieser Krönungsfahrt beschäftigen, müssen wir uns vorerst mit Ludwigs Westpolitik und vor allem mit seiner Mutter, Elisabeth Łokietek aus dem Hause Piast, beschäftigen.

Ludwigs Regierungsdevise war: *Suum cuique,* d.h. in seinem Sinne ausgesprochene Friedenspolitik. Was seine persönlichen Rechte und die Rechte seiner Anvertrauten betraf, war er allerdings zu jeder Zeit bereit, all diese zu verteidigen und zu schützen.

Als Ritterkönig lag ihm eine Aggression fern jedoch er war sich vollbewußt, was sein Erbe war. Dieses Erbe dehnte sich aus nach Polen und nach Neapel; das letztere wegen seines Bruders Andreas, der dort mit verbrieftem Recht Thronprätendent war. Ludwigs geistiges Erbe im Westen war Aachen. Obwohl Rudolf als Erzherzog von Österreich ununterbrochen mit der Idee gespielt hatte, Ludwig als Kaiser zu sehen;[18] hatte doch Ludwig keinen direkten Anspruch darauf angemeldet, andererseits konnte direkten Anspruch darauf angemeldet, andererseits konnte er nicht auf eine mittelbare Zuständigkeit verzichten. Er hatte das Gefühl, daß er einen Selbstausschluß von den Charlemagne-Thron nicht durchführen dürfte. Er, Ludwig, wurde sogar in diesem Geist erzogen. Durch das Pseudo-Aristoteles-Werk, *Secretum Secretorum,*[19] sollte er dazu inspiriert werden, daß er wie Alexander der Große eine Weltregierung inne hätte. So hätte er es als eine Selbstverständlichkeit betrachtete, eine Prätendenz auf den Kaiserthron anzumelden, falls er dazu berufen würde. Es sol wiederholt werden, daß seine Weltanschauung auf ethische Grundlagen fundiert war und dementsprechend von ihm selbst als Norm betrachtet wurde.

Solange Karls IV. Legitimität vorhanden und seine Lebenskraft noch in voller Blüte war, blieb Ludwigs Karolinger-Aspiration wie Glut unter der Asche. Es war also gerecht und angebracht, daß er sich rund um die Kaiserpfalz praesent machte, falls an ihn ein Ruf erging.[20] Dieser göttlichen Berufung blieb er treu, und dazu war seine beste Stütze seine eigene Mutter, Ludwig verehrte nämlich seine Mutter mit Enthusiasmus.[21]

Wenn man Ludwigs Regierung unter die Lupe nimmt, dann muß man sofort erkennen, daß seine Mutter zugleich seine Mitregentin war. Diese Gegebenheit hatte für ihn um so mehr Gewicht, weil Elisabeth kurz vor Ludwigs Tod starb; denn von 40 Regierungsjahren war sie während 38 Jahren seine Mitbegleiterin. Noch im Jahre 1379-80 war Elisabeth von ihrem Sohn zum dritten Mal als Gouvernantin in Polen bestellt worden. Selten hatte ein Monarch eine so treue und aktionskräftige, aber zugleich kluge Frau an seiner Seite, wie Ludwig seine Mutter.

Die große Drehbühne in der ersten Zeit von Elisabeth's Leben war Visegrád, später jedoch Buda. Eine ganze Reihe von königlichen Kindern wurde in Buda von Elisabeth erzogen; unter anderem Elisabeth Kotroman, zweite Gemahlin seines Sohnes Ludwig, Anna v. Schweidnitz-Jauer, Tochter von Katharina, diese eine natürliche Schwester von Ludwig, später die dritte Gemahlin von Karl IV. und nicht zuletzt Sigismund, Sohn Karls, der später König von Ungarn und danach Kaiser wurde.

Von dieser reichen Auswahl aus Mosaiksteinen können wir ein Bild zusammenstellen, aus welcher Atmosphäre und mit welcher Intention Ludwig d. Gr. diese politische Fahrt nach Aachen organisierte, jedoch selbst nicht daran teilnehmen wollte!

Dieser noble Verzicht auf die politische Fahrt nach Aachen hatte einen tieferen Grund, welcher in dem Verhältnis zwischen den beiden Monarchen bestand. Die Verwandschafts-, Nachbarschafts- und Verbündetenatmosphäre seitens Karls war ununterbrochen von seiner latenten Eifersucht getrübt, die sogar zeitweise offen ausbrach und etwa bis 1370 dauerte–bis zu der Verlobung seines jüngsten Sohnes Sigismund mit der Tochter Ludwigs, mit Maria, die zugleich Thronprätendentin in Ungarn war. Wie gesagt, infolge Ludwigs friedfertiger Gesinnung lag es ihm fern, auf den Thron der Kaiserpfalz einen direkten Anspruch zu erheben, jedoch als Anjou wollte und konnte er nicht total verzichten. Die Eifersuchtsszenerie ging sogar so weit, daß Karl den Erzbischof von Köln verdächtigte, daß dessen Favorit Ludwig wäre. Schließlich aus Angst bat der Erzbischof um eine Bereinigung der Lage, daß Ludwig ein klärendes Wort sagen solle. Der König entsprach ritterlich diesem Wunsch, jedoch der Stachel blieb, bis Sigismunds Verlobung zustande kam.[22]

Vollständigkeitshalber muß ich hier zwei falsche Ansichten–ganz milde gesagt–, welche bei den Historikern sich eingenistet hatten, erwähnen, die sehr stark divergieren. Die erste Ansicht, daß Elisabeth sich selbst als fromme Pilgerin auf ihrer Aachenfahrt betrachtete. Sogar Antal Pór neigt dazu, Elisabeth's Fahrt unter diesem Gesichtspunkt zu betrachten.[23] Ganz anders und unqualifiziert betätigen sich einige materialistische Pamphletisten, welche rücksichtslos die Königinmutter–"sie hatte genug Grund ihr Gewissen zu erleichtern"–direkt beschuldigen.

Leider, auch von den Vertretern der ersten Auffassung wurde nicht richtig die volle Ponderanz erkannt, daß diese Fahrt einen ausgesprochenen politischen Charakter hatte; wenn auch dieses Hauptziel andere Neben-Intentionen nicht ausschloß. So etwas kam schon im Leben Elisabeths vor, nämlich bezüglich ihrer Fahrt nach Neapel im Interesse ihres jüngeren Sohnes Andreas. Während dieser ausgesprochen diplomatischen Fahrt nahm sich Elisabeth Zeit, und sie suchte Rom auf, um für ihre devote Seele bei dem Apostelfürsten-Grab Trost zu holen.

Es wurde sogar erwähnt, daß sie an Ischias litt und in Aachens Bädern Genesung suchte. Es mag auch dies ein Nebenziel sein, doch es ist schwer vorstellbar, da sie, wie später noch beleuchtete wird, sich dann höchstens 5-6 Tage in Aachen aufhielt. Nebenbei bemerkt, diese letztere Ansicht, nämlich bezüglich des Ischiasleidens Elisabeths hat noch vor ein paar Jahren ein Andenken bestanden. Es gab in Aachen ein Kurbad mit dem Bezeichnung: "Bad zur Königin von Ungarn."

Die Krönungsfahrt mit dem Ziel, die neuerwählte Kaiserin zu krönen, war gut vorbereitet. Der Kaiser, aber auch die Königin-Mutter, hatten schon diesbezüglich reiche Erfahrungen und handelten dementsprechend, jeder nach seiner Art und nach seiner Zielsetzung. Er, der Kaiser, bereitete die Reiserute vor und sicherte sie durch Erlasse. Sie, die Königin-Mutter, organisierte de Begleitung und das Schatz- und Geldwesen. Elisabeth fuhr nach Prag zu der Enkeltochter ihres Mannes, die zugleich ihr Zögling, jetzt jedoch schon Kaiserin war. Der Weg ging über Pilsen, und in Sulzbach trafen sie den Kaiser. Etwa am 11. Mai 1357 waren sie in Nürnberg. Ansbach, Rothenburg, Mergentheim und Heilbronn waren die weitern Stationen. Von Frankfurt über Friedenberg kamen sie am 18. Mai in Marburg an. Von Marburg auf demselben Weg fuhren sie zurück bis Mainz, wo sie eingeschifft wurden und am 26. im "heiligen Köln" landeten.

Der Erzbischof von Köln, Wilhelm von Genep schloß sich der Reisegesellschaft an. Am 28. Mai 1357 wurde Anna von Schweidnitz-Jauer aus dem Hause-Piast zur deutschen Königin gekrönt, dies war zu Pfingsten.

Am 2. Juni waren sie schon in Koblenz auf der Rückreise. Spätestens Ende Juli war Elisabeth wieder in Buda, am Königshof. So die Reise, ganz kurz gefaßt. Inzwischen wandte sich das Glück zu Ludwigs Gunsten, und Dalmatien kam zurück zu den Ländern der hl. Stephanskrone. Ludwigs Mutter berichtete über ihre Fahrt und wurde Gouvernantin von Dalmatien und zugleich seine Nutznieserin.

Elisabeth's Mission war erfolgreich. Knapp ein Jahr darauf besuchte Ludwig die Abtei Pilis, am 14. Juni 1358. Der regierende Abt, Heinrich, der zugleich Ludwigs Favorit war, erhielt den Auftrag, die Ungarn-Anjou-Präsenz in Aachen auszuführen. Die Realisierung der Siftung ging emsig voran. 1367, am 27. Oktober, wurde berichtet, daß die Kapelle fertig sei, und am selben Tag überreichte Abt Heinrich dem ersten Kaplan namens Johannes die Kunstschätze, die zum Teil in der Domschatzkammer heute noch vorhanden sind. Am 2. Januar 1370 wurde die Kapelle dem Bürgermeister von Aachen übergeben.

Über all dieses berichtet am 16. April 1370 Abt Heinrich dem König. Schon aus all diesen, mit Dokumenten untermauerten, Gegebenheiten ist ersichtlich, daß zwischen Ungarn und Aachen ein reger Verkehr vorhanden war; ferner, daß es sich hier nicht um eine private Frömmelei des Herrscherhauses handelte, sondern wie geschildert, eine Ungarn-Anjou-Präsenz an der Pfalzkapelle.[24] Noch prägnanter gefaßt: Ludwig kämpfte auf dem Schlachtfeld, seine Mutter auf dem Feld der Diplomatie.

Wie erwähnt, Elisabeth war praktisch bis zum Ende der Herrschaft Ludwigs Mitregentin. Wenn man die großen Auslandsfahrten Elisabeths unter die Lupe nimmt, ergeben sich folgende Resultate: 1. Sämtliche Fahrten hatten einen diplomatischen Charakter, wenn auch in verschiedenem Maße. 2. Je nach Ziel und Maß waren diese Fahrten voneinander verschieden. 3. Alle Fahrten standen im Dienste ihres Sohnes, d.h. die Ungarn-Anjou-Macht zu verteidigen, zu stärken oder zu vermehren. 4. Da die Fahrten zum größen Teil außerhalb des späteren Osmanischen Machtbereichs durchgeführt wurden, haben wir glücklicherweise über alles ein gutes, oft sehr detailliertes Bild für die Geschichtsschreibung.

Bezüglich der Fahrt Elisabeths nach Aachen müssen wir feststellen, daß diese Reise grundverschieden von allen anderen Fahrten der Königin war. Folgende Besonderheiten soll man hier aufzählen: 1. Sie hat den Kaiser begleitet und nicht umgekehrt. 2. Das war keine Pilgerfahrt, sondern eine

Krönungsfahrt. 3. Was die persönliche Frömmigkeit aller Teilnehmer betrift, einschließich des Kaisers, wurde sie verwirklicht mit einem sogenannten Abstecher nach Marburg, und zwar mit einem erheblichen Umweg, d.h. mit großer Opferbereitschaft. Hier kann man einen guten Vergleich ziehen bezüglich des Abstechers Elisabeths nach Rom während ihrer diplomatischen Fahrt nach Neapel. Sie hat diese von Neapel aus durchgeführt 4. Die "Septennale," d.h. der siebenjährige Zyklus bezüglich der Aachenfahrten, war schon vorhanden, und in diesem Fall war es im Jahre 1356 und 1363. Also eine sogenannte Heiligtumsfahrt konnte nicht stattfinden! 5. Der Aufenthalt in Aachen beschränkte sich auf einige Tage. Frühestens sind sie am 27. Mai angekommen. Die Abfahrt war spätestens am 1. Juni Insgesamt also 4-6 Tage in Aachen zu verzeichnen.[25]

Alle diese Gegebenheiten argumentieren von sich aus, daß Elisabeths Teilnahme an der Krönungsfahrt eine politsiche Fahrt war, deren Zielsetzung von Ludwig weiter entwickelt wurde. Mit anderen Worten: die erste diplomatische Fühlungnahme oder die Sondierungsgespräche wurden von der Königin-Mutter durchgeführt. Elisabeths Missionen bzw. diplomatische Fahrten im allgemeinen wurden nicht von der Fortuna begleitet; diese Fahrt nach Aachen war jedoch ein voller Erfolg.

Hier, an dieser Stelle, soll ausdrücklich folgendes erwähnt bzw. festgestellt werden: Es hat sich auf sehr breit Ebenen eine Annahme verbreitet, wonach die Ungarische-Kapelle in Aachen mit all ihrem Zubehör von Elisabeth gestiftet bzw. hier hergebracht wurde. Es gibt noch eine Ansicht, daß die Königin-Mutter dazu im Auftrage ihres Sohens handelte. Nach den bisherigen Darlegungen meines Essais brauche ich wohl nichts mehr dazu zu sagen.

Über den Ausbau der Aachen-Ungarn Beziehungen Ludwigs müßten wir also wie folgt feststellen. Wenn wir einen *terminus ad quem* hier bezeichnen wollen, dann ist es dieses "X"; es endet mit Ludwigs Tod, also dem 11. September 1382. Es gibt jedoch einen erweiterten (late dicta), ideellen Termin; dieser kulminiert in dem Krönungstag seines Schwiegersohnes Sigismund, der mit seiner zweiten Frau Barbara Cilly am 8. November 1414 in Aachen durch Erzbischof Dietrich von Köln zum deutschen König gekrönt wurde.[26]

Wie erwähnt, am 14. June 1358, war Ludwig Gast in der Abtei Pilis.[27] Dieses Kloster lag zwischen Visegrád und Buda, in dem sogenannten Piliser-Gebirge. Zu seiner Zeit war die Abtei sehr reich. Die Mönche waren Zisterzienser, welche damals wie heute als eine hoch kultivierte Gemeinschaft galten. Der König hatte im allgemeinen einen regen Verkehr mit dem gebildeten Klerus, welchen er auch brauchte, da viele diplomatische Aufgaben, aber auch Aufträge anderer Natur einfach von der erfahrenen Priesterschaft ausgeführt werden mußten.

Ludwig selbst war aber auch außergewöhnlich begabt und gebildet. Er sprach außer seiner Muttersprache noch lateinisch, italienisch, deutsch und französisch. Diese letztere zu beherrschen, war für ihn als Anjou-Abkömmling eine Ehre, und um sie zu üben, war das Zisterzienser-Monasterium für ihn ein geistiges Refugium, eine Art Eremitage. Nebenbei dürfte ich bemerken, daß er großen Wert darauf legte, daß alle an seinem Hof Lebenden die ungarische Sprache erlernten. So sprach sein Schwiegersohn Sigismund tadellos ungarisch, und zwar so, daß auf dem Konzil in Konstanz die ungarische Sprache Geheimsprache sein konnte.[28]

Wie lange sich Ludwig beim Abt Heinrich aufhielt, wissen wir nicht. Es ist jedoch durchaus vorstellbar, daß Heinrich alsbald sich auf Aachen vorbereitete. Die Kapelle mußte spätestens am Ende des Jahres 1365 fertig sein, da Papst Urban V. schon im Jahre 1366 der Kapelle Privilegien schenkte.[29]

Man muß wohl bemerken, daß der Auftrag sich nicht nur auf den Bau der Kapelle beschränkte, sondern auch auf eine weitangelegte Stiftung, welche würdig die Ungarn-Anjou-Präsenz verkörpern sollte. Es gab zum Beispiel ausgedehnte Verhandlungen über Pfründenguts-Käufe, welche mit Hilfe des Stadtrates verwirklicht werden konnten. Diese Hilfe wurde fürstlich von Ludwig belohnt, nämlich die Kaufleute aus Aachen erhielten am 2. März 1369 dieselben Privilegien, welche die Städte Prag und Nürnberg in Ungarn genossen.[30] Laut Ch. Quix: "Damals besaß die Kapelle einen Garten auf der Scherpstraß—ehemals 1-2 Häuser daselbst-; sechs Morgen Bend, Hundsbenden d.i. die Hungarischen genannt, in der Stadt, zwischen der Königs- und Jakobsstraße gelegen."[31]

Es ist nicht unbedingt aufzuzeichnen, zu welchem Zeitpunkt genau dies oder jenes geschah, aber um so mehr freut man sich zu wissen, daß Abt Ulrich, Nachfolger Abt Heinrichs am 9. June 1381 nach seiner Fahrt in Aachen einen Bericht dem König vorlegte, wonach bezüglich der Stiftung alles in Ordnung war.[32] Fünfzehn Monate nach dieser Berichterstattung war Ludwig der Große schon tot. Damit kann man ohne Lobhudelei feststellen, daß der große König bis zu seinem Tode sich um die Ungarn-Anjou-Präsenz in Aachen bei der Pfalzkapelle gekümmert hat.

Andererseits bestätigt dieser Bericht, daß Ludwig aus eigenem Antrieb sich um die Stiftung kümmerte, da seine Mutter Elisabeth schon tot war. Sie starb am 29. Dezember 1380;[33] jedoch hatte sie ihr Testament schon am 6. April aufgesetzt.[34] Da Ulrich in Aachen bei seiner Kontrolle alles in Ordnung fand bzw. die Kasse mit 340 Florent aufgestockt hatte, war es nicht notwendig, eine kurzfristige Wiederholung weiterer Kontrollen durchzuführen.

Vollständigkeitshalber muß man hier noch folgende Korollarien beifügen:

I. Ludwig d. Gr. fühlte sich seit dem Vertrag seines Vaters mit seinem Onkel Kasimir d. Gr. als Polnischer-Thronanwärter. Dieser Geist wurde von seiner Mutter, Schwester Kasimirs, ununterbrochen gepflegt, und zwar so, daß es nicht zu verwundern ist, daß Ludwig sich in der Zeit der Stiftungsgründung als Vertreter seines Gesamt-Reiches verstand, welches am 17. November 1370 durch seine Krönung in Krakau tatsächlich vollzogen wurde. Die ungarischen Kunstschätze sind eklatante Zeugen dieses Geistes, da sämtliche noch vorhandenen Pretiosen auch den Polnischen Adler tragen. Mit diesem Machtbereich erreichte zugleich die Anjou- und somit die Karolinger-Dynastie die äußerste Ausdehnung ihrer Macht nach Ost-Europa.

II. Hedwig, oder wie die Polen sie nennen, Jadwiga erhielt den polnischen Erbteil nach ihres Vaters Tod. Nach ihrer schmerzlich gescheiterten Verlobung mit Wilhelm, dem Sohn des österreichischen Monarchen Leopolds III., reichte sie aufopferungsvoll ihre Hand an Jagiello, und damit wurde sie Begründerin Groß-Polens und des gesamten polnischen Christentums–eine "zweite Gisela"; jedoch ihre offizielle Heiligsprechung steht noch aus.[35]

III. Die Ungarn-Anjou-Präsenz in Aachen erwies sich als dauerhaft trotz aller zermürbenden Zähne der Zeit im Laufe der Jahrhunderte bis in unsere Tage. Bis zur Osmanischen-Herrschaft in Mitteleuropa gab es unzählige Wallfahrten der Ungarn nach Aachen, worüber, wenn auch kurzgefaßt, das wertvolle Büchlein von Dr. Elisabeth Thoemmes entstand: "Die Wallfahrten der Ungarn an den Rhein."[36] Während der Jahrhunderte entstand an Stelle der ruinierten "Ludwigs-Kapelle" die sog. "2. Ungarische- oder Couven-Kapelle"; kurz darauf die sog. "3. Ungarische oder Moretti-Kapelle," welche noch heute gutgepflegt besteht. Über all dies hat, auch kurzgefaßt, Edith Tömöry ein wertvolles Büchlein geschrieben. (Es erschien auch in deutscher Sprache!)[37] Somit hat sich die von Ludwig d. Gr. errichtete sichtbare ungarische Präsenz bis in unsere Tage erhalten.

EPOLOG

Als Ausklang meines kurzen Essais darf nicht unerwähnt bleiben, daß 1884 in Budapest eine umfassende Goldschmiede-Ausstellung stattfand, wo die prächtigen Pretiosen über das Ludwigs-Werk für sich sprachen.[38] Im "Hl. Emmerich-Jahr," 1931 wurde auf Bitten des Ungarischen Episkopats von Bischof Dr. Straeter aus Aachen ein Reliquien-Partikel des Hl. Emmerich's in sein Vaterland zurückgebracht. Nach dem II. Weltkrieg, als das Hl. Stephan-Pilgerhaus in Rom aufgebaut wurde, bat mich als Pfarrer der Ungarischen-Katholiken in der Diöz. Aachen Praelat Zágon, bei dem Diöz. Bischof Dr. Pohlschneider vorzusprechen, um die Reliquien-Partikel des Hl. Stephan und Hl. Emmerich für das Pilgerhaus in Rom zu erbitten.

Der großzügig erfüllte Wunsch veranlaßte mich, ein Kopie durch den Innungsmeister Gerhard Thewies vom "Stephanus-Reliquiar" anfertigen zu lassen. Die Edelmetalle wurden gestiftet von Domherr Prof. Erich Stephanny als deutscher Anteil, den ungarischen Teil habe ich geschenkt.[39] So hat das Ludwigs-Werk noch heute seine Ausstrahlungskraft. Dies geschah im Jahre 1967, gerade im Jubiläumsjahr der Ludwigs-Stiftung.

Im Ausland lebende Ungarn haben auch in anderer Art und Weise das Erbe ihrer Vorfahren gepflegt. Dieses Erbe in Aachen ist so auffallend, daß jeder Ungar, der schon einmal Aachen besuchen konnte, nicht ohne Anregung vorbeiging.

Seit 1962–Begründungsjahr des ungarischen Pfarrbüros in der Diöz. Aachen–finden von Zeit zu Zeit größere und kleinere Pilgerfahrten und Veranstaltungen der Ungarn in Aachen statt.

Somit hat Ludwigs Erbe noch heute seine Bedeutung für Ungarn und für Aachen.

SIGLA

A Aa. = Aachen
Aa.-U. = Aachen-Ungarische
Ab., oder Abb. = Abbildung oder Abbildungen
Abs. = Absatz
Anm., oder Anmm. = Anmerkung oder Anmerkungen
Aufl. = Auflage
Ausg. = Ausgabe

B Bd. oder Bde. = Band oder Bände
Bp. = Budapest
B.P. = Poll: *Geschichte Aachens in Daten,* Verl. J.A. Mayer, Aa., 1965. Aufl.: 2.
bzw. = beziehungsweise
E etc. = et cetera = und so weiter
H *HSz.* = Hóman-Szekfű: *Magyar Történet* [Ungarns Geschichte], Bp. I-V. Bde., hier: Bd. II. 3. Ausg. 1936. Das beste Werk über Ungarns Geschichte welches bis heute existiert. (Der Verfasser.)
F fac. = facsimile = Fotoreproduktion
J Jg. oder Jgg. = Jahrgang oder Jahrgänge
K Kap. = Kapitel
M *MGH SS* = *Monumenta Germaniae Historica; Scriptores,* Bde. I-XXXII., Ed. G.H. PERTZ, ab 1826, Hannover.
Misk. = I. Miskolczy: *Magyarország az Anjouk Korában* [Ungarn in der Anjou-Ära], Bp., 1923. Laut Vorwort v. Verfasser Kurze Zusammenfassung von den Forschungen von Antal Pór und Vilmos Fraknói.
P PA/1. = A. Pór, "Erzsébet királyné aacheni zarándoklása 1357-ben" [Pilgerfahrt Königin Elisabeth nach Aachen im Jahre 1357], in *Századok* [Jahrhunderte], Bp., 1901., Jg. XXXV, Verl. von dem Ung. Geschichts-Verein, Bp.
Zur Person Antal [Anton] Pór's: Er war ein eifriger und triefgründiger Geschichtsforscher der ung. Angou-Ära. Als Domherr in Esztergom fürstlich begütert, daher die notwendige finanzielle Voraussetzung für kostspielige Forschungsarbeit. Er war Verfasser v. unzähligen Essais v. diesem seinem Lieblingsthema. Mitverfasser v. dem umfassenden Geschichtswerk: *A Magyar Nemzet Története* [Die Geschichte der Ungarischen Nation], redigiert v. Sándor Szilágyi, BP., 1895. Der erste Teil v. d. 3. Bd. wurde v A. Pór geschrieben, pp. 1-384. Diese Arbeit v. A. Pór ist u. bleibt für immer als Grundlage für sämtliche Geschichtsschreibung dieser Zeit, so auch für *HSz.*
PA/2. = A. Pór's Werk in Szilágyi: *A Magyar Nemzet Története.* S. wie: *PA/1.*
P. oder pp. = Seite oder Seiten
Qu *Quix.* / Ch. QUIX' *Historische Beschreibung der Münsterkirche etc.,* Aa., 1825.

R *R.* = *Révai Nagy Lexikon* = [Révai's Großes Lexikon], Bp., 1911-1935, 21 Bde. Das beste u. umfangreichste Lexikon in ung. Sprache nach den damaligen Kenntnissen. (Der Verfasser.)

S S. oder s. = siehe

Sd. oder s.d. = siehe dies oder das

sog. = sogenannte oder sogenannten

Századok = *Jahrhunderte,* Zsch. Bp. ab 1867 bis heute, verl. v. dem Ung. Geschichtsverein, Bp.

T *Th.W.* = Dr. E. Thoemmes: *Die Wallfahrten der Ungarn an den Rhein,* Aa., 1937, Verl. Volk.

Tom. = Tomus = Band

T. = E. Tömöry: *Az Aacheni Magyar Kápolna Története* [Die Geschichte der Ungarischen Kapelle zu Aachen], Bp., 1931. Auch Deutschsprachiger-Ausgabe in *Ung. Jahrbücher,* Bd. 12., (in dieser Ausg.+ Edith von Tömöry), Verl. Walter de Gruyter and Co., Berlin u. Leipzig, 1932, vom pp. 188-204, mit Abb.

U u. = und.

ung. = ungarisch oder ungarische. -r. -s.

V. v. = von oder vom

verl. = verlegt

Verl. = Verlag

vgl. = vergleiche!

Z *ZAGV* = *Zeitschrift des Aachener Geschichtsvereins,* verl. in Aa. ab 1879–bis heute

Zsch. = Zeitschrift

ANMERKUNGEN

(Bitte! die SIGLA = Abkürzungen benützen!)

1. Századok, Jg. 1902/XXXVI., pp. 209-214; u. *PA/2.,* p. 342, "Nagy Lajos király halálos betegsége" [Die tödliche Krankheit des Königs Ludwig des Großen], wonach er am 10.09.1382 vor Mitternacht starb. Sein Tod wurde jedoch am kommenden Tag registriert, am 11.09.1382. Dieses letzte Datum ist geblieben als übliche Festsetzung seines Todestages. S. auch: *HSz.,* Bd. II., p. 257.
2. S. *PA/1.,* p. 13.
3. Die Reichsgründung muß sich wohl von der Landeseroberung v.

Árpád unterscheiden um 896. Ich habe hier die historisch übliche Jahreszahl angenommen, da eine Diskussion diesbezüglich nicht meine Aufgabe sein kann.

4. S. SIGLA.

5. "Vor den Pfeilen der Ungarn–Erlöse uns, o Herr!" Diesbezüglich besitzen wir, etwa aus dem Jahre 1000 ein klassisches Beispiel. Eine lateinisch gefaßte Fürbitte aus dem Domkapitel-Archiv in Modena [Mutina], welche als "Deprecatio Mutinensis populi ad sanctum Geminianum patronum civitatis" von dem italienischen Historiker L. A. Muratori gefunden wurde. In seinem Werk: *Antiquitates Italicae medii aevi.* Tom. I. col. 21-22. wird folgendermassen zitiert:

Confessor Christi, pie Dei famule,
O Geminiane, exorando supplica,
. . . .
Nunc te rogamus, licet servi pessimi,
Ab Ungerorum nos defendas jaculis.

Mediolani, MDCCXXXVII [Mailand, 1738].
Diese Fürbitte wurde später in folgenden Werken zitiert bzw. ausgewertet. G. Tiraboschi: *Memorie Storiche Modenesi.* Tom. I. S. 68., in der Serie: Biblioteca della "Mattia Corvino", Nro 2., v. Alfredo Fest: *I primi rapporti della nazione Ungherese coll' Italia,* S. 21. (italienisch, erschienen jedoch in Bp., 1922) hier nur die letzte Zeile: "Difendici dalle frecce delgi Ungheri!"/ ferner in der Zsch.: *Hadtörténelmi Közlemények.,* v. Dr. F. Albin Gombos: "A honfoglaló magyarok itáliai kalandozásai," S. 483. Hier wird eine zweite Ausführung von Bertoni (ital. Historiker) zitiert. Auf diese Fürbitten hat mich Herr József Közi-Horváth München (einer der besten ungarischen Historiker u. Publizist im Ausland) aufmerksam gemacht, wofür ich hier meinen Dank ausspreche. Dieser Themenkreis wird in deutscher Sprache von Szabolcs de Vajay behandelt, in seinem Werk: *Der Eintritt des Ungarischen Stämmebundes in die Europäische Geschichte.* Mit zahlreichen Karten, Tafeln und mit internationalen Quellen u. Fachliteratur Verzeichnis. 1968; Verl. v. Hase und Koehler Mainz.

6. S. *HSz.,* Ausg. 1935., Bd. I., p. 144.; *R.*, Bd., 4., verl. 1912, p. 234. und *B.P.*, p. 32.

7. *Th.W.,* p. 10; und Gy. Székely: "Wallons et Italiens en Europe Centrale aux XIe-XVI siècles" [Wallonen und Italianer in Mitteleuropa in der Zeit vom XI-XVI. Jahrhundert]. Ein Essai in dem Jahrbuch der Universität

Budapest, Abteilung Geschichte, Tom. VI., Bp. 1964, in französischer Sprache, pp. 3-5.; u. E. de Borchgrave: *Essai Historique sur LES COLONIES BELGES. . . en Hongrie. . . pendant les onzième. . . siècles,* Bruxelles, 1871, Verl. F. Hayez, pp. 5-10.

8. S. P. Radó OSB: *Az Egyház Szentjei* [Die Heiligen der Kirche], Verl. Palladis, B., 1940, p. 191.; T., p. 5, u. wie Anm. 6. Ferner+ Gy. Székely: *Wallons etc.,* wie Anm. 7, p. 5.; E. de Borchgrave: *Essai,* pp. 16-24.; *B.P.*, p. 63, Jg. 1447. In *Székesfehérvár Évszázadai* [Die Jahrhunderte Stuhlweißenburg's], *redigiert von A. Kralovánszky, zwei Abhandlungen: Gy. Györffy:* "A Székesfehérvári Latinok Betelepülésének Kérdése" [Die Frage der Ansiedlung der Stuhlweissenburger Latiner], mit deutschsprachigem Auszug, pp. 37-44., und Gy. Székely: "A Székesfehérvári Latinok és Vallonok a Köséрkori Magyarországon" [Die Latiner und Wallonen von Stuhlweissenburg im Mittelalterlichen Ungarn], mit deutschsprachigem Auszug, pp. 45-72, hier pp. 46-49. Ferner: in *Századok,* Jg. 1937/LXXI., pp. 399-416., v. G. Gárczi: "A középkori vallon-magyar érintkezésekhez" [Wallonisch-Ungarischer Kontakte im Mittelalter]. Eine ausführliche und kritische Auseinandersetzung mit dieser Problematik nach den damaligen Kenntnissen, mit reichlichen Quellenangaben. Es ist jedoch nicht meine Aufgabe dies bezüglich *hier* eine kritische Beurteilung durchzuführen. Dies werde ich, mit Veröffentlichung zahlreicher Dokumentationen in einer späteren Zeit nachholen. Ferner: F. Curschmann: *Hungersnöte im Mittelalter,* Verl. Scientia, 1970, Aachen, pp. 43., 64., 83. u. 108-110. Im Jahre 1968, anläßlich des 1000 jährigen Geburtsjahre v. hl. Stephan erschien ein Werk von Thomas von Bogyay mit dem Titel: *Stephanus Rex,* auch in deutscher Sprache! Besonders dürfte ich auf die Kapitel: "Freund–Feind–Familie" und "Pilger–Religion–Einsiedler" hinweisen. Herold Verl., Wien.

9. Soeben erschien ein übergreifendes Essai v. Edith Ennen: "Aachen im Mittelalter," in der *ZAGV,* Bd. 86/87, Jgg. 1979/80, Aa., 1981, pp. 462-464. "Haupt Gallie, Haupt und Sitz des Deutschen-Reiches." In diesen Band wird über die weitere Einschärfung der Rechtslage berichet. In einer wissenschaftlichen Arbeit über "Besitzungen und Einkünfte des Aachener Marienstifs", die Dr. Reiner Nolden, Aachen, veröffentlicht hat, lesen wir folgendes: "In einer Urkunde Friedrich Barbarossas aus dem Jahre 1174 wird die Kirche, nicht etwa die Stadt Aachen, gar Sitz und Haupt des Reiches" sedes et caput regni "genant." Diese Urkunde (Nr. 36.) is im Wortlaut in dem Werk v. E. Meuten: *Aachener Urkunden* vorhanden. Auf der

212, Zeilen 6-8, steht folgendes: "Quia vero iuxta ramos ordinate caritatis specialius familiari prerogativa Aqvensis ecclesia sedes et caput regni inter cis Alpinas resplendens ecclesias regali et imperiali tripudiat fiducia". Original in Aachen, St. Marien, Urk. 16.

10. S. *HSz.*, Bd. I., p. 198., *R.* Bd. 17., verl. 1925, p. 458., wonach 36 Krönungen in Stuhlweissenburg stattfanden u. 15 Könige wurden hier beerdigt. Selbst Ludwig d. Gr. u. sein Vater, Karl I. wurden hier beerdigt! 47 Reichstage wurden hier gehalten!

11. S. *HSz.*, Bd. II., p. 144.: Die Vorfahren v. Ludwig d. Gr. (Tafel!); u. p. 624: Die Karolinger Abkömmlinge (Tafel!). Ferner in diesem Buch: Geza Grosschmid, "Simplified Genealogy of the House of Anjou."

12. S. *HSz.*, Bd. II., pp. 149-151., Kap. IV.' "Weltregierungs Pläne," Abs. 2.: "Die Karolingisch-Capetinger Legitimität"; Mit großer, ausklappbarer Karte Europas; Schematische Darstellung der Französischen Dynastien von 1375-85.

13. S. *HSz.*, Bd. II., p. 150., Abs. 2.

14. S. Zsch.: *Katolikus Szemle* [Katholische Rundschau], Bp., 1893, Verl.: Atheneum, pp. 50-63, hier pp. 55-56. Abhandlung von J. Karácsonyi: "Nagy Lajos Anyja Rómában" [Mutter Ludwigs d. Großen in Rom]; u. *Misk.*, p. 40.

15. An dem Kongress nahm Karl als Graf von Mähren teil aber auch Ludwig, dessen erste Frau Margarete Karl's Tochter war.

16. Mit Anna von Schweidnitz.

17. S. *HSz.*, Bd. II., p. 209. Diese Anna von Schweidnitz war eigentlich auch eine Piastin; ihr Vater war Henrik von Piast als Fürst von Schweidnitz.

18. S. *HSz.*, Bd. II., pp. 216-217.; *Misk.*, p. 69.

19. Ludwigs Handexemplar ist heute in Oxford, Bibl. Bodleyana aufbewahrt. Ferner: *HSz.*, Bd. II., p. 154.

20. S. *HSz.*, Bd. II., p. 154.

21. In den Werken von *HSz.*, Bd. II., u. *Misk.* wird zahlreich daruf hingewiesen.

22. S. *HSz.*, Bd. II., p. 231. Ferner: *Misk.*, pp. 70-71.

23. S. *PA/1.*, pp. 3-4.

24. S. *T.*, pp. 5-6.; R. Békefi: *A Pilisi Apátság Története* [Geschichte der Abtei v. Pilis], pp. 163-165, 256-257, und 369-370. Ferner: B.P., p. 57.

25. S. *PA/1.*, pp. 11-13.

26. S. *B.P.*, p. 60.

27. S. Anm. 24: R. Békefi, p. 236.

28. S. *HSz.*, Bd. II., p. 402.

29. S. H. V. Sauerland: *Urkunden und Regesten zur Geschichte der Rheinlande aus dem Vatikanischen Archiv,* Verl. P. Hanstein's, Bonn, 1910, Bd. 5., pp. 195-196. Beide Urkunden sind datiert in AVIGNON, am. 1. August 1366.

30. S. *T.*, p. 7., u. *ZAGU,* Bd. 28., pp. 450-454.

31. S. *Quix.*, p. 39.

32. S. Anm. 24: R. Békefi, pp. 167-168., 260. u. 377.

33. S. *PA/2.*, p. 306.

34. S. *R.*, Bd. 6., p. 698.

35. S. Meine Artikel in der *Deutschen Tagespost:* "Eine große Friedensstifterin," Jg. 1980., Nr. 57., p. 16.

36. S. Sigla: *Th. W.,* u. *B.P.*

37. S. Sigla: *T.*

38. S. *ZAGV,* Bd. 14., pp. 54-71. Ferner: *A Magyar Történeti Ötvösmü-Kiállítás Lajstroma* [Liste der Ungarischen Geschichtlichen Goldschmiede-Ausstellung], Bp., 1884, Verl. Franklin-Gesellschaft.

39. Archiv des Ungarnpfarrers Stephan Szigeti: Reliquien-Urkunden v. Diöz.-Bisch. Dr. Johannes Pohlschneider, Rechnung v Goldschmiedemeister G. Thewies, Aachen u. Geschenk-Urkunde v. Pfr. I. Szigeti, Aachen; Original in Rom.

Ungarnkapelle — Dom

Bad Aachen, Federal Republic of Germany

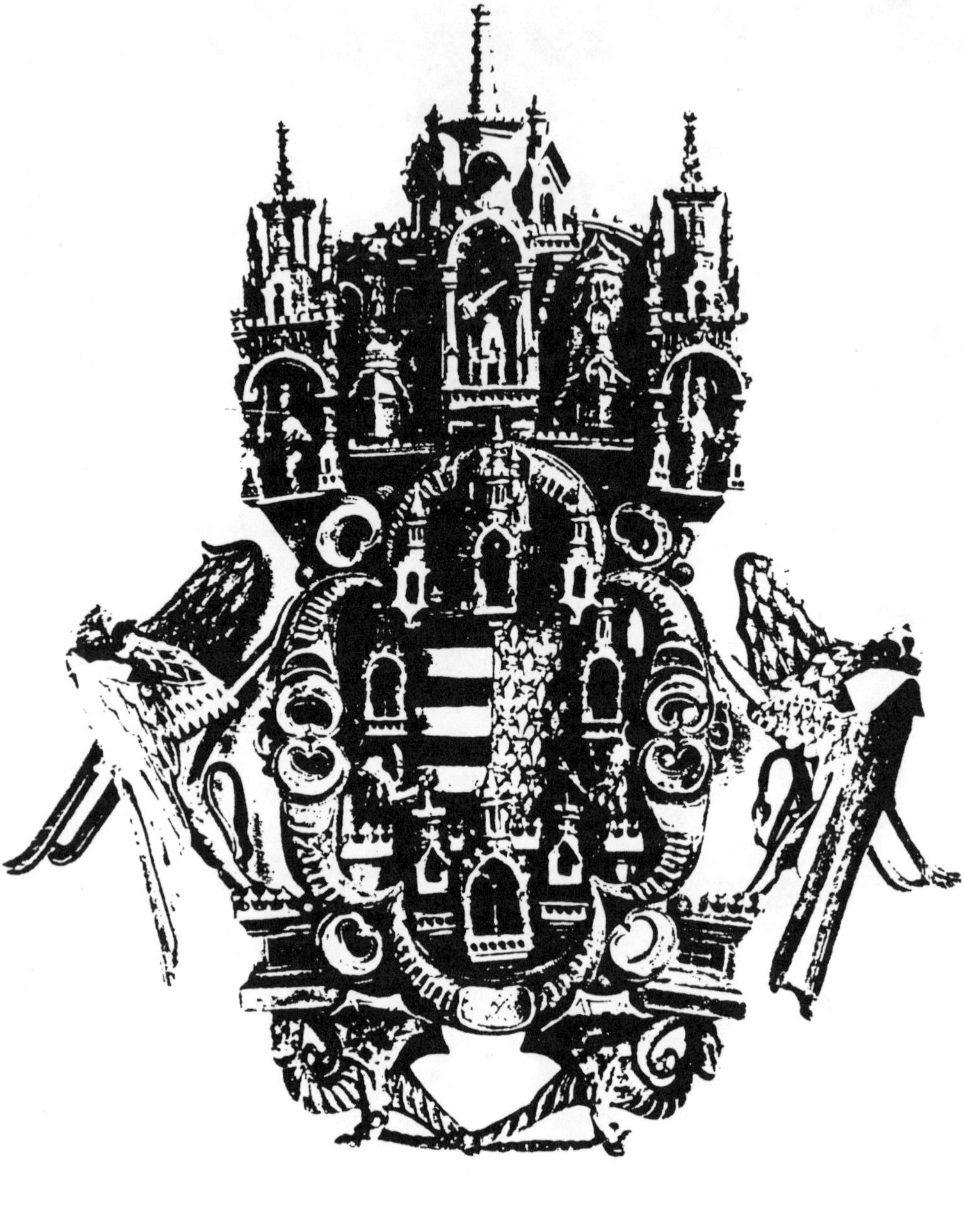

A book cover decoration with the coat of arms of Louis the Great
(in the Treasury of the Aachen Cathedral)
Before 1367

József Szamosi

14 / König Ludwig der Grosse: Bauten and Denkmäler in Mariazell

Mariazell war seit vielen Jahrhunderten der berühmteste Wallfahrtsort Mitteleuropas und ist es bis zum heutigen Tage geblieben. Der Lauf der Zeit brachte es mit sich, daß vor allem Pilger des alten Habsburger Reiches, d.h. der Österreich-Ungarischen Monarchie hierher kamen und bis heute noch kommen, nämlich: Österreicher, Ungarn, Tschechen, Kroaten, Slovenen. Ihre Zahl beträgt einschleißlich anderer Pilger und Besucher durchschnittlich anderthalb bis zwei Millionen pro Jahr. Die Madonna Mariazells trägt daher zu Recht die Titel: *Magna Mater Austriae, Mater Gentium Slavorum* und *Magna Domina Hungarorum.*

Der historische Wallfahrtsort ist seit sechshundert Jahren innig mit dem ungarischen Volk verbunden, seitdem unser König Ludwig I.–der von den Historikern mit dem Titel Ludwig "der Große" ausgezeichnet wird–ein imposantes Heiligtum zu Ehren der heiligen Muttergottes von Zell errichtet hat, die seiner Armee zum Sieg verholfen hat. Die Katholiken des ungarischen Volkes empfanden Mariazell immer als ihr eigenes "nationales Heiligtum" und sie benutzen im allgemeinen die ungarische Schreibweise "Máriacell."

Est ist umso überraschender, wie wenig Interesse die ungarische Wissenschaft Mariazell bezeugt–denn die hierzu Berufenen, d.h. Historiker, Kunsthistoriker, Forscher der Religions- und Kulturgeschichte, haben sich, abgesehen von einigen Ausnahmen, kaum mit diesem, dem ungarischen

Volk so beliebten Wallfahrtsort befaßt und auch nicht die engen Beziehungen des Wallfahrtsortes mit Ungarn und König Ludwig dem Großen näher erforscht, um diese Beziehung so zum Bewußtsein zu bringen und dieses Bewußtsein lebendig zu erhalten. Und selbst wenn diese Beziehung hier und da erwähnt wird, ist es erschreckend, mit wie wenig Sachkenntnis dies geschieht. Es seien hier nur einige der auffallendsten Beispiele erwähnt:

Katholikus Lexikon [Katholisches Lexikon, Red. P. Béla Bangha, Budapest 1932]: Da heißt es, daß die zwei Seitentürme (!) der Basilika und die ungarische (!) Kapelle in Zell seien das Werk König Ludwigs des Großen.[1] Wendet sich der Interessent jedoch an das *Révai Nagy Lexikon* [Große Révai Lexikon], so wird er enttäuscht, denn unter dem Stichwort "Mariazell/Máriacell" findet er zwar in der Beschreibung eine recht ausführliche Liste der Kirchenschätze ungarischer Herkunft, doch das Wesentliche, nämlich das Madonnenbild, welches Ludwig der Große stiftete, ist eigentümlicherweise gar nicht erwähnt. Auch das unter der Ägide des Akademischen Verlags herausgegebene *Művészeti Lexikon* [Lexikon der Kunst] erwähnt beim Stichwort "Andrea Vanni, Maler aus Siena" nicht, daß eines seiner Werke durch Ludwig den Großen in die Schatzkammer kam und auch heute noch dort zu sehen ist.

Wir müssen leider mit Bedauern feststellen, daß trotz der unzähligen ungarischen geschichtlichen Abhandlungen über König Ludwig den Großen und seine Zeit die Beziehungen Mariazells zu Ungarn vornehmlich nur von österreichischen Historikern erforscht wurden. Diese Arbeit bezweckt, von ungarischer Seite her das Versäumte einigermaßen nachzuholen, mit der Bemerkung, daß der Autor seine Forschungen erst vor einigen Jahren begonnen hat, und daß er wegen Zeitmangel keine Möglichkeit hatte, wichtige Handschriften, Dokumente und Archive zu studieren. Dennoch meint er, er habe die Vorarbeiten soweit beendet, um in anderen Lust und Interesse zu weiteren Forschungen zu wecken.

I.
Kirchenbau König Ludwigs in Marizaell

Die meisten Maria-Gnadenstätten verdanken ihre Existenz einem Wunder, das im Volksmund weiterlebt.

Es scheint nicht überflüssig zu sein, schon jetzt darauf hinzuweisen, daß Überlieferungen meistens einen historischen Kern bergen, der aber in der naiven Phantasie des einfachen Volkes fast bis zur Unkenntlichkeit "verfärbt" wird.

Die Gründung bzw. Entwicklung Mariazells zum Wallfahrtsort wird in drei Legenden erzählt, die das Obige mehr oder weniger bestätigen.

Die erste Legende–zeitlich jedoch die letzte der dreien–erzählt die Gründung der "Zelle", der Mariazell ihren Namen verdankt. Danach machte sich ein Mönch namens Magnus vom Benediktinerkloster St. Lambrecht auf den Weg nach Norden, um dort unter den Bewohnern der wilden Berggegend Missionsarbeit zu verrichten. Ein Felsen versperret ihm den Weg. Als er eine mitgebrachte geschnitzte Madonnenfigur auf den Felsen stellte, da brach der Felsen entzwei, und der Mönch konnte seinen Weg fortstzen. Er erreichte die Stelle, wo jetzt die Gnadenkirche steht, am 21. Dezember 1157,[2] am Festtag des Apostels St. Thomas. Er ließ sich dort nieder, baute eine einfache Zelle[3] (kleine Kapelle) und brachte dort die Marienstatue unter. Die Legende erzählt nichts von seinem weiteren Leben, seinem Verbleiben an diesem Ort oder von seiner weiteren Arbeit.

Die zweite Gründungslegende ist aus späterer Zeit und erzählt die wunderbare Genesung Heinrichs, des Markgrafen von Mähren und seiner Gemahlin Agnes und ihre Wallfahrt nach Mariazell. Als Dank für ihre Genesung errichteten sie eine steinerne Kapelle.

Uns interessiert selbstverständlich die dritte Legende am meisten, denn sie bezieht sich auf unseren König, Ludwig den Großen. Die erste schriftliche Aufzeichnung stammt von dem Syndicus der Benediktinerabtei St. Lambrecht (dem Mutterkloster Mariazells), Johannes Menestarffer de Wienna, artium doctor jurisque pontificii licentiatus (Doktor der freien Künste, Lizentiat des kanonischen Rechtes) aus dem Jahre 1487. Sein lateinisches Manuskript *De origine ecclesiae beatissimae Viginis in Cell et miraculis ibi factis 1487* [Die Entstehung der Kirche der seligen Jungfrau von Cell und die dortigen Wunder] ist die erste schriftlich festgehaltene Geschichte[4] des Wallfahrtsortes.

Seltsamerweise bestehen einige Unklarheiten über die Schreibweise des Names des Chronisten. Er selbst hat die lateinische Schreibweise Johannes Menestarffer de Wienna benützt. Sein Name lautet auf dem Dokument[5] der Universität Wien aus dem Jahre 1456 Johannes Menesdorfer de Wienna. In einer späteren lateinischen Arbeit[6] wird er Joannes Manesdorffer genannt. Weitere Schreibarten im vorigen Jahrhundert sind bei

Pangerl, dem österreichischen Historiker, Johann Mannesdorfer[7] und in einer späteren Schrift Johannes Mannesdorfer.[8] Ein anderer österreichischer Historiker, S. Steinherz[9] folgt Pangerl mit der gleichen Schreibweise in einer für uns wertvollen Studie. Der Name begegnet uns auch als Menesdarffer und Menesdarfer. Der ungarische Historiker Antal Pór und ihm folgend Bálint Hóman benutzten die Schreibweise Menestarfer (die achte Version). Im folgenden soll in dieser Studie diese Version beibehalten werden.

Der Text der *Menestarfer Chronik* wurde schon in der Zeit von István Katona in größeren Auszügen in seiner historischen Quellensammlung 1779/1817 herausgegeben (*Historia critica regnum Hungariae,* X., p., 393-394). Die Jahreszahlangabe "1407" is sicherlich ein Irrtum oder Schreibfehler und muß wohl "1487" heißen. Der komplette Manesdorfer Bericht ist als Beilage I zu der Arbeit[10] Pangerls über Mariazell zu finden. Wir geben hier den auf Ludwig den Großen bezogenen Teil der Chronik Manesdorfers wieder:[11]

> . . . Demum sub David abbate monasterii antedicti et Karolo quarto caesare augusto ac Leopoldo bellicoso dicto Stiriae duce, avo Friderici tertii caesaris moderni, ac Alberto quarto Austriae duce, avo Ladislai Hungariae Bohemiae regis ac Austriae ducis etc., . . . Ludovicus Hungarorum rex invictissimus atque christianissimus huic genti cum viginti milibus equitum peditum que occurrens, cumque multitudinem hostium perspexisset, erant enim octuaginta milia, territus salutem fuga querere decreverat. Verum somno oppressus ei in mentem venit, quod antea a multis audiverat beatam virginem Mariam miraculis maximis in Cell clarere, ispaque gloriosissima virgo Maria ei tum apparens ac ipsum confortans cum simulacro eius, quod supra pectus posuerat, hostes agredi bellumque conserere iubet. Somno autem solutus et ymagine super pectus reperta rem omnem commilitonibus exponit, qui gavisi et confortati cum rege in hostes progressi sunt, et victoria felicissima obtenta mox cum exercitu Ludovicus rex atque victor Cellam ut pollicitus erat petivit. Cum autem sacellum a marchione factum, angustum nimis offendisset ipsum destrui et hoc templum quod modo cernimus, suis impensis aedificari fecit, obtulit etiam tunc ymaginem praefatam auro gemmisque ornatissime decoratam item tabellam reliquiis sanctorum

> refertam, quam ad collum pendentem deferre consueverat, item calicem cum patena, aureas vestes sacras cum liliis aureis contextis et complura alia clinodia et monstrancias, quae omnia armis eius insignitis in sacrario ostenduntur et habentur.... Haec habui ego Johannes Menestarffer de Wienna, artium doctor iurisque pontificii licenciatus quae de origine huius templi beatissimae virginis Mariae in Cell dicerem, non ut volui, sed ut me temporis angustiae coegerunt, quae etiam ut brevissime dici potuerunt, ita a me perscripta sunt pridie Kalendas Julii, anno domini nostri Jesu Christi millesimo quadringentesimo octuagesimo septimo. Deo gratias!

Im wesentlichen ist dies wie folgt wiederzugeben:

> ...Zur Zeit Davids, Abt von St. Lambrecht, Kaiser Karls des IV. und Leopolds Herzog der Steiermark, des Großvaters Kaiser Friedrichs III. sowie Albrechts des IV., österreichischer Herzog,[12] und des Großvaters des Ladislaus V. von Ungarn und Böhmen... führte Ludwig, ungarischer König, Krieg gegen die Türken. König Ludwig hatte 20.000 Mannen, der Türke 80.000. Deshalb dachte der König an Flucht. Da erschien ihm im Traum die Zeller Muttergottes, über deren Wundertaten er bereits gehört hatte, und sie ermutigte ihn, den Feind anzugreifen, da er siegen würde. Als der König erwachte, fand er das Marienbild auf der Brust. Er erzählte seinen Traum den Soldaten, die daraufhin voller Mut den Feind angriffen und siegten. Nach dem Sieg machte sich das ganze Heer entsprechend dem Gelübde auf den Weg nach Mariazell. Nachdem Ludwig die dort vorgefundene Kapelle zu klein fand, ließ er diese abreißen und auf eigene Kosten eine neue Kirche errichten. Nach all diesem wird von Menestarfer aufgezählt, welche Geschenke Ludwig der Große mitnahm, wie bereits ausführlich erwähnt. Zum Schluß führt, er an, daß er seine Chronik 1487 verfaßte.

Es ist klar zu erkennen, daß der Chronist die geschichtlichen Ereignisse mit den Legenden vermengt wiedergibt. Demzufolge bleibt vieles unklar. Wir haben keine näheren Angeben darüber, wo und wie die für die Errichtung der Kirche so wichtige Schlacht ausgefochten wurde und wer der Anführer der ungarischen Heerschar war. Es ist sehr merkwürdig, daß János

Kükülllei[13] hierüber auch nichts weiß, denn man kann den großzügigen Bau der Kirche und die Menge der Weihgaben, mit denen der Wallfahrtsort überhäuft wurde, nur einem entscheidenden Sieg zuschreiben Emsige Forschungen haben nur ergeben,[14] daß der in Frage kommende Balkan-Feldzug Ludwigs, den er persönlich nicht mitmachte, im Frühjahr 1377 begann,[15] und daß der Feldzug mit einem großen Sieg über Sultan Murad I. und Sisman, Zar von Bulgarien endete. Am 20. Juni 1377 teilt König Ludwig seinem alten Verbündeten und guten Freund, Francesco da Carrara, Herrscher von Padova (1350-1388), den Sieg mit, der viel Blut gekostet hat, denn die Ungläubigen waren dreimal so viel wie die Christen. Etwas später berichtet er auch dem Papst dieses freudige Geschehen. Der Brief an Carrara ist nicht erhalten geblieben, doch zwei Quellen aus Padova erwähnen ihn (*Historia Cortusiorum additamentum* und Gataros *Istoria Padovana*) und bestätigen seinen Inhalt.[16]

Es gibt auch keinerlei Beweis oder Gegenbeweis dafür, daß der ungarische König nach seinem Sieg mit seinem ganzen Heer (dies ist nicht wörtlich zu verstehen) nach Mariazell kam, wie es Menestarfer und die Überlieferung erwähnen. Jedenfalls hätte sich dies aus den Geschehnissen ergeben können. Als König Ludwig 1373 Frieden und dann 1374 ein Bündnis mit Leopold III., Herrscher über die südösterreichischen Länder, schloß, wurde dieses Bündnis damit besiegelt, daß Hedwig, die jüngste Tochter Ludwigs, die damals ein Jahr alt war, mit Wilhelm, dem minderjährigen Sohn Leopolds, verlobt wurde. Das feierliche Verlöbnis wurde später im Juni 1377 in Hainburg abgehalten, an dem Ludwig und seine Gemahlin Elisabeth teilnahmen. Es ist möglich, daß sie bei dieser Gelegenheit auch nach Mariazell reisten. Dieser Zeitpunkt entspräche der Legende, laut welcher der ungarische König unmittelbar nach dem Balkansieg nach Mariazell gepilgert ist, um sein Gelübde zu erfüllen und dem Wallfahrtsort das von Menestarfer erwähnte und auch heute noch in der Schatzkammer befindliche Madonnenbild sowie andere wertvolle Weihgaben zu stiften. Wie kamen die gestifteten Gaben und das Wunderbild der Madonna nach Mariazell? Die Überlieferung (Menestarfer) weiß eine einfache Antwort: König Ludwig brachte sie selbst hin. Es konnte bisher keine bessere Antwort gefunden werden.

* * * * *

Was versteht man unter den Bauten Ludwigs des Großen in Mariazell, was unter dem sogenannten Ludwigsbau? Der zeitgenössische Zeuge, der

"Kronzeuge," János Küküllei erwähnt nur kurz, daß sein König in Aachen und später in Zell eine sehr schöne und wunderbar ausgeführte Kapelle (capellam)[17] errichten ließ und diese reichlich bedachte. Er zählt zwar die Weihgaben auf, ohne aber zu sagen, welche von ihnen Aachen und welche Zell erhielt.

Aus der *Chronik Menestarfers* sei vor allem jene, den Kirchenbau betreffende Stelle im Original zitiert, die später zu vielen Diskussionen führte:

> [Ludovicus rex] "cum autem sacellum a marchione factum, angustum nimis offendisset ipsum destrui et hoc templum . . . suis impensis aedificari fecit . . ."

was bebeutet, daß er die vom Mähren (dem Markgrafen von Mähren) erbaute Kapelle (sacellum) zu klein fand und diese deshalb abreißen und eine Kirche auf eigene Kosten erbauen ließ.[18]

Gemäß der früheren lateinischen Inschrift am Portal der Basilika ließen der mährische Markgraf und seine Gattin im Jahre 1200 hier eine Steinkapelle erbauen. Über Ludwig den Großen steht geschrieben: "Ludwig, König von Ungarn wird im Traum von Maria zum Kampf ermutigt, schlägt seinen barbarischen Feind, der in der Überzahl war, kommt allhier und erbaut diesen Turm und die größere Kirche im Jahre 1363.||

Es ist nicht uninteressant, wenn wir aus einem später verfaßten lateinischen Werk eines Benediktiners aus St. Lambrecht den uns interessierenden Teil zitieren,[19] in welchem der Autor erzählt, welche wertvolle Schätze der König von Ungarn nach Zell brachte und weiter ausführt: "Auch damit war seine Großzügigkeit nicht beendet. Der Markgraf von Mähren hat zwar der Heiligen Jungfrau eine Kirche erbaut, doch zwängten sich tausend Pilger hinein, und mehr hatten auch kaum Platz, so würde sie bersten. Ludwig ließ diese Kirche vollkommen abreißen und auf längerem und breiterem Fundament einen herrlichen Bau aus gehauenem Stein errichten" (. . . hoc prostravit solo Ludovicus; longius atque latius fundamentis exporrectis insignem delecto lapide machinam sublime eduxit).

Dies zeugt unmißverständlich für ein groß angelegtes Bauvorhaben. Unser Verfasser folgt nicht nur der Erzählung Menestarfers, sondern scheint vielmehr den Dingen gründlich nachgegangen zu sein; seine Angaben sind detaillierter und anschaulicher, um nicht zu sagen fachmännischer, als die Quelle selbst.

Im letzten Drittel des vorigen Jahrhunderts haben sich mehrere österreichische Historiker mit der Geschichte und dem Bau der mittelalterlichen Kirche und der Rolle Ludwigs des Großen befaßt. Hier seien zwei bereits zitierte Studien Matthias Pangerls zusammengefaßt. Pangerl untersucht gründlichst die Behauptungen der *Menestarfer-Chronik* (bei ihm *Manesdorfer-Chronik*), welche geschichtlich nachweisbar und welche nur Überlieferung sind. Menestarfer selbst gibt seine Quellen im ersten Satz seiner Chronik an, aus denen er schöpft: Handschriften, Urkunden der Privilegien sowie ein gedrucktes Büchlein des Abtes Heinrich II. über die in Mariazell geschehenen Mirakel. Im Original lautet dies folgendermaßen:[20]

> Quemadmodum vetusti codices Lamperti eiusque litterae quae privilegia vocantur, et libellus quidem de miraculis ab Heinrico Secundo abbate dicti monasterii et inscriptus et editus prae se ferunt, hoc templum oppidumque, que Cella Mariae dicantur, ita initium habuisse legimus.

Pangerl behauptet allerdings, daß Menestarfer ausschließlich das Büchlein *Miraculum* des Abtes Heinrich Moyker (oder Moiker) gekannt hatte und hieraus seine Information bezog. Mit den Worten des vorzüglichen Historikers ausgedrückt und nicht ganz frei von Ironie heißt es: "Manesdorfer, das Büchlein des Abtes Moiker von den Mirakeln fleißig ausgeschrieben hat."[21] Das ist freilich vom Standpunkt der Glaubwürdigkeit her gesehen eine eher positive Feststellung, weil dadurch gut 40 Jahre früher liegende Aussagen wiedergespiegelt werden,[22] aus einer Zeit also, da viele Leute sich noch an Einzelheiten des Bauvorhabens erinnern konnten. Was nun Menstarfer über den Ursprung des Wallfahrtsortes schreibt, ist laut Pangerl einfach unwahr und es gibt hierzu keine weiteren, entsprechenden Quellen außer dem Büchlein Moikers. Dies trifft auch auf die Wallfahrt des mährischen Landgrafen nach Mariazell zu und ist ein bloßes "Sagengebilde." Nur die Mitwirkung König Ludwigs I., König von Ungarn, am Ausbau des Wallfahrtsortes ist eine historisch bewiesene Tatsache, zumindest insofern, als der König wegen eines außerordentlichen Ereignisses aus Dankbarkeit in Mariazell eine Kirche errichtete, bzw. die bestehende Kirche vergrößerte. Pangerl bezweifelt an verschiedenen Stellen die Behauptung Menestarfers, daß König Ludwig die dort befindliche

Kirche abreißen ließ und an deren Stelle eine neue erbauen ließ; vielmehr betont er mehrmals' Das war nur "ein ansehnlicher Zubau,"[23] "welchen der Wallfahrtsort dem ungarischen König verdankt." Die Votivkapelle wird nicht erwähnt (!).

Spätere österreichische Historiker haben die oben kurz angeführte Beweisführung Pangerls übernommen, und auch jene Autoren, deren Bücher über Mariazell heute noch im Umlauf sind (Wonisch, E.Widder, B. Plank–die Mariazeller "Kunstführer"), mit dem Unterschied, daß sie die Rolle König Ludwigs–möglicherweise aus kleinlichen patriotischen Gründen–zu mindern und in die Welt der Legenden zu verweisen suchen. Auch deshalb ist es schade, daß man von ungarischer Seite her diese Probleme–wie bereits einleitend erwähnt–nicht bearbeitet hat. Es hat bisher z.B. noch niemand die Frage "Kirche" oder "Kapelle" geklärt. Antal Pór, der sich am meisten mit der ungarischen Anjou-Periode befaßt,[24] schreibt abwechselnd über die Kapelle in Cell oder die Kirche. Ähnlich verfährt auch Sándor Márki, während der bedeutende Forscher des ungarischen Mittelalters, Bálint Hóman, ganz flüchtig erwähnt: "Ludwig der Große hat zum Gedenken an seinen Sieg die Mariazeller Kirche in Österreich errichtet und beschenkt." An anderer Stelle spricht er jedoch nur von der "Gründung Mariazells."[25] Das ausgezeichnete Buch von Dezső Dercsényi[26] über die ungarische Kunst aus der Zeit Ludwigs des Großen (*Nagy Lajos kora*) erwähnt nur kurz den Kirchenabu in Mariazel: "Die Überlieferung schreibt ihm (Ludwig) die Errichtung der Kirche in Mariazell zu wie auch die der ungarischen Kapelle in Aachen." An einer anderen Stelle heißt es: "der Baumeister von Szászebes kannte die von Ludwig dem Großen erbaute Kirche in Mariazell gut." Im Gegensatz hierzu hat Gellért Rodler, ein ungarischer Benediktiner, der lange Zeit "Schatzmeister von Mariazell" war, sich ganz klar ausgedrückt: "Ludwig der Große ließ eine schöne dreischiffige gotische Kirche mit einem Turm errichten und die Gnadenkapelle umbauen, die er jedoch an ihrem ursprünglichen Platz beließ." Dann fügt er–beinahe als ob er Pangerl antworten würde–hinzu: "Dieser Kirchenbau war kein An-, sondern ein völliger Neubau mit langem Ostchore, dreifachem Schiffe und Westturm. Von dieser gotischen Kirche blieben bis heute der Turm, der jetzige mittlere, und die drei Schiffe erhalten."[27] Rodler hat ein einfaches Büchlein für die ungarischen Pilger verfaßt. Sein Wissen hierzu bezog er aus einem sehr nützlichen und gründlichen Buch eines seiner Schatzmeister-Vorgänger, nämlich des Marian Sterz, auch ein

Mönch des St. Lambrecht Benediktinerstifts, dessen wichtigste Behauptungen er Satz für Satz übernahm,[28] so daß sein Buch nichts anderes als ein kurzer Auszug aus dem Buche Sterzs ist.

Liselotte Blumauer-Montenave, die unermüdliche Erforscherin Mariazells, hat vor einigen Jahren die ausführliche baugeschichtliche Chronologie des Wallfahrtsortes zusammengestellt.[29] Es erscheint nützlich, die wichtigsten Daten des Kirchenbaues zu Vergleichszwecken mit den anderen Daten aufzuführen. Die Autorin sagt:

1340: Begann der Bau der gotischen Kirche mit dem Ostchor.

1363: Kam Ludwig der Große nach Mariazell und umgab die bestehende Gnadenkapelle mit einem gotischen Gotteshaus und dem mittleren Turm (S. 5).

1369: Die Portraitbüsten von Ludwig dem Großen und Elisabeth an der Stirnseite der Gnadenkapelle.

Um 1380: Fortsetzung des Kirchenbaus durch Ludwig I., König von Ungarn, zu einer dreischiffigen gotischen Hallenkirche (S. 19).

Um 1400: Bau des gotischen (mittleren) Turms auf Kosten des ungarischen Königs (S. 20).

Diese Daten bestätigen zum größten Teil Rodlers (Sterzs) Standpunkt, sind jedoch in sich teilweise widersprüchlich, denn die Autorin hielt es nicht für ihre Aufgabe, die Daten im Hinblick auf die zugehörigen Fakten zu überprüfen und hat diese lediglich zeitlich chronologisch geordnet. So kann z. B. der Leser sich den Kopf darüber zerbrechen, ob der Bau des gotischen Turmes 1363 oder "um 1400" erfolgte.

Was sagen die schriftlichen Quellen?

Das Gebiet von Mariazell mit der kleinen Klostersiedlung "Zelle" kam 1151 endgültig in den Besitz der Abtei St. Lambrecht. Der Name "Zell" als Ortsbezeichnung wird erstmals 1248, als Kirchenbezeichnung 1266, als Pfarre, 1278 urkundlich erwähnt. In 1330 hat Friedrich, Fürstbischof von Salzburg, für die Pilger den Ablaßbrief herausgegeben. Zehn Jahre später wird ein weiterer Ablaßbrief erlassen, "besonders auch für die Bauhilfe" und daraus folgt, daß man am Bau schon tätig war. In 1342 ließ Albrecht II., Herzog von Österreich, im Ostchor einen Altar errichten und in 1364 stiftet Rudolph IV. eine "Ewige Messe." Wahrscheinlich wurde der Bau des Langhauses 1359-60 begonnen, denn in diesen Jahren wurden öfters Ablässe gestattet. 1385 wurden drei neue Altäre eingeweiht und im Jahre 1399 war bereits die gotische Kirche mit dem Turm fertiggestellt.

Diese, im übrigen auch aus anderen Quellen[30] bekannten Daten habe ich einem vor kurzem erschienenen, mit großer Sorgfalt erstellten, wissenschaftlichen Ansprüchen genügenden Werk[31] über die Basilika in Mariazell entnommen. In der lückenlos erscheinenden Baugeschichte wird über König Ludwig von Ungarn erstaunlicherweise nur erwähnt, daß sein wunderbarer Sieg über die Türken großen Einfluß auf die weitere Entwicklung der Wallfahrten hatte. Ob und inwieweit er jedoch am Kirchenbau teilhatte, wird nicht erwähnt. Im übrigen wird auch nicht klar ausgedrückt, daß die Gnadenkapelle von Ludwig dem Großen gegründet wurde; stattdessen wurde folgendes ausgeführt:

> Die Aufstellung der Porträtfiguren König Ludwigs und seiner Gemahlin Elisabeth an der Stirnseite besagt, daß diese Stätte jene war, die der König nach dem legendären Sieg über balkanische Völker (Türken), gemäß der Aussage seines Notars, Johannes in Zell, erbauen und kostbar ausstatten ließ, wie er kurz zuvor eine solche auch in Aachen errichten ließ.

Die vorgetragenen Sätze erwecken den Eindruck, als habe der ungarische König bei dem Bau der mittelalterlichen gotischen Hallenkirche keine Rolle gespielt und lediglich die kleine Gnadenkapelle erbaut.

Im "halbamtlichen Kleinen Kunstführer" von Mariazell liest man, daß "König Ludwig der Große von Ungarn zum Dank in Mariazell eine Gnadenkapelle errichten ließ." Diese Aussage ist wenigstens eindeutig, doch kann man später folgendes lesen:

> Zugleich ließ der König eine größere Kirche mit einem Turm bauen, jene Gnadenkapelle, deren gotische Einfassung noch die Porträts Ludwigs und seiner Gemahlin Elisabeth zeigt.[32]

Die Konfusion scheint komplett zu sein, denn die große dreischiffige Hallenkirche wird gleichzeitig als kleine Gnadenkapelle bezeichnet!

Es ist erstaunlich, daß der "Große Kunstführer," der sehr viele historische Daten enthält und auch neueste wissenschaftliche Ergebnisse erfaßt, den Balkansieg immer noch im Jahre 1365 oder um das Jahr 1365 angibt, obwohl Steinherz schon am Ende des vorigen Jahrhunderts bewiesen hat—was ungarische Historiker bestätigten—daß die Schlacht 1377 stattfand. Im übrigen ist die Zeitangabe des Baus der Gnadenkapelle "etwas vor 1369" fraglich, denn zu dieser Zeit war Ludwig der Große mit den österreichischen Herzögen verfeindet, so daß er auf österreichischen Boden kaum bauen lassen konnte.

Zusammenfassend kann gesagt werden, daß die Quellen darüber schweigen, wer die am Ende des 14. Jahrhunderts bereits fertiggestellte Kirche erbaute oder erbauen ließ. Die mit großer Sorgfalt ermittelten und zusammengestellten Urkunden und Dokumente sprechen nur von Ablässen, Ablaßgenehmigungen, Altarstiftungen und Messebestellungen, jedoch findet man kein unmittelbares Dokument über den Bau der großen gotischen Kirche, so daß hierüber nur Vermutungen, oft nur Spekulationen bestehen, denen nicht nur die sich hartnäckig haltenden Überlieferungen, sondern auch eine Vielfalt von Tatsachen und Denkmälern widerspricht. Die Rolle des ungarischen Königs beim Bau der gotischen Kirche auf die Gnadenkapelle zu beschränken, dazu gehört schon eine Portion Kühnheit.

Ludwig der Große kann mit vollem Recht als zweiter Gründer Mariazells betrachtet werden: Ihm sind die Gnadenkapelle (niemand bezweifelt dies), außerdem die darüber erbaute gotische Kirche, zumindest das mittlere Kirchenschiff und der Turm und demzufolge das erste große Aufblühen des Wallfahrtsortes zu verdanken. Es ist erstaunlich, daß dies bezweifelt wird, und daß man versucht, mit der Aufzählung von geschichtlichen Daten die Wahrheit zu verschleiern und um die Sache herumzureden.

Es sei nochmals betont, daß nicht behauptet wird, Ludwig der Große habe die dreischiffige mittelalterliche Kirche im Ganzen neu erbaut, sondern daß ohne seine Initiative und aktive Mitwirkung und ohne seine fürstliche Beihilfe der Aufbau nicht hätte verwirklicht werden können. Dies war auch der Fall beim Aufbau weiterer ausländischer Kirchen, Klöster und Bistümer. Ob man die frühere kleine Kirche abriß und an ihrer Stelle eine neue Kirche errichtete, wie es Menestarfer, Thomas Weiss, Marian Sterz, sowie die Überlieferung behaupten, oder ob, was wahrscheinlicher ist, der Ostchor behalten und die drei Kirchenschiffe und der Turm[33] dazugebaut wurden, und der ungarische König an diesem "Zubau"[34] maßgeblich beteiligt war, wie es Pangerl, Steinherz, Wonisch und noch andere behaupten, ändert nichts an den Tatsachen wie auch nicht der Umstand, daß die Kirche zu Lebzeiten Ludwigs des Großen gar nicht vollständig aufgebaut werden konnte. Wie man die Dinge auch drehen und wenden mag, die Basilika in Mariazell galt und gilt auch heute noch für alle Ungarn als die Kirche Ludwigs des Großen.

II.
Denkmäler Ludwigs des Großen in Mariazell

Schon János Küküllei überliefert uns, daß König Ludwig die Kapellen von Aachen und Zell mit "kostbaren, dem Gottesdienst dienenden Geräten, Gefäßen, Büchern, diversen Kleinodien und einem Kelch aus lauterm Gold" beschenkte. Leider bleibt es, wie bereits ausgeführt, verborgen, welche der aufgezählten Gaben Mariazell, welche Aachen betreffen. (NB: Das Madonnenbild wird nicht erwähnt!). Menestarfer hingegen listet die von König Ludwig nach Mariazell gesandten Gaben sorgfältig und detailliert auf:

> . . . obtulit etiam tunc ymaginem praefatam auro gemmisque ornatissime decoratam item tabellam reliquiis sanctorum refertam, quam ad collum pendentem deferre consueverat, item calicem cum patena, aureas vestes sacras cum liliis aureis contextis et complura alia clinodia et monstrancias, quae omnia armis eius insignitis in sacrario ostenduntur et habentur.

> . . . schenkte gleichsam das erwähnte, mit Gold und Edelsteinen geschmückte Bild, eine reich verzierte Reliquientafel, die er am Halse zu tragen pflegte, einen Kelch mit Patena, mit goldenen Lilien verzierte heilige Gewänder, eine Vielzahl weiterer Kostbarkeiten und Monstranzen, die mit seinem Wappen versehen sind und in der Schatzkammer aufbewahrt werden.

Th. Weiß[35] zählt dieselben Gegenstände auf und erweitert die Liste sogar um des Königs "Sporen, mit denen er sein Pferd antrieb" (calcaria, quibus equum incitaverat), ferner um eine vergoldete Silberkrone und eine mit Edelsteinen reich verzierte Krone (coronam argenteam auro illitam, coronam lapillis preciosis radiantem), sowie weitere Kleinodien (alia cimelia). Es stellt sich die Frage, ob diese noch vorhanden sind und wenn ja, wo sie sich befanden bzw. wohin sie kamen, wo sie verblieben sind. Wir wissen nur von dem Madonnenbild in der Schatzkammer.

Es muß daran erinnert werden, daß der Gesamtbestand der Mariazeller Schatzkammer im Laufe der Zeit stark geschrumpft ist und daß der heutige Bestand nur einen Bruchteil der ehemaligen materiellen, künstlerischen und historischen Werte darstellt. Man mußte bei Kriegsgefahr und Naturkatastrophen oft die Kirchenschätze und selbstverständlich zuallererst die Gnadenstatue in Sicherheit bringen. Türkische Marodeure sind schon 1420 bis nach Mariazell vorgedrungen und haben die Kirche mit brennenden Pfeilen in Brand gesteckt. Um den Wallfahrtsort zu schützen, ließ Kaiser Friedrich III. 1464 zwei Straßensperren nach Süden bauen und umgab die Sigmundsberger Kapelle mit festem Mauerwerk. Als jedoch König Matthias Corvinus 1485 den größten Teil Österreichs erobert hatte, zerstörten ungarische Söldner die Schutzmauern und auch die Kapelle von Sigmundsberg.[36]

König Matthias Corvinus von Ungarn (1457-1490) wußte wohl um die Bedeutung Mariazells, kannte sicherlich auch die Rolle seines königlichen Vorfahren beim Bau der gotischen Kirche in Mariazell und beschenkte den Wallfahrtsort mit reichen Gaben. In der Schatzkammer sind diese als seine Geschenke vermerkt, u.a. ein goldenes mit Perlen verziertes Schmuckstück (wahrscheinlich ein weiblicher Kopfschmuck), ein originelles, mit Leder verziertes Meßgewand (casula) sowie ein Hausaltar "Altärchen des Matthias Corvinus, geopfert 1491." Dieses Altärchen stammt jedoch warhrscheinlich von dem ungarischen König Matthias II. (1608-1619).

Bereits im Jahre 1526, im Jahr der Mohácser Schlacht, mußten viele Stücke des damaligen Kirchenschatzes zur Fortführung der Türkenkriege an den Wiener Hof[37] abgeführt werden, wie es scheint, auch der von Kiküllei und Menestarfer erwähnte goldene Kelch König Ludwigs des Großen. Wir wissen nichts von dem weiteren Schicksal des Kelches. Die gleichfalls von Menestarfer und später von Weiß erwähnten liturgischen Gewänder werden teilweise in Schubladen der Mariazeller Schatzkammer aufbewahrt–leider sehr unsachgemäß, nämlich zusammengefaltet- u.a. auch ein grünliches Meßgewand, von dem man gleichfalls annimmt, daß es den Gaben Ludwigs des Großen entstammt.[38] Ob dies der Wahrheit entspricht, könnten neuzeitliche Untersuchungsmethoden beantworten.

Letztlich überlebten die Kirchenschätze des Wallfahrtsortes–manchmal sogar wie durch ein Wunder–die Verheerungen der Kriege, die Türkenzeiten und auch die Kirchenplünderungen während der Aufklärung unter Kaiser Joseph II. Wie allbekannt, verbot der Kaiser die Wallfahrten, beschlagnahmte zahlreiche Kirchenschätze, u.a. auch die Silberstatuen der Kirche und ließ diese, ohne Rücksicht auf ihren künstlerischen Wert, einschmelzen. Während der Franzosenkriege und der Besetzung durchlebte Mariazell noch weit schwierigere Zeiten. In 1805 konnte man erst in letzter Minute die wertvollsten Gegenstände vor Napoleons Armee retten. Die Gnadenstatue wurde zuerst nach Graz gebracht und dann, über den St. Gotthard nach Türje in Ungarn und von dort in die Abtei von Tihany, wo sie vier Monate lang behütet wurde. Als 1809 die Truppen Napoleons bis Győr vordrangen, wurde die Gnadenstatue noch weiter nach Temesvár gebracht, von wo sie erst zehn Monate später nach Mariazell zurückgebracht wurde. Und wenn man bedenkt, daß der Wallfahrtsort während des großen Brandes 1827 beinahe eingeäschert wurde und später noch die Verwüstungen zweier Weltkriege überstanden hat–in dem letzten Hitler's braunes Heidentum und dann wieder die sowjetische Besetzung, dann erst kann man den Ausdruck "wie durch ein Wunder" in seiner vollen wörtlichen Bedeutung verstehen.

Wie tief das Andenken König Ludwigs des Großen in Mariazell verwurzelt ist, zeigt schon die Tatsache, daß ältere, den Wallfahrtsort betreffende Bücher und auch die Überlieferungen hartnäckig alles, was als sehr alt, wertvoll oder als fürstliche Gabe angesehen wird, ihm zuschreiben und dies schon seit Jahrhunderten. Wir beziehen uns wieder auf Marian Sterz,[39] der in seinem Buch über die Schatzkammer die von Ludwig dem Großen stammenden Schätze gewissenhaft unter Angabe des Aufbewahrungsortes aufzählt. Diese sind außer dem Madonnenbild die folgenden: Das Schwert des Königs, das rechts von dem Schatzkammeraltar an der Wand hängt, einige Teile seiner Ausrüstung zu Pferde, wie Steigriemen, Steigbügel und Sporen, ferner in einer kleinen Truhe links vom Eingang, seine Hochzeitsgewänder und seine Brautkleider, wie auch sein Gürtel und der Königin Kopfschmuck. Ein Teil dieser Gegenstände ist schon bei Weiß erwähnt (1637)[40] und sogar bei Antal Pór steht (1892) geschrieben: "Außer dem schon erwähnten Madonnenbild sind besonders zwei wunderschön gestickte Meßgewänder, die Brautkleider und -unterkleider Ludwigs des Großen sowie seiner Gemahlin, der Harnisch des großen Königs, sein Schwert, zwei Steigbügel und seine Sporen zu erwähnen."[41]

Neuere Untersuchungen über die angegebenen Gegenstände haben ergeben, daß außer dem Madonnenbild und der grünen Kasula alle aus dem 15. und 16. Jahrhundert stammen, daher nicht von Ludwig dem Großen sein können. Der Haarschmuck der Königin (ein eine Nymphe darstellender Perlenschmuck), entstammt dem Hofe Matthias Corvinus und kam 1491 nach Mariazell. Das gotische Meßkleid mit Reliefstickereien über Goldbrokat, das die Muttergottes und vier Heilige darstellt und das schönste liturgische Kleidungsstück ist, ist vermutlich eine Burgunder Arbeit aus dem 15. Jahrhundert. Es könnte dem Hofe König Matthias Corvinus (1458-1490) oder dem Hofe König Ludwigs II. (1516-1526) entstammen. Obwohl Ludwig II. und Königin Maria nicht religiös waren (besonders die Königin stand unter dem Einfluß der Lehren Luthers und Erasmus), waren sie doch öfters in Mariazell.[42] So kamen die erwähnten Brautkleider, das Schwert, die Sporen, Steigriemen und Steigbügel, die aus dem persönlichen Eigentum Ludwigs II. und der Königin Maria stammen, nach Mariazell. Im Jahre 1928 erwarb die ungarische Regierung diese Kostbarkeiten für das Nationalmuseum, wo sie bis heute zu sehen sind.[43]

Wir wollen eine kleingedruckte Bemerkung Antal Pórs nicht außer Acht lassen, in welchem er den Leobener Kaiserkrug, welcher einen Strauß mit einem Hufeisen im Schnabel darstellt (ritterliches Emblem der ungarischen Anjou), als ungarische Arbeit bezeichnet. Dieser kann folglich auch einer der Weihgeschenke Ludwigs des Großen an Mariazell gewesen sein. Laut Antal Pór kehrte der Kaiserkrug durch Peter von Leoben, dem Abt von St. Lambrecht, zu dessen Geburtsort Leoben zurück, denn Mariazell gehörte ja zu dieser Abtei.[44]

Hier ist zu bemerken, daß in Antal Pórs bereits zitiertem Werke *Ludwig der Große* und das *Haus der Anjou*. . . auf den Seiten 590 bzw. 274 der dargestellte Stich (= Titelbild der Diva Virgo Cellensis) falsch beschriftet ist: Die zwei Hauptfiguren des Stiches sind nicht König Ludwig von Ungarn und seine Gattin, sondern, wie ich es anhand der Originalausgabe feststellen konnte, Marquardus, Herzog von Kärnten, Gründer der Abtei St. Lambrecht und Luitpurga, die Tochter Herzog Heinrichs IV. Sie beide halten in diesem Stich die Kirche von St. Lambrecht und nicht die Zeller Gnadenkapelle über die gotische Kirche Mariazells.[45]

Nunmehr seien jene gegenständlichen Dokumente, die unmittelbar der Person Ludwigs des Großen zuzuordnen sind, chronologisch aufgeführt:

I. Das Schatzkammerbild

Laut Erzählung des Chronisten Menestarfer pilgerte der ungarische König nach seinem Sieg über die "Ungläubigen" in Erfüllung eines Gelübdes mit seinem Heer nach Zell und brachte das mit Gold und Edelsteinen verzierte Madonnenbild mit sich, das er am Morgen der Schlacht aus seinem Schlummer erwachend auf seiner Brust fand, und das ihm und seinen Soldaten den Mut und die Kraft gab, den überlegenen Feind anzugreifen und zu besiegen. Dieses Bild ist das sogenannte "Gnadenbild der Schatzkammer," weil es in der Schatzkammer aufbewahrt wird und ein Gnadenbild, da es früher als solches verehrt wurde. Im Hauptstiegenhaus des geistlichen Hauses ist ein schönes Votivbild aus dem Jahre 1748 zu sehen, auf dem ein junger Mann in ungarischer Uniform, Graf Tamás Szirmay jr. von dem Schatzkammerbild kniend für die Wiedererlangung seiner Gesundheit nach langer und schmerzlicher Krankheit danksagt,–wie de lateinische Inschrift angibt.

Das auf Holz gemalte ikonartige Gnadenbild ist auch der historisch bedeutsamste Gegenstand der Schatzkammer und zeigt die Muttergottes mit dem Kind am rechten Arm, über das sie sich liebevoll beugt. Die Heiligenscheine Marias und des Kindes sind aus Silber und derjenige Marias ist mit Edelsteinen verziert. Der kleine Kranz, der den Kopf des Jesuskindes umgibt und die mit Rosetten verzierte Goldkette am Umhang Marias, sowie ein dreifaches Perlenband, das von ihrer Schulter herabhängt, sind zu einem späteren Zeitpunkt angebracht worden. Der mit Emailplatten ausgelegte Hintergrund ist mit den aus den Anjouwappen bekannten goldenen Lilien übersäht.

Laut einstimmigem Urteil österreichischer Sachverständiger ist das Bild stammt. Ungarische Kunsthistoriker halten es für nicht ausgeschlossen, daß das Bild von einem ungarischen Maler stammt, der in Siena Bild stammt. Ungarische Kunsthistoriker halten es für nicht ausgeschlossen, daß das Bild von einem ungarischen Maler stammt, der in Siena studierte; insbesondere denken sie an János Mester (Meister Johannes),[47] dessen Grabstein 1886 anläßlich der Renovierungsarbeiten der Matthiaskirche in der Burg zu Buda gefunden wurde. Nach der lateinischen Inschrift des Grabsteins starb Meister Johannes, Maler des ungarischen Königs "am Vortag der Auffindung des heiligen Kreuzes," also am 2. Mai 1370. Es gilt als sicher, daß die beiden Madonnenbilder und das Krönungsbild Marias,[48] die Ludwig der Große der Aachener Kapelle stiftete, von demselben Künstler stammen wie das Zeller Madonnenbild.

Daß das Zeller Madonnenbild Andrea Vanni's aus Siena–oder ggf. eines anderen Malers (Lippo Memmi?)–ein Originalgemälde ist, wird neuerdings angezweifelt. Und zwar in dem Sinne, "ob es sich hier nicht um eine Kopie eines Originals von Vanni handelt."[49] In der Fachliteratur über Mariazell konnte ich dann aber auch nirgendwo einen Hinweis darauf entdecken, demzufolge das Bild "wahrscheinlich ebenfalls übermalt worden ist" (nämlich wie jene in der Aachener Kapelle). Der Verfasser der Studie dürfte kaum selber jemals in Mariazell gewesen sein, sonst würde er sich so nichtssagender Verallgemeinerungen enthalten, wie beispielsweise: "Der Zustand des Gemäldes ist nicht einwandfrei." Was soll man darunter verstehen? –An einer anderen Stelle (S. 109) schreibt er z.B. auch: das "übermalte" Mariazeller Bild dürfte ursprünglich anläßlich der Reise Karl Roberts nach Neapel (1333) oder noch wahrscheinlicher während des Aufenthalts von Königin Elisabeth in Italien (1343/44) nach Ungarn gekommen sein." Die Datierung des Bildes wird aber trotzdem mit dem siebten Jahrzehnt des XIV. Jahrhunderts angegeben (S. 112).–Welche Zeitangabe ist nun die Richtige? –Es scheint auch die Behauptung eine überaus gewagte Hypothese zu sein, wonach die beiden Aachener und die Zeller Madonnenbilder in Buda gefertigte serienmäßige Kopien wären.

Der mit Email eingelegte Silberrahmen wird von insgesamt 15 teils ungarischen, teils polnischen Wappenschilden geschmückt, und zwar folgende: Das mit Lilien geschmückte Familienwappen der Anjou, das ritterliche Emblem der ungarischen Anjou mit dem Straußvogel, der in seinem Schnabel das Hufeisen trägt, das Wappen mit dem alten ungarischen Doppelkreuz sowie das polnische Wappen mit dem weißen Adler. Aus der Darstellung der polnischen Wappen folgt nicht unbedingt–so logisch dies auch scheinen mag–daß der Rahmen und vielleicht auch das Bild erst aus den Jahren um 1370 bis 1382 stammt, als Ludwig der Große auch polnischer König war, wie es von Wonisch, Erich Widder, B. Plank und dem "Großen Kunstführer" als so sicher behauptet wird. Auch auf den Rahmen der in der Aachener Schatzkammer befindlichen ungarischen Bilder sind die polnischen Wappen zu sehen, obwohl wir genau wissen, daß die Rahmen noch vor 1367 angefertigt wurden. Es besteht kein Zweifel darüber, daß die Aachener Rahmen und der Rahmen des Zeller Schatzkammerbildes aus der gleichen Zeit stammen und Werke ungarischer Meister aus derselben Budaer Goldschmied-Werkstätte sind, in der auch der König arbeiten ließ.[50]

Der Altaraufbau, an welchem das Schatzkammerbild angebracht ist, ist in Form eines Zeltes angelegt, die Rückwand aus purpurfarbenem Marterial, ganz so, wie die Kriegszelte des Königs auf den Bildern nach der Legende.

Das Schatzkammerbild ist eines der unwiderlegbaren Beweise für die unmittelbare Verbindung Ludwigs des Großen mit Mariazell.

II. Portraitköpfe König Ludwigs I. von Ungarn und seiner Gemahlin Elisabeth an der Stirnseite der Gnadenkapelle

Es wurde bereits erwähnt, daß die von Ludwig dem Großen erbaute Gnadenkapelle zur Zeit der Barockisierung der Basilika abgerissen wurde, doch glücklicherweise hat die umgebaute, vergrößerte Kapelle einige Bauelemente der früheren Kapelle behalten: Den schwungvoll aufwärtsstrebenden charakteristischen Bogen (i.e. Eselsrücken-Bogen) und auf beiden Seiten je eine Konsole mit je einem reich-geschnitzten gotischen Baldachin. Oben in der Mitte sind die gekrönten Porträtköpfe Ludwigs des Großen und seiner Gemahlin Elisabeth zwischen Ornamenten aus Reben und Blättern zu sehen. Weitgehende Stiluntersuchungen haben ergeben, daß die Porträts der Schule Peters Parlers, des berühmten Steinmetzes und Erbauers des Prager Domes oder sogar seiner eigenen Werkstatt entstammen. Das hohe künstlerische Niveau der beiden Porträts, die feine Ausarbeitung der Einzelheiten und die realistische Ausgestaltung deuten darauf hin. Wir wissen, daß während der 40jährigen Herrschaft Ludwigs des Großen—der Glanzzeit von Prag und Buda—trotz zeitweiliger Konflikte, außer familiärer und diplomatischer Beziehungen, enge künstlerische Verbindungen und Relationen die beiden Städte miteinander verbanden.

Es lohnt sich ein Vergleich zwischen dem Kopfportrait Elisabeths und einer Büste von Anna von Schweidnitz im Sankt Veitsdom zu Prag. (Herzogin Anna wurde am Hofe zu Buda erzogen. Hier fand auch 1353 ihre Vermählung mit dem König von Böhmen, Karl IV. statt, der zugleich Kaiser des Römischen Reiches Deutscher Nation war.) Beide Kunstwerke zeigen eine ähnliche Bearbeitungstechnik, insbesondere, was die Nasen-, Mund- und Kinnpartien betrifft. Eine flüchtige Betrachtung genügt schon, um die liebevolle Handschrift ein und desselben Meisters zu erkennen.

Es ist anzunehmen, daß die beiden Portraits im Auftrage des großen Königs für die von ihm gestiftete Gnadenkapelle nicht früher als 1370 angefertigt wurden und so entscheidendes Indiz für die unmittelbare Verbindung Ludwigs des Großen mit Mariazell sind, wie auch das Schatzkammerbild. Dieses in Stein gemeißelte Kunstwerk würde von ungarischer

Seite her mehr Anerkennung verdienen, zumal es sich hier um die zeitgemäße und meiner Meinung nach einzige authentische Darstellung Ludwigs des Großen und seiner Gemahlin handelt. Das stilisierte Königsprotrait mit der offenen Krone auf dem Haupt stellt einen Mann mit Vollbart, welligem und üppigem Haarwuchs dar. Das Alter um die Fünfzig. In seinem Blick ist Entschlossenheit, jedoch nicht Strenge, eher vielleicht Güte zu spüren. Die Königin trägt ebenfalls die Krone auf dem Haupt. Sie scheint erheblich jünger zu sein als der König. (In Wirklichkeit betrug der Altersunterschied nicht mehr als sechs bis sieben Jahre.) Sie hat große Augen und eine ebenmäßige Nase. Der Mund einen eigenwilligen, fast trotzigen Zug. Im ganzen ist es ein Portrait einer entschieden schönen Frau. Eben deshalb ist es umso erstaunlicher, daß Dercsényi, der in seinem hervorrangenden Buch alle in ikonografischem Sinne wichtigen Gegenstände aus dem In- und Ausland sorgfältig aufzählt und versucht, aus zeitgenössischen Geldstücken, Siegeln und den in den Miniaturen des *Képes Krónika* (Bilderchronik) stilisierten Darstellungen die Gestalt und Gesichtszüge Ludwigs des Großen zu rekonstruieren und dabei sogar soweit ging, zu behaupten, die Darstellungen des spanischen Königs Ramiro in der Basilika des Heiligen Antonius zu Padua seien eigentlich Darstellungen Ludwigs des Großen, die Mariazeller Portraits überhaupt nicht erwähnt?![51]

Umso mehr war ich überrascht, als ich feststellten mußte, daß in einer Studie,[52] die im Katolog der vom Székesfehérvárer König Stephan Museum veranstalteten Ausstellung erschienen ist, auch nur in einer Fußnotennotiz dieses Thema berührt wird, und zwar in einem ziemlich konfusen Satz: "Die vermutete, aber der Vernichtung anheim gefallene Büste (Ludwigs des Großen Kopfportrait) in Buda dürfte ungefähr so ausgesehen haben wie die an der Konsole des Altarziboriums in der Mariazeller Gnadenkirche zwischen Rebenlaub verborgenen (rebenumrankten), Portraitköpfe eines Mannes und einer Frau, die Häupter gekrönt; sie dürften aus der Zeit um 1370 (?) angeblich aus der Parler-Werkstätte stammen, die lokale Überlieferung hält sie für Ludwig und Elisabeth." Nun, bei Othmar Wonisch, auf den sich unser Autor als Quelle beruft, heißt es ein wenig anders. Er schreibt: "Knapp unter dem Gebälk ist die historisch wichtige Reliefkonsole mit den Bildnissen König Ludwigs von Ungarn und seiner Gattin Elisabeth angebracht, der einzige Hinweis, daß die Gnadenkapelle vom König erbaut wurde." Über die Portraitköpfe: "man vermutet mit Recht, daß dieser der gleichzeitig in Prag tätigen Parlerschule zugehört (um

1369)." Die beiden Portraitköpfe befinden sich natürlich nicht "an der Konsole des Altarziboriums der Gnadenkirche," sondern an der Stirnfront der Gnadenkapelle.

Ich muß auch einen weiteren Irrtum (S. 82 des genannten Katalogs) berichtigen: Da heißt es, daß "in einem Buch aus dem XVII. Jahrhundert über die Geschichte des Gnadenortes Mariazell auf einer Kupferstich-Illustration Ludwig und seine Gemahlin mit einem Modell der Kirche als Donatoren abgebildet sind." Wie ich an anderer Stelle dieser Studie[53] schon darauf hingewiesen habe, sind auf jenem Kupferstich-Titelbild (und keineswegs Illustration!) Marquardus, Herzog von Kärnten und Luitpurga, die Tochter des Herzogs Heinrich IV. dargestellt.

III. Das Tympanon-Relief

Unter der barocken Verkleidung der Basilika ist die Konstruktion der mittelalterlichen gotischen Kirche erhalten geblieben, ausgenommen der Ostchor, welcher den Erweiterungen der Kirche zum Opfer fiel, was selbst ein ungeschultes Auge an den schlanken, in die Höhe strebenden Pfeilern und den Rippen des Kreuzgewölbes erkennen kann. An der Chorempore, von welcher die barocke Stuckatur entfernt wurde, sieht man die freigewordenen farbigen gotischen Gewölberippen mit einem sehr markanten Gewölbeschlußstein. Einige behaupten, er trage die Züge König Ludwigs von Ungarn. Dies ist nicht ausgeschlossen, da dieser Teil der Kirche noch zu Lebzeiten des Königs erbaut wurde.

Wir wissen, daß bei dem Umbau der Gnadenkirche im 17. Jahrhundert der Plan bestand, auch den gotischen Turm zu barockisieren. Da aber die Ungarn es als eine Herausforderung ansahen, daß der Kirchenbau König Ludwigs unter der barocken Hülle bis zur Unkenntlichkeit verschwinden sollte, wurde dieser Plan aufgegeben.[54] Es mag sein, daß mit Rücksicht darauf, der mächtige gotische Turm noch heute steht. Nach dem Brand von 1827 erhielt der Turm einen von der Form her nicht ganz geglückten und etwas niedrigeren neuen regotisierten Helm.

Das Portal der Basilika ist in ursprünglicher, unveränderter Form erhalten geblieben, ob aber in den Hohlkehlen, wie an sich üblich, Statuen standen, wissen wir nicht. Insgesamt finden wir 14 Postamente und Baldachine, d.h. den Platz für 14 Statuen.

Besonderes Interesse verdienen die beiden über dem Hauptportal im Bogenfeld befindlichen Reliefs (= Tympanon). Das obere Relief ist aus hellem Sandstein und stellt eine große Kreuzigung Christi mit einer Vielfalt an Figuren dar. Es ist stark restauriert.

Das untere, sogenannte "Tympanon-Relief" ist–und dies ganz besonders für uns–von großer geschichtlicher und künstlerischer Bedeutung. Das aus rotem Marmor nach den Vorstellungen des Auftraggebers, Heinrich Moyker, Abt von St. Lambrecht um 1438 verfertigte Bildwerk gibt die Geschichte des Wallfahrtsortes mit all jenen Personen wieder, die in seiner Entwicklung eine bedeutende Rolle gespielt haben.

Im linken Drittel des Reliefs thront die hervorgehobene Gestalt der "Himmelskönigin," der Muttergottes, mit einer hohen Krone, in der Hand das Szepter und auf ihrem Schoße das Jesuskind. Links von ihr am äußersten Rand steht der Donator, Abt Moyker, in bischöflichem Gewand mit dem Hirtenstab, rechts von ihm kniet das mährische Markgrafenpaar. Unter dem Schutzmantel der Jungfrau stehen zwischen den Pilgern Albrecht V., Herzog von Österreich, bereits König von Böhmen, und seine Gemahlin. In der Mitte des Reliefs kniet Ludwig der Große und bringt das wundertätige Schatzkammerbild der Himmelskönigin dar. Rechts von ihm tobt die Türkenschlacht und über den Köpfen der Kämpfenden weht eine Fahne, die das alte ungarische Wappen mit dem Doppelkreuz trägt. Rechts außen im Relief ist schließlich eine Teufelsaustreibung abgebildet. Die über dem Relief angebrachte erläuternde kurze Inschrift sagt über Ludwig den Großen folgendes: "Ludovicus Rex Hungariae per Matrem Misericordiae Victoriam Turcorum gloriosae obtinuit," d.h., Ludwig, König von Ungarn, hat mit Hilfe der barmherzigen Mutter einen glorreichen Sieg über die Türken errungen.

Dieses in Stein festgehaltene, einer Quelle gleichwertige Dokument zeigt überzeugend, daß unsere Vorfahren die Rolle des ungarischen Königs in der Geschichte Mariazells als bedeutender als die anderer angesehen haben. Die Gestalt König Ludwigs ist demzufolge in der geometrischen Mitte des Reliefs, was ungewöhnlich ist, denn dieser zentrale Platz stünde eigentlich der Gottesmutter zu. Neben ihm erscheinen alle Figuren außer den "himmlischen," d.h. außer Maria und St. Wenzel, als Nebenfiguren und dies sicherlich nicht ohne Grund. Die Figur des Königs wird auch dadurch hervorgehoben, daß zu seinen Füßen drei Wappen, u.a. auch das Anjou-Wappen mit dem horizontalen Querbalken und den Lilien sowie das ungarische Wappen mit dem Doppelkreuz angebracht sind. Ferner bezieht sich gut ein Drittel des Reliefs auf den König von Ungarn.

Es kann angenommen werden, daß dieses bedeutende Kunstwerk aus der Werkstätte des Meisters der St. Lambrechter Votivtafel[55] stammt, oder wenigstens nach seinen Plänen ausgeführt wurde. Der Name des Künstlers selbst ist unbekannt. Weit weniger überzeugend erscheint, daß das andere, die Kreuzigung darstellende Relief gleichfalls vom St. Lambrechter Meister stammt, wie dies der "Große Kunstführer" behauptet.[56] Der Unterschied zwischen den zwei Reliefs ist schon auf den ersten Blick bemerkbar: Das Material, der Stil, die Technik des Bildhauers, die Auffassung und die Komposition sind gänzlich verschieden. Auch das Mitwirken von Hans von Tübingen, einem zu seiner Zeit sehr namhaften österreichischen Maler, beim Entwurf des Tympanon-Reliefs ist zweifelhaft.

IV. Ölbilder zur Legende Ludwigs des Großen

Zwischen den in der nördlichen Galerie (Emporengang) der Basilika über den Durchgängen hängenden Bildern, die die Geschichte des Wallfahrtsortes und seiner Wunder schildern, befinden sich drei schöne Ölbilder zur Legende Ludwigs des Großen. Im ersten Bild wird gezeigt, wie der König in seinem Kriegszelt vor dem Marienbild kniend betet, wie er das Bild nach dem Erwachen auf seiner Brust findet und es sodann zu den Soldaten ins Feld gebracht wird. Im zweiten Bild ist die blutige Schlacht gegen die "Türken" dargestellt. Auf die über dem reitenden König flatternde Fahne ist das Schatzkammerbild gemalt. Das ungarische Heer wird von einem Engel mit flammendem Schwert unterstützt. Das dritte Bild zeigt, wie der König mit seinem siegreichen Heer unter Mitnahme des wundertätigen Madonnenbildes nach Mariazell pilgert und wie er die gotische Kirche mit dem Turm errichtet. Auf allen drei Bildern ist als Symbol ein Engel mit dem Zeller Gnadenbild dargestellt. Die Kleider des Gnadenbildes sind einmal blau, dann weiß und dann rot gemalt. Unter den Bildern erklärt ein vier- bis fünfzeiliger deutschsprachiger Text die Bilder. Diese von Markus Weiß,[57] einem Grazer Maler, geschaffenen Bilder aus dem Jahre 1626 sind voller Bewegung, sehr malerisch und *lege artis* komponiert. Sämtliche Bilder der Mirakelserie, so auch die oben beschriebenen drei Bilder, wurden 1716 restauriert und erhielten dabei ihre heutigen Rahmen.

Die Ludwigs-Legende war auch später noch häufig Thema von Kunstwerken. Eines der schönsten dieser Bilder hängt im Kloster St. Peter in Salzburg. Es ist das älteste Kloster des deutschsprachigen Raums überhaupt.

Das auf Leinwand gemalte Bild in Öl befindet sich in einem achteckigen barocken Goldrahmen. Das Werk enstand 1734, gemalt aller Wahrscheinlichkeit nach von Wilhelm Ignaz Lamberti.

V. Stuckfiguren Ludwigs des Großen und seiner Gemahlin Elisabeth und Fresken

Die beiden Seitenwände des Kuppelraums der Basilika sind hoch oben einer Loggia gleich ausgebaute bogenförmige Nischen, in denen jeweils zwei weiße Stuckfiguren stehen. Die auf der Südseite befindlichen Figuren stellen Ludwig den Großen und seine Gemahlin dar, wie sie ihre Kronen der Zeller Muttergottes darbringen. Das ungarische Königspaar ist von Giovanni Roccho Bertoletti, Stuckateur, der zwischen 1666 und 1672 in Mariazell arbeitete, in einer für die barocke Bildhauerei typischen unnatürlichen, "pathetischen" Haltung kniend mit weitem Hermelinumhang dargestellt.

Das Deckengewölbe der bogenförmigen Nischen zieren vier kleinere und drei größere, mit reichen Stuckrahmen umgebene Fresken. Die drei größeren Fresken stellen die bereits bekannten Szenen dar: Der König betet in seinem Kriegszelt; er findet das Marienbild auf der Brust; das Marienbild wird unter die Soldaten getragen. Im Bogenfeld dieser südlichen Nische, hinter den Statuen, läßt ein einige Reiter darstellendes Fresko auf den errungenen Sieg schließen. Dieses Fresko und sein gegenüberliegendes Pendant sind die größten Fresken der Basilika. Alle erwähnten Wandmalereien sind Werke von Giovanni Battista Colombo (Columba, Colomba?), einem italienischen Maler, Stuckateur und Architekten. Er wurde in Arogno bei Lugano geboren, war zwischen 1669-1675 in Mariazell tätig und starb 1690 in Warschau.

VI. Das vergoldete Relief der Chorempore

An der kühn geschwungenen Brüstung der Chorempore befinden sich acht vergoldete Reliefs mit Darstellungen der biblischen Tempelweihen und Zeremonien. Das erste Relief an der Südseite bildet eine Ausnahme, denn hier erkennt man sogleich die Mariazeller Gnadenkapelle mit Gnadenstatue, zu der eine fahnenschwenkende Schar eilt. Vor ihnen, d.h. bereits vor der Gnadenkapelle, steht eine königliche Gestalt, die niemand anderes ist und sein kann als der ungarische König, Ludwig der Große.[58] Auf seine bedeutende und erlauchte Rolle weist das aus dem Alten Testament entnommene Zitat (2. Chron. 7, 16) hin:

> So habe ich nun dies Haus erwählt und geheiligt, daß mein Name daselbst sein soll ewiglich und meine Augen und mein Herz soll da sein alle Wege.

Die Reliefs und die die Empore und das Orgelgehäuse verzierenden reizvollen Engel und allegorischen Figuren aus dem Jahre 1740 sind Werke des aus Würzburg stammenden Wiener Bildhauers Johann Wagner.

VII. Die barocke Bleistatue König Ludwigs I. von Ungarn

Anläßlich des sechshundertjährigen Jubiläums des Wallfahrtsortes wurden zwei überlebensgroße Bleistatuen neben dem Hauptportal der Gnadenkirche aufgestellt: Rechts vom Hauptportal die des Markgrafen Heinrich von Mähren, links die des Ungarnkönigs Ludwig des Großen. Dieser trägt die "heilige ungarische Krone" (Stephanskrone genannt). In der einen Hand hält er das Szepter, in der anderen das von ihm gestiftete Schatzkammerbild. Beide Statuen sind Werke des Wiener Bildhauers Balthasar Ferdinand Moll aus dem Jahre 1757.

Überrascht las ich dagegen im bibliographischen Teil einer in meiner ungarischen Heimat erschienenen früheren Veröffentlichung folgendes: "Unbekannter österreichischer Meister: Steinerne Statue Ludwigs des Großen in der Mariazeller Kirche an der linken Seite des Haupteingangs"[59] Eine solche Statue aus Stein hat aber in Mariazell von Ludwig dem Großen niemals existiert. Offenbar hatte man sie mit der eben erwähnten, aus Blei gegossenen Statue verwechselt, deren Meister, wie wir gesehen haben, auch nicht unbekannt ist. Übrigens lautet der Name der Quelle, auf die sich die Veröffentlichung wiederholt beruft (SS 399, 402 und 403) keineswegs Rodler Bernhard, sondern Gerhard Rodler, oder eher Gellért Rodler, zumal Rodler gebürtiger Ungar war (siehe die Notiz No. 27 in unserer Studie).

Am Sockel der Statue Ludwigs des Großen ist auf einer Bronzetafel die hier wörtlich wiedergegebene Aufschrift zu finden:

> Ludovicus Erster König in Ungarn nach erhaltenen glorreichen Sieg durch mächtigen Beistand der Zellenischen Gnaden-Mutter an der Kriegsmacht weit überlegene Feinde kommet hiher nach Märiä-Zell, opfert alda neben anderen das in der Schatz-Kammer aufgestellte Märiänisches Gnaden-Bild. Erbaut eine neue grössere Kirchen samt den allhier vor Augen stehenden mitleren Thurm um das Jahr Christi 1363.

Diese Aufschrift ist sozusagen die deutsche Übersetzung der lateinischen Inschrift am gotischen Portal der Basilika, die vor der Restaurierung noch dort zu finden war.

VIII. Das Bild am Eingang der "Alten Schatzkammer"

Die Eingangswand in die "alte Schatzkammer" ist mit einer bemalten Holzwand bedeckt. Sie stammt von einem im Jahre 1764 angefertigten Triumphbogen anläßlich des vierhundertjährigen Jubiläums der Schatzkammer. Das Jubiläum der Schatzkammer bzw. des Schatzkammerbildes wird ab 1364 berechnet, dem Jahr, in dem König Ludwig gemäß Überlieferung seinen großen Sieg errang. Über dem Eingang findet sich folgende lateinische Inschrift:

ECCe IMago LVDoVICI regIs
(siehe das Bild König Ludwigs)

bzw. das von ihm gestiftete Madonnenbild. Das Chronogramma der lateinischen Aufschrift zeigt 1864. Es fand offensichtlich auch in diesem Jahr eine Jubiläumsfeier statt.

* * * * *

Doch zum Abschluß nochmals die banale Frage: Wenn nicht der ungarische König es gewesen ist, der die großzügigen Bauarbeiten in Mariazell ausführen ließ, wer war es dann sonst? Warum ist man denn die eine eindeutige, klärende Antwort bislang schuldig geblieben? Sie wird nicht einmal in alternativer Form gegeben. Die in den Urkunden hin und wieder auftauchenden Namen sind nur "zusätzliche Angaben," ohne greifbare Spuren. Sie leben weder in der Erinnerung noch in den überlieferten Legenden weiter. Der Volksmund schweigt dazu und auch die Steine bleiben stumm. Mit einem Wort: sie sind nicht präsent in Mariazell!

Andererseits gibt es keinen anderen Ort–und da ist auch Ungarn mit einbezogen–in dem man mit solcher Intensität, so greifbar und demonstrativ das Andenken König Ludwigs des Großen hegt und pflegt wie eben in Mariazell.

Jedes Stück der Erinnerung an ihn ist ein lebendes Zeugnis jener Ausstrahlung und jenes Geistes, die der ungarische Pilger an dieser ehrwürdigen Gnadenstätte immer wieder als *genius loci* erlebt und findet.

NOTEN

1. Diese so unmißverständliche Bemerkung ist vor allem deshalb unerklärlich, weil der Verfasser des Stichwortes "Mariacell" M-y I (István Miskolczy), ein vorzüglicher Historiker des Piaristenordens war und einige seiner Werke die Anjou Periode in Ungarn abhandeln.

2. Als Gründungsjahr Mariazells wird dieser Zeitpunkt anerkannt und auch wissenschaftlich bestätigt. Das Land um Mariazell kam, wie dokumentarisch nachweislich, in den Besitz der Abtei St. Lambrecht im Jahre 1151.

3. Die erste Bedeutung der lateinischen "cella" ist "Zelle" (kleiner Raum), auch auf ungarisch "cella" und kann auch kleine Kapelle oder Heiligtum bedeuten. Die deutsche Bezeichnung "Zelle" bezieht sich auf eine alte klösterliche Niederlassung unter der Leitung eines Mutterklosters, im Falle Mariazells also die Abhängigkeit von St. Lambrecht. Vgl. Erich Widder, *Mariazell–Geschichte und Kunst des Gnadenortes,* 3. Aufl. (Mariazell, 1976), p. 32. So lebt z.B. das Andenken einer solchen Gründung auch im bayerischen Martinszell, dem heutigen Dietramszell, weiter.

4. Stiftsarchiv St. Lambrecht.

5. Auch hier wird er als artium doctor et decretorum (kanonisches Recht) licenciatus erwähnt, der 1481 das erste in Ungarn gedruckte Buch, die Budaer Chronik (*Chronica Hungarorum*) abschrieb. Diese Abschrift übernahm Gábor Hevenesi (1656-1715), ein Historiker aus dem Jesuitenorden, in dem 50. Band seiner kirchengeschichtlichen Handschriftensammlung.

6. P. F. Thomas Weiß, *Diva Virgo Cellensis* (Viennae, 1637).

7. Mathias Pangerl, *Ueber Johann Mannesdorfer, Chronisten des*

Klosters S. Lambrecht (Graz, 1864). Ich selbst benutzte auch diese Schreibweise in meinem Mariazeller Gedenkbuch, *Máriacelli emlékkönyv* (München, 1979).

8. Mathias Pangerl, *Mariazell–Ein Beitrag zur historischen Topografie der Steiermark* [Mitteilungen des Hist. Ver. für Steiermark, 35 Heft] (Graz, 1870).

9. S. Steinherz. *König Ludwig I von Ungarn u. seine Weihgeschenke für Maria-Zell* [*Mitteilungen des Hist. Ver. für Steiermark,* 35 Heft] (Graz, 1887).

10. Pangerl, *Mariazell,* passim.

11. Antal Pór, *Nagy Lajos* [Ludwig der Große] [*Magyar Tört. Életrajzok* = Ungarische historische Biografien] (Budapest, 1892).

12. Irrtum: Albert IV. kam erst 1395 auf den Thron, d.h. nach dem Tode Ludwigs, ung. König.

12. Sein wahrer Name ist János Apród v. Tótsolymos, Archidiakon von Küküllö, Hofkaplan, Notar und Biograph König Ludwigs. Er schrieb den ersten Teil seines Werkes *De gestis Ludovici Regis Hungariae* [Über die Taten Ludwigs, König von Ungarn] um 1363, die Fortsetzung 1387-1398.

14. Als erster S. Steinherz, österreichischer Historiker.

15. Frührer in das Jahr 1363, 1364 verlegt, später auf 1366. Der jetzige Mariazeller Kunstführer datiert diesen auch um das Jahr 1365.

16. Hóman-Szekfű, *Magyar történet* [Ungarische Geschichte] (Budapest, 1939), II., p. 627.

17. "Capella" hatte seinerzeit nicht nur die Bedeutung einer Kapelle, sondern die Bedeutung Gotteshaus ganz allgemein bzw. jener Gotteshäuser, die keine bischöflichen, Pfarr- oder Klosterkirchen waren.

18. Bereits Antal Pór fand es seltsam, daß die steirischen Geschichtsforscher Pangerl folgend gerade diese so entschiedene und sachliche Aussage Menestarfers bezweifeln. Cf. Pór, *Nagy Lajos,* p. 592.

19. Weiß, *Diva Virgo Cellensis,* p. 27.

20. Aus dem Anhang von Pangerls Studie zitiert.

21. Pangerl, *Mariazell,* p. 18.

22. Moyker wurde 1419 Abt von St. Lambrecht; die *Menestarfer-Chronik* stammt aus dem Jahre 1487.

23. Pangerl, *Mariazell,* pp. 18-19 und 24, 41-42; und Steinherz, *König Ludwig I,* p. 106.

24. Außer seinem Werk *Nagy Lajos* [Ludwig der Große] ist sein bedeutendstes Werk *Az Anjou ház* [Das Haus der Anjou], erschienen in *A*

Magyar Nemzet Története [Die Geschichte der ungarischen Nation] 1895 als Band III von Sándor Szilágyi.

25. Hóman-Szekfű, II, 238 und 627.

26. Dezső Dercsényi, *Nagy Lajos kora* [Zeitalter Ludwigs des Großen] (Budapest, 1941).

27. G. Rodler, *Máriaczell bazilikájának (templomának) története és leírása* [Mariazell, Geschichte und Beschreibung des Gnadenortes der Basilika und der Schatzkammer], eigener Verlag 1910, später 1935; 1907 und 1935 erstmals auch unter dem deutschen Titel erschienen.

28. Marian Sterz, *Grundriß einer Geschichte der Entstehung und Vergrößerung der Kirche und des Ortes Maria-Zell* (Wien, 1819).

29. L. Blumauer-Montenave, *Zur Baugeschichte des Wallfahrtsortes Mariazell* (Wien, 1977).

30. z.B. L. Blumauer-Montenave, op. cit.

31. Othmar Wonisch, *Mariazell,* überarbeitet von Benedikt Plank ("Große Kunstführer"), Band 21 (München-Zürich, 1980).

32. *Wallfahrtskirche Mariazell,* ergänzt von P. Veremund Hochreiter ("Kleiner Führer"), 10. Aufl. (1977), pp. 2 und 12.

33. Auf alten Votivbildern und Stichen ist zu sehen, daß der Ostchor und das westliche Langhaus mit dem Turm in zwei verschiedenen Phasen und zu verschiedenen Zeiten gebaut wurden.

34. "Der ungarische König die Kirche nicht ganz neu erbauen, sondern bloß durch einen allerdings ansehnlichen Zubau vergrößern ließ." Pangerl, *Mariazell,* p. 41.

35. Weiß, *Diva Virgo Cellensis,* pp. 26-27.

36. Blumauer-Montenave, *Zur Baugeschichte,* p. 7; Wonisch, *Mariazell,* p. 85.

37. Wonisch, *Mariazell,* p. 51.

38. Laut Aussage von Führern und Führerinnen der Schatzkammer sowie Herrn Bruno Habertheuer, Verwalter der Basilika. Elisabeth, die Mutter Ludwigs des Großen, verschenkte viele Meßkleider an die verschiedensten Kirchen und hat sogar selbst einige angefertigt. Cf. Dercsényi, *Nagy Lajos kora,* p. 11.

39. Sterz, *Grundriß,* pp. 23 und 166.

40. Weiß, *Diva Virgo Cellensis,* p. 26.

41. Pór, *Nagy Lajos,* p. 592.

42. József Szamosi, "Magyar zarándoklatok Máriacellbe" [Ungarische

Pilgerfahrten nach Mariazell], in *Irások–vallomások* [Schriften und Bekenntnisse] (München, 1982), pp. 92-93.

43. Elemér Varjú, "A magyar viselet a középkor végén" [Die ungarische Bekleidung am Ende des Mittelalters], in *Magyar Művelődéstörténet* [Ungarische Kulturgeschichte] II., p. 488, die Bilder der Kleider auf pp. 494-495. Die Jubiläumsausgabe des Ungarischen Nationalmuseums, Red. Ferenc Fülöp (1977) bringt die Abbildungen der Kleider mit Erläuterungen.

44. Pór, *Nagy Lajos,* p. 594.

45. In meinem Buch *Máriacelli emlékkönyv* [Mariazeller Gedenkbuch] ist der erläuternde Text des 5. Bildes gem. Pór gleichfalls mißverständlich.

46. Wonisch, *Mariazell,* p. 40; Blaumauer-Montenave, *Zur Baugeschichte,* passim.

47. Pór, *Nagy Lajos,* p. 750, n. 1; Dercsényi, *Nagy Lajos kora,* pp. 150-151.

48. Die beiden Madonnenbilder und das dritte, die Krönung Marias darstellende Bild, sind derart kaputt gegangen, daß sie im 18. Jhd. aus den alten Rahmen entfernt und durch rekonstruierte Kopien ersetzt wurden.

49. Em [Ernö Marosi], "Votivképek az Anjou-udvarból" [Votivbilder am Hofe der Anjou]. Katalog (pp. 109-112) der Ausstellung veranstaltet vom Sept. 1982 bis März 1983 vom König-Stephan-Museum in Székesfehérvár unter dem Titel: *Müvészet I. Lajos király korában* [Kunst in der Zeit König Ludwigs I.].

50. Dercsényi, *Nagy Lajos kora,* pp. 150-51.

51. Ibid., pp. 17-22.

52. Georg Rózsa, "I. Lajos a müvészetben" [Ludwig I. in der Kunst], in *Művészet I. Lajos király korában* [Kunst in der Zeit König Ludwigs I.] (Székesfehérvár, 1982), p. 86, Notiz No. 14.

53. Ausführlicher in meinem Buch *Máriacelli emlékkönyv,* supra Note 45.

54. Wonisch, *Mariazell,* p. 10. Nach Pangerl nur deshalb, weil die Geldmittel des Abtes Benedikt Pierin, des Auftraggebers, erschöpft waren. Cf. Pangerl, *Mariazell,* p. 42.

55. Österreichischer (steirischer) Maler, tätig von 1420-1440 in Wien. Von ihm stammt eine um 1430 entstandene, vermutlich für die Wall-

fahrtskirche Mariazell gemachte Votivtafel, die früher im Stift St. Lambrecht, jetzt in der alten Grazer Galerie, aufbewahrt wird. Das Bild zeigt die Mariazeller Madonna als Schutzmantelmadonna. Erster Versuch in der deutschen Kunst, die mit den Türken gefochtene Schlacht als historisches Ereignis möglichst realistisch zu schildem. Cf. Blaumauer-Montenave, *Zur Baugeschichte,* p. 106).

56. Ibid., pp. 20 u. 23.

57. Über die Künstler siehe Thieme-Becker, *Lexikon der Bildenden Künstler* (1907-1950).

58. Wonisch, *Mariazell,* p. 42.

59. *Arpád-kori és Anjou-kori levelek* [Briefe aus der Zeit der Arpád und der Anjou], bearbeitet von László Makkai und László Mezey (Budapest, 1960), p. 403.

Fotonachweis: Das 2., 6. und 7. Bild sind Aufnahmen von Foto Kuss (Mariazell), die übrigen Bilder wurden mit der freundlichen Erlaubnis des Schnell und Steiner Verlags (München-Zürich) aus der Serie *"Grosse Kunstführer" Mariazell* (1980) entnommen.

1. Die mittelalterliche Kirche ["Ludwigsbau"]
nach einem Votivbild um 1626

2. Das gotische Hauptportal der Basilika.
Links vor dem Eingang die Bleistatue des Königs Ludwig I. von Ungarn

3. Das Tympanon-Relief [Auschnitt] um 1438

4. Ausschnitt aus dem vorherigen [3] Tympanon-relief:
Ludwig der Grosse opfert Maria das "Schatzkammerbild"

5. Porträtköpfe König Ludwig I. des Grossen von Ungarn und seiner Gemahlin Elisabeth an der Stirnseite der Gnadenkapelle, aus der Schule des Peter Parler um 1370

6. Das sogenannte "Schatzkammerbild",
geopfert von König Ludwig dem Grossen von Ungarn
um 1370 von Andrea Vanni di Siena

7. Gründung der gotischen Kirche in Mariazell.

Ölbild von Markus Weiss [1626] in der Galerie der Empore der mariazeller Basilika. Die Aufschrift des Bildes in heutigem Deutsch: Nach erfolgtem Sieg kommt samt seinem ganzen Kriegsheer der König Ludwig nach Mariazell, stellt sich mit viel hochschätzbaren Opfern dankbar ein, unter welchen das vornehmste war sein liebes Mariabild, welches er auf der Brust gefunden hat. Er baut auch ein ansehnliche und herrliche Kirche in 1363.

8. Bleistatue des Königs Ludwig I. von Ungarn neben dem Hauptportal der Basilika [1757]

J. E. Horvath

15 / The Pedigree of Louis the Great's Ewer (with illustrations)

In the National Museum of Ireland in Dublin, the visitor might notice —or more likely overlook—an early Chinese vase with thick transparent "ch'ing pai" (bluish-greenish white) glaze. It is a fairly good example of a group of experimental procelain of the Yüan dynasty (1280-1367) probably made in the famous ceramic workshops of Ching-tê-chên during the early years of the fourteenth century. The vase is 28.3 cm high, has a square foot-rim with a firecrack, a damaged lip, and a hole pierced—obviously later—through the shoulder. (Fig. 1-2)

The visitor might not look twice at the vase unless he is a ceramic expert, as was the late Arthur Lane, who immediately recognized it as one of the earliest documented Chinese porcelain pieces that showed up in Europe only a few years after Marco Polo returned to Europe with news of that strange, elegant, glass-like material which he named "pourcelaine."[1] To prove his hunch, Lane, with an exiciting bit of detective work, unravelled the long history of the vase. It eventually involved the 10th Duke of Hamilton, Louis XIV, the Anjou family, and possibly King Louis the Great himself.[2]

Going back in time, with Lane's help, we learn that the National Museum of Ireland purchased the vase in its present condition for £27. 7s.op. from Christie, Manson and Woods in 1882.[3] "Lot 1338" is described in Christie's "Catalogue of the collection of pictures, works of art, and decorative objects, the property of His Grace, the Duke of Hamilton, K.T." as

> A PEAR-SHAPED BOTTLE OF CHINESE CELADON PORCELAIN, with foliage in high relief in four medallions, and ornaments in low relief on the neck and lower part.

Lane's investigation shows that the vase had been inherited by the 10th Duke of Hamilton in 1844 from his father-in-law, William Beckford. The contents of Beckford's house were sold in 1845 and 1848,[4] but a manuscript inventory and evaluation of his estate lists (on page 75), among other objects in the sanctuary of Fonthill Abbey, Beckford's extravagant Wiltshire mansion, "A curious China Sea Green bottle (damaged)." This entry and another are marked with a cross, and a later note is inserted: "2 sent to London Feby, 1845."[5]

The fact that this vase was retained by Beckford's heir, the Duke of Hamilton, and sent to him in London when the estate was being disposed of, suggests that he valued the piece even in damaged condition. Beckford had owned the vase twice–he sold it in 1822 and reacquired it a year later–and his son-in-law must have been aware of its historic importance. He would have seen it in its original splendor, made up as a ewer with magnificent medieval silver gilt mounts and heraldic devices of the Anjou family.

Mystery surrounds the stripping of the vase from its mounts. It must have happened between 1823, when Beckford purchased it for the second time, and 1844, when he died.

Neither Beckford nor Robert Hume, his agent at the 1823 sale,[6] would have committed such a barbaric act. Lane supposes that

> the senseless act was perhaps perpetrated by a thief or burglar, unaware that their value for melting down would be trifling.[7]

It seems more likely that the unfortunate loss of the mounts and the damage occurred while the piece was briefly in Hume's possession as Beckford's agent. The ewer is never mentioned in Beckford's letters to his daughter, Charlotte Lansdown,[8] although they refer to the agate "Rubens Vase" with which our ewer was illustrated on the title page of Britton's *Fonthill Abbey* in 1823. (Fig. 3)

The Chinese vase was certainly a ewer with precious metal mounts when it was described in the Phillips sale catalogue of 1823, at the time of Beckford's second acquisition. It appears in this catalogue as Lot 1293, on the thirtieth day:

> A BOTTLE OF PALE SEA GREEN ORIENTAL CHINA, of great antiquity, incrusted with flowers in relief, in compartments, with silver gilt spout and handle in the Gothic taste. The cover is embellished with paintings in enamel and the arms of Joan of Arragon (sic), Queen of Naples, the friend of Petrarch. The handle, rim and feet bear the legend of the house of Anjou in Gothic characters upon blue enamel. N.B. This vase, besides the value it derives from the historic circumstances connected with it, is further curious being the earliest known speciment of porcelain introduced from China into Europe, as it refers to a period earlier than the circumnavigation of the Cape of Good Hope, by the Portuguese.

Lot 1293 was sold for £40.8s.6d to Robert Hume, bidding on behalf of William Beckford. The amazingly low price may indicate that some damage had already been done to the mounts of the vase, although the Phillips catalogue does not mention any change in the condition of the piece since Christie's catalogue was issued a year earlier.[9]

The Christie's sale never really took place. It was postponed at first, cancelled later, and finally, in October, 1822, Fonthill and its contents were sold *en bloc* by private treaty for 300,000 pounds to the Anglo-Indian millionaire John Farquhar.[10]

The events of 1822-23 call for some scrutiny. The Anjou ewer was not in its new owner's hands for long. Farquhar's interest in the property seemed to be purely financial. In 1823, two illustrated books on Fonthill were published, obviously with Farquhar's encouragement, and he put the whole collection up for sale at Phillips' auction house a year later.

The first book by John Britton[11] which illustrates the ewer on its neo-gothic, ornate title page places it in the St. Michael Gallery. The description also includes the mounts, adding that it had

> inscriptions in old French and in antique characters. These shields and inscriptions allude to the house of Anjou and Joan of Arragon,

> (sic) Queen of Naples, to whom this curious work evidently appears to have belonged.[12]

The second book on Fonthill by John Rutter[13] briefly mentions our ewer on page XXIII under "Description of the Embellishments":

> Next on the right, is an Oriental china bottle, superbly mounted, said to be the earliest known specimen of porcelain introduced into Europe.

On page 51, LXXIV. The Western Yellow Drawing Room, is the following:

> An Oriental pale sea-green China bottle, the earliest known specimen of porcelain introduced from China into Europe.

It is not certain whether both descriptions are of the same object. A wood-cut vignette on page 7 entitled "A GROUPE OF THE RAREST ARTICLE OF VIRTU" displays prominently the Anjou ewer among other treasures. (Fig. 4)

The best and earliest illustration of the ewer was found in the Bibliothèque Nationale's Gaignières collection in Paris,[14] and published by F. Mazerolle in 1897.[15] The drawing (Fig. 5) has become recognized as one of the most important documents in ceramic history. The Porcelain part of the ewer is obviously the same experimental Yüan vase from Ching-tê-chên as the one in the National Museum of Ireland in Dublin (Fig. 1-2). The silver gilt mounts are shown in exquisite detail, and the artist took great care to copy the heraldic devices and mottos, which are those of the Anjou rulers of Hungary and Naples.

It is not known exactly when William Beckford acquired the Anjou ewer for the first time, although it is very likely that he purchased it in Paris during his travels between 1793 and 1814. This was the period during which British collectors, including members of the Royal Family, acquired great treasures from the "nationalized" and dispersed collections of the deposed French aristocracy.

Lane was apparently unaware of an auction sale by de Hoorn in Paris in 1809, although this was known to Gerald Reitlinger, whose letter on the subject was published in the January 1962 issue of the *Burlington Magazine.*

Reitlinger refers to an earlier article in the "Chronique des Arts" (1897) and quotes the catalogue description:

> Une précieux vase du plus beau Japon blanc, a medaillons chantournés, ornés des fleurs en relief avec anse goulot, couvercle et base en vermeil de travail gothique et emaillé des armes de Jerusalem parti de Naples-Anjou et chargé en trois endroits de la légende gothique; devise de la reine Jeanne de Naples à qui ce vase a sûrement appartenu.

It is possible that Beckford first acquired the ewer at this sale, or he may have sent someone to Paris on his behalf. It is also possible that he bought it during his last journey in 1814.

Beckford knew very well the value of his acquisition, and kept it at Fonthill Abbey until financial problems forced him to sell the Abbey and its contents, as mentioned earlier, to John Farquhar in 1822.

The curious saga of the Anjou ewer now takes us further back in time, to the court of Louis XIV, the Sun King of France. Four pages of manuscript notes accompanying Gaignière's drawing of the ewer (Fig. 5) place the piece in the possession of the Dauphin, son of Louis XIV, who died in 1711.[16]

Francois-Roger de Gaignières was born around 1644 in Lyon. From the time he was sixteen, Gaignières had been amassing a great collection of over seven thousand drawings and notes of antiquities. In 1711, Gaignières offered his drawings to Louis XIV in return for a pension. The drawing of the Anjou ewer must have been done about two years after his collection passed to the king.

Lane, during his investigation, found and examined the unpublished inventory of the Dauphin's collection, dated 1689. Among 317 Oriental porcelain pieces, Item 111 appears to be the Anjou ewer:

> Un Vase couvert en forme de Buire de porcelaine blanchatre orné au corps de quatre ronds de feuillages à jour garni d'une anse et d'un gouleau, d'un couvercle et d'un pied de vermeil doré emaillé ayant des lettres gothiques au haut, au bas & a l'anse & des armes du Duc de Bourgogne au dessus & au dessus du couvercle terminé par une petite couronne fermée haut de quinze pouces deux lignes.

Earlier in time, the ewer was also included in the royal inventory of Fontainebleau in 1560.[18] I have not had the opportunity to read the original inventory, but Philippe Jullian refers to it in his article on Fonthill Abbey in the *Connaissance des Arts,* March 1963 issue.[19]

Before we examine the heraldic evidence provided by the Gaignières drawing, another important point overlooked in Lane's article should be mentioned.

The drawing in the Bibliothèque Nationale is not the only one Gaignières did on the subject. In a footnote to his article of 1897, Mazerolle mentions another copy in the possession of the well-known French art collector, Baron Jérome Pichon, which was eventually purchased by the Iparművészeti Múzeum [Museum of Applied Art] in Budapest (Fig. 6). Pichon thought very highly of the drawing and was reluctant to part with it, as a letter in our possession dated June 13, 1890, seems to confirm Replying to a potential buyer–possibly Jenő Radisich, director of the Iparművészeti Múzeum at that time–he writes categorically: "*Je ne veux pas de vendre.*" (Pichon's underlining.)[20] Béla Krisztinkovich, in his critical reply to Arthur Lane's article,[21] quotes Pichon as saying that his Gaignières drawing, which he bought from Comte de Rohan Chabot, is the older of the two. Whatever the true facts, the Budapest drawing is better in some details and helps us greatly in coming closer to the solving the mystery of ownership.

The heraldic devices and inscriptions on the ewer are as follows:

1. On one side of the neck:

ANJOU-SICILY, with a bordure componé of Hungary, surmounted by a crown (Fig. 7). According to Lane, "the blazoning dates from the very beginning of Charles III's reign, before his arms were standardized." Gaignières and Mazerolle also suggest Charles III (le Petit), but Krisztinkovich believes that it is the coat of arms of the Duc de Bourgogne. This latter attribution is more in line with the inventory of the Dauphin from 1689, quoted earlier.

2. On the other side of the neck:

ANJOU-SICILY, with a bordure componé of Hungary, impaling Jerusalem (Fig. 8). The Arms of the Anjou-Sicily branch since Charles I had bought the title to the Kingdom of Jerusalem in 1277.

3. On the cover:

FRANCE ANCIENT impaling Hungary with, for crest, a crowned helmet draped with the same and surmounted by the head of an ostrich between two feathers, crowned, and holding in its beak a horseshoe. (Fig. 9)

This is the most controversial of the four heraldic charges. Gaignières, in his notes, attributes it to Louis X le Hutin, King of France (1314-16) and his queen Clemence of Hungary, daughter of Charles Martel. There is no justification, in my opinion, for such an early date unless the arms were shown as a commemorative gesture. Lane also rejects Gaignières's theory, and attributes the device to Louis the Great (1326-82), King of Hungary and Poland. Lane claims that

> the crest of ostrich head was first used by Louis the Great of Hungary, appearing for example on a silver-gilt plate presented by him to the Minster at Aachen; on the silver sarcophagus of St. Simeon at Zara, commissioned by his wife Elisabeth between 1377-80; and on Hungarian coins and roof-bosses.

Szabolcs de Vajay, in a letter dated April 3, 1968,[22] concludes that the ostrich head holding a horseshoe was first taken up by Charles Robert of Anjou in 1318. Krisztinkovich attributes the coat of arms to Charles III–Charles le Petit, or Charles II (*Kis Károly*) as King of Hungary–father of King Ladislaus and Queen Joanna II, who inherited the device from King Louis the Great.

4. On the cover:

ANJOU-SICILY, with a bordure componé of Hungary, impaling Jerusalem, with, for crest, a crowned helmet surmounted by an elephant's head. (Fig. 10)

According to Lane this crest was used by both Charles III and Ladislaus, but Krisztinkovich and Szabolcs de Vajay think it belonged to Ladislaus alone. Ladislaus died without issue and the only person who *may* have used the crest was his sister Joanna II, who was his heir to the throne of Naples.

Still on the cover, the spaces between the coat of arms–according to Gaignières–were originally occupied by heraldic supporters.

> Une figure a demy corps nud tenant de chaque main des branches d'arbre emaillés d'un très beau verd' and 'la figure d'un homme a

demy corps vestu d'un manteau Royal orné d'espèce de fleurs de lis, tenant aussy des branches emaillés de verd.

5. Around the lip, repeated around the foot and on the handle:
"LE TEMPS EST VENU DIEU EN SOIT LOE (LOUE), SE EST (IL) J'EN CAY". (The time has come, the Lord be praised, I know it well.)

Gaignières was uncertain about the inscription, but thought it referred to Louis the Great's triumph over Queen Joanna in 1381.

6. On the spout:
"JEHANE" in pseudo-Arabic script, in relief. Lane thought it might have referred to Joanna I at the time when she was deposed and succeeded by Charles III. A curious thought indeed! Lane concludes that

> the porcelain vase was mounted to special order as a gift to Charles III of Durazzo in 1381, and that the donor was Louis the Great himself. . . . It may have passed as a family heirloom from Charles III of Durazzo to Ladislaus (d. 1414), Joanna II (d. 1435), and René of Anjou, but it is not among the few porcelain vessels in the published inventories of the last (1456).[23]

Lane then goes into long and elaborate stylistic comparisons of the Anjou ewer to known artworks of the 14th century, including works by the famous Hungarian goldsmiths and sculptors of Márton and György Kolozsvári. However, none of their work, or any of the silver-gilt and enamelled vessels in the Treasury of Aachen given by Louis the Great around 1367, bear close resemblance to our ewer, which—as all agree—is certainly not of Italian style or origin. Lane's failure to find convincing proof of his (and many other's) theory placing the ewer in Louis the Great's court is a matter of bad timing. The vessel, which became known in Hungary as "Nagy Lajos Kancsója" and internationally as the "ewer of Louis the Great," could not have been mounted as suggested at his Court at Buda in the fourteenth century.

Mazerolle theorizes that the Yüan vase might have been brought to Pope Benedict XII at Avignon in 1338 by the Nestorian Christians of China, although he offers no proof. Another theory, advanced by Philippe Jullian among others, suggests that one of three Chinese porcelain vessels listed in Queen Maria's last will of 1323 may be our piece.[24] However,

Béla Krisztinkovich and Mór Korach, in an article in *Faenza,*[25] discard this theory, based on the lighter weight of the vessels listed in the will.[26]

Queen Maria, descendant of the first Hungarian ruling dynasty, the House of Árpád, married Charles II (Charles the Lame, 1248-1309) King of Naples, and thus became the founder of the Anjou line on the Hungarian throne. Her will is an extremely important document of ceramic history, containing the first references to porcelain in Europe. It should be remembered that Marco Polo had arrived back from the Orient only twenty-eight years before, in 1295, and dictated the account of his travels between 1296-98.

Gaignières felt–as did Arthur Lane–that the heraldry and inscriptions on the mounts refer to the events of 1381, the deposal of Joanna I and the accession of Charles III of Durazzo to the throne of Naples with the help and consent of Louis the Great. F. Mazerolle went further. He suggested that the ewer was successively in the possession of Louis the Great, Charles III (Charles le Petit) and King Ladislaus.

It is obvious, however, that the mounts–to judge from Gaignières's drawings–"were planned to form a homogenous whole, and applied in one operation without subsequent addition."[27] It is amazing that, after his conclusion according to which all the heraldic devices on the mount were made at the same time and according to plan, Lane still clings to the common belief that places the mounting of the vase in Louis the Great's court around 1381.

The inscriptions offer the best clue to ownership, but none of the earlier researchers–including Lane–could explain them satisfactorily. Krisztinkovich, writing in 1969, states, without naming his sources, that "The time has come, the Lord be praised, I know it well" was the motto of Joanna II (1371-1435), the tragedy-prone Queen of Naples.[28]

To understand the tragic undertone of the inscription, we should remember that Joanna's cousin Andrew, younger brother of Louis the Great, was murdered at the instigation of his wife, Joanna I; her grandfather on her mother's side was executed by order of her uncle, Louis the Great, for complicity in Andrew's murder; her father, Charles III, was murdered at the instigation of Louis the Great's widow and daughter; and her first husband died under tragic circumstances after a brief marriage. When her brother Ladislaus died in 1414 and her second husband, the Duke of Burgundy, in 1415, Queen Joanna II retired from public life and spent her remaining years glorifying the memory of her brother, King Ladislaus, who was called by his admirers (among them John Huss) "Lancelot the Magnanimous and Victorious."

The raised inscription on the spout, "JEHANE," in my opinion, can only refer to Joanna II, or in French—the spoken language of the Court of Naples—"Jeanne II"

In summarizing the historic clues provided by the heraldic charges and inscriptions, our investigation seems to point to only one person: Joanna II:

The name "JEHANE"
The tragic motto
The arms of Ladislaus, whom Joanna idolized
The arms of the Duke of Burgundy, her husband for a short period
The arms of her murdered father Charles III (le Petit)
The style of mounts, which is of the fifteenth century, not the fourteenth.

The rediscovery of the Yüan vase is of the utmost importance. It is one of the first, and certainly one of the best documented, pieces of Chinese porcelain to reach Europe. It is clearly connected to Anjou and Hungarian history, mounted in gilt and enamelled silver by order of Joanna II, Queen of Naples, probably sometime between 1414—the year of her brother Ladislaus' death—and 1435, when Joanna died.

We have traced the fortunes of the Yüan vase from its rediscovery in the 1960s, travelling back in time to about 1300. Our investigation took us from the National Museum of Ireland in Dublin, through Fonthill Abbey in England, the court of Louis XIV in Fontainebleau, the Courts of the Anjou rulers of Hungary and Naples to the kilns of Ching-tê-chên in China. Based on the arguments presented in this paper, we can safely draw a chronological order from the firing of the vase to its present resting place, including events leading to its identification:

A.D.

1300	Porcelain vase is fired in the kilns of Ching-tê-chên in China, during the reign of the Yüan dynasty.
1320-80	Vase is brought from China, probably via Venice, or Dalmatia to the Anjou rulers of Hungary and Naples.

1414-35 Vase receives its gilt silver and enamel mounts, probably by order of Joanna II, Queen of Naples, in memory of her brother, King Ladislaus (died 1414).

1442 King René of Anjou leaves Naples and goes back to France. It is possible that he took the ewer with him, although this is not corroborated by his inventory of 1456.

1560 The ewer appears in the Royal Household inventory of Fontainebleau.

1689 The ewer is listed in the inventory of the Dauphin, son of Louis XIV.

1711-13 Gaignières describes the ewer in detail and has two drawings made in Paris.

1809 Auction sale by de Hoorn in Paris. The ewer is sold, directly or indirectly, to William Beckford.

1809-14 Beckford acquires the ewer and places it in Fonthill Abbey.

1822 Beckford sells the ewer to John Farquhar, together with the contents of Fonthill Abbey.
Christie's auction catalogue includes the ewer, but the sale is cancelled because of the direct contract sale to Farquhar.

1823 Beckford acquires the ewer again, for the second time. It is purchased through the services of Robert Hume, bidding on behalf of Beckford at the Phillips Auction House sale. The ewer is also illustrated in two books on Fonthill Abbey, one by John Britton, the other by John Rutter.

1823-44 The ewer mysteriously loses its precious gilt silver mounts and once again becomes a "vase".

1844 The vase is listed in Beckford's estate as a "curious Chinese Sea Green bottle".

1845 The vase is sent to London to Beckford's heir, his son-in-law the 10th Duke of Hamilton, in February.

1882 The contents of Hamilton House in London are sold at an auction sale at Christie's. The vase is purchased by the National Museum of Ireland.

1890 Baron Jérome Pichon, French collector, acknowledges the existence of a second Gaignières drawing of the ewer.

1897 Mazerolle publishes the Gaignières drawing of the ewer in the Bibliothèque Nationale in Paris, and the accompanying notes.

1961 Arthur Lane, ceramic art historian, "rediscovers" the vase in the National Museum of Ireland and publishes his account in the *Burlington Magazine.*

NOTES

1. *Le Livre de Marco Polo, citoyen de Venise, conseiller, privé et commissaire imperial de Koubilai-Khan, redigé en francais sous sa dictée en 1298 par Rusticien, de Piée,* publié par M. G. Pauthier, Paris, 1865.

2. Lane, Arthur, "The Gaignières–Fonthill Vase: A Chinese Porcelain of about 1300," *The Burlington Magazine,* No. 697 (April 1961), pp. 124-132.

3. Saturday 17th June, to Monday 10th July, 1882. The vase was sold on the twelfth day to T. M. Whitehead for the National Museum of Ireland.

4. Messrs. English & Son on 20-29 November 1845, and on 24th July–2nd August 1848. The sale catalogues follow the Inventory and Valuation closely, but do not mention the vase.

5. *Inventory and Valuation at Nos. 19 and 20 Lansdown Crescent, Bath, The Tower on Lansdown and Farm Premises all adjoining–the property of the late William Beckford Esqre* . . .May, June, July & August 1844 by Edmund English & Son. Sworn Appraiser, 21 Milsom Street, Bath & Robert Hume, 65 Berners Street London.

6. Part 2. *The Unique and Splendid effects of Fonthill Abbey.* Catalogue of the extensive assemblage of costly and interesting property . . . the Furniture, the Bijouterie composed of Precious Gems, . . . the rare Oriental, Japan and Sèvres china . . . which will be sold by auction by Mr. Phillips, at the Abbey, on Tuesday, the 23rd September 1823 and seven following days, and on Thursday, 16th of October, and four following days . . .

7. Lane, p. 130.

8. Lansdown, Charlotte, *Recollections of the late William Beckford* (London, 1893).

9. "Magnificent effects at Fonthill Abbey, Wilts. To be sold by auction, Mr. Christie, on the premises, on Tuesday, October 1 (1822) and nine following days."

10. Lane, p. 129.

11. Britton, J., *Illustrations, Graphic and Literary, of Fonthill Abbey, Wiltshire* (London, 1823).

12. Britton, p. 57. Joan of Arragon is an obvious error. It refers to Joanna II of Anjou, who *adopted* Alfonso V of Arragon in 1421, to secure his aid against her own family. The later English sale catalogues committed the same error, using Britton's book as source.

13. Rutter, John, *Delineations of Fonthill and its Abbey* (London, 1823).

14. Watercolour, 45 by 30 cm. Bouchot, Henri, *Inventaire des dessins exécutés pour Roger de Gaignières et conservés aux Départements des Estampes et des Manuscrits (Bibliothèque Nationale)*, (Paris, 1891), II, No. 7247.

15. Mazerolle, F., "Un vase oriental en porcelaine orné d'une monture d'orfèvrerie du XIVe siècle," *Gazette des Beaux-Arts*, XVII (1897), pp. 53-8.

16. "C'estoit l'un des curieux morceaux du cabinet de Monseigneur le Dauphin mort a meudon le 14e, avril 1711. Il est a present (1713), a M. de Caumartin con^{er}, d'Estat ord^{re}. Intendant des finances."

17. "Agates, cristaux, porcelaines, bronzes et outres curiositez qui sont dans le Cabinet de Monseigneur le Dauphin a Versailles, inventoriez en MDCXXXIX. MS., 4to.

18. Lacroix, P. "Inventaire des joyaux de la couronne de France en 1560," *Revue universelle des arts*, 3, (1860), 348, item 202.

19. Jullian, Philippe, "La fausse abbaye de Fonthill et les collections de l'extravagant William Beckford," *Connaissance des Arts* (March 1963), p. 95.

20. MS. letter dated "Paris, quai L'Anjou 17, le 13 Juin 1890", signed "Le B. J. Pichon".

21. Krisztinkovich, Béla, "Hozzászólás Arthur Lane, A Művészettörténti Értesítő 1967/1. számában megjelent posthumus cikkéhez a Gaignières-Fonthill vázáról" [Comments on Arthur Lane's Posthumous Article Concerning the Gaignières-Fonthill Ewer that Appeared in the 1967/1 Issue of the Művészttörténeti Értesítő], *Művészettörténeti Értesítő*, 18, no. 2 (1969), pp. 187-192.

22. MS. letter to Béla Krisztinkovich in Hungarian, dated "Párizs, 1968 Aprilis 3". Vajay also refers to his essay on Anjou heraldry: Vajay, Szabolcs, *L'héraldique image de la psychologie sociale'–Quelques problèmes de l'héraldique royale des Anjevins hongrois. Napoli, 1967.*

23. A. Lecoy de la Marche: *Extraits des comptes et memoriaux du Roi René* (Paris, 1873), p. 273.

24. The will was published by Gustav Wenzel, *Monumenta Hungariae Historica. Diplomáciai emlékek az Anjou-Korból* [Diplomatic Documents from the Age of the Anjous] (Budapest, 1874), I, pp. 231-244.

25. Krisztinkovich, Béla, and Korach, Maurizio, "Un Antico Documento Sulla Porcellana Cinese in Europa," *Faenza,* 53, No. 2-5 (1967), pp. 27-30.

26. Ibid., p. 27. Pag. 231 e 232: "Predicto domino Principi Tarentino . . . Bocalettum unum deauratum cum nappo et pede des argento deaurato et smaltatis extimatum uncias sedecim tarenos cinque et grana quinque." Pag. 239 e 240: "Item Paulo Gerardi . . . Bocalettum unum cum coperculo qui ponitur in extimatione de sporchellano, et est de vitro, extimatum uncias duas pro uncia una". Pag. 244: "Item Baldo de Baldis scutellas duas de porchellana pro tarenis quindecim".

27. Lane, p. 125.

28. Krisztinkovich, "Hozzászólás," p. 189. Lane, p. 129, quotes the motto of the Anjou Jean Duc de Berry, also without naming his source, as "Oursine, le temps venra". (Orsini, the time will come . . .) The motto refers to the feud between the Orsini and Anjou families and probably dates back to Charles I, King of Naples and Sicily, whose expansionist ambitions were frustrated by the Orsini Pope, Nicholas III. (1277-80).

Fig. 1. Porcelain vase, China, Ching-lê-chên, Yüan Dynasty, ca. 1300.
(National Museum of Ireland, Dublin)

Fig. 2. Same as *Fig. 1*, but from a different angle.

Fig. 3. Frontispiece, Britton's Fonthill Abbey, 1823.

Fig. 4. Woodcut, Rutter's Fonthill Abbey, 1823.

Fig. 5. Watercolour drawing, ca. 1713.
(Bibliothèque Nationale, Paris, Gaignières Collection.)

Fig. 6. Watercolour drawing, ca. 1713.
(Iparművésti Múzeum, Budapest.)

Fig. 7

Fig. 8

Fig. 9

Fig. 10

Figs. 7-10. Heraldic devices on the Gaignières drawing.

IV

LOUIS THE GREAT IN HISTORICAL LITERATURE

S. B. Vardy

16 / The Image of Louis the Great in Modern Hungarian Historiography *

On the Basis of a Select Group of Popular Syntheses

Of Hungary's sixty-odd rulers since the Magyar conquest of the late ninth century, only one has been awarded the surname "Great." And this is true even though there were a number of monarchs (e.g. St. Stephen, St. Ladislaus, Béla III, Béla IV, Matthias Corvinus, etc.) who were significant rulers and who have also captured the imagination and the affection of their nation. There must be a reason for this unique position of Louis of Anjou (Angevin) in the list of Hungarian monarchs; all the more so as he had already been called "Great" in his own lifetime, or immediately thereafter.[1]

The image of King Louis (Lajos) in the minds and hearts of the Magyars of later generations is perhaps best reflected in the poetry of Hungary's greatest nineteenth-century lyricist and revolutionary poet, Sándor Petőfi (1823-1849), who recalled the age of Louis the Great as follows:

> Oh, great were once the Magyars,
> Great were their power and domain,
> The falling stars of the North, East and the South
> Once all came to rest in Hungarian seas.[2]

---

* Presented at the Ninety-Seventh Annual Meeting of the American Historical Association, December 27-30, 1982, Washington, D.C.

The reference here is to Louis's possessions that at one time or another included–in addition to Greater Hungary with Croatia-Slavonia and Transylvania–such other lands as Dalmatia, Bosnia, parts of Serbia and Bulgaria, Moldavia and Wallachia, Volynia-Galicia, Poland, and fleetingly even the Kingdom of Naples. The three seas within this constellation were the Adriatic, the Black Sea and–with a slight stretch of the poetic imagination –the Baltic Sea.

This view of Louis the Great's empire is naturally exaggerated. For not only was the Baltic Sea missing in reality (Poland at this time did not reach the Baltic), but Hungary's relationship to Poland was simply one of "personal union." Moreover, not even Hungary's control of her Balkan possessions was very secure, for it fluctuated virtually from year to year. Nonetheless, it was this image of King Louis's empire that came to be fixed in the Hungarian mind, and then came to be popularized by nineteenth- and twentieth-century historians–reaching its climax in the period between the two World Wars.

As opposed to this idealized image of Louis the Great, who reigned as a mighty warrior over a large segment of Central and Eastern Europe, there is the somewhat condescending image portrayed by Voltaire;[3] which image–however unfair–must undoubtedly have been the eighteenth-century Western European view of fourteenth-century Hungary. According to Voltaire, King Louis "reigned happily in Hungary for forty years," and "in Poland [not so happily][4] for twelve years. His people gave him the surname . . . Great, which he well deserved; and yet this prince is hardly known in [Western] Europe, because he did not rule over men capable of transmitting his fame and virtues to other nations. How few know that in the fourteenth century there was a Louis the Great in the [basin of the] Carpathian Mountains!?"[5]

These views expressed by Voltaire are demeaning to the Hungarian nation whose fortunes have declined in the centuries preceding Voltaire's time, but at least they leave untouched the "greatness" of Louis the Great. This does not hold true for post-World War II Hungarian historiography, which not only deprives this undoubtedly significant fourteenth-century monarch of his long-held place in history and of his surname "Great," but at times it also characterizes him as a man of "childish" personality who, like a fourteenth-century Don Quixoté, was running after unattainable dreams, and in a sense was anachronistic already in his own lifetime.[6] And this is not even the worst characterization of this generally recognized great ruler of the fourteenth century, who–in direct contradiction to the judgment of many centuries–was de-heroified almost overnight by the pioneers of Hungarian Marxist historiography.

One of the reasons for this de-heroization may be connected with King Louis's "knightly mannerisms" (*lovagi allűrök*) which seem to have offended some of the early exponents of historical materialism in Hungary. Perhaps of even greater significance in this negative assessment are Louis's incessant military campaigns for dynastic, political, and religious reasons; his introduction of a new tax, the *nona,* which allegedly worsened the peasants' position in an increasingly feudalized society; and his consequent alleged squandering of the country's resources, while refusing to recognize the danger presented by the Ottoman Turks in Europe.[7] While some of these policies and activities of King Louis may in fact be interpreted in a negative light, in their own time most of them had their positive aspects as well. Moreover, many of Louis's cultural and economic policies (e.g. his support of the cities and of domestic and international trade) were fully positive. But above and beyond these considerations, Louis acquired the surname "Great" not so much because of any of his specific domestic or foreign policies, but rather because–building upon the foundations laid by his father–he made Hungary into the most significant power in East Central Europe.

As is well known, the period that preceded the coming of the Anjous to Hungary was a period of internal turmoil and external weakness in Hungarian history. The country that in the course of the previous three centuries had risen to a position of respect in East Central Europe was by the end of the thirteenth century in the process of total disintegration. Andrew III (1290-1301), the last monarch of the Árpád dynasty, was not even recognized by everyone as Hungary's legitimate ruler. He spent his time struggling partially against rival claimants to the throne, and partially against powerful regional lords, who, having taken advantage of the decline of royal power, were turning the country into a collection of regional baronies under their own rule.[8]

Andrew III's death in 1301 was followed by an even more intensified struggle for Hungary's throne, as well as by the further fragmentation of the country. Hungary's fragmentation along the lines of thirteenth-century

Poland was prevented only by the coming of the French Anjous–via Naples–who soon restored the country's internal unity, and also expanded its sway well beyond its traditional frontiers. In point of fact, Hungary under the Anjou dynasty became a regional great power and the most important state in the area between the Geramn, Mongol-Muscovite, and Byzantine-Ottoman lands.

This process of consolidation and expansion was accomplished by the two male members of the Anjou dynasty: Charles Robert (1308-1342), the father and founder, and Louis the Great (1342-1382), the son, who completed his father's work and pushed Hungary's power-position to never-before-attained heights. It was the overall success of the policy of Anjous–which climaxed under the reign of the second and last male member of this dynasty–that had earned for King Louis the surname "Great," which no twentieth-century historian has the right to take away from him. Moreover, in light of Hungary's relapse into a degree of anarchy and external decline under Louis's successors, this greatness looks all the more impressive–notwithstanding his real or alleged shortcomings as viewed from the distance of six centuries. And this judgment is attested to by all Hungarian historians up to the mid-twentieth century, and by most Western historians right down to our own days.[9]

* * * * *

The first Hungarian historian to write about King Louis was his own contemporary, Johannes Apród of Tótsólymos (1320-1394), the Archpriest of Küküllő (i.e., Johannes Küküllei). He characterized Louis the Great as "a wise and generous [ruler, who] conducted many wars with success, regained much for his country, [and] excelled not only in the martial arts, but also in the arts and the sciences . . . . He thus made his name respected before many nations."[10] Under King Louis–continues Küküllei–"the royal throne came to bloom again. He ruled neither with passion, nor with arbitrariness, but rather as the guardian of righteousness. He never did anything without reason, nor in violation of the laws . . . . He defended the liberties, customs and laws of his countries, lands and his subjects . . . , and shielded them with his victories . . . . He also preserved the liberties and privileges of the churches of his lands, while at the same time adding to their worldly possessions . . . . [King Louis was so popular that] almost everyone mourned his death."[11]

This favorable judgment by Johannes Küküllei, written only a few years after King Louis's death, was substantiated by many of his contemporaries both at home and abroad, and it had also been accepted and repeated by the chroniclers and historians of the next five and a half centuries.[12] Moreover, in light of Hungary's subsequent misfortunes, with the passing of time the figure of King Louis came to loom ever larger in the minds of most Hungarians.

While the climax to the glorification of Louis the Great was reached only in the period between the two World Wars, the process to assess his rule as the apex of Hungarian political and military power in East Central Europe was undertaken already by some of the historians of early Romanticism in Hungary. Writing in 1805, for example, Ésias Budai (1776-1841), the learned professor at the Calvinist College of Debrecen, characterized Louis's reign as "wonderous" both with respect to its military feats, as well as its achievements in peaceful endeavors. In Budai's words, King Louis's "empire stretched from the region where the Vistula empties into the Baltic Sea down to the Black Sea, and thence to the shores of the Adriatic . . . . And he gained the affection of the many diverse nations . . . living between these three seas to such a degree that they never complained even amidst his many military campaigns. In this way he gained for Hungary the respect of all of Europe, and raised his nation to glories and power that she was never able to surpass . . . . Hungary was never greater than under [King Louis's] reign. Discounting Poland, it embraced, in addition to Transylvania, all of Dalmatia, Croatia, Slavonia, Bosnia, Serbia, Bulgaria, under the name Galicia-Ladomeria all of Red Russia, and under the name of Cumania both Wallachia and Moldavia."[13]

Although not on the level of the medieval chroniclers, nor on that of the much more sophisticated, but still too imaginative humanist historians, Budai and those of his generation (e.g. J. C. Engel, I. A. Fessler, B. Virágh, etc.)[14] were still working before the birth of scientific historiography. Not so László Szalay (1813-1864) and Mihály Horváth (1809-1878),[15] whose influential multivolume syntheses coincided with the birth of more serious historical studies in Hungary. Their research into the age of the Anjou rule, however, did not alter the almost unanimously laudatory view about Louis the Great and his achievements held by earlier historians. Szalay's assessment, for example, ends with the following words: "Louis had been called 'Great' by our forefathers, and we, their late descendants, cannot deprive him of this appelation, which is the result of a nation's gratitude. From among our rulers, our people still mention his name immediately after those of our patron saint kings, Stephen and Ladislas. But what means even more than any glorification is the fact that not even Matthias [Corvinus] was able to wipe his name out from the collective memory of the Magyars. Under his rule, the [Hungarian] empire had reached its maximum size. Its borders stretched from the Baltic to the Black Sea, and from thence to the Adriatic. Ten countries were part of the Hungarian Crown. Louis was great in war and great in his peaceful endeavors. The heart of his empire, Hungary, was the land of a happy nation. There is not even a trace of any dissatisfaction or rebellion during his forty years of rule. . . . Louis had a pure character both as a human being and as a ruler. In this respect none of his contemporary rulers could compare with him . . . , nor any of the other bearers of the Hungarian Crown . . . . He cared not only for the lords, but also for the welfare of the peasants . . . . And the cities also experienced the solicitude of Louis's loving hands." All in all —claims Szalay—Louis the Great's rule was "a lasting blessing upon the beautiful lands of the Magyars."[16]

There is no question that the views expressed by László Szalay were universally held by nineteenth-century Hungarian historians. Variations of these views can be found in all contemporary historical works, including the writings of perhaps the most popular historian of that romantic century, Mihály Horváth, whose influence survived right into our own century. Horváth repeats Szalay almost verbatim when be begins his final assessment of King Louis's rule: "Posterity had honored Louis with the surname 'Great', which he well deserved. He was undoubtedly the greatest among the rulers of his age . . . . Although the borders of his huge empire were constituted by the waters of the Adriatic, the Baltic and the Black Seas, he never exerted selfish and unjust pressures against the neighboring peoples."[17] Horváth acknowledges that some of Louis's religiously inspired Balkan campaigns can be questioned, but he attributed those largely to the spirit of religious intolerance that dominated that age. Moreover—as he tries to demonstrate—Louis the Great's real achievements were in the domestic sphere. Thus, to quote Horváth, Louis "infused new brilliance and new power into his kingdom that had lost its prominence under the last Árpáds . . . , replaced the outdated judicial combat with an improved system of justice . . . , supported the cities . . . with his many concessions . . . , and was particularly attentive to the enhancement of commerce. [Moreover], through his religious piety he also infused new vitality into religious life. . . . Nor did [King] Louis forget about the sciences. . . . He established an institution of higher learning at Pécs on the model of the Italian universities."[18]

* * * * *

Although obviously a highly revered ruler whose life and deeds must constitute a significant portion of any work on Hungarian history, not until the end of the nineteenth century did Louis the Great find his first and only major biographer among Hungary's historians. He was the priest-historian Antal Pór (1834-1911), who is generally regarded to be a typical representative of the heavily factographic Hungarian "positivist historiography" of the dualist period, which, however, lacked the deep philosophical content of true positivism.

Pór's 628 page biography entitled *Louis the Great, 1326-1382* appeared in 1892, as one of the volumes in the "Hungarian Historical Biographies" series published by the Hungarian Historical Society.[19] Although an extensive work, as a biography it is less than fully satisfactory. While giving a most detailed account of Louis the Great's political involvements and military exploits, and while obviously awed by his hero's achievements, Pór was unable to capture the great king's human personality. And this also holds true fro his subsequent work, *The Age of the Anjous* (1895), prepared for the so-called "Millennial History"–a ten-volume synthesis written by a dozen scholars for the occasion of the millenary celebration of Árpád's conquest of Hungary.[20]

Although both of these works are rather dry accounts, Pór's assessment of Louis the Great and of his achievements do rhyme with those of his already mentioned predecessors. Thus, he repeats Horváth's view that "outside of [John] Hunyady's great son Matthias [Corvinus] none of our kings of any dynasty were more Hungarian and more national monarchs than Louis the Great."[21] Pór also repeats most of the other laudatory assessments of his predecessors and concludes that "the whole nation mourned the passing of this great king. Our ancestors called him "Great" and the Hungarian [Catholic] Church looked upon him as a saint."[22]

King Louis's prestige was great among the historians of the dualist period, but during the years between the two World Wars it rose even to greater heights. In point of fact, in the midst of the national misery produced by historic Hungary's dismemberment, Louis the Great and his empire came to represent the apogee of Hungarian power and nationhood.

His personality, his idealism, and his power and influence served as sources of inspiration for the dejected nation, and they were also held up as the ideals to follow. It was thus that the concept of Hungary as a late medieval great power was born. It was developed primarily by Bálint Hóman (1885-1952), one of the most influential historians of interwar Hungary, whose views then penetrated into all popular and widely read works of that period.

Hóman's approach to this question is revealed by the very titles of the chapters allocated to King Louis. Entitled respectively, "Plans for World Domination" (the reference here being to the Capet-Anjou dynasty from which Louis the Great stemmed) and "Hungarian Great Power," these heavily foreign policy oriented chapters constitute an orchestration of Hungary's rising power and prestige in the fourteenth century.[23] Hóman's emphasis is largely upon foreign involvements and upon the physical extension of Hungarian power over the neighboring lands, which–in light of Hungary's post-Trianon misfortunes[24]–appeared to him to be the basic touchstones for the nation's and its ruler's greatness. Thus, while he does devote a subsequent chapter of some 49 pages to domestic, social, political, and cultural developments in the fourteenth century (i.e. the whole Anjou period),[25] of the 164 pages devoted specifically to Louis the Great, only about 8 pages deal with such domestic matters as the *Decretum* of 1351 and its social implications, and the literary and cultural developments of that age.[26] The remaining 156 pages deal basically with Louis's foreign policy and foreign conquests, and to a lesser degree with his personality and personal greatness. Hóman concludes his survey of the reign of Louis the Great with the following assessment: "Some of Louis's contemporaries were unable to fathom the basic concepts and goals of his foreign policy . . . . Professional diplomats, however, who had the chance to gain an insight into the workings of Louis's politics," readily agreed with Chancellor Benintendi of Venice (one of Louis's adversaries) that "there is no other king in the world today who has done so much for the good of his empire and for the welfare of his subjects as Louis. And yet, he is still free from megalomania and impossible dreams. In fact, the more God favored him, the more humble and pious he became . . . . True, to defend his rights, he took up arms without hesitation. But once they were secured, he never used his victories to make gains that would have violated his sense of justice or would have destroyed the fairness and the permanency of peace. . . . It was this [sense of justice] that had secured for him the respect of his contemporaries as well as of his latter-day descendants."[27]

Although Hóman's insistence to relate only events that substantiated Hungary's greatness and international influence in fourteenth-century Europe can and must be questioned, up to this point one can still sympathize with his idealized and somewhat too generous treatment of Louis's Hungary. But after this point—as he himself had realized later—his enthusiasm just carried him too far. He concluded his coverage of the age of Louis the Great with the unseemly assertion that "the Kingdom of Hungary in the fourteenth century was equal in rank with the Holy Roman Empire and the French Kingdom, and competed with them successfully in power and prestige."[28] This assertion, however, is based more on a wishful thinking than on an objective assessment of fourteenth-century political realities in Europe. Thus, post-World War II Hungarian historians were basically correct in criticizing this extreme historiographical position. But while doing so, they failed to take note that Hóman himself had deleted this overstatement from the later editions of his work. Moreover, in their enthusiasim to dismantle the past, they went to the other extreme.

* * * * *

One can hardly question that Hóman's portrait of Hungary as a fourteenth-century European great power was vastly overdrawn; not only with respect to the physical image of the "Empire of the Three Seas," (one of which, i.e. the Baltic, never touched this "empire"), but also in the extent and nature of Hungary's control over some of the associated states (e.g. Poland, Naples, and even some of the Balkan provinces).[29] The belittlement and increasing disparagement of King Louis and his achievements in post-World War II Hungarian historiography, however, was equally unjustifiable. True, most of the works published during the late 1940s went only so far as to put an end to the myth of a Hungarian great power on the level of France or the Holy Roman Empire, and still acknowledged King Louis's basic greatness, including the positive aspects of his domestic and foreign policies (e.g. his support of domestic and foreign commerce and urban life in general, his attempt to protect the lesser nobility from the power of the great barons, his reaffirmation of the free movement of the peasantry, his establishment of a chain of protective banates against the Turks in the Northern Balkans, etc.). Yet already some of these early post-war authors began to put the term "Great" into quotation marks.

Moreover, by the early 1950s, the assessments of his rule became almost uniformly critical, and even condescending and scornful.[30]

An early example of this attitude is represented by the multi-authored *History of the Hungarian People* (1953), wherein—in addition to being called simply Louis I—Louis the Great is already subjected to severe criticism.[31] Thus, the authors refer to his alleged policy of "exploiting the peasants;" explain his support of their right of free movement as simply "the right of the stronger lords to re-settle them" on their own estates; point to Louis's introduction of the *nona* (feudal tithe) as simply another burden on the peasantry, which, along with the *porta* or "gate tax" led to their "increased feudal exploitation;" and assess his wars as having been motivated purely by dynastic and religious considerations, and led, among others, to the "plundering of Italy" and to the destruction of a possible Hungarian-Balkan common front "against the common enemy, the Turks."[32]

This fundamentally negative judgment about Louis the Great, and about the Anjous in general, is repeated almost verbatim in the next Marxist synthesis published in 1954 under the same title.[33] In general, all of King Louis's domestic policies—outside a few cultural and educational achievements—are labeled as oppressive and exploitative, and his foreign ventures as wanton and imperialistic.[34] And this summary judgment was made about the king who had been highly regarded for centuries both as a *man* and as a *ruler.* This unusual turn of events can only be explained by ideological-political considerations—stemming from the atmosphere of the so-called "personality cult" of that period.

In the course of the nearly three decades since the publication of the above works, Hungarian historiography has produced a number of smaller popular histories, as well as two major syntheses of Hungarian history. (The third and largest synthesis is now in the process of publication.) In none of these works did Louis the Great receive the treatment that he would deserve, although in the more recent works his image did improve somewhat.

In the first volume of the so-called "University Textbook," György Székely (1924-), the author of the relevant section, draws an unusually negative picture of Louis's rule, comparing it unfavorably to that of his father Charles Robert.[35] (The latter phenomenon, by the way, is also characteristic of post World War II Hungarian historiography.) Székely is particularly harsh on Louis's foreign policy, calling it "reactionary, imperialistic, aggressive" as well as "unjust." He also ridicules the notion of a "medieval Hungarian great power," and castigates his historian predecessors for their positivie views of King Louis. Székely likewise condemns Louis the Great's social and religious policies, describing the former as characteristic of "feudal exploitation," and the latter as leading to "forced conversions."[36] In other words, he condemns King Louis for acting, or allegedly acting the way one expects fourteenth-century rulers to act, while at the same time failing to take into consideration that within the context of his own century the Hungarian monarch was always regarded as a fair, just, and an honorable ruler. In the portrait painted by Székely, only some of Louis's pro-urban and pro-trade economic policies receive a grudging praise or two, along with aspects of his cultural policy. But even in the latter case, attempts are made to lessen the significance of these achievements. Thus, when describing the development of the court literature and the chronicles under Louis the Great (e.g. the *Chronicon Pictum* or *Illuminated Chronicle* generally attributed to Márk Kálti, the Chroncile of Johannes Kétyi, and the Chroncile of Johannes Apród of Tótsólymos, i.e. Küküllei, etc.), the author cannot refrain from remarking that these writings are "typical products of the culture of the ruling class. . . aimed at the consolidation of the feudal order and the glorification of the monarch."[37] Székely's overall conclusions about the age of Louis the Great are summarized as follows: "Although the peaceful creative spirit of the people of Hungary was stiffled even in those days by feudal exploitation and by religious dogmas, progress was still ensured by certain developments within the base [of society] and by the growing social struggle."[38]

The multivolumed and still unfinished "University Textbook" was followed in 1964, by the two-volume popular synthesis under the editorship of Erik Molnár (1894-1966), the "Dean" of contemporary Hungarian Marxist historiography.[39] The relevant section of this work was again authored by György Székely. Although in a less emphatic and more compact fashion, Székely repeats once more his basically negative views about Louis the Great. He condemns King Louis's alleged "imperialistic policy against Lithuanian and Russian territories under the guise of religious slogans," his allegedly "unjust campaigns of conquest and [religious] conversion against the Balkan states on the eve of their struggles against the Turks," and his supposed attempts "to prevent the formation of a Romanian principality in Moldavia," his "forcible efforts to advance the cause of Catholic conversions," etc.[40] And Székely engages in this condemnation knowing fully well that he is discussing events in the fourteenth century when religiously and dynastically motivated wars were the order of the day, pursued by all monarchs who had the ability and the wherewithal to do so. (As a matter of fact, one of Louis's alleged victims, Lithuania, did much more conquering in the fourteenth century than the King of Hungary could ever hope to accomplish.) In other words, the co-author of this popular and still widely circulating synthesis condemns Louis the Great apparently for no other reason, except for having been more successful than his rivals in carrying out policies that were natural to all fourteenth-century rulers. At the same time, this author gives only grudging recognition to King Louis even for achievement that are purely domestic and cultural in nature, and can in no way be labeled "imperialistic" (e.g. his support for culture and learning in general, his emphasis on the use of the national [Magyar] language, his widely known upright and just personality, etc.).

Almost simultaneously with the Molnár-edited work, there appeared a smaller popular synthesis co-authored by M. Unger and O. Szabolcs. Entitled *History of Hungary,* it has gone through five different editions since its first publication in 1965.[41] Although its coverage of the Middle Ages is rather brief, it too offers a largely negative view of Louis the Great, while at the same time praising his father's foreign policy: "Charles Robert therefore basically pursued the correct path in his foreign policy. During the tenure of his son, Louis I (Great) . . . , however, it was again the earlier selfish and imperialistic policy that came to dominate. The rich resources of the country that had regained its strength economically as well as politically were now squandered by Louis I to pursue conquests benefiting only the interests of the Anjou family. He fought against the Balkan peoples, he waged a decade-long war against the merchant republic of Venice . . . , [he campaigned] in Italy against the Anjous of Naples, and [in his capacity] as the King of Poland [he fought] against the Lithuanians and the Halichians . . . . His many wars were bound to have domestic repercussions, [among them] a growth in the power of the barons."[42] True, the authors acknowledge that in the economic sphere there occurred under Louis the Great "a lasting and meaningful transformation," but not even here can they pass on without dwelling at great length on the real or alleged negative aspects of his economic policy, including the substantial increase in the "obligations of the peasants" (which allegedly was meant "to prevent [their] . . . movement from landlord to landlord"), and the introduction of the feudal courts (which supposedly created a situation wherein "the gallows on the outskirts of villages became the brutal emblems of lordly powers").[43] Later editions of this Unger-Szabolcs volume modified somewhat this overly negative view of Louis the Great and his reign, but only in the sense of removing or toning down some of the most offensive passages. Not even in the latest edition, however, were the authors able to conceal their basic antipathy toward this chivalrous and widely loved and respected ruler of medieval Hungary.[44]

Another short, multi-authored synthesis appeared almost simultaneously with the first edition of the Ungar-Szabolcs volume.[45] In this work—which in 1973, also appeared in a slightly altered and toned-down English version[46]—the relevant chapter was authored by László Makkai (1914-), a distinguished historian who had begun his career already in the late 1930s as the product of the then dominant *Geistesgeschichte* School. Yet, Makkai's assessment of the reign of Louis the Great is equally unfavorable. His conclusions in the above-mentioned English version of this work read as follows: "Seeming victories had gained for Louis the surname 'Great'; but he had to pay dearly for it. Wars had increased feudal disintegration, and baronial power had been strengthened by the spoils of war and new royal grants. New alliances were made and new baronial families became dominant."[47] It is this same author, by the way, who in another of his works calls Louis the Great "a phantast [and a] perpetual child," and then compares him to a fourteenth-century Don Quixoté, whose "knightly mannerisms" were totally out of place in a society that "was just in the process of giving birth to the rational human being in the Age of Humanism, i.e. the so-called Renaissance Ruler."[48] Moreover, in an even more recent of his writings, the same historian virtually ridicules King Louis for his allegedly irrealistic plan "to create a huge empire that would 'ride' on the Adriatic Sea."[49]

* * * * *

In light of the above, it is rather evident that post-World War II Hungarian historians have been most unkind to Louis the Great, the ruler who up to that point had been regarded as one of Hungary's greatest and most successful kings. In the course of the 1950s through the 1970s they appear to have made every effort to discredit him and to deprive him of the recognition that both his contemporaries and his descendants have bestowed upon him. For whatever reasons, they have tried to reshape the image of the king, whom even his contemporary adversaries respected, into that of an unrelenting imperialist and an undisciplined child. The image these historians projected is in sharp contrast to those painted both by traditional Hungarian historians, as well as by Western historiography. It certainly belies most contemporary views about Louis the Great, such as those of the Venetian envoy who, although an antagonist of the Hungarian king, wrote about him as follows: "I call God to witness that I never saw a monarch more majestic or more powerful, nor one who desires peace and calm so much as he." These views are substantiated by another contemporary, who added: "There was no other so kind and noble, so virtuous and magnanimous, so friendly and straightforward."[50]

Happily, this outright negative view about Louis the Great appears to be changing even among Hungarian historians. While we do not know as to how the still unpublished second volume of the new ten-volume *History of Hungary*[51] will assess him as a person and as a ruler, a recent article in the popular journal *História* appears to indicate a change for the better.[52] The author of this article, Pál Engel does not return—nor can we expect him to return—to the unrealistic views of Bálint Hóman, but at least he tries to redress the imblance somewhat. His conclusions—which may reflect the revised version of current Hungarian historiography's view about King Louis—read as follows: "Louis . . . was a militant, brave and ambitious ruler, whose personality conformed in every respect to the demands of his age. People expected him to rattle his sword constantly. This gained popularity for him at home, while abroad it engendered respect in the strong and fear in the weak. Hungary—at least in Eastern Europe—was regarded as a great power . . . . Louis the Great, however, was undoubtedly more than simply the militant king of a militant nation. After all, he not only expanded Charles Robert's kingdom, but also preserved unbroken its inner stability. As to how and through what legal and administrative reforms did he do so, we don't really know very well at this time. All we know for certain is that such reforms did take place, and that without knowing their significance much of Hungary's subsequent development is incomprehensible to us. We can only hope that the current sexcentennial will encourage research that will also reveal to us Louis the Great as a man of peace and as a builder of his nation."[53]

While the views expressed by Pál Engel are important signs of this changing attitude among Hungarian historians, it is perhaps even more significant that similarly positive views about Louis the Great also characterize a recently published major work about the Hungarian branch of the Anjou dynasty. Entitled *In the Footsteps of the House of Anjou* (1982)[54] and authored by a significant populizer of medieval Hungarian history, Dezső Dümmerth (1922-), this work represents a meaningful return to the views of traditional Hungarian historians before their radical aboutface in the late 1940s. Thus, in addition to restoring to King Louis the appelation "Great", Dümmerth rejects much of the negative and often derogatory assessments of his immediate predecessors, and generally characterizes the second Anjou as one of Hungary's greatest rulers, who was equal to most of the great late medieval rulers of Europe: "In the person of Louis of Hungary the [Hungarian] throne gained a ruler who came to be much better known than his father, not only in his homeland, but also in Europe and in international politics. . . . As a matter of fact, he was in possession of personal qualities that promoted many foreign observers and chroniclers . . . to speak of him with praise, admiration and even wonderment. . . . His erudition and culture was probably not as broad as those of his father-in-law, Emperor Charles IV. . . . If under erudition and culture, however, we mean not only the art of reading and writing . . . , but also a deeply-seated attitude in ethical and spiritual matters–which commands the respect of one's surroundings and acquires prestige for its bearer–then King Louis was undoubtedly a more imposing player on the European state than . . . Emperor Charles."[55] Dümmerth also points out that Louis's rule was likewise positive from a national point of view, for–notwithstanding his foreign roots–his reign saw the rise of Hungarian consciousness, as well as the use of the Magyar language. In point of fact, "Louis the Great was the last Hungarian ruler who felt one with his subjects from the national point of view. He thought as a Hungarian, and he felt as a Hungarian. . . . Even his dynastic feelings assumed a Hungarian coloration in his person."[56]

We on our part can only agree with Engel's and Dümmerth's conclusions, and willingly second their hopes that Hungarian historiography will again put King Louis in his proper place as "a man of peace and as a builder of his nation,"[56] and as one of the greatest of Hungary's medieval rulers. It would certainly be a major gain for Hungarian historical studies if the practitioners of Clio's art in the land of Louis the Great would cast off their difficult-to-understand animosity against this deserving monarch and—following the lead of the above two scholars—would assess him for what he was and what he did in the fourteenth century in light of fourteenth-century realities, and not for what he should have been or should have done on the basis of twentieth-century ideological considerations.

NOTES

1. The first historian to call King Louis "Great" was the late-14th-century Venetian chronicler, Laurencius de Monacis. Cf. Tamás Bogyay, "Az Anjou-ház története" [The History of the House of Anjou], *Katólikus Szemle* (Rome), 34, no. 1 (1984), pp. 87-88.

2. Sándor Petőfi's poem "A hazáról" [About Our Country], in *Petőfi Sándor összes költeményei* [S. Petőfi's Complete Poetry] (Budapest: Szépirodalmi, 1972), pp. 414-415.

3. Voltaire, *Essai sur les moeurs,* in his *Works,* XIV/1, p. 297, as quoted in Will Durant, *The Reformation* (vol. VI. of *The Story of Civilization*) (New York: Simon and Schuster, 1957), p. 184.

4. Polish historians generally had a low opinion of the rule of King Louis (who was really an absentee monarch in Poland) largely on the basis of information supplied by Janko of Czarnków's Chronicle. For a much more balanced view see Jan Dąbrowski, *Ostatnie lata Ludwika Wielkiego, 1370-1382* [The Last Years of Louis the Great, 1370-1382] (Krakow: Akademia Umijetnośici, 1918), 422 pp. See also Jerzy Kłoczowski's study in this volume above.

5. Durant, *The Reformation,* p. 184.

6. László Makkai's introduction to Louis the Great's correspondence in *Árpád-kori és Anjou-kori levelek* [Letters from the Age of the Árpáds and the Anjous], eds. László Makkai and László Mezey (Budapest, Gondolat Kiadó, 1960), pp. 251-254.

7. These are some of King Louis's worst "sins" listed in the uniformly

negative portrait presented in a Hungarian textbook for sixth graders: *Történelem az általános iskola 6. osztálya számára* [History for the Sixth Grade of the Primary School] (Budapest: Tankönyvkiadó, 1975), pp. 85-87.

8. For a summary of these events see any of the following basic histories of Hungary in English: Dominic G. Kosáry, *A History of Hungary* (Cleveland-New York: The Benjamin Franklin Bibliophile Society, 1941), pp. 42-46; Denis Sinor, *History of Hungary* (New York: Frederick A. Praeger, 1959), pp. 79-89; C. A. Macartney, *Hungary: A Short History* (Chicago: Aldine Publishing Company, 1962), pp. 35-41; Dominic G. Kosáry and S. B. Várdy, *History of the Hungarian Nation* (Astor Park: Danubian Press, Inc., 1969), pp. 33-37; and Ervin Pamlényi, ed., *A History of Hungary* (Budapest: Corvina Press, 1973), pp. 66-73.

9. One of the best nineteenth-century Western portrayals of Louis the Great is by the French historian Edouard Sayous in his *Histoire générale des Hongrois* (Paris: Libraire Academique, 1877), which was translated to Hungarian by Antal Molnár (Budapest: Athenaeum, 1880; 2nd ed. 1884). The section dealing with the Anjous is Book III, chapters 1-3.

10. *Küküllei János és a névtelen minorita krónikája* [The Chronicle of Johannes de Küküllő and of the Anonymous Minorite], tr. by László Geréb, ed., by Imre Trencsényi-Waldapfel (Budapest: Magyar Helikon, 1960), p. 70. Johannes de Küküllő's chronicle had not been preserved in the original, but only as part of Johannes Thúróczy's *Chronica Hungarorum* (1486). The most recent illustrated Hungarian edition of this work is Thúróczy János, *A magyarok krónikája* [The Chronicle of the Hungarians], tr. by János Horváth, ed. by János Horváth and Iván Boronkai (Budapest: Magyar Helikon, 1978). Johannes de Küküllö's chronicle is to be found on pp. 249-291. The quotations are from Küküllei, p. 70, and Thúróczy, p. 283.

11. Küküllei, pp. 7-78; Thúróczy, pp. 290-291.

12. Concerning these chroniclers and historians of the fourteenth to the nineteenth century see S. B. Vardy, *Modern Hungarian Historiography* (Boulder and New York: East European Quarterly and Columbia University Press, 1976), pp. 4-33.

13. Ésias Budai, *Magyar Ország históriája a mohátsi veszedelemig* [The History of Hungary up to the Battle of Mohács] (Debreczen: Csáthy György, 1805), pp. 210-225.

14. Concerning the major syntheses by Engel, Fessler, and Virágh, see Vardy, *Modern Hungarian Historiography,* pp. 31-33.

15. Concerning Szalay and Horváth see ibid., pp. 34-37.

16. László Szalay, *Magyarország története* [The History of Hungary], 6 vols. (Lipcse-Pest, 1852-1859); 2nd ed., Pest, 1861-1866). The age of Louis the Great is covered by the second volume of this work, of which I am using the second edition. The quotations are from vol. II, pp. 262-264.

17. Mihály Horváth, *Magyarország történelme* [The History of Hungary], 8 vols. (Pest-Budapest: Heckenast Gusztáv, 1871-1873), II, pp. 341-343.

18. Mihály Horváth, *Magyarország története rövid előadásban* [A Short Summary of the History of Hungary], 3rd ed. (Budapest: Franklin-Társulat, 1887), pp. 166-168.

19. Antal Pór, *Nagy Lajos, 1326-1382* [Louis the Great, 1326-1382] (Budapest: A Magyar Történelmi Társulat, 1892), 628 pp.

20. Antal Pór and Gyula Schönherr, *Az Anjou ház és örökösei* [The Anjou Dynasty and its Successors] (Budapest: Athenaeum, 1895), 667 pp. This work is the third volume of *A magyar nemzet története* [The History of the Hungarian Nation], ed. by Sándor Szilágyi, 10 vols. (Budapest: Athenaeum, 1895-1898). In volume III Antal Pór authored the first 389 pages on the Anjou rule.

21. Pór, *Nagy Lajos,* p. 583.

22. Pór, *Az Anjou ház,* p. 342.

23. Bálint Hóman and Gyula Szekfű, *Magyar történet* [Hungarian History], 5 vols., 7th ed. (Budapest: Király Magyar Egyetemi Nyomda, 1941-1942), II, chs. 4 and 5.

24. Concerning the impact of the Treaty of Trianon upon Hungarian historiography and the Hungarian mind in general see S. B. Vardy, "Trianon in Interwar Hungarian Historiography," in *Total War and Peacemaking: Essays on the Treaty of Trianon,* eds. Béla K. Király, Peter Pastor and Ivan Sanders (New York: Brooklyn College Press, Distributed by Columbia University Press, 1983), pp. 361-389; and S. B. Vardy, "The Impact of Trianon upon Hungary and the Hungarian Mind: The Nature of Interwar Hungarian Irredentism," *Hungarian Studies Review,* 10, nos. 1-2 (1983), pp. 21-42.

25. Hóman-Szekfű, II, pp. 267-310.

26. Ibid., pp. 149-263.

27. Ibid., pp. 262-263.

28. Bálint Hóman and Gyula Szekfű, *Magyar történet* [Hungarian History], 8 vols. (Budapest: Királyi Magyar Egyetemi Nyomda, 1928-1934). The first edition of this joint work was published in eight volumes, of which the first three were authored by Bálint Hóman. Volume III, which contains the discussion of the Anjou rule in Hungary, is entitled *A magyar nagyhatalom* [Hungary as a Great Power]. The quotation is from p. 112 of this volume.

29. For a more extensive discussion of Hóman's views concering the reign of Louis the Great see Thomas Szendrey's essay, "The Image of Empire: The Era of Louis the Great in the Writings of Bálint Hóman," in this volume. Hóman's views, by the way, also found their way into all interwar textbooks, as well as into such major works as István Miskolczy's *Magyarország az Anjou korban* [Hungary in the Age of the Anjous] (Budapest: A Szent-István-Társulat, 1923), 176 pp., and Dezső Dercsényi's *Nagy Lajos kora* [The Age of Louis the Great] (Budapest: Királyi Magyar Egyetemi Nyomda, 1941), 180 pp.

30. The reference here is to such works as Domokos Kosáry, *Magyarország története az őskortól a szatmári békéig* [Hungary's History from Ancient Times to the Peace of Szatmár] (Budapest: Szikra, 1945), 138 pp.; Antal Balla, *A magyar nép története* [The History of the Hungarian People] (Budapest: Magyar Téka, 1945), 172 pp.; György Tolnai, *A magyar kapitalizmus története. Kilenc évszázad a feudalizmus árnyékában* [The History of Hungarian Capitalism. Nine Centuries in the Shadows of Feudalism] (Budapest: Bibliotheca, 1946), 141 pp.; Géza Hegedűs, *Bevezetés a magyar társadalomtörténetbe* [Introduction to Hungarian Social History] (Budapest: Studió, 1947), 119 pp.; and Emma Lederer, *A magyar társadalom kialakulása* [The Development of Hungarian Society] (Budapest: Népszava, 1947), 187 pp.

31. Gusztáv Heckenast, Miklós Incze, Béla Karácsonyi, Lajos Lukács and György Spira, *A magyar nép története. Rövid áttekintés* [History of the Hungarian People. A Short Overview], 2nd ed. (Budapest: Művelt Nép Könyvkiadó, 1953), 738 pp.

32. Ibid., pp. 63-66.

33. *A magyar nép története* [History of the Hungarian People], ed. by Ervin Pamlényi, 2 vols. (Budapest: Művelt Nép Könyvkiadó, 1954), 208 and 158 pp.

34. Ibid., I, pp. 37-40.

35. *Magyarország története a korai és virágzó feudalizmus korszakában. A honfoglalástól 1526-ig* [The History of Hungary in the Period of Early and High Feudalism. From the Conquest till 1526] (Budapest: Tankönyvkiadó, 1957), 360 pp. This work, authored by Lajos Elekes, Emma Lederer and György Székely, is Volume I, Part I of the multivolumed *Magyarország története* [History of Hungary], of which five volumes have appeared to date.

36. Ibid., pp. 157-158.

37. Ibid., p. 167.

58. Ibid., p. 176.

39. *Magyarország története* [History of Hungary], ed. by Erik Molnár, et al., 2 vols. (Budapest: Gondolat Könyvkiadó, 1964), 626 and 664 pp.; 2nd ed., 1967, 626 and 750 pp. I am using the second edition.

40. Ibid., p. 108.

41. Mátyás Unger and Otto Szabolcs, *Magyarország története* [History of Hungary] (Budapest: Gondolat Kiadó, 1965), 418 pp.; 4th ed., 1973, 423 pp. I am using the first and fourth editions, although at least one more edition of this work appeared in 1979.

42. Unger-Szabolcs (1965), p. 47.

43. Ibid., p. 49.

44. Unger-Szabolcs (1973), pp. 46-52.

45. *A magyar nép története* [History of the Hungarian People] (Budapest: Közgazdasági és Jogi Könyvkiadó, 1965), pp. 279-662. This work, authored by six historians (István Barta, Péter Hanák, László Makkai, Miklós Laczkó, Zsuzsa L. Nagy and György Ránki), appeared bound together with a work on Hungarian literary history. Its revised version was published in several langauges.

46. Ervin Pamlényi, ed., *A History of Hungary* (Budapest: Corvina Press, 1973), 676 pp. Published for the UNESCO by the Hungarian National Commission, the authors of this work include István Barta, Iván T. Berend, Péter Hanák, Miklós Laczkó, László Makkai, Zsuzsa L. Nagy, and György Ránki.

47. Ibid., p. 78.

48. *Árpád-kori és Anjou-kori levelek,* p. 251.

49. László Makkai, "Történelmünk képekbe. 10. Oly sok viszály után Búcsú az Adriától, 1308-1420" [Our History in Pictures. 10th sequence. After So Many Vicissitudes. Good-Bye to the Adriatic, 1308-

1420], in *Magyar Hírek* [Hungarian News] (Budapest), 33, no. 8 (April 9, 1980), p. 12.

50. Quoted in Macartney, *Hungary,* p. 42.

51. Prepared under the auspices of the Institute of History of the Hungarian Academy of Sciences, once finished, this work will be the largest synthesis of Hungarian history ever written. Up to now volumes 1, 3, 5, 6, 7 and 8 have appeared, each containing between 1400 and 1750 pages.

52. Pál Engel, "Nagy Lajos és a középkori magyar nagyhatalom" [Louis the Great and Hungary as a Medieval Great Power], *História* (Budapest), vol. IV, nos. 4-5 (1982), pp. 52-53.

53. Ibid., p. 53.

54. Dezső Dümmerth, *Az Anjou-ház nyomában* [In the Footsteps of the House of Anjou] (Budapest: Panoráma, 1982).

55. Ibid., pp. 368 and 400.

56. Ibid., p. 460.

Dezső Dercsényi

17 / The Age of Louis I in Hungarian Art History *

Hungarian archeology, art history, and the desire for the protection of historic monuments which accompanied it, evolved during the middle third of the nineteenth century and thus its intellectual content was provided by romanticism (even though that orientation had expired in literature) and a nobiliary conception of history. No matter how much material was intensively studied or published about the history of our artistic life, the attitude of the great triad–Arnold Ipolyi (1823-1886), Imre Henszlmann (1813-1888), and Floris Rómer (1815-1889) was based upon a desire to resurrent, present, and protect the glories of the past and was further conditioned by the demands of scholarly life and the desires of the general public. Nevertheless, if we examine their publications more closely and enumerate the initiated reconstructions of historical monuments, then we can note that their persepctive was limited primarily to the era of King Matthias and the Hunyadis (15th century), only secondarily to the era of the Árpád dynasty (10th-13th century), and the Anjou years (14th century) were generally relegated to the backwater of their concerns. It seems as if Petőfi had called their attention to it in vain, to wit:

---

* Translated by Thomas Szendrey

Oh! Great once the Magyar,
Great was once his power and domain.
The shooting star of north, south, and east
Came to rest in the Hungarian sea.

It seemed also as if János Arany (1817-1882) had composed his Toldi trilogy, the epic of Hungarian chivalry, in vain. However, by this time the historians, not only in the large ten-volume history of Hungary, but also in the studies and monographs of Antal Pór and Sándor Márki, had called attention to the historical and cultural significance of the Anjou centuries and thus also indirectly to its importance in art history.

Nevertheless, if we page through our art history bibliographies (no matter how poor these may be) it seems that before World War I only a few dominant themes interested our experts: In architecture the Church of Our Lady in the Buda Castle (now the Matthias Church); in painting the frescoes of Szepesváralja and the St. László legend; in miniature painting the *Illuminated Chronicle,* of which a facsimile edition was published recently (although it was based upon the copies of János Becsérdy); in sculpture, the statue of St. George in Prague by Márton and György Kolozsvári; and finally in metalwork, cloissoneé, the roots of which reached back to the age of Louis the Great. Also of note was the treasure of Aachen, but this was the object of an up-to-date elaboration by Franz Bock as early as 1862.[1]

This brief survey, however, is too incomplete from two points of view. Even though no work was produced which encompasses all of Hungarian art, there were nonetheless some surveys in which the material of the Anjou period found a place. Such were the compendia presented at the general meetings of the Hungarian Academy of Sciences by Arnold Ipolyi about medieval architecture, sculpture, and decorative arts.[2] The two volumes by Henszlmann dealing with medieval architecture,[3] and the monograph of Rómer about our medieval frescoes[4] may be listed in this category. The life-work of János Aquilla was described for the first time in the latter work.

I would also place in the same category the near-topographic treatments of one or another cultural region, such as the works of Kornél Divald dealing with the Szepes region,[5] and his monograph about Buda.[6] It was in the latter work where he first advanced the idea of the central role of the medieval capital, a view which today can be only perceived in provincial reflections. Finally, the studies of Viktor Róth about Transylvanian art also belong in this category.[7]

The other shortcoming (representing the opposite spectrum in scholarly work) was the paucity of articles presenting basic data. These were published usually, but not exclusively, on the pages of *Archeológiai Értesitő* [Archeological Communications], and were written mostly by individuals (such as Antal Pór) who were not art historians. Under the impact of positivism, especially in the last two decades of the nineteenth century, Hungarian historical scholarship undertook a large-scale collection of sources, of which the ones in art history were but byproducts. However, their value was enhanced because there were no, or very few, such "byproducts" unearthed during the inter-war or post-World War II years.

All of these publications—except those presenting only data—were characterized not only by the already mentioned conception of history, but also by a pronounced method of art history. Henszlmann was directed, in part, by that teaching of Martens, which stated that movements of style radiated from specific centers and moved eastward, thus distinguishing "late" style trends; and in part by his own discovery of the laws of proportion of medieval architecture. In the case of Ipolyi, the influence of the artistic approach of Violet-le-Duc can be noted, as well as the normative aesthetics of Semper. In all likelihood, Rómer concerned himself least with methodological perspectives. Instead, he attempted, with the point of view of the topographer, to inventory and publish all manifestations of art from ancient times until almost the present. The successors of the "great triad," although they clearly saw the limitations of their predecessors in terms of both their historical and art historical conceptions, had a difficult time freeing themselves from their attitudes. Positivism—at least within the limits of our subject—did not bring about any significant changes. However, the First World War resulted in significant changes for Hungarian art history.

The shock of the lost war and the ideology of the victorious conservative regime, in which the belief in cultural superiority and the restoration of integral Hungary were the leading motifs, encouraged new efforts in the history of art. These new efforts would have been without results had not individuals such as Tibor Gerevich (1882-1954) and Antal Hekler

(1882-194?) been its leading personalities. The first mentioned was a master of modern style criticism, while the latter was one of the chief exponents of the methods of a highly developed classical archeology, which had been his initial field of specialization. Both of their programs–regardless as to who their self-proclaimed master was, Ipolyi or Henszlmann–included the task of elaborating the history of Hungarian art in the spirit of the great predecessors. Both wished to do so with more modern methods and with due attention to the above mentioned goals and aspirations.

The country lost its most significant artistic territories, namely upper Hungary and Transylvania. This loss was heightened by the fact that both the newly established states, as well as the subsequently expansive German imperialism, considered the territories taken from Hungary as their own. Without due attention to these precedents and conditions it would be difficult to understand the tendencies of research about the Anjou era, even though there were quite a few specialists (e.g. Edith Hoffmann and András Péter) who were more or less able to make themselves independent of the influences emanating from the politics of the day.

The art history programs of the incumbents of the two university chairs (i.e. Gerevich and Hekler) are best characterized by the published dissertations written under them. In examining these, we find that about one-tenth of the Gerevich-sponsored dissertations dealt with the Anjou era or with general concerns related to that period. In Hekler's institute, on the other hand, the favored subject was the Baroque. The explanation of this is relatively easy: Gerevich viewed those impulses which directed our art as having originated primarily from the realm of Italian art; and it is well known that in addition to the Renaissance era, Italian influences were most pervasise in the period of the *Trecento.*

If we now attempt to survey the literature dealing with the Anjous published during this interwar era, it is first of all the general surveys of Hungarian artistic development which commands our attention. This is the case primarily because such works were not in evidence during the previous era. These include such books as those by Kornél Divald (1926), András Péter (1930) and Antal Hekler (1934)–in particular the more detailed German language version of the latter author(1937). But these also include such collective works as the Sándor Domanovszky-edited *Magyar müvelődéstörténet* [History of Hungarian Culture, 1940] and the less scholarly *Szépművészetek könyve* [The Book of Fine Arts, 1940], neither of which could not avoid the subject. (In the last mentioned work it was specifically the specialist on Gothic architecture, József Csemegi, who summed up his views on this age.)

There was a wide variation in the periodization schemes in these works, which were generally conditioned by the turning points of political historiography. András Péter, for example, discussed together the art of the post-Tatar invasion years and the Anjou eras. József Csemegi worked in the same manner, but with one difference: he took note of the change which began with the rule of Louis the Great, and attributed it to the new French orientation in European architecture. Antal Hekler considered the era 1301-1526 as the period of the Gothic style.

Generally, these syntheses are acceptable even when viewed from our current perspective. In addition to taking note of the *trecento* influences upon painting, specifically codex painting, they also noted the prevalence of South German and especially strong Austrian influence in architecture. Moreover, they stressed the continuing influence of the Parler workshop in Hungary.

The above is less applicable to my own *Nagy Lajos kora* [The Age of Louis the Great, 1941] which was characterized by an emphasis upon the Italian influences.[8] The concept of the Hungarian *trecento* was formulated most clearly by Tibor Gerevich, who ascribed the same role to the art of the era of Louis the Great in the unfolding of the Hungarian Renaissance as was the case in its Italian model.[9]

Our knowledge concerning this era was greatly helped by those studies and monographs dealing with questions of detail or with individual works of art. During the course of his researches into architecture, József Csemegi examined the construction of numerous outstanding historic buildings (e.g. the Matthias Church, the Franciscan church of Keszthely, the church at Szászseben), various monument groups (such as churches with encircling aisles), as well as the roots of these buildings reaching into Austria and the South German territories.[10] His conclusions are still respected and accepted by the scholarly world.

We can attach great significance to the activities of Henrik Horváth, including not only the reconstruction of the so-called Fishermen's Bastion stonework remains (which was ravaged when the building was reconstructed for restaurant purposes and most of the remains cannot be viewed today), but also his monograph dealing with the stonecutter's and masons' marks of Buda (1935).[11] This was the first successful attempt to illumine from every aspect the work of building and stonecutting, as well as the organization of construction work. The monumental opus naturally extends far beyond the era under discussion, and while it is sometimes difficult to read, it remains an unsurpassed accomplishment even today.

Also dealing with the age under discussion is the work of Schürer-Wiese about the Szepesség, i.e. the Zipser region of former Upper Hungary.[12] Although it served the ideology of an eastwardly expansive German Empire, the parts devoted specially to architectural history are not only up to date, but also moderate.

Concerning sculpture, one must mention a monograph about the art of the Koloszvári brothers (late 14th century) by Jolán Balogh which has still not been superseded.[13] It must be stressed that it is not only its unsurpassed scholarly apparatus, but also its interpretative and comparative dimension, placing the subject into its international focus, which makes the book an indispensable guide. It is an interesting detail that in this work, and more evidently in the monograph dealing with the Transylvanian Renaissance[14] (which is related to our theme only in part), the author seems to accept the aforementioned Hungarian *trecento* conception as the forerunner of the Hungarian Renaissance. It was precisely from the "other side" that István Genthon called the attention of the author to the artistic connections of the St. George statue of Prague (but made by the Kolozsvári brothers) with Central European and French art.[15]

The study of József Ernyey dealing with the so-called herma of Máté Csák, must also be mentioned. He identifies the mentioned herma as the head relic repository of King St. Ladislas, and categories it—not wholly convincingly—as being in the same group with the three known Polish hermas.[16]

When discussing the statuary remains of the age, one must take into consideration the numerous and often outstanding burial stones. However, the doctoral dissertation of Emil Vernei Kronberger[17] had not resolved the unanswered questions on this topic. Some specific studies, such as those of Béla Wick about the Kassa burial stones,[18] or such basic monographs as the one of Henrik Horváth about the burial stones of Buda,[19] have proven to be much more satisfactory. It was also Horváth who suggested the idea of the possible existence of a tombstone carving workshop in the Buda Dominican Monastery.[20] A modest contribution by this writer–which it seems the profession accepts–is the determination of the fragments of the sepulchre of Louis the Great and his daughter Katalin, in actuality the sepulchral chapel of the Anjous.[21] Finally, it was the Polish scholar Feliks Kopera, who first proposed the idea that the sepulchre of Casimir the Geat in Cracow may well have been made in Hungary and had been ordered by his successor, Louis the Great.[22]

Wood sculpting, which is rooted in this period, also gained its first monographer at this time, in the person of Antal Kampis, who called attention to the French and Czech connections of this art form which reached its fullest perfection in Nordic art.[23]

In the realm of the plastic arts, it was the history of mintage, rather than the development of seals, which was the focal point of scholarly interest. In this field also, one must stress the significance of the fundamental study by Henrik Horváth,[24] who, in addition to pointing out the Czech connections in the development of various types of coins, also proved that the substitute of the Florentine lily with the likeness of St. Ladislas on the reverse of the gold forint represented a conscious effort to promote the cult of this chivalrous king.

The pictorial arts provided the best opportunities for the development of the concept of the Hungarian *trecento;* not so much the frescoes of the Szepes (Zips) region–which were treated in the dissertation of Borbála Jendrassik[25]–but rather the frescoes of the apostles in the castle chapel at Esztergom. The date of composition and the identity of the artist (ca. 1340 and Niccolo di Tommaso) was determined by Tibor Gerevich in his basic monograph dealing with the Romanesque era.[26] He logically associated with these frescoes the remnants of the bishop's head of Nagyvárad (Esztergom, Christian Museum), the extensively restored Százdi frescoes, as well as the fresco decorated tabernacle of the inner-city church of Pest, which is somewhat removed in time. Even a master who worked so characteristically in the international Gothic style as János Aquila was incorporated into this concept on the basis of his reputation.[27]

Among the panel pictures only the diptych of Bát was incorporated into this construction of art history, primarily because of its early date and Italianate character.

In spite of the two-directional alignment of our codex painting, it nonetheless became one of the pillars of the *trecento* conception on account of the *Képes Krónika* [Illuminated Chronicle]. Even though the exceptionally extensive knowledge and completely objective point of view of Edit Hoffman clearly points out the Czech-German orientation of the book illuminations of Pozsony, which diverged from the culture of the royal court, nonetheless she has extended our knowledge about the *Illuminated Chronicle* by her fundamental observations about it.[28] We must thank her for the conclusion based upon a collation of the text and pictures of the chronicle, that the illuminator could only have been a Naples-educated Hungarian living at the court. She also identified and established the age of a somewhat more modest work by the same artist, the so-called "Aristotle Codex of Oxford," and thereby enriched the library of Louis the Great by another volume.

It was Emil Jakubovich who identified the illuminator of the codex as Hertul's son, Miklós, the king's favorite armorist,[29] while Ilona Berkovits helped to resolve some of the controversies concerning the dating.[30]

Our knowledge about these illuminated codex materials have increased substantially during the interwar years. The identification of the Hungarian connection of the "Vatican Legendary" was the work of Pál Lukcsics,[31] while the Hungarian identity of the Bologna-educated master was substantiated by Tibor Gerevich.[32]

The writer of these lines identified the Bible preserved in Washington, D.C. as the work of Dömötör Necskei, and showed that he too was tied to a Bologna-educated master.[33]

Comparatively fewer studies deal with the goldsmith and silversmith works of the age. It was typical, for example, that the nineteenth-century publications of Bock and Hampel about the Aachen treasure were not continued. The most prolific scholar in this field, Sándor Mihalik, dealt with the artistic works of the Gallicus brothers of Sienna. Although they are mentioned in the sources, only hypothetical works can be attributed to them. He also dealt with cloisonné, which art form was first produced here in this era.[34] However, the book of Elemér Kőszeghy, dealing with proof stamps, was of fundamental importance.[35]

Research in art history between the two world wars in Hungary, therefore, carried out demonstrably significant work during this quarter century. Its range of interests broadened, its material expanded, and it commenced a process which—primarily with the method of style criticism—was based upon the systematic investigation of the relics. It can also be determined that some of the researchers looked to the neighboring countries to establish the origins of stylistic currents present in Hungary (e.g. Csemegi, Genthon, Péter, Hekler, Edit Hoffman). Others, on the other hand, worked on the development of a concept which perceived in the art of the Anjou era tendencies simiar to those of the Italian *trecento,* and which also served as the forerunner of the Hungarian Renaissance (e.g. Jolán Balogh, Gerevich, and the latter's students).

Now then, if we summarize the work done in the thirty-five years since the end of the Second World War, we can be the witness of a very significant development. However, let us first discuss some of the reasons for this.

The massive ravages of war made possible such archeological excavation (for example the Buda palace) which one could not have even dreamed about previously. The methodology of this transformed even the results of the research conducted prior to the restoration of historic monuments (e.g. the castle district of Buda and the inner city of Sopron), and the methods borrowed from archeology led to a realistic determination of the architectural history of homes, public buildings, and churches. The excavations and research activities, which were undertaken in connection with the renewal of historic preservation activities, were not limited to the territories ravaged by war, but were extended to the entire country. These castle restorations made possible the excavation of the palace of Visegrád, the Diósgyőr castle, the castles of Eger, Sümeg, and Kisnána, as well as the excavation and study of numerous other castles. The results were augmented by research activities conducted in village churches and in provincial houses. As a consequence of these research activities, a vast amount of historical relics were brought to light; primarily ceramics and carved stones, but also vast numbers of consumer goods. These artifacts made possible both the refinement of chronology, as well as the determination of the order in which buildings had been constructed. Moreover, in the case of the consumer goods, they also provided answers as to which were domestic products, and which had been imported. As a result, the history of Hungarian ceramics could now be enriched with hitherto unknown chapters, such as accounts of stoves decorated with figures, which then were coated with mixed glazes secreted from Italy.

The great expansion of materials by these new methods soon suggested the need for a new method of elaboration. Not only the new, but also the earlier known materials were approached from this new point of view. In addition to the hitherto dominant stylistic approach, this modern scientific method was essentially on the approaches of social history and on an interdisciplinary perspective, thereby employing the method and accomplishments of the social sciences.

The finding and examination of new materials with these new methods were coupled with significant new publication possibilities. The four decades old *Művészettörténeti Értesitő* [Art History Communications, 1952-] provided the opportunity for publishing in the Hungarian, while the only one year younger *Acta Historiae Artium* (1953) provided publication opportunities in other languages. Indeed, the latter provided space for foreign authors to publish their studies on Hungarian topics. After a lengthy silence the various national museums, and even most of the county museums began to publish yearbooks. Similar publishing possibilities were provided by the biennial volume dealing with historic preservation, and the journal *Műemlékvédelem* [Preservation of Monuments], which reported on restoration projects. Finally, and certainly not in the last place, the appearance of topographical monographs also provided an outlet for the publication of the results of the most significant excavations and research efforts, such as those at the Buda Castle, Visegrád, and Eger.[36]

The conclusion of the work on the topographies is now decades overdue; until then István Genthon's "small topography" remains a very useful publication.[37]

All of these factors soon brought up the need for a new synthesis. The two-volume *History of the Art of Hungary,* published since 1956 in five editions of increasing size and changing characters, reflects well this social and scholarly need, while also pointing the way to the satisfaction of this need.[38] The period under discussion in this survey was treated by László Gerevich, and his work characterizes and represents well the above discussed changes. Although he discusses Gothic art in terms of the traditional periodication, i.e. from the Tatar invasion until the beginning of the sixteenth century, he also makes use of some of the new concepts which we have encountered during the course of this discussion (such as proto-Renaissance, the central role of Buda), and as such his work is the first attempt to explain Hungarian developments in terms of a European—primarily within a Central European—frame of reference.[39]

Although the writer of these lines already suggested during the course of the 1965 debate on problems of periodization, that this particular phase of the Gothic should be dated ca. 1320, i.e., the time of the consolidation of the reign of Charles Robert,[40] this suggestion was only accepted for the periodization scheme of the eight-volume history of art in the mid-1970s.[41] Following up on this (with Anna Zádor), we have incorporated this view into our *Kis magyar művészettörténet* (A Brief History of Hungarian Art).[42]

Even though the monumental volumes of Dénes Radocsay on medieval Hungarian art reflect the traditional periodization scheme, and at first glance it seems that they were prepared simply to make up for the omission of the positivist era, in actuality these works are representative of another point of view.[43] For Radocsay, the Hungarian historical relics are an integral part of the Central, or rather East Central European developments. In these volumes one can note the appearance of the great western trends, often filtered through the neighboring territories, after having undergone modifications stemming from Austrian, Czech, Silesian, and Polish initiatives. From our perspective, all of these results are naturally most typical of the last volume, because one can find hardly any panel paintings in the period under discussion.

This same point of view—as I have stated earlier—was typical of the achitectural history research of József Csemegi before the war, and to a great extent this comes across in his monograph on the Church of Our Lady in the Castle of Buda.[44] In a similar manner, he also develops his research on medieval architectural construction methods, which had a great impact not only on the protection and care of monuments, but also on architectural history.[45] However, this influence was not so much direct as indirect. The reconstruction of the fountains of Visegrád by Ernő Szakál—which belong to the era under discussion in this study—was undertaken on the basis of the methods used in the restoration of the gallery at the Castle of Siklós.[46]

In a similar manner, Buda occupies the key position in the publications of László Gerevich,[47] among which the demonstration of the Czech architectural influences (the so-called graphic style) was the most significant result in the research on our era. He attributed a large role to the activities of Master John in the building boom of the fourteenth century, and he demonstrated the latter's handiwork not only in the Buda Palace, but also the Matthias Church, as well as a number of residential buildings.[48]

In the course of the research, before the actual excavation of the Buda Castle and the restoration of the castle district, the activities of a royal architectural workshop emerged rather clearly, as did the fact that during the seventies of that century these activities experienced a breach or a change of direction. Research and restoration work conducted at the same time in Sopron, which uncovered a number of civilian buildings, but which unfortunately has not resulted in a large number of publications, point to the existence of a local workshop which played a significant role in establishing the building patterns and the whole cityscape (e.g. ridge-roofed, northern type houses).[49] Similar city-planning efforts were detected by Erzsébet Lócsy in Buda.[50]

A significant part of the building effort was devoted to castles. During the reign of Charles Robert and Louis the Great the proportion and strategic location of royal[51] and private castles underwent a complete turnabout, and the pace of construction increased.[52] In addition to the tower, two new castle types also appeared. One of these was the type of building consisting of a single block which, in all likelihood, on account of its more open facade, was called a palace, and which more than likely spread on the basis of Czech models. At least this is what the ground plans and details of form suggest.[53] The other was the multiplied variation of this model (e.g. Diósgyőr, Zólyom), based upon an Italian design with four corner turrets.[54] We also obtained detailed information about those castles built in more traditional forms during the course of the excavations.

It is this very research concerning castles that bring Czech and Slovak scholarly literature close to their Hungarian counterpart. Menclova's books about Zólyom Castle, and the Castles of Szepes and Trencsén, and even more the works of her husband Václav Mencl about Gothic architecture in Medieval Northern Hungary (i.e. today's Slovakia) constitute significant revalations about the stylistic connections of this art, and in particular of the South German influences upon it. More recently, the studies of Jaroslav Bureš about the Minorite Church of Lőcse (Levoča) and the Pozsony Cathedral (Bratislava) further contributed to the development of investigations in style criticism.[55]

The architecture of Hungary's other artistic region, Transylvania, can be considered the focal point of international interest. The monograph of Géza Entz about the cathedral church of Gyulafehérvár (Alba Julia) is, from the perspective of the era under discussion, not particularly relevant; all the more so as the building of the cathedral, with the exception of towers, was hardly a fourteenth-century undertaking.[56] The artistic relics of the Transylvania Saxons are treated by large groups of scholars, but the Romanian research activity in these areas is minimal.[57] Mention can only be made of Vatasianu's survey of all medieval architecture in present-day Romania.[58] Austrian and Croatian architectural history has given little evidence of interest in this subject. Thus it is all the more interesting and meaningful that a Polish researcher, Snyezinska-Stolot, had investigated the Polish-Hungarian artistic connections during the Anjou era. The examination of the builder-patron relationship, however, is primarily the summation of the role of the queen-mother Elisabeth.[59]

The significant increase in the number of art relics made it possible, even necessary, to provide a comprehensive synthetic survey. This was accomplished by Géza Entz, primarily in his unpublished doctoral dissertation, but also in his books which were written with the same method.[60] The substance of his method is the organization of the materials on the basis of the social position of the person ordering the construction of the buildings, and on the basis of these he discovers numerous artistic connections. To a certain extent, the study of Ernő Marosi, dealing with the large number of plan changes common to this era, also belongs to this category of works.[61] Behind all these changes one can discern the desire to fulfill new spatial dimensions, such as churches with aulas. But it is also evident that the impulses for these changes came initially from Austria, then from southern Germany, and finally, in the last decades of the fourteenth century, from Bohemia.

In reference to stone sculpture (disregarding sculptural decorations, for which the comments given in connection with architecture are valid) one should first be concerned with sepulchres. Among the royal sepulchral monuments stemming from the beginnings of the Anjou era, it was the workshops of Tino di Camaino which carved the tomb of St. Margaret.[62] The Anjou sepulchral chapel at Székesfehérvár belongs to the end of our era and it was Ernő Szakál, making use also of the newly excavated remnants dug up by Alán Kralovánszky, who reconstructed this hitherto unknown type of sepulchral chapel in Hungary.[63] Although the tombstone material from this era is quite extensive and differentiated in terms of artistic form—embracing the tombstones of Kassa bearing the family seals, the armorial decorated knightly mementos of the Dominicans of Buda, as well as the artistic armorial designs and the figural stones of Pannonhalma—it has not been the subject of a recent study. The reconstruction of the Anjou era fountains at Visegrád have also contributed to the richness of the artistic material.[64] The individual who carried out this reconstruction, Ernő Szakál, identified the masked well-house with the work of the Parler family, while the rather unusual fountain standing in the National Museum, with a baldachine shape and reminding one of a tomb monument, may have been inspired by the Anjou tomb monuments of Naples.

Concerning the bronze castings found in Slovakia, a significant number of bells and baptismal founts have been collected at Pozsony (Bratislava), but nothing has been published as yet. It is worthy of note that a fragment of a bell-casting form has turned up at Visegrád, which can in all likelihood be identified with the 1351 charter of Konrád Gál, granting him the right to cast the large bell there.[65]

The St. George statue of Prague still remains in the center of attention in international scholarship. The most meaningful statements made are those of Viktor Kotrba, who was the first among Czech scholars to disassociate himself from the theory of recasting and returned to the idea, propounded but never published by József Ernyei, that the statue was originally made for the main altar of the church of Pozsonyszentgyörgy, and that its influence is evident from a fragment preserved there.[66]

The chronology and stylistic connections of wood statuary, which reflect in part the accomplishments of French art through Austrian and Silesian intermediary influences, is dealt with in the already cited corpus of Dénes Radocsay.

The fresco material discovered in all parts of one-time Hungary has vastly increased in quantity, and this was accompanied by its examination by new modern methods. In addition to his already mentioned corpus, Radocsay has also published a selection of these medieval frescoes. One must also mention the activity of Mária Prokopp in connection with the iconographic study of the castle chapel of Esztergom. The reconstruction and style criticism activities led to the conclusion that in the fifth decade of that century the master combined the Florentine and Sienese *trencento* styles.[67] It was also Prokopp who demonstrated in her dissertation the influence of the Italian *trecento* painting not only in Hungary, but in East Central Europe as well. She determined that the center for the strongest influence of *trecento* painting was Hungary, and that it was from there that it spread to Poland. At the same time, she also noted that the Italian influences prevailing in Austria and Bohemia were of a different kind.

The other great fresco group dealt with extensively in the professional literature is the St. Ladislas legend. A characteristic of this is that largely the same scenes (and not always on a high artistic level) are portrayed in Transylvania, former Upper Hungary, and the Mura region, even though these regions are relatively distant from each other and are characterized by different artistic traditions. The original view, which held these frescoes to be typical of the art of the country's military border regions, has been disproved; not only on account of the Ócsa frescoes, but also because in the newly discovered frescoes of Tereske the thirteenth and fifteenth-century scenes are painted above each other.[68] The noted archeologist and proto-historian, Gyula László, of the University of Budapest, persists in his opinion that this phenomenon represents a renewal of the traditions of the art of the first Magyar settlers of Hungary.[69] András Vizkelety, however, believes them to be the results of the influence of images derived from tales of chivalry.[70] Contrary to these views, one can make progress in the resolution of these questions only by detailed examination of the relics, as has been undertaken by Zsuzsa Lukács.[71]

In the resolution of these problematic issues international professional literature plays an important role.[72] As an example, since it is a thematic survey, Dragut's study is important from the point of view of the representations of St. George. Stelé, however, leads us to the circle around Aquila.

With the exception of the general works, our more recent professional literature has hardly dealt with this very interesting artistic personality. What is important is that the previous literature separated the seemingly large Aquila oeuvre from those of his workshop or works by his students. Today we consider only those to be his works which were signed by him, although sometimes both he and the members of his workshop worked in the same church, such as the one in Bántornya. In addition to the overemphasis on the Italian *trecento* connections–which are valid–the roots of his style can be found in that International Gothic taken over through Austrian mediation. Among the research into particular questions, the two studies by Thomas von Bogyay must be singled out for attention. In one of these he calls attention to the role played by the Bánffy family, the patrons of Bántornya, while in the other one he notes that Aquila's self-portrait was the earliest self-portrait by an artist. However, he finds no proto-Renaissance significance in this.[73]

Among the frescoes of former Upper Hungary, it is primarily the group found in Gömör County that has connections to the style of the Italian *trecento,* and as such, it is thus discussed in Mária Prokopp's already cited dissertation.

The other group of frescoes in Upper Hungary, the ones of Lőcse, give evidence of Czech connections, as do the ones in Transylvania, especially those at Almáskerék.

This same multi-dimensional stylistic connection has also been noted by researchers in miniature painting, but with the difference that the major works, which were connected with the court, are intimately related in style to the miniatures of Bologna and Naples. By way of introduction it should be noted that, among the latter, two have already been published in facsimile editions to expedite research.[74]

Proceeding chronologically, mention must be made of the volume by Meta Harrsen in conjunction with the *Hungarian Anjou Legendary,*[75] in which the folios preserved here are published, then the study by Lajos Vayer and Levárdy which published the folios preserved at the Hermitage in Leningrad,[76] and finally Meta Harrsen's own work. The connections of the Bible and the *Anjou Legendary* to Bolognese and Hungarian art was expounded by Cesare Gnudi.[77] The exact determination of the owner of two codexes preserved in Padua was the work of Mrs. László Gerevich.[78]

The literature dealing with the *Illuminated Chronicle* expanded significantly during this period. Ilona Berkovits's symbolic description of the conflict among social classes probably attributes too much significance to this phenomenon.[79] Ágnes Szigethy points out convincingly that the models for the composition of the small illuminations are based upon the illustrations of the Bible.[80]

The embedding of the art of the *Illuminated Chronicle* into the circle of Bologna and Naples, as well as the problems of dating, are referred to in my introductory study to the facsimile edition. I attempted to provide a detailed exposition of the latter problem in conjunction with Szabolcs de Vajay. We date the preparation of this work a few years after 1358.[81] Our conclusions were not accepted by Jolán Balogh, since she disputes the generally accepted view that the miniaturist was Hertel's son Miklós, because there is no trace of Austrian-German influence in his Italian style. On the other hand, she considers the ornamental initial on a 1379 diploma of Louis the Great (Hungarian National Archives D1. 89841) as the work of the miniaturist of the *Illuminated Chronicle.*[82]

We are informed about another branch of the miniature codex, which consists mostly of works from Pozsony, by Edit Hoffmann; and on the basis of her preliminary studies, also by Ilona Berkovits. The latter study discusses all of the major works treated above, asserting among others that the writing style of the Necskei Bible was not Bolognese, but rather the customary one found in Hungarian codices.[83]

We must bring our discussion of the writings about the art of the Anjou period, specifically the reign of Louis the Great, to a close on a melancholy tone. Very few studies deal with one of the most characteristic branches of our national art, namely the relics of the goldsmith's craft. In addition to the comprehensive volume containing the research of Sándor Mihalik about virtually every aspect of this art form, and his work dealing with Elizabeth Altar, we can mention only two writings by Erzsébet Vattai about virtually every aspect of this art form, and his work dealing with the Elizabeth Altar, we can mention only two writings by Erzsébet Vattai Hungarian researchers are more interested in this subject, especially Angela Lipinsky, who wrote about two reliquaries and about the Icon of Mariazell.[85]

Among the minor arts one must place stress upon ceramics because—as I have already mentioned—with the excavation of vast amounts of such material, the delienation of a more recent line of development has been made possible, and at the same time these new discoveries give evidence of a high level of sculptural accomplishments, especially in the realm of decorative glazed tile.[86]

If we now attempt to summarize very briefly the publications dealing with the Anjou era, primarily the forties, through the seventies of the fourteenth century, or approximately the reign of Louis the Great, we can take note of developments sometimes difficult to fathom.

In the era extending until the First World War the romantic conception of history was dominant, which perceived this period primarily as one of the great ages of the nation's history. However, it was concerned only with outstanding accomplishments of the Anjous, and then only after its primary concern with the age of the Hunyadis. This image was only a little altered by the positivist era, even though the vast amount of source material unearthed by historical scholarship did conceal great possibilities within it.

Research in art history during the interwar years mirrors contradictory tendencies. József Csemegi, András Péter, Antal Hekler, and Edit Hoffmann recognized clearly that the artistic components of this era were multifaceted and adhered closely to the art of the neighboring countries. At the same time there developed a Hungarian *trecento* conception, which in many respects placed the emphasis upon Italian initiatives and attempted to find, according to the Italian model, the antecedents of the Renaissance of Matthias Corvinus in the age of the Anjous. We have not mentioned this, but great significance must be attributed to the study of Tibor Kardos dealing with the period of early humanism. The writer of these lines attempted to delineate in a monograph a synthesis of these components, leaning more heavily toward the *trecento* conception.

In the course of these past three and a half decades, as a consequence of the archeological excavations and the restoration of monuments, there occurred a vast expansion of available artistic material. The resulting new information was analyzed through the use of a new and up-to-date scientific method. The picture which thus emerged was more detailed, more nuanced, and more complex than the previous one.

Based on the above, the court art of the age of Louis the Great clearly takes shape. This art, however, was not the result of an autochthonous development. Indeed, one can notice a significant turning point in the seventies of the fourteenth century. It seems that this art of the court must take into account in every art form the direction of the royal workshops, but the stylistic adjustments were by no means identical. Indeed, it was ever more eclectic than, for example, the art of the age of Matthias.

In architecture it was initially the efforts of the mendicant orders, reaching Hungary through Austrian mediation, which were most in evidence. These were replaced in the seventies by the influence of Prague and the workshop of the Parler family. The latter included such significant developments as the coming of the "aula church" of South German origins, and especially its unique variation born during this period, namely the aula church with an encircling aisle.

In castle-building, in addition to the residential tower and the donjon, we witness the rise of the palace and, on the basis of Czech initiative, the residential block surrounded by the defensive works. The walls of the latter were much closer than those of the traditional castles, and were pierced by doors and windows of the so-called graphic style. One can perceive the Italian models only in those castles characterized by four corner turrets, such as Diósgyőr and Zólyom.

Whether the royal workshops also worked for the aristocracy, or the models and the cooperation of some of the leading masters provide the explanation, the same tendencies were evident in the building efforts of the royal free cities that were directly subject to the king and of those settlements enjoying a special legal status, were substantially different. Thus the architecture of the Szepesség, the buildings of the Széklers and Saxons of Transylvania, and indeed even the architectural styles of the secular and ecclesiastical buildings of Sopron and Kőszeg (both in Transdanubia) can be readily differentiated. It was not the original locale of the nationalities, but rather their status as royal free cities or their commercial connections, that were the determining factors.

Civic construction consisted mostly of the residential houses, which at this time were still built in the typical northern manner, with the ridge of the roofs facing the line of the street. The doors and windows, and the gateway sediles that were so popular in Hungary, were generally based on the graphic style.

While the sculptural decorations naturally accommodated themselves to the conceptions of the architect planning the spatial forms, in the case of the sculptures of the mausoleums, the researchers have perceived powerful south German impulses. In the field of bronze statuary—we are thinking primarily of the art of Márton and György Kolozsvári and especially of their only extant work, the statue of St. George in Prague—the Italian initiatives provided the only explanation for their modern, indeed forward looking artistic solutions. This, naturally, does not exclude partial influences from other—e.g. French, Central European, and in the case of saddles, caparisons, and dress even Hungarian—decorative art forms.

The art of altars—disregarding for a moment only the St. Nicholaus altar in Szecskőalja—is limited to some self-contained wood statues, and these are characterized by French models which arrived in Hungary through Austrian and Czech mediation. In fresco painting—primarily because of the work of the Italian master working at the castle chapel of Esztergom, and as a result of the renewed Italian currents—the influence of the Italian *trecento* style is strongly manifest. This was evident throughout the country, even in the case of relics from those distant areas where János Aquila and his workshop were active. But Aquila and this co-workers were more under the impact of international Gothic taken over from Austria. Only in the case of one group of frescoes in the Szepesség can one perceive direct Czech connections. The large number of frescoes of the St. Ladislas legend, while on a lower artistic level, indicate a unique Hungarian phenomenon.

Miniature painting represents the most significant manifestation of the Italian connection of court art. Bologna placed its stamp on the relics of that age, even if one is dealing with artists working in Hungary. Only the *Illuminated Chronicle* manifests the influence of the art of Naples, and then in union with some French elements. Here too one can see the artistic independence of the monasteries and the royal free cities (such as Pozsony), in which cases can one perceive the eclectic intermingling of Austrian, Italian, and German elements. To this extent did our age contribute to an understanding of the art of the Anjous, specifically during the reign of Louis the Great.

NOTES

The following served as the basis of this brief survey: Zádor A., "A magyar müvészet történetének vázlata 1945-ig" [An Outline of the History of Hungarian Art until 1945], *MMMÉ, 1951* (Budapest, 1952): and Marosi, E., "Das romantische Zeitaltar der ungarischern Kunstgeschichtesschreibung," *Annales Universitatis Scientiarium Budapestiensis de Rolando Eötvös nominatae, Sectio Historica,* 7 (1965), 43. I owe a note of thanks to Ernő Marosi for allowing me to consult his historiographic survey in vol. 2 of *Magyarországi Művészettörténet* [History of the Art of Hungary] before its recent publication.

1. F. Bock, "Die Geschenke Ludwig der Grossen Könige von Ungarn an die Krönkirche deutscher Könige zu Aachen," *MittCeb* (Aachen, 1862).

2. A. Ipolyi, *Műtörténeti tanulmányok* [Studies in Art History] (Budapest, 1889).

3. I. Henszlmann, *Magyarország ókeresztyén, román és átmeneti stylű műemlékelnek rövid ismertetése* [A Brief Description of the Old Christian, Roman, and Transitional Style Art Relics in Hungary] (Budapest, 1876); and idem, *Magyarország csúcsives stilű műemlékei* [The Gothic Style Art Relics in Hungary] (Budapest, 1880).

4. F. Rómer, "Régi falképek Magyarországon" [Old Frescoes in Hungary], in *Magyarországi Régészeti Emlékek* [Hungarian Archeological Relics] (Budapest, 1874), III.

5. K. Divaldi, *Szepes vármegye művészeti emlékei* [The Art Relics of Szepes County] (Budapest, 1906), I-III.

6. K. Divald, *Budapest művészete a török hódoltság elött* [The Art of Budapest before the Turkish Conquest] (Budapest, [1903]).

7. V. Roth, *Die deutsche Kunst in Siebenbürgen* (Berlin, 1934).

8. D. Dercsényi, *Nagy Lajos kora* [The Age of Louis the Great] (Budapest, [1941]).

9. T. Gerevich, "Magyar müvészet Nagy Lajos korában" [Hungarian Art in the Era of Louis the Great], *SzMűv,* 3 (1942), 210.

10. J. Csemegi, "Szentélykörüljárós csarnoktemplomok a középkorban," [Aula Churches with Encircling Aisles in the Middle Ages], *MMÊEK,* 70 (1937), 337; idem, "A szászsebesi templom szentélyének jelentősége hazánk gotikus épitészetében" [The Significance of the Chancel of the Church at Szászsebes in our Gothic Architecture], *MMÊEK,* 74 (1940), 107; idem, "Keszthely egykori ferences templomának épitéstörténete" [The History of the Construction of the One-time Franciscan Church of Keszthely], *Dunántúli Szemle* [Trans-Danubian Review], 8 (1941).

11. H. Horváth, *Budai kőfaragók és kőfaragójelek* [Stone Cutters and Stone Cutters Symbols of Buda] (Budapest, 1935).

12. O. Schürer and E. Wiese, *Deutsche Kunst in der Zips* (Brünn-Wien-Leipzig, 1935).

13.J. Balogh, *Márton és György kolozsvári szobrászok* [The Sculptors Márton and György of Kolozsvár] (Kolozsvár, 1934). Concering the Hungarian origin of the saddle and horse furnishings, see Gy. László, *Kolozsvári*

Márton és György Szent György szobrának lószerszámjá [The Harness of the St. George Statue of Márton and György Kolozsvári] (Kolozsvár, 1942).

14. J. Balogh, *Az erdélyi renaissance* [The Transylvanian Renaissance] (Kolozsvár, 1943), I.

15. See I. Genthon's review of J. Balogh's *Márton és György kolozsvári szobrászok* [The Sculptors Márton and György of Kolozsvár), in *MM,* 11 (1935), 188.

16. J. Ernyei, "A Magyar Nemzeti Muzeum Csák Máté hermája" [The Máté Csák Herma of the Hungarian National Museum], *Régészeti Társulat Évkönyve, II, 1923-1926* (Budapest, 1927), 196.

17. E. Vernei-Kronberger, *Magyar középkori síremlékek* [Medieval Hungarian Grave Monuments] (Budapest, 1939).

18. B. Wick, *Kassa régi síremlékei. XVI-XVIII. sz.* [Ancient Grave Monuments of Kassa. 16th-17th Centuries] (Kassa, 1935).

19. H. Horváth, "Ofner Künstlergrabsteine aus dem 14. Jh," *Das Werk des Künstlers* (1959), I; and its Hungarian version, *Árpádházi Szent Margit síremléke és egyéb tanulmányok* [The Grave Memorial of St. Margaret of the House of Árpád and Other Studies] (Budapest, 1944).

20. H. Horváth, "Buda a középkorban" [Buda in Medieval Times], *MM,* 8 (1932), 26.

21. D. Dercsényi, *A székesfehérvári királyi bazilika* [The Royal Basilica of Székesfehérvár] (Budapest, 1943).

22. F. Kopera, "A szobrászat Lengyelországban" [Sculpture in Poland], *MM,* 4 (1928), 210.

23. A. Kampis, *Középkori faszobrászat Magyarországon* [Medieval Wood Statuary in Hungary] (Budapest, 1940).

24. H. Horváth, "A budai pénzverde művészettörténete a későközépkorban" [The Artistic History of the Buda Mint in the Late Middle Ages], *Numizmatikal Közlöny* [Numismatic Review], 30-31 (1931-32), 19.

25. B. Jendrassik, *Szepes vármegye középkori falképei* [Medieval Frescoes in Szepes County] (Budapest, 1938).

26. T. Gerevich, *Magyarország románkori emlékei* [Romanesque Relics in Hungary] (Budapest, 1938).

27. Cf. Gerevich, note 9 of this study.

28. E. Hoffmann, *Régi magyar bibliofilek* [Old Hungarian Bibliophiles] (Budapest, 1929).

29. E. Jakubovich, "Nagy Lajos király oxfordi kódexe, a bésci Képes Krónika kora és illuminátora" [The Oxford Chronicle of Louis the Great, the Vienese *Illuminated Chronicle's* Age and Its Illuminator], *MK,* 50 (1930), 382-393.

30. I. Berkovits, "A Képes Krónika és Szent István királyt ábrázoló miniaturák" [The *Illuminated Chronicle* and the Miniatures Portraying St. Stephen the King], *MK,* 58 (1938), 1.

31. P. Lukcsics, *Szent László ismeretlen legendája* [The Unknown Legend of St. Ladislas] (Budapest, 1930).

32. T. Gerevich, *L'arte antica ungherese* (Rome, 1929).

33. D. Dercsényi, "Nekcsei Dömötör bibliája a washingtoni Library of Congress-ben" [The Bible of Dömötör Necskei in the Library of Congress, Washington, D.C.] *MK,* 66 (1942).

34. A. Mihalik, *A maestri orafi Pietro e Niccolo Gallicus di Siena in Ungheria* (Siena, 1928); also the same author's *L'prigine dello smalto filigranato* (Rome, 1933).

35. E. Kőszeghy, *Magyarország ötvösjegyek a középkorból 1867-ig* [Hungarian Proofmarks from the Middle Ages until 1867] (Budapest, 1936).

36. *Budapest műemlékei* [Relics of Budapest] (Budapest, 1955), I; *Heves megye műemlékei* [Relics from Heves County] (Budapest, 1972), II.

37. I. Genthon, *Magyarország műemlékei* [Art Relics of Hungary] (Budapest, 1951).

38. *Magyarország művészet története* [History of the Art of Hungary] (Budapest, 1951).

39. L. Gerevich, "Az érett gótika Magyarországon" [Late Gothic Art in Hungary], in *Magyarországi művészettörténet* [History of Hungarian Art], ed. by D. Dercsényi (Budapest, 1964).

40. D. Dercsényi, "A régi magyar müvészet periodizációs problémái" [The Problems of Periodization in Ancient Hungarian Art], *MüÉ,* 14 (1965), 19.

41. D. Dercsényi, "Magyarországi művészet a XIII. században. Operativ tanulmány a magyarországi müvészettörténeti kézikönyv I. kötetéhez" [Hungarian Art in the 13th Century. An Operational Study for the First Volume of the Handbook of Hungarian Art History], *MüÉ,* 24 (1975), 243.

42. D. Dercsényi and A. Zádor, *Kis magyar művészettörténet* [A Brief History of Hungarian Art] (Budapest, 1980).

43. D. Radocsay, *A középkori Magyarország falképei* [The Frescoes of Medieval Hungary] (Budapest, 1954); idem, *Falképek a középkori Magyarországon* [Frescoes in Medieval Hungary] (Budapest, 1977); idem, *A középkori Magyarország táblaképei* [Panel Paintings in Medieval Hungary] (Budapest, 1955); and idem, *A középkori Magyarország faszobrai* [The Wood Statues of Medieval Hungary] (Budapest, 1967).

44. J. Csemegi, *A budavári főtemplom középkori építéstörténete* [The Construction History of the Buda Castle Cathedral in Medieval Times] (Budapest, 1955).

45. J. Csemegi, "Konstruktionsmethoden der mittalälterlichen Baukunst," *Acta Historiae Artium,* 2 (1955), 15.

46. E. Szakál, "Gotisch-geometrische konstruktionen im Bauwesen und in der Steinbildbauerei," *AcT,* 67 (1970), 65.

47. L. Gerevich, *A budai vár feltárása* [The Excavation of the Buda Castle] (Budapest, 1966).

48. Summarized and related to the previous publications in *Budapest története* [The History of Budapest] (Budapest, 1975), II, 243.

49. J. Sedlymayr, "Soproni lakóházak ujabb kutatásai és helyreállitási eredményei" [New Research and the Results of the Restoration of Residential Houses in Sopron], *MÜVÉ,* 19 (1975), 31.

50. E. Lócsy, "XIII. századi város és XIV. századi városrendezés nyomai a budai Várnegyedben" [The Thirteenth Century City and Traces of City Planning of the Fourteenth Century in the Castle District of Buda], *Településtudományi Közlemények* [Settlement Studies Proceedings] (1969), 22.

51. E. Fügedi, *Vár és társadalom a 13. és 14. századi Magyarországon* [Castle and Society in 13th and 14th-Century Hungary] (Budapest, 1977).

52. L. Gerő, ed., *Várépitészetünk* [Our Castle Constructions] (Budapest, 1975).

53. D. Menclová, "XIV. és XV. századi szabályos alaprajzú várak Közép-Európa országaiban" [Fourteenth and Fifteenth-Century Symetrical Floor Plan Castles in the Countries of Central Europe], *MÜÉ,* 7 (1958), 87.

54. J. Balogh, "Az Anjou-kor kérdéseiről" [Questions Concerning the Anjou Era], *MÜÉ*, 30 (1981), 144.

55. J. Bureš, "On the Beginning of Late Gothic Architecture in

Slovakia" *Ars,* 2 (1968); idem, "Die Meister der Pressburger Domes," *AcHA,* 18 (1972), 85.

56. G. Entz, *A gyulafehérvár székesegyház* [The Cathedral of Gyulafevérvár] (Budapest, 1958).

57. G. Gündisch, H. Krasser, A. Klein, and Th. Streitfeld, *Studien zur Siebenbürgischen Kunstgeschichte* (Bucharest, 1976).

58. V. Vatasian, *Arte in Transsilvania din. sec. XI. pina la mijlocul sec XV.* [Art in Transylvania from the 11th to the Mid-15th Century] (Bucharest, 1969).

59. E. ńieżyńska-Stolot, "Queen Elizabeth as a Patron of Architecture," *AcHA,* 20 (1974), 13.

60. G. Entz, *Gotikus építészet Magyarországon* [Gothic Architecture in Hungary] (Budapest, 1974).

61. E. Marosi, "Einige tendenziöse Planänderungen. Beiträge zur Stilgeschichte der ungarischen Architektur des vierzehnten Jahrhunderts," *AcT,* 77 (1974), 297.

62. J. Balogh, "Tino di Camaino magyarországi kapcsolatai" [The Hungarian Connections of Tino de Camaino], *MűÉ,* 2 (1953), 107.

63. E. Śnieżyńska-Stolot, "Remarque sur le tombeau de Louis le Grand," *AcHA,* 14 (1968), 215. The reconstruction presented at the exhibition together with the Kralovánszky article have not yet been published.

64. E. Szakál, "A visegrádi Anjou-kori királyi palota gotikus kutházának rekonstrukciója" [The Reconstruction of the Gothic Well-House of the Anjou-era Royal Palace at Visegrád], *Magyar Műemlékvédelem, 1963-66* [Hungarian Monument Preservation, 1963-1966] (Budapest, 1969), 259; idem, "A visegrádi királyi palota Anjou-kori falikútjának rekonstrukciója" [The Reconstruction of the Wall Fountain of the Anjou-era Royal Palace at Visegrád], *Magyar Műemlékvédelem, 1969-70* (Budapest, 1972), 245.

65. The excavation of Mátyás Szőke. Cf. P. Patay, *Régi harangok* [Old Bells] (Budapest, 1977).

66. V. Kotrba, "Die Bronzeskulptur des hl. Georg auf der Burg zu Praga," *Anzeiger des Germanischen Nationalmuseum* (Nürnberg, 1969), 9.

67. M. Prokopp, "Az esztergomi várkápolna" [The Castle Chapel of

Esztergom], *MüÉ,* 15 (1966), 73; idem, "Az esztergomi várkápolna gotikus falképeinek stilusvizsgálata" [The Stylistic Examination of the Gothic Frescoes of the Castle Chapel of Esztergom], *MüÉ,* 22 (1973), 187. Concerning its restoration see J. Illés, "As esztergomi királyi kápolna falképeinek helyreállitása" [The Restoration of the Frescoes of the Royal Chapel in Esztergom], *Magyar Müemlékvédelem, 1969-70* (Budapest, 1972), 225. The English language edition of M. Prokopp's dissertation is in press.

68. F. Ráday, "Jelentés a tereskei r. k. templom falképeinek helyreállitásáról" [Report on the Restoration of the Frescoes of the Roman Catholic Church of Tereske], *Magyar Müemlékvédelem, 1973-74* (Budapest, 1977), 389.

69. Gy. László, *A népvándorláskor müvészete Magyarországon* [The Art of the Age of Barbarian Invasions in Hungary] (Budapest, [1970], 107.

70. A. Vizkeleti, "Höfische Legenden und Motive der Brautenführung."

71. Zs. Lukács, "A Szent László legenda a középkori magyar falképfestészetben" [The St. Ladislas Legend in Medieval Hungarian Fresco Painting], in L. Mezey, ed., *Athleta Patriae. Tanulmányok Szt. László történetéhez* [Athleta Patriae. Studies About the History of St. Ladislas] (Budapest, 1980), 163-165.

72. V. Dvoraková, "La légende de Saint Ladislas. . . découvert dans l'église de Velka Lomnica," *Buletinul monumentelor Istorice* [Bulletin of Historical Monuments], 4 (1972); V. Dragut, "Iconografia picturilor murale gotice din Transsilvania" [The Pictorial Iconography of Gothic Murals in Transylvania], *Pagini de veche arta romanescu* [Pages from Old Romanian Art] (1972), II; F. Stelé, *Monumenta Artis Slovenicae. La peinture murale au moyen age* (Ljubljana, 1972).

73. Th. von Bogyay, "Die Selbstbildnisse des Malers Johannes Aquila aus den Jahren 1378 und 1392," in *Stil und Überlieferung in der Kunst des Abendlandes* (Bonn, 1967), 55. Concerning the restoration of the frescoes of Velemér see L. Lente, "A veleméri falfestmények helyreállítása" [The Restoration of the Frescoes of Velemér], *Magyar Müemlékvédelem, 1969-70* (Budapest, 1972), 269.

74. *Képes Krónika* [Illuminated Chronicle] (Budapest, 1964); F. Levárdy, *Magyar Anjou Legendárium* [Hungarian Anjou Legendary] (Budapest, 1973).

75. M. Harrsen, *Central European Manuscripts in the Pierpont Morgan Library* (New York, 1958).

76. L. Vayer, and F. Levárdy, "Nuovi contributi agli studi circa il Leggendario Angioino ungherese," *AcHA,* 18 (1971), 71. Concerning the patrons, see Dercsényi-Zádor, *Kis magyar művészettörténet,* 108; M. Harrsen, *The Nekcsei Lipocz Bible* (Washington, 1949).

77. C. Gnudi, "La Biblia di Demeter Nekcsei Lipocz il Legendario Angioino," *Actes* (1969), I, 596.

78. L. Gerevich (Mrs.), "Vásári Miklós két kódexe" [The Two Codices of Miklós Vásári], *MüÉ,* 6 (1957), 133.

79. I. Berkovits, "A magyar feudális társadalom tükrösödése a Képes Kronikában" [The Mirroring of Hungarian Feudal Society in the Pictorial Chronicle], *Sz,* 87 (1953), 72.

80. Á. Szigethy, "A propos de quelques sources de composition de la Chronique Enluminé," *AcHA,* 14 (1968), 185.

81. D. Dercsényi and Sz. Vajay, "La genesi della Cronaca Illustrata ungherese," *AcHA,* 23 (1977), 3.

82. Compare with the observations of J. Balogh as cited in note 54 of this study.

83. I. Berkovits, *La miniature ungherese nell periodo degli Angioini* (Rome, 1947).

84. S. Mihalik, *Old Hungarian Enamels* (Budapest, 1961); idem, "Problems Concerning the Altar of Elizabeth, Queen of Hungary," *AcHA,* 10 (1964), 247; E. Vattay, *AÉ,* 83 (1956), 69; idem, "A margitszigeti korona" [The Crown of Margaret Island], *BpR,* 18 (1958), 191; J. Kolba, "Zwei gotische Ziborium im Ungarischen Nationalmuseum," *AcHA,* 21 (1975), 283.

85. A. Lipinsky, "Il reliquiario di S. Constanzo in S. Stephano a Capri," *Napoli Nobilissima,* 8 (1968), 34; idem, "Das Schatzkammerbild in der Wallfahrtskirche in Mariazell," *Alte und Moderne Kunst,* 13 (1968), 2.

86. I. Holl, "Középkori kályhacsempék Magyarországon" [Medieval Oven Tiles in Hungary], *BpR,* 18 (1958), 211.

ABBREVIATIONS

ACHA	*Acta Historiae Artium*
ACT	*Acta Technica*
Actes	*Actes de XXIIe Congres International d'Histoire de l'Art, Budapest, 1969* (Budapest, 1972)

AÉ	*Archeológiai Értesitő* [Archeological Review]
BpR	*Budapest Régiségei* [Antiquities of Budapest]
MK	*Magyar Könyvszemle* [Hungarian Book Review]
MM	*Magyar Művészet* [Hungarian Art]
MMÉEK	*Magyar Mérnök és Épitészegylet Közlönye* [Journal of the Hungarian Engineering and Architectural Society]
MMÉ	*A Magyar Művészettörténeti Munkaközösség Évkönyve* [Yearbook of the Hungarian Art History Study Group]
MűÉ	*Művészettörténeti Értesítő* [Art History Review]
MűVÉ	*Műemlekvédelem* [Preservation of Monuments]
SZ	*Századok* [Centuries]
SzMűV	*Szépművészet* [Fine Arts]

Amedeo Di Francesco

18 / Il mito di Luigi il Grande nella letterature ungherese

1. "Rimira l'ungherese, sospirando rimira,
Gloriosa antichità! i tuoi splendidi giorni"
(J. Arany, *Tempi eroici,* 1, 1, 1-2)

In questo scorcio di secolo che, pur fra antiche certezze perdute ed angosce latenti, mostra i segni di speranze non del tutto inattese, non è poi così strano che il romanzo storico sia tornato di moda e susciti un consenso sempre più vasto sino ad infittire la folla dei fruitori di cose medievali. Se poi mal celate attese millenaristiche ci risospingono indietro di quanto basta, magari giù sino all'Anno Mille, come non accorgersi allora che il doveroso ricordo d'un principe generoso e idealista, forse ultimo seguace dei valori cavallereschi e quindi ultimo interprete di tutta un'epoca, non si tinge dei colori autunnali d'una età inesorabilmente scomparsa ma assume i toni policromatici che soli danno efficacia rappresentativa ad un tempo della storia che continua ad esercitare su di noi il suo fascino intero ed incorrotto?

Se in generale il Romanticismo fece giustizia del vento impetuoso del Rinascimento che intese spazzar via le foglie, ritenute morte, dell'età precedente e disdegnò il crudo gelo del razionalismo illuministico che pretese di seppellire sotto una coltre di ghiaccio un intero mondo di idee e di uomini, in particolare nella cultura ungherese esso–quasi in assenza di Rinascite generalmente distruggitrici di ogni cosa che le precedeva e col retaggio di principi illuministici quasi mai estranei alle tensioni romantiche—apparve come il naturale collegamento con un'epoca che in fondo era stata davvero gloriosa per la nazione ungherese e cosi, col calore delle sue passioni, tornò a darle luce e vitalità.

Esemplare, da questo punto di vista, è la poesia epica di J. Arany, che vuole essere "una voce cel passato", come avvisa il poeta stesso,[1] una voce —aggiungerei soltanto—modulata su vari toni e mediatrice di varie compenenti, dall'accurata informazione storica alla tradizione popolare, dal culto della leggenda alla adesione sincera alla elaborazione cinquecentesca di Ilosvai: insomma, mito e realtà storica. Né può giovare a chi l'esprima l'obiezione che tutto ciò inerisce alla leggenda di Toldi e non alla vicenda storica di Luigi il Grande, ché a ben guardare, le due figure, il principe e l'eroe, il re saggio e generoso e il cavaliere orgoglioso e indomito, sono a tal punto complementari fra loro che appare quasi innaturale e forzata una loro eventuale separazione. La forza di Toldi—a mio parere—altro non è se non la figura allegorica del potere del re d'Ungheria, le avventure del cavaliere sono le imprese militari di Luigi: insomma, la prestanza fisica del singolo ben si accompagna alla potenza della nazione ungherese e, su ambedue, le luci e le ombre che mai posson mancare. Toni chiaroscurali, certo, ma che danno risalto non ad un'immagine piatta del regno angioino in Ungheria, non all'inerzia di fronte alla storia che scorre ed agisce, non alla staticità caratteristica di altri momenti della storia ungherese, ma al dinamismo attivo e risolutore proprio di quel regno. Nei periodi difficili della storia si è sempre guardato al passato, se non proprio per trarne auspici per l'avvenire, almeno per affrontare il presente quasi mai ritenuto soddisfacente. Questo è stato il motivo generativo dell'epopea aranyiana e le giustificazioni, in questo specifico caso, non eran né poche né infondate. Così, ed in epoca relativamente tarda ed a parte le precedenti episodiche rimembranze di cui si tratterà in seguito, accanto al tradizionale culto per il mito di Mattia Corvino,[2] sorto quasi immediatamente e spontaneamente, si affermò anche il mito di Luigi il Grande; un mito personalistico, come tutti i miti, ma che non si limita alla persona del sovrano, laddove abbraccia e coinvolge la scoperta d'un mondo per troppo tempo ignorato e dimenticato, d'una nazione che riusci a godere di un unanime rispetto come segno di riconoscimento di una realtà storico-politica che si avviava decisamente verso il culmine del suo splendore.

2. "Oh beata Ungheria se non si lascia più malmenare!"
(Dante, *Par.*, XIX, 142-143)

A tre secoli e mezzo dalla formazione del regno d'Ungheria, dunque, saliva sul trono e cingeva la corona ch'erano già stati di S. Stefano un giovane di diciassette anni che un'immagine dell'epoca ritrae in maniera troppo ieratica e stilizzata per poterne evincere una sia pur approssimativa impressione caratteriale, ma che cronisti e storiografi, contemporanei e non, descrivono come persona matura ed assennata, consapevole delle responsabilità assunte e dei gravi compiti che l'attendevano. La dirittura morale del giovane sovrano, l'inclinazione alla riflessione saggia e profonda, l'esercizio delle virtù e del valore son generalmente riconosciuti, da J. Apród al Thuróczy, dal Bonfini a I. Székely. Né poteva essere diversamente, ché nel frattempo i problemi dell'Ungheria si erano aggravati di molto, sia sul piano interno che sul versante delle questioni internazionali. Anzi, quest'ultime s'erano vieppiù complicate con l'avvento degli Angiò, dacché alle difficoltà di sempre si erano aggiunte quelle proprie di questo Casato, in particolare la rivalità con il potere centrale dell'Impero. Di qui l'importanza data da Luigi il Grande alla politica estera, tesa univocamente alla restaurazione dell'autorità della Sacra Corona sui popoli già alleati o soggetti, sugli abbastanza infidi vicini, nei confronti dell'Imperatore stesso, a difesa dei diritti acquisiti anche in aree relativamente lontane. Una politica attiva, quindi, presente, anche se non sempre fruttuosa: nondimeno non v'è manuale storico che non registri giustamente questo periodo come quello propiziatore dell'apogeo di quella potenza ungherese che con Mattia Corvino avrebbe raggiunto il suo massimo splendore e che poi fatalmente, di lia qualche decennio, avrebbe subito il pauroso impatto di Mohács. Questa vicenda della storia ungherese, prima gloriosa e poi tragica, fa tornare alla mente la parole quasi premonitrici–anche se pronunciate con intento diverso–che il diligente arciprete di Küküllő, mentre attendeva alla stesura della sua *Biografia del re Luigi il Grande,* magari nel suo scrittoio, fra diplomi reali e documenti di cancelleria, ma forse più fervidamente sollecitato da memorie personali, espresse in prefazione: "Il re dei re. . . misura i tempi e la durata delle epoche, fonda imperi e trasmette il potere ad altri popoli. . . ."[3] In altre parole, la dottrina della *translatio imperii* sembra ben adattarsi alle vicende del regno d'Ungheria.

All'opera di J. Apród ben si intonerebbe quanto J. Huizinga, nel suo *Autunno del Medio Evo,* disse a proposito dell'idea di cavalleria. Anche qui, come nei cronisti francesi, la palese diversità d'impostazione fra introduzione stilisticamente e retoricamente curata e l'arida narrazione dei vari fatti; anche qui il mito di Alessandro Magno viene a convalidare un mondo ideale che tende dichiaratamente alla ricerca della fama e della virtù militare come nozioni basilari di vita esaltante; anche qui l'interesse biografico si risolve nell'intento didascalico dello *speculum regis.* E se certo anche qui "l'ideale cavalleresco s'innalzò a nobile idea di perfezione virile" per divenire "intensa aspirazione a una vita più bella. . . ed anche maschera, dietro la quale si poté nascondere un mondo di avidità e di violenza",[4] va pur rilevato comunque che nel caso di Luigi d'Angiò—per quanto si sa e per quanto si vedrà in seguito—il giudizio severo e generico dello storico olandese va ridimensionato, per dar luogo ad una visione meno passionale e più pacata, meno fosca e perciò più aderente al compito del Küküllei, che volle "annotare i fatti e le imprese militari del re Luigi, del suo esercito e dei suoi cavalieri, affinché non venissero dimenticati per negligenza e noncuranza".[5] Ma bastò questo proposito, semplice e prezioso, a far sorgere una tradizione di gloria? La realtà dei fatti storici si commenta anche da sola, ma la creazione d'un mito necessita di uomini che loc coltivino.[6]

3. *I due volti di Luigi: il "re pio" e il "diabolico".*

Se in Italia la nozione d'un potente regno angioino d'Ungheria ci perviene non solo dalla storiografia ma anche dalla novellistica[7] come testimonianza della fama che quel re e quel regno avevano acquisito anche oltre i confini nazionali, bisogna ammettere però che un vero mito di Luigi il Grande, nella letteratura ungherese del Rinascimento, non esiste ed è già gran cosa se troviamo il suo nome, magari accompagnato da un epiteto esornativo, in qualche catalogo inserito in opere destinate non alla esaltazione de singolo, ma alla rievocazione nostalgica d'un passato glorioso. Ciò avviene con András Farkas che, nel 1538, nel contesto specifico della polemica confessionale, riesce a riesumare dal passato, accomunandole, figure abbastanza diverse fra loro.[8] Luigi è annoverato fra i grandi sovrani del Regno che, secondo tale ideologia, altro non sarebbero stati che strumento del più vasto disegno divino che solo provvide alla grandezza d'Ungheria. Quest'opera del Farkas–come si sa–ebbe grande successo e diffusione e indicò la strada che avrebbero percorso, sulla stessa impostazione di polemica storico-confessionale, altri seguaci della Riforma protestante. Ma anche per quanto concerne l'argomento che qui ci interessa più da vicino quest'opera contribui a confermare du nozioni: quella di un Luigi il Grande inteso come "re pio" (*jámbor király*) e quella veramente mitizzata della estionsione dei confini ungheresi.

Anche István Székely[9] esprime estesamente e fors'anche più autorevolmente il suo positivo giudizio sul Nostro; egli–come infatti è stato giustamente rilevato–"di Luigi il Grande ebbe un altissimo concetto: fu un pio sovrano, poiché si prese cura del suo principato come la carica stessa lo richiedeva".[10] Né il tono colorito e proverbiale che caratterizza l'opera risparmia i fatti di guerra: quanto Luigi mosse contro Giovanna arrivò naturalmente a Napoli, "dove agli italiani fece mordere il fico dal deretano del somaro".[11] Un modo scherzoso, triviale, ma anche assai pregnante ed incisivo, di esaltare le gesta del grande re.

Ma in genere–lo ripeto–il Cinquecento ungherese fu avaro con Luigi il Grande. Lo stesso Tinódi, il cantastorie per eccellenza, non riservò un posto particolare alle sue imprese anche se, nella *Cronaca del re ed imperatore Sigismondo,* non poté non fare riferimento al periodo angioino.[12] Cosi il nostro monarca è "il buon re Luigi" (*jó Lajos király*); e la storia della successione al suo trono é sintetizzata in questi du significativi versi: "Dopo la morte di re Luigi disordini, / E vari tumult vi furono allora in questo paese" (287-288) che altro non sono che il riconoscimento indiretto dell'opera di pacificazione interna in cui pur si era distinto quel regno, mentre un altro apprezzamento, anch'esso sporadico, della politica estera di Luigi si trova in un altro catalogo dei grandi di Ungheria, compilato da Ambrus Görcsöni ed inserito a mo' d'introduzione alla sua narrazione in versi della vita di Mattia Corvino.[13]

Ma anche Péter Ilosvai Selymes, cui pure va il merito di aver riferito sul mitico Toldi e di aver riportato all'attenzione dei contemporanei alcune scene dell'età angioina, offre solo qualche fuggente cenno alla figura del re: nella sua opera[14] s'incontra un "giovane re Luigi" (*ifjú Lajos király*) che, nell'episodio del suo incontro a Praga con l'imperatore, rivela tutta l'inesperienza della sua età, la timidezza del carattere e, se poi tutto andrà per il meglio, lo si deve al comportamento del suo seguito, ai consigli del Laczfi ed alla forza di Toldi, dacché–secondo Ilosvai–"il re era a tal punto spaventato, / Che nel suo timore non riusciva neppure ad aprir bocca" (261-262). Ma da Toldi riceve un opportuno quanto benefico calcio d'incoraggiamento e la situazione si sblocca: l'aneddoto avrà avuto un collegamento con la realtà storica? Poco importa saperlo, ché lo si può prendere a mo' di simbolo, ché in effetti di lì ebbe inizio quell'ardore che avrebbe portato Luigi sui vari campi di battaglia, prima che il tempo inclemente lo facesse invecchiare e quindi ritirare in quella sua splendida corte che anche Ilosvai naturalmente celebra.

Da questa linea di frammentaria rievocazione del tempo angioino non si discosta nemmeno il Seicento, anche se le annotazioni riguardanti la figura ed il regno di Luigi il Grande sono opera delle due maggiori personalità letterarie del secolo. Di Miklós Zrínyi, infatti, sono queste riflessioni: "Tale fu in Ungheria Lázár Svendi, tale fu il mio avo Miklós Zrini, tale fu il nostro valoroso re Luigi primo. Ma per meglio mostrare il suo ingegno militare, devo dire che questo re saggio cercò sempre, per la realizzazione dei suoi progetti, quei modi che sembrassero oltremodo grandi, ed in effetti furono grandi. . . E poiché con questi sforzi portò sempre con successo a compimento le sue impresse, per questo gli ungheresi lo avevan denominato il diabolico re Luigi. In tal modo portò a termine diciannove spedizioni contro vari nemici e nazioni. A Napoli e contro i voivoda di Moldavia ed i moravi inviò eserciti più del necessario, perché in seguito non restasse deluso nelle sue speranze. Mosse di persona contro i Veneziani affinché non vedesse scemare i suoi progetti e con tutte la sue forze non si rammaricò di scomodarsi anche con nemici di minor conto".[15]

Queste parole di Zrínyi sono molto significative perché non nascono da un'interessata celebrazione ma da quella disamina critica che gli è propria e che si accende di calore passionale quando, come in questo caso, gli è dato di trovare modelli di gloria fra i suoi stessi connazionali. Nel "secolo della rovina ungherese" il richiamo alla milizia etica di Luigi il Grande è già simbolo del confronto fra il principio assoluto che si cerca e l'incertezza del momento che si vive.

Anche in István Gyöngyösi, sia pur nella commistione dei generi letterari tipica del gusto barocco e dove il tema eroico e quello amoroso convivono in insolita armonia, ritorna il motivo della grandezza del regno di Luigi il Grande:

Dal Ponto Eusino all'Adriatico si stendeva
Il suo vasto impero, e da tutti era temuta;
Atterriva molte genti questa famosa nazione
Che allora di rado deponeva le armi.
, , , , , , , ,
In tutto il mondo eran famose le sue armi,
Le conobbe anche il mar di Venezia,
Aveva tanti uomini quanti ne occorrevano,
Le sue corde stringevan molti prigionieri.[16]

Gyöngyösi definiva storie i suoi componimenti e con essi intendeva proseguire la tradizione tinódiana: non è certo questa la sede per discutere il valore e la qualità della sua poesia, ma va almeno rilevato il fatto che da questa singolare fusione di canto storico e canto epitalamico poteva ben sorgere la possibilità della rievocazione d'un passato pieno di gloria. Ancora una volta, "l'ungherese guarda indietro, sospirando".

Ma talora il sospiro può essere anche più profondo:

Dov'è più il re Mattia
Ed il re Luigi
Muro di difesa della nostra povera patria?
Dove István Báthori
Che come Stefano il Santo
Sî risplendea?
Il famoso castello di Eczed
E la chiesa di Báthor
Rispondono piangendo.[17]

Certo, il componimento è d'occasione, ma il versificatore ungherese non si smentisce mai: eccellento o mediocre che sia, egli sa sempre riconoscere la continuità della storia, delle vicende della sua "povera patria". E se in fondo questi non sono che poveri versi, di nessuna pretesa, come non riconoscere tutavia il valore documentario d'uno stato d'animo che non appartiene solo al singolo ma vincola gli affetti di tutta una gente? Anche per queste vie meno frequentate, nel frattempo, il ricordo di Luigi il Grande si avvia ad assumere l'aureola del mito. E sarà il secolo seguente, in tutt'altra tensione culturale, a programmare la definitiva affermazione di questo mito, da Zsigmond Csúzy[18] che esalta nelle sue raccolte di prediche (1723-25) la figura di Luigi il Grande come eroe delle lotte nazionali in contrasto con la sconfitta subita dal Rákóczi a Ferenc Orosz che nel 1760 pubblica in ungherese la *Biografia* del Küküllei, mentre già all'inizio dello Ottocento si leva alta la voce del Berzsenyi:

Chi sei tu, stella lucente nella fitta nebbia
Del mondo antico? La notte dei tempi
Riposa su di te: e pur l'ardente
Tuo volto risplende fra noi.

Chi sei tu, eroico e formidabile re,
Con elmo adamantino, in una luce celeste,
Che sî risplendi come la face ardente
Di Faro nelle tenebre deserte della notte?
. . . .
Due nostri grandi re acquistarono splendida fama
Nell'antichità: ambedue furono amici
Delle Muse soavi e per ambedue
La docile mano della Musa colse l'alloro.

Sotto l'ala sapiente di un Grande Luigi la nostra patria
Vide erigere Roma ed Atene,
Nella possente città di Attila
Fiorirono Marte, la scienza e 'l potere.[19]

La lezione di fondo che si trae da queste strofe e da quelle che per brevità non si son riportate è che i princîpi illuministici sostanzialmente possono convivere con il riconoscimento d'una gloria nazionale legata a due dei prîncipi più assoluti che l'Ungheria abbia mai avuto. Troppo grande è lo spirito del Berzsenyi per potersi adagiare in faziosità preconcette, troppo forte il suo ardore patrio per poter obliare un passato così eroico, troppo alta la sua ispirazione poetica per non riconoscere che in quel tempo in Buda "fiorirono la scienza e il potere". E quanta delicatezza –pur in un'ode certamente altisonate– in quella "docile mano che colse l'alloro"! E così, nel cammino dei secoli, è penetrata definitivamente nella coscienza ungherese la nozione d'un regno, quello di Luigi il Grande per l'appunto, in cui il mecenatismo e la virtù militare coesistevano armonicamente nell'àmbito di quella visione della vita che stava lentamente ma inesorabilmente trasformando il retaggio medievale nel nuovo spirito informatore dell'Umanesimo. Su questo doppio aspetto del regno angioino di Luigi risiede forse la ragione della creazione d'un mito; un doppio aspetto che non è ambiguità o volubilità, ma espressione delle componenti ideologiche e ideali d'un principato che si colloca in un periodo davvero transitorio della storia.

4. *"Oh, questa inerzia muffosa, questa m'uccide!"* (J. Arany, *La sera di Toldi,* 4, 9, 4)

L'ultimo periodo del regno di Luigi il Grande, che per il Küküllei si sarebbe svolto in "giorni quieti e pieni di pace contemplativa"[20] e che proprio per questo vien descritto quasi come il riposo del guerriero alla insegna di una faticosa pacificazione finalmente raggiunta, nella *Sera di Toldi* di János Arany assume il tono crepuscolare di un'età che mestamente scompare nel silenzio tristemente rappresentato dopo l'altisonante fragore delle armi. Né poteva essere diversamente, ché la poetica romantica non poteva accettare di buon grado la fine d'uno splendore medievale da cui attingere a piene mani materia ed ispirazione.

In questa fase della ricostruzione epica[21] dell'Arany campeggiano in primo piano le figure, ambedue ormai canute, dell'eroe ancora insoddisfatto e del sovrano riflessivo e saggio. E questo basterebbe a delineare la differenza fondamentale che distingue i due personaggi, anche se non elimina certo la possibilità di ulteriori rilievi, più particolareggiati e più ravvicinati.

La lettura della sesta strofa del primo canto è sufficiente a rilevare il contrasto che volutamente l'Arany inserisce fra le due figure e fra tutto ciò che le caratterizza. Anzitutto il rifiuto della vita di corte (e qui è come se risentissimo talune parole dell'amato Tasso): in proposito l'Arany si mostra veramente coraggioso, ché una delle glorie–storicamente riconosciute ed apprezzate–di Luigi fu proprio la creazione de questa corte degna d'un mecenate, precorritrice certamente della corte di Mattia. Nondimeno:

Eran passati tre anni da che il vecchio eroe
Attirò sul suo capo canuto l'ira del re,
Biasimando la corte, ed i suoi molli piaceri,
Le sue usanze aggraziate, il suo italianeggiante splendore.
Come pruno negli occhi gli stavan i palazzi addobbati,
"Non fanno per me", brontolava di continuo,
Finché, preso in parola, il re non lo mandò via,
A morire in casa; e della sua morte ora corre voce.[22]

Mi sembra che qui sia il puritano Arany ad immedesimarsi nella figura di Toldi: certo, l'àlibi del poeta è di ferro, ché il rude guerriero di tante battaglie non può trovarsi a suo agio nel morbido ambiente d'una corte dalle usanze raffinate e dal gusto italianeggiante. E proprio queste tre componenti: la corte, i costumi rilassati, l'influsso italiano, vengono presi di mira dall'Arany, il che fa pensare—e basterebbe ricordarsi dell' "italiano libidinoso" (*kéjsóvár olasz*) attributio al povero Tasso![23]—ad una mal celata ritosia dinanzi a tutto ciò che sia italiano e che, in quanto tale, venga a corrompere il carattere genuino del popolo ungherese. Emblematica, da questo punto di vista, può divenire la stessa scena del duello fra Toldi e lo sconosciuto cavaliere italiano. Di nuovo ci troviamo "nella splendida corte del canuto re Luigi", dove appunto "si svolge il torneo, o piuttosto si svolgerebbe,/ Se vi fosse cavaliere, magari uno solo, disposto a cimentarsi" (2, 5, 2-4). Certo, perché nessuno vuole più combattere contro questo campione italiano che sembra imbattibile; e l'Arany si rivela ancora una volta maestro quando pone drammaticamente a confronto l'accentuata spavalderia di costui con l'impotente inerzia degli astanti, che sembrano annientati dalle ingiurie e dalle offese rivolte in modo sin troppo plateale. L'orgoglio ungherese è ferito nella stessa persona del re: e qui ancora una nota umana gli viene attribuita dal poeta, ché è ben difficile sorprendere un sovrano mentre "le labbra gli treman dalla rabbia", mentre gli altri non contenuti moti del suo volto altro non sono che reazione immediata e spontanea d'un prode sempre pronto all'azione ma che allo stesso tempo deve soffrire per la necessitata inerzia sua e dei suoi. Ma l'orgoglio ungherese—cosi vuole l'episodio—viene momentaneamente difeso dal coraggio dei due giovani che si decidono ad affrontare l'imbattibile italiano: e qui l'Arany, quasi a voler comprendere la meccanica psicologica che spinge i due giovani al cimento, racchiude in due ottave il ricordo delle più importanti imprese di Luigi. E come non pensare che nel duello contro l'italiano deve esserci anche il richiamo alla memoria e magari la riconferma delle vittorie contro "la superba Venezia" che "mendicando chiese la pace alle armi ungheresi"; ed anche il ricordo dell'"impresa napoletana, quando la donna pagò il prezzo del suo omicidio"? (2, 23-24) Ma anche questo giovane coraggio dovrà soccombere, sî da costringere il re ed il suo seguito, pieni d'ira e di vergogna, a lasciare il campo. Ma non lo lasciarono, perché incuriositi dall'entrata in scena d'un personaggio strano e sconosciuto: è il vecchio Toldi, che darà ancora soddisfazione al suo vecchio ed amato re.

Ma qui si deve tener fissa l'attenzione alla figura, al comportamento di Luigi. Indubbiamente l'Arany vuol eoglierlo nei suo aspetti più umani, tanti sono i passi che rivelano tale tendenza. E ciò non dispiace non solo all'efficacia poetica, ma neppure a qualsiasi tentativo di penetrare nel carattere dell'uomo e del sovrano. Certo, una ricostruzione caratteriale basata esclusivamente sulla poesia è destinata inevitabilmente alla imprecisione: ma occorre pur tenere sempre in mente il fatto che l'Arany poetava su di una salda documentazione storica; del resto, solo cosî tale tentativo può avere una sua validità.

Saggio è quasi sempre il vecchio re: se il suo biografo ci ha lasciato notizie su una sua accentuata tendenza alla meditazione, alla riflessione, alla scelta ponderata di quanto va fatto per il bene e per il giusto, l'Arany da parte sua quasi esplica poeticamente questa realtà, che certo doveva avere il suo ben preciso fondamento storico. Umanissimo è il re che mette la mano fra i capelli bianchi come per un moto di insofferenza per la tristezza che gli suscita in questo episodio l'apparire misterioso di Toldi. E subitaneo è il ricorso alla memoria ed al riconoscimento di quanto egli aveva operato con inopportuna decisione: in particolare, l'insofferenza ed il rammarico per tempi in cui "era cosî debole da non sopportare l'evidenza della verità", tardivo riconoscimento della fedeltà di Toldi. Ancora pieno di umanità è il re che si rallegra alla certezza che Toldi è ancora in vita e, di più, che gli è ora dinanzi alla maniera antica e forte, pronto a difendere ancora una volta l'onore d'Ungheria. L'allegoria è abbastanza trasparente: "l'italiano, il grande idolo italiano" (3, 31-34) altro non vuol rappresentare se non l'elemento eterogeneo, cosmopolitico, occidentale, della corte angioina, e vien battuto-senza che l'intervento magnanimo del re riesca a salvarlo—da una figura ancestrale che sembra risuscitata, che sembra provenire dal passato nebuloso eppur grandioso dell'epopea pre-arpadiana. E' il buio profondo e cencioso del passato ungherese che torna —e forse per l'ultima volta—ad avere il sopravvento sulla forzata civilizzazione dell'Ungheria. E' la vittoria dell'ungherese anonimo, della originaria forza ancestrale sullo straniero millantatore e superbo della sua fama.[24]

In Ilosvai c'è solo un parco e non spiegato riferimento alla caduta in disgrazia di Toldi presso il suo re. L'Arany tenta una spiegazione di questo dissidio e la inserisce nella scena più vasta del confronto fra due diverse concezioni di vita. Il contrasto si regge su vari elementi: la corte ed il campo di battaglia, i costumi autentici del popolo ungherese e la nuova civiltà occidentale, la fierezza ed il rilassamento. Tutto ciò fa parte del colloquio, prima a distanza e poi ravvicinatissimo su un letto di morte, che s'instaura fra Toldi e Luigi.

La critica di Toldi finisce per divenire un riconoscimento della politica culturale de Luigi il Grande. Certo, l'uomo del popolo, della sconfinata pianura ungherese, l'uomo che aveva contribuito col proprio valore alle vittorie della nazione non poteva non preoccuparsi se la corte diveniva una "corte degenerata", se, soprattutto, il re "fa del magiaro un pupazzo italiano", se in definitiva "si corrompono i sani antichi costumi del popolo". Ma le cose stavano veramente cosi? Forse no, o forse solo in parte. Del resto, non fu anche il Petrarca, il poeta che ebbe relazioni epistolari con Luigi il Grande, a lamentarsi, per altro versante, del degrado dei costumi italiani, indicando nell'àmbito dell'antico limite del Danubio quasi la culla dell'autentica civiltà e biasimando allo stesso tempo coloro che lo valicavano non per virtù ma per riprovevole ossequio a mode estranee ed inquinanti?[25] Ma il corso della storia, il naturale sviluppo del progresso non si arrestavano dinanzi a queste poco opportune quanto inefficaci rimostranze. Le nouve correnti del sapere non potevano tollerare limitazioni di sorta, e l'Arany non può non rilevarlo: quei giovani che formavano la corte del vecchio re "venivano per scambio anche da corti straniere, dove la gioventù ungherese li sostituiva". (5, 11) E l'opera del re mecenate non si limitava a questo: si trattava di una nuova generazione formatasi all'Università di Pécs, orgoglio della realtà culturale angioina, oppure a Parigi o a Bologna, sedi molto ambite e adatte, allora, per il completamento d'una severa formazione. La figura del sovrano si staglia limpida alla luce di questi risultati che erano frutto di una precisa volontà: non solo gli Ungheresi non si fecero più "malmenare", ché ampiamente dimostrarono un po' dovunque il peso della loro forza, ma seppero anche acquisire quella scienza necessaria allo sviluppo civile del loro Paese.[26] Il re certamente era orgoglioso del suo mecenatismo; eppure, e sia pur consapevole che i tempi erano mutati e non davano ragione al vecchio Toldi, sa rivelarsi ancora una volta umanissimo nei confronti dell'antico cavaliere e mostra autentica commozione per un uomo del passato, per il passato che egli rappresenta, per i fieri ricordi che suscita la sua figura quando, poco prima della morte, volle recarsi a rendergli l'ultimo omaggio.

Non il suddito ed il sovrano s'incontrano, ma i due vecchi compagni d'armi; ma nelle tristi parole di questo mesto ed ultimo congedo si rivela anche la non colmabile lontananza che divide le idee di cui i due personaggi sono portatori. Una grande carica di simpatia non può non andare al tenace Toldi, un grande rispetto ed un chiaro segno di riconoscimento storico va a Luigi. Il re di certo si eleva sulla figura del cavaliere momente, ché comprende le sue idee ma anche la realtà del nuovo monento storico. Toldi muore insieme all'uomo del passato, insieme alle glorie avite d'un popolo che certamente soffrî per quanto di nuovo gli si volle far accettare; muore pur pensando al futuro dell'Ungheria che rimette nelle mani del suo re non risparmiandogli pressanti raccomandazioni. Il re accetta tutto questo dal vecchio amico, ben cosciente di muoversi già nel futuro, di aver preparato il futuro della sua nazione, di aver ben compreso come la tradizioni dovessero conservarsi accanto alla necessaria accettazione del nuovo. Luigi il Grande si rivela tale per aver compreso il destino storico dell'Ungheria che non poteva non aprirsi all'influsso straniero, per aver saputo in fin dei conti proseguire sulla stessa strada che aveva permesso, secoli prima, la stessa formazione del regno d'Ungheria. "Ama gli Ungheresi, ma non spogliarli / Della loro forza, del loro carattere, della loro ruvida crosta" (6, 28)–gli raccomanda Toldi. E Luigi, come per giustificarsi: "E gli Ungheresi, il popolo, quando non amai? / Fino a tre mari ho esteso il loro dominio" (6, 29). Il mito dei tre mari ritorna risoluto anche in Arany, come ben si vede. Un mito affermatosi anche di contro ad una realtà storica che mutava profondamente; ed il re ne è cosciente: "Il mondo cambia: va scemando ciò che era forte, / E sarà forte ciò che prima era molle" (6, 31). Toldi è già spirato e non può ascoltare queste parole del re che sembra parli piuttosto a sé stesso ed alla posterità. Una posterità diversa dal buon Toldi, necessariamente diversa: "Altri popoli crescono, altra progenie, / Che conquistano con la mente, non con la sola forza. /

Ecco, da poco la mente ha inventato una semplice polvere. . ." (6, 32) E' la sconfitta della posizione ideale di Toldi e buon per lui, si direbbe, se non può udire tali parole. Per lui è ormai notte, una notte che si avvicina anche per il re, ed il buio più fitto avvolge questo mesto congedo. Pieno di mestizia è anche questo senso del nuovo ché vien dichiarato in una notte di morte: la forza della mente, la luce dell'intelletto viene ad aprire squarci e bagliori di una nuova èra per l'umanità, ma non riesce a gettar luce su un mondo di idee che ineluttabilmente si spegne insieme alla vita di Toldi. Il re pianse, annota il poeta. Sulla morte dell'amico, certo, ma non solo, ché dové piangere anche sulla fine del suo mondo, sebbene si fosse prodigato a prepararne uno nuovo o per lo meno a preparare sé ed il suo popolo ad esso.

La figura di Luigi il Grande non è stata mai avvolta dall'alone d'un vero mito, bensî dal riconoscimento del suo operoso fare per il bene della nazione. Il mito in senso stretto non gli appartiene, ma è suo l'aver creato il mito d'una Ungheria forte ed imbattibile, fiera delle proprie tradizioni ma pronta ad accogliere ed aperta a ricevere il positivo influsso esterno. E bene hanno fatto quanti, in Ungheria e fuori, storici e letterati, hanno accostato la sua figura a quella di Mattia Corvino, che godé d'un altro mito. Il re Luigi fu grande per quanto egli fece nella realtà storica, anche se si può discutere sulla opportunità e sull'efficacia della sue imprese. Egli stesso, una volta, pensa–nell'*Amore di Toldi* (12, 83)–se tutto quanto aveva compiuto non si fosse risolto in una "bolla di sangue". Forse sarà stato cosî, se solo si pensi che alla sua morte ci furono "grandi disordini" –come annota il Tinódi. Ma quando la morte d'una grande personalità non ha generato un vuoto difficilmente colmabile? E poi, un principe medievale va giudicato per quanto seppe fare in vita o per quanto avvenne dopo di lui? In lui l'Ungheria ha avuto un re grande e saggio, ma il destino d'una nazione spesso non si identifica con l'operosità dei suoi figli migliori.

NOTES

1. "Végszó a 'Toldi estéje' első kiadásához" [Nota finale alla prima edizione della 'Sera di Toldi'], *Arany János válogatott prózai munkái* [Prose scelte di János Arany] (Budapest, 1968), 1000-01.

2. Tibor Klaniczay, *Mattia Corvino e l'Umanesimo italiano* (Roma, 1974).

3. *Küküllei János és a Névtelen Minorita krónikája* [Cronaca di János Küküllei e dell'Anonimo Minorita] (Budapest, 1960), 35.

4. Johan Huizinga, *L'autunno del Medio Evo* (Firenze, 1966), 85-98.

5. Küküllei, 36.

6. Come l'Ungheria riusci a non farsi più "malmenare" è noto a tutti e le fonti storiche, al riguardo, sono numerose, attendibili e conosciute. Ma il rilievo, non so quanto eccessivo, che esse danno alle complicazioni italiane della politica di Luigi, suona quasi come una risposta, sia pur molto indiretta, ai timori paventati dal Petrarca in una sua lettera del 1346: "Sed iam fletuum satis est, modo ne ubi fingimus, initium sit; cum enim, ut dicebam, et crebra et comitata veniant mala, cum rara et solitaria bona sint, ex hoc malo nescio quid malorum sequi video, quod ne iterum certior quam velim, mali nuntii vates sim, silentio premam. Meliora cunta proveniant quam spero, nec reipublice noceat paucorum furor, qui in illis quorum est, inultus, ut auguror, non erit; etsi enim divina iustitia sepe misericordie succumbat, in his tamen hoc accidit quos peccati pudet as penitet, non in his qui flagitio gloriantur". "Ad Barbatum Sulmonensem, de miserabili et indigna morte regis Andree",*Epistole di Francesco Petrarca* (Torino, 1978), 176-87. Ad ogni modo, la vendetta del "mite" (*jámbor*) Andrea fu consumata a soddisfazione del fratello "sfrenato" (*vásott*)– come disse l'Arany a proposito di re Luigi nell'*Amore di Toldi:* 7, 4, 2– anche se il danno allo stato, temuto dal Petrarca, certamente vi fu.

7. È doveroso, a tal proposito, il richiamo alla ben nota novella di More e Berto nel *Paradiso degli Alberti* di Giovanni Gherardi da Prato (IV 71-111), per la quale si veda Tibor Kardos, "Una novella di argomento ungherese del Paradiso degli Alberti", in *Studi e ricerche umanistiche italo-ungheresi* (Debrecen, 1967), I: 23-30. Ma forse giova riportare anche l'inizio d'una novella di Ortensio Lando: "Messere Ugo da Santa Sofia gentiluomo veronese, molto dotto in tutte le discipline liberali e di cui era ferma e costante opinione, che mai non fosse in quella città chi meglio di lui conoscesse la natura dei pianeti, le stelle fisse, l'erranti e finalmente tutti i corsi molte cose future annunciò a' suoi cittadini, predisse la morte del re Roberto, e predisse che il regno da una femmina retto sarebbe; disse di più, che l'imperio dell'Unghero s'amplierebbe fino alla Grecia

e toccherebbe i confini di Troia. . ." Cito da *Novelle del Cinquecento* (Torino, 1976), 339.

8. "Az zsidó és magyar nemzetről" [Delle nazioni ebraica ed ungherese], *Balassi Bálint és a 16. szazad költői* [Bálint Balassi e i poeti del XVI secolo] (Budapest, 1979), I: 383-395.

9. *Cronica ez vilagnac jeles dolgairól* [Cronaca dei fatti insigni di questo mondo], edizione facsimile, (Budapest, 1960).

10. Rabán Gerézdi, *Janus Pannoniustól Balassi Bálintig* [Da Janus Pannonius a Bálint Balassi] (Budapest, 1968), 410.

11. Székely, 191a.

12. *Régi magyar költők tára* [Collezione dei poeti ungheresi antichi] (Budapest, 1881), 321-58.

13. "Mátyás király históriája Bécs megvételéig" [Storia del re Mattia fino alla presa di Vienna]. *Balassi Bálint és a 16. század költői,* II: 5-98.

14. "Az híres neves Tholdi Miklósnak jeles cselekedetiről és bajnokságáról való história" [Storia dell'eroismo e degli incliti atti del famoso ed illustre Miklós Toldi], *Régi magyar költők tára* (Budapest, 1884), 241-53.

15. "Vitéz hadnagy" [Il capitano virtuoso], *Gróf Zrinyi Miklós prózai munkái* [Prose del conte Miklós Zrínyi] (Budapest, 1939), quarto discorso, 111-13. Per un più approfondito esame della questione si veda Tibor Klaniszay, *Zrínyi Miklós,* 2^{0} ed. (Budapest, 1964), 412-41.

16. "Thököly Imre és Zrinyi Ilona házassága" [Le nozze di Imre Thököly e Ilona Zrínyi], *Gyöngyösi István összes költeményei* [Poesie complete di István Gyöngyösi] (Budapest, 1921), II: 241-42. Il mito di una Ungheria invincibile e della vastità dei suoi confini si ritrova anche nell'anonima "Egy lengyel királyi tanácsosnak levele" [Lettera di un consigliere del re di Polonia], *Magyar gondolkodók–17. század* [Pensatori ungheresi del Seicento] (Budapest, 1979), 311-77.

17. János Fileki, "Halotti versek Bethlen Krisztina temetésére" [Versi funebri per la sepoltura di Cristina Bethlen], *Régi magyar költők tára. XVII. század* [Collezione dei poeti ungheresi antichi–XVII secolo] (Budapest, 1977), 142-46.

18. Endre Angyal, "Csúzy Zsigmond magyarsága" [L'ungherese di Zsigmond Csúzy], *Irodalomtörténeti Közlemények,* 61 (1957): 216-26.

19. "Nagy Lajos és Hunyadi Mátyás" [Luigi il Grande e Mattia Hunyadi], *Berzsenyi Dániel összes művei* [Opere complete di Dániel Berzsenyi], (Budapest, 1968), 33-34.

20. Küküllei, 76-77.

21. Della trilogia dedicata a Toldi ho ritenuto opportuno qui limitarmi alla rilettura della sola *Sera di Toldi* (Per il testo, *Arany János összes költeményei* [Poesie complete di János Arany] (Budapest, 1969), II: 161-221). Non appaia del tutto ingiustificata questa mia scelta: l'analisi del mito letterario e storico nella poesia epica dell'Arany richiederebbe certamente più spazio e senz'altro una diversa sede. Di proposito, quindi, non esamino il *Toldi* perché troppo aderente alla figura del leggendario eroe, mentre faccio solo qualche sporadico riferimento all'*Amore di Toldi* perché troppo legato alle imprese militari di Luigi la cui narrazione do qui per avvenuta in sede di riferimenti storiografici. La *Sera di Toldi,* per di più, si presta efficacemente al rilievo totale del mito di Luigi il Grande, che non fu solo gloria militare ma anche saggezza ed umanità profonde: e sono questi gli aspetti che ho cercato di estrapolare dal contesto dell'opera aranyana e che permettono di commemorare non solo il re ma anche l'uomo.

22. *Arany János összes költeményei,* II: 162.

23. "Zrínyi és Tasso" [Zrínyi e Tasso], *Arany János válogatott prózai munkái,* 278.

24. Per tutto questo e per il motivo dell'avversione per la vita di corte si veda Miguel de Ferdinandy, "Páramo y castillo en la cultura húngara", *Eco,* 200 (Bogotá, 1978), 764-93; in particolare, 788-93.

25. Scrive il Petrarca: "Nam quis tacitum ferat hoc nescio unde oriens rerum nostrarum indignum et turpe fastidium, unde turpior admiratio et cultus indignior nascitur externarum? At non sic maiores nostri, quorum dici utinam posteri mereremur: sua illis placere poterant et placebant. Non Rheni vallem, non Danubii fluenta lustrabant ad conquirendas has insanias, quibus italicum decus in obscenam barbariem degenerare compellerent, sed imperii dilatandi studio querendeque glorie peregrinabantur signis erectis et armatis exercitibus, non deformitatem patrii habitus sed triumphos et clasar cognomina relaturi". "De vita solitaria", liber primus, *Opere latine de Francesco Petrarca* (Torino, 1977), I: 366.

26. Andor Csizmadia, "Galvano di Bologna, professore di giurisprudenza dell'Università di Pécs", in *Italia ed Ungheria. Dieci secoli di rapporti culturali* (Budapest, 1967), 29-43. Ma si veda anche e soprattutto Tibor Klaniczay, "Attività letteraria dei Francescani e Domenicani nell' Ungheria angioina", in *Gli Angioini di Napoli e di Ungheria* (Roma, 1974), 27-40.

Thomas Szendrey

19 / The Image of Empire: The Era of Louis the Great in the Writings of Bálint Hóman

In the case of a scholar such as Bálint Hóman (1885-1951), who was also a cultural politician of some renown (he served as the Hungarian minister of religion and public instruction for nearly ten years in the 1930s and early 1940s), one must of necessity distinguish his scholarly writings on the Middle Ages and the cultural-political ideals he fostered. The latter were inevitably (indeed almost without exception) characterized by a concern for the fostering of a sense of Hungarian nationalism, not wholly without an irredentist dimension, and a historically grounded and perceived cultural mission. Hóman himself was aware of this situation and reflected on this problem any number of times. Most meaningful perhaps is the following passage: "I am a historian; I have been researching and examining the past of the Hungarian nation, the politics of the past, for three decades; even if I am inexperienced in the ways of current politics, I shall enter upon that road armed with a knowledge of the consistent national politics of a millenium."[1] In this context the Anjou era, characterized as it was by the greatest extension of Hungarian political power and influence, could serve as a useful point of reference to sustain the aspirations of a country which had been substantially dismembered by the Treaty of Trianon and was in the process of rebuilding politically and culturally its own self-esteem under difficult and trying circumstances. Thus, the possibilities inherent in scholarly historical writings about the era, politically motivated historical writings, or for that matter political tracts conditioned by a sense of history, were both tempting and evident. Hóman made use of all these possibilities in his writings on the Anjou era and Louis the Great.[2]

From a scholarly perspective, the most comprehensive historical account was undoubtedly the section dealing with Louis the Great in the Hóman-written volumes of the Hóman-Szekfü *Magyar történet,* specifically the second volume of the five volume edition.[3] Closely related to this in terms of the major outlines of the interpretation were the chapter Hóman contributed to the *Cambridge Medieval History,* dealing with Hungary in the period 1301-1490, as well as the translation and in some cases the expansion, of these materials into German and Italian.[4] Since the major interpretative thrust of these works is fundamentally similar to what Hóman wrote in the *Magyar történet,* his interpretation will be dealt with as presented in that work.

The very chapter heading "Világuralmi tervek"[5] (Plans for World Domination) betrays the major thrust of Hóman's interpretation of the era of the Anjou kings. Although the concept of Hungarian great power status as characteristic of fourteenth and fifteenth century Hungary was already expounded in the earlier chapters, the conclusion quite simply put was that these centuries represented the high point and the greatest territorial extent of the Hungarian feudal kingdom.[6] In addition to tracing these political and social changes characteristic of this era of Hungarian history–development of feudalism, centralization, financial and social developments, new foreign policy ideals, and diplomatic and military ventures–Hóman's characterization of Louis and the elements of his rule and personality were not only considered praiseworthy, but were provided with a sense of hallowed respect based upon its ancestry and the great number of outstanding rulers identified with the Anjou branch of the house of Capet.[7] In his description of the early years and ideals of the young king, Hóman stressed the significance of Louis's political and cultural inheritance, and also described in some detail the circumstances of his upbringing, characterized mostly by a happy and harmonious childhood, a home environment typified by the refinements of a feudal court and deep religiosity, and an education which in addition to the usual subjects, included a thorough grounding in the study of history and foreign languages. The young Louis, as Hóman pointed out and compellingly demonstrated, learned French, Latin, and German and was taught the history of his ancestors and other great rulers. Among these it was especially Alexander the Great and the Hungarian king St. László [Ladislas] whose life stories greatly influenced the young king.[8] The cult of St. László, fostered also by the Chronicle of Márk Kálti [i.e. *Chronicon Pictum Vindebonense* = Viennese Illuminated Chronicle], was demonstrated by any number of events in the life and ideas of Louis. Hóman stressed and documented the significance of these attitudes and their manifestations for Hungarian history.[9]

After a discussion of Louis's political training and his introduction to the historical determinants of Hungarian foreign policy, Hóman then summed up what he had written about the king in a section of the chapter bearing the subheading "The Personality of Louis the Great." It is a virtual panegyric to Louis. Hóman concluded his observations in the following manner: "The ethical and religious construction of his desire for glory and pursuit of power and the adherence to to the ever more dated feudal spirit and patterns of life obtained for him the homage of his contemporaries, . . . and this initiated him as the destined successor to the bold and large-scale policies of his father, and made him into the greatest builder of Hungarian power, upon whom posterity–the only one among so many of our great kings–has bestowed the epithet 'Great', precisely because of his human greatness that rested upon those moral principles which govern life."[10]

There can be no doubt that Hóman's interpretation of the heritage, education, and personal characteristics of Louis the Great was indeed very positive and laudatory. This positive interpretation then determined the orientation manifested in the discussion of the reign and policies, both foreign and domestic, of Louis. Furthermore, Hóman pointed out that the Anjous made use of their excellent relationship with other European rulers to expand not only their own dynastic influence, but also the traditional goals and aspirations of Hungarian foreign policy. More than once he praised Louis's outstanding diplomatic skills[11] and his concern with moral considerations in dynastic and national struggles, especially in conjunction with the position and aspirations of the papacy and the Church.[12]

In addition to Hóman's concern with Louis's political and personal inheritance, and his foreign policy and imperial aspirations,[13] he did not neglect the religious and cultural dimensions of the era, nor the policies of Louis in these areas. Hóman generally argued that, although Louis respected the papacy and the Church, he did not hesitate to assert his royal rights and prerogatives within the country. It should be stressed that in the course of his involvement in the affairs of Europe, he did not desire a direct confrontation with the papacy, and he realized that he needed papal cooperation to appoint well-educated churchmen to assist him in the accomplishment of his political and cultural aspirations. At his court there developed a coherent educational system which was especially characterized by an interest in the role of court historiography. In Hóman's estimation, the rapid development of this court historiography was the consequence of Louis's historical sense and interest.[14] Yet, we should not forget that Hóman's emphasis upon this phenomenon may not be wholly unrelated to his own interest in the study of chronicles and the development of historiography. The establishment of a University at Pécs was considered by Hóman not only as an expression of Louis's concern with education, but also as an attempt to counterbalance German cultural imperialism.[15]

While Hóman's conclusions concerning the artistic accomplishments of the era only reiterated the findings and interpretations of art historians, he did point out that many of the accomplishments of the Hungarian Gothic (especially in architecture) had been ravaged over the course of the centuries. Even so, French and Italian influences in 14th-century Hungarian art and architecture are still evident, and these he considered to be reflective of the French and Italian orientation of the court life and foreign policies of the Anjou kings.[16]

Given the fact that Hóman considered the reign of Louis the Great as the most glorious period of Hungarian history in both diplomatic and military terms, he also extended this judgment to virtually every aspect of Louis's reign. Even though in his description of Louis's military and diplomatic exploits, he did point out some of the difficulties and the ultimate failure of the effort to obtain two foreign thrones, Hóman nonetheless concluded that Louis's foreign policy was consistent with Hungarian aspirations, and at the same time conditioned by a sense of humanity and justice. The conclusion of the chapter dealing with these matters aptly summed up Hóman's attitude in these areas of concern: "It was this respect for law and a moral consciousness which made of that 'devout king' who acknowledged his feudal obligation to defend the faith and the Church, a crusader and champion of the Church. This obtained for him the respect of his contemporaries and posterity for centuries to come."[17]

While the interpretative scheme and tone of Hóman's discussion of Louis the Great in his major study may have been motivated by certain political ideals impressed upon the generation which witnessed and experienced the destruction of even the vestiges of Hungarian imperial aspirations, his analysis was based upon a long Hungarian historiographical tradition which had generally idealized the political and diplomatic accomplishments of the Anjous. Furthermore, Hóman built his interpretation and formed his judgments of Louis and his policies upon an extensive number and array of sources and studies produced by the positivist-minded historians of the late nineteenth and early twentieth centuries. While Hóman himself was trained during this positivist era and some of his scholarly work concerned itself with Hungarian medieval history and its sources and chronicles, he nonetheless recognized the significance of a historical synthesis pointing the way to the understanding of history by the educated public and not only the professional historian. Thus, the account he produced in his major synthesis of Hungarian history, written in conjunction with Gyula Szekfű, represented a conscious effort at synthesis with due attention to the completeness and scholarly nature of the account. The success of his effort in the volumes of the *Magyar történet* volumes, while criticized and praised in differing proportions during the vicissitudes of twentieth century Hungarian intellectual life, has served as a useful and meaningful synthesis and has been incorporated, once again with shifting emphasis and judgments about its relative value, into the understanding which Hungarians have of their own past.[18]

The image of Louis the Great presented by Hóman in the work just discussed by no means exhausts what he has written about the subject. In addition to restatements of this interpretation in some other, mostly briefer or foreign language versions of his writings on Hungarian history before 1500,[19] Hóman also dealt with Louis the Great in some more popular writings, and made references to him and to the Anjous in his speeches and newspaper articles during his years as minister of religion and public instruction.

In an essay entitled "Foreign Political Orientations in Hungarian History"[20]—written not so much for a scholarly audience, but for the educated public in Hungary and beyond—Hóman had an obvious political purpose. This is evident not only in the tone of this essay, but also in the author's attempt to explain the traditional role of Hungary as the bastion of Western civilization. In the introduction to the essay, Hóman stated his purpose as follows: "The Hungarian nation now, as in the past, living in the zone dividing West and East, has in matters of foreign politics for a thousand years been confronted with the same great problem, the balancing of the western and eastern forces and the difficult question of living safely between the two. Every move in the history of her foreign policy is directed by this vital consideration."[21] Taking this statement into account, one can then recognize that Hóman's emphasis upon the fact that the Anjous were descended from the junior branch of the Capet family was of no small significance. This fact gave an added and special dimension to the relationship of these two dynasties and thus also to the social and cultural relations between Hungary and Italy.[22]

On this level of historical essay-writting, Hóman dealt not only with the historical dimension of foreign policy considerations, but also provided a brief characterization of Louis the Great for a wider audience.[23] Content-wise, however, this proved to be nothing more than a simple summary of his coverage of the same topic in the previously discussed *Magyar történet.*

In addition to his major historical works and essays on this subject, Hóman also made use of his historical knowledge in his public life. Many of his speeches were replete with historical references and, if the occasion so demanded, he made specific allusions to the era of Louis the Great. Such allusions to the Anjous were made in at least two specific contexts. Whenever Hóman had occasion to refer to the problems faced as a consequence of the dismemberment of historic Hungary by the Treaty of Trianon, he inevitably recalled that era when Hungary was at the height of its power.[24] The other context in which the role of the Anjous and Louis was stressed by Hóman was in his speeches as minister of religion and public instruction when dealing with Italian-Hungarian cultural connections.[25] In these speeches historical references provided a sense of continuity with the past and also served as a form of justification for present policies.

Though there is a rather evident commonality of interpretation in the numerous writings of Bálint Hóman concerning the Anjou era and the person of Louis the Great, even Hóman himself was aware that there can and must be a difference of emphasis between the writing of the historical scholar and the historically-minded cultural politician. In his own words: "I was in Rome the last time ten years ago. At that time I sought and found inspiration here for my studies as a scholar of history. As a historian I was strengthened in my belief in the existence of Italian-Hungarian historical friendship, indeed became more convinced of the significance and continuity of the relations between the two nations. I am here today as the leader of Hungarian cultural policy, in order that I might take part in an official function which will further consolidate these historical connections and lead to the renewal of an old friendship."[26]

Even though the changed political and cultural conditions of the past generation have, understandably, resulted in a change of emphasis and expansion of knowledge concerning the Anjou era, the interpretation of Bálint Hóman continues to possess a value transcending the times which inspired them.

NOTES

1. Bálint Hóman, *Magyar sors–magyar hivatás* [Hungarian Fate–Hungarian Mission], (Budapest: Athenaeum, 1942), p. 299. For general information concerning Hóman, consult my unpublished doctoral dissertation, Thomas Szendrey, "The Ideological and Methodological Foundations of Hungarian Historiography," (New York: St. John's University, 1972), esp. ch. 5; S. B. Vardy, *Modern Hungarian Historiography* (Boulder and New York: East European Quarterly and Columbia University Press, 1976), esp. pp. 80-101; and László Tóth, *Hóman Bálint a történetiró* [Bálint Hóman the Historian] (Pécs: Dunántúl Pécsi Egyetemi Könyvkiadó és Nyomda, 1939).

2. A complete listing of all his works, including those on Louis the Great and the Anjou era, can be found in the most comprehensive bibliography of his writings: "Hóman Bálint történettudományi és művelődéspolitikai munkássága, 1908-1938" [The Historical and Cultural-Political

Writings and Activities of Bálint Hóman], in Bálint Hóman, *Művelődéspolitika* [Cultural Politics] (Budapest: Magyar Történelmi Társulat, 1938), pp. 655-674.

3. Bálint Hóman and Gyula Szefkű, *Magyar történet* [Hungarian History], 3rd. ed. (Budapest: Királyi Magyar Egyetemi Nyomda, 1936), II, pp. 149-263.

4. Bálint Hóman, *Geschichte der Ungarischen Mittelalters,* 2 vols. (Berlin: Verlag Walter de Gruyter, 1940-1943); *Gli Angioini di Napoli in Ungheria, 1290-1403,* versione di Luigi Zambra e Rodolfo Mosca (Rome: Reale Accademia d'Italia, 1938); and "Hungary, 1301-1490," in *The Cambridge Medieval History,* ed. J. B. Bury (Cambridge: University Press, 1936), VIII, pp. 587-619.

5. Hóman-Szekfű, *Magyar történet,* II, p. 149.

6. Ibid., pp. 147-148.

7. Ibid., p. 152.

8. Ibid., pp. 154-155.

9. Ibid.

10. Ibid., p. 158.

11. Ibid., p. 187.

12. Ibid., pp. 206-207, 238-239.

13. Hóman's bibliography provides information about the sources of his interpretation. Cf. Ibid., pp. 619-622.

14. Ibid., pp. 247-248.

15. Ibid., p. 249.

16. Ibid., p. 250.

17. Ibid., p. 263.

18. Some observations concerning the reception of Hóman's work: Tóth, *Hóman,* pp. 47-50; Vardy, *Modern Hungarian Historiography,* pp. 79-146; for a critique of the above see Thomas Szendrey, "Recent Writings on Hungarian Historiography by S. B. Várdy," *The Canadian-American Review of Hungarian Studies,* VI, 2 (Fall, 1979), pp. 107-114.

19. See the bibliography given in note 4.

20. This essay was published in Elemér Radisics, ed., *Hungary Yesterday and Today* (London: Grant Richards, 1936), pp. 7-25. The original Hungarian version, *Külpolitikai irányok a magyar történetben* [Foreign Policy Direction in Hungarian History] (Budapest: Franklin, 1931).

21. Ibid., p. 9.

22. Ibid., p. 17.

23. Bálint Hóman, "Nagy Lajos," [Louis the Great], originally published in *Kincses Kalendárium* [Treasure Almanach], reprinted in Hóman, *Magyar középkor* [Hungarian Middle Ages] (Budapest: Magyar Történelmi Társulat, 1938), pp. 563-570.

24. Bálint Hóman, *Magyar sors,* pp. 120-128; see also his speech, "Az összetört szobor" [The Broken Statue], as given in Hóman, *Művelödéspolitika,* p. 604.

25. The speech was originally published in Italian, "La fraternita storica frà l'Italia e l'Ungheria," *Giornale d'Italia,* February 14, 1935; Hungarian text in ibid., pp. 575-577.

26. Ibid., p. 578.

PART V

THE DECRETUM OF 1351

Ferenc Somogyi

20 / The Constitutional Guarantee of 1351: The Decree of Louis the Great*

Only one decree is known to us today from the long, 40 year reign of King Louis the Great. This decree represents the conclusions of the national congress convened in 1351. This was the only national congress ever called by Louis the Great, according to the long established conclusion of Hungarian historiography. "Relying only on his royal council, he ruled essentially from his own experience and knowledge."[1]

Why did Louis the Great convene a national congress in the tenth year of his reign? According to the introduction of the decree it was so that the country's bishops, barons, dignitaries and nobles could request the renewal and strengthening of the articles of the letter of privilege which King Andrew II granted their antecendents in 1222.[2]

The letter of privilege of Andrew II, commonly known as the Golden Bull, guaranteed those rights and freedoms which–according to the Golden Bull itself–originated from St. Stephen, king and apostle of the Hungarian people.[3] With only one exception,[4] Louis the Great renewed all of these freedoms, taking into consideration the loyalty and honest dedication to service demonstrated by the bishops, barons, dignitaries and nobles, who continued to serve without regard to hardships or setbacks, and especially for remaining loyal to him during the Neapolitan campaigns.[5]

---

* Translated by Lél F. Somogyi

Louis the Great led the campaigns against Naples to avenge the murder of his younger brother, Andrew. Prince Andrew was killed in Aversa on September 19, 1345, but the first Neapolitan military campaign did not begin until 1347, and only after careful and thorough diplomatic arrangements had been made.[6] It ended in May, 1348, after many hard-fought battles.[7] The second Neapolitan campaign was begun in January, 1349, but Louis the Great was only able to join the campaign by ship on April 18, 1350. After capturing Naples he returned to Hungary on September 14, 1350.[8]

Without a doubt, the two major campaigns and the ongoing smaller battles between the campaigns fought against Naples demanded a huge financial commitment and extracted a heavy toll of human lives. The over three years of mostly fruitless fighting left Hungarians feeling bitter, cheated, disillusioned and disheartened. The national mood must have been very similar to what it was during the reign of Andrew II after his many unsuccessful foreign military campaigns. It is understandable, therefore, that just as the general disillusionment during the reign of Andrew II (1205-1235) forced him to issue the Golden Bull, so too did it force his successor Louis the Great, over a 100 years later, to renew and strengthen the Golden Bull.

The proper interpretation of the decree of 1351 issued by Louis the Great defines the decree as being a constitutional guarantee, equivalent in importance and meaning to the Golden Bull of 1222.

The decree of Louis the Great, as a constitutional guarantee, in its form and content, is in two parts. In the first part, it renews the articles of the Golden Bull. In the second part, it guarantees additional rights and freedoms. In essence, however, both parts serve the same purpose: to restrict and limit the authority and power of the king.

The Antecendents of the Golden Bull

The Golden Bull did not define or guarantee new rights and freedoms, but rather it restored those ancient freedoms that St. Stephen, the first king of Hungary (1001-1038), gave to the nobles of the country, the *servientes regis,* and to others; and that, in the course of time had been eroded and violated by certain kings in their anger or in response to the treacherous, false advice of self-serving individuals.[9] Seven years earlier, the English Magna Carta had guaranteed entirely new concessions, but mainly to the barons. In comparison to this, the concessions of the Golden Bull were achieved by primarily the ordinary free man, and in fact the Golden Bull "was directed more against the barons than against King Andrew II of Hungary."[10]

The Golden Bull marks the culmination of a long social evolution in Hungary. It raised those lower level free men to the ranks of the original founding (*honfoglaló*), conquering free men, who directly served the commands of the king and were known as the *servientes regis.*[11] The decree of Louis the Great became the cornerstone of an even greater and more profound social advancement.

According to the widely held opinion of Hungarian historical experts, the initial elements and guarantees of the historical Hungarian constitution can be found in the Golden Bull. Similarly, the early elements of the British constitution can be identified in the Magna Carta. However, the opinion is also advanced that these elements can be traced back to the founding of the Hungarian nation with the *vérszerződés,* the contract between the Hungarian tribes that was consummated in blood. In order to preserve these tenents, St. Stephen prepared his "Admonitions"[12] to his son St. Emeric, summarizing the key concepts, which were literally commandments, on how to live and rule his country. "The political form of the country," from St. Stephen to Andrew II, "remained that of the absolutist patrimonial kingship. Up to the reign of Andrew II, the field of the king's prerogatives was not restricted and his authority in matters falling within it remained absolute."[13]

This absolute power of the king, up until the Golden Bull, was only tempered by the precept and requirement, as set forth in the "Admonitions," for the king to hear and heed the advice of his council. Even though the king himself selected the members of his council from the bishops and various other leaders of the country, "the king's council seems to have evolved into a recognized permanent institution."[14]

With the issuance of the Golden Bull, theoretically the absolute power of the king was limited, however, in practice it appears it was not, since it still existed during the reign of Louis the Great. This is why it was necessary to rewrite, renew and strengthen the Golden Bull so it could better fulfill its role as a constitutional guarantee.

The Regulations of the Golden Bull

The regulations of the Golden Bull that were renewed and strengthened by the decree of Louis the Great, issued December 11, 1351, are described and paraphrased below. They are grouped by related topic, with the article number shown in brackets at the end of each article for reference purposes.

The king is required to celebrate the feast of the Holy King in Fehérvár.[15] He is relieved of this duty only if he is involved in dealing with difficult issues or due to illness. In such cases, however, the Palatine (from the Latin *palatinus,* in Hungarian *nádor*)[16] must replace him and listen to all complaints.[17] [1st] Irrespective of this, however, the Palatine will sit in judgement over all residents of the country, but he cannot conlude and pass judgment in cases involving nobility that would require beheading or confiscation of an estate without the concurrence of the king. He cannot have alternatives, only one, in his own court. [8th] The Lord Chief Justice of the country, while he resides in the king's court, can likewise bring judgments against anyone, and can complete any lawsuit begun in the king's court. If however, he resides on his own estate, he cannot send forth a bailiff or summon the parties in the suit. [9th] the *comes*[18] of a county can only bring judgment in regard to the estates of nobles in monetary or tithe related matters. The *comes* of the castles can only sit in judgment of matters related to the people of their own castles. Only royally appointed village *comites* can pass judgment in matters related to thieves and rascals, but only before the chair of the appropriate county *comes.* [5th] The people can no longer declare anyone to be a thief as they have done before. [6th] Anyone who has been duly sentenced by the appropriate process cannot be taken into protection by any powerful individual. [28th]

Comites can only live off of their own offical incomes. Two thirds of their other income, e.g., pail-tax, ox-tax,[19] customs, and the income of castles, is due the king. [29th] Any *comes* who does not conduct himself according to the rank and responsibilities of a *comes* or of whom it can be proved that his policies led to the deterioration of his people's lot, will be, to his shame and before the nation, stripped of his rank and required to give back what he had taken. [14th] The king cannot give a whole county or any type of distinguished title to anyone forever. [16th] With the except of four lords, no one can have dual titles.

The four exceptions are the Palatine, the Bán,[20] and the king's and the queen's Lord Chief Justices. [30th] A distinguished foreigner who moves into the country permanantly can only receive a national office with the concurrence of the national council. [11th]

A noble can only be arrested if the suit has been brought against him and the required process of law has taken place.[2nd] Those nobles who wish to change their allegiance from the king to the king's son can do so without fear of losing their estates. The king cannot let those nobles whose case is before his son and results in a judgment for beheading, or those whose case is in process with his son, turn to him. The king's son must abide this as well.[21] [18th] Castle-serfs and foreigners (*hostes*) enjoy all of the freedoms granted to them by King St. Stephen. Foreigners are due the same freedoms that they were originally granted no matter what their nationality.[19th]

The nobles are only required to follow the king into battle outside the country if the king pays their expenses. Upon returning home after battle, the king cannot require payment of a military fee (from those who did not accompany him into battle). The *comites,* however, are required to accompany the king into battle even outside the country, at the expense of the king. If however, the enemy attacks the country with troops, everyone is required to bear arms and join in the defense of the country. [7th] If a distinguished nobleman dies in the line of duty during battle, then his son or other relative should be honored with an appropriate title. If an ordinary noble dies in this manner, the king, according to his own preferences, should reward the noble's son.[10th]

Those, who obtained their estates through courageous service should never be deprived of them.[17th] Foreigners may not receive an estate. If he already received one or bought one, the nation's citizens can reacquire it.[26th]

A widow who qualifies for her dotal gift[22] can under no circumstances be deprived of it. It does not matter whether her husband died a natural death, was executed due to a lawful conviction, or died in a duel.[12th]

New money issued by the king should stay in circulation for one year, from Easter to Easter. *Denarii*[23] should have value equivalent to those during the time of King Béla.[23rd] Money changing chamberlains, salt-chamberlains[24] and custom duty collectors can only be nobles from the country. They cannot be Ishmaelites[25] or Jews.[24th] Salt cannot be stored in the country's central sections, but only in Szabolcs and Regéc. [25th]

No one is required to pay the tithe to the Church in cash, but only in natural produce, wine or grain. If the bishops are displeased with this, the king cannot assist them.[20th] The bishops are not required to contribute any tithe funds collected from nobles to the king for upkeep of his horses. Their people are not required to take their tithe to the estate of the king.[21st] The king cannot collect *collecta* and free *denarii*[26] on the estates of the nobility. He is also prohibited from collecting *collecta* from the members of the Church.[3rd]

The marten-skin tax[27] must be paid as decreed by King Coloman. [27th] The king's pigs cannot graze in the fields or woods of the nobles without their permission.[22nd] Horsemen, dog catchers and pound-masters, and falconers cannot occupy a village of nobles to take their rest.[15th] The lords should travel with the king's court in such a manner that wherever they go they should not take advantage of or torment the poor.[13th]

The Right of Resistance

So that the regulations listed above would remain forever intact and in force, King Andrew II had seven copies made of the Golden Bull, all in Latin, and placed his official, hanging golden seal on them. To protect and preserve these copies, they were distributed to various locations.[28] The seventh copy was placed under the protection and watchful eye of the Palatine. As part of his responsibilities, he was charged with enforcing the provisions of the Golden Bull and making sure that the issues addressed by it were correctly administered by himself, the king, the nobles and all others. He had to ensure that not only did the nobles enjoy their freedoms, but that the king was also given the obedience due him. With this, the Palatine became the primary protector as well as the enforcer of the Golden Bull, the constitutional gurantee of privileges and freedoms.

Article 31 of the Golden Bull was very specific and definitive in its guarantee of freedoms. It categorically stated that if the king, or any of his successors violated any of the regulations then all of the lords and the nobility of the country were within their rights to rise up, individually and as a group, "without any fear of suffering the shame of disloyalty," and resist and redress the king.[29]

It is conspicuous that the letter of privileges totally ignores, and does not even mention, the secular leadership of the country.[30] It is even more conspicuous, that because the king was unwilling to adhere to the regulations of the Golden Bull, it was necessary to reissue the letter of privileges in 1231 and place the renewed and strengthened document under the responsibility of the Archbishop of Esztergom, taking it away from the Palatine, who was an appointee of the king. At this time (1231), the Golden Bull was strengthened by the oath of King Andrew II to uphold it, his own seal, and the seals of his sons. The Archbishop of Esztergom was officially empowered to enforce the adherence to the regulations of the Golden Bull by being given the right to use the threat and actual act of excommunication against the king if he violated the specified rights.[31]

The decree of Louis the Great issued in 1351, does not quote the text of the renewed Golden Bull of 1231, but of the original Golden Bull of 1222. Consequently, the right of the Archbishop of Esztergom to enforce the regulations by excommunication was revoked and the right of resistance to the king became the strongest guarantee of freedoms in the Hungarian constitution, the decree of 1351.

This right of resistance was often employed and resulted in uprisings against the king, as officially sanctioned by the decree (as for example during the time of Stephen Bocskai, Gabriel Bethlen, George Rákóczi, Francis Rákóczi II, etc.). The nation only gave up this right in 1687, after the liberation of Buda from 150 years of Turkish rule.[32]

The Institution of Entailment

Only one article from the Golden Bull of 1222 was not renewed and strengthened by Louis the Great in his decree of 1351. This article, according to the words contained in the decree, said that "it is within the rights and privileges of a noble who dies without a male heir to make a gift, to make a bequest, to sell or otherwise dispose of his estate to the Church, or according to their pleasure, to others by way of a contract while still living or by will." The decree removes this regulation from the renewal of the articles of the Golden Bull and specifically emphasizes that those who do not have male heirs "on the contrary, should not have the right to do this, and in fact and without contradiction, their estates should go to their nearest relatives and their clan."[33]

It is clear and without question that the decree excludes article 4 of the Golden Bull. But interestingly, the wording it quotes does not coincide with the actual wording of the article in the Golden Bull, which actually states, "If one of the nobles dies without a male heir, then his daughter receives a quarter of his estate; with the rest, he can do as he pleases. If he dies without a will, his estate is inherited by his nearest relatives; if he has no relatives at all, then his estate is inherited by the king."[34]

Article 4 of the Golden Bull makes no mention of the Church, nor does the quote used in the decree mention the inheritance of the quarter of the estate by the daughter.[35] Historically, researchers apparently did not much concern themselves with this divergence of content, and in fact, may not have even noticed it. Rather, they dealt with the question of what the reason was for the revocation of the privilege stated in article 4 of the Golden Bull. Three conclusions seem to be the concensus of researchers to explain the revocation:

1. Louis the Great wanted to use this regulation to increase the income of the royal treasury. He wanted to replace the royal properties distributed by his predecessors with the properties of extinct families.[36]

2. The revocation of the right of complete disposal, the right to make a free will, was intended to prevent the nobles from falling prey to progressive poverty,[37] so that the nobles would continue to be able to bear the cost associated with military service.

3. With the abolishment of article 4 of the Golden Bull, Louis the Great established the institution of entailment to achieve the above stated goals and block the growth of the feudal system and the advancement of a complete oligarchy.

It is possible that the first conclusion is, in essence, correct since the king's treasury did grow significantly from the estates of extinct noble families.

However, the second conclusion is erroneous since the revocation of the privilege of complete right of disposal did not prevent the increase of poverty among the nobles. This was partially due to economic reasons, but was also a consequence of increasing population. Both of these are totally unrelated to the privilege of complete disposal, which according to article 4 of the Golden Bull, was only called into effect in the event of the extinction of the male heirs.

The third conclusion is unquestionably correct in stating that the privilege of entailment prevented the development of a Western-style feudal system and the growth of an oligarchy, but attributing this to be a preconceived objective of the decree of Louis the Great is a serious error that ignores the realities of that age.[38]

The principle defining the inviolate nature of the estates of landowning families[39] can be traced back directly to the ancient homeland of the Hungarian people. When the Hungarian nation was still primarly based on a nomadic, herding way of life, the land delineated for use by the people for use in grazing was considered communal property, to be used by everyone, and to be inherited in fully by each subsequent generation.

After the conquest (*honfoglalás*) and original settlement of the Carpathian Basin, the land was allocated to the various tribes, and within those, to the clans. Despite the decrees given during the time of the Árpád dynasty, the common law of usage continued to recognize and protect the ancient law and principle of inheritance[40] that grew out of the bonds between the peoples that made up the Hungarian nation. Even within clans, families did not have ownership of the land, but were considered to be in possession of the land to manage and make use of it. Only much later, in the thirteenth and fourteenth centuries did this change as a class structure emerged. Ownership was still considered to belong to the clan (*nemzetség*). This is why all matters related to land ownership issues had to be accepted by every member of the clan. In the event of the extinction of the male line of the family holding the land, the estate reverted back to the possession of the clan.[41] The king could only gain access to the land of the clan, if that clan no longer had any male heirs.

As early as the reigns of Prince Géza (870-997) and St. Stephen (997-1038), this ancient law was undergoing a transformation. The central governing leaders, the kings, began to give portions of the land that was not occupied by any of the conquering (*honfoglaló*) Hungarian clans, but was part of the country, to individuals who served in public service. One third of the income from these estates went to the Palatine, the castle *comites* or the border-*comites* while the remainder went to the king[42] for his purposes.

German and Italian knights who served the king were also given estates from these territories, upon which they settled.[43] These types of land distributions were different from distributions to individuals who were part of the clans. According to the directive of St. Stephen, an estate that had been bestowed could only pass from father to son.

King Coloman (1095-1116) extended the right of inheritance of such an estate to the brothers of estate holders (*beneficiaries*) in the event of no male heirs. At the same time, he also strengthened the ancient law of inheritance for the members of the clans and decreed that all estates given by St. Stephen would fall under the ancient common laws governing inheritance.[44]

Chapter 5 of St. Stephen's Second Decree guaranteed the right of nobles to complete right of disposal, both by contract while alive and by will in death.[45] This, however, only came about with respect to the Church. Since the time of St. Stephen, the Church was considered to constitute a spiritual family. Since this family had no male heirs as such, the Church became the beneficiary of wills and received inheritances of estates. Even in these types of cases, the freedom to exercise the right of disposal required the prior consent of the king.[46]

The next step in the transformation of this principle occurred in article 4 of the Golden Bull. "Vasal properties of the *servientes regis* were recognized as free estates, but were differentiated from the inherited estates of nobles, who were descendants of the original (*honfoglaló*) settlers. The difference was that the *serviens,* if he did not have a son, and after the daughter's quarter was provided, could freely do as he pleased with his property. From the perspective of the king, this right was detrimental to his interests since it took away his right to obtain the inheritance in cases where previously the lack of a male heir resulted in the king becoming the inheritor."[47]

According to Macartney, "Many modern Hungarian historians postulate an almost total decay of the old free class and a rise of a totally new one, the *servientes regis,* with a status originally inferior to that of the old freemen. Under this interpretation, the privileges granted in the Golden Bull to the *servientes regis* apply only to this new class, while the older freemen are not mentioned in the Bull at all. Those holding to explain the omission by saying that the privileges of the older classes were so obvious as to need no reaffirmation."[48]

The 1231 rewrite and reissue of the Golden Bull did not change the meaning or intent of article 4, but it did resolve the conflict between the rights of nobles and churchmen. The Golden Bull of 1222 was "exclusively the domain of the lay nobility and their privileges."[49] Some hold the opinion that the privilege of complete disposal with which both the 1222 and the 1231 Golden Bull's deal, "never came into effect."[50] In fact, by 1267 the nobility were requesting the strengthening of the ancient law of inheritance.[51] In 1291, King Andrew III (1290-1301), who came to the throne with the support of powerful churchmen, voided this article and reinstated the privilege of free, complete disposal of property.[52] In 1332, however, Charles Robert (1307-1342) observed in one of his documents that no noble can will property to anyone else without the approval of the king.[53]

Clearly, Louis the Great was not the king who established the institution of entailment, since it had existed as a practice and as a part of common law in a form stronger than any decree since the earliest times. The king's legislative powers were ineffective against it. Louis the Great only put a stop to the continuous debate and change associated with the institution of entailment by abolishing the privilege of complete free disposal and reinstituting the ancient common law.[54]

Consequently, this article of the decree became the basis for the laws associated with the protection of the family and the foundation of an economic basis for maintaining and extending family blood lines. Estates remained in the hands of nobles or reverted to the king (or later to the Holy Crown), and continued to serve as the bond that maintained the strength of the nation, since the nobility possessed land as a reward for their public service, i.e. *laurea virtutis.*[55]

One and the Same Nobility

After quoting the words of the Golden Bull of King Andrew II, Louis the Great strengthened and renewed the regulations of the Golden Bull in his letter of privilege, acknowledging the gracious concurrence of his mother[56] and the advice of the barons. He finally declares that the privileges included in his decree will remain in force forever. However, "in the interests of maintaining the calm and peaceful attitude of the population of the country," he gives additional rights and freedoms as well. Naturally, he does this because it is the will of his mother and the advice of the aforementioned barons.[57]

The new regulations in the decree of 1351 are summarized in 25 articles, all included under the king's seal.[58] As in the articles of the Golden

Bull, the order in which the regulations are presented does not convey any information about the interrelationships between regulations. So that related articles can be presented together, the articles paraphrased below are grouped together in an order that deviates from the order in the letter of privilege.[59]

The first directive that must be discussed is the one in article 11. It emphasizes that all true nobles living within the borders of the country share one and the same set of privileges and freedoms. This also applies to those nobles living inside the country, in the territories of princes, beyond the Dráva River and in Slovenia. A recent analysis observes that, "the equality of barons and nobles is not what is being dealt with here," but rather it is the fact that the nobles living in Hungary, beyond the Dráva River and in Slavonia no longer have to pay a specific tax.[60] The second part of the observation is accurate, but the first part is misleading.

According to an earlier opinion, "It was only natural that the Angevine kings should introduce Western ideas and habits into Hungary. Her institutions began to take on feudal characteristics, though the country never fully adopted the feudal system."[61] According to Mihály Horváth, feudal ideas spread so rapidly and widely during the time of the Angevins, and especially during the reign of Louis the Great, that in many instances landowners voluntarily gave up their right to freely own property.[62] He also observes that in the frequent and extended absences of Louis the Great from the country, the lesser nobles suffered certain abuses from the more powerful landowning nobles.[63] It is understandable that the nobles called for the declaration of the *one and the same nobility* principle.[64]

The Frenchman Sajous declared that the development of the feudal system in Hungary was retarded for two major reasons: "First, the extraordinary full power of the king over the entire land, which made the growth of large fiefs impossible; and second, the interest taken in politics by the large body of lesser nobility, a class much more numerous in Hungary than in any other country."[65] It is evident that the decree of Louis the Great, at the request of the lesser nobility, intended to establish that there is no difference between classes of nobility and all share equally in their freedoms and privileges. From a different perspective, however, as Macartney points out about the Golden Bull, "Even if a distinction existed in 1222 between freemen by hereditary right and the *servientes regis,* it disappeared soon after it. Béla IV's decree in 1247, speaks specifically of 'nobiles Hungariae universi qui et servientes regis dicuntur.'"[66] The referenced article 11 of the decree is "an explicit declaration that all nobles enjoyed 'one and the same liberty,' a provision which, it appears, besides reaffirming the rights of the noble class as a whole, including the *familiares,* also enlarged its ranks by bringing full noble privileges to a further class of border-line cases."[67] "This principle of 'one and the same liberty' spelt the end of any distinction between former conquerors and newcomers, Hungarians and foreigners, melting them together in one huge group."[68]

Additional Regulations

The measures defined in article 9 are directly related to the freedoms and privileges of nobles. Specifically: if any noble is sentenced by the Palatine, the judge of a county (*comes curialis*) or by any other judge, for his actions,[69] then the judge should hold the sentenced noble in confinement for three days so that he can come to a settlement with his accuser. If an agreement to settle the case is not attained within these three days, then the judge is to release the sentenced noble into the custody of the adversely affected party so that the legally prescribed punishment can be administered. The sentenced noble can only be reprived of the prescribed punishment if the accuser forgives the act against him by accepting a financial settlement or by accepting a mortgage on the noble's estate.

In relation to the Church, a separate regulation was specified in regard to how Church leaders may deal with nobles. It is stated that a churchman who has a grievance against a noble cannot banish the noble from the Church or threaten him with excommunication, as had been the practice until then, without the full knowledge and approval of the king. And if the country's judges find a churchman guilty of a crime, the sentence given should be the same as a noble would receive if he lost in a trial and was sentenced. [1st] No churchman (bishop, chapter, abbot, provost, or others) can make use of an affidavit of witness[70] against a noble or another churchman in order to obtain or retain property. The only exception to this regulation that can be made is if the judge representing the king, queen or the king's alternate replacement prepares a letter of privilege permitting it, or if the king, based upon the findings of reliable men he sends out, is fully informed so that he can examine the case and become familiar with it on a first hand basis.[20th] Smaller convents cannot prepare documents that are to be used to prove the inheritance of estates.[3rd] Archdeacons cannot require the payment of an additional fee for performing burial services for a murdered individual, as it has been common to do in the past.[2nd] Chapters of cathedrals or collegiate churches and convents can only send out witnesses when requested by the king, and the witnesses must belong to the same diocese or the same order that they belong to. If the witness is sent out on his own horse, then the interested noble must pay 2 *groats*[71] or *grossi* otherwise if he is sent out on the noble's horse, then the noble is required to pay only 1 *groat.* [21st]

Any one of the king's men sent out to act as an interrogator of a witness or to issue a summons must be from the same county or from the same district as the summoned noble, or more precisely, the individual against whom witness is directed. If the summons or the call to act as a witness occurs through a chapter, then the nearest chapter must be used [22nd]. Interrogation of witnesses, however, can only take place with the written authorization of the king, the Palatine or the Lord Chief Justice. In this case, the nobles of the county or the district must be called together and must be publically questioned in regard to the matter.[23rd]

If the parties in a suit wish to settle in regard to any important matter, the judge cannot stand in their way of doing this. And as a peace fee he cannot access more than 3 *Marks*[72] under any circumstances.[24th] All property suits must be completed by the third deadline, without extension.[25th] In the case of a donation of an estate, the person receiving the estate should occupy it himself and if other raise objections at the time of the transfer of the property, the person who was to receive the estate should bring suit in his own name, not in the name of the king, so that the king's name is in no way involved in the suit.[14th]

Nine articles deal with matters related to treasury income:

In the interest of maintaining treasury profits (*lucrum camerae*), the 3 *grossi* to be collected after each full unit of land of a serf, as directed by King Charles Robert, will continue to be paid, but it is not permissible to accept extra payments, ransoms or food stuffs.[4th] Those farm overseers, servants and serving men who live on their own properties are not required to pay into the treasury profit. Otherwise, it is not permitted to accept or demand more than 3 *grossi*.[5th] The fee for preparing the document in the matter of the donation of an estate will vary according to the income of the estate. In the event of income of 10 *Marks,* the vice-chancellor receives 1 *Mark* and the scribe receives 1 quarter; in the event of income of 20 *Marks,* the fee due are twice this, and so on for greater incomes.[7th] Those nobles living between the Dráva and Száva Rivers, in Pozsega and Valkó Counties, must pay the treasury profit in the same way as the other true nobles. They are exempt from paying the martin-skin tax and all other taxes in the same way that the rest of the true nobles are exempt.[12th]

Nobles cannot be forced to go in directions leading to customs houses. They can move freely in any direction without obstacles over rivers using ferries.[15th] Only those must pay customs who cross rivers on bridges or boats. Those who proceed on dry land or on the shore, are not required to pay a customs fee.[8th] The practice that required nobles returning from a wedding to pay a *Mark* at bridges and customs houses will no longer be continued.[17th]

If gold, silver, copper, iron, or other mineable ores are found on the property of a noble, the king may not take the noble's property unless he provides to the noble, in return, a similar valued estate. If the king does not want to do this, then the king can collect the mine income, as is part of the king's prerogative, but the estate must remain with its income and privileges as the property of the noble.[13th]

A son cannot be punished for his father's misdeeds, physically, through his estate or in other financial matters. [19th] If a man is condemned to death[73] by the court for transgressions against his accuser under the provisions of article 9, then the son of this executed man, or his brother, relatives, sister or wife cannot be held accountable or punished for his misdeeds. These individuals must remain peacefully and calmly in possession of their estates, homes and other property. If the accused man can come to peace and to terms with his accuser, the judge cannot accept more than 50 *Marks.* The payment of this amount must also be clearly specified and take place in a timely fashion. If the payment is not made within the specified timeframe, then the judge can take over a 50 *Mark* valued portion of the accused party's property until such time as the 50 *Marks* are paid.[10th]

The Serfs

The decree of King Louis the Great contains three regulations addressed to the treatment of serfs by nobles.

According to article 6, the landowner is entitled to collect one-ninth of all farm goods and wines produced by farming and vineyard tending serfs (after the tithe had already been deducted, i.e. in effect one-tenth of their total yield), and he can do this in all free villages, and in all *udvarnicalis* villages[74] and in the villages of the queen as well. The queen must also collect this one-ninth share. Barons and nobles are directed to collect this for their own requirements. The only exceptions to this are in cities surrounded by walls. The prelates and other churchmen should first collect the tithe and then the ninth or *nona.* If an entitled individual does not collect the ninth, then in his place the king should collect this for his own purposes. Allowances and dispensations on paying the ninth should not be given to anyone since by collecting the ninth share the authority of the king is maintained and increased, and the residents of the country will continue to serve the king loyally.

In the opinion of István Szabó, these articles must have been based on considerations related to the Black Plague of 1349, which significantly reduced the number of farming and vineyard tending serfs in the country. He points out that the articles do not state that all serfs are required to pay the ninth, but rather proclaims that all landowning nobles are required to collect this share.[75] If a landowning noble "resists" this regulation, and does not collect the ninth share, then the king will collect it for his own uses.[76] What the article does is deal not with the "resisting" peasants or serfs, but with the "resisting" landowning nobles and barons.[77]

Mihály Horváth takes the perspective that the institutionalization of the requirement to collect the ninth share was aimed at solidifying the so-called "banderia" army organizational structure.[78] He concludes the king wanted to circumvent the possibility of the nobles not being able to participate in military actions because they could not afford to fund the expenses of arming their troops.[79] "The peasant's obligations were not inconsiderable, but do not appear to have been crushing in this age of prosperity."[80] The general institutionalization of the collection of the ninth share "resulted in the creation of a new class, that of the so-called serfdom (*jobbágyság*), giving greater homogenity to the nobility and to the foundation of a dual structure of the Hungarian society which remained up to 1848."[81]

Article 16 resolutely prohibits the involuntary movement or transportation of the serfs and only allows it with the express, voluntary permission of the serfs' nobles. This regulation applies equally to every serf, including the serfs of the king, the queen, Church prelates, and all barons and nobles in the country. Clearly, this regulation resulted from the on-going conflict of interests and privileges between the large landowning nobles and the smaller landed nobles. The regulation also recognized the serf's rights to free movement and residence as well, although it does not explicitly state it. "In actuality, since the article only directly prohibits the forceful movement of serfs without permission of their barons and nobles, it also by inference and indirectly recognizes that the serf's rights to movement does not fall under the control of nobles and is not otherwise prohibited."[82]

According to article 18, serfs could not be delayed, prohibited from certain privileges, or arrested for their past offenses. If the serfs committed crimes,[83] their lords were to take the necessary measures to bring them to justice. All complaints would have to be taken up with them for resolution. In other words, the lord of the serf breaking the law was always responsible for making the needed reparations. If this did not take place, then the landowning noble would become the object of a suit seeking reparations.[84]

This article guaranteed the right of all landowning nobles to exercise exclusive and complete control over their own serfs, so the term "free movement" is misleading and mistaken in the intent of the article,[85] since in it there is no mention made of free movement privileges of serfs and since the decree of Louis the Great dealt in its entirety with the privileges of nobles.

The Importance of the Decree

The letter of privileges was issued so that the articles included in it would be strengthened and renewed and the regulations, freedoms and privileges graciously given by the king would forever stay in force. It also provided assurance that neither the king, or any of his successors, could revoke or retract any of the privileges in any form. The official seal of the king lent additional importance and recognition to the decree and its contents.

Bishop Nicholaus of Zágráb, the Vice-Chancellor of the king's court, prepared a letter of privilege on December 11, 1351 in the tenth year of the reign of King Louis the Great.[86] The importance of the decree is also evident from the fact that the Vice-Chancellor listed the names and titles of 15 Church and 11 secular dignitaries as part of the document, indicating their participation and approval.[87]

The decree, due primarily to its regulation establishing the *institution of entailment,* laid the groundwork for the further development of the nation's constitution, the full realization of the privileges of the nobles and the definition of the principle of *"one and the same nobility,"* and with it, the orderly and unified societal changes that resulted in controlled and advantageous growth of *serfdom.*

For over 500 years, the decree of Louis the Great was a *constitutional guarantee* of privileges and rights. As such it is worthy of continued study and reflection, especially today, 600 years after the death of King Louis the Great.

NOTES

1. József Szalay and Lajos Bartók, *A magyar nemzet története* [History of the Hungarian Nation] (Budapest: Lampel R könyvkereskedése, 1896), II, pp. 94-95.

2. *Corpus Juris Hungarici. Magyar Törvénytár 1000-1895.* eds. K. Csíky, S. Kolosvári, Gy. Nagy, K. Óvári, L. Tóth, D. Márkus. (Budapest: Franklin-Társulat–Révai Testvérek, 1899), p. 167, paragraph 4.

3. Ibid., p. 168, paragraph 10.

4. Ibid., paragraph 11.

5. Ibid., paragraph 9.

6. The Hungarian army arrived at the northern border of the Neapolitan kingdom at the beginning of June, 1347. Bálint Hóman and Gyula Szekfű, *Magyar Történet* [Hungarian History], 6th Edition (Budapest: Királyi Magyar Egyetemi Nyomda,, 1939), II, p. 190.

7. Ibid., p. 656.

8. Ibid., p. 658.

9. *Corpus Juris Hungarici,* p. 131, paragraph 2.

10. Denis Sinor, *History of Hungary* (New York: Frederick A. Praeger, 1959), p. 62.

11. C. A. Macartney, *Hungary, A Short History* (Edinburgh: University Press, 1962), p. 27.

12. Béla Rudnay, *Ősi intézményeink* [Our Ancient Institutions] (Budapest: Stephaneum, 1924), pp. 136-137.

13. Macartney, ibidem, p. 26.

14. Ferenc Somogyi, *Küldetés. A magyarság története* [Mission. History of the Hungarian People] (Cleveland: Kárpát, 1973), p. 157.

15. The feastday of the holy king, St. Stephen, has been held on August 20 since 1083. Fehérvár is the same city as Székesfehérvár. In those days, this city was the capital of Hungary.

16. The *nádor* (palatine) was the highest administrative dignitary in Hungary before 1848.

17. It is clear that the feastday of St. Stephen has jurisdictional characteristics.

18. *Comes* (plural is *comites*) is a Latin word which is equivalent to Count in English and *ispán* in Hungarian. Ispán is an overseer, the highest dignitary of a county or a fortress or of some special royal institution.

19. Both the pail-tax and the ox-tax are unknown today.

20. The *bán* is the viceroy of Croatia.

21. This decree only made sense during the reign of Andrew II when his son, Béla IV ruled as junior king. By the time of Louis the Great this decree had lost its meaning and timeliness.

22. The dotal gift (*dos* in Latin), according to Hungarian law, was the reward secured by the husband for his wife's fidelity.

23. The *denarius* was an important coin that was re-minted yearly. Because minters used different quantities of silver each time, the value of the coin was variable and unstable. Only during the reign of King Béla III did the *denarii* become stable. This is the reason that the Golden Bull urged that new *denarii* be minted with the same value as the *denarii* of King Béla III. The practice of taking silver out of the coins was done to increase the profit of the treasury. This was treasury profit, or in Latin *lucrum camerae.*

24. The *camera* (chamber) was the organ of Hungarian financial administration.

25. Ishmaelite is a Mohammedan, or Muslim.

26. The "*collecta*" and the "free *denarii*" were taxes that were collected by going house to house on foot.

27. The marten-skin tax, or *kunovina,* was a very old form of taxation in Slavonia. King Coloman of Hungary kept it and reregulated it, but it is not known how. The decree of King Louis the Great exempted the nobility of Slavonia from paying this tax.

28. The copies were distributed to the following: 1. the pope; 2. the Order of the Knights of St. John; 3. the Order of the Knights of Templar; 4. the king; 5. the Chapter of Esztergom; 6. the Chapter of Kalocsa; 7. the Palatine.

29. The Golden Bull supposedly only grants the rights of resistance, or opposition to the king, to the bishops, the lords and the country's original nobility, and not to the *servientes regis* stratum of society. *Szöveggyűjtemény Magyarország történetének tanulmányozásához. I. rész. 1000-től 1526-ig* [Text-Collection for the Study of Hungary's History. Part I. From 1000 until 1526], ed. Emma Lederer (Budapest: Tankönyvkiadó, 1964), p. 73, 24th note.

30. The chancellor of the royal court was Cletus, Provost of Eger. He wrote the whole *decretum.* The prelates mentioned in the decretum were: John, Archbishop of Esztergom; Ugrin, Archbishop of Kalocsa; and the bishops: Desiderius of Csanád, Robert of Veszprém, Thomas of Eger, Stephen of Zagreb, Alexander of Várad, Bartholome of Pécs, Cosma of Győr, Bereck of Vác and Vincent of Nyitra.

31. *Szöveggyűjtemény,* p. 79.

32. Act IVth of 1687. Hóman-Szekfű, ibid., IV, p. 204.

33. *Magyar Törvénytár. 1000-1526. évi törvénycikkek* [Hungarian Law Code. 1000-1526 laws], eds. Gy. Nagy, S. Kolosvári, K. Óvári, D. Márkus (Budapest: Franklin-Társulat–Révai Testvérek, 1896), pp. 169-171.

34. *Szöveggyűjtemény,* p. 69.

35. István R. Kiss, "Nagy Lajos és az ősiség" [Louis the Great and the Entailment] in *Emlékkönyv dr. gróf Klebelsberg Kunó negyedszázados kultúrpolitikai működésének emlékére születésének ötvenedik évfordulóján* [Memorial Volume in Memory of Dr. Count Kuno Klebelsberg's Cultural Political Activity Over a Quarter of a Century on his 50th Birthday], (Budapest: Rákosi Jenő Budapesti Hírlap Újságvállalata, 1925), p. 246.

36. Horváth Mihály, *Magyarország történelme* [History of Hungary], second, enlarged edition (Pest: Heckenast Gusztav, 1871), II, p. 268.

37. Szalay and Bartók, p. 94.
38. István R. Kiss, p. 247.
39. *Magyar értelmező kéziszótár* [Hungarian Interpretative Concise Dictionary], eds. J. Juhász, I. Szőke, G. O. Nagy, M. Kovalovszky (Budapest: Akadémiai Kiadó, 1972), p. 1059.
40. István R. Kiss, p. 241.
41. B. Hóman and Gy. Szekfű, I, p. 95.
42. Ibid., p. 216.
43. Ibid., p. 218.
44. Ibid., p. 221.
45. Zoltán Kéreszy, *Hűbéri eszmék és magyar jogfejlődés* [Feudal Concepts and the Evolution of Hungarian Law] (Budapest, 1931), p. 18.
46. Károly Tagányi, *A hazai élő jogszokások gyűjtéséről. I. rész. A családjog és öröklési jog köréből* [Collection of the Unwritten Hungarian Law. Part I. Family Law and Law of Inheritance] (Budapest, 1919), p. 75. Ferenc Somogyi, *Végrendelkezés nemesi magánjogunk szerint 1000-től 1715-ig* [Testamentary Disposition According to the Civil Law of Nobility from 1000 to 1715] (Pécs: Dunantúl Pécsi Egyetemi Könyvkiadó és Nyomda R.-T., 1937), p. 68.
47. B. Hóman and Gy. Szekfű, p. 495.
48. C. A. Macartney, p. 27.
49. István R. Kiss, p. 243.
50. József Holub, "A leánynegyedről" [About the Daughter's Quarter], in *Turul,* 42 (1928), p. 114.
51. István R. Kiss, p. 244.
52. Ibid., p. 245.
53. Zoltán Kéreszy, p. 17.
54. B. Hóman and Gy. Szekfű, p. 495.
55. Ferenc Somogyi, *Végrendelkezés,* p. 29.
56. She is Queen Elizabeth, the widow of Charles Robert.
57. *Szöveggyűjtemény,* p. 107 paragraph 12 and 13.
58. Ibid., p. 113.
59. Ibid., pp. 107-112.
60. Ibid., p. 110, note 12.
61. Paul Louis Leger and William E. Lingelbach, *Austria-Hungary* [Vol. XIV of *The History of Nations,* ed. H. C. Lodge] (New York: P. F. Collier and Son Co., 1928), p. 153.

62. Horváth Mihály, p. 267.

63. Ibid., p. 266.

64. The 11th article.

65. Sajous, *Histoire Generale des Hongrois* (Paris: 1876), vol. II, as cited by Leger-Lingelbach, p. 153.

66. Macartney, p. 27.

67. Ibid., p. 45.

68. Denis Sinor, p. 95.

69. Such cases are: despotic measures, failing in a duel, quarreling in a law suit, false testification, presentation of forged documents, and the sentence of capital punishment.

70. Affidavit of witness: a written statement of the knowledge of a witness prepared by an ecclesiastical body entrusted with notarial functions.

71. The *groat* (in Latin *gros,* plural *grossi,* and in Hungarian *garas*) was a small coin minted since the 13th century. It was first produced in Bohemia. In the begnining, 60 *groats* made up one silver *Mark.* Over time, the weight and value of the *groat* decreased so that by the middle of the 19th century, when it was finally replaced, it's value in Austria-Hungary was about a sixpense.

72. The *Mark* was originally a piece of one of the noble metals, either gold or silver, with a specified standard weight. Every piece was marked with an equal sign or a similar mark. The coin thus came to be known as a *Mark.*

73. *Szöveggyűjtemény,* p. 109, paragraph 3: If the winner imposes on the sentenced person a capital punishment, or according to the common law of the country, some other well-deserved punishment, then the sentenced person is free from his judge and from the winner of the suit, his opponent, without any financial payment or without any mortgage on his estate.

74. The "*udvarnicalis*" village was a community, or village, of servants who worked for (or served) on the estates of the king or certain priests. The social status of these individuals was somewhere between that of servants and of free men.

75. István Szabó, "Az 1351 évi jobbágytörvények" [The Laws of 1351 Concerning Serfs], in István Szabó, *Jobbágyok-parasztok* [Serfs-Peasants], in *Értekezések a magyar parasztság történetéből* [Essays from

the History of the Hungarian Peasantry], ed. Lajos Für (Budapest: Akadémiai Kiadó, 1976), p. 151.

76. Ibid., p. 152.

77. Ibid., p. 156.

78. The system of *banderia* was the basis of an army organization in Hungary that existed from the age of the Árpád Dynasty until 1848. The king, the queen, every ecclesiastical or secular lord, and the counties and the cities were obliged to go to war with their own troops under their own flags when called upon to do so. If they personally did not go, they had to send their troops. The right to use their own flags was a privilege that only lords who were able to provide arms for at 400 men (during the age of the Angevine kings) could exercise.

79. Horváth Mihály, Ibidem, p. 269.

80. Macartney, p. 156.

81. Denis Sinor, p. 96.

82. István Szabó, p. 160. See also: Macartney, p. 46.

83. This type of crime could be: inflicting a wound, inflicting some other injury, manslaughter, arson or other similar evil deed.

84. *Szöveggyűjtemény,* p. 111, note 15.

85. See the 18th article. *Magyar törvénytár,* p. 177.

86. King Louis the Great was crowned King of Hungary on July 21, 1342.

87. *Szöveggyűjtemény,* pp. 112-113.

21 / King Louis's *Decretum unicum*, Prepared in the Year 1351

Translated from the original Latin text
by Ferenc Somogyi and Lél F. Somogyi

Note: In the various editions of the *Corpus Juris Hungarici* published since the Middle Ages, the introduction to the decrees and the articles have usually been divided into paragraphs and the various articles have been given individual titles. We have not included these paragraph labels and article titles, but only the original Latin text and its English translation. Our translation focuses on conveying the exact meaning of the text, rather than on attempting to be a literal, word-for-word translation of the original Latin.

The Latin text of King Louis's *Decretum* of 1351 is taken from *Corpus Juris Hungarici–Magyar Törvénytár 1000-1895* (Millenary Commemorative Edition), eds. Kálmán Csiky, Sándor Kolosvári, Gyula Nagy, Kelemen Óvári, Lőrincz Tóth, and Dezső Márkus (Budapest: Franklin Társulat–Révai Testvérek, 1899), I, 166-180. The Latin text of the Golden Bull of 1222 is taken from ibid., pp. 13-144. The explanation and interpretation of certain words and expressions used in this translation can be found in the footnotes to our study entitled "The Constitutional Guarantee of 1351."

The Decretum of 1351

Louis, by the grace of God, king of Hungary, Dalmatia, Croatia, Rama, Serbia, Galicia, Lodomeria, Cumania and Bulgaria, prince of Salerno and lord of Saint Angelo's Mountain.

To all Christian believers, to those living in the present time and to those who will come in the future, to whom knowledge of this letter will come, salvation in Him who gives kings salvation, success in leadership and triumphant victory.

It is generally known that the king's throne and authority are solidified when the peace and tranquility of the subjects is assured through fore-sighted, prudent action, and if freedoms are bestowed, and in fact the freedoms granted through the benevolent deliberations of other kings are recognized and approved, so the subjects share liberally in their deserved rewards.

Since loyalty, which has its proper basis in the laws of reason and character, is only retained continuously when the graciousness shown by the rulers toward the inhabitants of the country constantly increases, so much so that, while the spark of life remains, loyalty does not waver.

Hence, by order of this document, it is our intention to inform everyone that our nation's prelates, barons, lords and noblemen, assembled and this same body appeared before the royal throne, and after enumerating and renewing in our recollection all of our own and our country's fortunate as well as tragic events, while ardently confirming and zealously witnessing their loyalty and service to the throne, they presented us with the charter of privileges and freedoms issued by his royal majesty Andrew II, the son of King Béla III, glorious king of Hungary, revered ancestor and blessed predecessor, sealed with his own golden seal, that (according to the previously mentioned document) renews and strengthens the liberties given then by Saint Stephen, king and apostle of the Hungarian nation, with the following content as below.

With one intent and will, they humbly entreated our majesty that in accepting this, approving and endorsing it, we accept the current document, copied word for word from it, and with it all the liberties proclaimed in it (except the one paragraph mentioned below) and through our readily extended royal benevolence, reinforce and renew these liberties through our sovereign power, and by our charter assure them that they will forever remain in their possession and enjoyment. The contents of this charter are:

The Golden Bull of 1222

In the name of the Holy Trinity and individible unity.

Andrew, by the grace of God, is forever king of Hungary, Dalmatia, Croatia, Rama, Serbia, Galicia and Lodomeria.

Because the liberties given by Saint Stephen to our country's nobles and others have on many points been greatly corrupted, due sometimes to the anger of certain kings, sometimes to the false advice of evil men concerned only with their own interests, our nobles have persistently made many, urgent requests to our throne and sought the ear of our predecessors seeking the reformation of our country's condition.

Therefore, since we want to satisfy their requests fully, and we owe them this, especially since there has been on numerous occasions much bitterness among us, and because it is proper to remove such bitterness for the sake of preserving the reputation of the royal office, and since this cannot be done by anyone else but only by them, we grant them and all of the other resident peoples of our country the liberties given by our holy king.

In addition we order that certain other beneficial measures be taken to advance the reformation of our kingdom, in this manner:

Article 1:
We order that annually, on the holiday of the holy king, unless some major difficult issue or sickness prevents us, we will hold a solemn celebration in Fehérvár.

And if we cannot be there, the Palatine will without fail be there to hear cases on our behalf. And all of the *servientes* who want to, can come there freely.

Article 2:

We also want that neither we nor our successors ever apprehend the *servientes* or destroy their estates for the sake of any potentate, without previous citation and appropriate judicial process.

Article 3:

We will not allow *collecta* or free *denarii* to be collected on the estates of the *servientes.*

We will not take up quarters in the homes or villages of the *servientes* unless we are invited.

We will not levy taxes on the people of clergy.

Article 4:

If a *serviens* dies without male offspring, his daughter is to inherit one fourth of his estate; he can make his own arrangements for the disposition of the rest.

If he dies without a will, his inheritance goes to his nearest relatives, and if there are none, then the king takes possession of the estate.

Article 5:

The *comites* of the counties can only bring judgement in regard to estates of nobles in monetary or tithe related matters. The *comites* of the castles can only sit in judgement over matters related to the people of their own castles. Only king-appointed village *comites* can pass judgement in matters related to thieves and rascals, but only before the chair of the appropriate county *comes.*

Article 6:

The biased people can no longer declare anyone to be a thief as they have done before.

Article 7:

The *servientes* are only required to follow the king into battle outside of the country if the king pays their expenses. Upon returning home after battle, the king cannot require payment of a military fee.

If however, the enemy attacks the country with troops, everyone is required to bear arms and join in the defense of the country.

The *comites,* however, are required to accompany the king into battle even outside the country, at the expense of the king.

Article 8:

The Palatine will sit in judgement over all residents of the country.

But he cannot conclude and pass judgement in cases involving nobility that would require beheading or confiscation of an estate without the concurrence of the king.

He cannot have alternates, only one, in his own court.

Article 9:

The *curialis comes,* while he resides at court, can likewise bring judgements against anyone, and can complete any lawsuit begun in the court.

If, however, he resides on his own estate, he cannot send forth a baliff or summon the parties in the suit.

Article 10:

If a distinguished nobleman dies in the line of duty during battle, then his son or other relative should be honored with an appropriate title.

If a *serviens* dies in this manner, the king, according to his own preferences, should reward the *serviens*'s son.

Article 11:

A distinguished *hospites* who moves into the country permanantly can only receive a national office with the concurrence of the national council.

Article 12:

A widow who qualifies for her dotal gift can under no circumstances be deprived of it. It does not matter whether her husband died a natural death, was executed due to a lawful conviction or died in a duel.

Article 13:

The lords should travel with the king's court in such a manner that wherever they go they should not take advantage of or torment the poor.

Article 14:

Any *comes* who does not conduct himself according to the rank and responsibilities of a *comes* or of whom it can be proved that his policies led to the deterioration of the lot of the people of his castle, will be, to his shame and before the nation, stripped of his rank and required to give back what he had taken.

Article 15:

Horsemen, dog catchers and poundmasters, and falconers cannot occupy a village of *servientes* to take their rest.

Article 16:

We cannot give a whole county or any type of distinguished title to anyone forever.

Article 17:

Those, who obtained their estates through courageous service should never be deprived of them.

Article 18:

Those *servientes* who wish to change their allegiance from us to our son can do so without fear of losing their estates.

We cannot let those *servientes* whose case is before our son and results in a judgement for beheading, or those whose case is in process with our son, turn to us; our son must abide this as well.

Article 19:

Castle-serfs and *hospites* enjoy all of the freedoms granted to them by King Stephen.

Hospites are due the same freedoms that they were originally granted, no matter what their nationality.

Article 20:

No one is required to pay the tithe in cash, but only in natural produce, wine or grain.

If the bishops are displeased with this, we cannot assist them.

Article 21:

The bishops are not required to contribute any tithe funds collected from *servientes* for upkeep of our horses, nor are their people required to take their tithe to the royal estate.

Article 22:

Our hogs cannot graze in the woods or in the meadows of the *servientes* without their permission.

Article 23:

New money issued should stay in circulation for one year, from Easter to Easter.

Denarii should have value equivalent to those during the time of King Béla.

Article 24:

Money changing chamberlains, salt-chamberlains and customs duty collectors can only be nobles from the country.

They cannot be Ishmaelites or Jews.

Article 25:

Salt cannot be stored in the country's central sections, but only in Szabolcs and Regéc, and near the borders.

Article 26:

Foreigners may not receive an estate.

If one has already received or bought an estate, the nation's citizens can buy it back.

Article 27:

The marten-skin tax must be paid as it has been since King Coloman.

Article 28:

Anyone who has been duly sentenced by the appropriate process, cannot be taken into protection by any powerful individual.

Article 29:

Comites can only live off of their own official incomes. Their other incomes, such as the pail-tax, ox-tax, customs tax, and two-thirds of the income of castles, is due the king.

Article 30:

With the exception of four lords, namely the Palatine, the bán, and the king's and the queen's chief justices, no one can have two national offices.

Article 31:

And so that the concessions in our decree will be valid forever, both in our time and in the time of our successors, we have ordered that this decree be prepared in seven copies, and we have strengthened each with our golden seal, and have sent the first copy to the lord pope, so that he can register it; and the second copy to the Knights of the Order of St. John, the third to the Knights of the Order of Templar, the fourth to the king, the fifth to the Chapter of the Archbishopric of Esztergom; the sixth to the Chapter of the Archbishopric of Kalocsa; and the seventh to the palatine who is in office at this time.

Therefore, the Palatine, with this decree always before him, is to ensure that neither he nor the king, nor the nobles or others, turn away from the regulations in this order, so that they can enjoy their liberty and thus remain, to us and to our successors, always loyal, and not deny their obligations to the royal crown.

However, if it ever happens that we or one of our successors want to act against this decree, the bishops, the other lords and the nobles of the kingdom can resist and contradict us or our successors, and can do so as a group or individually, without any fear of suffering the shame of disloyalty, now and in the future.

Dated, by the hand of Cletus, Chancellor of our court and the provost of the Chapter of Eger, in the one-thousand, two-hundred twenty-second year of the incarnation of the Word, in the time of John, very reverend Archbishop of Esztergom; Reverend Ugrin, Archbishop of Kalocsa, and the bishops: Desiderius of Csanád, Robert of Veszprém, Thomas of Eger, Stephanus of Zágráb, Alexander of Várad, Bartholomew of Pécs, Cosma of Győr, Briccius of Vác, Vincent of Nyitra, in the 17th year of our reign.

The Decretum of 1351 (Continued)

We, therefore, granted the request of our country's prelates, barons, lords and nobles through our royal favor, taking into consideration and recalling their loyal obedience and their most sincere willingness to help us in all the fortunate and adverse circumstances, in our personal matters and in the matters of our country; especially recalling their willingness to make themselves available to us in the campaign to avenge the murder of our dearest brother, the innocent, late lord Andrew, king of Jerusalem and Sicily. Word of these bitter days filled nearly the whole world and all of its regions with sadness. They followed us to the country of Sicily and there, in face of various personal dangers and unforseen occurances of fate, fought with the greatest loyalty and demonstrated indomitable courage.

Since we want them to be satisfied, we wish to grant their requests, and thus encourage them in similar acts of loyalty. Thus, we accept, approve and ratify the aforementioned request, and have strengthened the Golden Bull, maintaining its original content, quoting word for word the letter of privileges of King Andrew II, with all the liberties included in it.

From the privileges, only one article is excluded, namely the one which states: "It is within the rights and privileges of a noble who dies without a male heir to make a gift, to make a bequest, to sell or otherwise dispose of his estate to the Church, or according to their pleasure, to others by way of a contract while still living or by will, with death in view." On the contrary, they should not have the right to do this, and in fact and without contradiction, their estates should go to their nearest relatives and their clan.

We strengthened the sealed charter of privileges of the previously mentioned King Andrew and renewed the liberties it grants in our benevolence with the willing consent of her majesty, Queen Elizabeth, who is by the same grace of God, queen of Hungary and our most honored mother, and with the advice of our barons, so that we may allow them to remain in the possession and enjoyment of these forever.

Moreover, according to the will of our mother and at the advice of our barons, in the interests of maintaining the calm and peaceful attitude of the population of the country, we grant and allow the liberties written below:

Article 1:

If prelates or churchmen initiate a lawsuit against the nobles of our country before any judge of our country, and they are still engaged in the lawsuit, they cannot impose an interdict on them or issue a sentence of excommunication against them (as it has been usual until now) without the knowledge of his majesty the king about the case while the suit is pending.

And if these churchmen or prelates are legally sentenced according to the law by some judge of our country, then they will receive the same punishment as would be used to punish a noble.

Article 2:

In addition, archdeacons cannot require the payment of any money for performing burial services for a murdered individual, as it has been common to do in the past.

Article 3:

Smaller convents cannot prepare documents that are to be used to prove the inheritance of estates; and their seals will have no power.

Article 4:

In the interest of maintaining treasury profits, the 3 *grossi* to be collected after each full unit of land of a serf, as directed by King Robert Charles, our predecessor of blessed memory, will continue to be paid. The *grossi* must be minted in our treasury (the value of each groat must be equal to 6 *denarii* of our treasury, be of the same value and quantity as 6 wide penses of Vienna, and 14 such *grossi* must be equal to one quarter).

It is not permissible to accept extra payments, ransoms or food stuffs.

Article 5:

Those farm-overseers, servants and serving men who live on their own properties are not required to pay into the treasury profit.

And generally speaking, it is not permitted to accept or demand more than 3 *grossi.*

Article 6:

In addition, we order that in every free village, regardless of what it is called, in every *udvarnicalis* village and in the villages of the queen (except in cities surrounded by walls), one-ninth of all farm goods and wines produced by farming and vineyard tending serfs are to be collected, and the queen must do so as well. And the above mentioned barons and nobles are to similarly collect from every farming and vineyard tending serf one-ninth of their farm products and wines for their own purposes.

The prelates and other churchmen who have serfs should first collect the tithe and then, similarly, the one-ninth of all kinds of farm products and wines.

On the estates of those entitled individuals who act otherwise, who are disobedient and violate our present order, and do not collect these specified items, we will in their place collect the one-ninth of all farm products and wines, without any allowances and dispensations, for our own purposes.

This is done so that our authority is increased, and the residents of the country continue to serve us loyally and faithfully.

Article 7:

The fee for preparing the document in the matter of the donation of an estate will very according to the income of the estate. In the event of income of 10 *Marks,* the vice-chancellor receives 1 *Mark* and the scribe receives 1 quarter; in the event of 20 *Marks,* the fees due are 2 *Marks;* and so on according to the extent of the estate's income.

Article 8:

Those who proceed on dry land or come up or go down rivers, are not required to pay a customs fee, because there is no reason to do so.

Only those must pay customs who cross rivers on bridges or boats.

We understand that nobles and others are often harassed for this.

Article 9:

If any noble is sentenced by the Palatine, the Chief Justice, or by any other judge, for any wrong-doing, namely for despotic measures, failing in a duel, for quarreling in a lawsuit, false testimony, presentation of forged documents and the sentence of capital punishment, then the judge in the case should hold the sentenced noble in confinement for three days so that the opponents in the case can come to an agreement.

If an agreement to settle the case is not attained within these three days, then the judge is to release the sentenced noble into the custody of the adversely affected party so that the legally prescribed punishment can be administered.

The sentenced noble can only be reprived of the prescribed punishment if the accuser forgives the act against him by accepting a financial settlement or by accepting a mortgage on the noble's estate.

Article 10:

For the crimes of a sentenced man, the son, brothers, relatives, sisters, or wife should not be punished, but must remain peacefully and calmly in possession of their estates, homes and other possessions.

If the sentenced man can appease his opponent, the judge cannot accept more than 50 *Marks.* For this payment, a convenient term must be set up for him.

And if he defaults on the payment before the specified term, then (after the deadline) the judge can occupy a 50 *Mark* valued portion of the accused party's estate until such time as the 50 *Marks* are paid.

Article 11:

At the request of the nobles, we agreed that the true nobles living within the borders of our country, and even those who are living in ducal provinces but still within the borders of our country, all have and share one and the same liberty.

Article 12:

Those nobles living between the Dráva and Száva Rivers, in Pozsega and Valkó Counties, must pay the treasury taxes in the same way as the other true nobles of the country.

They are exempt from paying the martin-skin tax.

Similarly, as other nobles in other parts of our country, they remain free and exempt from the imposition of any other taxes that they have usually paid until now.

Article 13:

If gold, silver, copper, iron, and other mineable ores are found on the property of a noble, the king may not take the noble's property unless he provides to the noble, in return, a similarly valued estate.

If his majesty the king does not want to do this, then the king can collect the mine income, as part of the king's prerogative, but the estate must remain with its income and privileges as the estate of the noble.

Our dearest father, King Charles, assured the inhabitants of the country of this through the power of his charter.

Article 14:

In the case of a donation of an estate or estates, the person receiving the estate should occupy it himself, and if others raise objections at the time of the transfer of the estate, the person who was to receive the estate should bring suit in his own name, not in our name.

This should be done so that our name does not become involved in the lawsuit.

No individual can receive or obtain a letter of commission from us for the execution of such a case.

Article 15:

Nobles are not obliged to go toward custom houses.

They can freely cross rivers in any direction on ferries, without any obstacles.

Article 16:

Serfs of the country's inhabitants cannot be taken away by anyone by force, unless the serf's lord has given his voluntary authorization. It does not matter whether the serf belongs to his majesty the king or the queen, to the prelates of the Church or to the lords of our country.

Article 17:

There was a custom that nobles of our country, when they went to get married and then returned with their wife, usually had to pay 1 *Mark* on bridges and at customs houses. We saw fit to terminate and repeal this.

Article 18:

The serfs of our country's inhabitants cannot be impeded, personally or financially, or delayed, prohibited, or arrested for their past offenses, either in the cities, free villages, or on the territory and estates of the king, queen, prelates, barons and other nobles.

But, if they commit crimes, such as inflicting a wound, inflicting some other injury, manslaughter, arson or other similarly evil deeds, they must make suitable reparation before their own lords.

Article 19:

In addition, a son cannot be punished for his father's misdeeds, either physically, through his estate or in other financial matters.

Article 20:

Bishops, chapters, abbots, convents, provosts and other landowning churchmen cannot acquire and retain estates from nobles and other churchmen by making use of three affidavits of witnesses (except if his majesty the king is informed and examines the case through his appointed, reliable men).

The only exception to this is when there is a letter of privilege from the king, queen and the judges who can substitute for his majesty the king.

Article 21:

Chapters and convents can send out representatives only when requested by the king, and they must belong to the same church.

If the representative of the chapter or the convent is sent out on his own horse, then the interested noble must pay 2 *grossi,* otherwise, if he is sent out on the noble's horse, then the noble is required to pay 1 *gross.*

Article 22:

The king's man who is sent out to act as an interrogator of a witness or to issue a summon, must be from the same county or district as the summoned noble or against whom the witness is directed.

The summoner and interrogator of a witness can only be sent out from the nearest chapter or convent.

Article 23:

Interrogation of witnesses can only take place with the written authorization of the king, the Palatine, or the Lord Chief Justice.

The nobles of the county or district must be called together and must be publicly questioned in regard to the matter.

Article 24:

If the parties in a lawsuit wish to settle in regard to any important matter, the judge cannot stand in their way of doing this.

Article 25:

All property suits must be completed by the third deadline, without any extention.

* * * * *

So that our present strengthening, renewal, reconstitution, and expansion of liberties, and our additional concessions, remain in power and forever secure, and so that neither we, nor our successors can withdraw any part of them at any time, we have issued this letter of privileges, strengthening it with our hanging and authentic seal.

Dated, by the hand of the reverend father in Christ, lord Nicolaus, by the grace of God and the Apostilic See, Bishop of the Diocese of Zágráb, and the Vice-Chancellor of our Court, in the thirteen-hundred fifty-first year of our Lord, on the eleventh day of December, in the tenth year of our reign.

The reverend fathers and the lords, who were present: Nicolaus, Archbishop of Esztergom and perpetual *comes* of Esztergom; Dominic, Archbishop of Spalato; Brother Denis, Archbishop-elect of Kalocsa, and the bishops: Nicolaus of Eger, Demeter of Várad, Andrew of Tinnin, Coloman of Győr, Nicolaus of Pécs, Michael of Vác, John of Veszprém, Thomas of Csanád, Brother Thomas of Sewrin, Brother Pelegrinus of Bosnia, Stephen of Nyitra, all of whom are governing the churchs of God faithfully.

The magnificent barons: Nicolaus, Palatine and the Chief Justice of Cumanians; Nicolaus, son of Lawrence, Voivode of Transylvania; Oliver, the Chief Treasurer and Chief Justice of the Court of our dearest mother, the queen; Thomas, *comes* and the Chief Justice of the Court; Stephen, the Bán of the whole of Slavonia and Croatia; Dominic, the Bán of Machow; Nicolaus, the Bán of Sewrin; Paul, the Chief Treasurer of the queen; Bartholomew, the Cup-bearer of the king; Lewkenes, the Warden of the King; Denis, the Master of the Horses; and Tewtews, our Master of Doormen; and also John, son of Simon, *Comes* of Pozsony; and many others who are *comites* and dignitaries of our country.

22 / Ludovici I. Regis, decretum unicum, anno 1351. editum

Ludovicus, dei gratia, Ungariae, Dalmatiae, Croatiae, Ramae, Serviae, Galitiae, Lodomeriae, Cumaniae, Bulgariaeque rex; princeps salernitanus et honoris montis sancti angeli dominus.

Omnibus Christi fidelibus, praesentibus pariter et futuris, praesentium notitiam habituris: salutem in eo, qui regibus dat salutem, ac feliciter regnare et victoriose triumphare.

Thronus, et potentia regalis dignitatis, tunc dignoscitur roborari, cum subditorum quieti, et tranquillitati, provida circumspectione, providetur, ipsisque digno remunerationis bravio in libertatibus largiendis; imo etiam per alios reges, pia consideratione, institutis, componendis, nec non confirmandis, liberaliter respondetur.

Nam tum, observantia fidei suae, habens originem debitam, rationis, et naturae legibus, stabilis perseverat; cum benevolentia principis in suos ostensa regnicolas, sic semper coalescit in subditos; ut nisi vitae suffocetur igniculus, in corpore vigor fidei non lentescit.

Eapropter, ad universorum notitiam harum serie, volumus pervenire: Quod praelatorum, baronum, nec non procerum, ac nobilium regni nostri, caetus, et universitatis idemptitas, nostrum regium conspectum adeundo, fidelitatibus suis, et fidelium servitiorum praeclaris meritis, in cunctis nostris, et regni nostri negotiis, prosperis, et adversis, cum summae fidelitatis studio, et votiva diligentia, nostrae Majestati exhibitis, et impensis, declaratis, et nostram in memoriam revocatis: exhibuerunt nobis quasdam literas privilegiales, illustrissimi principis domini Andreae secundi, filii Belae regis tertii, olim inclyti regis Ungariae, avi et praedecessoris nostri piae recordationis, aurea bulla sua roboratas: libertatesque ipsorum, per sanctissimum Stephanum Ungaricae gentis regem, et apostolum (ut praedictae literae declarabant) ipsis institutas, innovandas et confirmandas, tenoris subsequentis.

Supplicantes unanimiter, et conformiter, nostrae humiliter Majestati; ut ipsas acceptantes, ratificantes et approbantes, praesentibusque de verbo ad verbum transumi facientes simul cum omnibus libertatibus eorundem in eisdem expressis (excepto solummodo uno articulo, in subsequentibus declarando) confirmare; ac easdem libertates, in dictis literis expressas, ex regiae benignitatis clementia, autoritate regia, innovando, ipsos in eisdem perennaliter fruituros, et gravisuros, literis nostris privilegialibus mediantibus, stabilire dignaremur. Quarum tenor talis est:

Bulla Aurea de Anno 1222

In nomine sanctae Trinitatis, et individuae Unitatis.

ANDREAS Dei gratia Ungariae, Dalmatiae, Croatiae, Ramae, Serviae, Galliciae, Lodomeriaeque rex. in perpetuum.

Quoniam libertas tam nobilium regni nostri, quam etiam aliorum instituta a sancto Stephano rege, per aliquorum regum potentiam, ulciscentium aliquanto iram propriam, aliquando etiam attendentium consilia falsa hominum iniquorum vel sectantium propria lucra, fuerat in quam plurimis partibus diminuta, multoties ipsi nobiles nostri, serenitatem nostram, et praedecessorum nostrorum, regum suorum aures, precibus et instantiis multis pulsaverunt super reformatione regni nostri.

Nos igitur eorum petitioni satisfacere cupientes in omnibus, uti tenemur, praesertim quia inter nos et eos occasione hac jam saepius ad amaritudines non modicas est processum, quod, ut regia honorificentia plenius conservetur, convenit evitari hoc enim per nullos alios melius fit quam per eos, concedimus tam eis quam aliis hominibus regni nostri, libertatem, a sancto rege concessam.

Ac alia ad statum regni nostri reformandum pertinentia salubriter ordinamus in hunc modum:

ARTICULUS 1.

Statuimus ut annuatim in festo sancti regis, nisi arduo negotio ingruente vel infirmitate fuerimus prohibiti, Albae teneamur solemnisare.

Et si nos interesse non poterimus, palatinus procul dubio ibi erit pro nobis, et vice nostra causas audiet. Et omnes servientes qui voluerint, libere illic conveniant.

ARTICULUS 2.

Volumus etiam, quod nec nos nec posteri nostri aliquo tempore servientes capiant vel destruant favore alicujus potentis, nisi primo citati fuerint et ordine judiciario convicti.

ARTICULUS 3.

Item, nullam collectam nec libras denariorum colligi faciemus supra praedia servientium.

Nec in domos nec villas descendemus, nisi vocati.

Super populos etiam ecclesiarum ipsarum nullam penitus collectam faciemus.

ARTICULUS 4.

Si quis serviens sine filio decesserit, quartam partem possessionis filia obtineat; de residuo, sicut ipse voluerit, disponat.

Et si morte praeventus disponere non poterit, propinqui sui qui eum magis contingunt, obtineant; et si nullam penitus generationem habuerit, rex obtinebit.

ARTICULUS 5.

Comites parochiani praedia servientium non discutiant, nisi causas monetarum et decimarum.

Comites curiae parochiani nullum penitus discutiant, nisi populos sui castri.

Fures et latrones bilochi regales discutiant, ad pedes tamen ipsius comitis.

ARTICULUS 6.

Item, populi conjurati in unum, fures nominare non possint, sicut consueverant.

ARTICULUS 7.

Si autem rex extra regnum exercitum ducere voluerit, servientes cum ipso ire non teneantur, nisi pro pecunia ipsiu. Et post reversionem judicium exercitus super eos non recipiat.

Si vero ex adversa parte exercitus venerit super regnum, omnes universaliter ire teneantur.

Item, si extra regnum exercitum ducere voluerimus et cum exercitu iverimus, omnes qui comitatus habent, pro pecunia nostra nobiscum ire teneantur.

ARTICULUS 8.

Palatinus omnes homines regni nostri indifferenter discutiat.

Sed causas nobilium, quae ad perditionem capitis vel ad destructionem possessionum pertinent, sine conscientia regis terminare non possit.

Judices vero vicarios non habeant, nisi unum in curia sua.

ARTICULUS 9.

Curialis comes noster, donec in curia manserit, omnes possit judicare, et causam in curia inchoatam ubique terminare.

ARTICULUS 10.

Si quis jobagio habens honorem in exercitu fuerit mortuus, ejus filius vel frater congruo honore sit donandus.

Et si serviens eodem modo fuerit mortuus, ejus filius, sicut regi videbitur, donetur.

ARTICULUS 11.

Si hospites, videlicet boni homines, ad regnum venerint, sine consilio regni ad dignitates non promoveantur.

ARTICULUS 12.

Uxores decedentium vel damnatorum ad mortem per sententiam, vel in duello succumbentium, vel ex quacunque alia causa, non fraudentur dote sua.

ARTICULUS 13.

Jobagiones ita sequantur curiam vel quocunque proficiscuntur ut pauperes per eos non opprimantur nec spolientur.

ARTICULUS 14.

Item, si quis comes honorifice se juxta comitatus sui qualitatem non habuerit, vel destruxerit populos castri sui, convictus super hoc, coram omni regno dignitate sua turpiter spolietur, cum restitutione ablatorum.

ARTICULUS 15.

Agasones, caniferi et falconarii, no praesumant descendere in villis servientium.

ARTICULUS 16.

Integros comitatus vel dignitates quascunque, in praedia seu possessiones, non conferemus perpetuo.

ARTICULUS 17.

Possessionibus etiam, quas quis justo servitio obtinuerit, aliquo tempore non privetur.

ARTICULUS 18.

Item servientes, accepta licentia a nobis, possint libere ire ad filium nostrum, ut a majore ad minorem, nec ideo possessiones eorum destruantur.

Aliquem justo judicio filii nostri condemnatum, vel causam inchoatam coram ipso, priusquam terminetur coram eodem, non recipiemus; nec e converso filius noster.

ARTICULUS 19.

Jabogiones castrorum teneantur secundum libertatem a sancto rege Stephano institutam.

Similiter et hospites cujuscunque nationis, secundum liberatem ab initio eis concessam teneantur.

ARTICULUS 20.

Decimae argento non redimantur, sed sicut terra protulerit vinum vel segetes, persolvantur.

Et si episcopi contradixerint, non juvabimus ipsos.

ARTICULUS 21.

Episcopi super praedia servientium equis nostris decimas non dent, nec ad praedia regalia populi eorundem decimas suas apportare teneantur.

ARTICULUS 22.

Item porci nostri in silvis vel pratis servientium non pascantur contra voluntatem eorum.

ARTICULUS 23.

Item, nova nostra moneta per annum observetur, a Pascha usque ad Pascha.

Et denarii tales sint, quales fuerunt tempores regis Belae.

ARTICULUS 24.

Comites camerarii monetarum salinarii et tributarii, nobiles regni nostri sint.

Ismaelitae et judaei fieri non possint.

ARTICULUS 25

Item, sales in medio regni non teneantur, nisi tantum in Zabolch et Regecz et confiniis.

ARTICULUS 26.

Item, possessiones extra regnum non conferantur.

Si sunt aliquae collatae vel venditae, populo regni ad redimendum reddantur.

ARTICULUS 27.

Marturinae juxta consuetudinem a Colomano rege constitutam solvantur.

ARTICULUS 28.

Si quis ordine judiciaro fuerit condemnatus, nullus potentum possit eum defendere.

ARTICULUS 29.

Comites jure sui comitatus tantum fruantur; caetera ad regem pertinentia, scilicet cibriones, tributa, boves, et duas partes castrorum rex obtineat.

ARTICULUS 30.

Item, praeter hos quatuor jobagiones, scilicet palatinum, banum, comites curiales regis et reginae, duas dignitates nullus teneat.

ARTICULUS 31.

Et ut haec nostra tam concessio quam ordinatio, sit nostris nostrorumque successorum temporibus in perpetuum valitura, eam conscribi fecimus in septem paria literarum et aureo sigillo nostro roborari, ita, quod unum per mittatur domino papae, et ipse in registro suo scribi faciat; secundum penes Hospitale, tertium penes Templum, quartum apud regem, quintum in capitulo Strigoniensi, sextum in Colocensi, septimum apud palatinum qui pro tempore fuerit, reservetur.

Ita, quod ipsam scripturam prae oculis semper habens, nec ipse deviet in aliquo praedictorum, nec regem vel nobiles seu alios consentiat deviare; ut et ipsi gaudeant sua libertate, ac propter hoc nobis et successoribus nostris semper existant fideles, et coronae regiae obsequia debita non negentur.

Quod si vero nos, vel aliquis successorum nostrorum, aliquo unquam tempore huic dispositioni nostrae contra voluerit, liberam habeant eorum authoritate, sine nota alicujus infidelitatis, tam episcopi quam alii jobagiones ac nobiles regni, universi et singuli, praesentes et futuri, posterique, resistendi et contradicendi nobis et nostris successoribus in perpetuum facultatem.

Datum per manus Cleti, aulae nostrae cancellarii et Agriensis ecclesiae praepositi, anno verbi incarnati Millesimo ducentesimo vigesimo secundo; venerabili Joanne Strigoniense, reverendo Ugrino Colocense archiepiscopis existentibus; Disiderio Chanadiense, Roberto Vesprimiense, Toma Agriense, Stephano Zagrabiense, Alexandro Waradiense, Bartholomaeo Quinqueecclesiense, Cosma Jaurinense, Briccio Waciense, Vincentio Nittriense episcopis existentibus; regni nostri anno decimo septimo.

Decretum Unicum, Anno 1351 (Cont.)

Nos igitur, petitioni dictorum praelatorum, baronum, procerum, et nobilium regni nostri, aures exaudibiles, regio cum favore inclinantes; consideratis, et in memoriam revocatis, fidelibus obsequiis, et sincerissimis complacentiis eorundem; quibus in cunctis nostris, et regni nostri negotiis, prosperis pariter et adversis; specialiter vero in summenda vindicat innoxii sanguinis, olim domini Andreae, hierusalem, et siciliae regis, fratris nostri charissimi, beatae recordationis, cujus dirae necis acerbitas, fere totius orbis fines, seu plagas, perpulsavit, ad dictum regnum Siciliae, nobiscum proficiscentes, inopinatis fortunae casibus, et variis personarum periculis, summa fidelitate fulti, intrepide se submittendo; nostrae Majestati studuerunt complacere, et se reddere nobis gratiosos, et acceptos.

Volentes votis ipsorum gratiose occurrere, et eorum beneplacitum adimplere, ut ipsos ad similia fidelitatis opera exercenda devota mente, incitemus; praedictas literas ipsius domini Andreae secundi, regis, avi, et praedecessoris nostri charissimi, aurea bulla sua roboratas, omni penitus suspicione carentes, de verbo ad verbum praesentibus insertas, acceptantes, ratificantes, et approbantes, similiter cum omnibus libertatibus in eis expressis.

Excepto solummodo una articulo, praenotato, de eodem privilegio, excluso, eo videlicet: "Quod nobiles homines, sine haerede doedentes, possint et queant ecclesiis, vel aliis quibus volunt, in vita, vel in morte dare, et legare, possessiones, eorum vendere, vel alienare." Imo ad ista facienda nullam penitus habeant facultatem, sed inter fratres proximos, et in generationes eorrundem: ipsorum possessiones, de jure, et legitime, pure, et simpliciter, absque contradictione aliquali, devolvantur.

Ut tenor continet privilegii bullarum domini Andreae regis supradicti, confirmantes, et easdem libertates, de beneplacita voluntate serenissimae principissae, dominae Elisabeth, eadem gratia, Reginae Ungariae, genitricis nostrae charissimae, ac de consilio eorundem baronum nostrorum, ex regiae benignitatis clementia innovantes ipsos eisdem perenniter commisimus fruituros, et gravisuros.

Insuper pro tranquilliori statu, et pacifico commodo regnicolarum nostrorum, de voluntate ejusdem genitricis nostrae, et consilio eorundem baronum nostrorum, ipsis ex solita liberalitate, hujusmodi libertates infrascriptas superaddendum duximus, et concedendum.

ARTICULUS 1.

Quodsi praelati, vel aliqui viri ecclesiastici, contra nobiles regni nostri, in aliqua causa, in praesentia alicujus judicis regni nostri processerint, et litem habuerint; tunc pro causa, pro qua agitur, lite pendente, interdictum in eos ponere, vel contra ipsos sententiam excommunicationis non possunt promulgare (sicut hactenus usi sunt, et consueti) absque scitu, et notitia regiae majestatis.

Et si iidem viri ecclesiastici, seu praelati, tramite juris observato, in alicujus regii judicis praesentia de jure convicti fuerint; tunc in eandem gravaminis poenam, qua eorum adversarios intendebant aggravare, incidant eo facto.

ARTICULUS 2.

Item, pro funere hominum, per aliquem, vel aliquos interemptorum; archidiaconi, mala consuetudine, sicut usi sunt, nullam marcam exigere valeant.

ARTICULUS 3.

Minuti etiam conventus, ab emanatione literarum suarum, super perpetuatione possessionum conficiendarum, cessent, et eorum sigilla, omni careant firmitate.

ARTICULUS 4.

Lucrum vero camerae, prout tempore inclyti principis domini Caroli, olim regis Ungariae, genitoris nostri carissimi, piae memoriae, de quolibet integro fundo curiae, tres grossi solvebantur; sic et nunc, cum tribus grossis, in nostra camera cudendis (quorum grossorum unus, sex denarios camerae nostrae, in valore, et quantitate sex latorum Viennensium valeat; et ipsorum grossorum quatuordecim, unum fertonem faciant) persolvatur.

Superfluos autem denarios, dicarum redemptionem, et victualia, recipere non valeant.

ARTICULUS 5.

Villicos, et servientes, in propriis eorum possessionibus commorantes, ac servos; ipsius lucri camerae dicatores, dicare, et super ipsos lucrum camerae exigere non possint.

Et generaliter dicendo, nihil plus quam tres grossos recipere valeant, et extorquere.

ARTICULUS 6.

Praeterea, ab omnibus jobagionibus nostris, aratoribus, et vineas habentibus, in quibuslibet villis liberis, ac etiam udvarnicalibus villis, quocunque nomine vocitatis, ac reginalibus constitutis (exceptis civitatibus muratis) nonam partem omnium frugum suarum, et vinorum suorum exigi faciemus; et domina regina exigi faciet; ac praedicti barones, et nobiles similiter, ab omnibus aratoribus jobagionibus, et vineas habentibus, in quibuslibet possessionibus ipsorum existentibus, nonam partem omnium frugum suarum, et vinorum suorum, pro eorum usibus exigant, et recipiant.

Praelati quoque, et viri ecclesiastici jobagiones habentes, primo decimas, post haec similiter nonam partem omnium frugum suarum, et vinorum ipsorum exigant.

Et, si qui in exactione praedicta secus fecerint; nos in talium rebellium, et praesentem nostram institutionem alterantium, possessionibus, pro usu nostro, ipsam nonam partem ipsarum frugum, et vini, exigi faciemus, sine diminutione, et relaxatione aliqua.

Ut per hoc, honor noster augeatur, et ipsi regnicolae nostri, nobis fidelius possint famulari.

ARTICULUS 7.

De possessionibus, a nobis, et nostris successoribus inveniendis, juxta eorum quantitatem; videlicet de possessione proventuum decem marcas facientium, vice-cancellarius noster unam marcam, et scriptor unum fertonem, et de majoribus possessionibus, proventus viginti marcarum facientibus, duas marcas, et scriptor similiter unum fertonem, recipere possint, et habere; et sic consequenter, juxta excrescentiam possessionum, denuo inveniendarum.

ARTICULUS 8

Tributa omnium injusta super terris siccis, et fluviis, ab infra descendentibus, et supra euntibus non exigantur.

Nisi in pontibus, et navigiis, ab ultra transeuntibus solvantur.

Cum in eis, nobiles, et ignobiles regni nostri, multum, et nimium perceptimus aggravari.

ARTICULUS 9.

Si quis nobilis ordine judiciario in facto potentiali, aut succubitus duelli, in poena calumniae, aestimationis falsi termini, et exhibitionis falsarum literarum, ac sententiae capitalis, pro quocunque facto, in praesentia Palatinali, et judicis curiae nostrae, aut alterius cujuscunque judicis praesentia convictus fuerit.

Judex illius causae, talem convictum recaptivet, et tribus diebus, causa reformationis pacis inter partes tiendae, et ordinandae, detineat.

Et, si concordare nequirent; tunc in manus sui adversarii ad infligendam sibi poenam, juxta regni consuetudinem, de jura debitam, assignet.

Et, si tali convicto pars adversa, sive receptione alicujus pecuniae, sive gravaminis possessionis suae complacuerit; erit expeditus.

ARTICULUS 10.

Filii, fratres, proximi, sorores, et uxores, pro excessu talis perempti hominis, non debent aggravari, sed in possessionibus, domibus, et bonis ipsorum, quieti et pacifici, permaneant.

Si autem cum parte adversa, homo praemisso modo convictus, posset concordare; judex non ultra, nisi quinquaginta marcas, dando sibi terminum debitum ad easdem persolvendas, recipere possit.

Et, si dato sibi termino solvere non curaret; de possessione sua (exspirato ipso termino) recepto homine regio, et testimonio alicujus capituli, vel credibilis conventus, portionem, vel portiones ipsas, quinquaginta marcas valentem, vel valentes, possit occupare, tamdiu possidendam, vel possidendas; donec per hos, quorum redemptioni eadem, vel eaedem, magis convenire dignoscuntur, pro ipsis quinquaginta marcis redimantur.

ARTICULUS 11.

Ad eorundem etiam nobilium petitionem annuimus: ut universi viri nobiles, intra terminos regni nostri constituti, etiam in tenutis ducalibus, sub inclusione terminorum ipsius regni nostri existentes, sub una, et eadem libertate gratulentur.

ARTICULUS 12.

Lucrum etiam camerae nostrae, nobiles inter fluvios Drava, Sava, ac de Posega, et Valkó, cum aliis viris nobilibus regni nostri, unanimiter solvere teneantur.

Nec ratione collectae marturinarum, bansul mora vocatarum, amodo, et imposterum molestentur.

Sed ab omni exactione aliarum quarumlibet collectarum, hactenus persolvi consuetarum, exempti penitus, tanquam caeteri nobiles nostri aliarum partium, et immunes habeantur.

ARTICULUS 13.

Si quae vero minerae auri, vel argenti, cupri, vel ferri, aut aliae fodinae, in possessionibus nobilium invenientur; absque competenti concambio non auferantur, sed pro talibus possessionibus mineras auri in se germinantibus, si regiae placuerit voluntati, aequales possessiones conferat nobilibus praenotatis.

Alioquin, si possessiones ipsas minerosas, regia Majestas pro cambio habere nolit; extunc, just regale, seu urburas, juri regio pertinentes; recipere suo nomine faciat; easem possessiones ipsis nobilibus, cum caeteris quibuslibet suis utilitatibus, proventibus, et juribus relinquens.

Prout etiam idem dominus Carolus rex, genitor noster charissimus, ipsis regnicolis annuerat, literarum suarum per vigorem.

ARTICULUS 14.

Si autem alicui possessionem, vel possessiones contulerimus, ille possessionem, vel possessiones eidem collatas, pro se recipiat, et non nomine nostro, sed nomine suo proprio, cum contradictoribus in statutione dictae possessiones, apparentibus trahat litem.

Ita, quod nomen nostrum ipsi litigionariae quaestioni non immisceatur.

Nec procuratoris literas, ad executionem talium causarum a nobis recipere possint, seu impetrare.

ARTICULUS 15.

Nobiles, ad loca tributorum ire, non compellantur.

Sed per portus, quo voluerint, libero transitu, absque aliquali impedimento, potiantur.

ARTICULUS 16.

Jabogiones aliquorum regnicolarum nostrorum, ad regiam, vel reginalem celsitudinem pertinentes, vel ad ecclesiarum praelatos, aut potentes regni nostri attinentes; absque voluntaria permissione dominorum eorundem jobagionum, potenter non adbucantur.

ARTICULUS 17.

Denique istam consuetudinem: Quod dum nobiles regni nostri, ad conducendas uxores eorum accedunt; et more solito, cum eorum uxoribus ad propria redeunt, in pontibus, et tributis una marca ab eis exigitur; duximus cassandam, et annihilandam.

ARTICULUS 18.

In civitatibus, et liberis villis, regalibus, et reginalibus, praelatorum, et baronum, ac aliorum nobilium tenutis, et possessionibus, jabagiones regnicolarum nostrorum, pro pristinis factis non possint impediri, prohiberi, et arestari, in rebus, et personis.

Sed si iidem vulnera, laesiones, mortem, incendia, et alia consimilia enormia perpetrarent manifeste; extunc ex parte eorundem, judicium, et justitiam, quilibet querulantium, in propriorum dominorum suorum praesentia prosequatur congruentem.

ARTICULUS 19.

Porro, pro excessibus patris filius, nec in personam, immo nec in possessionibus, aut in rebus, damnificetur, aut condemnetur.

ARTICULUS 20.

Episcopi quoque, capitula, abbates, conventus, praepositi, et caeterae possessionate personae ecclesiasticae, cum tribus literis inquisitoriis (nisi regia majestas, destinatis probis viris, quos maluerit, experiatur, et informetur; inter nobiles, et ecclesiasticos super possessionibus acquirendis) possessiones, nec recquirere, nec retinere possint.

Nisi cum literis privilegialibus regiis, vel reginalibus, aut judicum, vicem gerentium regiae majestatis.

ARTICULUS 21.

Homines autem capitulorum, seu conventuum, qui ex mandato regio, pro testimonio ducuntur; non possint esse alii, nisi hi, qui dignitates habent in eadem ecclesia.

Et, si ipsius capituli vel conventus testimonium, in equo suo proprio ductus fuerit; tunc per diem duos grossos; si vero in equo ipsius nobilis decetur; tunc per diem, unum grossum ipsi, iidem nobiles dare teneantur.

ARTICULUS 22.

Homo antem regius, qui ducitur ad citandum, vel ad inquisitionem faciendam, non possit esse aliunde, nisi de eodem comitatu, vel districtu, in quo est ille, qui citatur, vel contra quem fit inquisitio.

Et capitulorum testimonium, de propinquioribus capitulis abducatur, ad citandum, vel ad inquirendum.

ARTICULUS 23.

Quod inquisitiones non possint fieri per alium modum, nisi mediantibus literis regalibus, vel palatini, aut judicis curiae regiae.

Et congregentur nobiles illius comitatus, vel districtus in unum, et ab eis inquiratur manifeste.

ARTICULUS 24.

Causantes enim, in quacunque maxima, et ardua causa, si concordare voluerini: judex prohibere non possit.

Et de judicio pacis, ab ipsis non plus, quam tres marcas exigere valeat quoquomodo.

ARTICULUS 25.

Universae causae in facto possessionum motae, vel movendae, in tertio termino absque dilatione, et prorogatione aliquali, terminentur.

Et ut praesentis nostrae confirmationis, innovationis, constitutionis, et libertatum largitionis, et concessionis series, robus obtineat perpetuae firmitatis, nec ullo unquam tempore per nos, vel nostros successores, in aliqua sui parte quoquomodo valeat in irritum revocari; praesentes concessimus litteras nostras privilegiales, pendintis, et authentici sigilli nostri munimine roboratas.

Datum per manus venerabilis in Christo patris, domini Nicolai, eadem et apostolicae sedis gratia, episcopi ecclesiae Zagrabiensis, aulae nostrae vice-cancellarii, dilecti, et fidelis nostri, anno domini, millesimo, tercentesimo, quinquagesimo primo, tertio idus decembris: regni autem nostri anno decimo.

Venerabilibus in Christo patribus, et dominis, Nicolao Strigoniense, locique ejusdem comite perpetuo: et Dominico Spalatense, archiepiscopis: fratre Dionysio, archielecto Colocense; Nicolao Agriense; Demetrio Varadiense: fatribus: Thoma Seremiense: Pelegrino Bosnense: Stephano Nitecclesiense: Michaele Vaciense: Joanne Vesprimiense: Thoma Chanadiense: fatribus: Toma Seremiense: Pelegrino Bosnense: Stephano Nittriense episcopis, ecclesias dei fideliter gubernantibus.

Magnificis baronibus; Nicolao palatino, et judice cumanorum: Nicolao filio Laurentii wayvoda Transylvano: Oliverio magistro tavernicorum nostrum, et judice curiae dominae Reginae, genitricis nostrae charissimae:

comite Thoma judice curiae: Stephano totius Sclavoniae, et Croatiae; Dominico de Machow, et Nicolao a Zewrino banis: Paulo magistro tavernicorum reginalium: Bartholomaeo pincernarum: et Lewkenes dapiferorum: Dionysio Agazonum: et Thewtews, janitorum nostrorum: nec non Joanne filio ejusdem Oliverii, dapiferorum reginalium magistris: Simone filio Mauritii comite Posoniense: et aliis quam plurimis, regni nostri comitatus tenentibus, et honores.

PART VI

APPENDIX

Geza Grosschmid

23 / Simplified Genealogy of the House of Anjou

(The irrelevant branches have been omitted.)

Robert the Strong
+ 866
Count of Paris, Anjou, and Blois

Robert I
King: 922-923
oo Beatrix of Vermandois

Hugo the Great or White
+ 956
Count of Paris, Duke of Burgundy
2: 00 Hedwig, daughter of Henry I, king of Germany

Hugh Capet
* 939 + 996
King of France
oo Adelhaid of Guyenne

Robert II The Pious
* 970 + 1031
King of France
oo Constance of Arles, daughter of William, Count of Provence

con't on p. 488

Henry I
* 1008 + 1060
King of France
oo Anne of Rurik, daughter of Yaroslav the Wise, Grand Duke of Kiev

Philip I
* 1053 + 1108
King of France
oo Bertha, daughter of Florence, Count of Holland

Louis VI
*1081 + 1137
King of France
oo Adelaid of Savoy, daughter of Humbert II, Count of Savoy

Louis VII
*1102 + 1180
King of France
oo Alix (Adelheid) of Champagne, daughter of Theobald II, Count of Champagne

Philip II Augustus
*1165 + 1223
King of France
oo Isabel of Hainaut, daughter of Baldwin VIII, Count of Flanders

Louis VIII
*1187 + 1226
King of France
oo Blanche of Castile, daughter of Alphonso VIII, King of Castile

Charles I of *Anjou*
* 1226 + 1285 and Sicily
King of Naples, Count of Anjou, Maine, and Provence &c
oo Beatrice of Provence, daughter of Raymond V, Count of Provence

con't on p. 489

Charles II
*1248 (1254?) + 1309
King of Naples &c
oo Mary of the House of Árpád

Charles Martel
*1271 + 1295
Locumtenens of Naples
oo Clementia of Habsburg, daughter of Rudolf I, King of the Romans, Holy Roman Emperor

Charles I Robert
*1288 + 1342
King of Hungary
oo Elisabeth of Piast, daughter of Władisław I, King of Poland

LOUIS I THE GREAT
*1326 + 1382
King of Hungary 1342, King of Poland 1370
oo Elisabeth Kotromanich, daughter of Stephen Kotromanich, Ban(us) of Bosnia

Mary
*1371 + 1395
Queen of Hungary
oo Sigismund of Luxembourg
*1368 + 1437
King of Hungary 1387
King of Bohemia 1419
Holy Roman Emperor 1410

Hedwig (Jadwiga)
*1374 +1399
Queen of Poland
oo Władisław Jagellon
King of Poland 1386

Sources

Dümmerth, Dezső, *Az Anjouk nyomában* [In the Footsteps of the Anjous] (Budapest: Panoráma, 1982).

Grote, H. *Stammtafeln. Mit Anhang: Calendarium medii aevi* (Leipzig: Hann'sche Verlagsbuchhandlung, 1877).

Kis, Bálint (de Baczka-Madaras), *Az Árpádok királyi vére Magyarország családaiban* [The Royal Blood of the Árpáds in the Families of Hungary] (Budapest: Athenaeum, 1895).

Louda, Jiří and Maclagen, Michael, *Heraldry of the Royal Families of Europe* (New York: Clarkson N. Potter, Inc., 1981).

24 / Maps of the Empire of Louis the Great

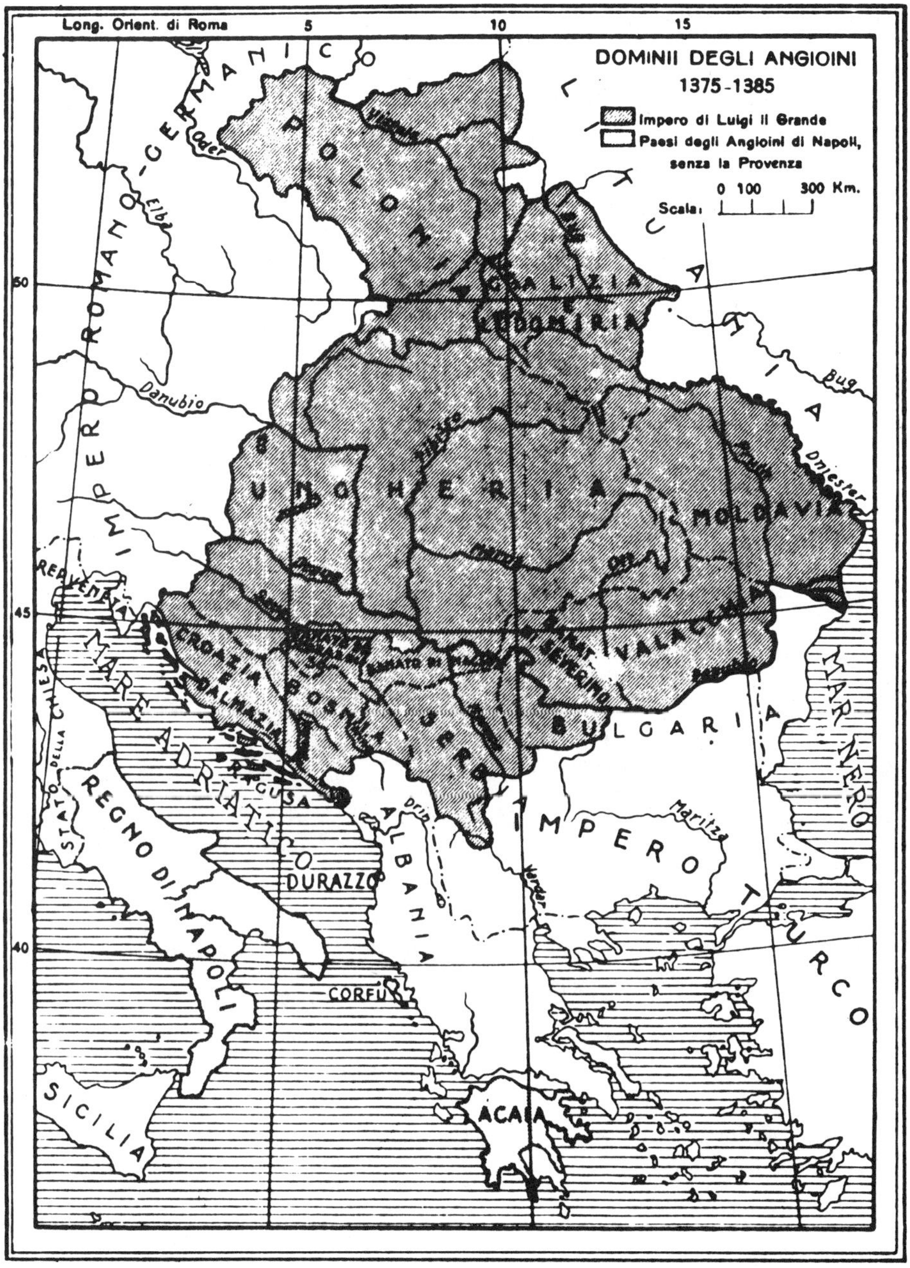

Reprinted from:

Bálint Hóman: *Gli Angioini di Napoli in Ungheria, 1290-1403* (Roma: Reale Accademia d'Italia, 1938), facing title page.

The Empire of Louis the Great

Design by Dr. Lajos Baróti Chart by Ignácz Hatsek
Revised by Dr. Ferenc Somogyi

See: József Szalay and Lajos Baróti, *A magyar nemzet története* [History of the Hungarian Nation, volume II, Millenial edition (Budapest: Lampel, 1896), enclosure between pp. 92-93

George J. Pripć:

25 / The Angevin Rule in Croatia and Hungary: A Critical Bibliography of Croatian Historical Works

The following is a selected and annotated bibliography, mostly by Croatian authors. In some instances the annotations are followed by quotations from the listed works.

Dabinović, Antun, *Hrvatska Državna i pravna povijest* [The Croatian State- and Legal History] (Zagreb: Matica Hrvatska, 1940), 562 pp., with numerous documents reproduced.

The author analyzes in detail the main components of Croatian statehood through thirteen centuries of Croatian history. He discusses the position of the Croatian state and estates under the last Árpáds and during the Angevin period.

Gazi, Stephen, *A History of Croatia* (New York: Philosophical Library, 1973), 386 pp., maps.

The late Prof. Gazi, who taught history at the Black Hills State College (Spearfish, N.D.), discusses here the rule of the Angevins in his balanced and well-written book. His Ch. V ("From Angevin Autocracy to Feudal Anarchy," pp. 55-74) and his Ch. VI ("Medieval Bosnia," pp. 75-88) provide the reader with a helpful and concise analysis of the situation in Croatian lands during and immediately after the Angevin rule.

Gruber, Dane, "Hrvatska u vrijeme Anžuvinaca og godine 1301. do 1381." [Croatia at the time of the Angevins from the Year 1301 until 1381], in *Znameniti i zaslužni Hrvati* [The Famous and Eminent Croatians] Zagreb: The Committee for the Publication of the Book, 1925), 298 pp., illus.

On pages xxiii-xxxv of this monumental book (published on the occasion of the Millenium of the Croatian Kingdom), Gruber, professor of Croatian history at the University of Zagreb, gives one of the best concise and perceptive analyses of the Angevin era ever written in Croatia.

Guldescu, Stanko, *History of Medieval Croatia* (The Hague: Mouton & Co., 1964), 351 pp., maps.

See chapters X, "Croatia Under the Árpáds (1102-1301)," pp. 187-215, and XI "The Angevins (1301-1382)," pp. 216-228.

American-born historian Guldescu (Ph.D. from the University of Chicago) taught history at several American universities. He has published extensively on Croatia, the country of his ancestors. The above presents a scholarly, keen, and analytical discussion of the medieval Croatian state. Summing up the Angevin rule (on p. 228) he states: "The reigns of the two Angevin monarchs between 1301 and 1382 were very important for Croatian internal development. A new service nobility assumed the leadership monopolized so long by the ancient clan heads. Henceforth the Croat nobility, on the whole, was to be noted for its loyalty to whatever dynasty ruled the Croatian lands. Town growth made great strides and western feudal practices in regard to land tenure became solidily established, at least in Slavonia. These developments rather than Louis' diplomatic and military successes abroad, which proved to be of ephemeral nature, were the permanent accomplishments whether for good of bad of the period of Angevin domination. In the last analysis the Angevins made four distinct contributions to the evolution of Croatian national life. First they effected, in some degree at least, the establishment of internal order. Second they stimulated the importation of the refining influences of early French Renaissance [sic] culture among the nobility. Their third achievement was to lessen the power of the magnates. Finally they restored to the Croatian community all Dalmatia north of Kotor, as well as many of the islands that had fallen into Venetian hands. This last accomplishment was brought about even though the Serbs fought as allies of Venice to prevent it. Certainly the extinction in the direct line of the Angevin dynasty was for the Croat nation a misfortune fully comparable to the dying out of the Trpimirović and Árpád houses."

I believe that this is a meaningful and perceptive verdict on the significance of the Angevins in Croatia. Equally perceptive is his following concise study:

———. "Political History [of Croatia] to 1526," in Francis H. Eterovich and Christopher Spalatin, eds. *Croatia: Land, People, Culture* (Toronto: University of Toronto Press, 1964), Vol. I, pp. 76-130, maps.

This well written, scholarly, and amply documented narrative, with a helpful chronology and extensive bibliography, includes also discussion of the Angevin period in all Croatian lands. Guldescu stresses also the role of the Šubić family (calling them "kingmakers") in bringing the Angevins to Croatia and Hungary, the role of Bosnia, and the coming of the mortal danger from the southeast, the invasion of the Ottoman Turks.

Halecki, Oscar, *Borderlands of Western Civilization: A History of East Central Europe* (New York: The Ronald Press, 1952), 503 pp.

Of the many books in English dealing with East Central Europe this book by the eminent American-Polish historian contains some of the most interesting observations and a concise assessment of the Angevin rule in the area between the Adriatic and Baltic seas. See especially pp. 94-101.

Hauptman, Ljudmil, "Anjou," *Hrvatska Enciklopedija* [The Croatian Encyclopedia] (Zagreb: Consortium of the Croatian Encyclopedia, 1941), Vol. I, pp. 458-459.

It also gives a genealogy of the Angevins in Croatia and Hungary. The author, a Slovenian historian, was an expert on early Croatian medieval history.

Horvat, Rudolf. "Prvi knezovi Zrinski" [The First Dukes of Zrinski], *Hrvatsko Kolo* [Croatian Circle] (Zagreb: Matica Hrvatska, 1943), Vol. XXIV, pp. 157-167.

In 1347 Louis I, in exchange for fortress Ostrovica in southern Croatia, gave the Zrinj fortress in northwestern Croatia to the Bribir-Šubić family; afterwards they became known as Zrinjski and played for centuries a promient role in political life of Croatia and Hungary. Horvat was one of the leading Croatian historians before 1945. *Hrvatsko Kolo* was a yearly publication of Matica Hrvatska, the oldest Croatian publishing and cultural society.

Karaman, Ljubo, *Eseji i članci* [Essays and Articles] (Zagreb: Matica Hrvatska, 1939), 208 pp.

An expert on the medieval history of southern Croatia, the author gives on pp. 25-49 a good survey of the period between 1102-1420 relating to "The Hungarian-Croatian Era and the Period of the Free Dalmatian Communes."

Kiszling, Rudolf, *Die Kroaten* [The Croatians] (Graz-Köln: Verlag H. Böhlaus, 1956), 266 pp., illus.

Pp. 14-23 deal with the Angevin rule. The Austrian author stresses the collaboration of Serbia with Venice against Hungarian and Croatians, a trend–he states–that was also repeated during World War I and in the post-1918 period.

Klaić, Nada, *Povijest Hrvata u ranom Srednjem vijeku* [The History of the Croatians in the Early Middle Ages] (Zagreb: Školska Knjiga, 1971).

———, *Izvori za hrvatsku povjest do 1526* [Sources for Croatian History up to 1526] (Zagreb: Školska Knjiga, 1972).

———, *Povijest Hrvata u kasnom Srednjem vijeku* [The History of the Croatians in the Late Middle Ages] (Zagreb: Školska Knjiga, 1976).

All three of the above works are by a noted Croatian medievalist at the University of Zagreb, who is also an authority on the Anjou period in Croatian history. Her views naturally reflect the ideology of Marxist intellectual historical scholarship, with the particular coloration found in the Croatian Republic of the Socialist Federal Republic of Yugoslavia.

Klaić, Vjekoslav, *Bribirski knezovi* [The Dukes of Bribir] (Zagreb: Matica Hrvatska, 1897), 176 pp.

This is an extensive discussion of the famous family (Šubić, later known as Zrinski) who brought the Angevins to Croatia and Hungary. Klaić, a very prolific historican wrote also a study of the hezogs and bans of the Angevin period.

———, *Povjest Hrvata od najstarijih vremen do svršetka XIX. stoljeća* [A History of the Croatians From the Ancient Times Until the End of the Nineteenth Century], 2 vols. (Zagreb: Lav. Hartman–Kugli and Deutsch, 1899), Vol. I, 318 pp., illus.; Vol. II., 1901, 293 pp., illus.

This standard work in Croatian historiography was reprinted recently in Zagreb. For many years a professor of history at the University of Zagreb, Klaić is considered one of the best Croatian historians. See in Vol. I "Hrvatska za Arpadovića" (Croatia During the Árpád Dynasty"), pp. 280-299; and "Hrvatsko Kraljevstvo u XIV. stoljeću: 1301-1409" ("The Croatian Kingdom During the Fourteenth Century",) pp. 3-42, with numerous illustrations from Croatia proper, Bosnia, and Dalmatia. He traces in detail the gradual loss of Croatian towns and regions to the rising power of Venice and Bosnia.

———, "Hrvatski Sabori do godine 1790" [Croatian Diets Until the Year 1790], in *Zbornik Matice Hrvatske* [The Monograph of Matica Hrvatska] (Zagreb: Matica Hrvatska, 1925), Vol. I, pp. 249-310.

It includes an analysis of the Diets during the Angevin time and discusses also the role of the Ban.

———, "Regnum Croatiae et Dalmatiae," in *Sveslavenski Zbornik* [All-Slavic Monograph] (Zagreb: Zajednica Slavenskih Društava, 1930), pp. 79-89.

This sheds light on the position of Croatia and Dalmatia during the Angevins.

Knezović, Oton, *Poviest Hrvata* [A History of the Croatians] (Madrid: "Domovina," 1961), 502 pp., maps.

See "Dinastija Anžuvinaca" ("The Angevin Dynasty"), pp. 422-426.

Kulundžić, Zvonimir, *Tragedija hrvatske historiografije* [The Tragedy of the Croatian Historiography], second revised and enlarged edition (Zagreb: By the author, 1970), 526 pp., illus.

Although not written by a professional historian this interesting and controversial book was for a while a best-seller in Croatia during its "Spring" (the period of political and cultural relaxation, 1968-1971). It points out the problems of Croatian historiography under the strict censorship of Communist authorities. The author is very critical about the writings of several Croatian historians who follow the "official line." Nada Klaić's statements about the "Sacred Lie" in the time of origin of twelve Croatian tribes, about *Pacta Conventa,* and several of her other views on Croatian medieval history are not popular among present-day Croatian historians in the homeland and abroad.

Mandić, Dominik, *Etnička povijest Bosne i Hercegovine* [Ethnic History of Bosnia and Hercegovina] (Rome: Croatian Historical Institute, 1967), 554 pp.

Here are extensive references to the Kotromanić dynasty of Bosnia, and in particular Stephen Kotromanić, whose daughter Elizabeth married King Louis. Mandić (1889-1973) regards Bosnia-Hercegovina as Croatian lands which through association with Croatia became then associated with the kings of Hungary.

Preveden, Francis R., *A History of the Croatian People.* Vol. I: *Prehistory and Early Period Until 1397 A.D.* (New York: Philosophical Library, 1955), 134 pp., 64 plates, map.

See Ch. XVIII "The House of the Angevins on the Croatian-Hungarian Throne (1301-1409)," pp. 114-121 (folio-size pages). He stresses the role of Louis (he calls him Ludovic the Great) in removing the Croatian oligarchy. Preveden (1890-1959) was a versatile scholar and knew his subject intimately. In this book he also discusses "Dynastic Troubles in the Anjou Family: 1382-1409. In 1353 Louis married Elizabeth, the daughter of Stephen Kotromanić the ruler of Bosnia. When Louis died in September 1382, he left behind two minor daughters, the elder of whom was Maria, bride of Sigismund of Luxemburg, son of the Emperor Charles IV. The younger daughter was Hedwig (Jadwiga in Polish), the future wife of Jagiello, the Grand Duke of Lithuania, and the "sainted queen of Poland." Historians discussing the destinies of the whole area between the Baltic and the Adriatic usually overlook the "Bosnian-Croatian connection."

Sinković, Marija, ed., *Ilustrirana povijest Hrvata* [The Illustrated History of the Croatians] (Zagreb: "Stvarnost," 1971), 319 pp., illus.

This richly illustrated, folio-size volume presents the best chronological outline of the Croatian history. For the Angevin period a detailed survey, written by Nada Klaić, is on pp. 72-84.

Šišić, Ferdo. *Pregled povijesti hrvatskoga naroda* [A Survey of History of the Croatian People] (Zagreb: Matica Hrvatska, 1916), 361 pp.

See "Kraljevi iz kuće Anžuvinske (1301. do 1395. odnosno 1409" [Kings from the House of Anjou (1301-1395, 1409 Respectively], pp. 109-126.

Šišić notes that contemporary documents in Croatia and Bosnia called Louis in the Croatian version Ludovik. Šišić also uses the name of Ludovik.

———, *Pregled povijesti hrvatskoga naroda* [A Survey of History of the Croatian People], new, revised, and enlarged edution, edited by Jaroslav Šidak (Zagreb: Matica Hrvatska, 1962), 550 pp., illus., maps.

Šišić (1869-1940) was one of the foremost Croatian historians of this century, professor of history at the University of Zagreb, and a very prolific writer. In this new edition, which was enlarged by Jaroslav Šidak, one of the leading Croatian historians after 1945, there are quite a few pages of text, comments, and sources dealing with the Angevin period. See especially: "Posljednji Arpadovići (1270-1301" [The Last Árpáds], pp. 196-199; "Izvori" [Sources] for 1301-1526 period on pp. 200-203; Karlo I (1301-1342)," pp. 204-208; Ludovik I (1342-1382), pp. 209-213; "Dinastički zapleti u anžuvinskoj porodici (1382-1409)" [The Dynastic Complications in the Angevin Family], pp. 215-221.

Both Šišić and Šidak discuss the events in all Croatian lands, emphasizing the role of Bosnia. They also stress the impact of the coming of the Turks on the Balkans and the Adriatic-Danube area. On p. 211 Šišić has the following paragraph:

"Ludovik's uncle, the King of Poland, died in 1370, and the Poles recognized Ludovik without resistance on the basis of an agreement of 1339. They crowned Ludovik as their King on November 17 in Krakow. And thus Ludovik became one of the most powerful rulers in Europe. His rule stretched all the way from the lower Wistula down to Kotor on the Adriatic Sea. Besides a small number of Magyars and Germans all his subjects were Slavs, in the first place the Croatians; then also Serbs, Slovaks, Ruthenians, and Poles. However, while King Ludovik was thus expanding the borders of his domains, there appeared in the Balkan Peninsula a new power which was to become soon the most dangerous enemy of Hungary and Croatia, the Osmanlis of Turkey."

Smičiklas, Tade, *Poviest Hrvatske* [A History of Croatia] (Zagreb: Matica Hrvatska, 1879), 2 vols.

This was the first scholarly history of Croatia whose author, Smičklas (1843-1914), on the basis of Rankean principles, produced a critical, well-documented, and well-written narrative. In its first volume quite a few pages are dedicated to the Angevin rule.

Südland, L. V. [Pilar, Ivo], *Južnoslavensko pitanje* [The South Slavic Question], new, enlarged edition (Zagreb: Matica Hrvatska, 1943), 518 pp., maps.

Originally published as *Die Südslawische Frage und der Weltkrieg* (Vienna: Manz Verlag, 1918); on pp. 21-25 the author gives a concise analysis of the Angevin rule in the Croatian lands. Pilar (1874-1933) aroused sensation by his original book. He pleaded for a reformed Habsburg Monarchy in the future and exposed the plans for a Greater Serbia. He opposed Croatia's entry into a Balkan state. His vision of future Croatia was in a state resembling that of the Angevins and later the Habsburgs. In 1918 the Serbian government purchased almost all the copies of Pilar's book from the publisher and destroyed them. In 1933, after much pressure and intimidation by the Belgrade authorities, Pilar committed suicide.

Šufflay, Milan, "Hrvati u sredovječnom svjetskom viru" [The Croatians in the Medieval World Vortex], in *Sveslavenski Zbornik,* pp. 214-241.

Especially interesting is his discussion of the significance of Louis' rule: "From Albania to Lithuania" and his assessment of the impact of the Angevins on the demise of the Croatian magnates. Šufflay, born in 1879 was an able historian and an Albanologist of international repute. In 1931, after being appointed to the Chair of Southeast European history at the University of Budapest, he was assassinated by police agents on a street in Zagreb. Like Pilar, he was a Croatian patriot and a great scholar. His and Pilar's cases proved that writing objective history may be a very dangerous business in the Balkans!

S. B. Vardy

26 / Selected Bibliography

Áldasy, Antal, "Adatok Nagy Lajos király olaszországi összeköttetéseihez" [Data Concerning King Louis the Great's Connections in Italy], *Történelmi Tár,* Új Folyam, 11 (1910), 1-7.

Bak, János, *Königstum und Stände in Ungarn im 14.-16. Jahrhundert* (Wiesbaden, 1973).

———. and Béla K. Király, eds., *From Hunyadi to Rákóczi: War and Society in Late Medieval and Early Modern Hungary* (New York, 1982).

Balzer, Oswald, *Królestwo Polskie, 1295-1370* [The Kingdom of Poland, 1295-1370], 3 vols. (Lwów, 1919-1920).

Bárczy, Oszkár, *A heraldika kézikönyve* [A Handbook of Heraldry] (Budapest, 1897).

Békefi, Remig, *A pécsi egyetem* [The Univeristy of Pécs] (Budapest, 1909].

Berkovits, Ilona, "A magyar feudális társadalom tükrösödése a Képes Krónikában" [The Mirroring of Hungarian Feudal Society in the Illuminated Chronicle], *Századok,* 87 (1953), 72-107.

Bertényi, Iván, *Az országbírói intézmény története a XIV. században* [The History of the Office of the Lord Chief Justice in the 14th Century] (Budapest, 1976).

———. "Die städtischen Bürger und das Gericht der königlichen Anwesenheit im 14. Jahrhundert," *Annales Universitatis Scientiarum Budapestinensis de Rolando Eötvös Nominatae. Sectio Historica,* 11 1970), 3-31.

———. "Zur Gerichtstätigkeit des Palatins und des Landesrichters (judex curiae regiae) in Ungarn im 14. Jahrhundert," *Annales Universitatis... Sectio Historica,* 7 (1965), 29-42.

Bogyay, Thomas von, "Die Selbstbildnisse des Malers Johannes Aquila aus den Jahren 1378 und 1392," *Stil und Überlieferung in der Kunst des Abendlandes* (Berlin, 1967), III, 55-59.

———, *Stephanus Rex* (Wien, 1976).

Bónis, György, *A jogtudó értelmiség a Mohács elötti Magyarországon* [Legal Intelligentsia in Hungary before the Battle of Mohács] (Budapest, 1971).

———, "A kúriai irodák munkája a XIV-XV. században" [The Work of the Office of the Lord Chief Justice in the 14th and 15th Centuries], *Levéltári Közlemények,* 34 (1963), 197-243.

———, *Hűbériség és rendiség a középkori magyar jogban* [Feudalism and Corporatism in Medieval Hungarian Law] (Kolozsvár, 1947).

———, *Középkori jogunk elemei* [Elements of Our Medieval Law] (Budapest, 1972).

Bosl, Karl, ed., *Handbuch der Geschichte Böhmischen Länder,* vol. I (Stuttgart, 1967).

Bossányi, Árpád, ed., *Regesta Supplicationum. Pápai kérvénykönyvek magyar vonatkozású okmányai. Avignoni korszak* [The Hungarian-Related Documents of Papal Petitions. The Avignon Period], vol. II (Budapest, 1918).

Breiter, E. T. *Władysław książę opolski, pan na Wieluniu, Dobrzyniu i Kujawach, palatyn węgierski i wielkorządce Polski i Rusi* [Duke Wladyslaw of Opole, Lord of Wieluń, Dobrzyń, and Kujavia, Hungarian Palatinate and Governor of Poland and Ruthenia] (Lwów, 1889).

Budai, Ésiás, *Magyar Ország históriája a mohátsi veszedelemig* [History of Hungary to the Battle of Mohács] (Debreczen, 1805).

Budapest története [History of Budapest], editor-in-chief László Gerevich, 5 vols. (Budapest, 1973-1980), vols. I and II.

Caggese, Romolo, *Roberto d'angio e i suoi tempi,* 2 vols. (Firenze, 1922-1931).

Cambridge History of Poland, The, ed. W. F. Reddaway, et al., 2 vols. (Cambridge, 1941-1950), especially I, 167-209.

Cessi, Roberto, *La Repubblica di Venezia ed il problema adriatico* (Napoli, 1953).

Čermošnik, G., *Kancelarski i notarski spisi* [Chancellary and Notary Documents] (Belgrade, 1932).

Chronica Dubnicenses, in *Historia Hungariae fontes domestici,* ed. M. Florianus, 4 vols. (Pécs and Leipzig, 1881-1885).

Ćirković, S., "Die bosnische Kirche," *Oriente Christiane nella storia della civilità,* no. 361 (1964), 547-577.

Codex diplomaticus et epistolaris Moraviae, ed. A. Boczek, et al., 15 vols. (Olomouc and Brno, 1836-1903).

Corpus Juris Hungarici–Magyar törvénytár. 1000-1526. évi törvénycikkek [Hungarian Legal Code between the Years 1000 and 1526], eds., Gy. Nagy, et al. (Budapest, 1899).

Csizmadia, Andor, *A magyar városi jog* [Hungarian City Law] (Kolozsvár, 1941).

———, ed., *Jubileumi tanulmányok a pécsi egyetem történetéből* [Anniversary Studies Concerning the History of the University of Pécs] (Pécs, 1967).

———, et al., *Magyar állam- és jogtörténet* [Hungarian State and Legal History] (Budapest, 1972).

Csoma, József, *A magyar heraldika korszakai* [Epochs of Hungarian Heraldry] (Budapest, 1904).

Cutolo, Alessandro, "Durazzoi László nápolyi király" [Ladislas Durazzo, King of Naples], *Századok,* 63 (1929), 113-127.

Czarnków, Janko, *Kronika Jana z Czarnkowa* [The Chronicle of Janko of Czarnków], tr. and ed. J. Żerbiłło (pseud. J. Labuński) (Warsaw, 1905).

Dąbrowski, Jan, "Corona Regni Poloniae au XIV siècle," *Bulletin International de l'académie Polonaise des Sciences et des Lettres. Classe de Philologie. A. d'Historie et de Philosophie.* Supplem. 7 (1953), 41-64.

———, "Czarnkowi János ügye" [The Case of Janko of Czarnkow], *Századok,* 51 (1917), 356-365.

———, *Dawne dziejopisarstwo polskie do roku 1480* [Early Polish Historiography to 1480] (Worcław, 1964).

———, "Die Krone des polonischen Königstums," in *Corona Regni. Studien über die Krone als Symbol des Staates in Späteren Mittelalter* (Weimar, 1961).

———, "Elżbieta Łokietówna" [Elizabeth, the Daughter of Lokietek], *Rozprawy Akademii Umiejętności: wydział historyczno-filozoficzny,* 57 (1914).

———, "Jean de Czarnków et sa chronique," *Bulletin International de l'Academie Polonaise des Sciences et les Lettres. Classe de Philologie.* A. *d'Histoire et de Philosophie.* nos. 7-10 (1928), 101-112.

———, "Koronacje andegaweńskie w Polsce" [The Angevin Coronations in Poland], in *Studia historyczne ku czci Stanisława Kutrzeby* [Historical Studies in Honor of Stanislaw Kutrzeby] 2 vol. (Cracow, 1928).

———, *Ostatnie lata Ludwika Wielkiego, 1370-1382* [The Last Years of Louis the Great] (Cracow, 1918).

Dančić, Dj., ed., *Životi kraljeva i arhiepiskopa srpskih* [Lives of the Serbian Kings and Archbishops] (Belgrade, 1866; reprinted London, 1973).

Dávid, Katalin and Kovács, Endre, *A barátság ezer éve: Magyarország-Lengyelország* [The Friendship of a Thousand Years: Hungary and Poland] (Budapest, 1978).

David, Pierre, *Les sources de l'histoire de Pologne à l'époque des Piastes, 963-1386* (Paris, 1934).

Dercsényi, Dezső, ed., *Bilderchronik–Chronicon Pictum. Chronica de gentis Hungarorum.* Faksimiledruck (Budapest, 1968).

———, *Nagy Lajos kora* [The Age of Louis the Great] (Budapest, 1941).

Dinić, M., *Srpske zemlje u srednjem veku* [Serbian Lands in the Middle Ages], ed. S. Čirković (Belgrade, 1978).

Divéky, Adorján. *Az aranybulla hatása a lengyel jogra* [The Influence of the Hungarian Golden Bull upon Polish Law] (Budapest, 1942).

Długosz, Johannes, *Historia Polonicae,* ed. A. Przezdziecki (Cracow, 1874-1878).

———, *Ioannes Dlugossi Annales seu cronicae incliti Regni Poloniae,* 5 vols. to date (Warsaw, 1964-).

Domanovszky, Sándor, et al., eds., *Magyar művelődéstörténet* [History of Hungarian Civilization], 5 vols. (Budapest, 1939-1942), especially vol. II.

Domonkos, L. S., "Ecclesiastical Patrons as a Factor in the Hungarian Renaissance," *New Review of East European History,* 14 (1974), 100-116.

———, "János Vitéz, the Father of Hungarian Humanism, 1408-1472," *The New Hungarian Quarterly,* 20/74 (1972), 142-150.

———, "The History of the Sigismundian Foundation at the University of Óbuda (Hungary)," in *Texts and Studies in the History of Mediaeval*

Education. XI. *Studium Generale. Studies Offered to Astrik L. Gabriel,* eds., L. S. Domonkos, R. Schneider, (Notre Dame, IN, 1967), 3-33.

———, "The Origins of the University of Pozsony," *The New Review: A Journal of East European History,* 9 (1969), 270-289.

———, "The Problem of Hungarian University Foundations in the Middle Ages," in *Society in Change: Studies in Honor of Béla K. Király,* eds. S. B. Vardy and A. H. Vardy (Boulder and New York, 1983), 371-390.

———, "The State of Education in Hungary on the Eve of the Battle of Mohács," *The Canadian-American Review of Hungarian Studies,* 2/1 (Spring 1975), 3-20.

Dőry, Francisci, et al., ed., *Decreta regni Hungariae: Gesetze und Verordnungen Ungarns, 1301-1457* (Budapest, 1976).

Duby, Georges, *Hommes et structures de moyen âge* (Paris, 1973).

Dümmerth, Dezső, *Az Anjou-ház nyomában* [In the Footsteps of the House of Anjou] (Budapest, 1982).

Dupré-Theseider, E., *Roma dal commune de popolo alla signoria pontificia, 1252-1377* [*Storia di Roma,* vol. XI] (Bologna, 1952).

Dvořáková, Vlasta, Josef Krása, and Karel Stejkal, *Stredověká nástenná malba na Slovensku* [Medieval Wall Paintings in Slovakia] (Prague and Bratislava, 1978).

Dvornik, Francis, *The Slavs in European History and Civilization* (New Brunswick, NJ, 1962).

———, *The Slavs: Their Early History and Civilization* (Boston, 1956).

Eckhart, Ferenc, *A szentkorona eszme története* [The History of the Doctrine of the Holy Crown] (Budapest, 1941).

———, *Magyar alkotmány- és jogtörténet* [Hungarian Constitutional and Legal History] (Budapest, 1946).

Elekes, Lajos, Emma Lederer and György Székely, *Magyarország története a korai és virágzó feudalizmus korszakában. A honfoglalástól 1526-ig* [The History of Hungary in the Age of Early and High Feudalism. From the Conquest to 1526] (Budapest, 1957).

Engel, Pál, "A *honor.* A magyarországi feudalis birtokformák kérdéséhez" [The *Honor.* Concerning the Feudal Forms of Estates in Feudal Hungary], *Történelmi Szemle,* 24 (1981), 1-19.

———, "Nagy Lajos és a középkori magyar nagyhatalom" [Louis the Great and Hungary as a Great Power in the Middle Ages], *História,* 4/4-5 (1982), 52-53.

Entz, Géza, *Gótikus építészet Magyarországon* [Gothic Architecture in Hungary] (Budapest, 1974).

d'Eszláry, Charles. *Histoire des institutions publiques Hongroises,* 2 vols. (Paris, 1959-1963).

Fejér, Georgius, *Codex diplomaticus Hungariae ecclesiasticus ac civilis,* 42 vols. (Budae, 1829-1844). *Index alphabeticus* by Mór Czinár (Pest, 1866), and *Tabula chronologica* by Nándor Knauz (Buda, 1862).

Fekete-Nagy, Antal and László Makkai, eds., *Documenta historiam Valachorum in Hungaria illustrantia usque ad annum 1400* (Budapest, 1941).

Ferdinandy, Miguel de, *El Emperador Carlos V.* (Puerto Rico, 1964).

———, *Historia de Hungaría* (Madrid, 1967).

———, *Karl V* (Tübingen, 1966).

———, "Ludwig I von Ungarn, 1342-1382," *Südost-Forschungen,* 31 1972), 41-80.

———, *Mi magyarok. Tíz tanulmány a magyar történelemből* [We Hungarians. Ten Studies from Hungarian History] (Budapest, 1941).

———, *Tschingis Khan* (Hamburg, 1958).

Fine, John V. A., Jr., *The Bosnian Church: A New Interpretation* (Boulder and New York, 1975)

Fraknói, Vilmos, *Magyarország egyházi és politikai összeköttetései a római szentszékkel* [Hungary's Ecclesiastical and Political Connections with the Holy See], 3 vols. (Budapest, 1901-1903).

Fügedi, Erik, *A 15. századi magyar arisztokrácia mobilitása* [The Mobility of 15th-Century Hungarian Aristocracy] (Budapest, 1970).

———, "Coronation in Medieval Hungary," *Studies in Medieval and Renaissance History,* New Series, 3 (13) (1980), 157-189.

———, *Uram királyom. A XV. századi Magyarország hatalmasai* [My Lord King. The Potentates of 15th-Century Hungary] (Budapest, 1974). 1974).

———, *Vár és társadalom a 13-14. századi Magyarországon* [Castle and Society in 13th and 14th-Century Hungary] (Budapest, 1977).

Fülep, Lajos, Dezső Dercsényi and Anna Zádor, *A magyarországi művészet története* [The History of the Art of Hungary], 4th ed., vol. I (Budapest, 1970).

Gábor, Gy., *A megyei intézmény alakulása és működése Nagy Lajos alatt* [The Development and the Functioning of the County under the Reign of Louis the Great] (Budapest, 1908).

Gabriel, Astrik L., *Garlandia. Studies in the History of the Medieval University* (Notre Dame, Indiana and Frankfurt am Main, 1969).

———, *Les rapports dynastiques franco-hongrois au moyen âge* (Budapest, 1944).

———, *The Medieval Universities of Pécs and Pozsony* (Notre Dame, Indiana and Frankfurt am Main, 1969).

Gárdonyi, Albert, "A magyar királyné udvari kancellárja az Anjouk alatt" [The Hungarian Queen's Court Chancellor under the Anjous], *Turul,* 23 (1915), 64-84.

Garlicki, A., ed., *Poczet królów i książąt polskich* [A Galaxy of Polish Kings and Dukes] (Warsaw, 1980).

Gawęda, S., *Możnowladztwo małpolskie xiv-xv w.* [The Magnates of Little Poland in the 14th and 15th Centuries] (Cracow, 1966).

Geanakoplos, D., *Emperor Michael Paleologus and the West, 1258-1282: A Study in Byzantine-Latin Relations* (Cambridge, MA, 1959).

Genthon, István, *Magyarország műemlékei* [Art Relics of Hungary] (Budapest, 1951).

Gerevich, László, et al., eds., *Budapest története,* 5 vols. (Budapest, 1973-1980), especially vols. I and II.

Gerics, József, "A magyar királyi kúriai biráskodás és központi igazgatás Anjou-kori történetéhez" [Concerning the History of the Royal Curial Court and Central Administration in the Age of the Anjous], *Jogtörténeti Tanulmányok,* I (Budapest, 1966), 285-306.

Gerő, László, *Magyar várak* [Hungarian Castles] (Budapest, 1970).

———, *Várépítészetünk* [Our Castle Architecture] (Budapest, 1975).

Gieysztor, A., et al., *History of Poland* (Warsaw, 1968).

Gill, J., "John V Palaeologus at the Court of Louis I of Hungary, 1366," *Byzantinoslavica,* 38, no. 1 (Prague, 1977).

Goetz, Walter, *König Robert von Neapel, 1309-1343* (Tübingen, 1910).

Graus, František, "Kaiser Karl IV. Betrachtungen zur Literatur eines Jubiläumsjahres, 1378-1379," *Jahrbücher für Geschichte Osteuropas,* 28 (1980), 71-88.

Grodecki, Roman, *Kongres Krakowski w roku 1364* [The Congress of Cracow in 1364] (Warsaw, 1939).

———, S. Zachorowski, and Jan Dąbrowski, *Dzieje Polski średniowiecznej* [A History of Medieval Poland], 2 vols. (Cracow, 1926).

Grousset, René, *Histoire des Croisades et du royaume franc de Jérusalem.* 3 vols. (Paris, 1936).

Guenée, B., *L'Occident aux XIVe et XVe siècle. Les etates* (Paris, 1971).

Gumowski, Marion, *Handbuch der Polnischen Siegelkunde* (Graz, 1966).

Hajnik, Imre, *A magyar birósági szervezet és perjog az Árpád- és vegyesházi királyok alatt* [Court Organization and Legal Process in the Age of the Árpáds and their Successors] (Budapest, 1899).

Halecki, Oscar, *A History of Poland* (New York, 1943).

———, *Dzieje unii jagielloński* [A History of the Jagellonion Union] (Cracow, 1919).

———, "O genezie i znaczeniu rządów andegaweńskich w Polce" [On the Origin and Significance of Angevin Rule in Poland], *Kwartalnik Historyczny,* 35 (1921), 31-68.

Haller, Johannes, *Das Papstum. Idee und Wirklichkeit.* Verbesserte und ergänzte Ausgabe, 5 vols. (Esslingen-Neckar, 1962), vols. III-V.

Heck, Roman, ed., *Piastowie w dziejach Polski* [The Piasts in Polish History] (Wrocław, 1975).

Held, Joseph, "Military Reform in Early Fifteenth-Century Hungary," *East European Quarterly,* 11 (1977), 129-139.

———, "The Peasant Revolt of Bábolna, 1437-38," *Slavic Review,* 36 (1977), 25-38.

Heyd, W., *Histoire du commerce du Levant* (Amsterdam, 1970).

Hilferding, A., *A szerbek és bolgárok története* [The History of the Serbians and the Bulgarians], tr. by Simon Kiss (Nagy-Becskerek, 1890).

Holub, József, *Zala megye története a középkorban* [The History of Zala County in the Middle Ages] (Pécs, 1929).

Hóman, Bálint, *A magyar királyság pénzügyei és gazdaságpolitikája Károly Róbert korában* [The Monetary and Economic Policies of the Hungarian Kingdom in the Age of Charles Robert] (Budapest, 1921).

——— [Hóman, Valentin], *Geschichte der ungarischen Mittelalters,* 2 vols. (Berlin, 1940-1943).

———, *Gli Angiovini di Napoli in Ungheria, 1290-1403* (Rome, 1938).

———, "Hungary, 1301-1490," in *The Cambridge Medieval History,* ed. J. B. Bury (Cambridge, 1936), VIII, 587-619.

———, *Magyar pénztörténet, 1000-1325* [The History of Hungarian Money, 1000-1325] (Budapest, 1916).

———, "Nagy Lajos" [Louis the Great], in his *Magyar középkor* [Hungarian Middle Ages] (Budapest, 1938), 563-570.

———, and Gyula Szekfű, *Magyar történet* [Hungarian History], 8 vols. (Budapest, 1928-1934; 7th ed. in 5 vols., Budapest, 1941-1942).

Horváth, János, *Az irodalmi műveltség megoszlása* [The Diffusion of (Hungarian) Literary Culture] (Budapest, 1944).

Horváth, Mihály, *Magyarország története rövid előadásban* [A Short Survey of the History of Hungary], 3rd ed. (Budapest, 1887).

———, *Magyarország történelme* [The History of Hungary], 8 vols. (Pest-Budapest, 1871-1873).

Horváth, Péter, *Magyar-lengyel perszonálunio az Anjouk korában* [Hungarian-Polish Personal Union in the Age of the Anjous] (Dr. Phil. Diss., Budapest, 1967).

Huber, Alfons, "Ludwig I von Ungarn und die ungarischen Vassallenländer," *Archiv für Österreichische Geschichte,* 66 (1885), 11-13.

Hüppe, Siegfried, *A lengyel alkotmány története* [The History of the Polish Constitution], tr. from German by György Szathmáry (Budapest, 1894).

Huszár, Lajos, *Müntzkatalog Ungarns von 1000 bis heute* (Munich, 1979).

Illés, József, *Az Anjou-kori társadalom és az adózás* [Society in the Age of the Anjous and Taxation] (Budapest, 1900).

Inalcik, Halil, *The Ottoman Empire: The Classical Age, 1300-1600* (New York, 1973).

Iványi, Béla, ed., *Eperjes szabad királyi város levéltára, 1245-1526* [The Archives of the Royal Free City of Eperjes, 1245-1526], 2 vols. (Szeged, 1931-1932).

Jakubovich, Emil, "Nagy Lajos király oxfordi kodexe, a bécsi képes krónika és illuminátora" [The Oxford Codex of King Louis the Great, the Viennese Illuminated Chronicle, and its Illuminator], *Magyar Könyvszemle,* 37 (1930), 382-393.

Jireček, Konstantin, *Geschichte der Bulgaren* (Prague, 1876).

———, *Geschichte der Serben,* 2 vols. (Gotha, 1911-1918).

———, and J. Radonic, *Istorija Srba* [History of the Serbians] (Belgrade, 1923).

Jordan, Ivanov, *Livres et legendes Bogumile. Aux sources du Catharisme* (Paris, 1976).

Kaczmarczyk, Zdzisław, *Kazimierz Wielki, 1333-1370* [Casimir the Great, 1333-1370] (Warsaw, 1948).

Karácsony, Béla, and Gyula Kristó, *Oklevelek a Csák-territórium történetéhez-Diplomata historiam Dominii Mathaei de genere Chak illustrantia* (Szeged, 1971).

Karácsonyi, János, *Magyar nemzetségek a XIV. század közepéig* [Hungarian Clans until the Middle of the 14th Century], 3 vols. (Budapest, 1900-1901).

———, "Nagy Lajos anyja Rómában" [Louis the Great's Mother in Rome], *Katolikus Szemle* (1893), 50-63.

Kardos, Tibor, *A magyarországi humanizmus kora* [The Age of Humanism in Hungary] (Budapest, 1955).

———, *Középkori kultúra, középkori költészet* [Medieval Culture, Medieval Poetry] (Budapest, 1941).

———, *Studi e ricerche umanistiche Italo-Ungheresi,* I (Debrecen, 1967).

Kérészy, Zoltán, *Hűbéri eszmék és a magyar jogfejlődés* [Feudal Concepts and the Evolution of Hungarian Law] (Budapest, 1931).

Kętrzyński, W., "O rocznikach polskich" [Concerning Polish Chronicles], *Rozprawy Akademii Umiętetności: wydział historyczno-filosoficzny,* 34 (1898), 185-190.

Kieniewicz, Stefan, ed., *History of Poland* (Warsaw, 1968).

Klaić, Vjekoslav, *Bosznia története a legrégibb kortól a királyság bukásáig* [The History of Bosnia from Ancient Times until the Fall of the Kingdom], tr. by István Szamota (Nagy-Becskerek, 1890).

Klaniczay, Tibor, ed., *A magyar irodalom története 1600-ig* [The History of Hungarian Literature to 1600] (Budapest, 1964).

———, *Mattia Corvino e l'umanesimo italiano* (Rome, 1974).

Kłoczowski, Jerzy, *Europa słowianska w XIV-XV w.* [Slavonic Europe in the 14th and 15th Centuries] (Warsaw, in press).

———, "Kler katolicki w Polsce średniowiecznej: problem pochodzenia i dróg awansu" [The Catholic Clergy in Medieval Poland: The Problem of Provenance and Paths of Promotion], *Kwartalnik Historyczny,* 88 (1981), 3-18.

———, *L'essor de l'Europe centrale et orientale aux xiv-xv siècle.* In the series *Peuples et Civilisationes* (Paris, in press).

Knauz, Nándor, ed., *Monumenta ecclesiae Strigoniensis,* 3 vols. (Esztergom-Strigonii, 1874-1924).

Knoll, Paul W., "Poland as *Antemurale Christianitatis* in the Late Middle Ages," *The Catholic Historical Review,* 60 (1974), 381-401.

———, *The Rise of the Polish Monarchy: Piast Poland in East Central Europe* (Chicago, 1972).

Kopácsy, Károly, *A pécsi jogakadémia multja és jelene* [The Past and the Present of the Law Academy of Pécs] (Pécs, 1897).

Kosáry, Dominic G., *A History of Hungary* (Cleveland and New York, 1941).
———, [Kosáry, Domokos], *Bevezetés a magyar történelem forrásaiba és irodalmába* [Introduction to the Sources and the Literature of Hungarian History], 3 vols. (Budapest, 1951-1958).
———, *Bevezetés Magyarország történetének forrásaiba és irodalmába* [Introduction to the Sources and Literature of the History of Hungary], vol. I (Budapest, 1970).
———, and S. B. Vardy, *History of the Hungarian Nation* (Astor Park, FL, 1969).
Kosztolnyik, Z. A. *Five Eleventh Century Hungarian Kings: Their Policies and their Relations with Rome* (Boulder and New York, 1981).
Kovács, Endre, "Jan Dąbrowski, 1890-1965," *Századok,* 99 (1965), 1391-1393.
———, *Magyarok és lengyelek a történelem sodrában* [Hungarians and Poles in the Current of History] (Budapest, 1973).
Kozłowska-Budkowa, Zofia, "Z ostatnich lat Kazimierza Wielkiego" [From the Last Years of Casimir the Great], *Małopolskie Studia Historyczne,* 4/3-4 (1963), 15-21.
Krekić, Bariša, *Dubrovnik (Raguse) et le Levante au Moyen Âge* (Paris, 1961).
———, *Dubrovnik in the 14th and 15th Centuries* (Norman, OK, 1972).
Kristó, Gyula, *A feudális széttagolódás Magyarországon* [Feudal Anarchy in Hungary] (Budapest, 1979).
———, *A rozgonyi csata* [The Battle of Rozgony] (Budapest, 1978).
———, *Az aranybullák évszázada* [The Century of the Golden Bulls] (Budapest, 1976).
———, *Csák Máté tartományúri hatalma* [The Provincial Lordship of Matthew Csák] (Budapest, 1973).
Kropf, Lajos, "Az aversoi gyilkosság" [The Murder at Averso], *Erdélyi Múzeum,* (1896), 97-273.
Kubinyi, András, *Der ungarische König und seine Städte im 14. und am Beginn des 15. Jahrhunderts* (Linz, 1972).
Küküllei, János, *Küküllei János és a névtelen minorita krónikája* [The Chronicles of Johannes Küküllei and of the Anonymous Minorite], tr. by László Geréb, ed. by Imre Trencsényi-Waldapfel (Budapest, 1960).
Kumorovitz, Bernát, "I. Lajos királyunk 1375. évi havasalföldi hadjárata

és 'török' háborúja" [King Louis's Campaign in Wallachia and his 'Turkish' War of the Year 1375], *Századok,* 114 (1983), 919-982.

———, ed., *Veszprémi regeszták* [The Veszprém Registers] (Budapest, 1953).

Kürbisówna, B., *Dziejopisarstwo wielkopolskie XIII i XIV wieku* [Historiography of Great Poland in the 13th and 14th Centuries] (Warsaw, 1959).

Kutrzeba, Stanisław, et al., eds., *Historja śląska od najdawniejszych czasów do roku 1400* [History of Silesia from the Earliest Times to 1400], 3 vols. (Cracow, 1933-1939).

Laiou, A., *Constantinople and the Latins: The Foreign Policy of Andronicus II, 1282-1328* (Cambridge, MA, 1972).

Lederer, Emma, *A feudalizmus kialakulása Magyarországon* [The Rise of Feudalism in Hungary] (Budapest, 1959).

———, ed., *Szöveggyüjtemény Magyarország történetének tanulmányozásához. I. 1000-től 1526-ig* [Text Collections for the Study of the History of Hungary. I. From 1000 to 1526] (Budapest, 1964).

Leniek, Jan, "Kongres Wyszegradski w roku 1335" [The Congress of Visegrad of the Year 1335], *Przewodnik Naukowy i Literacki,* 12 (1884), 264-271, 356-360.

Léonard, Émile G., *Les Angevins de Naples* (Paris, 1954).

Levárdy, Ferenc, "Il leggendario unherese degli Angio conservato nella Bibliotheca Vaticana, nel Morgan Library, e nell'Ermitage," *Acta Historica Artium,* 9 (1963), 75-138.

———, *Magyar Anjou legendárium* [Hungarian Anjou Legendary], facsimile edition (Budapest, 1973).

Lovcsányi, Gy., "Adalékok a magyar-lengyel érintkezések történetéhez a mohácsi vész elött" [Data Concerning Hungarian-Polish Contacts before the Battle of Mohács], *Századok,* 20 (1886), 300ff, 425ff, 590ff, 692ff, 788ff.

Lukinich, Emericus [Imre], *Documenta historiam Valachorum in Hungaria illustrantia usque ad annum 1400 post Christum* (Budapest, 1941).

Macartney, C. A., *Hungary: A Short History* (Chicago, 1962).

Makkai, László, and László Mezey, eds., *Árpád-kori és Anjou-kori levelek, XI-XIV. század* [Letters from the Age of the Árpáds and the Anjous. 11th to 14th Century] (Budapest, 1960).

Maksay, Ferenc, *A magyar falu középkori településrendje* [The Settlement Pattern of the Medieval Hungarian Village] (Budapest, 1971).

Málnási, Erzsébet, *Nagy Lajos lengyel királysága* [Louis the Great's Polish Kingship] (Nyíregyháza, 1943).

Mályusz, Elemér, "A magyar állam a középkor végén" [The Hungarian State at the End of the Middle Ages], in *Magyar Renaissance,* ed. by Elemér Mályusz [vol. II of *Magyar művelődéstörténet,* Sándor Domanovszky] (Budapest, 1939), 83-108.

———, "A magyar köznemesség kialakulása" [The Development of the Hungarian Lesser Nobility], *Századok,* 76 (1942), 272-305, 407-434.

———, *A Thuróczy krónika és forrásai* [The Thuróczy Chronicle and its Sources] (Budapest, 1967).

———, "A Toldi-monda történeti alapja" [The Historical Basis of the Toldi Legend], *Hadtörténelmi Közlemények,* 25 (1924), 3-32.

———, *Das Konstanzer Konzil und das königliche Patronsrecht in Ungarn* (Budapest, 1959).

———, "Die Entstehung der ständischen Schichten in mittelalterlichen *L'organisation compartive du moyen* âge *à la fin de l'Ancien Regime* (Louvain, 1939), 13-30.

———, "Die Entstehung der ständischen Schichten in mittelalterlichen Ungarn," *Études Historiques Hongroises, 1980,* 2 vols. (Budapest, 1980), I, 101-132.

———, *Egyházi társadalom a középkori Magyarországon* [Ecclesiastical Society in Medieval Hungary] (Budapest, 1971).

———, *Királyi kancellária és krónikaírás középkori Magyarországon* [The Royal Chancery and the Writing of Chronicles in Medieval Hungary] (Budapest, 1973).

———, "Les débuts du vote de la taxe par les ordres dans la Hongrie féodale," *Nouvelles Études Hongroises,* ed. S. Balogh, et al., 2 vols. (Budapest, 1965), 55-82.

———, "Ludwig der Grosse," in *Ungarische Gestalten aus zehn Jahrhunderten,* ed. Georg Ottlik (Budapest and Berlin, 1943), 68-78.

———, *Zsigmond király uralma Magyarországon* [King Sigismund's Rule in Hungary] (Budapest, 1984).

———, ed., *Zsigmondkori oklevéltár* [Archives for the Age of Sigismund], 2 vols. in 3 (Budapest, 1951-1958).

Marczali, Henri [Henrik], "Le procès de Félician Záh," *Revue Historique,* 107 (1911), 43-58.

Márki, Sándor, *Mária Magyarország királynéja* [Mary, the Queen of Hungary] (Budapest, 1885).

Meznik, Jaroslav and Jiří Spěváček, "Novější literatura o Karlu IV" [The Most Recent Literature on Charles IV], *Československý časopis historický*, 18 (1970), 291-312.

Minieri-Riccio, C., "Genealogia di Carlo II d'Angio Re di Napoli," *Archivo Storico per le Province Neapoletane,* 7 (1882), 5-67, 201-262, 465-496, 653-684; 8 (1883), 5-33, 197-226, 381-396, 587-600.

Miskolczy, István, "András herceg tragédiája és a nápolyi udvar" [Prince Andrew's Tragedy and the Neapolitan Court], *Századok,* 61-62 (1927-1928), 766-800, 869-887. Also reprinted (Budapest, 1928).

———, *Magyar-olasz összeköttetések az Anjouk korában* [Hungarian-Italian Connections in the Age of the Anjous] (Budapest, 1937).

———, *Magyarország az Anjouk korában* [Hungary in the Age of the Anjous] (Budapest, 1923).

———, "Nápolyi László" [Ladislas of Naples], *Századok,* 55-56 (1921-1922), 331-350, 499-523.

Mollat, G., *The Popes of Avignon, 1305-1378* (New York, 1965).

Molnár, Erik, ed., *Magyarország története* [The History of Hungary], 2 vols. (Budapest, 1964; and several later editions).

Monacis, Laurentius de, *Chronicon de Rebus Venetis ab urb. cond. ad annorum 1354* (Venezia, 1758).

Monti, G. M., *Da Carlo I a Roberto di Angio* (Napoli, 1934).

———, *Les Angevins de Naples* (Blois, 1934).

Moravcsik, Gyula, "Bizánci császárok és követeik Budán," [Byzantine Emperors and their Envoys in Buda], *Századok,* 95 (1961), 832-847.

———, *Byzantium and the Magyars* (Budapest, 1970).

———, "Vizantijskie imperatori i ih posly v g. Buda" [Byzantine Emperors and their Envoys in Buda], *Studia Byzantina* (1967), 341-358.

Moroso, Nicolas, *The Devotion of the Knights of Malta for Our Lady of Philermo,* ed. and tr. by Geza Grosschmid and Primitivo Colombo (Pittsburgh, 1955).

Moszczeńska, W. "Rola polityczna rycerstwo wielkopolskiego w czasie bezkrólewia po Ludwiku węgierskim" [The Political Role of the Knights of Greater Poland in the Period of the Interregnum after Louis the Hungarian], *Przegląd Historyczny,* 25 (1925), 33-159.

Muráik, Antal, *Az ősiség alapintézményeinek eredete* [The Origin of the Basic Institutions of Entailment] (Budapest, 1938).

Nagy, Imre, ed., *Anjou-kori okmánytár–Codex Diplomaticus Hungaricus Andegavensis,* 6 vols. (Budapest, 1878-1891); vol. VIII ed. Gyula Nagy (Budapest, 1920), vol. VIII ed. by Gyula Nagy is in MS at the Library of the Hungarian Academy of Sciences.

Nagy, Imre, et al., *Hazai Oklevéltár, 1234-1536* [Archives of the Fatherland] (Budapest, 1879).

Nagy, Iván, *Magyarország családai czímerekkel és nemzedékrendi táblákkal* [Hungary's Families with Coats of Arms and Genealogical Tables], 12 vols. (Pest, 1857-1865); Supplementum, vol. 13 (Pest, 1868).

Nicolini, N., *Codice diplomatico sui rapporti Veneto-Neapolitani durante il regno di Carlo I d'Angio* (Rome, 1965).

Niedermann, Imre, *Magyarország és a bosnyák politika Mária és Zsigmond alatt, 1382-1420* [Hungary and its Bosnian Policy under Mary and Sigismund, 1382-1420] (Balassagyarmat, 1936).

Nyáry, Albert, *A heraldika vezérfonala* [The Guiding Principle of Heraldry] Budapest, 1886).

Obolensky, Dimitry, *The Bogumils. A Study in Balkan Neo-Manichaeism* (Twickenham, Middlesex, 1972).

Ostrogorskij, Georges [Ostrogorsky, George], "Etienne Dušan et la noblesse serbe dans la lutte contra Byzance," *Byzantion,* 22 (1952), 150-159.

———, *Geschichte des byzantinischen Staats,* 3rd ed. (Munich, 1963).

———, *History of the Byzantine State,* tr. by Joan Hussey (New Brunswick, NJ, 1957).

Óváry, Lipót, "A nápolyi Anjou-korszak történelmi kútfői" [The Historical Sources of the Anjou Period of Naples], *Századok,* 11 (1877), 466ff.

———, "Nagy Lajos és V. Károly franczia király közt tervezett szövetség, 1374-1376" [The Planned Alliance between Louis the Great and the French King Charles V, 1374-1376], *Magyar Történelmi Tár,* 23 (1877), 31-82.

———, "Nápolyi Johanna" [Johanna of Naples], *Századok,* 27 (1893), 494ff, 585ff, 668ff.

Pamlényi, Ervin, ed., *A History of Hungary* (Budapest, 1973).

Pap, Tibor, ed. *Jubileumi tanulmányok* [Anniversary Studies (on the 600th Anniversary of the University of Pécs)] (Pécs, 1967).

Paszkiewicz, Henryk, *Polityka Ruska Kazimierza Wielkiego* [The Ruthenian Policy of Casimier the Great] (Warsaw, 1925).

Patek, Ferenc, "Az Árpádok és Anjouk családi összeköttetése" [The Family Relationship of the Árpáds and the Anjous], *Századok,* 52 (1918), 449-495.

Perényi, József, *Lengyelország története* [The History of Poland] (Budapest, 1962).

Peterka, Otto, *Rechtsgeschichte der Böhmischen Länder* (Reichenberg, 1923).

Pfitzner, J., *Kaiser Karl IV* (Potsdam, 1938).

Pieradzka, K., *Fundacja klasztoru jasnagórskiego w Częstochowie w 1382 r.* [The Foundation of the Jansnagora Monastery in Częstochowa in 1382] (Cracow, 1939).

Polski Słownik Biograficzny [Polish Biographical Dictionary], many volumes still in progress (Cracow-Warsaw-Wrocław, 1935-).

Pór, Antal, "Adatok a bolognai és padovai jogegyetemen a XIV században tanult magyarokról" [Data Concerning Hungarians who had Studied at the Law Faculties of the Universities of Bologna and Padua in the 14th Century], *Századok,* 31 (1897), 769-795.

———, "A királyi tárnokmesterek a XIV. században" [Royal Treasurers in the 14th Century], *Századok,* 25 (1891), 227-232.

———, "A négy Miklós" [The Four Nicholases], *Századok,* 36 (1902), 601-604, 716-728.

———, "Anjouk és Wittelsbachok" [The Anjous and the Wittelsbachs], *Századok,* 41 (1907), 681-705, 777-792, 887-911.

———, "A Piasztok és a magyar Anjouk közötti rokonság" [The Kinship between the Piasts and the Hungarian Anjous], *Századok,* 26 (1892), 232-236.

———, *Az Anjou-ház* [The House of Anjou], in *A magyar nemzet története,* ed. Sándor Szilágyi, 10 vols. (Budapest, 1894-1898), vol. III, 1-384.

———, "Ifjabb Erzsébet királyné, Nagy Lajos király felesége" [The Younger Queen Elizabeth, the Wife of King Louis the Great], *Századok,* 29 (1895), 833-844, 902-921.

———, *Keszei Miklós* [Nicholas Keszei] (Budapest, 1904). Concerns Louis's mission to the Holy See.

———, "Kis Károly és Erzsébet utolsó évei" [The Final Years of Charles the Little and of Elizabeth], *Századok* 30 (1896), 129-147.

———, "Magyar-lengyel érintkezések a XIV. században" [Hungarian-

Polish Contacts in the 14th Century] *Századok,* 36 (1903), 201ff, 308ff.

———, "Nagy Kázmér lengyel király családi élete" [The Family Life of the Polish King, Casimir the Great], *Századok,* 37 (1903), 693-712.

———, *Nagy Lajos, 1326-1382* [Louis the Great, 1326-1382] (Budapest, 1892).

———, "Nagy Lajos halálos betegsége" [Louis the Great's Mortal Disease], *Századok,* 36 (1902), 209-214.

———, *Nagy Lajos szövetkezése IV. Károly császár ellen 1362-ben* [Louis the Great's Alliance against Emperor Charles IV in 1362] (Budapest, 1900).

———, *Nagy Lajos viszonya az aquilejai pátriárkához* [Louis the Great's Relationship with the Patriarch of Aquileia] (Budapest, 1900).

———, "Opuli László herczeg Magyarország nádorispánja" [Duke Wladyslaw Opole, the Palatine of Hungary], *Századok,* 43 (1909), 537-554, 642-655, 731-746.

———, *Trencsényi Csák Máté* [Mathew Csák of Trencsény] (Budapest, 1888).

———, and Gyula Schönherr, *Az Anjou ház és örökösei* [The House of Anjou and its Successors] (Budapest, 1895). This is vol. III of *A Magyar nemzet története* [The History of the Hungarian Nation], ed. Sándor Szilágyi, 10 vol. (Budapest, 1894-1898).

Prochaska, Anton, "W sprawie zajęcia Rusi przez Kazimierza Wielkiego" [On the Question of the Acquisition of Ruthenia by Casimir the Great], *Kwartalnik Historyczny,* 6 (1892), 30-33.

Prokopp, Mária, *Italian Trecento Influences on Murals in East Central Europe, Particularly Hungary* (Budapest, 1983).

Quillus, Helene, *Königin Hedwig von Polen* (Leipzig, 1938).

Radocsay, Dénes, *A középkori Magyarország falképei* [Frescoes in Medieval Hungary] (Budapest, 1954).

———, *A középkori Magyarország faszobrai* [Wooden Statues in Medieval Hungary] (Budapest, 1967).

Rásonyi, László, *Hidak a Dunán* [Bridges on the Danube] (Budapest, 1981). It concerns the Romanians and the Cumans in the age of Louis the Great.

Reiszig, Ede, ifj., "Róbert Károly és a János lovagrend" [Charles Robert and the Knights of St. John], *Századok,* 37 (1903), 515-530.

Rhode, Gotthold, "Die Ostgrenze Polens als Grenze Europas," in *Europa in Evangelischer Sicht* (Stuttgart, 1953), 59-77.

Rudnay, Béla, *Ősi intézményeink* [Our Ancient Institutions] (Budapest, 1924).

Rudy, Willis, *The Universities of Europe, 1110-1914* (London and Toronto, 1984).

Rugonfalvi-Kiss, István, "Nagy Lajos és as ősiség" [Louis the Great and Entailment], in *Emlékkönyv dr. gróf Klebelsberg Kunó negyedszázados kultúrpolitikai működésének emlékére születésének ötvenedik évfordulóján* [Memorial Volume in Honor of Dr. Count Kunó Klebelsberg's Twenty-Five Years of Cultural-Political Activities on the Occasion of his Fiftieth Birthday] (Budapest, 1925), 241-248.

Runciman, Steven, *The Sicilian Vespers* (Cambridge, 1958).

Sánta-Pinter J. J., "The *Decretum unicum* of Louis the Great and his Kassa (Koszyce) Privilegium," *Comparative Law Review* (Chuo University, Tokyo), 14/3 (1983), 1-28.

Sayous, Edouard, *Histoire général des Hongrois* (Paris, 1877).

Seibert, Ferdinand, *Karl IV. Ein Kaiser in Europa, 1346-1378* (Munich, 1978).

Shaw, Stanford, *History of the Ottoman Empire.* Vol. I. *The Empire of the Gazis* (Cambridge, 1976).

Sieradzki, Józef, "Janko z Czarnkowo i jego utwór," [Janko of Czarnkow and his Works], in his *Polska wieku XIV* [Poland in the 14th Century] (Warsaw, 1959).

Sinkovics, István, *A magyar nagybirtok élete a XV. század elején* [Life on the Hungarian Large Estates at the Beginning of the 15th Century] (Budapest, 1933).

Sinor, Denis, *History of Hungary* (New York, 1959).

Skwarczyński, Z., *Z badań nad przywilejami ziemskimi budzińskim i koszyckim* [Research on the Territorial Privileges of Buda and Kassa (Koszyce, Košice)] (Lublin, 1936).

Smičiklas, T., ed., *Codex Diplomaticus Regni Croatiae, Dalmatiae, et Slavoniae,* vols. II-XIV (Zagrabiae, 1904-1916).

Sobociński, Władysław, *Pakta Konwenta: Studium z historii prawa polskiego* [Pacta Conventa: Study in the History of Polish Law] (Cracow, 1939).

Somogyi, Ferenc, "Megemlélezés a pécsi egyetem alapításának hatszázadik és a pozsonyi egyetem megnyitásának ötszázadik évfordulójára" [Commemoration of the 600th Anniversary of the Foundation of the University of Pécs and the 500th Anniversary of the Opening of the University of Pozsony], in *A VII. Magyar Találkozó Krónikája,* eds., János Nádas and Ferenc Somogyi (Cleveland, 1968), 85-193.

———, *Küldetés: A magyarság története* [Mission: The History of the Hungarian People] (Cleveland, 1973).

———, "Nagy volt. Megemlékezés Nagy Lajos király halálának 600. évfordulójáról" [He was Great. Commemoration of the 600th Anniversary of King Louis the Great's Death], in *A XXI. Magyar Találkozó Krónikája,* eds., János Nádas and Ferenc Somogyi (Cleveland, 1982), 210-222.

———, *Végrendelkezés nemesi magánjogunk szerint 1000-től 1715-ig* [Testimonial Disposition in Accordance with Our Nobility's Civil Law from 1000 to 1715] (Pécs, 1937).

———, and Lél Somogyi, *Faith and Fate: A Short Cultural History of the Hungarian People through a Millennium* (Cleveland, 1976).

Stachowska, K., "Bibliografia prac prof. dr. Jana Dąbrowskiego za lata 1908-1960" [A Bibliography of the Works of Prof. Jan Dąbrowski in the Years 1908-1960] in *Rocznik Biblioteki PAN w Krakowie,* 5 (1959), 5-46.

Steinherz, S. "Die Beziehungen Ludwigs I. von Ungarn zu Karl IV.," *Mitteilungen des Instituts für Österreichische Geschichtsforschung,* 9 (1888), 604-609.

Stelé, France, *Monumenta artis Sloveniae.* I. *Srednjevenško stensko silkarstvo. La peinture mural au moyen âge* (Ljubljana, 1935).

———, *Slikartsvo v Sloveniji od 12. do sredne 16. stoletja* [Paintings in Slovenia from the 12th to the Middle of the 16th Century] (Ljubljana, 1961).

Stolz, Otto, *Grundriss der Österreichischen Vervassungs- und Verwaltungsgeschichte* (Innsbruck and Vienna, 1951).

Subotić, G., "Kraljica Jelena Anžujska. Ktitor crkvenih spomenika u Primarju" [Queen Helena of Anjou. Donor of Religious Foundations in the Littoral], *Istoriski Glasnik* (1958), 131-147.

Sugar, Peter F., *Southeastern Europe under Ottoman Rule, 1354-1804* (Seattle, 1977).

Šusta, Jósef, *Karel IV. Otec a Syn* [Charles IV. The Father and the Son] (Prague, 1946).

Szabó, István, *A falurendszer kialakulása Magyarországon. X-XV. század* [The Development of the Village System in Hungary. 10th-15th Century] (Budapest, 1966).

———, *A középkori magyar falu* [Medieval Hungarian Village] (Budapest, 1969).

———, "Az 1351. évi jobbágy törvények" [The Serf Laws of the Year 1351], *Századok,* 88 (1954), 497-523.

———, *Jobbágyak, parasztok* [Serfs, Peasants], ed. Lajos Fűr (Budapest, 1976).

Szalay, József, and Lajos Baróti, *A magyar nemzet története* [The History of the Hungarian Nation], 4 vols. (Budapest, 1896).

Szalay, László, *Magyarország története* [The History of Hungary], 6 vols. (Lipcse and Pest, 1852-1859; 2nd ed., Pest, 1861-1866).

Szamosi, József, "Nagy Lajos király építkezései és emlékei Mariacellben" [King Louis the Great's Constructions and Memorials in Mariazell], *Új Látóhatár,* 33 (1982), 219-229, 405-416.

Székely, György, "Le dévelopment de la magistrature de la ville de Buda au xiv siècle," in *Folia Diplomatica,* I (Brno, 1971), 277-293.

———, ed., *Tanulmányok a parasztság történetéhez Magyarországon a XIV. században* [Studies on the History of the Peasantry in Hungary in the 14th Century] (Budapest, 1953).

Szűcs, Jenő, *Nemzet és történelem* [Nation and History] (Budapest, 1974). This work contains several relevant studies.

Szujski, Józef, "Ludwig Węgierski i bezkrólewie po jego śmierci" [Louis the Hungarian and the Interregnum after his Death], in *Dzieła Józefa Szujskiego* [The Works of Józef Szujski], series II (Cracow, 1888), VII, 210-295.

Temperly, Harold W. V., *History of Serbia* (London, 1917; reprinted New York, 1969).

Thallóczy, Lajos, "Bosnia-Herczegovina története" [The History of Bosnia-Herzegovina], in *Az Osztrák-Magyar Monarchia írásban és képekben* [The Austro-Hungarian Monarchy in Words and in Pictures], 21 vols. (Budapest, 1887-1901), Vol. *Bosnia-Herczegovina* (1901), 181-274.

———, *Bosnyák és szerb élet- s nemzedékrajzi tanulmányok* [Bosnian and Serbian Biographical and Genealogical Studies] (Budapest, 1909).

———, "Nagy Lajos és a bolgár bánság" [Louis the Great and the Banate of Bulgaria], *Századok,* 34 (1900), 577ff.

Theiner, Augustinus, *Vetera monumenta historica Hungarorum sacram illustrantia, 1216-1534,* 2 vols. (Rome, 1859-1862).

———, *Vetera monumenta Slavorum meridionalium historiam illustrantia, 1198-1800,* 2 vols. (Rome and Zagreb, 1863-1875).

Thomson, S. Harrison, "Learning at the Court of Charles IV," *Speculum,* 25 (1950), 1-20.

Thuróczy, János [Joannes de Thurócz], *A magyarok krónikája (1486)* [The Chronicle of the Hungarians], tr. by János Horváth, ed. by János Horváth and Iván Boronkai (Budapest, 1978).

———, *Chronicon Hungarorum,* in *Scriptores rerum Hungaricarum veteres ac genuini. . . ,* ed. J. G. Schwandtner, 3 vols. (Vienna, 1746-1748).

Timon, Ákos, *Magyar alkotmány- és jogtörténet* [Hungarian Constitutional and Legal History], 3rd ed. (Budapest, 1906).

———, *Ungarische Verfassungs- und Rechtsgeschichte mit Bezug auf die ich Rechtsentwicklung der Westlichen Staaten* (Berlin, 1904).

Unger, Mátyás, and Otto Szabolcs, *Magyarország története* [The History of Hungary] (Budapest, 1965; 4th ed. 1973).

Váczy, Péter, *A középkor története* [The History of the Middle Ages], vol. II of *Egyetemes történet* [Universal History], ed. by Bálint Hóman, Gyula Szekfű and Károly Kerényi, 4 vols. (Budapest, 1935-1937).

Várady, Emerico [Imre], *La letterature Italiana e la sua influenza in Ungheria,* vol. I (Rome, 1934).

Vardy, Steven Béla, *Clio's Art in Hungary and in Hungarian-America* (Boulder and New York, 1985).

———, *Modern Hungarian Historiography* (Boulder and New York, 1976).

———, and Agnes Huszar Vardy, eds., *Society in Change: Studies in Honor of Béla K. Király* (Boulder and New York, 1983).

Vargyas, Lajos, *Research into the Medieval History of Folk Ballad* (Budapest, 1967).

Váross, M., ed., *Zo starších výtraných dejin Slovenska* [From the Earliest Art History of Slovakia] (Bratislava, 1965).

Vayer, Lajos, and Ferenc Levárdy, "Nuovi contributi agli studi circa il Leggendario Angionini ungherese," *Acta Historiae Artium,* 18 (1971), 71ff.

Veress, Endre, *Olasz egyetemeken járt magyarországi tanulók anyakönyve és iratai* [The Registers and Documents of Students from Hungary Who Studied at Italian Universities] (Budapest, 1941).

Waldapfel, Eszter, "Nemesi birtokjogunk kialakulása a középkorban" [The Development of Our Noble Property Laws in the Middle Ages], *Századok,* 65 (1931), 134-167, 259-272.

Wenzel, Gusztáv, "A Frangepánok Magyarország történetében az Anjou királyok korában" [The Members of the Frangepán Family in the History of Hungary at the Time of the Anjou Kings], *Századok,* 24 (1890), 298ff.

———, *Monumenta Hungariae Historia–Magyar diplomáciai emlékek az Anjoukorból* [Hungarian Diplomatic Documents on the Age of the Anjous], 3 vols. (Budapest, 1874-1876).

Wertner, Mór, "Adalékok a XIV. századbeli magyar világi archontológiához" [Data Concerning Hungarian Secular Archontology in the 14th Century], *Történelmi Tár,* Új Folyam, 8 (1907), 1-69, 161-198, 327-354.

Werunsky, Emil, *Geschichte Kaiser Karl IV. und seine Zeit,* 3 vols. in 4 (Innsbruck, 1880-1896).

Wilczek, Ede, "Magyar tengerészet az Anjou-korban" [Hungarian Naval Forces in the Age of the Anjous], *Századok,* 29 (1895), 205ff, 301ff, 422ff, 507ff.

Winter, E. K., *Rudolf IV. von Österreich,* 2 vols. (Vienna, 1934-1936).

Wyrozumski, Jerzy, "Kazimierz Wielki i jego czasy w nowszej historiografii polskiej" [Casimir the Great and his Times in Recent Polish Historiography], *Studia Historyczne,* 13 (1970), 337-356.

———, *Kazimierz Wielki i jego dzieło, 1333-1370* [Casimir the Great and his Achievements, 1333-1370] (Cracow, 1971).

Zimmermann, Franz, C. Werner, and G. Müller, *Urkundbuch zur Geschichte der Deutschen in Siebenbürgen.* Vol. II, *1342-1390* (Hermannstadt, 1897).

Zolnay, László, *Ünnep és hétköznap a középkori Budán* [Holidays and Weekdays in Medieval Buda] (Budapest, 1969; 2d ed., 1975).

ADDENDA

Ferdinandy, Miguel [Michael] de, *Az istenkeresők, az Árpádház története* [The God-Seekers. The History of the House of Árpád] (Budapest, 1942).

———, "Az Anjouk Középeurópája" [The Central Europe of the Anjous], in *Gesta Hungarorum* (Zürich, 1984), 105-111.

———, "Ludwig von Anjou, König von Ungarn," in *Ungarn-Jahrbuch,* 13 (1982-1983), 71-85.

———, *Magyarország romlása* [The Ruine of Hungary] (Rome, 1979).

———, *Országok úrnője. A magyar Anjouk kora* [The Mistress of Countries. The Age of the Hungarian Anjous] (Rome, 1985).

Nehring, Karl, "Ungarn," in Ferdinand Seibt, ed., *Kaiser Karl IV. Staatsmann und Mäzen* (Munich, 1979), 183-185.

Spěváček, Jiří, *Karel IV. Život a dílo, 1316-1378* [Charles IV. His Life and Career, 1316-1378] (Prague, 1979).

Wyrozumski, Jerzy, *Kazimierz Wielki* [Casimir the Great] (Wrocław, 1982).

CONTRIBUTORS

BAK, JÁNOS M., Dr. Phil., studied in Budapest and Göttingen, taught in Germany and the United States, and currently is Professor of Medieval History at the University of British Columbia. His publications include: *Königtum und Stände in Ungarn im 14-16. Jahrhundert* (1973); *The German Peasant War of 1526,* ed. (1973); and *From Hunyadi to Rákóczi,* co-ed. (1982). He is currently working on a social history of medieval Hungary and on a bi-lingual edition of medieval Hungarian laws.

BARD, IMRE, Ph.D., has studied at the University of Washington, and is currently Associate Professor of History at Chaminade University in Hawaii. His scholarly studies have appeared in such periodicals as the *Austrian History Yearbook,* the *Slavic Review,* and the *Ungarn-Jahrbuch,* and in a number of collective volumes. He is currently working on the second volume of the new edition of the *Corpus Iuris Hungarici.*

BOGYAY, THOMAS von, Dr. Phil., studied at the University of Budapest, at the Collegium Hungaricum of Berlin, and at the Hungarian Historical Institute of Rome. In 1962, he was one of the founders and first Director of the Hungarian Institute of Munich, where he is still a member of its Board of Directors. His main areas of research are art history and medieval studies. His publications include: *A jáki templom monográfiája* [The History of the Cathedral of Ják] (1943); *Lechfeld–Ende und Anfang* (1955); *Grundzüge der Geschichte Ungarns* (1967; 3rd ed., 1977); *Sephanus rex. Versuch einer Biographie* (1975; in Hungarian, 1976). He is the editor of the series *Ungarns Geschitsschreiber* (Graz), and the co-editor of the *Ungarn-Jahrbuch* (Munich). His numerous articles have appeared in Hungarian, German, French, American, and Yugoslav periodicals.

DERCSÉNYI, DEZSŐ, Dr. Phil., is one of Hungary's noted art historians, the winner of the prestigious Kossuth Prize, a honorary university professor, and until 1975 the Scholarly Director of the Hungarian National Directorate for the Protection of Monuments. His numerous books include the first art history of the age of Louis the Great, *Nagy Lajos kora* [The Age of Louis the Great] (1942); as well as such other volumes as: *A székesfehérvári királyi bazilika* [The Royal Cathedral of Székesfehérvár] (1943); *Visegrád műemlékei* [The Monuments of Visegrád] (1951); *A jáki templom* [The Cathedral of Ják] (1957); *Le chateau royal d'Esztergom* (1965); *Historical Monuments in Hungary* (1969); *The Hungarian Illuminated Chronicle.* Facsilime edition (1969); etc. His scores of scholarly articles appeared in Hungarian, German, French, English, and Italian.

Di FRANCESCO, AMADEO, Laurea in Lettere (Rome), Cand. Sc. (Budapest), is an Associate Professor of Hungarian Language and Literature at the Institutio Universitario Orientale di Napoli, his major field of research being pre-modern Hungarian literature. His published works include close to a dozen major studies on 16th and 17th-century Hungarian literature (in Hungarian and Italian), and the book *A pásztorjátékok szerepe Balassi Bálint költői fejlődésében* [The Role of Pastoral Plays in the Poetic Development of Bálint Balassi] (1979).

DOMONKOS, LESLIE S., Ph.D., is Professor of Medieval and Renaissance Studies and a member of the Department of History at Youngstown State University. A graduate of the Mediaeval Institute of the University of Notre Dame, Professor Domonkos has been a recipient of a number of Ford Foundation, Fullbright, and IREX Fellowships, and has served as Visiting Scholar in Budapest and in Vienna. He is the coauthor of *Studium Generale: Studies in Honor of A. L. Gábriel* (1967), and the author of many articles of medieval and Renaissance education, as well as the forthcoming *The Political and Cultural History of Hungary in the Age of Matthias Corvinus.* Professor Domonkos is the co-editor of this volume.

FERDINANDY, MIGUEL [MICHAEL] de, Dr. Phil., a noted medievalist, is a Professor Emeritus of the University of Puerto Rico, and a former professor or visiting professor at a number of European and South American universities. A most prolific scholar, Professor Ferdinandy's works include over three-hundred essays and research articles, and close to two dozen volumes in three languages (Hungarian, Greek, and Spanish). His best known works in Western languages include: *Probleme der ungarische Frühgeschichte* (with George Vernadsky, 1957); *Tschingis Kahn* (1958); *En torno al pensar mítico* (1961); *En torno al pensar histórico,* 2 vols. (1961); *El Emperador Carlos V* (1964); and its German version *Karl V.* (1966); *Historia de Hungría* (1967); *Der heilige Kaiser Otto III. und seine Ahnen* (1969); *Philipp II.* (1977); *Carnaval y Revolución* (1977); and *Die hispanischen Königsgesta* (1984). Professor Ferdinandy is also a contributor to the great multivolumed German work, *Historia Mundi.*

FÜGEDI, ERIK, Dr. Phil., graduate of the University of Budapest, is the past Director of the Historical Demography Research Group of the Hungarian Central Statistical Office. Since his retirement he is the Chairman of the Research Committee for Medieval Studies, Hungarian Academy of Sciences, and a Lecturer at the University of Budapest. In addition to his many scholarly articles on demography and settlement history, his published books include: *Nyitra megye betelepülése* [The Settlement of Nyitra County] (1939); *Uram, királyom. A. XV. század hatalmasai* [My Lord King. The Potentates of the 15th Century] (1974); and *Vár és társadalom a 13-14. századi Magyarországon* [Castle and Society in 13th-14th-Century Hungary] (1977). Dr. Fügedi has also co-edited *La Renaissance et la Réformation en Pologne et en Hongrie* (1963); and *Mályusz Elemér emlékkönyv* [Elemér Mályusz *Festschrift*] (1984), the latter dedicated to Fügedi's former mentor, the founder of the Hungarian Ethnohistory School.

GROSSCHMID, GÉZA, Professor of Economics and Chairman, Division of Economic Sciences; former Academic Vice President and former Director, Institute of African Affairs and of the African Langauge and Area Center, Duquesne University. Born in Budapest, Hungary, and recipient of the *Doctor Juris Universi* at the Royal Hungarian Pázmány Péter University (1943), Professor Grosschmid is the author of numerous books, monographs, articles and book reviews. He is a member of the Académie Internationale d'Héraldique (Paris); *Consultore pro lingua hungarica,* Collegio Araldico (Rome); Knight Grand Cross of Obedience of the Sovereign Military Order of Malta; and the co-editor of this volume.

HEYMOWSKI, ADAM, Ph.D. and Docent at the University of Uppsala in social anthropology (1970). Born in Poland, educated in Sweden, Dr.

Heymowski is an expert in heraldry, genealogy, and social anthropology. A librarian (1957-1971) and later Head Librarian of the University Library of Stockholm (1971-1979), since 1979 Dr. Heymowski is the Keeper of the Bernadotte Library in the Swedish Royal Palace. In addition to his dissertation: *Swedish "Travellers" and their Ancestry* (1969) on the pseudo-Gypsies, he has also authored about a hundred articles on heraldry, social anthropology, and library science. Dr. Heymowski is Counsellor of the Académie Internationale d'Héraldique; Honrary Secretary of the Swedish National Committee on Genealogy and Heraldry; Honorary Secretary of A. Bergham Heraldic Foundation (Stockholm); member of the Heraldic Council of the Sovereign Military Hospitaler Order of Saint John; and honorary member of the Association Internationale de Bibliophilie. He is Commander, Mauretanian Order of Merit; Officer of the Légion d'Honneur; and Officer of the Polonia Restituta (Polish Government in London).

HILINSKI, BERNADETTE, Ph.D., was a classical philologist, a teacher of Latin and Greek at the Cathedral Preparatory School in Erie, Pennsylvania, and an Instructor of Polish at Gannon University. She died in 1983.

HORVÁTH, JENŐ EUGENE, is a public accountant, free lance writer and photographer, ceramic art collector, and art historian. Most of his publications (some co-authored with his wife, Marie Horváth Krisztinkovich) and his photographic art work are related to decorative art, especially ceramic art.

KÁLLAY, CHRISTOPHER de, Dr. Jur., is Bailiff President of the Hungarian Association of the Sovereign Military Order of Malta, and since 1983 the Order's Ambassador at the Holy See. During World War II, de Kállay served in various governmental posts in Hungary, and then since the early 1950s he occupied a number of important posts in Western Europe. Between 1951 and 1967, and then again since 1978 he served as the Secretary General both of the Fédération Européenne de Zootechnie, and of the Comité Européen de Contrôle Laitier-Beurier; and between 1965 and 1967 and again since 1978, as the Secretary General of the l'Association Mondiale de Zootechnie. He is the recipient of numerous decorations from the Holy See, Portugal, and the Sovereign Military Order of Malta.

KŁOCZOWSKI, JERZY, Dr. Phil., is Professor of History at the Catholic University of Lublin, former Head of the Department of Medieval History, former Dean of the Faculty of Humanities, and since 1962, Head of the Institute of Historical Geography of the Catholic Church in Poland. He is also Chairman of the Committee for Comparative Ecclesiastical History of the Polish Academy of Sciences, and as such, member of the Commission Internationale de l'Histoire Ecclésiastique Comparée. In 1985 he was also elected Corresponding Fellow of the American Catholic Historical Association. Among his more than 300 publications are: *Dominikanie polscy na Śląsku w XIII-XIV wieku* [Polish Dominicans in Silesia in the 13th and 14th Centuries] (1956); *Wspólnoty chrześcijańskie* [Christian Communities] (1964); and *Europa słowiańska i jej rozwój w XIV i XV wieku* [Slavic Europe and its Development in the 14th and 15th Centuries] (in press). He is also co-author and editor of *Studia nad historią dominikanów w Polsce 1222-1972* [Studies in the History of the Dominicans in Poland 1222-1972], 2 vols. (1975); *Kościół w Polsce* [The Church in Poland], vol. I (1968); and *Chrześcijaństwo w Polsce* [Christianity in Poland] (1980).

KNOLL, PAUL W., Ph.D., is Professor of History and former Chairman of the Department of History at The University of Southern California. Earlier he taught at Purdue University and at the University of Calgary, and occasionally also at the University of California at Los Angeles. He is a recipient of a number of major scholarships, including those from the American Council of Learned Societies, the National Endowment for the Humanities, Fulbright, and IREX. His book, *The Rise of the Polish Monarchy: Piast Poland in East Central Europe, 1320-1370* (1972), won the Kosciuszko Foundation Award. His numerous research articles have been published in some of the major periodicals and collective volumes in Europe and in North America. Currently he is completing a history of the University of Cracow in the fifteenth century.

McDANIEL, GORDON, Ph.D., is Lecturer of Serbo-Croatian at the University of Washington, where he received his training in medieval South Slavic history. He is the recipient of Fulbright and IREX Fellowships to Yugoslavia, and the author of nearly a dozen scholarly studies in various European and American periodicals and collective volumes.

PRPIĆ, GEORGE J., Ph.D., is Professor of History at John Carroll University. A native of Croatia, he studied at Zagreb, Gratz, and in the United States. A specialist in East European history and the history of immigration,

Professor Prpić authored many scores of studies in his areas of specialization in English, Croatian, German and Spanish. His major publications include: *The Croatian Immigrants in America* (1971); *A Century of World Communism* (1974); *South Slavic Immigration in America* (1978); and *Croatia and the Croatians* (1981), the latter being a selected and annotated bibliography. He is also co-author of *Selected Ethnic Communities of Cleveland* (1977).

RIPOCHE, JEAN-PIERRE, Docteur d'Histoire, has three degrees from the Universite de Toulouse-le Mirail, where he has specialized in Byzantine, Hungarian, and Slavic history and civilization. Since 1974 he has conducted scientific research at the University of Budapest (Eötvös Loránd University), at the University of Zagreb, and at the University of Munich, on the basis of scientific exchange programs between France and the above countries. Since 1981 he is an independent historical researcher affiliated with the University of Munich. His publications, all dealing with Byzantine-Hungarian relations, have appeared in such periodicals and yearbooks as the *Ungarn-Jahrbuch* (Munich), *Südost-Forschungen* (Munich), *Századok* (Budapest), *Byzantinische Forschungen* (Amsterdam), *Dumbarton Oaks Papers* (Washington, D.C.), and *Macedonian Studies* (New Delhi).

SOMOGYI, LÉL F., M.S., is a computer engineer and a management information systems specialist, who currently is Director of Marketing at Chi Corporation in Cleveland, Ohio. He is also involved in the research and study of Hungarian and Hungarian-American history, where he has written and translated a number of essays. He is the editor of *Hungarian Insights,* a quarterly concerned with Hungarian-American affairs in Cleveland, and is the co-author of *Faith and Fate: A Short Cultural History of the Hungarian People Through a Millennium* (1976).

SOMOGYI, FERENC, Ph.D., LL.D., is a former Professor of Hungarian Common Law at the Hungarian Royal Elizabeth University of Pécs, a former member of the Hungarian Parliament, and former Vice President of the Social Superintendancy (i.e., before 1945). During the 1950s and 1960s, he taught Hungarian history at St. Stephen's Free University in Cleveland, Ohio, and then Hungarian cultural history at Western Reserve University, while also engaged in journalistic and publicistic activities. He is one of the founders and since its foundation in 1965, the Secretary General of the Árpád Academy of Hungarian Scientists, Writers, and Artist

Abroad. Professor Somogyi's most significant books include: *Végrendelkezés a nemesi magánjogunk szerint 1000-1715* [Testamentary Disposition According to Our Noble Civil Law, 1000-1715] (1937); *Társadalompolitikai törvényalkotás Werbőczy elött* [Social Legislation before Werbőczy] (1943); *Társadalompolitikai törvényalkotás Werbőczy után* [Social Legislation after Werbőczy] (1944); *Küldetés: A magyarság története* [Mission: The History of the Hungarians] (1973); *Faith and Fate,* co-author (1976); *Magyar nyelv és irodalom 1825-ig* [Hungarian Language and Literature to 1825] (1975); and *Magyar nyelv és irodalom 1825-tól 1925-ig. I. Hagyományok* [Hungarian Language and Literature from 1825 to 1925. I. Traditions] (1977).

SZAMOSI, JÓZSEF, was awarded a teacher's diploma in history and geography at the University of Budapest in 1937. Between 1938 and 1944 he was employed by several Budapest publishing houses as an editor and literary critic; then by the Hungarian National Theater as an artist consultant; and finally, between 1951 and 1977, by the Hungarian Section of Radio Free Europe in Munich as an artist adviser. A collection of his numerous studies dealing with various theatrical, artistic, and literary topics have appeared in a book form under the title *Irások–vallomások* [Writings–Confessions] (1982). Since then he has also published several studies concerning King Louis the Great in a number of European publications.

SZIGETI, STEPHAN [ISTVÁN], was educated in Hungary, Austria, and Germany, and was ordained a Catholic priest in 1958 in Regensburg. In 1962 he founded the St. Ladislas Hungarian Catholic Parish in Aachen, West Germany, which he is still heading today; and in 1967 he founded the *Magyar Egyházi Tájékoztato* [Hungarian Church Newsletter]. Later he was also elected member of the Sovereign Military Order of Malta. His scholarly articles deal mostly with the relationship between Hungary and Aachen, especially during the Anjou period.

SZENDREY, THOMAS, Ph.D., is Professor of History at Gannon University. Before going to Gannon, he taught at Walsh College and at Duquesne University. His area of specialization is European intellectual history, a topic on which he has published a number of articles, as well as a textbook on the general councils of the Catholic Church. Professor Szendrey has translated and/or edited a number of books, including E. C. Mályusz's

The Theater and National Awakening: East Central Europe (1980), and Bálint Hóman, *Ősemberek, ősmagyarok* [Ancient Peoples, Ancient Hungarians] (1985). In 1983-1984 he was an IREX Fellow in Hungary, and undertook the editing of a historical dictionary of Eastern Europe.

VARDY, STEVEN BELA, Ph.D., is Professor of History and Chairman of the Department of History at Duquesne University, and Adjunct Professor of East European History at the University of Pittsburgh. He is also past Director of Duquesne University History Forum, and one of the founders and past President of the American Association for the Study of Hungarian History, an affiliate of the American Historical Association. A recipient of numerous major fellowships and research grants, Professor Vardy has twice been a Visiting Scholar at the Institute of History of the Hungarian Academy of Sciences and at the University of Budapest. His scholarly articles have appeared in many national and international periodicals, encyclopedias, and collective volumes. His books include three works on historiography: *Hungarian Historiography and the Geistesgeschichte School* (1974), *Modern Hungarian Historiography* (1976), *Clio's Art in Hungary and Hungarian-America* (1986); an immigration history entitled *The Hungarian-Americans* (1985); a political and a literary biography of *Baron Joseph Eötvös* (1967; 1986); and a co-authored history of Hungary (1969). He has also co-edited *Society in Change: Studies in Honor of Béla K. Király* (1983), and the present volume.

EAST EUROPEAN MONOGRAPHS

The *East European Monographs* comprise scholarly books on the history and civilization of Eastern Europe. They are published under the editorship of Stephen Fischer-Galati, in the belief that these studies contribute substantially to the knowledge of the area and serve to stimulate scholarship and research.

1. *Political Ideas and the Enlightenment in the Romanian Principalities,* 1750–1831. By Vlad Georgescu. 1971.
2. *America, Italy and the Birth of Yugoslavia, 1917–1919.* By Dragan R. Zivjinovic. 1972.
3. *Jewish Nobles and Geniuses in Modern Hungary.* By William O. McCagg, Jr. 1972.
4. *Mixail Soloxov in Yugoslavia: Reception and Literary Impact.* By Robert F. Price. 1973.
5. *The Historical and Nationalist Thought of Nicolae Iorga.* By William O. Oldson. 1973.
6. *Guide to Polish Libraries and Archives.* By Richard C. Lewanski. 1974.
7. *Vienna Broadcasts to Slovakia, 1938–1939: A Case Study in Subversion.* By Henry Delfiner. 1974.
8. *The 1917 Revolution in Latvia.* By Andrew Ezergailis. 1974.
9. *The Ukraine in the United Nations Organization: A Study in Soviet Foreign Policy. 1944–1950.* By Konstantin Sawczuk. 1975.
10. *The Bosnian Church: A New Interpretation.* By John V. A. Fine, Jr., 1975.
11. *Intellectual and Social Developments in the Habsburg Empire from Maria Theresa to World War I.* Edited by Stanley B. Winters and Joseph Held, 1975.
12. *Ljudevit Gaj and the Illyrian Movement.* By Elinor Murray Despalatovic. 1975.
13. *Tolerance and Movements of Religious Dissent in Eastern Europe,* Edited by Bela K. Kiraly. 1975.
14. *The Parish Republic: Hlinka's Slovak People's Party, 1939–1945.* By Yeshayahu Jelinek. 1976.
15. *The Russian Annexation of Bessarabia, 1774–1828.* By George F. Jewsbury. 1976.
16. *Modern Hungarian Historiography.* By Steven Bela Vardy. 1976.
17. *Values and Community in Multi-National Yugoslavia.* By Gary K. Bertsch. 1976.
18. *The Greek Socialist Movement and the First World War: the Road to Unity.* By George B. Leon. 1976.
19. *The Radical Left in the Hungarian Revolution of 1848.* By Laszlo Deme. 1976.
20. *Hungary between Wilson and Lenin: The Hungarian Revolution of 1918–1919 and the Big Three.* By Peter Pastor. 1976.

21. *The Crises of France's East-Central European Diplomacy, 1933–1938.* By Anthony J. Komjathy. 1976.
22. *Polish Politics and National Reform, 1775–1788.* By Daniel Stone. 1976.
23. *The Habsburg Empire in World War I.* Edited by Robert A. Kann, Bela K. Kiraly, and Paula S. Fichtner. 1977.
24. *The Slovenes and Yugoslavism, 1890–1914.* By Carole Rogel. 1977.
25. *German-Hungarian Relations and the Swabian Problem.* By Thomas Spira. 1977.
26. *The Metamorphosis of a Social Class in Hungary During the Reign of Young Franz Joseph.* By Peter I. Hidas. 1977.
27. *Tax Reform in Eighteenth Century Lombardy.* By Daniel M. Klang. 1977.
28. *Tradition versus Revolution: Russia and the Balkans in 1917.* By Robert H. Johnston. 1977.
29. *Winter into Spring: The Czechoslovak Press and the Reform Movement 1963–1968.* By Frank L. Kaplan. 1977.
30. *The Catholic Church and the Soviet Government, 1939–1949.* By Dennis J. Dunn. 1977.
31. *The Hungarian Labor Service System, 1939–1945.* By Randolph L. Braham. 1977.
32. *Consciousness and History: Nationalist Critics of Greek Society 1897–1914.* By Gerasimos Augustinos. 1977.
33. *Emigration in Polish Social and Political Thought, 1870–1914.* By Benjamin P. Murdzek. 1977.
34. *Serbian Poetry and Milutin Bojic.* By Mihailo Dordevic. 1977.
35. *The Baranya Dispute: Diplomacy in the Vortex of Ideologies, 1918–1921.* By Leslie C. Tihany. 1978.
36. *The United States in Prague, 1945–1948.* By Walter Ullmann. 1978.
37. *Rush to the Alps: The Evolution of Vacationing in Switzerland.* By Paul P. Bernard. 1978.
38. *Transportation in Eastern Europe: Empirical Findings.* By Bogdan Mieczkowski. 1978.
39. *The Polish Underground State: A Guide to the Underground, 1939–1945.* By Stefan Korbonski. 1978.
40. *The Hungarian Revolution of 1956 in Retrospect.* Edited by Bela K. Kiraly and Paul Jonas. 1978.
41. *Boleslaw Limanowski (1935–1935): A Study in Socialism and Nationalism.* By Kazimiera Janina Cottam. 1978.
42. *The Lingering Shadow of Nazism: The Austrian Independent Party Movement Since 1945.* By Max E. Riedlsperger. 1978.
43. *The Catholic Church, Dissent and Nationality in Soviet Lithuania.* By V. Stanley Vardys. 1978.
44. *The Development of Parliamentary Government in Serbia.* By Alex N. Dragnich. 1978.
45. *Divide and Conquer: German Efforts to Conclude a Separate Peace, 1914–1918.* By L. L. Farrar, Jr. 1978.
46. *The Prague Slav Congress of 1848.* By Lawrence D. Orton. 1978.
47. *The Nobility and the Making of the Hussite Revolution.* By John M. Klassen. 1978.
48. *The Cultural Limits of Revolutionary Politics: Change and Continuity in Socialist Czechoslovakia.* By David W. Paul. 1979.
49. *On the Border of War and Peace: Polish Intelligence and Diplomacy in 1937–1939 and the Origins of the Ultra Secret.* By Richard A. Woytak. 1979.
50. *Bear and Foxes: The International Relations of the East European States 1965–1969.* By Ronald Haly Linden. 1979.

51. *Czechoslovakia: The Heritage of Ages Past.* Edited by Ivan Volgyes and Hans Brisch. 1979.
52. *Prime Minister Gyula Andrassy's Influence on Habsburg Foreign Policy.* By Janos Decsy. 1979.
53. *Citizens for the Fatherland: Education, Educators, and Pedagogical Ideals in Eighteenth Century Russia.* By J. L. Black. 1979.
54. *A History of the "Proletariat": The Emergence of Marxism in the Kingdom of Poland, 1870–1887.* By Norman M. Naimark. 1979.
55. *The Slovak Autonomy Movement, 1935–1939: A Study in Unrelenting Nationalism.* By Dorothea H. El Mallakh. 1979.
56. *Diplomat in Exile: Francis Pulszky's Political Activities in England, 1849–1860.* By Thomas Kabdebo. 1979.
57. *The German Struggle Against the Yugoslav Guerrillas in World War II: German Counter-Insurgency in Yugoslavia, 1941–1943.* By Paul N. Hehn. 1979.
58. *The Emergence of the Romanian National State.* By Gerald J. Bobango. 1979.
59. *Stewards of the Land: The American Farm School and Modern Greece.* By Brenda L. Marder. 1979.
60. *Roman Dmowski: Party, Tactics, Ideology, 1895–1907.* By Alvin M. Fountain, II. 1980.
61. *International and Domestic Politics in Greece During the Crimean War.* By Jon V. Kofas. 1980.
62. *Fires on the Mountain: The Macedonian Revolutionary Movement and the Kidnapping of Ellen Stone.* By Laura Beth Sherman. 1980.
63. *The Modernization of Agriculture: Rural Transformation in Hungary, 1848–1975.* Edited by Joseph Held. 1980.
64. *Britain and the War for Yugoslavia, 1940–1943.* By Mark C. Wheeler. 1980.
65. *The Turn to the Right: The Ideological Origins and Development of Ukrainian Nationalism, 1919–1929.* By Alexander J. Motyl. 1980.
66. *The Maple Leaf and the White Eagle: Canadian-Polish Relations, 1918–1978.* By Aloysius Balawyder. 1980.
67. *Antecedents of Revolution: Alexander I and the Polish Congress Kingdom, 1815–1825.* By Frank W. Thackeray. 1980.
68. *Blood Libel at Tiszaeszlar.* By Andrew Handler. 1980.
69. *Democratic Centralism in Romania: A Study of Local Communist Politics.* By Daniel N. Nelson. 1980.
70. *The Challenge of Communist Education: A Look at the German Democratic Republic.* By Margrete Siebert Klein. 1980.
71. *The Fortifications and Defense of Constantinople.* By Byron C. P. Tsangadas. 1980.
72. *Balkan Cultural Studies.* By Stavro Skendi. 1980.
73. *Studies in Ethnicity: The East European Experience in America.* Edited by Charles A. Ward, Philip Shashko, and Donald E. Pienkos. 1980.
74. *The Logic of "Normalization:" The Soviet Intervention in Czechoslovakia and the Czechoslovak Response.* By Fred Eidlin. 1980.
75. *Red Cross. Black Eagle: A Biography of Albania's American Schol.* By Joan Fultz Kontos. 1981.
76. *Nationalism in Contemporary Europe.* By Franjo Tudjman. 1981.
77. *Great Power Rivalry at the Turkish Straits: The Montreux Conference and Convention of 1936.* By Anthony R. DeLuca. 1981.
78. *Islam Under the Double Eagle: The Muslims of Bosnia and Hercegovina, 1878–1914.* By Robert J. Donia. 1981.

79. *Five Eleventh Century Hungarian Kings: Their Policies and Their Relations with Rome.* By Z. J. Kosztolnyik. 1981.
80. *Prelude to Appeasement: East European Central Diplomacy in the Early 1930's.* By Lisanne Radice. 1981.
81. *The Soviet Regime in Czechoslovakia.* By Zdenek Krystufek. 1981.
82. *School Strikes in Prussian Poland, 1901–1907: The Struggle Over Bilingual Education.* By John J. Kulczychi. 1981.
83. *Romantic Nationalism and Liberalism: Joachim Lelewel and the Polish National Idea.* By Joan S. Skurnowicz. 1981.
84. *The "Thaw" In Bulgarian Literature.* By Atanas Slavov. 1981.
85. *The Political Thought of Thomas G. Masaryk.* By Roman Szporluk. 1981.
86. *Prussian Poland in the German Empire, 1871–1900.* By Richard Blanke. 1981.
87. *The Mazepists: Ukrainian Separatism in the Early Eighteenth Century.* By Orest Subtelny. 1981.
88. *The Battle for the Marchlands: The Russo-Polish Campaign of 1920.* By Adam Zamoyski. 1981.
89. *Milovan Djilas: A Revolutionary as a Writer.* By Dennis Reinhartz. 1981.
90. *The Second Republic: The Disintegration of Post-Munich Czechoslovakia, October 1938-March 1939.* By Theodore Prochazka, Sr. 1981.
91. *Financial Relations of Greece and the Great Powers, 1832–1862.* By Jon V. Kofas. 1981.
92. *Religion and Politics: Bishop Valerian Trifa and His Times.* By Gerald J. Bobango. 1981.
93. *The Politics of Ethnicity in Eastern Europe.* Edited by George Klein and Milan J. Reban. 1981.
94. *Czech Writers and Politics.* By Alfred French. 1981.
95. *Nation and Ideology: Essays in Honor of Wayne S. Vucinich.* Edited by Ivo Banac, John G. Ackerman, and Roman Szporluk. 1981.
96. *For God and Peter the Great: The Works of Thomas Consett, 1723–1729.* Edited by James Cracraft. 1982.
97. *The Geopolitics of Leninism.* By Stanley W. Page. 1982
98. *Karel Havlicek (1821–1856): A National Liberation Leader of the Czech Renascence.* By Barbara K. Reinfeld. 1982.
99. *Were-Wolf and Vampire in Romania.* By Harry A. Senn. 1982.
100. *Ferdinand I of Austria: The Politics of Dynasticism in the Age of Reformation.* By Paula Sutter Fichtner. 1982
101. *France in Greece During World War I: A Study in the Politics of Power.* By Alexander S. Mitrakos. 1982.
102. *Authoritarian Politics in a Transitional State: Istvan Bethlen and the Unified Party in Hungary, 1919–1926.* By William M. Batkay. 1982.
103. *Romania Between East and West: Historical Essays in Memory of Constantin C. Giurescu.* Edited by Stephen Fischer-Galati, Radu R. Florescu and George R. Ursul. 1982.
104. *War and Society in East Central Europe: From Hunyadi to Rakoczi— War and Society in Late Medieval and Early Modern Hungary.* Edited by János Bak and Béla K. Király. 1982.
105. *Total War and Peace Making: A Case Study on Trianon.* Edited by Béla K. Király, Peter Pastor, and Ivan Sanders. 1982
106. *Army, Aristocracy, and Monarchy: Essays on War, Society, and Government in Austria, 1618–1780.* Edited by Wayne S. Vucinich. 1982.
107. *The First Serbian Uprising, 1804–1813.* Edited by Wayne S. Vucinich. 1982.

108. *Propaganda and Nationalism in Wartime Russia: The Jewish Anti-Fascist Committee in the USSR, 1941–1948.* By Shimon Redich. 1982.
109. *One Step Back, Two Steps Forward: On the Language Policy of the Communist Party of Soviet Union in the National Republics.* By Michael Bruchis. 1982.
110. *Bessarabia and Bukovina: The Soviet-Romanian Territorial Dispute.* by Nicholas Dima. 1982
111. *Greek-Soviet Relations, 1917–1941.* By Andrew L. Zapantis. 1982.
112. *National Minorities in Romania: Change in Transylvania.* By Elemer Illyes. 1982.
113. *Dunarea Noastra: Romania, the Great Powers, and the Danube Question, 1914–1921.* by Richard C. Frucht. 1982.
114. *Continuity and Change in Austrian Socialism: The Eternal Quest for the Third Way.* By Melanie A. Sully. 1982
115. *Catherine II's Greek Prelate: Eugenios Voulgaris in Russia, 1771–1806.* By Stephen K. Batalden. 1982.
116. *The Union of Lublin: Polish Federalism in the Golden Age.* By Harry E. Dembkowski. 1982.
117. *Heritage and Continuity in Eastern Europe: The Transylvanian Legacy in the History of the Romanians.* By Cornelia Bodea and Virgil Candea. 1982.
118. *Contemporary Czech Cinematography: Jiri Menzel and the History of The "Closely Watched Trains".* By Josef Skvorecky. 1982.
119. *East Central Europe in World War I: From Foreign Domination to National Freedom.* By Wiktor Sukiennicki. 1982.
120. *City, Town, and Countryside in the Early Byzantine Era.* Edited by Robert L. Hohlfelder. 1982.
121. *The Byzantine State Finances in the Eighth and Ninth Centuries.* By Warren T. Treadgold. 1982.
122. *East Central European Society and War in Pre-Revolutionary Eighteenth Century.* Edited by Gunther E. Rothenberg, Bela K. Kiraly and Peter F. Sugar. 1982.
123. *Czechoslovak Policy and the Hungarian Minority, 1945–1948.* By Kalman Janics. 1982.
124. *At the Brink of War and Peace: The Tito-Stalin Split in a Historic Perspective.* Edited by Wayne S. Vucinich. 1982.
125. *The Road to Bellapais: The Turkish Cypriot Exodus to Northern Cyprus.* By Pierre Oberling. 1982.
126. *Essays on World War I: Origins and Prisoners of War.* Edited by Peter Pastor and Samuel R. Williamson, Jr. 1983.
127. *Panteleimon Kulish: A Sketch of His Life and Times.* By George S. N. Luckyj. 1983.
128. *Economic Development in the Habsburg Monarchy in the Nineteenth Century: Essays.* Edited by John Komlos. 1983.
129. *Warsaw Between the World Wars: Profile of the Capital City in a Developing Land, 1918–1939.* By Edward D. Wynot, Jr. 1983.
130. *The Lust for Power: Nationalism, Slovakia, and The Communists, 1918–1948.* By Yeshayahu Jelinek. 1983.
131. *The Tsar's Loyal Germans: The Riga German Community: Social Change and the Nationality Question, 1855–1905.* By Anders Henriksson. 1983.
132. *Society in Change: Studies in Honor of Bela K. Kiraly.* Edited by Steven Bela Vardy. 1983.
133. *Authoritariansim in Greece: The Metaxas Regime.* By Jon V. Kofas. 1983.
134. *New Hungarian Peasants: An East Central European Experience with Collectivization.* Edited by Marida Hollos and Bela C. Maday. 1983.

135. *War, Revolution, and Society in Romania: The Road to Independence.* Edited by Ilie Ceausescu. 1983.
136. *The Beginning of Cyrillic Printing, Cracow, 1491: From the Orthodox Past in Poland.* By Szczepan K. Zimmer. 1983.
137. *Effects of World War I. The Class War After the Great War: The Rise of Communist Parties in East Central Europe, 1918–1921.* Edited by Ivo Banac. 1983.
138. *Bulgaria 1878–1918. A History.* By Richard J. Crampton. 1983.
139. *T. G. Masaryk Revisited: A Cirtical Assessment.* By Hanus J. Hajek. 1983.
140. *The Cult of Power: Dictators in the Twentieth Century.* Edited by Joseph Held. 1983.
141. *Economy and Foreign Policy: The Struggle of the Great Powers for Economic Hegemony in the Danube Valley, 1919–1939.* By György Ránki. 1983.
142. *Germany, Russia, and the Balkans: Prelude to the Nazi-Soviet Non-Aggression Pact.* By Marilynn Giroux Hitchens. 1983.
143. Guestworkers in the German Reich: The Poles in Wilhelmian Germany. By Richard Charles Murphy. 1983.
144. *The Latvian Impact on the Bolshevik Revolution.* By Andrew Ezergailis. 1983.
145. *The Rise of Moscow's Power.* By Henryk Paszkiewicz. 1983.
146. *A Question of Empire: Leopold I and the War of the Spanish Succession, 1701–1705.* By Linda and Marsha Frey. 1983.
147. *Effects of World War I. The Uprooted: Hungarian Refugees and Their Impact on Hungarian Domestic Policies, 1918–1921.* By Istvan I. Mocsy. 1983.
148. *Nationalist Integration Through Socialist Planning: An Anthropological Study of a Romanian New Town.* By Steven L. Sampson. 1983.
149. *Decadence of Freedom: Jacques Riviere's Quest of Russian Mentality.* By Jean-Pierre Cap. 1983.
150. *East Central European Society in the Age of Revolutions, 1775-1856.* Edited by Béla K. Király. 1984.
151. *The Crucial Decade: East Central European Society and National Defense, 1859-1870.* Edited by Béla K. Király. 1984.
152. *The First War between Socialist States: The Hungarian Revolution of 1956 and Its Impact.* Edited by Béla K. Király, Barbara Lotze and Nandor Dreisziger. 1984.
153. *Russian Bolshevism and British Labor, 1917-1921.* By Morton H. Cowden. 1984.
154. *Feliks Dzierzynski and the SDKPIL: A Study of the Origins of Polish Communism.* By Robert Blobaum. 1984.
155. *Studies on Kosova.* Edited by Arshi Pipa and Sami Repishti. 1984.
156. *New Horizons in East-West Economic and Business Relations.* Edited by Marvin A. Jackson and James D. Woodson. 1984.
157. *Czech Nationalism in the Nineteenth Century.* By John F. N. Bradley. 1984.
158. *The Theory of the General Strike from the French Revolution to Poland.* By Phil H. Goodstein. 1984.
159. *King Zog and the Struggle for Stability in Albania.* By Bernd J. Fischer. 1984.
160. *Tradition and Avant-Garde: The Arts in Serbian Culture between the Two World Wars.* By Jelena Milojković-Djurić. 1984.
161. *The Megali Idea and the Greek Turkish War of 1897.* By Theodore G. Tatsios. 1984.
162. *The Hungarian Jewish Catastrophe: A Selected and Annotated Bibliography.* By Randolph L. Braham. 1984.
163. *Goli Otok–Island of Death [A Diary in Letters].* By Venko Markovski. 1984.
164. *Initiation and Initiative: An Exploration of the Life and Ideas of Dimitrije Mitrinovic.* By Andrew Rigby. 1984.
165. *Nations, Nationalities, Peoples: A Study of the Nationality Policies of the Communist Party in Soviet Moldavia.* By Michael Bruchis. 1984.
166. *Frederick I, The Man and His Times.* By Linda and Marsha Frey. 1984.
167. *The Effects of World War I: War Communism in Hungary.* By György Peteri. 1984.

168. *PNA: A Centennial History of the Polish National Alliance of the United States of North America.* By Donald E. Pienkos. 1984.
169. *The Slovenes of Carinthia.* By Thomas M. Barker and Andreas Moritsch. 1984.
170. *The Saga of Kosovo: Focus of Serbian-Albanian Relations.* By Alex N. Dragnich and Slavko Todorovich. 1984.
171. *Germany's International Monetary Policy and the European Monetary System.* By Hugh Kaufmann. 1985.
172. *Kiril and Methodius: Founders of Slavonic Writing.* Edited by Ivan Duichev. 1985.
173. *The United States and the Greek War for Independence, 1821-1828.* By Paul C. Pappas. 1985.
174. *Joseph Eötvös and the Modernization of Hungary, 1840-1870.* By Paul Bödy. 1985.
175. *Jewish Leadership during the Nazi Era: Patterns of Behavior in the Free World.* Edited by Randolph L. Braham. 1985.
176. *The American Mission in the Allied Control Commission for Bulgaria, 1944-1947: History and Transcripts.* Edited by Michael M. Boll. 1985.
177. *The United States, Great Britain, and the Sovietization of Hungary, 1945-1948.* By Stanley M. Max. 1985.
178. *Hunyadi: Legend and Reality.* By Joseph Held. 1985.
179. *Clio's Art in Hungary and in Hungarian-America.* By Steven Bela Vardy. 1985.
180. *Slovakia 1918-1938: Education and the Making of a Nation.* By Owen V. Johnson. 1985.
181. *Ilija Garasanin: Balkan Bismarck.* By David MacKenzie. 1985.
182. *Medieval Buda: A Study of Municipal Government and Jurisdiction in the Kingdom of Hungary.* By Martyn C. Rady. 1985.
183. *Eastern Europe in the Aftermath of Solidarity.* By Adam Bromke. 1985.
184. *Istvan Tisza: The Liberal Vision and Conservative Statecraft of a Magyar Nationalist.* By Gabor Vermes. 1985.